西洋現代史

Europe in the Twentieth Century, 5e

Robert O. Paxton · Julie Hessler　著

陳美君 · 陳美如　譯

Australia • Brazil • Mexico • Singapore • United Kingdom • United States

西洋現代史 / Robert O. Paxton, Julie Hessler 著；
陳美君，陳美如譯. -- 初版. -- 臺北市：新加坡
商聖智學習
面； 公分
譯自：Europe in the Twentieth Century, 5e
ISBN 978-986-5632-84-7 (平裝)

1. 西洋史 2. 現代史

740.27 105019578

西洋現代史

Original: Europe in the Twentieth Century, 5e
By Robert O. Paxton · Julie Hessler
ISBN: 9780495913191

1 2 3 4 5 6 7 8 9 2 0 1 9 8 7 6

出版商 新加坡商聖智學習亞洲私人有限公司台灣分公司
10349 臺北市鄭州路 87 號 9 樓之 1
http://www.cengage.tw
電話：(02) 2558-0569 傳眞：(02) 2558-0360

原　著 Robert O. Paxton · Julie Hessler

譯　者 陳美君 · 陳美如

總經銷 五南圖書出版股份有限公司
台北市大安區 106 和平東路二段 339 號 4 樓
電話：(02) 2705-5066 傳眞：(02) 2706-6100
郵撥：01068953
網址：http://www.wunan.com.tw
電子郵件：wunan@wunan.com.tw

定　價 新臺幣 880 元

出版日期 西元 2016 年 11 月 初版一刷

ISBN 978-986-5632-84-7

(16CMS0)

1914年的歐洲
北極海
冰島（丹麥）
雷克雅未克
挪威海
大西洋
北海
挪威
奧斯陸
斯德哥爾摩
格拉斯哥
貝爾法斯特
愛爾蘭
都柏林
愛爾蘭海
曼徹斯特
英國
伯明罕
倫敦
丹麥
哥本哈根
基爾運河
漢堡
荷蘭
阿姆斯特丹
德國
柏林
波森
比利時
布魯塞爾
科隆
來比錫
易北河
英吉利海峽
勒哈佛爾
萊茵河
法蘭克福
巴黎
塞納河
布拉格
盧森堡
盧瓦爾河
多瑙河
慕尼黑
維也納
比斯開灣
法國
瑞士
波爾多
里昂
米蘭
加倫河
萊茵河
威尼斯
的港
薩瓦河
比戈
庇里牛斯山
熱那亞
波河
葡萄牙
斗羅河
厄波羅河
佛羅倫斯
塞拉耶佛
馬賽
亞得里亞海
安道爾
義大利
里斯本
馬德里
太加斯河
巴塞隆納
科西嘉島（法）
羅馬
西班牙
瓜地亞納河
那不勒斯
薩丁尼亞島（義）
巴利亞利群島（西）
直布羅陀（英）
直布羅陀海峽
坦吉爾（國際）
西班牙摩洛哥
墨利拉（西）
阿爾及爾
西西里島
卡薩布蘭加
突尼斯
摩洛哥（法）
阿爾及利亞（法）
地中海
馬爾地（英國）
突尼西亞（法國）
40°
30°
20°
10°
0°
10°
55°
50°
45°
40°
35°
30°

40°
0
500
1,000 米
0
500
1,000 公里
鄂木斯克
烏拉爾
鄂畢河
阿干哲爾
北杜味拿河
俄羅斯
白爾姆
阿尼加湖
喀山
奧倫堡
莫斯科
窩瓦河
烏拉爾河
斯摩稜斯克
奧勒耳
庫斯克
頓河
卡爾可夫
鹹海
基輔
聶伯河
阿斯特拉汗
羅斯脫夫
敖德薩
雅爾達
第弗利斯
高加索山區
黑海
大布里市
德黑蘭
君士坦丁堡
馬爾馬拉海
安哥拉
達達尼爾海峽
鄂圖曼帝國
波斯
羅德島
（義）
塞浦勒斯
（英國）
幼發拉底河
底格里斯河
波斯灣

序　言

歐洲可能是美國人自認爲最熟悉的國外地區，因爲美國有70%以上的公民出身於歐洲，而且美國旅客最常造訪的國外地區就是歐洲。美國的社會、經濟與文化，彷彿就是歐洲的分支，所以美國人對商業、藝術或政治的處理方式，彷如歐洲人的翻版一般。

雖然與美國人有血統親誼，但是歐洲人確實生活在與美國人截然不同的世界裡。他們的歷史比美國淵遠流長，他們的過去有著更多的興衰沉浮。歐洲人對於帝國的短暫、人類努力改善自己與世界的多重意義，比美國人有更深刻的認識。歐洲人傳承了比美國人複雜的社會階層（social ranks）與階級（classes）等級制度、比較有條理的知識傳統，以及意識形態比較明顯的政治學。當人們遇見受過教育的歐洲人時，可能會發現，雖然歐洲人可以很輕易地了解那些無根、坦率，與他們具有同質性的美國人，但是美國人卻很難感受到對他們來說是深不可測、複雜的歐洲人，所擁有的歷史感或文化修養。這種現象和大部分的諷刺藝術一樣；他們的諷刺內容或多或少都反映了某些眞實現象。

我深信，提供一些對歐洲人過去經驗的見解，可以讓美國人精確地評價歐洲。這本2005年更新版的《西洋現代史》，主要介紹的是西元1914年以後的歐洲歷史。這九十年來，歐洲大陸不斷地上演戰爭、革命、種族衝突與經濟危機的戲碼。在這段時期裡，社會階層、文化風氣、人民普遍抱持的態度，與歐洲人對自己的世界地位的認知，都以極快的速度在改變。

當今的歷史學家比以前更關注一些知名的戰爭、外交事件與政治範圍之外的議題。相較於四十年前，現在社會的流動性（social mobility）、家庭關係、根深柢固的普世價值，以及一般人的生活，才是學者專家更認眞探究的歷史主題。本書的很多內容都反映了這些重要的事件。不過，傳統的戰爭、革命、經濟與自由和權威的奮戰等議題，依然是本書的核心議題。在狂暴的世紀已成歷史的現在，我們不能扭曲歐洲人曾經擁有過的經歷。

對於1914年以後歐洲的民衆與個人生活的重要論題，我將只論述基本重點，而不過度詳述事情的經過。如果這本入門教科書可以使讀者更容易，而且更有興趣地了解歐洲，那麼我的努力就有價值了。

感謝許多幫助我走過撰寫本書的艱辛路程的朋友。下列學者貢獻珍貴無比的意見，幫助並引導我確定本版創作的方向。我竭誠感謝Jerry H. Brookshire〔中田納西州立大學（Middle Tennessee State University）〕、Albert S. Lindemann〔加州大學聖塔芭芭拉（Santa Barbara）分校〕、Alexis E. Pogorelskin〔明尼蘇達大學杜魯斯（Duluth）分校〕與John D. Treadway〔里奇蒙大學（University of Richmond）〕。當然，最後定稿的教科書若出現任何錯誤或缺失，都屬我的責任。

此外，我還要感謝湯森．魏茲渥斯（Thomson Wadsworth）的工作人員：出版者：Clark Baxter；助理編輯：Paul Massicotte；編輯助理：Richard Yoder；與出版企劃經理：Jennifer Klos。有他們的協助才能讓本書順利出版，謝謝您們大家。

Robert O. Paxton

Contents
目錄

第一章

極盛時期的歐洲：1914年

生活在20世紀初的歐洲人，會覺察到他們所居住的歐洲大陸在世界上扮演著非常特殊的角色，一個與她的面積大小比例懸殊的角色。稠密且具備高技能的人群、高工業生產力、具有創造力的文化，以及近乎壟斷的現代軍事武力：這些特性使1914年的歐洲，能在全球具有威風凜凜的地位。歐洲人認爲自己是「文明世界」；而在某種程度上，其他人也確實深受歐洲人做事方式的影響，因此未來世界終將歐洲化，似乎是一股必然的趨勢。

1914年時，歐洲人占世界人口的比例空前絕後。[1]現今出現在在亞洲、非洲與拉丁美洲的人口爆炸現象，早在1750年左右的歐洲就開始引爆。從1650年到1750年之間，歐洲的人口只成長了3%，但是後來歐洲人口就躍升超過兩倍：從1800年的1億8,800萬人，到1900年的4億100萬人。大批的歐洲人遷徙至世界各地。在1900年以前，一年有100萬人口移居到新殖民地，主要以美國和俄屬亞洲地區（Asiatic Russia）爲主。此外還有很多「暫時移民」（temporary emigrants）：傳教士、軍人、教師，以及總公司設在歐洲，但世界各地設有分支機構的企業家。1914年時，共有1億歐洲人遷徙到北美洲，有4,000萬歐洲人遷徙到拉丁美洲，而非洲、亞洲和太平洋的歐洲移民則比較少。

歐洲與世界

無論如何，歐洲之所以能夠掌控1914年的世界，並不是因爲她的人口數，而是因爲她的力本論（dynamism）。法國詩人兼散文家梵樂希（Paul Valéry）寫道：「當全球大部分的地區依然恪守傳統的時候，這個位於亞洲大陸的小海角……赫然獨立於世。」

> 不論何時，凡是歐洲精神流瀉之處，個人就可以看見最極致的需求、最極致的成就、最極致的資本、最極致的產量、最極致的雄心、最極致的權力、自然界最極致的改觀，以及最極致的通訊與交易。[2]

19世紀時，歐洲人已經變成地球上第一批將自己的自然環境，改變得幾乎讓人認不出來的民族。他們以蒸氣驅動的工廠、龐大的都市，以及火車旅遊那狂熱的節奏，取代了緩慢推移的農耕季節、平淡的農村生活，以及人們悠閒的踱步。在1914年時，雖然日本和美國的工業勢力高漲，但是歐洲在經濟上依然保有具決定性的領導地位。歐洲不但生產全球56%的煤（雖然單只有美國一國的產量就占38%），而且鐵與鋼的產量也占全世界的60%（美國的產量爲32%），此外，歐洲的輸出物資也占全球的62%（但是美國只占14%）。身爲一個歐洲人，代表你是生活在世界上首屈一指的工業體系之中：不但歷史最悠久，而且依然保持龍頭老大的地位。

歐洲的商人、旅客與投資人

世界上其他國家正逐漸陷入以歐洲爲中心的單一世界經濟。無論在什麼情況下，只要不是用簡單的以物易物來進行交易，歐洲人的貿易習慣就會發揮作用。因爲政府承諾實施以固定匯率來自由交換貨幣與黃金的國際金本位制（international gold standard），所以很容易結算以某種貨幣出售，但以另一種貨幣付款的商品交易帳目。世界各國的公司，通常會將國際帳戶設在倫敦。這不但是因爲自1821年起，就可以自由地以英鎊兌換黃金（大部分其他先進國家在1870年以後，也追隨英國人採用金本位制的作法），同時也因爲英國擁有世界上規模最大、最便宜而且最有經驗的票據交換所、保險經紀人，以及貨運代理商，所以事實上倫敦已經逐步發展成穩定、統一的世界貿易體系中的重要都市。1914年時，美國公司的國外帳戶票據交換業務，有70%是在倫敦處理，而且英國商號的船舶噸數，占世界船舶噸數的70%。

自由的國際貿易是這種「古典自由」（classical-liberal）體系的頂石。從1860年到1879年這段短暫的時期內，世界主要的貿易國家幾乎都沒有徵收外國貨物的關稅，而且實際上幾乎沒有其他種類的貿易限制，少有政府規章規範將人與貨物從一個國家移往另一個國家的管理。

英國經濟學家凱因斯（John Maynard Keynes）以懷舊之情回溯了1920年代，戰前以倫敦爲中心的世界經濟。他回憶道：

> 倫敦的居民可以一面在床上啜飲早茶，一面打電話向全世界訂購自己所需數量的、品質適合的各種產品，而且理所當然地預期貨物可以早早送上門來；他可以在相同的時間，以相同的方式，將他的財富投入自然資源，以及世界上任何地方的新事業，而且不費吹灰之力，毫不費事地分享他們預期的成果與利益；或者他可以根據自己的想像，決定將財富安全，繫於任一大陸的任一富裕城市市民的優良信譽上。
>
> 只要他願意，就可以立即使用便宜而且舒適的運輸方法，到達任何國家或氣候適宜的地方，不需要準備護照或辦理其他的正式手續。他可以為了方便而

派遣僕人到附近的銀行取用貴金屬；只要身懷鑄幣就可以遠行外國，不必事先了解國外的宗教、語言或習俗；若略受干涉，他就會認為自己備受欺凌，而且大驚小怪。不過，最重要的是，他認為這種狀態是正常、必然而且永恆的，任何偏離這種狀況的事件，都是異常、令人憤慨並且可以避免的。[3]

活力十足的歐洲人不只以與世界各地貿易，或到世界各地旅行爲滿足，他們也在世界各地進行投資。1914年時，歐洲人在已開發及低開發地區的投資，已占世界海外投資的83%，如加拿大的礦業、美國的鐵路、南美的電力公司、塞內加爾的花生農場、埃及的棉花田、南非的金礦、上海的貿易公司等等。1914年時，拉丁美洲的國家裡，只有智利擁有自己的鐵路。即使是新興的美洲巨人美國，也欠歐洲投資人很多債務。在第一次世界大戰前夕，歐洲人在美洲的投資總計將近70億美元，但是美國人在歐洲的投資總額卻只有上述數據的十分之一。[4]

帝國主義

但是，除非歐洲人有辦法強迫地方政府保護他們與其資產，否則他們如何能夠安心地在國外貿易、旅行或投資？在現代化的國家裡，外交壓力可能就足以保護從事商業活動或旅行的歐洲人。19世紀中期有很多英國的貿易商與投資人，滿足於所謂的「非正式帝國」（informal empire）或者「自由貿易帝國主義」（free-trade imperialism）。但是，歐洲人在低開發地區的活動越頻繁，他們所冒的風險就越高，例如強盜、懷有敵意的族群或當地統治者突發奇想所帶來的威脅。19世紀末期，選擇在低開發地區護衛他們進出市場、原料通路的歐洲人增加，並且利用徹底掌握政治和軍事控制的手段，來回收他們的投資。

在19世紀末期，歐洲帝國主義蓬勃——建立帝國並不是一件新鮮事，歐洲人早在15世紀時，就已經開始在世界各海洋沿岸建立他們的軍事基地。[5]早在16與17世紀時，他們就已經在拉丁美洲與亞洲建造了有利可圖的礦場以及交易站。他們強迫外國統治者同意在飛地如上海及鄂圖曼帝國（Ottoman Empire）全國的「治外法權」（capitulations）——歐洲公民受本國法律管轄的權利。但是，與19世紀末期的企業相較，這些要求都顯得微不足道：因爲19世紀末期他們直接占領了整個世界的土地。在1870年代到1911年間，歐洲人在許多低開發世界開拓殖民地。除了賴比瑞亞和衣索比亞之外，他們共同瓜分了所有的非洲土地。1880年代，法國人完成了他們征服印度支那的霸業。1897年之

圖1-1　帝國的榮耀。世紀轉換之際，處身於印度顯要中的印度總督勞德·寇松（Lord Curzon）與寇松夫人。

後，歐洲人開始劃分在中國的勢力範圍。1914年時，英國的版圖是本土面積的140倍；比利時是80倍；荷蘭是60倍；而法國則是20倍。隨著西伯利亞大鐵路（Trans-Siberian Railroad, 1891-1903）的完工，俄羅斯帝國崛起，成爲太平洋的一大霸權。至於晚期才參與角逐的德國，在1885年時也建立了相對來說比較狹小的帝國，她的版圖包括東非與西南非，以及中國沿海地區之部分主導權，她不但在歐洲比較不發達的地區投資，而且在1900年以後迅速地組織了一支強大的艦隊。只有日本設法阻擋了這股歐洲風潮，他們採用歐洲的工業技術，並在1894年成功地廢除了1858年時同意授予外國商人的「治外法權」。

如何解釋19世紀末期歐洲帝國主義之所以突然蓬勃發展的現象，是重要的歷史爭論。有些歷史學家相信，帝國主義基本上是一種文化現象：對傳教士而言，是爲了傳教熱誠；對工程師而言，是爲了建橋；對士兵而言，則是爲了榮譽。在印度支那確實有需要法國海軍協助的天主教傳教士，而漸漸地，海軍軍官卻超越了他們的指示，並且在1850年代與1880年代之間，在印度支那建立了法國的統治權。

有些帝國主義學者確信，經濟驅力才是根本。他們指出，1881年當法國的債券持有人正面臨資產的損失時，法國占領了突尼西亞；1882年，當歐洲投資人不能再向揮霍無度的埃及統治者伊斯梅爾（khedive Ismail）收取貸款利息時，英國占領了埃及。有些殖民地的建立幾乎純粹是基於商業論點：1879年，戈爾迪（George Goldie）爵士的聯合非洲公司（United African Company），將英國風采延伸到現今的奈及利亞。義大利在1911年從鄂圖曼帝國手中占領了利比亞，使其南部的過剩人口得以擁有一方樂土，並且爭得榮譽。

根據單純的貿易或殖民基礎，無法爲帝國主義提出令人完全滿意的解釋。首先，從1885年到1914年之間各國所掠奪的領土相當不適合歐洲殖民。此外，帝國主義者與其他國家的貿易，更勝於與本國殖民地的貿易。帝國主義的經濟學解釋，不單只是仰賴對資本主義固有缺失的基本判斷。英國的自由主義經濟學家霍布森（John A. Hobson）因爲發生於南非的英國戰爭（British war）、波爾戰爭（Boer War, 1899-1902）而激怒，首度以系統性的方式，將帝國主義歸咎於資本主義的矛盾。霍布森認爲，低工資與財富分配不均，使歐洲勞工的購買力偏低，資本家只能搜尋比較富裕以及投資報酬率比較高的海外市場，才能倖免於週期性發生的景氣蕭條。[6]

在《帝國主義：資本主義的最高階段》（*Imperialism: The Highest Stage of Capitalism*, 1917）一書中，贊同馬克思主義的俄國人列寧（V.I. Lenin）將霍布森的論點更加延伸。列寧相信，在面對競爭與昂貴的技術，而使他們的利潤下滑時，資本家必定轉向壟斷。當壟斷者互相爭奪海外的最後機會時，資本主義國家無可避免地必然會走上戰爭一途，而且遲早會在衝突中彼此毀滅。就在列寧撰寫該書時，有一場戰爭爆發。列寧嚴重低估了資本家在先進國家持續投資的程度，即使是在1885年到1914年，帝國主義風行一時的時候，資本家在先進國家中也挹注了大量的投資。然而，沒有任何一種帝國主義的解釋，可以輕忽經濟目的所扮演的角色。

一旦帝國主義開始擴張，不論是哪一種動機的結合，當最後可獲得的領土已經強奪到手時，帝國的擴張會呈現一種自我維持的態勢。思忖1880年代與1890年代之間帝國主義逐步擴張的情形，羅賓森（Ronald Robinson）與嘉拉格（John Gallagher）斷言，在英國政府占領埃及的決策中，戰略考量是最主要的原因。根據這種說法，英國爲了保護她在印度的利益，所以在1882年取得埃及的控制權。換句話說，殖民地的存在，開創了控制進出該地通道的戰略性需要。[7]批判這個理論的人指出，英國控制印度的原因，即使不是全部，也大多是基於經濟因素。無論如何，1914年時，帝國主義的最終結果是，創造了一個西方權勢在各大洲角逐競爭的世界。在美國的培利（Robert Peary）於1908年到達北極，而1911年阿蒙森（Ronald Amundsen）在南極豎起挪威國旗之後，可以說世界上已經沒有任何一個角落逃脫得了帝國主義的影響。

1914年時，因爲歐洲人幾乎壟斷了現代的軍事武力，所以他們可以防禦自己的世界帝國。由歐洲軍官統率並且配備精良技術裝備的殖民地軍隊，迅速擊敗東方列強、回教王國與非洲部落。在當時他們要以本國的武力，取得暫時凌駕於歐洲人的優勢，幾乎是不可能的事，只有1896年衣索比亞人在阿多瓦（Adowa）大敗義大利軍隊，是唯一的例外。英帝國的詩人吉卜林（Rudyard Kipling）能夠寬容大量地對待苦戰的蘇丹戰士：

> 而，在酩酊大醉之前，蘇丹士兵……
> 你衝破了一個英國方陣。[8]

因為到那時為止，英國人最後總是可以得到他們想要的東西。

歐洲以外正在興起的工業勢力，甚至從未企圖依照歐洲的規模來建立軍隊。舉例來說，在1880年代，美國軍隊的主要功能只是鎮壓印第安的反抗者。在當時除了彼此之外，世界上並沒有可以與法國、德國、奧匈帝國（Austria-Hungary）及俄羅斯龐大陸軍軍隊一爭高下的軍隊。因此，目睹美國在1898年從西班牙手中強奪殖民君權，以及日本於1905年挫敗俄羅斯，對很多歐洲人來說是非常令人震驚的預兆。

歐洲的藝術家與科學家

歐洲人對世界的影響絕不只有物質層面。歐洲的藝術家與科學家和歐洲人的貿易與技術技能一樣，是其他世界各地無法與之比擬的閃耀明星。在詹姆斯（Henry James）的小說中，出國旅遊的美國人確實如此，他們並不是去觀賞奇特有趣的景致，而是去學習歐洲人的優雅與學識。人們並不期待未曾去過歐洲研究學習的美國物理學家或化學家，可以在所屬領域裡出類拔萃。即使是1876年，美國的大學，如約翰．霍普金斯（Johns Hopkins）大學已經仿照德國大學開始頒發博士學位以及研究所課程，但每年仍有數以百計的美國人在德國習醫。所以，哈佛大學的哲學家威廉．詹姆斯（William James）在1901年於愛丁堡的一場名為「多極化的宗教經驗」（The Varieties of Religious Experience）的演講，以下文為開場白，就不單只是出於禮貌而已：

> 對我們美國人來說，接受歐洲學者生動的表達以及書上的教導，是非常熟悉的經驗……聽歐洲人說話，對我們來說似乎是再自然不過的事。但是相對地，我們卻沒養成讓歐洲人聽我們說話的習慣；而且第一個冒險做出這種事的

人，將會因為自己放肆的行為，而深感歉意。[9]

歐洲風光：都市與鄉村

在1914年以前，歐洲是都市最多的大陸。北歐與西歐是最先將大部分的勞動人口從農業轉入工業的地區，也是最早將大部分的人口集中居住在市鎮與都市裡的地區。雖然總人口數暴增，但是鄉村的人口比例依然穩定或甚至衰退，因爲過剩的人口都流入都市與市鎮。

在1800年到1900年之間，人口數超過10萬人的歐洲都市，從22個增加到120個。成長快速的都市和市鎮，都是新興的工業化都市〔舉例來說，德國的埃森（Essen）在1800年到1900年之間就擴展了30倍〕。此外，即使是工業化之前的首都巴黎、倫敦、維也納——在19世紀時也擴展了3或4倍。1848年時，只有倫敦和巴黎擁有100萬以上的居民；相較於美國的三個都市、亞洲的三個都市，以及拉丁美洲的兩個都市，在1914年時，歐洲已有六個都市的人口超過100萬。2000年時，雖然只有兩個歐洲都市（倫敦與莫斯科）依然躋身於在亞洲與拉丁美洲的各大城市之中，名列世界25大都市之一，但是歐洲依然是最都市化的大陸。有74%的歐洲人口居住在都市裡——而英國、德國與低地國家（Low Countries）的都市人口甚至更多，這是只有在北美洲的某些地區才能達到的水準。[10]但是，這些冷冰冰的數據，遠不及都市生活所帶來的社會與理想衝擊的重要性。

都市生活

都市是歐洲人最感光榮，但同時也是最惡劣的創作之一。自中世紀時代以來，歐洲的都市就已經聚集了大量的金錢、權力與藝術，以及令人厭惡的貧民窟。工業革命（Industrial Revolution）將更多的人送進了這些充滿煙霧與塵垢的貧民窟，產生了匆匆造就、連綿數英哩的廉價公寓。在1857年時，狄更斯（Charles Dickens）描述了倫敦一所「破舊不堪的老房子」，這棟房子：

隱藏在被煤煙熏黑的外牆裡，沉重地斜倚在與它一樣腐朽而且破舊的支架上，不曾體驗過健康或片刻的歡愉……當雨水、冰雹、霜和冰雪已經在其他地方消失的時候，你仍然會在陰暗的圍牆上發現它們的蹤跡；至於雪，你應該可以在那裡看到持續數週的雪，看著那些雪從黃色變成黑色，緩慢地結束它那骯髒的生命。[11]

19世紀的建築商對於使歐洲都市成爲典雅及壯觀的中心頗有貢獻。他們和那些曾經審愼地設計帝國時期的巴黎、教會時期的羅馬，以及威尼斯和佛羅倫斯的公共空間的前輩不同，19世紀的都市建築商利用使不動產的投機活動發展最大化，及最低限度的都市規劃方式來經營——以適合於中產階級的方式繁榮興盛的世紀，但位於舊都心西部或逆風地帶的新興豪宅區除外。其中比較謹愼規劃的企劃案是1850年代與1860年代拿破崙三世（Napoleon III）時期，截斷了貧民窟的巴黎新林蔭大道。1858年初拆除了維也納的舊城牆，取而代之的是遼闊、有著歌劇院與雅緻咖啡廳的環城大道（Ringstasse）。規劃最少的企劃案中包括柏林的新商業大道，如伯爵大道（Kurfürstendamm），以及在首都西部原爲松木林區及馬鈴薯田的地區，興建利潤豐厚的別墅。難怪20世紀初期，歐洲人對他們的都市會抱持矛盾的情緒。批評都市的人不僅指出都市貧民窟的骯髒污穢，而且也提出漸趨冷漠的風氣，以及目的和意義的喪失，扼殺了很多的都市人。在19世紀的小說裡，移居都市的主題頻繁出現，而虛構的都市移民的悲慘遭遇，令人印象深刻。或許標準的原型是史湯達爾（Stendhal）的《紅與黑》（*The Red and the Black*, 1831）裡的朱利安．索黑爾（Julien Sorel）。越來越有預謀的風流韻事，使他最後到了巴黎，並且因爲試圖殺害他的情婦而被處死刑。事實上，在數以百萬遷入市鎭與都市的歐洲人中，有很多人找到的確實是道德淪喪、孤單寂寞以及窮困的生活。雖然社會評論家痛惜都市的窮困，但是保守勢力依然抨擊都市是擁擠而且充斥了無根的世界文明的地方。巴萊斯（Maurice Barrès）的法國小說《無根浮萍》（*The Uprooted*, 1897）中的男主角，在巴黎失去了他們的道德風範，並犯下謀殺案。第一次世界大戰時的德國社會時事評論家史賓格勒（Oswald Spengler）悲嘆：

> 取代那些真正在這塊土地土生土長的人們的，還有一種新的流浪者，他們不穩定地流動聚集，他們是寄生的都市居民，他們沒有傳統，絕對講求實際，他們沒有無宗教信仰，他們聰明但了無效益，他們根本瞧不起鄉下人，尤其是地位崇高的人——即鄉紳。[12]

在高貴輝煌的外表下，都市似乎也使很多人感到貧乏：

> 虛幻的城市啊，

在冬日拂曉的褐色晨霧中，
人群流過倫敦橋，有這麼多人啊，
我不曾想過死神曾經放過這麼多人呐，
輕輕發出微弱稀少的嘆息，
人人都定睛於自己的腳前。[13]

另一方面，在20世紀初期，歐洲都市的魅力依然令人難以抵擋。1900年，參觀巴黎世界博覽會（Paris World's Fair）的人潮就將近5,100萬人，這個數目超過法國的總人口數。依然有無數人移入都市，因爲都市提供遠比鄉間更多致富與出名的機會，所以胸懷大志的人往都市移居；因爲即使是不好的工作也聊勝於無的想法，所以鄉村的窮人也湧入都市打天下；那些惹麻煩上身的人，也爲了隱慝身分而躲進了都市。如同他們的前輩波特萊爾（Charles Baudelaire）曾經於1860年代所做過的事一般，人們以藝術創造力來頌揚都市的多樣性與刺激性，都市是一個「熱鬧又孤單」的地方，是一個「生命力可以盡情奔放」的地方，是一個會讓人陶醉於「紙醉金迷」的世界，在這裡靈魂可以「帶著所有的詩意與博愛完全解放」。[14]歐洲人的創造力，使人無法想像沒有市鎮與都市的環境，我們無從想像歐洲人的創造力將從何而來。

歐洲的鄉村生活

橫過易北河（Elbe River）進入東歐的旅人，將進入一個與有效率的商業農場和大多已都市化的西歐和北歐迥然不同的世界。一群沒有土地的勞工，毫無效率地耕種著貴族們那延伸到地平線另一邊的遼闊土地。拉齊維爾家族（Radziwills）在波蘭擁有50萬英畝的土地；伊斯特海茲家族（Esterhàzys）在匈牙利擁有75萬英畝的土地。1895年時，有4,000個大地主擁有匈牙利約三分之一左右的土地。[15]即使是19世紀末，因爲將土地賣給中產階級的買主，而大量流失土地的情況下，俄國的貴族與上流社會的人士，依然擁有約14%的土地；皇家單獨擁有這個幅員廣大的國家另外1%的土地。[16]南歐也有相同的情況。南義大利與南西班牙主要是大莊園或大農莊，占總人口2%的人，擁有南西班牙安達魯西亞省（Andalusia）66.5%的土地。[17]小型的士紳階級與新興的中產階級富人，盡可能仿效大地主的生活方式。地主在他們的土地上所行使的社會與經濟統治，遠超過地方政府機關的力量。

1914年時，東歐與南歐的農耕效率非常差。有三分之一的俄國小耕農依然沒有鐵犁。古時的輪耕制度（three-crop rotation system）使大部分的土地處於休耕的狀態。在世紀轉換之際，俄國的小耕農每英畝地約生產8.9蒲氏耳（bushels）的春麥，但是德國的小耕農可以生產27.5蒲氏耳，而英國的農夫則可收成35.4蒲氏耳的小麥。[18]在安達魯西亞的遼闊土地上，撥出一大片土地作爲養牛場或狩獵區之用。雖然不藉助現代工具而仰賴大量人力進行季節性的工作，但還是有非常多東歐與南歐的農人們並未充分就業，小耕農極度渴望擁有自己的土地。雖然西歐與北歐是以獨立的家庭農莊居統治地位，但是在19世紀末，有地農民卻是可以平衡都市與工潮動盪的保守勢力。不過，在東歐與南歐，有很多渴望擁有土地的小耕農卻成了引發動盪局勢的火藥桶，並且在第一次世界大戰前夕引爆。

最後，在地中海沿岸地區的歐洲與巴爾幹半島，偏遠山區的村民過著原始自給自足的農業生活，幾乎與現代市場及現代國家隔絕。雖然實際上他們的那一小塊山坡梯田根本無法供應他們的生活，但是這裡的小耕農通常都擁有一小塊土地；有些人會向貪婪的小地主繳納稅賦。兼具醫師與畫家身分的李維（Carlo Levi）原是住在都市裡的北義大利人，被墨索里尼的法西斯政權流放到南義大利的山村。他後來還曾經寫道，在他看來，自希臘時代以來所發生的每一件事，基督教文明本身似乎不曾滲入這個最遠的市鎮以外的地區。[19]巴爾幹半島上還存在其他不合時宜的古老山村，如南斯拉夫的作家吉拉斯（Milovan Djilas）對家鄉蒙特尼哥羅共和國（Montenegro）的回憶——《沒有正義的土地》（*Land without Justice*, 1958）——中所描述的場景。在1945年之後，這些自給生存式經濟僅存的遺風，才被捲入比較大的社會裡。

富人與窮人

階級與社會階層

1914年的歐洲是屬於高度分層化的社會，即使歷經了一世紀之久的中產階級擴展以及蹣跚步向政治民主，社會上的差距依然非常大。從一個歐洲人的穿著、聲望、膚色與姿勢等細微特質，就可以明白他的社會地位。歐洲大陸的體力勞動者，通常戴著布帽或者貝雷帽（berets），並在粗布工作褲外罩藍色的罩衫；社會階層較低的已婚婦女，特別是南部與東部的婦女，通常穿著黑色的粗布連身裙與圍巾。木屐是農村窮人常穿的鞋子。雖然在19世紀末，人們的身高已經因爲營養狀況改善而增高，但即使是在英國，窮人平均要比富人矮上三英吋左右。[20]辛苦的工作與危險的機械裝置，在他們的身體上留下傷殘的烙印。被太陽曬黑了的臉龐與脖子，依然是貧窮的社會階層標記，而不是悠閒的象徵。在第一次世界大戰期間，有機會目睹軍隊在河裡洗澡的英國軍官，可能會很驚訝地向同行的軍官說：「我沒想到他們的身體這麼白。」

味道與聲音，會使用來區別低社會階層者的外觀標記更加完整。蕭伯納（George Bernard Shaw）的喜劇——《賣花女》（*Pygmalion*, 1900）——闡述口音與階級之間的關係。正如蕭伯納在劇中的序幕所談到的，「要英國人張口卻不說出一些讓其他英國人鄙視他們的話，簡直是不可能的事。」無所事事、生活富裕的語言學家希金斯（Henry Higgins）和他的朋友皮克林（Colonel Pickering）在倫敦科芬園（Covent Garden）的公共市場，發現了一位粗俗的賣花女伊莉莎．杜麗妥（Eliza Doolittle）。希金斯說：「你看看這個傢伙和她那口粗鄙的英語，她的那口英語會讓她一生都陷在貧民窟裡。好啦，先生，三個月內我就可以讓那個女孩脫胎換骨，搖身變成大使館舞會裡的公爵夫人。我甚至可以爲她謀得需要比較漂亮的英語才能勝任的工作，例如貴夫人的侍女或店員。」

1900年時，蕭伯納對英國社會階級的輕率嘲弄，其實相當眞實。東歐與南歐的社會階級甚至更加複雜，在稀少的市鎮中，只有少數的中產階級居橫亙於貴族與農民之間。

窮人

1914年時，大部分的歐洲人都是窮人，但是生活水準比以前高。北歐與西歐（並擴展到北美地區）是世界上第一個可以預期大部分人所賺取的收入，都能略高於足以維生的程度的地區。世界上其他地區的人們只能努力不懈地工作，一生所賺僅能糊口，根本無法論及長壽及健康。

對於在19世紀初引進第一家工廠之後，勞工的生活水準到底是提升還是下降這一點，歷史學家依然各有定見，但是在19世紀晚期，勞工的實際薪資確實有了大幅的提升。1880到1914年之間，英國、法國與德國人的購買力幾乎躍升爲兩倍。在當時勞工家庭的餐桌上，除了麵包和馬鈴薯之外，也經常可以看見肉類食品。[21]很多勞工可以買得起工廠製作的簡單衣物，甚至很多家庭還能留有一些買啤酒的預算——在每週50到60小時的工作之外，喝咖啡是主要的休閒娛樂。

19世紀大幅提升的農業與工業生產水準，使人們所面對問題從生產量轉變爲產品的分配。既然現在歐洲人已經有了一些盈餘，那麼公民有正當理由要求分享他們應得的盈餘的新時代也即將到來。

雖然在1914年以前，歐洲人的物質生活有了十足的進展，但是在1914年時，即使是在最富裕的地區，依然隨處可見貧困的人們。最適當的資料來自於英國的省城約克市（York），朗特里（Seebohm Rowntree）投注一生的心力蒐集與他同鄉市民的生活方式有關的精確資料。不屈不撓的朗特里在1899年時藉由挨家挨戶的調查，發現有將近28%的約克市居民生活在無可奈何的貧乏之中，他們的「總收入不足以負擔僅只維持生理功能所需的最低限度」。[22]大約在同一時期，於倫敦所進行的類似研究則顯示，約有30.7%的倫敦市民過著貧困的生活。

簡單地說，在1900年時，世界上最富有的國家中的最富裕的都市裡，大約有三分之一的人感到極度饑餓；他們用衣服當被蓋，只能期待死在慈善團體的醫院裡，或倒斃街頭被草草埋葬。在歐洲大陸上最繁榮富裕的地區——法國北部、低地國家、西德——貧窮並不比英國罕見。在比較落後的東歐與南歐地區，大多數人的所得僅能糊口或甚至不足以糊口。舉例來說，在1900年時，巴爾幹半島和西班牙人口的平均預期壽命不足35歲。[23]

即使是那些生活水準在僅能糊口的程度以上的有薪階級，也必須忍受勞動階級生活最不可避免的特性：永遠沒有保障。此時的社會福利制度還在萌芽階段。在1883年以後，德國率先提出強制性的國家健康與退休保險計畫。在1890年代時，法國緊接著跟進，採用的是自願性社會保險制度這種更具實驗性的方式。1911年時，英國由勞合．喬治（David Lloyd George）所領導的自由黨（Liberal Party），以強制性的國家健康與失業保險制度（unemployment-insurance system），取代了工會的自願保險計畫（voluntary insurance schemes）。即使如此，很多窮人依然未被涵蓋在內，尤其是自僱的農民與傭人。大部分的勞工家庭都曾經歷過貧窮，而且預期自己今後可能還會再度陷入窮困、疾病、意外、酒醉、賭博、家中主要經濟支柱的死亡等等因素，使大部分過著普通勞動生活的人，生活中充滿了不確定性。

富人

貧富之間的差距是全球性的。與虛構的希金斯教授邂逅在科芬園裡賣花的伊莉莎．杜麗妥的同一年，眞正的科芬園地主貝德福公爵（Duke of Bedford），單只是該筆產業就可以讓他收取1萬5,000英鎊的租金。[24]每週末聚集在英國、安達魯西亞或匈牙利優美的鄉村別墅或狩獵小屋的旅客，需要上百名僕人照料他們，幫他們打開行李，晚餐時站在他們身後服侍。在開徵所得稅的時代來臨之前，任何最奢侈揮霍的社會炫耀都可能出現。普魯斯特（Marcel Proust）的《追憶似水年華》（*Remembrance of Things Past*, 1913-1927）中，以孟德斯鳩伯爵（Count Robert de Montesquiou）爲藍本塑造的查魯斯伯爵（Count de Charlus），1900年代初期曾經在巴黎舉行了一場音樂盛會。他讓人在每間房裡灑滿了玫瑰花和羽毛，他讓華格納風的女高音歌手「站在一片灰色的鳶尾花之中，隨處點綴著猩猩木，讓我們憶起《火之主題》」。其中一位賓客格雷赫福女伯爵「穿著繡滿了金色百合的禮服；一串珍珠盤繞在頭髮上，垂到腰際。她將與英國皇后同席用餐」。[25]

嚴格說來，非常富有的人分屬於兩個階層：貴族或者中上階級。在1914年的歐洲，世襲的貴族頭銜依然十分重要，絕大部分壟斷東歐與南歐的社會、經濟與政治權力的大地主，都擁有貴族頭銜。伊斯特海茲親王（Prince Esterházy）在匈牙利的身分，幾乎就等於皇室。集中於易北河東方大莊園的普魯士貴族，在德意志帝國（German Empire）統治的國土裡，對軍官團與公共行政機關幾乎享有完全的控制權。即使是已經都市化與工業化的英國，在1902年之前，除了狄斯累利（Disraeli）與格萊斯頓（Gladstone）以外，每位首相都曾經擁有貴族的身分。

只有在法國與義大利，因貴族受到嚴重的貶抑，無法以貴族的頭銜作爲取得政治權勢之鑰。發生於1789年、1830年與1848年的法國革命（French revolutions），已經廢除家世身分的法定（雖然不是社會的）差異，所以貴族依然必須遵守與其他公民相同的法律，並且享有相同的政治權利。法國國會的貴族人數，在1871年時占總人數的近三分之一，降到1914年時僅剩下少數幾個人。[26]從1859年到1871年，義大利完成統一，將割據一方的王國掃蕩殆盡，而貴族所附庸的宗室所扮演的政治角色，也因此日漸褪色。但是，即使是在法國與義大利，貴族依然受到廣泛的社會尊敬；而且，雖然在選舉政治中已經不再具有很大的影響力，但是他們在軍隊、教會與外交界，依然擁有龐大的權勢。

除了世襲的頭銜之外，最富有的工業與商業大亨在各方面都能與貴族平起平坐，甚至超越了貴族。傳統上，一旦擁有龐大財產，人便會盡力取得不動產、學習貴族的舉止態度，最後就算不是爲了自己，他們也會爲兒孫爭得貴族的頭銜。但是，在1900年時，很多非常富有的人對於花錢購買貴族的頭銜已經比較不感興趣了。因爲在19世紀末，農田的收入開始減少，所以有頭銜的人對財富的需求，遠甚於有財富的人對頭銜的需要。爲了取得更多財產，有些貴族會與美國的女繼承人結婚，例如溫斯頓．邱吉爾（Winston Churchill）的父親——藍道夫．邱吉爾勳爵（Lord Randolph Churchill），與紐約的珍妮．哲羅姆（Jennie Jerome）結婚；法國的加斯特蘭伯爵（Count Boni de Castellane）娶了美國鐵路實業家古德（Jay Gould）的女兒。在1900年時，有頭銜的富人和沒有頭銜的富人因為各種實用目的而混合在一起，或許只有在彼此受邀參加晚宴的時候，才能區分出他們的不同。

中產階級

橫跨在少數非常富有的人與很多窮苦人之間的是廣大的中產階級。在中上階層的中產階級裡，歐洲的中產階級是由成功的商人以及專業人員所組成的，英國小說家班奈特（Arnold Bennett）曾經敘述有關他們那自以為是的自信與狹隘的眼界：

> 他們那充滿自信、簡短而無禮的音調，他們的衣著、相似的舉止態度，在在都顯示他們同屬於某種社會等級，而這種社會等級已經在求生的鬥爭中獲得成功。[27]

在20世紀初期的文學作品裡，最極端的例子是殷實的盧比克（Lübeck）商人家族，在湯瑪斯．曼（Thomas Mann）的長篇小說《布登勃洛克世家》（*Buddenbrooks*, 1902）中，描述了這個家族的歷代興衰史。建立布登勃洛克家族企業的，是樸素、努力工作的人，對金錢精打細算、相信金錢的價值、蔑視貴族那無聊且揮霍無度的作風，並藐視窮人那粗俗的生活方式。他們的最高目標是教導子孫熱愛家族企業。老強尼．布登勃洛克寫給兒子：「我祈求上帝讓你在接手我事業的時候，我們的企業還能保持如今的狀況。要切記：工作、禱告與儲蓄。」

歐洲中產階級的生活方式是故意炫耀他們的體面，但是禮儀的評價高於華麗而俗氣的炫耀；華麗而俗氣的炫耀是暴發戶或者輕佻貴族的特色。硬挺的衣著、進餐禮儀，以及精心招待與交換名片，是一種向外界展現他們知曉禮儀，而且負擔得起這些花費的方式。20世紀初期描述家庭生活的小說，充滿了這種「體面的禮儀」，正如巴特勒（Samuel Butler）在他的《眾生之路》（*The Way of All Flesh*, 1903）中描寫維多利亞時代教養兒童的粗魯般，文中年輕的男主角是「在他學會能夠爬之前……就在學跪」。

在穩固的上層中產階級之下，還有一大群在不穩定的邊緣苦苦掙扎，以求盡可能維持表面體面的人。即使一如領薪階級的生活般，他們痛苦地知道只要一次的惡運降臨，就可能使他們落入貧窮之中，但是這些小店主、處境正在改善的技術人員，以及勉強夠格的專業人員，卻依然堅持著中產階級的價值觀與標誌。

因為階級的區分界線模糊，所以無法測知1914年時歐洲中產階級的確切規模；在頂層的中產階級與貴族交織在一起，在底層的中產階級則與勞動階級混同在一塊。藉助他們所營造的名望，19世紀已經是中產階級歡唱凱旋歌的世紀，人們很輕易就可以推斷，1914年時，在歐洲比較繁榮昌盛的國家中，大部分的居民都屬於中產階級。但是如果我們只考慮那些已經擁有穩固的中產階級地位的人，並排除那些地位較低、只是模仿他們的生活方式的人，那麼在1914年時，歐洲的中產階級依然屬於少數。

英國的情況可以闡明這種現象。英國衡量穩固中產階級的標準之一，是他們所繳納的所得稅。[28]在1914年以前，所得超過150英鎊的人應繳納的稅率是5%；[29]只有大約30萬人（每170位英國人中有一位）繳納所得稅，而且他們對此深感不滿。並非所有的家庭都能輕鬆負擔中產階級生活的外在標記。據我們對1914年英國財富分配的了解，大約有12萬戶家庭擁有國家約三分之二的資本財產（capital wealth）：組成國家主要資本的是房地產與投資。其中4萬名地主共擁有2,700萬英畝的土地，而全國土地則共有3,700萬英畝。在天平的另一端，約有三分之二的英國人所能處置的財產，只占國家財產的5%。[30]

另一種衡量穩固中產階級的標準是雇用僕人。在1901年時，那些受僱管理家務的僕人，是英國最大的職業團體。如果把男性和女性都計算在內，那麼這些家僕的人數比礦業、工程或農業人口還多。在職業婦女之中，家庭僕人顯然是她們最主要的工作，在400萬從事有薪工作的英國婦女中，約有150萬人擔任家庭僕人的工作。[31]1950年代晚期，英國保守黨的首相麥克米倫（Harold Macmillan）回憶自己兒時的家，雖然那是一個富裕但樸素的衛理公會信徒出版商的家庭，但是他們依然雇用了7位僕人。[32]即使是最底層的中產階級家庭，也努力掙扎著維持雇用一位僕人境況，因為沒有瓦斯或電器設備的協助，而必須獨自擦洗並為家人做飯的婦女，必然會被視為是低層社會階級的人。流亡倫敦的馬克思家族，勉強擠在蘇活區只有兩個房間的屋子裡，依靠卡爾・馬克思（Karl Marx）為《紐約論壇報》（*New York Tribune*）執筆的稿酬收入，以及他的朋友弗萊略許・恩格爾（Friedrich Engels）的資助生活。但是即使身處貧窮的邊緣，馬克思家族依然擁有忠誠的僕人——福洛・丹姆絲（Frau Demuth）。

穩固的中產階級最基本的標記是一些無法測量的東西：個人對自己生活的

掌控範圍。在法國小說家維藍特（Roger Vailland）觀察敏銳的作品《法律》（*The Law*, 1957）裡，雖然實際上是以第二次世界大戰之後，在義大利南方的一個原始村莊爲背景，但卻是一篇在論述階級意義方面可亙古長存的經典著作。維藍特書中的人物了解，地位不單只是財富的問題，而且還包括日常的人際關係，誰能爲別人「制訂法律」，誰就能夠發號施令。在維藍特的村莊裡，沒有人爲沒落的貴族西撒（Don Cesare）「制訂法律」。雖然遭到有些比他有餘裕悠閒生活的人羞辱，但是充滿幹勁的企業家布雷甘特（Matteo Brigante）卻能讓大部分的村民服從他的意志。整體說來，其他村民因爲沒有錢、沒有才智，甚至也沒有爭取自由的意願，所以他們的生活裡總是充滿了永無休止的羞辱。

大部分的歐洲人太習慣於遵從某些基本的束縛——家族義務、性別角色，以及順從民風與宗教的價值觀，以致沒有注意到這些束縛如何控制了他們的生活。有越來越多的歐洲人屈從大公司或者官僚政治所作的決策。1900年時，獨立手工業者已經減少到不能再低的10%左右的木匠、鉛管工等等行業，撐持著走過20世紀。從19世紀末期到20世紀時，工廠的工人人數已經穩定，並成爲歐洲人口中成長最快速的一群，直到二十世紀末期，他們依然占總人口的三分之一左右。在世紀轉換之時，工人原本成長最快速的地位被白領階級取代：辦事員、分配、銷售與通訊行業的工作者，以及低階的公務員，如教師與郵差。雖然很多白領階級努力想要維持中產階級的形象，但是他們的生活也屈從於別人的決策，以及市場或社會上那些難以捉摸的力量支配。

因此，認爲歷經一世紀的「中產階級發跡」之後，大多數的歐洲人已確實成爲獨立的中產階級，其實是個錯誤。拉斯萊特（Peter Laslett）估計，在擁有歐洲最高度開發的都市與工業區的英國，只有約20%到30%的人口，可以稱得上是穩固的中產階級。溫斯頓．邱吉爾可以適切地反映出生於不輕易允許他人加入的小團體，或者憑藉自己的努力打入不輕易允許他人加入的小團體裡的英國人，他們「生活在長久以來所積聚的財富裡，落日餘暉中的舊世界看似依然美好」。[33]在那不輕易允許他人進入的小團體之外，交織著努力想要仿效這個小團體的人的陰影，然後才是貧窮的大多數人。如果我們將相同的分析擴展到整個歐洲大陸，那麼我們將在最高度都市化與工業化的地區觀察到相當類似的社會階層：法國北部、低地國家、西德、瑞典，或許還包括義大利北部。更往東方與南方的地區，中產階級僅局限於稀疏市鎮中十分少數的零售商與放款者；在這裡，貴族與爲數眾多的農民在更尖銳和更嚴重的社會階級制度中彼此對立。

提升社會地位

在歐洲人的一生裡，如何輕易地從某個社會階層轉移另一個社會階層呢？顯然歐洲人的社會階級並不是世襲的。一個人一生的社會地位並非從一出生就永遠不變。雖然世襲的頭銜與上流階層的家世依然具有龐大的社會威望，但是財富已經變得更加重要；只要有足夠的運氣與決心，人們就可以取得相當的財富。但是提升社會階層是一條窄路，針對成功的法國企業家所進行的研究顯示，在1850年以前，工業化初期時，出身工匠的成功商人比19世紀末期多，因爲在19世紀末時，必須挹注更多的資本才能創辦大型企業。對歐洲人來說，在一代之中即爬升到較高層的社會階級，或者與社會階級較高的人結婚，是極爲罕見的情形，因爲要提升社會層級通常需要花上好幾代的時間。所以在1914年時，大部分的歐洲人可以預料在生命結束時自己所擁有的社會地位，大概與剛開始時相去不遠。

此外，提升社會階層可能涉及令人感到非常痛苦的被孤立與被拒絕的個人經驗。在福斯特（E. M. Forster）所著、與英國的階級差異有關的小說《此情可問天》（*Howard's End*, 1910）裡，他描述年輕的貝斯特（Leonard Bast）是：

> 他站在上流社會的邊緣。雖然並不在地獄裡，但是可以望見地獄，偶爾他認識的人會墜入其中……如果他是生在幾個世紀以前，在過去那段閃亮的文明世界裡，他可能會擁有固定的地位，而且也會有與地位相當的階級與收入。但是在他生存的年代裡，民主的天使已經出現，她用皮革般的翅膀掩蔽了社會階級並且聲明：「人皆平等——也就是說所有的人都擁有保護傘。」所以他有責任要維護上流社會。[34]

貝斯特取得「教養」的粗魯做法，與利用兩個年輕富家女來提升社會地位的企圖，讓他誤入歧途毀了自己的一生。而那些女孩只不過稍吃了些苦頭而已。這裡所謂的道德似乎是「只要你有錢，就永遠不會大難臨頭」。

婦女與家庭

控制生育

在20世紀交替之時，歐洲已經走過一個社會史上重要的轉捩點：「人口轉型」（demographic transition）或者「生育轉型」（fertility transition）。用最簡單的話來說，就是走向小家庭的趨勢。

傳統社會可能會經歷幾個人口階段。在第一個階段裡，人口因為高出生率與高死亡率而達成平衡，所以大致維持在一個穩定的狀態。在第二個階段裡，衛生條件的改善與比較適當的食物供應，使死亡率下降，因而人口暴增。17世紀、18世紀與19世紀初期的西歐就已經進入這個階段（而第三世界則在第二次世界大戰之後進入這個階段）。

在第三個階段時，因為生育率下降而使人口再度趨向穩定。由於父母開始了解節育的優點，所以歐洲在19世紀時就已經開始進入第三階段。[35]首先，因為生活環境改善，意味著個人所生育的孩子大部分都能存活，而這是先前不曾有過的經驗，所以不再有充分的理由多生孩子。其次，生養子女的開銷變大。雖然在農場裡，孩子越多可能意味著收入越多，但是在強制限制使用童工之後，工廠的工人發現，孩子越多只是代表花在食物和衣著上的開銷越大而已。而隨著公共教育的日漸普及，教育費甚至使育兒的成本變得更加昂貴。低層中產階級的人發現，少生孩子就比較容易維持「體面的」中產階級生活方式。最後，因為政府承擔了照顧老年人的責任，所以打消了人們養兒防老的念頭。

1800年以後，節育的行為首先在法國的中產階級與低層中產階級裡迅速普及化：這是世界上第一群大規模實行節育的人。1870年代及以後，節育的風潮使小家庭在如英國、德國與斯堪地那維亞半島等地變得更加普遍。雖然是由名義上屬於天主教的法國引領這股風潮，但是朝向小家庭的趨勢顯然與宗教的教義不符，而且這股潮流也沒有相應產生方便使用的節育方法，人們早已知道一些控制生育的方法，例如晚婚與性交中斷法。現代的工業與醫學知識使人們可以利用更有效率的節育方式：19世紀末，人們就已經製造出子宮帽和橡膠保險套。但是，在1930年代開發出廉價的乳膠保險套以前，對大部分人來說，這些避孕措施都太過昂貴。[36]即便如此，重要的改變並不是技術性的改變，而是價值觀的改變。現在只要節育，似乎就有很多家庭有把握過著中產階級的生活。

由於社會態度的重大轉變，在1890年後的四十多年間，北歐與西歐的出生率下降了一半。歐洲的人口數達到完全的穩定狀態。舉例來說，在1840年到1844年之間出生的丹麥婦女平均生育4.4個孩子，其中有60%的孩子是在母親30歲之後出生的；在1905年到1909年之間出生的丹麥婦女平均生養2.25個孩子，其中有60%的孩子是在母親30歲之前出生的。[37]歐洲所有的現代化國家都出現了類似的變化。

這種社會態度的轉變已被稱為是「現代的重要事件之一」[38]，而且在本書所論述的年代裡，社會態度轉變的事件本身，也反映在所有的歐洲社會制度上。

在歐洲，傳統的節育方法就是晚婚。在19世紀的歐洲，有很多女性晚婚或甚至沒有結婚；未婚女性的人數已達巔峰，不單只是反映在如珍·奧斯汀（Jane Austen）的《傲慢與偏見》（*Pride and Prejudice*, 1813）這類的小說裡。相形之下，只要大家庭依然令人嚮往，那麼已婚女性就會在年華老大時繼續生育孩子，世紀交替之際所發生的變化是形形色色的。在20世紀的歐洲，人們開始早婚，而且婦女生育孩子的年齡也提前了；同時，他們的預期壽命也比較長。前文曾經提及在1905年到1909年間出生的丹麥婦女，她們的預期壽命是68歲，但是在1840年到1844年之間出生的人，平均只能活到47歲。因爲大約在30歲左右就已經完成生育大事，所以許多現代女性渴望在其他方面享有有趣且有建設性的生活。

婦女的地位

不論如何，男性依然是家庭裡的主宰。《拿破崙法典》（*Napoleonic Code*）強化了丈夫與父親的傳統權威。《拿破崙法典》不只是法國的法律，也是很多其他歐洲國家的法律，《拿破崙法典》使19世紀的律法全書現代化。妻子不能擁有自己的財產，不能決定孩子的住處或教育，也不能在法庭裡作出對丈夫不利的證明。在社會學家韋伯（Max Weber）所成長的德國上層中產階級家庭裡的父親，可能未必比其他家庭的父親專橫。但是，或許是已經超過忍耐的最大極限，韋伯的母親在1886年，當她最小的孩子入學之後，更加惱怒丈夫的權威，因爲家裡大部分的財產都來自於她的嫁妝，但是她卻不能把自己的嫁妝捐贈給慈善機構，藉以表達自己的喀爾文教徒性格。

> 因此，依照這些圈子裡的傳統，海倫娜（韋伯）〔Helene（Weber）〕在50歲時依然無權處置固定的家用開支，也無權支配她個人特殊需要的開支。她反而必須用帳簿……一項一項地報領家庭和個人所需的費用。因此她不斷受到丈夫的控制——與這種體制下的其他婦女一樣——批評，並且忍受丈夫因為無法確切判定那些款項必不可免，而對大筆開銷驚詫不已。既然家裡的收入有一半以上來自於她所擁有的財產，她對於這樣的情境越來越感到反感，也越來越惱火。[39]

根據我們的了解，在這個時期裡的勞動階級生活，社會地位越低下，父親的權威就越專橫。有一位英國青年曾經回憶起祖父母在19世紀末期時的生活方式，和很多英國勞動階級的男性相比，從事製鞋工作的祖父似乎更加嚴厲且浪費，但是在十四年內爲他生下七個孩子的妻子對他的敬意卻與別人一模一樣。

女人們總是用最卑屈的態度來侍候她們的男人。在家裡，男人不用做任何事，人們不會期待他們去搬煤或者去砍柴，或者把家裡的垃圾拿到人行道上收垃圾的地方……當愛德文下班回家時，家人必須立刻讓出座位給他。他把背包和外套丟在地板上讓妻子收拾，然後一言不發地坐下來，抬起腳來，讓妻子為他鬆開鞋帶、脫下靴子，在脫鞋的時候，他的腳就擱在妻子身上那破舊褪色的圍裙上……。在他死之後，他所享受了一生的侍奉優遇，就會轉移到當時家中唯一的男性身上。[40]

在1914年之前的幾年裡，婦女在政治方面的角色首次開始出現轉變。因爲在紐西蘭（1893）、澳洲（1902）、芬蘭（1906）與挪威（1913），以及美國的某些州，例如懷俄明州（Wyoming, 1869），女性已經擁有投票權，所以婦

圖1-2　1914年5月21日，在白金漢宮（Buckingham Palace）前參加主張婦女有參政權的示威運動，而被逮捕的婦女。

女的選舉權也已經排入議程。這個問題在英國壓制最嚴重，在1910到1914年之間，已經下定決心的波克赫斯特（Emmeline Pankhurst）女士、她的女兒以及她的追隨者，舉行了幾場爭取投票權的示威運動，造成數百人被逮捕、至少一人死亡的結果。但是，直至第一次世界大戰之後，英國和德國的選舉障礙才被打破，而法國（1944）、義大利（1946）、瑞士（1971）與葡萄牙（1976）甚至更晚才清除她們的選舉障礙。

至於婦女的就業權與在家庭內的權利這個問題，在第一次世界大戰期間，大幅增加的女性勞工，只是一個期待歐洲朝女性可以過著更加獨立地生活的長遠目標邁進的開端。舉例來說，因為價值觀出現極為深刻的轉變，才促成在1960年代《拿破崙法典》的修訂，賦予已婚婦女法律上的完全平等。

政治體系與群衆運動

1914年之前，歐洲的基本政治單位是單一民族的主權獨立國家。主權是16世紀的歐洲所發展出來的政治概念，用來證明專制君主政體的正當性，以對抗封建制度的貴族與教會的勢力主權，表明國家的特性是來自內部唯一的權力來源，而且不接受外部法律制裁。主權的觀念與中世紀時的觀念相反。中世紀的人們認為，所有世俗的權力都應該對宇宙的神或自然、法制負責任。即使當君主的絕對權威已經被人民的主權取代時，在1914年，國家依然是自身利益的最終審判者，並且依據這些利益來與其他國家往來交流。雖然在1914年以前的歐洲，國家與國家之間可能會為了自己的方便，而接受某些國際協定〔舉例來說，國際郵政協定（international postal conventions）、紅十字會（the Red Cross）、戰爭公約（the rules of war）與1899年在海牙會議（Hague Conference）所創立的自願性國際仲裁機構（voluntary international arbitration macninery）〕，但是在與另一個國家往來時，他們依然獨斷獨行。不論是實際上或理論上，那些手握大權，可以制止任何外力介入干預自身事務的國家，都被視為列強。1914年的列強包括英國、法國、德國、俄國以及奧匈帝國，或許還包括義大利，但是西班牙或鄂圖曼帝國已經不再名列列強之內了。

君主政體

1914年，大部分的歐洲國家都是君主政體。在列強之中，只有法國是共和政體。西班牙在1873年時，曾經歷經短暫的共和政體，但在1875年時又恢復爲君主政體。縱觀整個19世紀，新興的獨立國家傾向於請求某些賦閒的德國王侯，來表達超越任何派別的國家團結：1830年，森科堡（SaxeCoburg）家族的里歐波德王子（Prince Leopold）成爲比利時國王；1832年巴伐利家族的奧圖（Otto of Bavaria，1862年奧圖被廢時由另一位丹麥王子接位）成爲希臘國王；霍亨索倫—斯格瑪瑞根家族的查爾斯（Charles of Hohenzollern-Sigmaringen）在1881年時成爲羅馬尼亞的加羅爾（Carol）國王；而在1879年與1886年時，森科堡的費迪南（Ferdinand），則接替巴登堡的亞歷山大（Alexander）成爲保加利亞國王等等。

直到1914年爲止，除了法國與瑞士以外，絕對的共和主義四處表現一種異常激進的政治立場。英國皇室在維多利亞女王與愛德華七世（Edward VII）的統治之下，比19世紀初由喬治四世（George IV）或威廉四世（William IV）統治之時，更受人民的眞誠愛戴。大部分的義大利自由黨人接受統一義大利的皮得蒙（Piedmontese）皇室，而且幾乎所有的德國自由派，都接受普魯士的霍亨索倫家族是榮耀的新德意志帝國（German Reich）的皇室。一直到1914年爲止，在奧匈帝國與俄國的君權統治下擁護共和政體，依然是革命性的主張。

雖然不論大國或小國，對大部分的歐洲國家而言，君主政體似乎是毫無爭議的固定體制，但是在1914年時，人們也同樣接受應該要有些立憲限制的看法。在這方面，從西歐到東歐還是有著程度上的差異。在英國、斯堪地那維亞半島與低地國家，雖然有君王在位，但並不執行統治的實權；在義大利、德國與東歐，對皇家的權威有了更新且更窄化的限制。然而在1914年時，德國的威廉二世皇帝（Kaiser Wilhelm II）、奧匈帝國的約瑟夫（Franz Josef）皇帝，和俄國的沙皇尼古拉二世（Tsar Nicholas II）個人，依然掌握國家政策的最後決定權。

但是，在這些帝國裡，依然存在持續朝向某種程度的憲法限制的趨勢。德意志帝國的議會雖然在1886年與1887年爭取軍備預算控制權的重要鬥爭中失敗，但是在很多領域卻擁有預算決定權。與德意志帝國一樣，哈布斯堡帝國（Habsburg Empire）的首相在施行國內政策之前，必須先取得奧地利與匈牙利議會的同意。甚至在1905年的革命運動之後，俄國的專制君主也都被迫成立議會〔杜馬（Duma）〕。雖然權力有限，但是杜馬確實擁有立法權，而且除了軍備預算及沙皇個人的開銷之外，也必須取得杜馬的同意才能撥款。這些進展激勵了俄國立憲自由派如米留科夫（Pavel Miliukov），與改良社會主義學家，克倫斯基（Aleksandr Kerensky）等人，使他們相信他們的國家最終將與西歐一樣，實施君主立憲的體制。

對米留科夫、克倫斯基，以及一般歐洲的立憲自由派而言，1914年的政治議題依然是1789年的法國大革命首度清楚提出的問題：如何以量才爲用來取代世襲權威。戰前歐洲的立憲自由派認爲英國模式的國會是最適合用來約束世襲權力的工具。

議會的角色

第一次世界大戰以前的議會，正朝兩種平行發展的方向轉變。首先，由於國家的活動已經擴展到新的社會與經濟領域，所以議會有更多的事情要做。因爲立法的範圍與複雜度增高，所以議會的成員變得更專業，而且每年的會期就占去了一年中絕大部分的時間。舉例來說，在19世紀中葉，英國下議院每年的開會時間平均是116天，但是在第一次世界大戰前夕，議員開會的時間平均每年爲146天。

其次，有更多歐洲人取得選舉國會議員的權利；英國在1884年時將選舉權擴大到幾乎包含所有的成年男子。1848年，法國就制訂了普遍的男性選舉權，並且在1871年之後實際行使這項權利。比利時於1893年，西班牙是在1890年，挪威在1898年，瑞典與奧地利在1907年，而義大利則是在1912年相繼施行普遍的男性選舉權。[41]

中歐與東歐選舉權的發展比較落後。雖然從1871年建立德國以來，德國議會就是由所有的成年男子所推選出來的，但是掌握實權的上議院，「聯邦議院」（Bundesral）的議員卻是指定的。德意志聯邦制度中最大且最有權勢的州普魯士（Prussia），並未參與比較小的德國州政府授予全體成年男子選舉州政府的選舉權的行動。普魯士維持三級投票制（three-class-voting system），允許繳付三分之一稅金，邦國內最富有的少數公民選舉三分之一的衆議員。匈牙利與巴爾幹半島上的大部分國家，直到第一次世界大戰時還實施有限的選舉權。仍然限制他們的選舉權。在1914年之前10年，俄羅斯帝國似乎有開倒車的傾向。允許幾乎所有成年男性擁有選舉權的1905年與1906年的第一次與第二次杜馬的選舉法，在1907年與1912年的第三次與第四次杜馬選舉時，人民的選舉權卻被大幅縮減。但是樂觀的自由派認爲，這些情況是必然邁向立憲政府的潮流裡暫時出現的渦流。

在大部分的歐洲，直接選舉產生的下議院在對抗以比較不民主的方式選定的上議院時獲勝。舉例來說，在1884年廢除終生參議員之後，所有的法國參議員都是經由選舉產生。英國的衆議院在與上議院的對抗中，取得了亮眼的勝利成果。1909年，當上議院全體議員反對自由黨領袖勞合．喬治的預算案中的福利條款時，在衝突中，他們對眾議院通過的法案的絕對否決權被剝奪殆盡。

在民眾控制立法的權力擴展方面，還有些其他比較細微但並非不重要的進展，例如祕密投票的普及，以及有給職的議員席次。澳洲式投票法或者祕密投票法提供投票者密封袋與個人投票站。1913年，法國引進了密封袋與個人投票站之後，就削弱了地方「顯要」對弱小鄰人在政治議題上的普遍影響。在1911年時，每年要發放給所有英國眾議院議員400英鎊薪水的規定，使得沒有個人收益的男性，有機會在眾議院任職，長久以來英國的眾議院就是貴族統治最嚴重的歐洲議會之一。

1914年，議會制度在歐洲政治的發展，依然非常不平衡。這種制度的持續發展顯示未來的趨勢將朝向廣泛的選舉民主制度邁進，但是卻遭遇來自舊專制君主與新民族主義者的強烈反擊。和很多曾經因俾斯麥（Bismarck）的成功，所以轉而相信強大的國家比公民的自由還重要的德國自由派一樣，擴大普魯士三級投票制的努力，遭到與皇帝與很多德國自由派的最堅決反對。德國自由主義者諾曼（Friedrich Naumann）曾說：「如果哥薩克人來襲，那麼社會改革對我們有什麼益處？」[42]自1899年以來，由於捷克族與日耳曼族的眾議員要求在此多民族帝國的學校與法庭中擴大使用少數民族語言的權利，他們所展開的示威運動，使奧地利的議會便常陷入半癱瘓狀態。俄國沙皇成功的翻轉1905年被迫批准的改革。回憶中，在第一次世界大戰前10年，彷彿並不是議會政體的黎明，而是落日黃昏的景象——是戰後複雜的經濟使經濟計畫官僚取代議會之前的最後一刻；也是戰後民族主義者對國家「效率」的渴望，使獨裁者取代議會之前的最後時光。

社會主義運動

第一次世界大戰之前，社會正義與經濟權利是緊迫的新議題，足以與立憲問題相提並論。早期工廠的嚴苛環境，以及因爲工業化而遭淘汰的都市工匠的悲慘遭遇，促成了1848年的暴動與1871年巴黎公社（Paris Commune）成立。但是，在第一次世界大戰之前的那個世代，因爲來自新興的常設組織：工會與社會主義政黨，所以要求對資本主義經濟制度進行基本改革的壓力持續不斷。

19世紀末期，同業公會——聯合在一起保護同業的技術熟練工人——已經擴展爲由全體工業人口組成的工會。雖然很多政府已經不再禁止工會的存在（英國是1825年；法國是1884年），但是在1890年代之後，工會那快速成長的會員人數與常任幹部，依然使中產階級的自由主義者與保守派感到驚慌。在1914年時，英國與德國工會已經擁有兩百多萬名會員，約占30%的男性勞動力。德國工會常任職員的財富與規模遠勝其他國家的工會，在1900年到1914年之間，他們的人數成長了10倍——從290人增加到2,867人。由不到6%的法國勞動力組成的法國工會，雖然只有極少的罷工基金，卻以戰鬥力彌補組織上的不足。從1906年到1909年間，法國政府一再動用軍隊來控制大罷工。

新的社會主義政黨利用不斷擴大的投票權，將大量的領薪階級帶入可以獨立站上政治舞台的階級。逝世於1883年的馬克思，其影響有組織的工人的主流思想（英國除外），在1890年代取代了自由主義改革派與天主教改革派，並於改變經濟制度上，與早期的自發性暴動策略一爭高下。在1890年代後，馬克思的追隨者將他的策略解釋爲透過增加有投票權的無產階級人數，來征服歐洲的民主政體。在1914年時，他們的計畫似乎毫無效用。1912年選舉時，德國的社會民主黨（Social Democratic Party）掌握了三分之一的選票，取得了110個席次，是成爲議會的第一大政黨，這是社會主義選舉策略唯一最出色的成就。1914年，法國的社會主義黨（Socialist Party）在602席國會議員中爭得了103個席次，約有150萬張選票，英國的工黨（Labour Party）在1906年選舉的670個席次中奪得了29個席次；奧地利的社會民主黨（Social Democrates）在1907年選舉的516個席次中贏得了87個席次；而極盛時期是1906年第二屆杜馬選舉中的俄國社會革命黨〔Social Revolutionaries，農民革命派（agrarian revolutionaries）〕與社會民主黨（Social Democrates，馬克思主義者），他們在520個席次裡，共贏得103個席次。

1914年大戰前夕，熱中選舉的社會主義對歐洲政治帶來了重大的影響。在某些情況下，當社會主義者與自由主義改革者聯合他們的力量時，就會立法制訂重要的社會改革方案。1911年時，英國的工黨與自由黨聯合投票制訂了勞工保險計畫。但是對很多自由主義與保守主義者來說，馬克思主義政黨的迅速成長，是一道暴風雨前的閃電，照亮了政治天空。在德國議會裡，勢力龐大的社會民主黨黨團拒絕按照傳統唱頌歡迎詞「皇帝萬歲！」，而皇帝則坦率公開地稱他們的領袖爲民族大敵。1914年爆發的戰爭，中斷了一場正在醞釀的戰鬥，即與傳統上崇尚建立議會制度的歐洲自由主義者，是否能夠容忍馬克思主義者把持這些機構。

民族主義

1914年的歐洲，民族主義比社會主義更能撼動人心，有很多勞工參與其中。主權在民的觀念非常輕易地使人接受「人民不應該只擁有最高統治權，而且也應該是個熱誠公民」的概念。1789年以後的西歐，對民族忠誠的思想，支持了大型同質性民族國家的形成。法國大革命中熱情的國民軍，只是民族主義把槍口對準傳統的貴族與教會國際主義的第一個引人注目的例子。民族主義自法國向外蔓延，鼓舞那些散居歐洲各地、使用德文和義大利文的人，在19世紀中葉建立民族國家，而這些國家在以前只是蕞爾小國。在史湯達爾的小說《巴馬修道院》（*The Charterhouse of Parma*, 1839）中，年輕的義大利人菲比利歐（Fabrizio）由於認爲皇帝代表偉大的民族國家，對落後地區如巴馬公國（Duchy of Parma）的勝利，所以他希望加入拿破崙的軍隊。1848年，德國的革命者也同樣蔑視三十幾個曾在拿破崙戰役中倖存的日耳曼公國。

1871年，德國與義大利統一後，普及的教育與大衆傳播，爲西歐的新舊國家提供了能夠讓公民更具同質性而且更忠誠的方法。西歐國家通常利用普及的教育來滅絕地區方言，並且培養人民的愛國精神。將不列塔尼人（Bretons）、巴斯克人（Basques）、威爾斯人（Welsh）與說普羅旺斯語和各種日耳曼方言的人，併入較大的社群裡；使歐洲地圖上依自然色彩劃分的大區塊，能確實反映這種日益增加的文化同質性。新都市裡那些失根的居民需要某種情感依附，他們對遊行與愛國演說反應熱烈。因此，在1914年時，民族主義有助於強化西歐列強的同質性。

相形之下，在東歐，現有國家如使用數國語言的奧匈帝國、俄國與鄂圖曼土耳其（Ottoman Turkey）等，民族主義是這些國家即將崩潰的徵兆。因爲長期被壓抑的民族（如捷克人、波蘭人與匈牙利人），以及其他不曾建國的民族（如斯洛伐克人、斯洛維尼亞人、阿爾巴尼亞人與南斯拉夫人），重新發現自己的語言與文化的價値，所以翻轉了朝單一國家語言發展的趨勢。舉例來說，捷克的歷史學家巴拉茨基（František Palacký）在1836年時被迫以東歐普遍使用的德文，出版自己那與捷克人歷史有關的開創性作品──《波西米亞史》（*History of Bohemia*），但此書一直到1848年才出版捷克文版。這種重新發現的民族忠誠激起了分離主義運動（separatist movements）。1913年時，鄂圖曼帝國已經將幾乎所有歐洲的版圖都輸給了新的民族，在歐洲僅剩下幾平方英哩的土地：希臘人、阿爾巴尼亞人、保加利亞人與羅馬尼亞人。由多民族組成的哈布斯堡帝國在1867年時，建立「二元帝國」，同意賦予匈牙利人特殊地位，由法蘭約瑟夫皇帝身兼奧地利皇帝與匈牙利國王的身分，同時統治奧地利與匈牙利，不過兩國各自得理自己的內部事務。但是，在取得了民族特權之後，匈牙利人就不再妥協，拒絕讓其他於哈布斯堡王國治下的主要民族如捷克人、波蘭人與南斯拉夫人擁有相同的民族特權。但是這種拒絕只是加劇了那些少數民族對民族自治的渴望，而且最後甚至驅使他們在第一次世界大戰期間，越過自治而要求完全獨立。

帝國中受到威脅的統治民族，也以提高自己的民族情感來回應。泛日耳曼主義者夢想讓德意志帝國統一東歐所有說日耳曼語的民族。俄國的泛斯拉夫主義者重申他們反西方教義的古老傳統，並且夢想將所有的斯拉夫人納入神聖的俄國母親的保護之下；巴爾幹半島的泛斯拉夫主義者既想要統一，也想要獨立。嘗試使1908年開始沒落的鄂圖曼帝國現代化的泛土耳其主義者，想要重新恢復土耳其人曾在中亞取得的天下，並且統一由重新復甦的鄂圖曼帝國統治。

因此，東歐的民族主義不但沒有增強現有國家的力量，反而腐蝕或甚至取代民族對統一多民族的帝國王朝的忠誠。席捲而來的民族分離主義（ethnic）浪潮，淹沒了19世紀的東歐：1820年代，希臘脫離土耳其的獨立戰爭；1848年與1863年波蘭對俄國的反抗；1875到1878年間，保加利亞人、羅馬尼亞人與南斯拉夫人起兵反抗土耳其；以及1912到1913年的巴爾幹戰爭（Balkan Wars）。其他的少數民族也喧嚷著獨立。在這些情況下，當1899年捷克族與日耳曼族的眾議員因爲學校的少數民族語言權，而癱瘓奧地利議會之時，多民族帝國裡的議會民主，只是讓這些喧騰著想要獨立的民族，有更多表達自己意見的機會。

傳承的信念

自由主義

在20世紀初，很多歐洲人——大部分是中產階級或追求中產階級層次的人——都承認19世紀自由主義的價值觀。[43]18世紀末期的法國哲學家，與19世紀初期先進的理性主義者（rationalists），是首先系統性闡述自由主義思維的人。但是他們的英勇戰役早已在1900年以前結束，留給人們的只是一些歐洲中產階級認爲不言而喻的普遍性假設。

第一個假設是，世界是完全可知的。宇宙是一個有條理的物質系統，依據既定的規則運轉；將由科學家們一點一點地揭露這些規則的運作細節。牛頓爵士（Sir Isaac Newton, 1642-1727）的發現把這個觀點戲劇化，用相同的萬有引力定律（gravitational laws）既可以說明蘋果掉落的現象，也可以說明與行星運行的軌道；18世紀時，因為哲學家如伏爾泰（Voltaire）的努力而使這個觀點更加普及化。因為科學進步所找到的證據，使這個觀點在19世紀時更加盛行。

第二個假設是人類生來就有能力完全了解井然有序的宇宙。人類擁有一種固有的內在特性，也就是「理性」，當教育將理性從迷信的黑暗束縛之中釋放出來時，就可以認清客觀的眞理；如果經過充分的說明，任何人都會同意這一客觀眞理。正如英國的自由主義哲學家彌爾（John Stuart Mill）在《自由論》（*On Liberty*, 1859）一書中所述：

> 整體而論，擁有理性見解與理性行為的人占有優勢……屬於人類心靈的特性，……也就是可以糾正他的錯誤。人類有能力藉助討論與體驗來改正自己的錯誤……錯誤的觀點與行為會漸漸地屈服於事實與論證……只要辯論的競技場始終開放，我們就可以指望，若有更正確的真理存在，那麼當人類的心靈有能力接受的時候，我們就會發現那個更正確的真理。[44]

彌爾於1873年去世，但是他那愼重的希望，亦即自由討論可以更加接近眞理的看法，則在1900年時廣受認同。

從這兩個自由主義思想的原理，衍生出實踐自由主義的必然結果。自由主義的基本武器是教育。教育的基本職責是讓所有的人從會阻礙個人能力完全發展的宗教迷信與傳承而來的社會差別之中獲得自由，因此，19世紀末歐洲的中產階級，努力爭取普遍、非宗教以及免費的初等教育。1880年代，西歐就已經實施免費與義務性的初等教育，雖然俄國大部分地區，以及西班牙、義大利和巴爾幹半島依然充斥著文盲，但是主張獨裁政治的沙俄在1913年時，也以免費與義務性的初等教育作爲努力的目標。

一旦個人的理性已經因爲教育而獲得釋放，個人就能蛻變成一個公民，使用這個在法國大革命時發明的詞，來表達在自由社會裡，具有同樣理性的人類具有相同的成員身分。公民應該要參與政治決策，而不是政治煽動或偏見的玩物，也因此，在19世紀時，由於讀書識字的能力比較普遍，歐洲的自由主義者逐漸轉變而贊同普遍的成年男性選舉權。理想的自由主義國家裡的公民，應該享有法律之前人人平等的待遇，而且也應該擁有相同的機會，可以進入與其才能相稱的職場工作；因此而產生自然和諧的公民社會，國家只需要配置最低限度的機構來維持社會的秩序。我們必須留意，對很多自由主義者來說，公民權屬於公共空間，因此是單屬於男人的世界；女性的地位是屬於家務與家庭的私人空間。[45]

在經濟方面，自由主義假設，有理性的人用來謀求開明的自我利益的方式，與自然無比和諧，以致整個社會都能得益。「經濟人」是指從事商業活動的理性人類，只要擺脫愚笨的國家干預，他們就可以用前所未有的低價，生產前所未有的優質產品，進而服務社區與他們自己。他們會自行調整工作、薪資或價格上的暫時性失調，猶如有一隻「看不見的手」勒住他們的韁繩般，這是借用了自由主義經濟學者亞當・史密斯（Adam Smith, 1723-1790）以及他那19世紀的支持者喜歡使用的說法。當然，1914年的歐洲並沒有實施這種古典的自由主義經濟學，因爲企業家希望國家能夠保護他們，對抗外國的競爭以及有組織的工人。但是在1914年時，自由主義經濟學家依然反對關稅及企業卡特爾，企圖說服人們相信自動調節的世界自由貿易制度，是通往廉價富足最有效率的路徑。

19世紀出色的科學與技術成就、識字能力的迅速普及、政治自由的擴展，與史無前例的經濟成長，燃起了人們繼續邁向人類追求完美的希望。法國詩人雨果（Victor Hugo）曾於1859年在觀看氣球升空的情景後，寫下象徵「向天國邁進的偉大熱忱」（the great élan of progress toward the heavens）的作品。

> 邁向神，純淨的未來，邁向美德，
> 邁向呼喚我們的科學，
> 邁向罪惡的終點，邁向寬厚的饒恕，
> 邁向富饒、和平與歡笑和一個幸福的人類。[46]

雨果的詩暗示了人類主宰天空，就以新的人類和諧的20世紀世界，取代那個有著「語言差異、理性差異、法律差異、習俗差異」的舊世界。征服「如此廣闊的天空將廢除各國國家」，直到1895年，法國科學家貝特洛（Marcellin Berthelot）依然宣稱他信仰19世紀實證哲學家的夢想，他的信念也就是科學的必然性能擴展到人類知識的每個層面，不只改善人類的物質世界，也會提升人類的倫理道德。「科學的普遍勝利，將保證人類能夠擁有最可能的幸福與美德。」[47]

但是在歐洲人開始掌控天空時〔在第一架簡易飛機於小鷹市（Kitty Hawk）首次成功飛行之後僅僅6年，法國人布萊利奧（Louis Blériot）就於

1909年飛越英吉利海峽〕，人們開始對雨果那透過飛行達到人類和諧的夢想懷抱高度的懷疑。科學似乎有可能像支持和平製造者般偏愛戰爭製造者，或者像容忍「幸福與美德」般容忍人類的懶散與頹廢。威爾斯（H.G. Wells）在他最受歡迎的科幻小說《世界大戰》（*The War of the Worlds*, 1898）與《時間機器》（*The Time Machine*, 1895）中曾經帶給人未來會有「幸福與美德」之類指望未來的憧憬。美國散文家亨利．亞當斯（Henry Adams）曾於1900年造訪巴黎世界博覽會的機械展示會，並寫下他的經歷：

> 按時坐在巨大的發電機旁，觀看它們如同行星般寂靜無聲而且平順流暢地運轉，滿懷無限敬意地詢問它們，你們究竟要往何處去。它們真是令人感到不可思議。上帝並沒有與它們同在。主要是德國人……我已經可以了解那些能活到1930年的人，為什麼寧可折壽。[48]

不論如何，當新世紀開始之際，這種預感依然是異議。法國的哲學家沙特（Jean-Paul Sartre）以童貞的言詞（1914年時沙特年僅九歲）回憶他在第一次世界大戰前夕，從祖父那裡理解到的、對人類命運充滿希望的觀點：

> 以前曾經有過國王、皇帝。他們非常非常壞。他們已經被趕走了；所發生的每一件事都是為了美好的未來。[49]

在1914年時，不單是孩子們吸收了這種理性且進步的自由主義信念。1914年時42歲，而且在英國以最富懷疑論思想而馳名的劍橋數學家與哲學家羅素（Bertrand Russell），日後曾經回憶道：「我們都很確信19世紀的進步將會繼續延續，而且我們自己也可以貢獻某些有價值的東西。」[50]套用劍橋畢業生——李歐納德．吳爾芙（Leonard Woolf）的說法：

> 1914年以前的世界與1914年以後的世界之間的差別在於，安全感與一種日漸茁壯的信念；也就是對人們來說，最美好的事情就是公眾與個人的幸福……彷彿人類可能真的正處在文明的邊緣。[51]

保守主義

保守主義是國王、貴族、大部分的僧侶與很多他們的下層支持者所接受的價值體系。歐洲的保守主義者對於人類的本性抱持悲觀的看法，他們相信最好由天生的領袖來領導「墮落」的人性。並不是所有的保守派都認爲天生領袖是由神所命定的；有越來越多俗世的保守派人士認爲，天生領袖是歷史所創造的，在他們的觀點裡，人類社會是一種長期進化的結果。根據保守派所偏愛的類推法，人類社會的各個部件就如同活生生的生物體般結合得天衣無縫。根據保守派的看法，以一些抽象原則的名義砍削社會有機體的肢體，其惡劣的程度更甚於犯罪：這是一種毫無意義的愚蠢行爲。

人們不應將20世紀初期，歐洲的保守主義想像爲僅僅是對中世紀時代事物的一股淡淡的懷舊之情。現代的保守主義在剛開始時，是一股對1789年法國大革命的強烈反擊。1914年時，在舊有的民主主義與廢除所有世襲身分的威脅之上，再添加了社會主義與社會革命的威脅（如同1871年的法國與1905年的俄國般）。

1914年以前，現代的保守主義曾經歷過短暫而有力的復甦。新一代保守主義的傳道者以及組織者，將保守主義帶離城堡與布道壇，並且走上街頭。他們將某些群衆狂熱——民族主義、反資本主義（anticapitalism）與反猶太主義——增添在舊有的社會階層價值觀、社會的組織解釋，以及宗教教義上，使保守主義能夠適應群衆政治的時代。雖然在以農民—貴族的社會型態爲主的東歐與南歐鄉村和城堡裡，盛行更爲傳統的保守主義，但是有兩個首都出現了新的保守主義領袖——巴黎與維也納。巴黎與維也納的自由主義價值觀因爲國家的衰退、對社會主義的恐懼，以及對文化衰微的憂慮而逐漸受到侵蝕。

在巴黎，摩拉斯（Charles Maurras）的法蘭西行動（Action française）是傳統的保守派。因爲他們號召恢復君主政體與教會，並認爲這是唯一可以制止在第三共和統治下的法國日益衰落的方法。但是摩拉斯也有一些新的主張，他極爲珍視行動甚至是暴力生活與政治上的效用。大學生與心生不滿的下層中產階層人民組成他的武裝打手部隊——保皇隊（Camelots du roi），痛打自由主義的教授，並且解散左派份子的聚會。摩拉斯混用反猶太主義與選擇性的反資本主義，煽動面臨被借款與現代競爭威脅的店主，把矛頭對準銀行和百貨公司。他那崇尚武力的民族主義故意用一種簡單的群衆狂熱來掩蓋階級衝突。拉攏傳統的保守主義和驚恐的前自由主義者一起對抗某個對象，名副其實是法蘭西行動的創新之舉，他們的運動之所以備受矚目，是因爲他們所反對的對象是：民族分裂、社會衝突與文化衰微。

舒納勒（Georg von Schönerer）在維也納進行的德意志民族運動（German-National movement），來自於對東歐邊境的敵意，在東歐邊境說日耳曼語的人發現，他們舊有的優勢地位，因爲斯拉夫民族主義（Slavic nationalism）的崛起與社會主義的主張而備受挑戰。身為自由主義貴族之子的舒納勒，藐視他父親溫和的君主立憲主張，但是，和傳統的保守主義者不同，他並不信奉現有的社會等級制度，哈布斯堡帝國在社會等級制度之下，已經逐漸步向敗亡。因為新右派份子具有激烈好戰的特性，所以在1880年代，舒納勒動員了學生、店主與熱情的民族主義者，興起了一場新民粹派的反猶太宣傳活動。[52]舒納勒的影響在1907年的維也納依然鮮明強烈，當時仍是年輕的藝術學校學生的阿道夫·希特勒（Adolf Hitler），還只是個微不足道的無名小卒。

有組織的宗教

在1914年，大部分的歐洲人依然信奉某種宗教教義。然而，有組織的宗教確實已經比前兩個世代式微。在鄉村，因為教育的普及以及向都市遷徙的結果，迷信的情形已經比較少見。普遍流傳的實證主義，亦即相信科學會持續以唯物論為基礎找到每一件事物的解釋，使得主張宗教信仰的文化風氣趨於冷淡。

沒有偉大的宗教思想家可以與19世紀的實證主義潮流搏鬥。在那些受過教育的人之間，有組織的宗教還沒能走出因為1860年代傑出的達爾文學說倡導者赫胥黎（Thomas Henry Huxley），與牛津的韋爾伯佛斯主教（Bishop Samuel Wilberforce）公開辯論所招致的羞辱。牛津主教認為他所提「是否因為他的祖父或祖母，所以他才宣稱自己的世系源自於一隻猿猴」的問題，足以駁倒赫胥黎；但是，當天的辯論，顯然赫胥黎是屬於勝利的一方。

在20世紀初期，有組織的宗教主要的支持已經淪為社會落後以及社會遵從。在那些尚未滲入現代思潮的鄉村，以及拒絕承認父執輩的懷疑論，而湧向教堂，以表現他們對社會秩序的責任與支持的中產階級裡，宗教活動依然相當活躍。歐洲的教堂以社會秩序的唯一支柱之姿出現，但對憤怒的窮人來說並沒有帶來什麼好處。俄國的東正教（Orthodox Church）是由沙皇任命的聖教會議檢察官領導，而且大部分的資金都是國家資助。南歐與萊茵地區中勢力最龐大的天主教教會，是屬於國際性教會，但是她的社會教義卻使已建立的權威當局如虎添翼。新教的國家教會〔例如英國的教會與德國和斯堪地那維亞半島的路德教派教會（Lutheran churches）〕，主要功能是上層階級每週用來展示社會正確的競技場。

邁向新的覺醒

上文所討論種種承襲而來的教義，是1914年時很多受過教育的歐洲人司空見慣的假設。但是，早在19世紀中葉，知識份子就已經開始拒絕接受這些老生常談。在早期階段，挑戰大多來自於某些孤立的個人：丹麥神學家齊克果（Sören Kierkegaard）的宗教困擾，法國詩人波特萊爾敏銳的自省，以及德國哲學家尼采（Friedrich Nietzsche）對當代軟弱平庸的自由主義與基督教價值觀的奚落。一直到1890年代爲止，人們並不欣賞這些孤單的探索者。在1900年以後，知識份子對19世紀用了解人類經驗的方式理性地拒絕，才壯大成爲廣泛的運動。1914年時，在科學、美學與攸關人類事務中理性地位的基本信念，也一樣有著革命性的劇變。

科學的革新

相較於19世紀初步掌握的技術性成就，新世紀最引人注目的科學成就不但令人難以理解而且深感不安。

在20世紀初，物理學家對物質眞正本質的假設備受挑戰。如同西元前490年的德謨克利圖斯（Democritus）一般，19世紀的物理學家曾經認爲物質是由不可分解的有形粒子或原子所組成的。德國物理學家侖琴（Wilhelm Röntgen）於1895年意外發現的X射線，引發一連串對X射線屬性的探索；研究所發現的結果很難與早期的假設一致。英國物理學家湯姆森（J. J. Thomson）於1897年發現，當X射線通過氣體時，會釋出微小的帶電粒子，並在照片底板留下痕跡。在各種強度輻射下，這些粒子所呈現的一致性，使湯姆森聯想到它們可能是氣體原子的組成成分。後來的研究者稱這些粒子爲「電子」。人們開始清楚了解原子並不是不可分解的，而且它們本身自成一個世界。這些發現開啓了進入原子物理學這門新領域的大門。

大約與此同時，德國物理學家卜朗克（Max Planck）因爲無法利用正規的機械計算來說明能量沿著輻射熱譜發散的方式，於1900年提出能量並不是連續的能量流，而是定期放射的能量包或量子的假說。結果證明，卜朗克的量子理論（quantum theory）的應用層面遠比他曾經預期的廣泛。最重要的是，他的量子理論解決了很多原子物理學實驗結果的解釋難題。因爲應用於量子理論解釋原子的內部結構，所以湯姆森的同事拉塞福（Ernest Rutherford, 1911）與丹麥物理學家波耳（Niels Bohr, 1913）提出「原子內部的電子繞著質子旋轉的模式，有如太陽系的縮影一般」的見解。

在描述次原子粒子的運動時，牛頓學說的太陽系解釋暫時依然是頗具說服力的類比。但是，波耳卻繼續發現令人困惑難解而且不可預測的現象。在1928年時，德國的物理學家海森堡（Werner Heisenberg）提出原子結構的「測不準」理論。既然物理學家必須利用與次原子運動相對移動的儀器進行研究，所以海森堡便推論，人們不可能在不影響電子速度的情況下，測量電子的位置，或者在不變換電子位置的情況下，來測量電子的速度。

海森堡的測不準理論呈現的是與牛頓學說的「自在規律性」完全不同的世界。物理學家會用統計學的或然率而不是機械的必然性來解釋宇宙萬物。物理學家的直覺與某些近似於美學鑑賞天分的東西，變成用精練的數學語言，解釋宇宙萬物不可或缺的一部分，這種語言與曾經風行一時的物質確定論科學迥然不同。

測不準理論深受愛因斯坦（Albert Einstein）的相對論影響。愛因斯坦曾經對19世紀末，不論以何種方向放射光線，光速始終保持不變的實驗結果深感困惑。要不就是地球不會移動，要不就是宇宙並非始終一致。在他的狹義相對論（special theory of relativity, 1905）與廣義相對論（general theory of relative, 1916）裡，愛因斯坦以數學的方式，呈現無法存在於任何直線機械運動的絕對空間和時間。只能依賴彎曲空間的假說，以及空間和時間彼此相對並形成一種單一連續系統的假說，來解釋所觀察到的光的行爲。當皇家天文協會（Royal Astronomical Society）在一次日蝕期間證實，通過太陽的磁場時，光線是彎曲的，使得1919年時的愛因斯坦聲名大噪。這項廣受宣傳的實驗使相對論得到更多群衆的注意，而這是愛因斯坦從來沒有料想過的。很多人因而推斷只能以主觀的概念來了解宇宙，科學中並沒有必然性。

藝術與思想的革新

影響之深遠不下於物理學革新的，是在1914年的前十年裡所發生的美學革新。這兩個領域的革新並非全然無關。住在慕尼黑的俄國人康丁斯基（Wassily Kandinsky）寫道，當在慕尼黑知悉了世上有比原子還小的粒子時，他開始重新思考整個藝術現實的本質。他在1910年宣布完成第一幅純粹的抽象畫：由線條交織而成的彩色區域所構成的水彩畫。雖然從梵谷（Vincent van Gogh, 1853-1890）、高更（Paul Gauguin, 1848-1903）及塞尚（Paul Cézanne, 1839-1906）的時代開始，實驗藝術家爲了凸顯效果，曾經任意地扭曲自然，但是康丁斯基想要創作一種不參考外在自然，而是純粹源自內在世界的藝術。康丁斯基的著作《藝術的精神》（*Concerning the Spiritual in Art*, 1912），是第一本為純抽象藝術的正當性辯護的著作，完全捨棄任何具象派的要素。

對康丁斯基來說，繪畫是透過顏色和形狀所喚起的感受，而與畫家的靈魂溝通。他相信應該可以將畫家的情緒渲染在油畫布上的顏色與表現形式，而「喚起與賞畫者靈魂深處本質類似的情緒」。康丁斯基認為，在所有的藝術中，繪畫與音樂最相似，屬於最不想試圖表徵任何其他東西的藝術形式，在這樣的藝術形式裡，作曲家可以自由地利用節奏與旋律的語言來表達自我。對康丁斯基來說，色彩就如同聲音一般，具有情緒性的價值；舉例來說，黃色是「突然響起的刺耳號聲」，繪畫是一種「有顏色的音樂」。[53]

康丁斯基與他那些慕尼黑的「橋」與「藍騎士」（Blaue Reiter）派的朋友，興起了戰前主要現代藝術運動之一──表現主義（expressionism），他們企圖利用強烈的色彩與題材、任性多變的扭曲與抽象形式，來傳達強烈宣洩感受。

巴黎是第一次世界大戰前的另一個藝術實驗中心。1905年，野獸派畫家（在談到他們狂野的用色方式時對他們的暱稱）開始利用鮮明強烈的色彩與扭曲形式的畫風，擊垮「過於精雕細琢、華而不實的藝術」。比較著名的野獸派畫家，如馬蒂斯（Henri Matisse, 1869-1954）的畫作裡，依然保留一些具象派要素，但是他們任意多變地使用無景深、缺乏立體感的色彩絢亮的區塊，使得他們的畫風比曾經試圖利用斑點的油畫布，來表達合乎科學光線的印象派前輩畫風，更將偏離現實的自然界。

1914年以前，巴黎的另一項重要藝術創新，是由法國人布拉克（Georges Braque, 1882-1963）與西班牙人畢卡索（Pablo Picasso, 1881-1973）為首的立體主義。立體派依然是一種表達自然的方式，不過，是經過畫家的內在視覺完全改造過的自然改造過的畫風。因為所有的畫作都經過扭曲，以便在平面上表達深度的感覺，所以立體派藝術家選擇同時從多重角度來觀察，以及由藝術家任意重新安排的方式，來呈現物體或人體，以凸顯這些扭曲。

雖然未來主義運動所創作的藝術作品帶動的風潮為時短暫，但是它對於戰前巴黎百家爭鳴的藝術風氣依然有所貢獻。1909年的未來主義宣言（Futurist Manifesto）是兩位義大利人馬利內堤（Filippo Marinetti）與薄邱尼（Umberto Boccioni）的大作，要求用講求暴力與速度的新美學，來取代陳腐的學院派文化：「飛馳的汽車比撒摩得拉斯島上的勝利女神更美麗。」未來派藝術家要求焚燒圖書館和美術館；他們頌揚戰爭與「婦女的從屬地位」。

儘管有著相當大的個別差異，但是1914年之前十年，這些叛逆的藝術家依然擁有一些共同的價值觀。他們與西方世界那始於文藝復興時期，並在某種程度上依然爲19世紀晚期的印象派藝術家所維護的藝術傳統徹底決裂，這些傳統觀念認爲，藝術創作必須呈現一種對外在自然界的普遍理解。在與傳統決裂之時，這些抱持異議的畫家，也摒棄師承的精湛藝術技巧和各種觀念。藝術表現演變成全然的主觀，不再存有普遍適用的標準。

既然每位藝術家個人的創作驅力優先於習得的藝術技巧，所以創造力的泉源變成人們關注的主題。歐洲的藝術家們傾向於在兒時的自發性或原始感受裡，在理性與學識之外尋找靈感。高更曾經鼓勵畫家們跳脫帕德嫩神廟的馬雕像，到兒童玩的搖木馬去尋找靈感。1905年在巴黎舉辦的非洲面具展，對野獸派畫家和立體派藝術家具有深遠的影響，而慕尼黑的表現主義藝術家也曾經在人類學博物館研究過原始藝術。既然藝術不再是一種習得的技能，所以藝術在理論上首度對非資產階級的歐洲人敞開大門。很難說海關官員盧梭（Henri Rousseau, 1844-1910）是個無產階級，而且他也並不是天眞爛漫的人，但是他畫作裡那如孩童般天眞單純的幻影，使那些找尋新美學靈感的人見獵心喜。

圖1-3　康丁斯基（1866-1944）第30號即興作品（與戰爭有關的主題，1913）是第一幅完全抽象的畫作。康丁斯基認為形狀與顏色和音樂一樣，可以直接有效地表達人類的感受——在這幅畫裡，他要表達的是可能發生戰爭的不祥預感。

20世紀之初，不單只是歐洲藝術家正在重新發掘主觀的現實，舉例來說，法國哲學家柏格森（Henri Bergson, 1859-1941）在對時間的本質感到迷惑時，就已經喪失他年輕時對數學與機械的興趣。物理學家的標準時間和每個人對時間長短的主觀經驗之間那完全不協調的差距，讓年輕的柏格森印象深刻，雖然身為哲學教授，但他卻將餘生投注於研究人類思考中直覺的重要性。柏格森主張只能利用直接、具有共鳴性的理解或直覺，來了解整個現實世界，而時間持續的長短只是其中的一個例子。這是無法利用數學或物理學的符號語言來直接了解的現象。

柏格森於1897年開始在巴黎授課，並且在1907年出版《創造力的演變》（*Creative Evolution*）之後，贏得眾多學生的熱情支持。他後來的講座頌揚人類那「從廣大無際的生命倉庫中，持續不斷噴出……」的「生命衝動」，他的這些講座以及他對不朽聲名的神祕暗喻，為他贏得一群社會聽眾。在某些1914年以前法國知識份子回歸宗教信仰的浪潮中，在普魯斯特於1913年出版的《追憶逝水年華》中對時間與記憶的探索，也可以找到柏格森的身影。

佛洛伊德（Sigmund Freud）無疑是20世紀初期在「無意識恢復」（recovery of the unconscious）[54]方面，最具發展性的思想家。1880年代，佛洛伊德在維也納以神經學家的身分開始行醫，他所受的訓練使他可以用生理學甚至機械論的角度來看待神經系統。當時那些找不到生理學基礎的精神病患，吸引了一些佛洛伊德同僚的注意力，其中有一個人成功地利用催眠治癒了幾個病例。1892年，佛洛伊德開始治療用催眠治療顯然無效的病例——佛瑞利恩．伊莉莎白（Fräulein Elizabeth von R.）。但在治療這位病患時，佛洛伊德實驗了一項他稱之為「精神分析」的治療法，他使用的程序是先讓病患閉上眼睛躺在長沙發上，然後要求病患集中注意力並自由聯想，讓病患回憶深藏於她的煩惱背後的遙遠事件。1890年代，佛洛伊德根據自己的臨床經驗，確信很多精神疾病都可以回溯至受到壓抑的兒童期性發展階段的創傷，他認為利用當時他稱之為「精神分析」（psychoanalusis）的密集治療，可以療癒這類疾病。在進行精神分析時，病患會利用自由聯想回憶過去的經驗，而醫師則注意病患最敏感地抗拒揭露的地方，以及病患會將自己的情緒「轉移」到比較不會引起激烈反應的替代事件的方式。

因為佛洛伊德有信心，並認為可以用科學的方法來研究並治療那強而有力的無意識精神生活，所以自己也接受了精神分析。透過精神分析，他發現自己內心對父親的怨恨。佛洛伊德也研究夢，以及在言語上出現的、我們稱之為「佛洛伊德式口誤」（Freudian slips）現象的重要性，將之視為了解心靈的無意識生活的線索。在著作《夢的解析》（*The Interpretation of Dreams*, 1899）中，佛洛伊德使用戲劇的類比，例如《伊底帕斯傳奇》（*Oedipus legend*），來說明他所感受到的、兒子與父親之間那無意識的性嫉妒以及抗爭行爲，並且藉以揭露意識層面的理智思考有多麼依賴無意識的心靈生活。

佛洛伊德的兩個重要發現——無意識心靈生活的力量及兒童期的性慾對人格發展的重要性——完全是因爲企圖理解並治療心理疾病而激發出來的結果。在歷經一個世代，而且第一次世界大戰暴露了人類的不理性之後，佛洛伊德的思想才造成更廣泛的影響。不過，佛洛伊德在當時顯然已經放棄理性至少可以控制一部分受過教育的人的行爲，以及人類完全可以意識到自己的行爲這兩種主張。

文化革新的反應

此處提出來討論的人群與運動，在1914年時依然屬於只是抱持異議的少數人。當時他們引起人們的強烈敵意，各種現有的知識份子機構，都有排擠他們的勢力。和現代主義大獲全勝的時期相比，1914年時的大衆輿論比較無法容忍藝術和思想上的創新。此外，1914年之前的歐洲，知識份子的生活也處於空前嚴厲的制度化狀況之中。

舉例來說，在巴黎的美術學院（École des Beaux Arts），事實上完全掌控了繪畫、雕塑與建築學的正式教育，且美術學院的教師全由教育部任命。直至1881年爲止，法國藝術家協會（Society of French Artists）始終爲國家所操控，每年在它的年度沙龍中，展示已經選定、核准的新畫作。但即使是在法國政府授予更大的集會自由之後，官方的沙龍依然拒絕接受任何與學校裡教授的派生古典主義風格不符的作品。實驗藝術家必須在獨立沙龍（Salon des indépendants, 1884年以後）或者秋季沙龍（1903年以後）個別展示他們的作品，而且他們必須藉助朋友與少數勇於冒險的買家支持。

英國的藝術家甚至更深陷於保守派的掌握之下。堅持藝術「對畫家來說，就是再現可以看見及觸知的物體」的古典主義派藝術家萊頓（Lord Leighton），掌管皇家藝術學院（Royal Academy of Arts）近半世紀的時間，直至1893年才卸任。19世紀末在倫敦大學成立斯萊德藝術學院（Slade School of Fine Arts）之前，依然由40位可自己選擇接班人的「院士」所組成的皇家學院教職員，壟斷所有的藝術教育。柏林和維也納的實驗藝術家也面臨相同的窘境，他們無法順利讓自己的作品供人觀賞與欣賞；在現有的藝術展覽會向他們關上大門之時，他們成立了「脫離」（secession）展覽。難怪藝術領域裡的現代主義，要拒絕學院派技巧的各種觀念與永存不朽的歷史風格。

19世紀時博物館的創辦原則，就是尊崇古典名作，所以他們也向實驗藝術家關上大門，不願意成為他們道義或物質上的支柱。很多有權勢的人，不論是自由主義者或者是保守主義者，都震驚於現代主義中似乎會危及道德與優美情趣的「文化衰微」。德皇威廉二世（Kaiser Wilhelm II）在1908年時，因為他竟敢購買一些現代畫家的作品，而開除柏林藝術博物館（Berlin Fine Arts Museum）館長。德國皇后曾經阻止理查·史特勞斯（Richard Strauss）的自然主義歌劇《莎樂美》（*Salome*）演出。雖然《玫瑰騎士》（*Der Rosenkavalier*, 1911）歌劇處理中年人渴望調情的劇情及手法，在當時並不算大膽，但她還是禁止《玫瑰騎士》在柏林開演。

雖然愛因斯坦在瑞士伯恩擔任專利申請的審查員時，必須在大學機構以外的地方進行他的早期研究，但是科學家們在自己的大學實驗室裡享有比較多的自主權。即使愛因斯坦已經受到柏林某所大學研究機構的認可，但是他的研究成果所帶來的通俗化觀念，在1920年代依然被抨擊為猶太文化的墮落。而佛洛伊德在維也納的同事們，則從來不曾認可過他的觀點。

然而1914年以前，這個世代的文化革新，已經成功地讓新意識的主要要素有了適當的定位，而在第一次世界大戰之後，人們就更加普遍地接受了這些新意識。如今我們與這些先驅的成就是如此接近，而且他們的實驗也是如此有個性與多彩多姿，以致於人們很容易便認為1914年前夕的文化生活，似乎只是一種光輝璀璨的知識燄火，並不帶有精確的意義。但是，我們還是可以找出重要的線索。重視個人鑑賞力的新審美觀，已經取代比較客觀、重視外在性質表現的審美觀。人們已經了解我們還不知道人類的意識到底有多麼深，而且對理性在意識層面的地位也深感懷疑。似乎只有透過最主觀的假設，才能闡釋自然本身。這正是歷史學家休斯克（Carl Schorske）所說的「偉大的重新評價」：

> 人類理性的重要性、自然的合理結構與歷史的意義，都將被帶到個人的心理經驗之前接受判斷。[55]

沒有付出相當代價就無法重新評價。享有新意識的人放棄了傳統與任何整體感的支持。他們飄浮在無意義的宇宙裡，深感孤單與焦慮，只留下個人藝術體驗的強烈刺激，或者緊握不放的零星科學發現。正如法國詩人波特萊爾早期曾經說過的，「對藝術的陶醉，是遮掩地獄恐怖的種種手段中最美妙的事；……天才可以帶著看不見墓碑的喜悅，走向墓碑邊緣。」[56]

新意識的探險家在毫無防備的情況下發現，在暴力或殘酷的行爲裡也可以找到與他們在藝術體驗裡尋得的相同興奮感，不過他們即將於當時正在策畫中的世界大戰發現這一點。1914年時生活安逸的歐洲中產階級，有一半左右的人期待出現某種上天啓示的暴力浪潮，以掃除所有資產階級中愚鈍的平凡人。在1913年的夏天，年輕的英國小說家勞倫斯（D. H. Lawrence）寫了下面一段話給他的朋友：

> 因為比知識份子有智慧，所以我的宗教信仰是沉浸在血與肉裡的信念。我們的心靈可能會出錯，但是血的感覺與信念和意見卻永遠不會有錯。[57]

圖1-4　哈布斯堡王朝的王位繼承人——斐迪南大公（Archduke Franz Ferdinand）與他的妻子出發趕赴1914年6月28日發生在塞拉耶佛的死亡之旅。

第二章

戰爭來臨

「人類似乎眞的要變得文明開化了。」英國的社會評論家吳爾芙回想起第一次世界大戰之前[1]的感受時如此說。大戰（The Great War）——即使是在第二次世界大戰之後，依然有很多歐洲人如此稱呼第一次世界大戰——爲這種人們輕易產生的錯覺畫下了句點。歐洲——世界上最繁榮富裕、最高度文明的地方——並未能避開1914年所發生的戰爭。接下來四年的奮鬥抗爭是歐洲繼三十年戰爭（Thirty Years' War, 1618-1648）以來，所經歷最激烈、最血腥而且代價也最高的戰爭。同時，在經過二十年脆弱不穩的休戰協定之後，同一批參戰者在1939年時再度引發戰事，可以說20世紀的歐洲正在打著屬於自己的三十年戰爭。[2]

第一次世界大戰不但扼殺了整個世代的年輕人，而且破壞了很多歐洲的財富。大戰扭曲了世界，使原本繁榮的世界經濟後退至1860年代的水準。戰爭也毀掉了歐洲那世界第一的頭銜。因爲無法單單靠自己克敵致勝，歐洲列強請來外面的霸權——美國——相助，並且失去對自己命運的最高掌控權，或許是永遠的失去。

1914年的歐洲，沒有人料想到如此黑暗的時代即將來臨。當然，很多歐洲人在處於時而發生的國際危機之時，曾經恐懼戰爭的到來，新世紀似乎出現越來越多的不祥預兆。在這些危機中，最令人驚恐的是法國與德國在1905年爭奪摩洛哥控制權的戰爭，而類似的戰事在1911年時又發生了一次。不論如何，在例行的戰爭叫囂之後，列強顯然決心利用外交談判來解決這種敵對之勢，這似乎使人安心不少。但是當歐洲的小國家彼此爭戰時，一如1912年與1913年發生的兩次巴爾幹戰爭一樣，列強決心按照19世紀維持歐洲和諧的外交傳統，展示他們的決心，一起努力將這類戰爭局限在局部地區。

深受自由主義和樂觀主義影響的歐洲人相信，如果眞的爆發戰爭，那麼現代的武器將可以讓戰爭速戰速決。長期的戰爭，就如長期圍困一般，應該已經隨著中世紀的武器裝備而消失。接續14世紀時的百年戰爭（The Hundred Years' War）出現的是17世紀的三十年戰爭。在23年的拿破崙戰爭（Napoleonic wars）之後，接著出現的是利用鐵路快速運輸的短暫、具決定性的戰役。普魯士與丹麥（1864）、奧地利（1866）及法國（1870-1871）的戰爭（Prussian wars），似乎強化了科學與複雜的技術，可以快速擊垮敵軍，長期戰爭的情況應不復再見。很多歐洲人在1905年與1911年所恐懼的戰爭，對他們所造成的干擾與驚恐，遠不如他們最終將在1914年到1918年的戰爭中所遭遇的經歷。

這場大禍使人對現代歐洲人所達到的成就是否確實產生懷疑。對歐洲人自信的衝擊，可以解釋歐洲人的憤怒，從那以後他們就一直在找尋引發第一次世界大戰的導火線。戰爭的情緒首先使人們將戰爭的原因過度歸咎於個人，如同1918年的英國普遍瀰漫著「吊死德國皇帝」的情緒。後來，因為有機會取得政府的祕密報告，歷史學家發展出更加精細的解釋，我們將於本章章末進行討論。當我們思考第一次世界大戰的爆發時，整個歐洲的成就正受到考驗。

1914 年的 7 月危機

首先必須要區分1914年7月引發這場戰事的奧賽戰爭（Austro-Serbian war），以及隨後在諸列強之間的戰爭升級。不久前，歐洲的政治家們已數次成功地控制這一類的局部衝突。

這次的危機始於一次政治暗殺，這種行為通常並不會導致戰爭。19歲的學生普林斯浦（Gavrilo Princip），於1914年6月28日，在塞拉耶佛（Sarajevo）暗殺了斐迪南大公以及他的妻子，當時大公正在巡視考察波士尼亞（Bosnia）省；哈布斯堡皇帝約瑟夫的姪兒斐迪南，是皇位的繼承人。乍看之下，這好像是一件單純的內政事件：一位奧匈帝國的國民在本國境內殺了哈布斯堡王朝的王儲。但是，普林斯浦是波士尼亞的塞爾維亞人，熱誠而且堅定地擁護將那些臣服於哈布斯堡王朝下的南斯拉夫人，與唯一獨立的南斯拉夫國家——塞爾維亞王國——統一的觀念。波士尼亞和赫塞哥維納的南斯拉夫人曾經在1876年到1878年間，脫離瓦解的土耳其統治，但是卻沒能逃過接受奧匈帝國統治的命運。普林斯浦曾經接受過黑手黨（Black Hand）的武裝與訓練；黑手黨是一個以讓南斯拉夫人獨立為目標的地下恐怖組織，基地設在塞爾維亞。

然而，事件的核心是，塞爾維亞王國在普林斯浦暗殺事件的涉入深度。從6月28日的暗殺行動到7月29日俄國展開動員行動的第一個月裡，危機始終圍繞著塞爾維亞的共謀問題，以及奧匈帝國為此懲治塞爾維亞人的行動打轉。但是要了解這次的衝突事件，必須先回顧造成這場衝突的本源——巴爾幹半島。

巴爾幹半島：沒落的帝國與興盛的民族主義

1914年的歐洲，因為拼湊而成的國家認同以及不安定的疆界，使巴爾幹半島成為極特別的地區。在19世紀初，三個幅員廣闊的帝國——奧匈帝國、俄羅斯帝國與鄂圖曼土耳其——瓜分了整個東南歐。他們利用遙控的權力來統治被動的臣民，讓各地方可以自由說著自己的語言、擁有自己的風俗習慣和宗教信仰。這種管理的模式，與西歐的統治方式迥然不同，西歐是利用普遍的文字與國家教育來讓主動的公民變得更具同質性。自1815年以來，巴爾幹半島的歷史，就是以這三個帝國的衰敗，以及長久以來人們期望引進適當的新統治型態的奮鬥爲核心。一般來說，獨立的新巴爾幹民族知識份子與政治領袖，採行西歐同質性國家的模式，極不適用於這塊因帝國時代的容忍而混雜各種的語言、風俗習慣與宗教信仰的土地。

1683年曾經盤踞維也納唯一的出入門戶，但在19世紀時變成「歐洲病夫」的鄂圖曼帝國，是第一個失去掌控力的帝國。巴爾幹半島各省一個接一個主張民族自治，或者脫離土耳其獨立：1817年塞爾維亞取得自治權，1829年瓦拉幾亞（Wallachia）與摩達維亞（Moldavia）也爭取到地方自治的權力；1832年希臘獨立；1878年塞爾維亞完全獨立，而瓦拉幾亞和摩達維亞〔聯合建立羅馬尼亞（Romania）〕也在同一年獨立；保加利亞（Bulgaria）則於1878年取得地方自治權，並於1908年獨立。

就西方自由主義的價值觀而言，這是一件好事，但是鄂圖曼帝國臣民的獨立，使巴爾幹半島處於極不穩定的環境。一則兩個鄰近的帝國——奧匈帝國和俄羅斯帝國——無法置身事外，這兩個國家都希望能在瓦解的鄂圖曼帝國取得新附屬國、新的貿易夥伴或者甚至新領土，使得他們經常處於彼此衝突的境況，兩國互不相讓。有俄羅斯帝國爲後援的保加利亞獨立戰爭（1875至1878年），使俄國和奧匈帝國在巴爾幹半島展開四十年暗中較勁。其他以俾斯麥的德國爲首的列強，則利用平均獲益的方式化解這場衝突。1878年的柏林會議（Congress of Berlin）削減了俄羅斯的新附庸國保加利亞的附庸國領土，奧匈帝國所得到的補償是對塞爾維亞王國擁有強烈的間接影響力，以及管理半自治的波士尼亞與赫塞哥維納的權力。利用所有列強聯合起來拒絕他們之中任何一國稱霸巴爾幹半島的容忍式外交政策，似乎可以壓制帝國的野心。

因爲威脅到其他兩個多民族的帝國，所以鄂圖曼帝國臣民的獨立變得更加暗潮洶湧。奧匈帝國和俄羅斯帝國都很擔憂「民族復興」。俄羅斯統治北方煩擾不安的波蘭語地區、廣大的烏克蘭語及土耳其語地區，與比薩拉比亞（Bessarabia）。比薩拉比亞地區恰好位於多瑙河口東方，是俄羅斯在1812年從土耳其手中掠奪而得的地區，現在羅馬尼亞人則以同一民族爲由，宣稱擁有該地區的主權。但是，和民族主義對奧匈帝國的存在所造成的威脅相比，民族主義對俄羅斯的挑戰實在微不足道。匈牙利的東南半壁——外西凡尼亞（Transylvania）——有很多羅馬尼亞人；匈牙利的西南端則由克羅埃西亞人盤踞，北方居住的是斯洛伐克人。在奧地利，憂慮的日耳曼人對北方的捷克人與波蘭人，以及南方的克羅埃西亞人、塞爾維亞人和其他的南斯拉夫人，依然保有不穩定的統治地位。19世紀末，奧匈帝國的國內政治處於一種微妙的平衡，匈牙利的馬札兒人殘暴地控制他們的少數民族，而奧地利的日耳曼人則尋求與某個民族結盟，以對抗其他民族。但這不足以讓奧匈帝國將俄羅斯人逐出巴爾幹半島上的斯拉夫人居住地區。奧匈帝國是依賴將所有的民族獨立運動消音而得以倖存，所以阻止塞爾維亞人向奧匈帝國的南方擴展，變成維也納的第一要務。

塞爾維亞是巴爾幹半島上唯一對列強極具威脅性的國家。繼1903年塞爾維亞改朝換代之後，具侵略性的塞爾維亞領袖帕希茨（Nicholas Pašic）採取公然反抗奧地利的政策。奧匈帝國政府則以限制塞爾維亞的主要輸出品：豬與白蘭地出口的貿易關稅壁壘政策，來回敬塞爾維亞，這就是所謂的「豬隻戰爭」（Pig War）。更嚴重的是，塞爾維亞不願意也無法限制阻止反奧地利的祕密組織——黑手黨——的活動。1903年以後的塞爾維亞已經變成「猛咬奧匈帝國致命弱點的豺狼」。

奧地利的外交大臣埃倫塔爾（Baron Alois von Aehrenthal）男爵堅信，除非奧地利決心「迎向艱險，徹底打破泛斯拉夫主義的夢想」，否則奧匈帝國將繼續「一步一步地陷入悲慘的境地」。[3]埃倫塔爾第一個阻撓塞爾維亞壯大的行動，是開闢一條南抵愛琴海的鐵路，以便分隔塞爾維亞與斯拉夫地區及亞得里亞海。當這個「非正式帝國」似乎成效不彰時，埃倫塔爾在1908年決定徹底併吞波士尼亞和赫塞哥維納，如此一來，她們就永遠不可能變成大南斯拉夫國的一部分。因爲俄羅斯才剛在1905年的日俄戰爭（Russo-Japanese War）中蒙羞，而土耳其在青年土耳其運動的領導下專注於國內的改革行動，根本無暇阻止保加利亞在1908年完全獨立，所以似乎是個適當的時機。

埃倫塔爾事先與俄國的外交大臣伊茲沃爾斯基（Alexander Izvolsky）協商併吞波士尼亞與赫塞哥維納的計畫。在最嚴謹的保密措施之下，兩國的外交大臣同意以支持俄國軍艦取得通過君士坦丁堡（Constantinople）海峽的權利，作爲俄國默許奧匈帝國併吞波士尼亞和赫塞哥維納的交換條件。不論如何，在伊茲沃爾斯基尚未就新的海峽權利與其他列強完成協商之前，埃倫塔爾就已經宣布併吞波士尼亞和赫塞哥維納。因爲未能實現己方的權利，所以伊茲沃爾斯基感到自己遭到背叛。「卑鄙的猶太人欺騙我，」當伊茲沃爾斯基在柏林聽到這項消息時，他向德國首相比洛（Bernhard von Bülow）親王哭訴，「他騙我，他哄騙我，那個醜惡的猶太人。」[4]主要是因爲德國私下威脅要放出伊茲沃爾斯基之前曾經祕密同意這項交易的消息，而阻止了伊茲沃爾斯基想要讓俄國就波士尼亞和赫塞哥維納問題向奧地利開戰的渴望。在1908年的波士尼亞戰

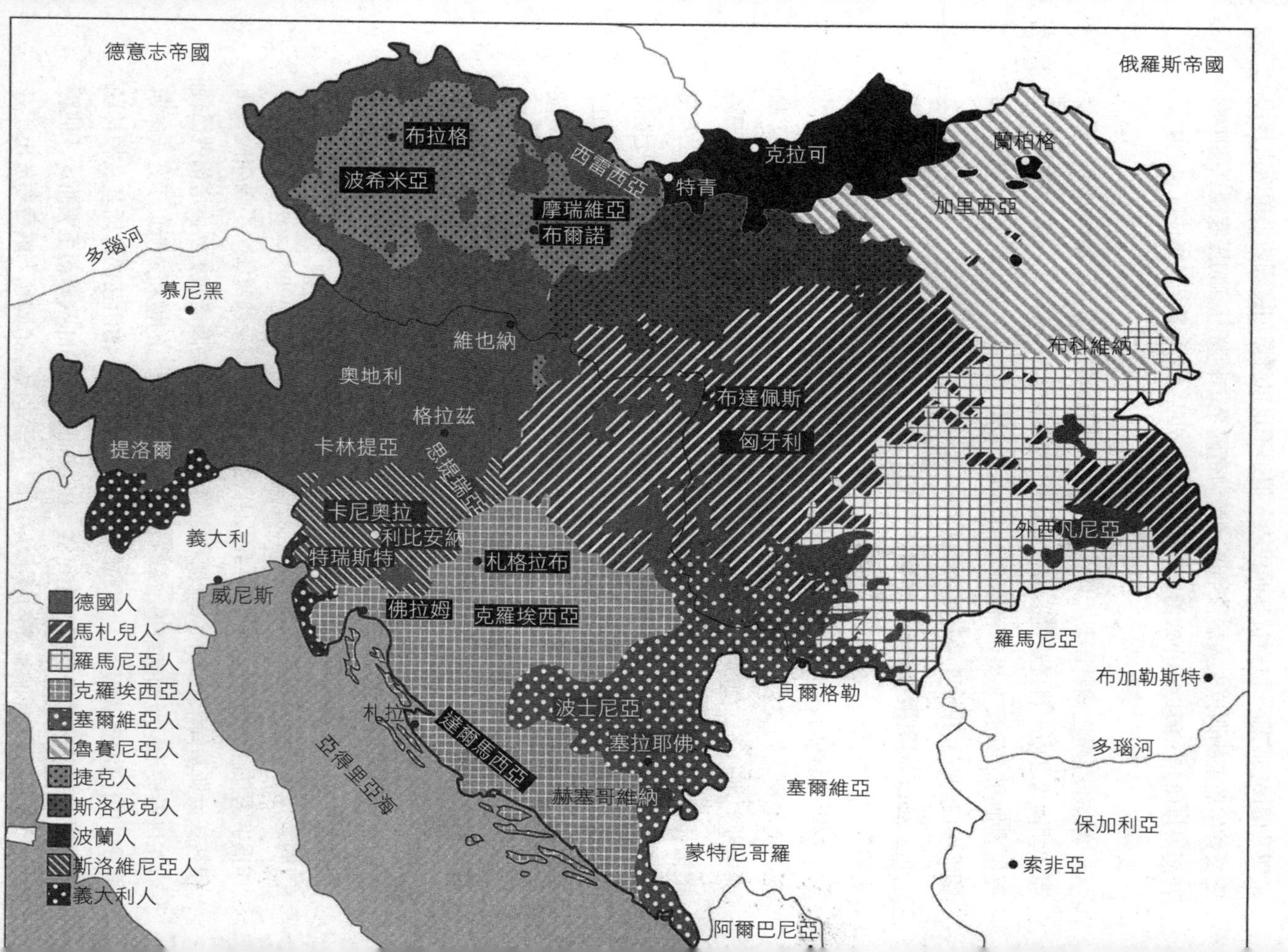

德意志帝國
俄羅斯帝國
布拉格
波希米亞
西雷西亞
特青
克拉可
蘭柏格
加里西亞
摩瑞維亞
布爾諾
多瑙河
慕尼黑
維也納
奧地利
格拉茲
提洛爾
卡林提亞
思提瑞亞
卡尼奧拉
利比安納
特瑞斯特
義大利
威尼斯
札格拉布
佛拉姆
克羅埃西亞
布達佩斯
匈牙利
布科維納
外西凡尼亞
羅馬尼亞
布加勒斯特
貝爾格勒
多瑙河
波士尼亞
塞拉耶佛
札拉
達爾馬西亞
亞得里亞海
赫塞哥維納
塞爾維亞
保加利亞
索非亞
蒙特尼哥羅
阿爾巴尼亞
德國人
馬札兒人
羅馬尼亞人
克羅埃西亞人
塞爾維亞人
魯賽尼亞人
捷克人
斯洛伐克人
波蘭人
斯洛維尼亞人
義大利人

役失利之後，俄國的政治家們再也不可能對奧匈帝國讓步。

但是使巴爾幹半島動盪不安的原因，不單只是帝國的野心與帝國的恐懼。巴爾幹半島上剛剛獨立的國家並未形成統一的民族國家。因爲巴爾幹半島上的民族太過多樣化，所以無法形成統一的民族國家。巴爾幹半島人的民族認同並不是基於身體上的差異——每個人看起來或多或少都有相似之處——而是基於所使用的語言、文化與宗教信仰。套用人類學家安德森（Benedict Anderson）聞名於世的說法，他們是「想像的社群」（imagined communities），但是他們對民族的熱情卻絲毫不減。這個地區包含了多種語言文字，而語言是認同感的主要支柱。就宗教信仰來看，從北到南大略畫一條線，就可以將巴爾幹半島劃分爲西部的羅馬天主教（Roman Catholics，以及他們所使用的拉丁文字母系統），與東部的東正教〔Orthodox，西里爾字母系統（Cyrillic alphabet）〕。在波士尼亞和阿爾巴尼亞裡有些族群是信仰鄂圖曼帝國統治者所信奉的回教（Muslim religion）。

雖然表面上，巴爾幹半島上剛獨立的國家依然保有自己的家族遺風，但是因爲有比較好的教育與比較好的組織社群，所以他們建立了西方風格的同質性國家，只是這些國家之中也包含了棘手的少數民族。爲了併入他們分散各地的民族同胞，所以居統治地位的民族吸納或驅逐少數民族，以便擴張勢力範圍。

1912年，在一次侵略性的閃電戰裡，塞爾維亞人乘馬其頓境內阿爾巴尼亞人的暴動之利，聯合毗鄰的國家——希臘、蒙特尼哥羅與保加利亞——從鄂圖曼帝國手中奪取馬其頓地區。在這場馬其頓爭奪戰的第一次巴爾幹戰爭裡，侵略者所得到的利益相當可觀，但是奧匈帝國竭力主張，如果阿爾巴尼亞獨立，就可以再次封鎖塞爾維亞進入亞得里亞海的通道。在這幾個月內，第一次巴爾幹戰爭的勝利者們因爲戰果的瓜分問題而爭吵不休。在第二次巴爾幹戰爭時，利用一個保加利亞將軍越權擅自攻擊塞爾維亞和希臘陣地的事件，羅馬尼亞和土耳其聯合塞爾維亞、希臘和蒙特尼哥羅，強迫保加利亞放棄某些領土。這些爭鬥都帶有幾分1990年代所謂「族群淨化」的殘忍屠殺。

1912年與1913年不光彩的巴爾幹戰爭，使歐洲人放鬆警戒，他們認爲既然列強可以爲了「歐洲和諧」，共同努力使這兩次的衝突局部化，那麼他們同樣也可以讓巴爾幹衝突無限期地局部化。但是，在維也納，巴爾幹戰爭使驚恐的奧匈帝國領導者下定決心，不可以再讓塞爾維亞那個「毒蛇窩」贏得進一步的成功。

在一方面奧匈帝國和塞爾維亞之間只有些微的忍讓，而另一方面俄國和奧匈帝國之間的忍讓也有限的態勢下，1914年6月，年輕的普林斯浦在塞拉耶佛

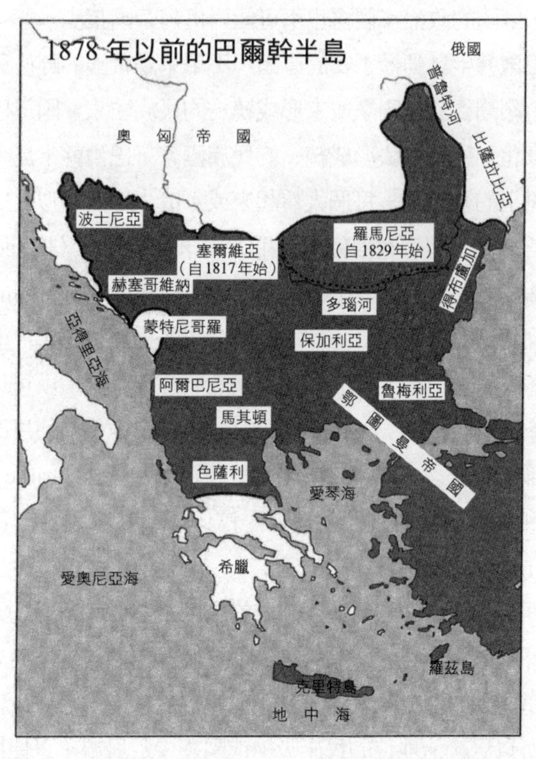

圖2-2　1878年到1914年的巴爾幹衝突

暗殺了哈布斯堡的王儲。

奧匈帝國政府並沒有確切的證據，證明塞爾維亞政府事先知悉普林斯浦及其同夥的計畫。即使到了今天，我們最多也只能說，有些塞爾維亞的內閣成員與軍隊指揮官，知道一些恐怖份子的祕密計畫，而塞爾維亞政府既沒有意願也沒有能力阻止他們的行動。不論如何，維也納政府視這次的暗殺行動爲「展現力量一勞永逸地處理塞爾維亞……的時機」。[5]對於像奧匈帝國軍隊的參謀長赫岑多夫將軍（Franz Conrad von Hötzendorf）般，從1908年起就極力主張塞爾維亞進行預防性戰爭的人來說，現在正是放棄那些如「豬隻戰爭」、愛琴海鐵路，以及建立獨立的阿爾巴尼亞般不徹底手段的時機。哈布斯堡政府決定直接對塞爾維亞展開懲罰性的戰爭，奧匈帝國領袖對於1914年7月第一次作出的開戰決定，負有重大責任。

德國的「空白支票」

對奧匈帝國而言，規劃這次戰爭的限度是很重要的。對俄國而言，介入塞爾維亞一方極爲危險。只有德國的反威脅可以讓俄國保持中立，因此，在7月5日時，繼埃倫塔爾之後成爲奧匈帝國外交大臣的貝希托爾德（Count Leopold Berchtold）伯爵派遣高級外交官到柏林，爲約瑟夫皇帝呈遞一封私人信函給威廉二世，力勸德國支持奧地利「以權力的因素毀滅塞爾維亞」的計畫。這張大網，已經開始將其他列強捲入其中。

德國政府之前曾經協助遏制奧地利人，但是這一次，威廉皇帝向哈布斯堡帝國開了一張「空頭支票」。他向貝希托爾德的外交使節保證，即使「奧匈帝國與俄國之間的戰爭必不可免」，奧匈帝國依然可以得到德國的「完全支持」。[6]此外，在接下來的日子裡，德國的首相霍爾威格（Theobald von Bethmann Hollweg）與其他的德國官員，談論到奧地利應該用行動來證明自己依然是個大國，而且不愧是德國的盟友，並積極地唆使奧地利採取行動。第二次世界大戰之後取得的德國政府文件顯示，毫無疑問，德國皇帝和他的大臣們確實希望能將奧塞戰爭局部化，以扭轉德國唯一盟友的頹勢。他們對廣泛戰爭風險的覺察與接受程度，在爭論1914年7月5日德國開出的「空白支票」時，是很關鍵的問題。

根據殘留的1914年7月的德國政府文件，德國領袖知道，如果奧地利對塞爾維亞開戰，那麼俄國可能會出手干預的事實。顯然，公衆領袖與軍事領袖都認爲這是德國可以承受的風險，俄國可能只是虛張聲勢，而且德國也可以反過來訛詐俄國。因爲對1905年革命之後俄國國內動盪不安的徵兆印象深刻，所以德國皇帝認爲俄國政府可能無力參與戰爭。德國領袖也必須考慮到在1891年形成並且從此關係緊密的法俄同盟（Franco-Russian Alliance），因爲不論是1905年的日俄戰爭，或是1908年的波士尼亞併吞危機，法國都不曾主動出兵幫助俄國，所以德國不能肯定法國是否會出面干預。

德國領袖似乎已經相信，不論要面對什麼樣的風險，可能取得的戰略獲益不但可以抵銷這些風險，而且還會有餘。德國皇帝深陷於德國已經「被包圍」的信念之中，在他的文件裡一再出現包圍一詞。1914年7月出現的機會，讓他可以證明德國和奧地利將能突破重圍，並且正如這位皇帝在他的一份文件旁寫下的：「讓俄國支付代價，由奧地利在巴爾幹半島上取得壓倒性的優勢。」[7]他的軍事總參謀長毛奇（Helmut von Moltke）將軍，是曾於1870年挫敗法國的軍隊元帥的姪兒；毛奇將軍向皇帝保證，即使出現最壞的情況，1914年的德國依然擁有比日後更好的形勢，可以與俄國和法國交戰。在1917年，俄國完成1908年的重整軍備計畫，而法國則已經適應1913年更新的三年兵役法。毛奇的某些陳述雖然還有時間，但是他仍希望對俄國與法國進行預防性戰爭的解釋。至少毛奇的建議從可能的獲益著眼，使人覺得似乎可以接受這場戰爭的風險。正如德國領袖的了解，1914年7月時他們所擁有的戰略立場，是必須展開有力的行動，以維護他們日益擴展的世界勢力，否則將面臨自己終將衰退的命運。

奧地利對塞爾維亞的最後通牒

因爲德國人在七月中旬的激勵，終於挺直腰桿的奧匈帝國領袖，開始著手製造一樁塞爾維亞罪行的公案。他們研擬了一份最後通牒，故意提出塞爾維亞不可能接受的要求；一旦塞爾維亞拒絕了這份最後通牒，奧匈帝國就有了採取軍事行動的正當藉口。正當歐洲已經恢復仲夏時的寧靜，而德國皇帝也在挪威附近的遊艇上度假的時候，維也納卻正在慢慢地製造這枚定時炸彈。奧地利已經決定在7月23日才送出最後通牒，以避開法國總統龐卡赫（Raymond Poincaré）與首相微微阿尼（René Viviani）在聖彼得堡的國事訪問。奧地利對於時間的選擇又表示，他們知道自己正走向戰爭邊緣。

這份被愼重地稱爲「時限照會」的最後通牒，譴責塞爾維亞「容許」哈布斯堡國土內的恐怖活動及分離主義運動的「罪行」，迫使奧地利承擔「責任……結束這種不斷威脅君主政體和平的舉動」。[8]接著列出十項要求，其中有些只是要求塞爾維亞鎭壓反奧地利運動，以及懲治犯罪集團，但是有些要求則侵犯了塞爾維亞的主權。奧地利堅決要求塞爾維亞依照奧地利所列出的名單，解除政府及軍官的職務，而且奧地利官員應該參與調查塞爾維亞境內策劃暗殺行動的主謀。奧地利要求塞爾維亞必須在四十八小時之內，無條件接受所有的要求。這份最後通牒是在7月23日下午六點鐘，由因爲預期塞爾維亞會拒絕這份最後通牒而已經打包好行李的奧地利大使送到貝爾格勒。

塞爾維亞的答覆在7月25日的最後期限即將屆滿之前送達，塞爾維亞的答覆文筆精練高妙，希望能激起歐洲人的同情。塞爾維亞只有立即拒絕奧地利參與塞爾維亞國內的調查工作這項要求。他們對其他要求的答覆相當委婉，但是塞爾維亞已經開始動員他們的軍隊。

儘管7月底維也納指示放慢腳步，但是駐在貝爾格勒的奧匈帝國大使依然遵照原訂計畫，在接到答覆之後立即中斷與塞爾維亞之間的關係。雖然他們渴望奧地利的懲罰行動能夠維持局部化，但是德國的首相和外交大臣還是極力宣揚「塞拉耶佛的幽靈」。

7月的最後一個星期，是列強傳統外交手段的試煉期。在1908年，列強曾經設法防止奧地利與俄國因爲波士尼亞問題開戰，而且他們也曾經成功地讓1912年和1913年的巴爾幹戰爭局部化。不過，這次的危機與1908年時列強之間的對抗不同，也不同於1912年和1913年發生的小國之間的戰爭，這次是某個強國在另一個強國的支持下，企圖決然地削減鄰近小國的勢力，其他強國很難中止這種衝突。

英國政府提議可以搶得先機進行斡旋，來防止奧地利和塞爾維亞之間採取軍事行動。但是德國阻擋了所有的調解努力，他們希望能發動一種地區戰爭，而不是爭取和平。正如英國外交官亞瑟·尼克森（Arthur Nicolson）所指出般，這次的地區化意味的是，在俄國沒有代表塞爾維亞出面干預的情況下，「擺好陣勢，看著奧地利靜靜地扼殺塞爾維亞。」[9]

7月28日，奧匈帝國的皇帝對塞爾維亞宣戰，奧地利的軍隊在7月29日砲轟貝爾格勒。這是自1878年以來，首次有強國在歐洲大陸興起戰爭，而這場戰爭是否會毫不留情地將列強捲入戰場呢？

戰爭升級：從局部戰爭演變成大陸戰爭

奧地利和德國曾經希望奧塞戰爭可以維持局部化，就如同另一次的巴爾幹戰爭一樣。但是，軍事同盟與列強競爭從一開始就具有將衝突擴大的威脅。[10]

德國敦促他的同盟國奧匈帝國，把握機會在巴爾幹半島上掠奪大量利益；而決心防止奧地利進一步壯大的俄國，因為與法國簽訂的互相防禦條約，所以深具信心；接著，法國與英國也簽訂非正式的防禦協定。但是同盟國未必總會講信用，當時也還不清楚是否有其他列強會捲入實際的戰鬥。戰爭升級的程度，視竭力防止戰爭的政治家們的外交手腕、對情報的利用、對自己複雜的軍事機器的控制，以及他們對所做的選擇是戰爭或蒙羞的知覺而定。

俄國的動員

因為俄國無法承受另一次如1908年在波士尼亞所蒙受的恥辱，所以俄國是最直接受到奧地利向塞爾維亞發出最後通牒的消息所影響的國家。在危機之後，俄國開始實施讓軍隊增加到220萬人的大規模軍備重整計畫，首當其衝背負使國家蒙羞之責的伊茲沃爾斯基，已被撤去外交大臣的職務，出任駐同盟國法國的大使，他的繼任者薩宗諾夫（Sergei Sazonov）對於俄國的泛斯拉夫愛國者指責他遇事儒弱這一點特別敏感。1914年7月，因為法國總統龐卡赫的國事訪問宴會與演說而興奮不已，但又疲備不堪的薩宗諾夫，沒有辦法冷靜處理奧地利與塞爾維亞之間的局勢。在知悉7月24日奧地利給塞爾維亞的最後通牒各項條件時，俄國政府僅能克制自己不要命令部分動員來對抗奧地利。當奧地利在7月28日向塞爾維亞宣戰時，俄國倉卒下令武裝。奧地利向俄國保證，他們無意永久併吞塞爾維亞，只是想要展示奧地利征討塞爾維亞的決心有多堅決。7月29日上午11點，開始動員與奧匈帝國接壤的四個俄國軍區。

隨著俄國軍隊的部分動員，軍事技術首次對顯露的危機施加決定性的壓力。現代大規模軍隊戰爭的準備，已經變成一種非常複雜的技藝，必須運用周密的計畫徵召數百萬後備軍人：除了補給品與裝備之外，還要將他們編入適當的部隊，並利用鐵路將眾多的武裝軍人和軍備運往前線。動員計畫最微小的改變，都有使整個過程功虧一簣的危險性。靈機一動的做法可能足以致命；個人必須遵照計畫而行，否則就會陷入絕望的混亂之中。

俄國的總參謀部已經根據純技術面的考量，絞盡腦汁制訂了動員計畫，並未考慮他們那些精心策劃的時間表，與戰略安排所包含的外交意涵。他們的動員計畫是為了同時對抗德國和奧地利而設計，將軍們向薩宗諾夫與沙皇斷言，如果只部分動員對抗奧地利，將會使整個軍隊亂成一團。此外，眾所皆知，俄國軍事官僚機關必須搶先行動，才能趕上德國的軍事準備工作。如果無法迅速下令總動員，俄國就永遠沒有機會準備應付德國可能發動的攻擊。

面對這些技術上無法妥協的要求，沙皇勉強在7月29日稍晚下令總動員。不過在接到柏林的堂兄「威利」（Willy）指名給「尼奇」（Nicky）的警告電報之後，沙皇又在午夜前撤銷了他的命令。[11]在將軍們與薩宗諾夫強烈的懇求之下，沙皇在7月30日早晨再度下達總動員令，以免在與德國之間可能發生的戰事上誤失先機。此時，第二個列強已經無法避免地選擇了主戰的立場。

法國的意向

在俄國決定動員的時候，法國的態度依然還不明朗。關鍵性的重點是，身爲俄國唯一大陸同盟國[12]的法國，是否會因爲懷抱著這場歐洲戰爭可能會讓他們收回1871年輸在德國手中的亞爾薩斯（Alsace）與洛林（Lorraine）省的希望，而鼓勵俄國交戰。正如我們已經了解的，法國總統龐卡赫與首相微微阿尼在奧地利對塞爾維亞的要求爲世人知悉之前，曾經到聖彼得堡進行國事訪問。這次訪問中例行的盛宴與閱兵，無疑會在這個關鍵時刻強化俄國人對法俄聯盟的信心。此外，因爲當時他們正在法國戰艦的返航途中，所以這兩位法國主要的領袖在7月23日到7月29日的事態發展中，並未扮演任何直接的角色，因爲他們不在國內，所以由經驗不足且無威望的司法部長皮恩凡紐—馬丁（Jean-Baptiste Bienvenu-Martin）領導政府。這些意外事件，使得駐聖彼得堡的法國大使帕雷奧洛格（Maurice Paléologue）肩負格外沉重的責任。顯然，在沒有得到巴黎方面的明確指示之前，帕雷奧洛格大使對於俄國宮廷生活的熱忱與最近國事訪問所帶來的激情，扭曲了他的判斷力。他熱情地允諾薩宗諾夫，法國將無條件給予支持，卻未將俄國在德國和奧地利邊境動員的情況通知本國政府。他的失誤，使法國政府無從了解「承諾支持俄國」所代表的完整意涵。

人們懷疑，身爲熱誠的愛國者，以及家鄉洛林被占領的情況下，龐卡赫總統爲了要收復家鄉失土而希望開戰。不過，只有間接的證據支持這種看法。7月29日他回到巴黎之後，法國政府一面向俄國大使伊茲沃爾斯基保證「法國已經準備履行所有的盟友義務」[13]，一面迫切地發出警告。協定的義務只是在俄國遭受德國或由德國支援的奧地利攻擊時，法國必須出兵協助俄國。直到此時爲止，法國曾經愼重地拒絕支持俄國在巴爾幹的冒險行動，就如同1908年的波士尼亞危機一般。不過法國擔心如果再一次置身事外的話，那麼當俄國再度經歷另一次的巴爾幹羞辱時，將會終結法俄同盟的關係，而讓法國單獨面對德國。

法國政府也遭受自身的軍隊技術性要求的壓力。法國軍隊總司令霞飛

（Joseph Joffre）將軍警告政府，除非有充分時間讓法國軍隊做好準備投入戰場，否則他沒有辦法保衛法國抵禦德國的攻擊，因此，法國在7月30日動員了「掩護部隊」——第一線的邊境部隊，不過爲了避免激怒他們，駐守的地點距離邊境還有六英哩遠。但是，少有法國領袖仔細考慮要發動預防性戰爭，他們決定不再重蹈1870年的覆轍，當時的法國既缺乏盟友又動員過遲。

德國宣戰

俄國在7月30日稍晚發動總動員的消息，向德國政府表明即將開戰的危險性，並使將軍們在之後的日子裡取得決定性的發言權。俄國外交大臣薩宗諾夫針對俄國的總動員，並表示俄國軍隊會越過前線的保證，未能安撫毛奇將軍。毛奇敏銳地意識到，爲了趕上俄國的動員速度，德國必須立即動員。他通知政府，7月31日正午，是軍隊可以等待的最後期限，在這時動員依然可以趕上俄國的動員速度。

現在軍事機器開始根據決策制訂自己的時間表，有些德國政治家開始在先前曾經傲慢地想放膽進行的全面戰爭面前退縮，不過這已經不再重要。7月28日從挪威巡航回國的威廉皇帝，終於看到塞爾維亞給奧地利的答覆，並且判定「戰爭的根據現在已經消失」。在最後關頭，柏林建議奧地利軍隊「停止前進貝爾格勒」，並且只將占領塞爾維亞的領土作爲討價還價的籌碼。薩宗諾夫堅持，如果奧地利從塞爾維亞退兵，俄國會撤銷動員令的承諾。奧地利雖然願意接受調停，而且允諾不強占任何塞爾維亞的領土，但是不願意完全放棄懲罰性行動。

所有這些最後提出的建議，就如同英國外交祕書始終極力主張的四大國調停般，都有個瑕疵：他們只是在以奧地利於巴爾幹半島的頹勢爲代價的情況下維持和平，而沒有考慮7月5日之後，德國和奧地利渴盼取得的耀眼成就。7月31日稍後，柏林所出示的決定性意見是毛奇將軍的意見，結果是德國向俄國發出最後通牒。德國限制俄國要在十二個小時之內，取消所有對奧地利及德國的軍備活動。在隔天最後通牒期限屆滿之時，德國於8月1日下午5點宣布對俄國開戰。

現在，最重要的問題是，如果德國和俄國在東線開戰，那麼法國是否會置身事外？有很多理由足以使我們認爲輿論支持龐卡赫和微微阿尼決心接受戰爭，而不是拋棄俄國或者讓德國取得進一步勝利的決定。法國並不覺得自己應該爲戰爭負責，發行量很大的中立派日報《晨禱》（*Le Matin*）在8月1日早晨刊載著：「如果戰爭來臨，我們應該懷抱極大的希望迎戰。我們深信戰爭會讓我們收復失地，這是我們的權利。」

希里芬計畫

因爲德國的軍事策劃家早就決定取道巴黎前進聖彼得堡，所以在8月1日時，法國是否袖手旁觀，純粹只是學術上的問題。假若法俄同盟的關係非常穩固，那麼只是更加堅定德國的軍事策劃家希望先攻擊法國的行動方針。在1891年到1905年間擔任德國總參謀長的希里芬（Alfred von Schlieffen）將軍，針對法俄同盟制訂符合兩線作戰的計畫。希里芬推斷，只讓少數掩護部隊駐守東部邊境，而德國軍隊則在西線戰場投注全部軍力，以鐮式包圍的方式，經由荷蘭和比利時進入法國西部，那麼便可以在六週內擊敗動員速度比俄國快的法國，然後就可以動員整個德國軍隊，從容不迫地打敗人數比較多但是行動比較緩慢的俄國軍隊。

雖然希里芬的繼任者毛奇將軍爲了讓荷蘭保持中立，所以縮減了輪式調動的範圍，但是他並沒有放棄希里芬計畫的基本模式。當德國的十二小時最後通牒於7月31日稍晚送達俄國時，德國的將軍們就已經假定巴黎會是他們的第一個攻擊目標。因爲臨時修改希里芬計畫，可能會讓整個德國的戰鬥機器陷入混亂，所以毛奇沒有辦法等到知悉法國的意向之後，才決定軍隊的行進路線。因此他在7月31日也同時向巴黎發出最後通牒：法國必須在十八個小時之內，宣

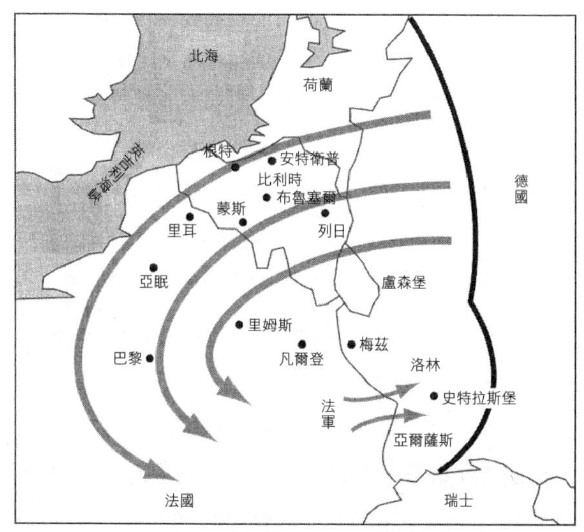

圖2-3　原版的希里芬計畫

布中立。

法國破解密碼的機關得知德國意圖要求染指圖爾（Toul）與凡爾登（Verdun）的國境要塞，作爲法國中立的擔保。巴黎之前對俄國全面動員的種種疑慮，現在已經消失無蹤。沒有靜候德國全面動員的消息，法國政府在8月1日下午宣布總動員，其實德國也大約在同一時間宣布總動員的消息。爲了混淆視聽，德國宣稱法國軍隊已在多處侵犯領土，並於8月3日宣戰。既然假定與法國之間的戰爭必不可免，德國當局也就順水推舟與法國開戰。

英國參戰

1914年時，讓英國與德國爲敵的原因有以下數點。德國自1898年以來實施的大規模海運建設計畫，迫使英國不得不建造噸位強大的新級戰艦——無畏戰艦，以保有她的制海權。1896年，德國皇帝支持南非的布爾人脫離英國獨立，並且在近東地區、中國與拉丁美洲與英國進行商業競爭，這些舉措讓英國民眾更加視德國爲敵。最後，自1905年以來，英國就已經與法國共同制訂聯合軍事計畫，並在1907年時，解決與法國的盟友——俄國——之間的所有紛爭。

但是並沒有確實而且可靠的協議，能夠迫使英國在對德國的戰爭中，出兵協助法國或俄國。而且，事實上，1914年時英國與德國的關係比近代史上任何時期都更加友好。就在1914年的6月底，英國和德國還曾經協議合作修建柏林到巴格達的鐵路，這是之前帝國與商業競爭的主要焦點。當奧地利向塞爾維亞發出最後通牒的消息曝光時，一支英國海軍艦隊正訪問位於基爾（Kiel）的德國基地。威廉二世的兄弟得到堂兄——也是同行的遊艇夥伴，英王喬治五世——的保證，英國希望保持中立。其實英國的外交大臣及大使們早已否認這些冠冕堂皇的說詞，但是威廉皇帝卻信以爲眞，以這些言辭爲基礎訂定他的強硬政策，形成威廉二世獨特的世界觀。

英國的外交祕書葛雷（Edward Grey）爵士，曾經因爲沒有更果斷地利用英國的力量來消弭這場衝突而備受譴責。有人提到，如果能迅速警告德國，一旦法國受到攻擊，英國不會坐視不理，那麼德皇在7月中旬的時候，就可以更冷靜地評估戰爭的風險。不過值得讚揚的是，葛雷極清楚地意識到任何發動戰爭的威脅，都只是使戰爭眞正發生的可能性增高而已。但是直到7月29日，他既沒有清楚明確的警告德國，如法國捲入戰爭，那麼英國將應法國之邀不再保持中立；而且也拒絕德國向俄國施壓使其停止動員的要求。葛雷把他所有的精力都放在安排列強調解奧塞之爭這些徒然無功的努力上。他在7月提出四項調

圖2-4　德皇威廉二世（左方）與英王喬治五世在第一次世界大戰之前的最後一次會面。這兩位君王都是英國維多利亞女王的孫子。在這一次家族聚會中，他們計畫於1913年德皇威廉之女結婚前，檢閱波茨坦市的皇宮衛隊。德皇照例煞費苦心地隱藏他那萎縮的左手。

停提案，但是所有的提案都因爲德國堅持這次的衝突必須「局部化」，也就是在沒有俄國介入的情況下任由戰事發生，而宣告失敗。因爲擔心聖彼得堡會懷疑法國盟友支持他們的可信度，所以法國並沒有熱烈地支持葛雷的調停建議。

7月底，當事態迅速轉變之時，英國政府突然發現自己已身處於原本希望能藉由調停來避開的處境。英國必須決定，如果法國參戰，自己應該如何反應。在1914年之前十年間，英國獨立於大陸聯盟之外的情勢已經不復存在。德國海軍的挑戰，促使英國在1912年時作出重大的決定：將英國海軍的軍力集中在英吉利海峽，而讓法國掌控地中海。從此之後，英國對海域的控制，就必須仰賴友好的法國控制進出印度與中東的海路。因爲英國從1911年開始就將燃料從煤轉換爲石油，所以英國海軍現在依賴中東的石油。20世紀初期的軍備競賽使英國更加需要依靠盟友。

克羅威（Eyre Crowe）爵士是英國外交部的資深職業外交官，他在7月25日的時候起草了一份外交備忘錄，非常清楚地概述做爲世界強權的英國所面臨的選擇。克羅威爵士表示，假如俄國和法國決定應戰，那麼英國如果袖手旁觀下場可能會很悲慘。如果德國和奧地利獲勝，就不再有法國艦隊；德國將占領英吉利海峽沿岸；「孤單的英國將處於何種地位呢？」如果法國和俄國在沒有英國支持的情況下得勝，「那麼他們會用何種態度對待英國呢？印度和地中海沿岸的命運又將如何？」[14]因此，如果德法開戰，英國根本沒有保持中立的餘地，而德皇和霍爾威格首相頑固地相信英國會保持中立，則是7月危機中最致命性的錯誤。

克羅威的推論說明，爲什麼雖然德國提出不動用海軍鑑隊攻擊法國海峽沿岸地區的提議，依然未能如預期般安撫倫敦的情勢。克羅威也指出，英國並不是眞的只爲了一份形同「廢紙」的條約──1839年的比利時中立條約（Belgian neutrality Treaty）──就決定參戰，正如霍爾威格在獲悉他所策劃的局部化戰爭竟延燒成大陸戰爭時所發出的狂怒的指責。德國在8月2日向比利時發出的最後通牒，確實比克羅威的地緣政治學推論，更有效地凝聚英國的公衆輿論，團結一致地支持這場可怕的戰爭。但是在8月2日之前，英國的政治家就很清楚地了解，眞正的重點並不是維持要比利時的中立，也不是尊重神聖的比利時中立條約，而是大英帝國在世界上的地位。

在要求德國自比利時撤軍的最後通牒期限到期之後，英國在8月4日上午11時，向吃驚的德國人宣戰。

歐洲主要的強國中只有義大利在這場衝突中置身事外。雖然因爲自1882年以來義大利與德國之間不但有正式的盟約，而且也因爲有大量的經濟投資，所以兩國之間也有非正式的聯繫，但是在20世紀初期，義大利在經濟上與法國的關係更密切。更重要的是，義大利的民族野心是集中在上亞得里亞海以及巴爾幹半島沿岸，這些曾經由獨立的威尼斯共和國所統治的地區。懷抱如此的雄心壯志，自然讓1914年之前幾年裡，義大利與奧地利之間的利益衝突更加高張。因此，義大利在與德國的盟約關係中所得到的利益，根本比不上奧地利戰敗可能帶來的潛在利益，所以在1914年的7月與8月，義大利依然保持中立。

除了義大利以外，自1815年以來所有的歐洲列強首次都在1914年8月4日，投入一場僅在一個月以前根本沒有人相信會發生的戰爭裡。

戰爭起因的長期觀點

在前文中，我們已經縮小範圍，觀察了從7月24日奧地利對塞爾維亞發出最後通牒開始，到8月1日至8月4日各國陸續宣戰，那促使危機加速成形的紛亂的一週。在那一週裡，我們可以看見有缺點與容易犯錯的人們，努力想要了解事態的發展，並且採取正確的因應步驟。從這個觀點來看，把責任放在個人的品格或者個人在外交工作上的失誤，是極動人的歸因。在1914年的7月與8月，沒有一個列強達成他們的領袖想要的成果。德國和奧地利沒能使戰爭局部化，而在巴爾幹半島上獲利；俄國沒只與奧地利交戰；德國沒能讓英國在他們與法國和俄國的戰爭中保持中立；法國和英國無法維持可能是他們大部分人民期待的現狀。1914年7月與8月的外交策略，幾乎寫下了一個失敗連篇的故事。那麼，第一次世界大戰是一次偶然的悲劇嗎？是人類錯誤地打斷本來前景頗具希望的文明過程所造成的結果嗎？

從較長期的觀點來看，如此巨大的災難似乎不可能只源自幾個淺顯的歸因。人們通常認爲，因爲承繼自由主義的缺點，資本主義社會遲早會引發一場全面性的歐洲戰爭。主權國家制度並沒有可以用來解決紛爭的外部仲裁機制，而日漸高張的種族民族主義，則使這些紛爭的處理更加棘手。此外，資本主義國家之間的帝國主義競爭，以及資本主義社會中日益升高的階級衝突，誘使歐洲的領袖們走上選擇戰爭一途。根據決定論的觀點，即使列強可以勉強度過奧塞危機，一如他們之前曾經應付過的那些危機一樣，但是長期實施現有的制度，最終還是無法避免一場大戰。

主權與國家的榮譽

歐洲與世界上的主權國家制度都沒有考慮到當任何兩個國家出現衝突時，可以向更高階的機構求助，請求仲裁或調停；因爲人們已經接受主權獨立的民族國家是人類最終極的權威，所以它的福利就變成一種至高無上的價值。德皇曾經在遞呈給他的外交備忘錄邊頁上寫著：「攸關生命以及榮譽的問題，是沒有辦法與他國商議的。」[15]歐洲的政治家們認爲國家具有道德與法律上的主權；在1914年的歐洲，除了極少數的和平主義者之外，大部分的人接受可以利用戰爭來挽救國家免於衰退的命運的作法。

所有的歐洲領袖都知道因爲克制而使國家蒙羞的實例：1908年波士尼亞危機裡的俄國、1911年第二次摩洛哥危機裡的德國，以及巴爾幹戰爭裡的奧地利。所有的國家也都知道近期發生的一些實例，在這些例子裡，那些國家雖然瀕臨戰爭邊緣，但卻挽救了國家的聲譽，例如法國在1911年第二次摩洛哥危機裡所採取的行動。歐洲大陸上充斥著認定國家勝利的利益高於一切的主權國家，而且這些國家互相競爭，注定遲早都會引爆一場大戰。

帝國主義的動機

就某些人的觀點來說，列強之間日漸加劇的商業競爭與殖民競爭，終將引發大戰。舉例來說，列寧（Lenin）在《帝國主義：資本主義的最高階段》（*Imperialsim: The Highest Stage of Capitalism*, 1917）一書中主張，當資本主義發展成熟而變成壟斷時，利潤就會減少。因此，爲了利潤，歐洲的壟斷企業就要在本國之外的全球各地爭奪利潤，如此一來必然會引發戰爭。

沒有人能夠否認在1914年的7月與8月時，殖民競爭與商業競爭確實在政治家的盤算裡占有重要地位。德國歷史學家費雪（Fritz Fischer）曾經敘述德國在向東歐與南歐商業擴張時所遇到的挫折，如何強化了德國領袖在1914年時所感受到的包圍感。就算他們沒有建造柏林到巴格達的鐵路，也有其他人會這麼做。柏恩哈蒂（Friedrich von Bernhardi）將軍在1912年時論述對德國所做選擇的論文〈世界強國或沒落〉（World Power or Decline）中，他不但以文化和商業的條件，也以軍事條件來衡量「世界強國」。[16]

因爲殖民—商業競爭加劇，而導致各國在1914年時終於相繼陷入戰爭。最明顯兩個例證，是1905年和1911年的摩洛哥危機，以及德英海軍競賽。在20世紀初期，法國和德國都曾經大舉投資摩洛哥。德國在1905年精心策劃挑戰法國在摩洛哥日漸壯大的政治與軍事力量，其結果導致往後數年中，法國的民族主義高張與軍事費用的大幅增加。1911年發生的第二次摩洛哥衝突，英國與法國聯合施壓，迫使德國打了退堂鼓。毛奇將軍在他的回憶錄裡留下「如果再次出現這種示弱的舉動，他將對德意志帝國的未來絕望」的記錄。德英海軍競賽迫使英國承認，即使新建了無畏艦隊，但是如果沒有法國的協助，他們還是無法保護大英帝國的海上通道。在1914年之前的幾年裡，經濟利益與軍事計畫的關係更加緊密。

但是，認爲商業與殖民競爭是造成1914年那場無可避免的大戰的唯一原因，是一個錯誤。德國和英國的商業界認定彼此是最佳的貿易夥伴，而且兩國的貿易在和平時期最爲繁榮，從他們在1914年6月時協議聯手打造柏林到巴格達的鐵路而可見一斑。在7月危機時，倫敦的商人與銀行家持反戰的意見。殖民競爭並不是決定1914年各國結盟的必要因素。畢竟，英國和法國曾經因爲激烈的殖民競爭而在非洲與近東地區處於對立的態勢，而且英國也因爲殖民競爭而在伊朗和阿富汗與俄國爲敵。雖然在1871年到1905年之間，法國和德國曾經極力避免殖民競爭，而且英國和德國也曾經在中非、北非及遠東地區有過合作關係。事實上，俄國在1905年的日俄戰爭失利之後，就放棄了遠東的殖民利益，這個轉變使巴爾幹半島和歐洲本身的競爭行爲更加白熱化。

國內紛爭

國內的革命風氣是否促使某些歐洲政治家對外採取比較好戰的姿態？在1914年前夕，歐洲有些國家的國內衝突確實有大幅升高的趨勢。在法國，從1906年到1909年間，罷工的情形非常嚴重，已經達到史無前例的高峰；而在1913年保守派成功地將服兵役的年限增加爲三年之後，1914年的選舉結果左派份子占多數，再次將整個問題公開化。德國的社會民主黨（Social Democrats）曾經是1912年時國會的最大黨，而普魯士的三級投票制也正遭受嚴厲的抨擊。1914年6月，義大利的「紅色星期」是義大利歷史上最血腥的罷工潮。至於奧匈帝國，在維也納文化的輝煌外表下，懷抱異議的少數民族那難解的問題更加惡化；詼諧一點的說法是奧匈帝國的處境只是令人絕望，但是並不嚴重。俄國沙皇、貴族與保守派人士，始終擔心1905年失敗的革命行動會再度捲土重來。即使是英國這個鎮靜的漸進主義（gradualism）堡壘，在1913年與1914年時，也因爲三次將民眾的憤怒帶上街頭的運動而受到撼動：爭取婦女選舉權大規模抗議活動；在1914年8月的全面罷工達到巔峰的罷工潮；在厄爾斯特（Ulster，北愛爾蘭）的軍官和英國裔地主，以興起內戰爲要脅，而接受愛爾蘭自治。

重點並不是在1914年時這些國家是否眞的瀕臨爆發革命的處境，而是國家領袖是否如此判斷，以及他們要如何因應。包括自由主義派與保守主義派的政治家，都擔心紛亂的戰爭「意味著比1848年時更糟糕的局面」[17]。但是，可能是戰爭會增加革命危險的信念，促使德皇相信俄國不敢向奧地利動武。其他大部分屬於保守主義派的政治家相信，利用成功的對外戰事或僞造戰爭的假象，會刺激主張採強硬武力外交政策的民族主義者（jingoistic nationalism），這是解決內部歧見最有效的救濟法。有些奧地利領袖相信「利用積極的外交政策控制國內的動亂」。[18]俄國的外交大臣薩宗諾夫告訴沙皇：「除非順應民意，與塞爾維亞同一陣線宣布參戰，否則將陷入革命的危險之中，而且或許會失去皇位。」[19]

只有最堅定的決定論歷史學者指出，資本主義的晚期階段必會產生利用對外手戰轉移階級衝突的狀況。不過，並沒有任何明顯的例子說明歐洲政治家單純只是爲了解決國內問題，而製造國家危機。無論如何，我們能夠說的是，當國際危機推向他們時，有些歐洲的政治家寧可冒險，因爲他們相信成功的對外戰爭，可以強化國內的統治地位。最低限度，他們知道在國際間蒙羞會導致革命，如同俄國在1905年敗在日本手中之後就發生革命一般。即使是英國自由黨首相阿斯奎斯（Herbert Asquith），在細察7月26日發生於巴爾幹半島上「近四十年來最危險的局勢」時，也發現了一些足堪告慰的事：「可能附帶有避免厄斯特地區爆發內戰的影響。」[20]

聯盟體系

在過去的一個世代裡，歐洲體系已經出現其他嚴重的瑕疵，限制了1914年各國領袖們的選擇。在戰爭之前，法俄同盟與奧德同盟都更具約束力。無論如何，因爲列強並不認爲有義務在與自己的利益有實質牴觸的情況下，支持盟友，所以危險的並不是同盟協定更堅定的言辭。舉例來說，在1908年的波士尼亞危機中，法國並未協助俄國。眞正危險的是，列強之間日漸膨脹的那種覺得自己的安全必須仰賴繼續維持同盟勢力的感覺。這與1890年前曾與俄國和奧地利維持良好關係的俾斯麥不同；1890年以後，德國的統治者就與奧地利和義大利簽下承諾，形成三國同盟。因爲和義大利的關係日漸疏遠，所以在1914年時和奧匈帝國站在同一陣線的德國感到相當孤立無援，並且繫附在奧匈帝國那不確定的命運上。如果沒有俄國的支持，法國不可能獨撐大局對抗爲數衆多的德國人；如果俄國處於對德國開戰的邊緣，法國不能冒著未來會被孤立的危險，而讓俄國對他們的支持心存懷疑。即使是不承擔明確軍事義務的英國，也無法想像如果沒有強大而友善的法國，她們是否依然能夠保有安全的未來。漸漸的，強大的武器使各國都變得比較容易受到攻擊，所以即使盟友正在冒險，但是列強仍須支持他們的盟友。

戰爭機器

戰爭的工業化也窄化了1914年時政治家們的選擇。在1890年到1914年間，不只是歐洲戰爭機器的規模倍增，而且軍費支出也創新高，占國家收入近5%，[21]而且戰爭機器也變得極爲複雜。除了依然如以前般重視數量以外，自

1860年代起，許多國家使用鐵道作戰，因此極爲注重作戰的速度。首先，必須將民用鐵路轉成軍用，必須在數小時之內利用鐵路輸送數百萬預備役軍人與大量的大砲、彈藥和補給品。雖然實際的動員行動會煽動他國也開始進行動員，然而，唯有及早動員，才能應付潛在的危險。此外，因爲改變計畫可能會造成混亂，所以不論是否適合目前所面臨的危機，都必須遵從既定的計畫。

7月30日俄國的總動員行動、德國實施希里芬計畫，以及7月30日法國掩護部隊的提早動員等種種行動，讓我們得以知道技術性要求會如何迫使外交策略失控。即使在英國，當時任海軍大臣的邱吉爾（Winston Churchill），也在7月施行夏季例行演習艦隊不得解散的罕見措施。在仰賴鐵路運輸的年代，一般國家恐懼突然遭受攻擊，甚於落入無法控制自我的反應過度。

行使選擇權

我們已經了解在1914年時，有多少歐洲國家的經濟與軍事制度，以及民族主義狂熱的特色，如何限制了政治家的選擇。在1914年7月與8月的失誤裡，還牽涉到更多的因素，而不單只是錯誤估計、疲勞或者倉卒而已。無論如何，如果只強調這些1914年戰爭注定要發生的先決條件，而忽略歐洲領袖的自由選擇權，那麼大部分的歷史學者都會覺得不滿。歷史學者對於選擇權的行使，與限制選擇的條件都一樣感興趣。在1914年的7月和8月，奧地利領袖決定懲治塞爾維亞的原因，不單只是皇室王儲被殺。德國皇帝和首相爲了重申德國的活力，而支持奧地利進行一場局部戰爭。俄國早在1908年就已經決心阻止奧地利取得進一步的成功。正如英國的外交大臣在8月3日告知下議院的，法國與英國領袖決定：「如果參戰，我們會遭受苦難；但是如果袖手旁觀，我們所遭受的苦難絲毫不減。」[22]

我們必須承認，那些選擇並不只是在單純的「和平」或「戰爭」狀態之間作選擇。國家領袖在可接受的、不斷增加的戰爭風險，與不可接受的、不斷增加的國家蒙羞、孤立或沒落的風險之間，一步一步地作出這些決策。因爲1914年的歐洲人對於在20世紀時列強將興起什麼樣的戰爭，毫無概念，所以在每個階段的戰爭風險似乎都是可以接受的。當第一支渴望作戰的軍隊開赴前線時，隨之而來的戰爭的持續時間、狂熱與暴力的程度，都將遠超過人類所能做的任何想像。

圖2-5　1914年8月，興高采烈的柏林市民歡送他們的軍人上火車。請注意最右邊的那位市民，他用自己的草帽交換士兵的步槍和頭盔。

第三章

馬恩河戰役與之後：1914至1917年

1914年8月初，有五百多萬名歐洲青年幾乎毫無異議地響應軍事召集令。他們之中有很多人滿懷眞誠的熱忱登上軍隊列車。樂隊、旗幟以及手拿鮮花的年輕女子，不再只是門面的裝飾。群衆已經蓄積了滿心的憤怒，政府的宣傳活動和民族主義知識份子很輕易就能煽動他們的同仇敵愾之情。

戰爭熱

各國政府都非常成功地將對手塑造成侵略國的形象。有位德籍叔叔以及中間名字爲德文的英國詩人格雷夫斯（Robert Graves），回憶自己在1910年左右的高中時代，當時他因爲「德意志」意指「卑鄙的德國人」而遭受迫害的經歷。「它代表『和我們優秀純正的企業競爭的便宜、劣質商品』。它也意味著軍事威脅、普魯士主義（Prussianism）、無用的哲學、冗長乏味的學術成就、衷情音樂與炫耀武力。」[1]當戰爭爆發之時，倫敦的德國商店遭人破壞，管弦樂隊的節目裡抽掉了德國音樂，而德國酸白菜則被更名爲「放肆的洋白菜」。比利時境內發生的暴行，在德國於1915年10月處死英國護士卡維爾（Edith Cavell）之時達到最高潮，並且加深了人們原有的敵意。

在德國，很多人覺得自己是在保衛剛健的德意志文化，對抗狡詐、重商主義的英國人，以及頹廢的斯拉夫人和法國人。前不久才聲稱自己是社會主義者的德國經濟學家松巴特（Werner Sombart），在1915年時向他的國人同胞解釋說，這場戰爭是唯物主義（materialism）與唯心主義（idealism）之間的對決，是英國「商人」與德國「英雄」之間的競賽：

> 對我們來說，這就是為什麼我們要滿懷尚武精神的原因；這場戰爭是神聖的，是世界上最神聖不可侵犯的事情。[2]

大部分投身戰場的法國人相信，他們是站在保衛人道主義（humanitarian）的自由這一方，對抗普魯士人。只有一位重量級的法國公衆人物——小說家羅曼．羅蘭（Romain Rolland）嘗試要維護自己原有的和平主義、國際主義價值觀「超越混戰」。他覺得只有移居瑞士，才能使自己保有原有的價值觀。在動盪不安的奧匈帝國裡，除了一些南斯拉夫人和捷克人以外，其他所有的民族群體，都帶著對俄羅斯帝國開戰的熱忱重新整合。至於俄國，儘管1914年的夏天，他們正深陷瀕臨暴發革命的陣痛期而動盪不安，但是也從

8月的罷工與國內紛爭中，轉向迎戰大家共同的敵人。對每一個在開戰之初，曾經在皇宮前熱情遊行的俄國人來說，可能大都是不甘願地接受了戰爭。但是即使是俄國的統治者，對於民眾懷抱的激烈熱誠也深感驚訝。

戰爭除了民族敵對與保衛國家抵禦侵略者的性質之外，對一些士兵來說，戰爭讓他們感到擺脫了資產階級的控制，從而賦予戰爭一種具有建設性正向的意義。在羅曼斯（Jules Romains）的小說《凡爾登》（*Verdun*, 1940）裡被徵召入伍的人覺得，「他們正要開始度過一個喧鬧、忙亂、艱苦的假期，一場眞正的中學生式的探險遠征。」平凡的舊世界已經充斥太多必須文雅應對的「清規戒律」。

> 有個機會可以暫時無憂無慮地生活，可以沒有規矩地動手動腳，也不需要顧慮清規戒律。生活會因為經歷過這種「原始」的治療，因為重新回到簡單的生活方式，因為不需要裝模作樣，而變得更好。[3]

羅曼・羅蘭早在1912年時，就已經開始憂心「這個國家的孩子們除了在書本上以外，不曾親眼見過戰爭，他們很容易美化戰爭。因爲厭倦和平與思想，他們歌頌戰爭的鐵砧，認爲血腥的拳頭終將重新鍛造法國的力量」[4]。

由於每個人都相信戰爭不會持續太久，所以在1914年8月時，人們是以比較輕鬆的狂喜態度來看待這次的戰爭。自1815年以來，歐洲所發生的幾次衝突，都能在數週內分出勝負。日漸複雜的軍事機器，以及國民的經濟情況，在在顯示現代社會無法負擔長時間、大規模毀滅行動所需的成本。德國總參謀長希里芬將軍在1909年時曾經寫道，「當國家的生存是立基於貿易及工業不斷的連續發展的年代裡」[5]，長期戰爭已經變成一件「不可能」的事。法國經濟學家布留（Paul Leroy-Beaulieu）用數學證明，在歐洲發生的戰爭不可能持續超過六個月。英國海軍部只囤積六個月的軍艦燃料。大部分在1914年8月登上軍隊列車的士兵，都有把握自己可以在聖誕節之前回家。

社會主義者的兩難困境

1914年8月歐洲所面臨的愛國浪潮，使左派份子的決策陷入困境。在1914年之前十年的時間裡，歐洲的社會主義政黨已經籌劃好，如果爆發了馬克思主義者分析的、可能會發生的帝國主義戰爭，就要發動全面性的罷工活動。由歐洲社會主義者主導的世界性社會黨聯盟——工人國際

（Workers'Internatinoal），[6]自1904年起，已將防止戰爭排入重要的議程。1905年與1911年的摩洛哥危機，1908年的波士尼亞危機，以及1912年和1913年的巴爾幹戰爭，都讓他們意識到要加緊籌劃。1914年，當歐洲政府開始匆促趨進戰爭邊緣時，工人國際的常設局在7月29日於布魯塞爾（Brussels）召開特別會議，德國社會民主黨的領袖繆勒（Hermann Müller）也在7月30日趕到巴黎，與法國的社會主義夥伴們會商。歐洲的軍隊與警察已經布置好，準備一旦發生反戰的全面性罷工，就逮捕社會主義的領袖們。

不論如何，在1914年8月即將爆發的戰爭，與工人國際籌劃反對的假設情況並不相同。歐洲各個社會主義政黨，都相信自己的國家是受到侵略的犧牲者，而且敵軍的勝利將會重挫本國的社會主義。不但是德國的最大黨，同時也是世界上組織最精巧的社會主義政黨——德國的社會民主黨，堅稱德國的社會主義受到下列危險的威脅：

> 俄國專制主義的勝利，染著俄國人民最精英份子的鮮血。我們的任務是去避開這個危險，去維護我們自己國家的文化與獨立性。[7]

德國工會於8月2日決定取消預定展開的罷工行動，而社會民主黨的領袖以78票對14票的表決結果，決定支持德國政府。在議會裡，社會民主黨的議員於8月4日全體一致同意通過特別戰爭撥款。在法國，各工會早在7月31日就決定反對罷工。從巴黎的觀點來看，專制德國的勝利對法國的社會主義所帶來的威脅，似乎更甚於法國政府所造成的威脅。在歐洲各國的議會裡，唯一投票反對戰爭的社會主義者，只有塞爾維亞社會民主黨兩位議員的反對票。在俄國議會，退席的是14位改良派與革命派〔布爾什維克派（Bolsheviks）〕社會民主黨議員，和11位克倫斯基（Aleksandr Kerensky）改良主義勞動黨（Labor Party）的議員。義大利的社會主義者基本上同意政府不參戰的決定，這種做法，使他們免於面對如那些被迫作出困難選擇的歐洲夥伴們所遭遇的難題。在各個交戰國中，都沒有出現全面性罷工的具體行動。

戰爭與社會和平

有些評論家事後指責歐洲的社會主義領袖，在1914年8月的關鍵時刻裡，背叛了他們的擁護者。事實上，大部分的歐洲勞工和他們的社會主義領袖一樣，堅信自己負有與反動侵略者作戰的義務。法國的總參謀長曾經預料被徵召入伍的人之中，有13%會拒絕接受召集令，但是實際上的拒絕率只有1.5%，所以政府決定不逮捕已列入黑名單「B簿」（Carnet B）中的社會主義領袖。英國的情況甚至更令人震驚。反對英國參戰的工黨領袖麥克唐納（Ramsay MacDonald）與斯諾登（Philip Snowden），在8月5日被一般黨員否認，並且被迫辭職。

1914年時，在社會主義領袖中，革命熱情與和平主義之間並無任何關聯。英國的自由黨與工黨一樣，懷抱和平主義的人只是其中的少數。在歐洲大陸上，1914年時，如德國的貝恩斯坦（Eduard Bernstein）般的改良主義者，是屬於和平主義者，但是，大部分對戰爭的支持是來自於革命的工團主義者（revolutionary syndicalists），如法國的新聞記者赫維（Gustave Hervé）與義大利的墨索里尼（Benito Mussolini），這些人個性急躁，喜歡用暴力方式解決問題。

確信得到大部分勞動階級的支持，歐洲每個交戰國都帶著熱烈的民族團結情緒參戰。法國的政治家們宣布結成神聖同盟（union sacrée），那是法國人團結在國旗之下的神聖同盟。德皇威廉二世聲稱他不再察覺到國內有敵人存在；

圖3-1　1915年時，在徵兵告示板前，自願從軍的人潮蜂擁至英國徵兵辦事處。

對外宣戰已經創造了國內的和平〔休兵（Burgfrieden），被包圍的堡壘的國內休戰協定〕。憤怒的俄國工人以及農民，是愛國聯盟（patriotic union）的嚴峻考驗。他們在8月初中止罷工行動，沒有多惹事端地服從徵兵召集令，並且在戰爭開始的第一個月裡，也沒有明確表達反對的意見。後來各國國內再也沒有出現如1914年8月般的和睦景象。

第一次馬恩河之役

1914年8月4日，德國軍隊迫不及待地越過比利時的邊境，開始執行經毛奇修改過後的希里芬計畫。一天之內就有500列火車抵達比利時的邊境。德國派出8個軍團中的7個，進行大範圍的圍攻行動，以期能一舉擊退法國。因為比利時頑強地保衛他們的要塞，所以作戰速度不如預期般快速，但是在8月18日時，德軍的大弧形攻勢已經開始向巴黎挺進。

正如德國的策劃者所希望的，法國將大部分的軍力投注於東方，力圖收復亞爾薩斯—洛林地區。就某種意義來說，這場第一次世界大戰的前哨戰，是在機械化戰爭那非人效率的背景下，騎士時代軍隊的最後英姿。身穿色彩鮮明的紅褲與藍色短上衣的法國軍服，並由年輕的聖西爾軍校（Sanit-Cyr military school）畢業生——他們曾在行前穿戴閱兵服飾與手套宣誓——領軍的法國軍隊發動第一次突擊，但大敗於大砲與機關槍的火力之下。法國的進攻並未取得永久的陣地，直到戰爭的最後幾天，他們才收復失去的國土。比較重要的是，法國輕率向萊茵河突襲的行動，正中希里芬繼任者的下懷，他希望盡可能讓法國軍隊落入他們機械化部隊的包圍裡。

9月初，德國已經逼近巴黎，兵臨馬恩河（Marne River），法國政府也已經遷到波爾多（Bordeaux）。希里芬那閃電結束西線戰事的夢想顯然即將實現。然而接踵而至的是從9月6日到9月10日法英的反攻，這場戰役就是著名的第一次馬恩河之役（the First Battle of the Marne），是歷史上偉大的救援行動之一。

在德軍步步進逼時，鎮定的法國指揮官霞飛將軍依然很冷靜地等待反擊的時機——他依然能吃照睡的傳說，穩定了法國人的心情。德軍的推進讓自己陷入了難題。為了形成巨大的包圍圈，有些部隊在一天之內就要徒步行軍二十到三十英哩的路程，而且砲兵部隊和補給品接應不及。生病且優柔寡斷的毛奇，只能與軍隊指揮官保持遠距離的聯絡，因為騎兵聯絡官一天之內所能行走的距離有限，使聯絡更加困難。最後，在最外翼的第一軍團指揮官克魯克（Alexander von Kluck）將軍，讓警覺性很高的霞飛將軍發現兩個德軍的致命弱點。依照經過毛奇修改過的希里芬計畫，由克魯克的戰車輾入巴黎東方，讓側翼的軍隊與法國軍隊在當時依然在包圍圈外的巴黎交戰，接著，當他轉進部分軍隊以迎戰來自巴黎的威脅時，克魯克將軍的軍隊與下一批將開入東方的德國軍隊之間會出現一道缺口。9月6日，留在巴黎的法國後備軍突然乘坐計程車隊離開巴黎，攻擊克魯克的側翼軍隊；與此同時，英國遠征軍（British Expeditionary Force）的第一縱隊也謹愼地挺進克魯克和德國第二軍團之間的缺口。9月10日，德軍已經被迫沿著馬恩河向後退卻，巴黎因而得救。

霞飛將軍當時根本不可能把這個可以暫時喘息的機會擴展爲迫使德軍全面撤軍的形勢。事實上，兩軍都無法將對方逐出各自構築用以掩護部隊的戰壕。雙方都試圖用一連串的「延伸端點」（end runs），從側翼包圍對方，他們不斷地往西、往北延伸，一直到海岸爲止，所以這種行動常被誤稱爲「向海賽跑」。10月中旬，戰線已經從比利時的北海海岸，延伸到瑞士邊境，依靠機動火力與地面的防禦工事來防衛綿延300英哩的戰壕。雙方都陷入僵化的戰術，動彈不得，而且接下來的四年裡，情況也沒有改變。正如歷史學家泰勒（A. J. P. Taylor）所提到的，「機關槍和鍬鏟已經改變了歐洲歷史的進程。」[8]

第一次馬恩河之役，設定了在剩餘的戰爭歲月裡，這條主要戰線的形勢。首先，它粉碎了軍隊可以在聖誕節前回家的期待，因爲這將是一場持續很久的戰爭，所以必然會將大後方捲入戰爭之中。此外，這場戰役也意味著未來在西線的其他戰役，會以找尋可以衝破堅固戰壕的方法爲主，並且恢復具決定性的運動戰（war of movement）。這種探索最終將會把全世界都拖入這場戰爭，而且也會造成血腥恐怖的壕溝戰；在壕溝戰裡，厭戰與大屠殺的場面不斷交替上演。

在馬恩河畔戰敗的不是法國或德國，而是戰前的歐洲社會，當時的歐洲社會已經被迫變成巨大的戰爭製造機。

東方戰線

綿長的東方戰線從來不曾陷入壕溝戰的泥沼中。但是有結果的運動戰，並不具有決定性，而且所犧牲的生命也不比西線戰事少。德軍曾經希望能利用八分之一的兵力牽制動員緩慢的俄國軍隊，同時一面擊潰法軍，讓法國退出戰場；同樣的，奧地利軍隊也希望能在俄國戰線尚未構成任何嚴重威脅之前，就殲滅塞爾維亞的軍隊，但是他們的期待都落空了，在開戰後數週內，俄軍就已經挺進東普魯士與奧屬波蘭〔Austrian Poland，加里西亞省（province of Galicia）〕。不過，這些成功只是暫時的。

坦能堡與瑪蘇里安湖：1914年

德軍雖然未能在馬恩河一役戰勝，但卻在東普魯士贏得勝利。同樣地，在那幾週的時間裡，人數遠超過俄軍的德軍，利用分割兩個俄國軍團的戰略，將之個別擊潰，成功進行了極具冒險性的軍事作戰：第一次戰役爲8月30日的坦能堡戰役；第二次則是9月15日的瑪蘇里安湖（Masurian Lakes）戰役。興登堡（Paul von Hindenburg）將軍和他的參謀長魯道夫（Erich Ludendorff）將軍，因此贏得極高的威望。這兩位將軍使德軍的軍心大振，讓他們比以往更拚命作戰，俄國軍隊再也沒有機會嚴重威脅德國北方的領土。

奧地利前線：1914至1915年

同一時間的奧地利，正面臨一次比較不那麼成功的兩線作戰。爲了迎擊出乎意料之外突然出現在加里西亞的強大俄國軍隊，赫岑多夫將軍不得不抽調塞爾維亞最精銳的部隊趕赴加里西亞，結果兩條戰線都失利。俄國在1914年占領整個加里西亞，並且越過喀爾巴阡山（Carpathian Mountains）直逼匈牙利平原。1914年12月，在南方戰線上，塞爾維亞的軍隊經過非常艱難的苦戰之後，兩度將奧地利軍隊趕出塞爾維亞。1915年5月23日，義大利加入協約國參戰[9]，並且另外開闢一條對抗奧匈帝國的南方戰線。奧地利以懲治塞爾維亞爲由興起戰爭，但現在懲罰卻降臨到自己頭上，他們開始爲奧匈帝國的生死存亡努力奮戰。

1915年，德國出兵襄助東方的盟友。因爲西方戰線陷入僵持狀態，似乎沒有機會展開決定性的攻擊，所以興登堡和魯道夫就利用他們的新威望，設法取得最高統帥的增援。新成軍的德奧聯軍連續猛烈攻擊，終於在1915年5月，於加里西亞的俄軍防線打開了一道缺口，引發一場俄國史上的大撤軍行動。士氣低落及彈藥短缺，使得沙皇的軍隊退離加里西亞300英哩，進入俄國境內，直到冬季才終於停止潰退。這次敗戰所付出的代價，雖然不及1812年與1941年敗戰的損失驚人，然而1915年的俄國大撤軍，卻使俄國失去15%的歐洲領土、10%的鐵路、30%的工業，以及將近20%的人口。據說俄國軍隊有高達250萬的士兵被殺、受傷或者被俘。

1915年4月，一支英法遠征軍登陸君士坦丁堡南方的一個半島——加里波利半島（Gallipoli），企圖強行攻占海峽，此時奧地利來自南方的威脅更加緊迫。這次登陸是第一次世界大戰最具爭議性的作戰行動之一。支持這項行動的人如海軍大臣邱吉爾認爲，在通往海峽的南部登陸，能兼具回應俄國請求支援以擺脫土耳其（德國的新盟友）攻擊的懇求，以及利用冒險的海軍機動作戰行動，繞過陷入僵持狀態的西方戰線等優點，以機動性代替蠻力。至於反對者如法國的霞飛將軍則認爲，這會消耗主要戰線的珍貴兵力，在主要戰場上，集結大量兵力，終將能夠分出勝負。結果，英法聯軍並沒能在岩石嶙峋的加里波利半島開闢通路，當然也沒能奪取海峽、強迫土耳其退出戰場。

正當對德國戰勝俄國的戰果印象深刻，而且同樣渴望犧牲塞爾維亞，使領土比1875年或1912年時更大的保加利亞，在1915年9月同意加入德國與奧匈帝國，對塞爾維亞進行最後一次攻擊時，同盟國取得決定性的優勢。協約國雖然採取將大部分加里波利的派遣軍調到希臘薩羅尼加港（Salonika）的行動，但是依然未能恢復平衡，而且事實上，反而使一批協約軍隊誤入陷阱，在後來大部分的戰爭期間中，被困在這裡動彈不得。

因爲遭受正面與側面攻擊，塞爾維亞的軍隊被迫執行令人苦悶的撤軍行動，穿過阿爾巴尼亞山區的隘道，撤往亞得里亞海，約有10萬名倖存的官兵在亞得里亞海爲協約國的船隻所救。據估計，在這場戰役裡，塞爾維亞大約有六分之一的人口因爲戰爭、傳染病以及饑荒而喪生。塞爾維亞已經爲暗殺斐迪南大公而得到充分的懲罰，但是南斯拉夫人依然好戰如故。

1916年初，新上任的德國總參謀長福金漢（Erich von Falkenhayn）將他主要的注意力轉回西方戰線，留下赫岑多夫執行自己的計畫，大舉進攻義大利。他在1916年6月的特倫提諾（Trentino）之役所得到的最重要戰果，卻是削弱了對俄國的防線，讓本次大戰最有才幹的俄國將軍布魯西洛夫（Alexei Brusilov）得以擊潰奧地利，並且收復大部分在1915年失去的加里西亞領土。不過，布魯西洛夫並沒有得到其他北方俄軍的支援，而又缺乏彈藥，讓他無法擴大已經打通的缺口，進軍匈牙利。這是俄國的戰爭機器最後一次發射出來的能量，也是這次戰爭在東方戰線上最後一次的大規模戰役。

尋求西方戰線的突破

馬恩河戰役後在西方戰線的僵局，是一種新奇的戰術，政府與軍事領袖只能慢慢適應。毛奇與福金漢，和法國指揮官霞飛與福煦（Ferdinand Foch）一樣，接受的是運動戰與機動作戰的訓練。英國的指揮官，如法蘭西（John French）和道海格（Douglas Haig）曾經在波爾戰爭中擔任騎兵將軍。馬恩河一戰之後，在西線的戰爭試圖回復熟悉的機動作戰戰術。所有受到不耐煩而且不諒解的輿論刺激的軍事參謀人員，在接下來的三年裡，都試圖要「攻破硬殼」。

「攻破壕溝」

展開攻擊的基本問題，是如何在槍林彈雨中，攻破敵方的防線，然後順著敵軍防線的缺口，傾注充足的士兵與軍備，轉而攻擊暴露在外的側翼。利用大量的人力與砲彈來解決這個問題，是值得一試的方法。

首先，交戰國把所有可利用的人力都送到前線。為了進行預訂的決定性戰爭，法國甚至動用必要的兵工廠工人。由於歐洲的人口成長、全民服兵役的原則，以及嘗試先發動決定性攻擊的戰術，所以參與戰爭的人數大幅增加。滑鐵

圖3-2　一張德國人所拍攝的照片，說明了三個第一次世界大戰中各戰役的傷亡人數，為何遠超過以往戰爭的理由：彈痕累累的戰壕、毒氣瓦斯以及機關槍。

盧（Waterloo, 1815）戰役中曾經有17萬士兵參戰；色當（Sedan, 1870）一役則有30萬人參戰。第一次馬恩河戰爭動員了一百多萬人。但是，火砲、現代步槍，尤其是機關槍，使大批士兵只能蹲伏在土築防禦工事後面作戰。

1914年倉卒構築的戰壕，現在已經發展成爲精巧的防禦系統，戰壕的深度比以往深二或三倍，並且增設混凝土機關槍陣地補強。指揮所隱蔽在多少有些乾燥的防空洞裡，除非被直接擊中，否則相當安全。但是，因爲聯絡壕有大批老鼠出沒，而且粗糙的木質地板泥濘不堪，所以不是一個太舒適的地方。最重要的是，在兩次攻擊之間，經常有被狙擊兵或散射的迫擊砲擊中的危險。「前線如同囚籠，我們只能滿心恐懼地埋伏，等待可能發生的任何事情。」德國的沙場老將雷馬克（Erich Maria Remarque）在他的小說《西線無戰事》（*All Quiet on the Western Front*, 1929）中如此寫著，「我們躺在拱形工事裡，過著前途未卜的生活。一切全憑運氣。」[10]在塹壕陣地的前方，是有刺的鐵絲網，通常有30碼寬、3到5英呎高，繫在鐵棒和支架上。而在鐵絲網之前，則是「無人區」，是介於兩軍封鎖線之間的地區，夜間巡邏兵會在這裡靜靜地執行作戰任務，這裡也是雙方靜觀敵軍、向前猛攻的地方。

在這種情況下，要「攻破壕溝」就必須預先使用大規模的砲火，減弱敵方的兵力，所以砲彈的消耗量，遠超過任何參謀人員在戰前最荒謬的想像。法國的總參謀長曾經預期一天大約要消耗13,000發砲彈，但是在開戰後的前幾天，他們實際上每天要用掉12萬發砲彈。1916年的索姆之戰（Somme Campaign），英國在長達14哩的戰線上，每20碼就配置一門火炮，並且準備了150萬發砲彈。1917年4月，法國準備在香檳省（Champagne）發動攻勢，他們在綿延20英哩的戰線上發射了600萬發砲彈。使用這種「弱化」法的問題是，每次製造的火砲彈幕，都等於是向敵軍預告下一個進攻目標，讓他們有機會及時增援被轟炸得昏頭轉向的防禦者。結果通常是一場場代價昂貴但是了無成果的戰鬥，僅僅向前推進幾平方碼，卻造成大量的人員傷亡。「我們始終靜靜地伏臥在一小塊劇烈震動的土地上。我們不過是讓出數百碼地作爲敵軍的戰利品，但是每一碼地都躺著一具屍體。」[11]

1915年在西方戰線上所發動的攻擊，並未得到決定性的戰果，因爲他們的後備軍已經移師到主要的東線戰區，所以即使是在德軍於4月22日首度使用氯氣彈的比利時法蘭德斯區（Belgian Flanders）的依普雷（Ypres），他們依然無法接續成功的戰果。雙方求勝心切的政治家或者將軍們認爲，只有不斷增加火力和兵力，才能打破僵局。在1916年與1917年初，甚至發動規模更大的壕溝戰，其中最著名的幾次戰役表明了人類對第一次世界大戰的忍耐力已達極限——1916年德國在凡爾登所發動的攻擊、1916年英國發動的索姆戰役，以及1917年4月，法國的尼韋勒（Robert Nivelle）將軍在香檳省展開的唐吉訶德式的攻擊。在這些戰役裡，徒勞無功的壕溝戰悲劇達到最高潮。

主要攻勢：凡爾登、索姆與香檳

1915年底於東方戰線取得亮麗的戰果之後，毛奇的繼任者福金漢提出增加法軍傷亡率的計畫，重開西線戰局。他在1915年呈遞給德皇的備忘錄中寫著，如果德軍選擇攻擊某個「涉及國家榮譽與驕傲」的法國陣地，那麼法國一定會不惜代價保衛到底。「而如果他們誓死保衛那塊陣地，那麼他們就會流盡最後一滴血而死。」德國所選定的目標是凡爾登要塞，從戰略上來看，凡爾登是戰線沿著默茲河（Meuse River）向南轉進時極其重要的樞紐；就精神上來看，凡爾登是歷史上的防禦據點，一旦失守將會使法國人士氣低迷。

1916年2月21日，德國開始展開大規模的砲火攻勢，意圖摧毀保護凡爾登的法國防禦工事。霞飛接受這項挑戰，在接下來的十個月裡，雙方互相砲轟，不斷上演占領、敗戰、再度占領的戲碼，爭奪幾平方哩已經築好嚴密防禦工事的地區。本已列入提前退休名單，在前幾次戰役裡表現有條不紊而且冷靜的戰區指揮官貝當（Philippe Pétain）老將軍，以堅定的決心守住陣地，他認爲這將是本世紀法國軍事成就的巔峰。他向部隊下達「擋住敵人！」的簡潔命令。在這十個月裡，接連不斷的車隊在槍林彈雨中，沿著唯一的狹窄道路，供應凡爾登的瓶狀突出部位，一輛輛車子運進了彈藥，再運走傷兵。一個星期接一個星期的過去，地上布滿了由數百萬枚砲彈炸穿又炸穿的炮孔。羅曼斯的小說《凡爾登》中描述一位軍官剛離開掩蔽壕，就踉踉蹌蹌地跨過一具屍體，他細看之下，發現這具屍體所穿的制服，與數小時前他曾經踉蹌跨過的屍體不同。

最後，德國未能通過封鎖線，但是人們所付出的代價相當驚人。保存性命逃出生天的人通常都已殘廢，而且心靈上也帶著法國人諷刺地稱之爲「龐卡赫紋身」（Poincaré tattoos）的創傷。雙方約有四十多萬人喪生。福金漢雖然達到了他的目的，但是事件的結局與他原先的設想有個很大的差距：德軍所付出的血的代價與法軍不相上下。這是第一次世界大戰中規模最大的戰役，十個月以來，每天早上和下午都要奪去數量相當於一個中型市鎮的青年人的生命。

英國在1916年7月時轉而發動索姆戰爭。索姆戰爭的用意是要紓解法國在凡爾登的壓力，並且利用以量取勝的攻擊方式，巧妙達成突圍的任務。詩人格雷夫斯的上校告訴他，要他忘記戰壕，並且準備在英國騎兵攻破德軍壕溝後展開運動戰。[12]海格爵士準備發動傳統的突破作戰計畫。原本期待在8天的猛烈炮轟之下，可以爲三個騎兵師打開一條通路，結果展開進攻之後，有一半的士兵和四分之三的軍官非死即傷。英國死傷40萬人所換來的只是120平方英哩的土地，而且騎兵部隊根本不再有上場的機會。「從哥穆夸特（Gommecourt）到蒙陶班（Montauban）綿延16英哩的戰線上，平均每一碼都有兩個英國士兵傷亡。」[13]

1917年初，對決定性戰役的要求，導致法國內閣撤換霞飛總司令，改用作風較爲浮誇的尼韋勒接替他的職務。尼韋勒是一位能言善道的騎兵將軍，他曾經在凡爾登成功達成局部推進的任務。尼韋勒承諾在香檳展開盛大的攻擊，希望能一勞永逸地「攻破硬殼」。這次的攻擊行動事先燃起了巴黎的最大希望，事後卻又讓他們陷入最深的絕望裡。尼韋勒的攻擊行動採用與海格在去年夏天

圖3-3　1916年砲轟凡爾登時，法國士兵蜷伏在戰壕裡。因為還來不及埋葬死者，所以右邊那具已經僵硬的屍體，可能是稍早的戰鬥所留下來的。

的索姆戰爭相同的戰術，但是戰果卻是空前的可憐，因爲取代名聲掃地的福金漢的興登堡和魯道夫，在1917年4月，尼韋勒開始展開他的砲火準備之前，就已經靜靜地將德國防線撤退了幾英哩。因爲付出極高的代價卻只換來極少利益，法國軍隊的士氣開始消沉。

正如去年一樣，英國軍隊試圖沿著弗蘭德的北海海岸朝北攻擊，而迫使德軍在這個關鍵時刻轉向。一如往常以一週的炮擊攻破了壕溝，所以士兵和軍備就在帕斯琴代勒（Passchendaele）和依普雷附近的泥沼裡掙扎，進退不得長達三個月。英國戰略家里德勒·哈特（Basi H. Liddell-Hart）說，曾有一位參謀後來在視察那個地區時突然哭了起來，大聲驚叫著：「我的天啊，我們讓士兵們在這種地方戰鬥？」[14]以24萬名士兵的生命爲代價，海格得到了50平方英哩的土地，以及冷酷無情、草菅人命的名聲。

新式武器

尋求突破必然會導致用比之前更猛烈的攻擊來「攻破壕溝」的想法。各國開始運用現代的技術，來解決恢復攻守平衡的問題。英國在1916年9月15日動用了第一部坦克車，那時已經是索姆戰役的尾聲，動用坦克車是爲了加強機動性，並保護進攻戰壕防禦工事的士兵。剛開始時雖然心裡存疑，但是坦克車最終仍在1918年的戰役裡發揮了功效。德國在1915年4月，[15]在伊普雷首度使用致命性的氯氣，並且在1916年2月的凡爾登戰役首次使用火燄噴射器。

最具戲劇性的新式武器是飛機。剛開始只是利用飛機來觀察以及測量火砲的射程。在必須保護偵察機免受敵機攻擊的情況下，拉開了空戰的序幕。1915年10月，荷蘭設計師福克（A. H. G. Fokker）發明了可以在飛機螺旋槳運轉時同步射擊的機關槍。這項發明開啓了單機空戰的輝煌時期。年輕王牌飛行員，如德國的「紅爵士」里希特雷芬（Manfred von Richthofen）、法國的蓋尼馬（Georges Guynemer），以及英國的包爾（Albert Ball），因爲個人英勇的極致表現而備受各國民衆尊崇。

經過改良的飛機也提升了各國轟炸敵方都市的能力。1916年使英國都市陷入恐慌的德國飛艇，因爲很容易被擊落，所以其實相當脆弱。1918年時，敵軍用更有效力的轟炸機攻擊倫敦（在這次攻擊戰裡，英國有1,414個人被炸死），而法國和德國（746個德國人被炸死）受到轟炸的範圍則比較小。如此一來，擴大的戰爭網開始籠罩遠離戰線的人民，於是他們也變成戰爭的犧牲者。

圖3-4　1918年4月，在德軍發動的最後攻勢中，法國北方貝蒂納（Béthune）附近的英國士兵被毒氣毒瞎雙眼，因此必須排隊搭肩膀前行到前線包紮所。

不斷擴大的戰爭

協約國成功地贏過同盟國，爭取到義大利加入協約國參戰。義大利曾在1914年8月3日宣布保持中立，並因此大幅緩和協約國在地中海的海軍形勢。然而，因爲西方戰線陷入僵持狀態，所以協約國和同盟國都日益渴望義大利能夠參戰。雖然義大利曾在1882年與德國和奧匈帝國簽下協定，但是協約國比較能夠滿足它對奧地利的阿爾卑斯山區（alpine）和亞得里亞地區（Adriatic regions）的野心。義大利的外交部長桑尼諾（Sidney Sonnino）於1915年4月26日，在倫敦與英法兩國簽署祕密協定，以加入協約國參戰作爲交換，讓義大利可以獲得阿爾卑斯山區〔從說義大利語的特林迪諾（Trentino）和說德語的提洛耳（Tirol）部分地區到布里納山口（Brenner Pass）〕、亞得里亞海角、多德卡尼群島（Dode Canese Islands）以及土耳其南海岸；如果英法兩國在非洲有所斬獲，義大利也可以分一杯羹。羅馬教廷（Holly See）被排除在最後的和平談判之外。最後，因爲允諾他們可以取得匈牙利人和羅馬尼亞人居住的外西凡尼亞，所以羅馬尼亞在1916年8月18日加入協約國參戰。所以短期內增闢一條對抗奧地利的戰線，對東方戰線極爲重要因爲有助於1916年布魯西洛夫的攻勢。但是，到了1917年，協約國被迫必須增援義大利，而西方戰線則依然陷入僵局。

戰爭雙方都企圖吸引新盟友參戰以打破僵局。戰前的土耳其原本就受到德國的軍事和商業影響，不過在1914年8月10日，土耳其完全是爲了實際目的而成爲交戰國。當時德國的巡洋艦格本號（Goeben）和布列斯勞號（Breslau）爲了逃避英國軍艦在地中海的攻擊，而在據稱是中立的達達尼爾海峽（Dardanelles）避難。10月29日，這些表面上由土耳其購買，但實際上是由德國軍官指揮的船艦，轟擊了黑海的俄國港口敖德薩（Odessa）和塞瓦斯托波爾（Sevastopol）。當俄國於11月2日向土耳其宣戰時，英國和法國不久也跟著向土耳其宣戰。

土耳其的蘇丹宣布要對異教徒展開聖戰，並且發動了雙重攻勢：一支軍隊穿越高加索山脈（Caucasus）攻擊俄國的巴庫（Baku）油田，並朝印度——至少在它所宣布的總目標裡——挺進；另一支軍隊則移師蘇伊士運河（Suez Canal）。協約國不但發現他們與俄國的海上聯繫已被切斷，而且也發現自己的殖民地受到威脅。於是英國與法國於1915年4月登陸加里波利予以反擊。在保加利亞加入同盟國參戰，而塞爾維亞則於1915年10月戰敗之後，協約國認爲已經無法防守加里波利，所以在1916年1月撤出加里波利半島。唯一留在已棄守的巴爾幹戰線上的，是被困於希臘海港薩羅尼加一帶的協約國軍隊。

更往南，英國積極進軍，希望能擺脫她在中東的地位所遭受到的威脅。剛強的「紐澳聯合軍」澳洲—紐西蘭軍團，及時增援英國駐埃及的部隊，阻擋了1915年2月德土聯軍對蘇伊士運河的攻擊。德國皇帝希望埃及人和印度人能起義反抗英國人的夢想破碎。英國敷衍麥加（Mecca）的阿拉伯酋長承諾要讓他們獨立，藉以動員阿拉伯的民族主義者起來對抗鄂圖曼帝國。一支英印部隊開進波斯灣（Persian Gulf）海角，阻止敵軍穿越美索不達米亞〔Mesopotamia, 現在的伊拉克（Iraq）〕進軍阿巴丹（Abadan）的油田設施。戰爭正把全世界捲入它的戰場。

海 戰

交戰雙方都企圖在海戰中取得陸戰未能得到的決定性戰果。開戰的最初幾個小時當中，英國和法國就已經試圖利用他們的海軍優勢來摧毀德國的戰艦。

圖3-5　第一次世界大戰：戰線

曾經在智利（Chile）附近擊沉一支英國海軍艦隊，並因而引起英國關切的德國重巡洋艦夏恩霍斯特號（Scharnhorst）和格內斯瑙號（Gneisenau），終於在1914年12月，於福克蘭群島（Falklands）附近被優勢的英國軍隊擊沉。而德累斯頓號（Dresden）也在1915年3月於智利附近被擊沉，能有效阻撓協約國封鎖德國和奧匈帝國的障礙已然喪失。人們預期，如果沒有從海外輸入物資，同盟國將無力支撐一場長期的現代化戰爭。

德國爲了進行報復，乃利用潛艇艦隊強行實施反封鎖。德國政府在1915年2月4日宣布英國、愛爾蘭和法國北部附近水域爲交戰區；任何航行於該區域內的船隻，即使是中立國的船隻，都將不先警告即予擊沉。雖然只有幾艘U艇（U-boats）對駛往不列顛群島的船隻造成嚴重的干擾，但是一些客輪的沉沒，卻已經促使美國國內傾向主戰派的意見更加強烈。1915年5月7日，肯納德公司（Cunard）的定期客輪「盧西坦尼號」（Lusitania）在愛爾蘭北海岸被擊沉，造成近兩千人喪生的慘劇，其中也有一些美國人。自此之後，美國國內的參戰傾向更加強烈。1915年9月，爲了避免與華盛頓的關係變得更加複雜，德國乃開始限制本國潛艇在大西洋上的活動。

在戰爭的前兩年裡，英國和德國的戰艦始終避不碰面。英國維持遠距離封鎖的態勢，而德國則不情願地繼續保有勢力比較小的海軍武力。1916年初，德國公海艦隊的指揮官希爾元帥（Reinhard Scheer）提議誘使英國的無敵艦隊（Grand Fleet），進行一場可能會改變海軍勢力的整體平衡，並且改變戰爭結局的全面戰爭，結果爆發了袞特蘭（Jutland）之役，這是大戰中規模最大的海戰，也是最後一次在沒有飛機和潛艇介入的情形下，完全依靠配置15英吋口徑大砲的戰艦作戰的戰爭。邱吉爾懷舊地稱其爲「世界史上最盛大的海軍武力展示」。

實際上，這場戰役並未使大戰出現戰略性的變化。爲了引誘傑利柯元帥（John Jellicoe）和英國無畏戰艦離開蘇格蘭的斯卡帕佛洛（Scapa Flow）海軍基地，希爾派遣希普爾元帥（Franz von Hipper）率領五艘巡洋艦駛離挪威海岸。然後，希爾命令他的主力部隊嚴陣以待，截擊傑利柯元帥和無畏戰艦。5月30日到6月2日，在丹麥西方經歷整整兩天的對抗之後，雙方艦隊雖然互有損傷，但是仍然未能使對方陷於潰敗之地。意識到自己正處於劣勢的希爾，主動駛離戰場，而傑利柯則因擔心遭到水雷攻擊，而錯失阻礙希爾返航的時機。結果，雖然英國的損失比較慘重，但兩國海軍的相對力量依然維持不變。直到1918年爲止，雙方都不再試圖直接對決，而無畏戰艦在後來的戰爭歲月中，所扮演的便只是威懾的角色，不再是進攻的武器。

對德國來說，再次訴諸潛艇戰以躲避英國對水面的控制權的作法頗具誘惑力。1916年底，擔任德國軍事最高指揮的興登堡和魯道夫說服德皇相信，無限制的潛艇戰利多於弊。德國需要緩和國內持續加劇的緊張狀態，也必須削弱美國對英國的援助，而且美國大力介入歐洲戰爭的可能性微乎其微。1917年2月1日，德國的潛水艇受命擊沉所有視野可及的商船。英國船艦的損失，從1914年的每月51,000噸和1916年的每月103,000噸，在1917年2月時已經攀升到每月30萬噸以上，而在1917年6月時，每月損失甚至超過40萬噸。只有採取護航制度（convey system），才能維持英國大西洋生命線（Atlantic lifeline）的運作。

美國參戰

無限制潛艇戰的宣布，致使美國於1917年2月3日與德國斷交，至此，美國國內傾向保持中立的勢力逐漸式微，這是基於種種不同的因素所致：德國擊沉了協約國和中立國的船隻，致使華盛頓不再反對英國的封鎖措施；美國在3月20日承認了1917年2月以民主政體取代沙皇專制的俄國新政權，因此對於協約國的戰爭目標所抱持的疑慮降低；1914年時第一個向美國借款的國家——德國，由於封鎖措施使他們無法順利取得美國的經濟援助，而同時，美國的財政和工業與英法兩國的戰果利害關係漸形密切。

最後，孤立主義者心中殘餘的情感，因爲英國海軍部對所謂「齊默曼密令」（Zimmermann Note）的解讀而消散無蹤。齊默曼密令是德國外交事務國務卿齊默曼（Arthur Zimmermann）致德國駐墨西哥公使的指示，表示德國支持墨西哥政府在德國和美國交戰之際，收復德克薩斯（Texas）、新墨西哥（New Mexico）和亞歷桑納（Arizona）的領土。1917年3月1日，美國新聞界披露了這份文件，除了少數熱情的孤立主義者，以及一些德裔美國人之外，大多數的人都贊成美國站在協約國這一邊參戰。威爾遜（Wilson）總統於4月2日致國會的戰爭咨文，使國會作出一項聯合決議（Joint resolution），並於4月6日以465票對56票的投票結果通過該項決議，美國於是加入協約國成爲盟邦。

戰爭至此已經演變成一場世界性的衝突，想爲僵局打通一條出路的努力，又讓交戰國無可避免地步向總體戰，越陷越深。很快地，伴隨前線戰場上那殘忍苦難而來的，則是大後方嚴重的貧困與混亂。如果僅就戰爭對歐洲社會所造成的重大變化而言，那麼，稱1914年到1918年的戰爭爲「大戰」（Great War）其實並不爲過。

圖3-6　數千名無法辨識的法國與德國士兵，長眠於凡爾登法國軍人公墓旁的高塔之中。凡爾登的「靈骨塔」（積骨堂）象徵第一次世界大戰驚人的犧牲人數。

第四章

總體戰的影響

馬恩河戰役證明，任何一個強國都不能夠憑藉1914年的軍事技術一舉摧毀另一個強國。但是，除了少數歐洲的和平主義者以外，所有的人根本無法想像，直接用妥協性和平（compromise peace）來取代戰爭。法國人的領土上還有外國軍隊駐守；德國人已經嘗到戰爭的甜頭。馬恩河戰役之後，各國既不能迅速戰勝對手，也無法馬上結束戰爭。

1914年以前就考慮過戰爭這件事的歐洲人確信，先進的歐洲社會不可能承受長期的戰爭。在某種意義上他們是正確的。歐洲各國的社會不可能承受一場陷入膠著狀態的長期戰爭，但無論如何他們都必須忍受這場戰爭。第一次世界大戰已經演變成一場總體戰，或者是德國將軍魯道夫所稱的「極權主義的戰爭」（totalitarian war）。[1]它所帶來的影響遍及歐洲文明的各個層面，使歐洲的政治、經濟和社會徹底改觀。「世界各地都能聽見有東西破碎的聲音。」深感遺憾的自由主義者、英國作家與外交官布坎（John Buchan）如此寫道。托洛斯基（Trotsky）稱這場戰爭是「對人類文化的瘋狂摧殘」。[2]

總體戰的影響顯現在數個不同的層面上。在物資層面，總體戰要求編列數量空前的年輕人、鋼鐵製品與爆炸物，以便用來攻擊對手；此外，它穩定的基本補給線，以支持雙方的戰鬥。在政治層面，由於戰爭的物資需求，不能以常法來配置人力和資源，因此國家必須擁有龐大的新力量。而這一切的要求都將致使種種不公正的負擔強加於群眾身上，為此，交戰國政府不但必須找出新的方法，來說服人民接受犧牲，且必須操縱輿論，進行這場戰爭所需集中的能量與思想，與一場沒有公開的革命無異。

適應消耗戰

馬恩河戰役之後，交戰國雙方都只能將焦點置於削弱對方力量之上。發生在先進工業社會裡的消耗戰，完全超乎人類的歷史經驗之外。在1914年時依然需要考慮的問題是，如何在不造成都市饑荒和工廠停工的情形下，充分運用大量的人力和龐大的生產力來毀滅對手。

事實證明，各交戰國預先制訂的戰爭計畫完全不適用。英國軍隊原本預估一場歐洲戰爭約要動員10萬人；但在這次戰爭期間，他們卻動員了300萬人。法國最後召集了800萬名士兵，占所有18歲至40歲男性人口的62.7%（大約占總人口的20%）。國家預算也同樣處於失序的狀態。1913年時，法國的預算大約是50億法郎，而1918年的預算則提高到1,900億法郎。當時光是債務利息——支付購買戰爭債券的人的利息——的總額就高達70億法郎。此時，法郎的購買力僅值戰前的六分之一。由於一些基本問題的狀況改變，例如人力的運用和幣值等，已經與先前截然不同，使各國政府發現他們在戰前所做的預估根本派不上用場。

因此，在戰爭開始兩個月之後，交戰國政府不得不開始放棄事先規劃的戰爭計畫與臨時起意的作戰計畫。舉例來說，法國原本預期當他們把每個能扛槍的人都送到前線，與人數更多的德軍進行一場決定性戰爭時，國民的經濟或多或少能夠苟延殘喘，爲了把工人送往前線，他們甚至關閉了兵工廠。但是在1914年年底，出乎意料之外的戰場消耗率和長期戰爭的可能性，迫使他們讓工廠重新開工，並且重新分配前線與從那時開始被稱爲大後方地區的人力。總體戰的挑戰不只是要集結數量空前的士兵、金錢和補給品，還必須讓全體國民都有得吃、有得穿、有生產力，而且可以接受教育。必須像對待軍隊一樣，嚴格地管理國民的生產和消費。人們必須構思並實施一種全新的人類組織體系（human organization）。

有些交戰國可以應付這些挑戰，有些則不行。無法應付挑戰的是那些已經因爲社會和種族衝突而四分五裂的國家，尤其是多民族的帝國：奧匈帝國、鄂圖曼帝國和沙俄等，官僚政治的傳統、專制的權力、衆多的人口和領土面積，並未能讓這些國家占有在傳統戰爭裡所具備的優勢。要在第一次世界大戰中贏得勝利，更需要仰賴工業的生產力（大量生產戰爭物資的能力）以及讓人們有能力承受緊張狀態，並接受總體戰所造成的不公，以及貧困的內部凝聚力與整合力。雖然這些帝國暴露出他們的獨裁主義權力其實是空虛不實的，但是繼共和政體的法國之後，英國也適當地應付了這項挑戰；不過，持平而論，這還必須考慮英國本土並未遭受戰火摧殘這項因素。由於英國始終沒能從第一次世界大戰的衝擊中完全復原，所以我們只能說英國是失敗最少的國家，而非最成功的國家，相信這應該是一種比較公正的說法。

戰時政府：比較觀察

沒有哪個交戰國可以立即完全具備戰時政府的所有職能。對各國政府而言，有太多的事務從未學習過，也有太多瑣碎的權宜之計需要試行或否決。由於各國具有截然不同的特性與能力，因此也沒有哪兩個交戰國會採用相同的方法來應付這些挑戰。

英國

戰爭開始之時，自由黨已經在英國執政八年。自由黨以自由貿易的政綱贏得1906年的選舉，他們履行國家對經濟和社會事務只進行最低限度干預的承諾，只有在處理1909年的「人民預算案」（peoples' budget）中與所得稅和遺產稅有關的部分，以及1911年的國民保險法（National Insurance Act）時略微違背了這項承諾。1914年時，身為船舶大王和貿易局（Board of Trade）局長的欒希曼（Lord Runciman）表達了正統的自由主義觀點，他說：「政府的行動無法戰勝經濟法則，對這些法則的任何干預，都將以悲劇收場。」[3]哈洛斯百貨在報紙廣告欄上，刊登了一條大受歡迎、而且簡短醒目的廣告標語——「照常營業」。阿斯奎斯首相是個謹慎小心的人，他的熱誠因為八年的官職生涯而褪色，聽任各部會自行其事，其結果乃導致英國在國內行政部門不協調的情況下，派遣現代史上規模最龐大的自願軍赴法參戰。

迫於環境的壓力，英國政府只能在缺乏明確的決策原則引導下，務實地恢復戰時管制。有些資源必須立刻歸政府控制，英國的私人鐵路公司由政府委員會接管，並且保證利潤將與1913年的比率相同；戰前大部分來自德國和奧地利的糖，如今改由政府專賣。在自由市場上交易的日用品價格上揚，於是，政府開始暗中影響小麥市場，繼而直接控制了食品生產。1918年時，又實施食物定量配給。

1915年，政府在勞工動亂嚴重的格拉斯哥（Glasgow），強制執行租金控制，並逐漸擴展到全國各地。戰爭期間，政府在勞資衝突看似無法可解的南威爾斯（South Wales）實行煤礦國有化，並保證礦主可以擁有與戰前相同水準的利潤。1915年擔任財政大臣的自由貿易商麥肯那（Reginald McKenna），悄悄地向汽車業、電影業、鐘錶業及其他進口的「奢侈品」，實施「麥肯那稅法」（McKenna Duties）；自1846年廢除穀物法（Corn Laws，穀物關稅）以來，這是政府第一次違反了「自由貿易的天條」，而實施麥肯那稅法的主要目的是節約船舶的艙位及國際匯兌，並不是要讓英國回歸保護主義。

當時最迫切的需要是生產大量的軍需品。由於彈藥短缺，英國遠征軍戰況受阻的謠言甚囂塵上，動搖了人們對自由黨內閣掌控戰爭的能力的信心。為了建立比較廣泛的無黨派政權，阿斯奎斯在1915年5月，安排了幾位保守黨人士和工黨領袖亨德森（Arthur Henderson）——英國第一位擔任內閣閣員的工黨議員入閣。新政府的重要革新是，在1915年7月成立了由勞合．喬治領導的軍需部。

勞合·喬治，南威爾斯激進的新教礦區人，那裡曾經造就了一批英國現代史上光輝耀人的政治人物，也是從狄斯累利到邱吉爾之間，最突出的英國領袖。勞合·喬治性情多變、精力無窮，且熱中政治上的勾心鬥角，對事物完全不帶先入爲主的偏見。他身懷這些特質，進入運作機構，而這個機構最終會將其觸角延伸到經濟的各個角落。正如丹戈費爾德（George Dangerfield）所說，勞合·喬治所進行的是「單槍匹馬的威爾斯革命」。[4]

耗資上百萬英鎊，使私人工業迅速投入軍需品生產的行動，必然會導致利潤、人力和資源配置的控制，並提高對整體經濟的調節。不過，勞合·喬治並不退縮。單就規模而論，他的部門已經從1914年擁有20名職員的軍事合約處（the Army Contracts Office），擴展爲1918年擁有65,000名職員、負責管理300萬在兵工廠就職的男女勞工的龐大官僚機構。不過，軍需部還進行了比擴大規模更重要的改革。勞合·喬治在1915年5月促成通過戰爭軍需法（Munitions of War Act）。該法案授權軍需部在製造商拒絕接受政府的條件時，可以直接接管兵工廠，政府所開的條件包括限制利潤、透過仲裁解決所有的勞工糾紛，以及禁止雇用任何未持有前任雇主開具「離職證明」的勞工，以便約束勞工留在必要的工作崗位上。從實用而不是原則的角度來看，軍需部促使英國政府在技術所及的條件下，建立近乎有完整規劃與管理的經濟體系。

徵兵制度，是政府控制私人生活甚至死亡的重要措施。在1914年和1915年的愛國浪潮裡，出現大量蜂擁而至自願從軍的人，事實上，100萬人的英國軍隊也確實是現代史上規模最龐大的自願軍。但是，當國家更迫切需要的是技術純熟的工人能夠留在工廠裡工作，而非趕赴前線作戰的軍人時，自願役就變成既不公正又不合宜的兵役制度了。1916年1月，政府開始採用義務役的制度。這項政府權力的大跳躍，激起了強烈的反對，甚至在那些熱情的戰爭支持者之中，也出現了反對的聲浪。因此，政府爲那些以道德良心爲由而反對義務役的人舉行聽證會。最後，總共大約16,000名「有道德良心的反對者」中，除了1,500人以外，其餘的人都接受某種形式的國家替代役。

義務役制度爲女性開放了更多的工作機會，已經有兩百多萬家境貧窮的女性加入勞動行列。經濟獨立的中產階級婦女，打破了許多維多利亞時代的傳統，並使女性的勞動人力推升到300萬人。

1916年12月，勞合·喬治從小心謹慎的阿斯奎斯手中接任首相的職位。英國已經找到了領導她進行戰爭的領袖。這個來自自由黨激進派的異教徒，曾經激烈地反對波爾戰爭，並曾在1909年以人民預算案來對付有錢人的錢包，進行一場英國和平時期最厲害的搶奪行動，他負責領導英國發展成爲一個戰時的全權國家。回顧起來，這是一次未經籌劃但結果相當成功的規劃實驗。和其他的交戰國相較，英國大多利用稅收來支付額外的戰爭費用（當時所徵收的稅金占收入30%的所得稅之高，史無前例），而比較少依賴通貨膨脹。因此英國人所承擔的戰爭犧牲，可能並沒有如其他交戰國的人民所承受的那麼不公平。

法國

逐步形成的法國戰時政府，也是以類似的方式逐漸拼湊而成。如同前文所述，在戰爭開始時，因爲預期這是一場短暫的衝突，所以法國曾經關閉兵工廠，並將勞工送往前線。只是，在馬恩河戰役之後，國家顯然面臨必須同時兼顧戰爭和生產的態勢。法國長久以來就有義務役制度的傳統；將這個原則延伸到大後方，是認爲必然會進行總體戰的第一個認知。

接下來的日用品調節進行得比較緩慢。1915年10月，政府僭取權力，以固定價格徵用穀物，這項權力在1916年時也擴及糖、雞蛋和牛奶。1917年時設立了食品供應部，最後，在1918年6月發行了麵包和糖的定量配給卡。農業發達的法國，被迫採用與必須依賴糧食進口的英倫島國相同的措施。

在狀況特別的不利條件下，法國戰時的生產力蒙受損害。早期德國的勝利，已經奪占了法國境內最富裕的工業區。法國被德國占領的北部與東部十省中，包括了生產法國四分之三的煤和五分之四的鐵與鋼的地區。德國併吞法國龐大的財富造成兩個結果：它使人們幾乎不能想像妥協性和平的可能性，而且也使戰時的供應變得更加困難。法國無法停止戰爭，但如果缺乏外援，他們也不可能戰勝。

在某些方面，法國所發展出來的戰時政府，並不如英國那麼成功，籌措戰爭資金是問題之一。英國自1842年起，就開始徵收所得稅，但是法國卻依然激烈地反對所得稅的徵收（1909年和1911年間，當上議院反對利用累進所得稅來資助社會服務時，勞合·喬治曾經成功地擊敗了上議院）。從19世紀晚期開始，以鄉下小資產利益爲壓倒性優勢的法國議會，就已經否決徵收所得稅，但是贊同徵收營業稅和政府借款。結果，從1914年到1918年之間，法國政府只能利用稅收支付五分之一的戰爭費用。爲了籌足其他的款項，政府出售戰爭債券並且印製鈔票，這兩項措施等於是爲戰後法國的經濟負擔自掘墳墓：償還法國中產階級債券持有人的沉重負擔，與脫韁失控的通貨膨脹。

法國的軍政關係也比英國棘手。在英國，文人統治向來都是理所當然的傳統，且當戰時政府賦予勞合·喬治領袖之位時，這位領袖本身就是文官，也是激進的民主主義者。反觀法國軍隊則以陸軍為主，擁有更強烈的軍隊自治傳統。在共和政體下，帶有十分明顯的保守主義甚至於君主主義色彩的軍官團，他們與共和政府之間保有一種互不干涉的默契；除了如世紀交替之際時發生的德雷福斯事件（Dreyfus Affair）般，軍方試圖掩蓋公然發生的不公正審判的情況之外，他們之間的默契相當好。在1914年時，即使是絕對堅持共和政體信念的法國人，也認為當軍隊在作戰時，國民應該不要插手干預。由於了解國防與國家的其他事務相互分離，危機很快就會過去，因此在1914年的秋天，霞飛總司令在國防上取得了近乎封建領主的權力。第一次馬恩河戰役之後，必須動員整個國家才能進行戰爭的態勢更加明顯，於是，誰擁有最後的決定權就變成一個棘手的問題。

與法國的共和主義傳統一致，這個問題最後決定以贊同主權在民落幕。不過，這個問題在戰爭的前三年裡，歷經無數次頗具傷害性的爭吵之後才獲得解決。法國國會漸漸重申他們透過參議院和眾議院的軍事委員會，來監督戰爭指揮狀況的權利，1916年底，由於對霞飛將軍無力突破馬恩河戰役後的僵局感到厭煩，因此大多數的眾議員強迫政府開除霞飛。當霞飛的繼任者——熱情奔放的尼韋勒將軍在1917年5月，發動了他大肆宣傳的大規模攻擊，然而卻一無所獲之後，削弱軍隊獨立性的聲浪就更形高張了，接下來的兵變也似乎預示著崩潰的徵兆。

法國的戰時政府在1917年底，終於找到他的領袖——克里蒙梭（Georges Clemenceau）。克里蒙梭曾經說過：「戰爭太重要了，不能任由將軍們來做決定。」和勞合．喬治一樣，克里蒙梭不但是個文官，而且是政治中心的左派份子。他是個頑固的舊派無神論民主主義者，曾受過醫師訓練；他大部分的國會生涯，總是扮演一人反對派的角色。克里蒙梭於1906年至1909年第一次出任總理時，就已經是以強硬的行政官員之姿出現，當時他曾動用軍隊鎮壓罷工。現在，1917年，他將傲慢的強硬態度與左派的民族主義結合在一起，並將其融入法國的雅各賓傳統（Jacobin tradition）之中，用於戰時管理。當在議會被問及新政府的政綱時，他用四個字代替了一般長篇大論的政策演說：「Je Fais La Guerre！」（我要作戰！）雖然這麼主張，但是克里蒙梭的策略終究比較傾向政治性，而非技術性的策略。在德軍依然駐紮在法國領土上時，他鎮壓失敗主義者，監禁或者壓制那些膽敢為妥協性和平辯護的人。在他的權力控制之下，法國與其他交戰國一樣，步向完全的戰時政府。

德國

相較於英國和法國，德國的戰時政府在軍事權威之下團結一致。德國的糧食和某些戰略性原料，無法自給自足，所以特別迫切需要組織工作。與德國軍隊僅聽命於皇帝的傳統自治一致，總參謀部變成戰時政府的主導力量。

有兩位頗受大衆愛戴的軍人英雄，以實際掌控德國戰爭的獨裁者之姿出現：總參謀長興登堡和軍需總長（quartermaster-general，副總參謀長的傳統普魯士職銜）魯道夫將軍。興登堡是容克（Junker）貴族，魯道夫則是少數晉升到普魯士軍官團最高層級的平民之一，他們兩人因為在戰爭第一年就贏得一場傑出的勝利，而成為大家的偶像：1914年秋天，在坦能堡和瑪蘇里安湖戰役中擊潰俄軍。1916年，在使福金漢將軍名譽掃地的、血腥的凡爾登僵持戰之後，德皇於1916年8月29日，把重責大任託付給興登堡和魯道夫。1918年時，他們的權力甚至比德皇本人所掌握的權力還大。

魯道夫所謂的「戰時社會主義」（Kriegssozialismus）早在1916年就已經浮現。因為希里芬計畫曾經斷言可以迅速擊敗法國，然後打敗俄國，所以戰前沒有組織經濟和社會以應付一場長期抗戰的計畫。1914年時，德國軍隊擁有大約六個月的必需補給品，因為技術熟練的工人應召入伍，所以導致生產停頓。面對長期戰爭和資源不足的景況，德國比其他交戰國更徹底地組織他們的大後方。

第一個主要的戰爭機構利用的是先進的商業管理方法。德國電力總公司〔General Electric Company，電器聯營組織（Allgemeine Elektrizitäts Gesellschaft, AEG）〕的首長拉鐵諾（Walther Rathenau）應召重組軍隊參謀部的原料處（Raw Materials Section）。拉鐵諾是一個提倡技術官僚政治的人，也是一位成功的企業家，現在他有機會利用經濟規劃，在全國實施協調私人企業的觀念。拉鐵諾將各公司的生產部門聚集納入戰爭原料公司（War Raw Materials Corporations）之中，與某些在戰前即已獨立形成卡特爾的產業——煤、鋼鐵——一樣，然後由各公司購買原料，並將其分配給效率最高的生產商以生產最必需的產品。實際上，大公司可能比小公司容易受到青睞（但這並沒有觸怒如拉鐵諾般倡導產業效率的人），而且在那個緊急時刻，也無法限制過高的戰爭利潤。不過，若純就技術的觀點來看，1915年，當拉鐵諾把這個機構移交給他的繼任者（一位軍官）時，德國的戰爭機器已經能夠非常有效率地供應補給品。

1916年5月，在群衆的壓力下所設立的戰時糧食局（War Food Administration）

卻沒這麼成功。由於戰前德國僅能生產所需糧食的80%，而且在戰爭期間又因爲農莊工人、馬匹和氮肥短缺，使得糧食的產量更加下降，因此戰時糧食局確實是在處境極爲艱難的條件下運作。饑餓的都市居民要求制訂強迫農民放棄他們所囤積的糧食，或取締黑市的措施。在1916年到1917年的冬季，蕪菁取代馬鈴薯成爲窮人的主食。德國人的平均卡路里攝取量，降到每天大約1,000卡左右。終於，有75萬的德國人死於饑饉。戰時的德國，糧食短缺和城鄉對立加深了階級分裂和負擔不公平的感受。

興登堡和魯道夫在1916年8月到職後，便開始採行全體總動員的制度。1916年12月2日的輔助役法（Auxiliary Service Law）規定，所有17歲到60歲的男性都必須在戰爭經濟結構中工作。當然，把產量提升到最大限度是其中的一個動機；另一個動機則是要控制不斷增加的不滿怨言，以及戰爭施加於勞工身上的強大影響。領導這個企劃的靈魂人物，是格羅納（Wilhelm Groener）將軍，他是一位軍事技術專家官員，在鐵路組織上曾經有過傑出的表現。格羅納堅決主張要讓工會進入負責管理就業的地區委員會，雖然這項創舉讓保守派實業家感到非常不快，但卻使格羅納得以利用工會幫助維持社會的安定，同時，他也讓工會首次擁有合法參與政府管理的權利。

在「蕪菁之冬」以後，德國政府試圖安撫民衆接受眼前難耐的苦難。他們投注諸多心力在愛國宣傳策略上，例如建造興登堡的大型木製雕像，並在雕像下面舉行戰時公債的發行會。但是，在陷入僵局的西方戰線上，人們對軍事征服的滿意度，卻否定了德國宣傳家的宣傳。承諾會擴張在低地國家和東歐地區的領土，以及大部分德國企業家和軍事領袖熱切渴盼的德國統治中歐的春秋大夢，依然於事無補，越來越多的德國人想要得到保證，確定他們並不單只是爲了少數人的特權和利益而經歷這種種苦難。他們被擁有一個實施民主制度的德國的可能性，以及「不割地不賠款的和平」（peace without annexations or contributions）所吸引；所謂的「不割地不賠款的和平」，是1917年3月以後，新生的俄國民主政權大肆宣傳的概念。

霍爾威格大臣，曾經試著說服威廉皇帝，同意在戰後廢除令人厭惡的普魯士三級投票制，以重振衰頹的士氣，但是，他的作爲只是激怒了興登堡和魯道夫而已，對於阻擋德國議會裡不斷增加、聲明拒絕接受任何代表德國人民領土兼併的戰爭目的之運動，則成效不彰。1917年7月14日，興登堡和魯道夫說服德皇，以一個不曾擔任過高級職務，而且毫無特色的官僚主義者米迦里斯（Georg Michaelis），取代霍爾威格大臣。由於軍事權力日漸擴大的事實，更加顯現文人內閣的軟弱無能。雖然溫和的議會左派〔社會民主黨

（Social Democrats）、進步黨（Progressive Party）、天主教中央黨（Catholic Center）〕在1917年7月19日提出了「和平決議」（Peace Resolution），但是這項「各國人民諒解和好的和平」的懇求，對已經完全由主張兼併主義的總參謀部控制的政府，絲毫發揮不了任何作用。

1918年時，德國不但已經進入完全軍事化的戰時政府，而且也已經步入由專業的文職公務員來分配資源和人力，以及操縱經濟生活的高度官僚化戰爭經濟結構，不過，這種經濟結構未必能令企業家和工會感到滿意。

俄國

直到1914年爲止依然是個貨眞價實的泱泱大國的俄羅斯帝國，很快就被20世紀總體戰的需求壓垮。這樣的一場戰爭，迅速暴露出俄羅斯帝國落後和專制的弊端。從一開始就面臨物資嚴重短缺的俄國，唯一可行的戰略就是以人海戰術來擊垮敵人。但是，他們的軍隊裡甚至只有幾個士兵配有步槍，其他的士兵則必須從戰死的屍身上取槍。[5]俄國的彈藥短缺是1915年的德軍挺進，以及1916年夏天布魯西洛夫未能守住他所攻占的奧地利加里西亞的主因。在這種種痛苦的條件下動員民衆，無異在驅使人民變得激進化。

當然，所有的交戰國都面臨短缺的問題。但是在俄國，勉強運轉的官僚政治，卻沒有能力採取更有效的管理步驟。尼古拉對軍隊保有個人的指揮權，但他既未接受過相關訓練，也沒有能力指揮軍隊。國內政策由沙皇皇后——無知又容易激動的德國公主——把持。沙皇皇后很信賴東正教的修道士拉斯浦丁（Rasputin），他宣稱能治癒皇后那罹患血友病的兒子，是一個毫無節制的農民夢想家。對王室家庭的無禮流言以及惡政，減弱了民衆對沙皇的崇敬之心。

在這種狀況下，戰時機構並不隸屬於政府內部，而是與政府平行或對立的機構。政府本身已經陷入癱瘓狀態。當軍隊想要自行其是時，善意的知名人士試圖管理大後方。舉例來說，地方自治組織與城鎮聯盟（Union of Zemstvos and Towns）就是一個能發揮更多功能、意圖照顧難民的地方政府官員組織。領導級的企業家也不得不說服政府，允許他們組成軍事—工業委員會。

在國家領導人甚至依然拒絕授予中產階級選舉權的國家裡，根本不可能喚起人民的忠誠。自1905年那充滿希望的開始之後，杜馬（議會）選舉的選舉權就越來越縮小。1914年時，150萬名莫斯科居民中，只有9,500人能夠參加他們的市議會選舉。75歲的官僚主義者戈列梅金（Ivan Goremykin）這位年邁的總理，不能掌握在國內讓步的重要性。1915年9月2日，他在內閣會議時說：「首先我們必須要結束戰爭，而不是急於改革，等到我們把德國人趕出去以後，就有充分的時間可以進行改革。」[6]如此愚昧的政府，導致在享有特權的俄國人與受過教育的人之中流竄的不滿聲浪，也滲入勞工、士兵和農民之中。一群貴族，其中還包括一名親王在內，於1916年謀殺了拉斯浦丁。控制杜馬的保守派和君主立憲主義者發現，爲了要有效管理戰爭，他們也不得不反對沙皇的統治。

奧匈帝國

哈布斯堡王朝民族離心的問題比其他任何交戰國嚴重。奧匈帝國在1914年8月所動員的士兵裡，每100人中就有25人是以德語爲母語；有23人說馬札兒語（匈牙利人）；有13人說捷克語；有9人說塞爾維亞—克羅埃西亞語；有8人說波蘭語；有8人使用烏克蘭語；有7人講羅馬尼亞語；有5人說斯洛伐克語；有3人使用斯洛維尼亞語（Slovene）；有1人講義大利語。戰時的宣傳，提高了民族的自我意識，也散布了民族自決的思想，致使國內的少數民族開始騷動不安。英國、法國，甚至是德國，都能夠利用承諾擴張選舉權，以及建立比較民主的社會，或者將工會納入政府機關等方法，來安撫他們的民衆，然而哈布斯堡王朝卻無法在不讓整個帝國瓦解的情形下，向民族分離主義者讓步。

1914年7月和8月所流露的皇朝忠誠，不但從未取得一致性的贊同，而且爲期十分短暫。面對一場長期總體戰的厄運——與奧地利領袖希望的短期局部戰完全不同——很快就喚醒了自19世紀晚期以來，就已讓奧匈帝國以全副精神應付的民族敵對的內部窘狀。戰爭時的激情，只是加強了處於統治地位的德國人和馬札兒人誓不妥協的想法，他們的不妥協阻礙了任何有利於波蘭人、捷克人、羅馬尼亞人或南斯拉夫人進一步的語言或政治的地方分權。結果，總參謀部不再能夠保證開赴前線的軍隊，願意堅決地對抗俄國或塞爾維亞，例如斯拉夫族的士兵。

這種民族複雜性，只不過爲已經因二元制度而受阻的戰時政府增添麻煩而已。奧匈帝國內部的兩個王國彼此競爭糧食，阻礙成立有效而且統一的戰時機構。傳統的哈布斯堡官僚政治，也不是戰時政府的資產。英國、法國和德國講求實效倉卒組合的新部門，所面臨的堅決對抗比較少。哈布斯堡王朝過於分權，以致無法有效地進行戰爭，但是分權的程度卻又不足以滿足他的人民。

工業生產率低是哈布斯堡領土上另一個不利的條件。每支部隊只配備僅夠前線戰士穿的制服，而後備隊的士兵就只能穿著內衣。[7]無恥的承包商竟提供部隊以紙作爲底墊的軍靴。協約國的封鎖切斷了必需品的輸入。維也納的麵粉分配額，從每日200公克減少爲160公克，這一切窘境激起了1918年1月的全面罷工。

哈布斯堡的例子顯示，進行總體戰時，專制政治有多麼的無能。它既無法在不觸及民族問題的情況下喚醒公衆輿論的力量，奧地利的首相斯圖卡（Karl Sturgkh）伯爵，乃試圖避免以這種方式來作戰。雖然在戰爭期間匈牙利的議會曾經召開過會議，但是因爲害怕讓懷抱歧見的社會民主黨、捷克人和波蘭人有發言的舞臺，所以奧地利的議會不曾召開會議，而國會大廈也轉做軍事醫院之用。在年輕的社會民主黨知識份子阿德勒（Friedrich Adler）於1916年10月，一面哭喊著「打倒專制主義！我們要和平！」，一面刺殺了斯圖卡伯爵之後，奧地利議會終於在1917年5月召開會議。然而，爲時已晚。分離主義者積累的情緒，已經讓奧匈帝國失去利用瓦解帝國本身以外的方法，來解決尋求人民支持戰爭的窘境的時機。

在位68年的約瑟夫老皇帝，以86歲的高齡於1916年11月崩逝，於是，將這些不同的民族連繫在一起的最後一根線也斷了。他的姪孫，也就是繼位者卡爾（Karl）了解，戰爭將會摧毀他的王朝。1916年底，卡爾透過威爾遜總統、教皇和其他可能的調停人，祕密地進行了和平試探。哈布斯堡王朝的新皇帝，他那衆人皆知希望妥協性和平的願望，讓他失去了最後一批對他盡忠的臣民——日耳曼民族——的忠誠。現在奧匈帝國境內的日耳曼人希望柏林能夠繼續戰爭，好讓德意志王國取得整個中歐的霸業。在被外侮徹底打敗之前，奧匈帝國的內部就已經衰敗不堪。

義大利

與1914年8月便在激昂的愛國浪潮中參戰的交戰國不同，義大利政府是在懷著討價還價而不是參與聖戰的心態下，在大戰較晚期時參戰（1915年5月）。國王艾曼紐二世（Victor Emmanuel II）、首相薩蘭得拉（Antonio Salandra）與外交部長桑尼諾相信，這場戰爭不但爲期短暫，而且有利可圖，因此決定加入協約國一方參戰。少數喧鬧的民族主義者，包括未來派藝術家馬里內蒂（Filippo Marinetti）、年輕的工團主義革命家墨索里尼和詩人鄧南遮（Gabriele D'Annunzio），曾在羅馬街頭舉行支持戰爭的示威遊行。他們確信暴力可以激勵自19世紀統一戰爭以後，就彷彿沈睡不醒的義大利。「朋友們，我們沒有時間坐著空談，我們要的是行動，」1915年5月12日，鄧南遮在羅馬一家旅館的露臺上，向10萬名群衆喊話：「如果激勵公民訴諸武力是一種罪，那麼我將爲這項罪行而深感自豪。」[8]不過，大多數的義大利人並不熱心於戰爭，社會黨（Socialist Party）和天主教黨這兩個義大利最大的群衆組織都反對戰爭。義大利戰前屬於領導級的中間派領袖喬利蒂（Giovanni Giolitti）也是如此。在義大利，並沒有出現以國家團結來掩飾戰爭衝擊的蜜月期。

義大利爲了應付總體戰的需要而進行的組織工作，不如其他協約國家，如英法，來得成功。首先，義大利的工業無法與北方和西方列強相匹敵；在南部不曾完全納入國家經濟和社會之中的區域裡，短缺的問題尤難處理。1914年時，義大利人還有38%的文盲，極難組織有效率的戰時政府。在缺乏有效的政府控制之下，戰時的生產和消費情況出現嚴重的扭曲，爲義大利人民帶來嚴酷而且極不公平的影響。1917年時，通貨膨脹使杜林（Turin）和米蘭（Milan）兵工廠的勞工實際薪資，下降了27%。當在崎嶇的阿爾卑斯山東麓與奧地利對抗的義大利軍隊戰爭失利時，義大利原已存在的地區與社會對立乃轉變成熊熊的怒火。

社會衝擊

若不徹底改革，沒有任何歐洲社會可以將他的全部資源投注於總體戰爭之中。乍看之下，熱誠的共同努力似乎可以讓歐洲社會更加統一與平等。死亡本身就是使人平等最好的校平器。每個交戰國都有某種形式的義務役制度，而在這場硬仗裡，歐洲貴族失去擔任下級軍官子弟的比例，可能高於中產階級。戰時的物資缺乏，使鋪張、閒散和奢侈變成人們不再認同的不良作風。在1914年的興奮時刻裡，人們可能會相信「戰爭可以釋放人們的忠誠與無條件的社會犧牲」，[9]讓每個國家都變成一個眞正的大家庭。英國自由黨的領袖勞合．喬治於1914年9月19日時很高興地說：「所有的階級，包括上層階級和下層階級，都正在擺脫他們的利己主義……正在爲所有的階級帶來新的風貌……我們第一次可以看清與人生有關的基本要務，那些因爲蓬勃發展的繁榮昌盛迷濛了我們的眼睛，以致於我們始終沒能看清要務。」[10]

衣著裝扮也預示著人們將過著一種比較畫一、簡樸的生活方式。在戰爭期間，人們的服裝變得更加實用而且不拘禮節。歐洲人再也不用大量的腰墊、緊身胸衣、裙裾和長羽來裝扮自己。戰前法國那由顏色鮮明的藍色與紅色搭配而成的陸軍軍服，在1914年時竟成爲機關槍掃射的絕佳目標。但是因爲總參謀部深信，在全面更換制服之前戰爭就會結束，所以在開戰後的前幾個月裡，法國並未更改陸軍軍服的設計。不過很快的，每一支軍隊就都穿起卡其布的軍服了。同時，為求方便，婦女也都改穿長度在腳踝以上的裙子。

婦女的地位

戰爭也使女性的生活改觀，她們不再只限於扮演妻子、女兒和消費者的角色，戰爭導致男性勞工的流失，因此女性必須投入戰爭的生產行列。當然，貧窮的婦女總是做僕人的工作，但即使是在原先任職的工廠裡（如紡織工廠），現在她們也取代男性從事更需要技能的工作，婦女們甚至在重工業裡工作。在1918年時，德國的克魯伯軍備公司（Krupp armament firm）裡，女性員工從2,000名躍升為28,000名，而德國機械產業的女性員工，則普遍從1913年的75,000名增加為1918年的將近50萬名。在1918年時，有三分之一的法國軍需品勞工是女性。[11]戰後，雖然倖存的士兵通常會從女性手中取回自己原本的工作，但是女性似乎已不再被廣泛的排拒於工作範圍之外了。

戰爭改變最多的是中產階級婦女的生活。戰爭讓婦女們有機會接觸各種原先大部分由男性把持的工作，如辦公室裡的工作和教學工作。人們已經可以接

圖4-1　除了最無法取代的技術之外，在所有技術熟練男性都被送往前線之後，數千名婦女受僱投入戰爭的生產行列。這些英國婦女正在測量彈藥。

受年輕、有工作的單身中產階級婦女，擁有她們自己的公寓，沒有年長女性相伴也能出門，甚至可以在公共場所抽菸。年輕婦女不只是剪短她們的裙子，而且也把頭髮剪短了，同時也開始穿著褲子打網球。1918年史托普斯（Marie Stopes）的節育指南——《已婚的戀人與明智的雙親》（*Married Love and Wise Parenthood*），成爲英國的暢銷書，而且在1921年，史托普斯成立了英國第一家節育中心。瑪格麗特（Victor Margueritte）的小說《倔強的女人》〔*La Garçonne*，單身女孩（*The bachelor Girl*, 1922）〕中的女主角，擁有一份有趣的工作、短髮、喜歡運動，而且期待與未婚夫一樣享有性自由。1929年，這本小說在法國銷售了100萬本。這些「被解放的婦女」（emancipated women）引起了強烈的反彈，這股反彈的勢力後來爲法西斯主義運動（fascist movement）所利用。另一方面，正如我們將在第八章所進行討論的內容般，大部分的國家已無法再抗拒賦予婦女投票權。1919年時，阿斯特（Astor）女士當選爲英國下議院的議員，成爲首位進入歐洲議會的女性。[12]

有組織勞工的地位

戰爭使工會的權力與法定地位發生決定性的改變。歐洲大陸的人民擁有組織勞工的權利，不過僅半個世紀的歷史（北德是1869年；法國是1884年）；直到1914年以前，雇主們還努力想把工會組織者排拒於工廠門外，且政府也常會以軍隊鎮壓罷工者。但是在1914年時，幾乎全體勞工都集結在各自的國旗之下，開闢了讓人們更廣泛接受工會的道路，如同將改良派主義社會主義政治家納入戰時政府一般：法國的社會學家桑巴特（Marcel Sembat）和蓋得（Jules Guesde）在1914年8月進入維亞尼（Viviani）政府；亨得森（Arthur Henderson）於1915年4月加入阿斯奎斯內閣；霍奇（John Hodge）與巴恩斯（George Barnes）在1916年12月進入勞合・喬治內閣。

不過，將有組織的勞工劃入最高度組織化的戰時政府時，較少採議會的途徑，而多用官僚政治途徑。在沒有工會的合作下，一般只能利用勞工進行短期戰爭。但是若要誘騙勞工在戰爭時延長工時與提高生產力，並且防止有技能的勞工任意離開必要的工作崗位，那麼與工會領袖的協商就變得非常重要了。

英國、法國及德國的工會與政府之間達成一項協議。一般來說，工會以接受暫時性停止罷工以及嚴酷的工作規定爲條件，來交換實際介入公衆事務的行政管理。英國於1915年3月的財政部會議上達成這些協議。在這項「財政協定」（Treasury Agreement）[13]中，勞工同意戰時放寬工會對工作規定的限制，而且放棄罷工權利並接受仲裁的提案；然後政府以任命勞工代表加入全國勞工顧問委員會（National Labour Advisory Committee），而且保證控制企業家的利潤作爲回報。

在德國軍事官僚的「戰爭社會主義」（war socialism）裡，整合並納入工會的程度最高。格羅納將軍不顧某些保守派企業家的反對，強制將工會代表納入工廠層次的勞工委員會，以及地區的糧食與勞工委員會。這種「來自上面的改革」使德國工會的聲望和成員大幅增加，工會會員從1916年的96萬7,000人，增加到1917年時的110萬7,000人。在戰爭結束之時，工業與勞工代表之間簽訂了施汀尼斯—李奇恩協定（Stinnes-Legien Agreement），這是德國第一份正式的勞資協議。法國也遵循戰時的經驗，於1920年將勞資協議合法化。但是，勞工領袖發現，將工會併入戰時政府等於是一柄雙刃的刀。他們以必須更常扮演勞工管理者的角色，而不是與資方敵對的立場爲代價，爲工會贏得參與公共事務的角色。1918年時，很多一般會員都拒絕接受這項協議。

社會分裂

在某些方面，戰爭是一種使人平等的機制——舉例來說，對婦女和勞工而言就是如此。但在某些方面，長期的戰爭卻會加深社會的分裂與衝突。造成這種分裂的原因之一是死亡風險的不均等分配。雖然總體戰意味著人力的總動員，但是並非每個人都會被送往戰壕。戰爭時技術熟練的勞工在工廠裡的地位極其重要，有些有親戚關係的人，被設法安排在總部做些有安全保障的工作。在戰後，顯而易見地，有兩群人付出最高的流血代價：沒有技術的勞工以及下級軍官。法國農民死於戰爭的人數比例高於一般人，那些有才幹也有動力的英國年輕下級軍官的傷亡率，通常是全體傷亡率的三倍。法國的軍事學術機構聖西爾軍校1914級的學生中，有63%的人沒能平安度過這場戰爭浩劫。在許多肢體傷殘的浩劫倖存者心中混雜著驕傲和悲痛的心情，他們承受比一般人多的痛苦。這種「戰壕魔法」在前線老兵之間，創造了一種因忿恨而引發的團結，他們覺得負有特殊使命，必須維護這個自己曾經出生入死拯救過的國家。

戰爭同時也擴大了世代之間的衝突，老兵的覺醒，讓他們對把自己送上前線的上一代滿懷怒火。描繪第一次世界大戰最傑出的小說《西線無戰事》中的反派角色，並不是埋伏在對方戰壕裡的同盟國敵軍，而是士兵們先前的精神導師，例如曾經用愛國口號爲他們送行的康德里克（Kantorek）老師。

第一次轟炸，我們就知道自己錯了。在轟炸之下，他們曾教給我們的世界已經支離破碎。[14]

經濟衝擊

人們在經濟問題上也感受到了戰時苦難的不平等分配；一端是那些從戰爭中獲利的人，而另一端則是因通貨膨脹而蒙受極度不公平影響的人。

戰爭獲利者

戰時製造業的獲利相當龐大，而戰爭投機商則是群衆之恥。在羅曼斯的小說《凡爾登》中，虛構的新富豪如劣質軍靴的製造商哈佛康甫（Frederic Haverkamp），身負許多眞實世界人物的原型。但是，除了政府干涉德國軍隊爲浮報戰爭生產合約的成本，接管戴姆勒汽車公司這種特例以外，政府極少干預大公司。[15]

比較微妙的是，戰時政府偏袒大型的集中化產業，而忽略小型公司的作法，尤其是在歐洲大陸上，產業的企業聯合化大幅增加。舉例來說，在德國，拉鐵諾的戰爭原料公司，會將稀有的原料分配給已經選定的公司，因爲大企業可以支配這些公司，所以他們所得到的優惠，甚至超過戰時情勢自然刺激所產生的暴利。於是規模較小無足輕重的公司，當煤與其他資源太過缺乏時，就只有停業一途。戰爭也刺激多家公司朝合併成大型公司的趨勢發展，1916年，德國主要的化學品製造商集中他們的資源組成新的集團，這個集團後來變成戰後化學製品業巨人——法本公司（I.G. Farben）。

通貨膨脹的影響

通貨膨脹是戰爭所帶來的最普遍的經濟和社會影響。當戰爭預算增加到天文數字時，戰時經濟也進入白熱化的階段。龐大的軍備需求迫使人們日以繼夜地生產戰爭物資，導致許多消費商品短缺。實際上，每個有勞動力的人都努力工作。即使是管理比較完善的戰時經濟結構，在這種高要求、匱乏以及充分就業種種因素的合併下，促使物價飆漲，所有的交戰國都無法避免某種程度的通貨膨脹。在英國，1919年時1英鎊所能買到的東西，只有1914年時的三分之一。戰爭期間法國的價格上揚大約兩倍，而在1920年代，甚至出現更加嚴重的通貨膨脹。其他交戰國的通貨膨脹率甚至更高：正如我們將在第六章提及般，在1923年底，德國的馬克已經快要變成一文不值的廢紙了。

通貨膨脹所造成的影響並不平均，有些人蒙受其害，但是有些人卻反得其利。在西歐的戰略性產業裡，技術熟練的勞工薪資調升的幅度恰好能迎合飛漲的物價，或者甚至高於物價的上漲。然而非技術性勞工以及在非戰略性產業工作的勞工，他們的薪資增加速度卻遠遠落後於物價的上揚速度。這種不同產業之間的不同薪資，激起了新的敵對情緒。只有英國，大部分勞工的實際薪資能夠保持與物價並列。英國也暫時對勞動階級徵收比例偏高的國民所得。[16]歐洲大陸上的薪資也調漲了，但是在戰爭結束之時，領薪階級的實際購買力比開戰之初低。1917年時，法國人的生活費用指數爲180（1914年時爲100），但是薪資指數則只有170。雖然在戰爭產業裡工作的勞工所得，遠遠勝過在民用產業裡工作的勞工，但是德國勞工的實際購買力略微下滑。即使是生活水準可以與通貨膨脹同步的有薪家庭，當他們在購買總是不斷漲價的食物時，也不時會發出一些簡短的抱怨。

因爲通貨膨脹而受害最大的是依賴固定收入的中產階級成員。老年人的收入來源是退休金，處於中產階級邊緣的人是依賴微少的股息或利息生活，而儘管物價已經漲了兩倍或三倍，很多專業人員的薪資卻依然維持不變，這些人身陷損及他們身分地位的貧窮困境。這些「新窮人」努力維持著寒酸的高貴，穿著滿是補丁的破舊衣物，在後花園栽種大黃，勉強維持衣食無缺的樣子；他們放棄了一切，唯獨依然保持外表的體面。英國詩人斯賓德（Stephen Spender）寫道，這些中產階級就像那些舞廳地板已被拆除，但卻依然懸在半空中的舞蹈家一樣，「神奇地佯裝自己依然在跳舞。」[17]

通貨膨脹不只是降低了那些人的生活水準，而且徹底改變了他們在社會上的相對地位。許多辦事員、小公務員、教師、神職人員與小店主，現在的收入比很多技術性勞工低。有些下層中產階級的人發現，這種屈辱比不舒適和不便利的生活還令人難以忍受。「我進到電影院的頂層樓座（價格低廉的座位），」有位英國鄉村醫師的太太這麼抱怨，「我的女傭卻坐在正廳前座的座位上（最好的座位）。」[18]

讓這些「新窮人」感到更痛苦的事情是，有些人是靠著戰時與戰後的通貨膨脹變成巨富。那些人可以借到款項，並且利用所借得的資金賺來的貶值貨幣來償還債務。有些企業家就在戰爭合約和借用資本的雙重刺激下，擴張他們的工廠；戰後不久，德國的企業家施汀尼斯就利用通貨膨脹建立了一個龐大的企業王國。

第一次世界大戰所引起的仇恨與社會分裂，起因大多是分配不平均，而不是戰時的苦難。「不要再有戰爭」的哭喊聲，很快就轉變成人們對經濟、社會與知識體系進行基本改革的迫切吶喊，舊有的制度導致這樣的一場戰爭，而且戰爭的負擔分配又是如此的不平均。

對國內秩序的衝擊

1914年時所流瀉的愛國熱情是如此廣泛，降低了交戰各國國家內部的衝突，至少在短期內是如此。但是，在沒有勝利希望的情況下，人民對國家團結的熱情無法在長年累月不公平的剝奪中持續。

罷工活動

衡量交戰國中日漸升高的不滿情緒，最適當的標準之一就是罷工次數。就在1914年之前的數年裡，全歐洲的罷工活動已經達到有史以來的最高潮。1910年，法國境內發生了一千五百多起各類罷工活動，是戰前時代的罷工巔峰期；在1912年時，有一百多萬的英國勞工曾經罷工；1910年的德國，有超過三千起的罷工事件。1914年的夏天，某些地區的勞資關係陷入異常緊張的態勢，都柏林（Dublin）發生激烈的運輸工人罷工；義大利在1914年6月初發生「紅色星期」（Red Week）的事件；7月時聖彼得堡則爆發普遍性的罷工行動。然後，在充滿了戰爭狂熱的第一年，幾乎所有的罷工行動都銷聲匿跡了。在1914年時，聖彼得堡還曾發生了10起共涉及4,159人的罷工行動。但是1915年一整年，法國只發生了98起罷工事件，而德國也只有137起罷工。

1916年復甦的罷工顯示，社會和平已經被磨損得更加薄弱了。1916年時，法國發生的罷工次數與參與罷工的人數，是1915年時的四倍。戰時德國最重大的國內騷亂，就是發生於1916年5月的罷工事件。在1916年5月，有5萬名柏林勞工展開了爲期三天的聯合罷工行動，抗議在一次非法的國際勞動節示威運動中拘捕和平主義者李卜內克（Karl Liebknecht）。英國有兩個勞工戰鬥精神旺盛的地區變得更加活躍：南威爾斯的礦區；以及從格拉斯哥起，蘇格蘭沿克萊德河（Clyde River）下游的造船工業區。造船工業區並不信奉國教，他們擁有一種有別於英國人的特殊種族認同感，而且當地組織嚴密的勞工社團對戰時政府很冷漠。南威爾斯和克萊德河沿岸的勞工，拒絕接受工會領導階層的妥協，並且在工廠層次的基層組織者——工廠代表——領導下，展開罷工行動。

在因戰爭而使地方自治的激烈爭論受到壓制的愛爾蘭，迸發了公開的革命。愛爾蘭獨立運動的領袖——新芬黨（Sinn Fien）希望能夠取得德國的協助，而在1916年4月24日復活節那天，占領了都柏林的政府大樓。英國歷經一週的流血戰鬥，終於鎮壓了這次的復活節叛亂（Easter Rebellion），並且將領導人處死。

自由主義與社會主義者對戰爭的評論

1914年8月時，反戰的聲浪已經降低，只剩下孤立的少數人依然懷抱不同的意見。1916年時，有組織的反對派開始爲了妥協性和平而積極奔走。

大致說來，在交戰國裡會存在兩個反對派：自由主義者與社會主義者。自由主義者是根據19世紀的民主國際主義者，如英國的布萊特〔John Bright，曾經反對過1850年代的克里米亞戰爭（Crimean War）〕的假設，來批評戰爭，他認爲戰爭是肇因於國王、貴族和國家領袖自私的野心，這些野心和大多數人的和平願望背道而馳。自由主義者有雙重的解決方法：將國內的民主控制擴張到外交政策，以及利用國際法的制度來取代「國際無政府狀態」。[19]戰前這種方法的重要里程碑是1899年和1907年的海牙會議（Hague conferences），會議中起草管理戰爭行爲，以及處置戰俘的規章，並且設立國際仲裁法庭（International Court of Arbitration）。

雖然1914年相當普遍的沙文主義（jingoism）重擊了自由主義者的假設，但是自由主義運動依然活躍，尤其是在英國。1914年12月，反對戰爭的工黨和自由派政治家聯合組成民主控制聯盟（Union of Democratic Control）。民主控制聯盟的成員主張直接進行協商式的和平、在群衆監督下的「公開外交」，以及將國際法應用於主權國家關係的「國家聯盟」（League of Nations）。[20] 1917年7月，德國的社會民主黨、進步黨與中央黨（天主教）的衆議員，在國會裡聯手通過要求不割地和平（peace without annexations）的決議。他們根據與英國反對派類似的假設來行事，但是所產生的公衆影響卻遠遠不及英國。

社會學家對戰爭的評論是根據馬克思主義的理論，馬克思主義將戰爭歸因於資本家的競爭。對馬克思主義者來說，根據其判斷，如果沒有企圖推翻可能會引發其他類似戰爭的經濟體系，只結束目前的戰爭根本毫無意義。

馬克思主義反戰團體在歐洲大陸的勢力比在英國強。麥克唐納和斯諾登的英國獨立工黨（Brithish Independent Labour Party, ILP），依然與民主控制聯盟裡的自由主義者維持結盟的關係。而在社會民主黨（Social Democratic Party, SPD）已經於1914年8月全體無異議地投票通過戰爭信任案（war credits）的德國，於1916年時，社民黨內依然有18位抱持歧見的黨員，他們於1917年3月成立獨立社會主義黨（Independent Socialist Party, USPD），決心致力於和平談判及國內革命。由於領土上仍有德國軍隊駐紮，因此對法國的社會主義者而言，要打破1914年的「神聖同盟」（union sacrée）更加困難。然而，即便如此，當法國社會主義黨（French Socialist Party, SFIO）在1916年12月召開全國代表大會時，黨內和平主義派的勢力已經增強至幾乎可與主戰派相互抗衡的程度。至於俄國的社會主義者不曾參與戰時政府，而大部分的義大利社會主義者則從一開始就反對戰爭。

這些少數的國際主義者很自然地企圖恢復戰前他們與外國的聯繫。但是，社會主義第二國際（Second International）[21]這部老舊的機器，充斥著大多數的法國和德國社會黨主戰派之間的對抗。中立國——瑞士、瑞典，以及直到1915年4月爲止的義大利——的社會主義者，與俄國流亡者如身處瑞士的列寧與暫居巴黎的托洛斯基合作，組織非正式的國際社會主義者會議。第一次橫跨戰線的歐洲社會主義者會議，是1915年9月在瑞士召開的齊麥瓦爾得會議（Zimmerwald Conference）。這個團體很小，某位代表以挖苦的口吻評論這個團體說，只要用四節火車車廂，就能把歐洲所有的國際主義社會學家送到開會地點。[22]此外，這些代表們意見相左地分爲多數派（23票）——只想反對兼併論者所主張的戰爭目的，和少數派（7票）——想利用戰時的緊張狀態作爲革命手段，或如列寧所指，把戰爭轉化爲內戰。當1916年4月會議於瑞士昆塔爾（Kienthal）召開時，社會主義者的反戰運動勢力已經更加成長茁壯了。政府發現他們必須注意並且拒絕核發護照給那些計畫前往參加會議的公民。

1917年時所有交戰國的戰爭士氣都普遍低落。戰爭已邁入第三年，但卻不見任何結束的徵兆，民眾騷動頻頻發生。就在這一年，法國軍隊發生兵變，德國議會通過「和平革命」（Peace Resolution）的決議，奧匈帝國祕密進行和平試探，蘇格蘭克萊德河沿岸工廠代表運動的騷動達到最高潮。1917年的俄國革命，只是對1914年的舊政權一連串衝擊中最大的一次行動而已。[23]

警察的權力

戰時政府對反對派的回應是擴張警察的權力。像沙俄這種獨裁政權，一般都是依恃武力和恐嚇人民的手段來統治國家。然而如今，即使是議會政體的政權，也感受到有必要擴張警察權力，並開始實施國家對輿論的控制。

1914年8月，藉助領土保衛法案（Defence of the Realm Act, DORA），英

國可以在緊急時刻擴大警察權力。領土保衛法案授權公權力在必要時可以根據戰爭法逮捕並懲治懷有異見的人。1916年時，愛爾蘭復活節起義的首腦便是根據這項法案被判死刑。後來的法案繼續擴充領土保衛法案，賦予英國政府有權讓報紙暫時停刊；介入英國人民的隱私，例如在家使用燈火、食物的消耗以及酒吧的營業時間。

隨著戰爭的拖延以及反戰的聲浪日益升高，警察的權力也有益形擴大的傾向，這種趨勢在公權力一開始就相當寬大溫和的法國特別明顯。急遽攀升的罷工次數、1917年5月和6月的兵變，以及越來越多主張和平談判的論點，加深了人們對於法國是否還能繼續進行戰爭的懷疑。1917年11月16日，戰前強硬派的罷工終結者克里蒙梭當選爲總理，這表示即使要以縮小國內的自由爲代價，大部分法國的政治領袖仍然希望戰爭能夠持續下去。克里蒙梭不負這項託付，他冷酷地嚴懲每個被懷疑贊成妥協性和平的人。1914年起曾經寬厚對待嫌疑犯的內政部長馬爾威（Eugene Malvy），被控叛國罪並且放逐五年；曾經公開擁護妥協性和平的前任總理蓋隆（Joseph Caillaux）則被監禁兩年，等待叛國罪指控的審判；數名反戰的報社編輯被監禁，而一家反戰報社的編輯柏洛（Paul Bolo），因被指控曾接受德國的津貼而判處死刑。戰後，事實證明很多這類叛國罪的指控，只是戰爭歇斯底里症（war hysteria）或者是精心策劃的政治投機主義（calculated political opportunism）所造成的結果。而這一切也顯露出，在戰時人們所能忍受自己的公民自由權遭受侵害的程度有多高，這種情況也同樣發生在強調自由主義的法國。

輿論的控制

警察權力的擴張也延伸到資訊和輿論的控制。事實上政府早已實施消極的輿論控制——檢查報紙和私人信函。政府通常會以這個附加權力，讓他們得以在緊急時刻防止軍事機密洩漏，並以此禁止輿論散布可能危及軍事戰果的消息。積極控制輿論的手段可說是第一次世界大戰時的創舉。所有交戰國的政府都得助於後來被法國歷史學家哈雷維（Elie Halévy）稱爲「熱情的組織」。哈雷維認爲，政府努力影響大衆輿論，是第一次世界大戰已經走入「暴政時代」（era of tyrannies）[24]的一個徵兆。

剛開始時，政府幾乎不需要去煽動群衆的情緒。舉例來說，在倫敦東區，婦女們組織了「白羽毛」巡邏隊，在那些依然身穿平民服裝的年輕男性身上，標上膽小鬼的記號。但是後來，政府變得必須去刺激人民那已經衰頽的熱情。

圖4-2　這張英國的徵兵海報，試圖激起那些沒有自願服兵役的健康男子的羞恥心。

戰時海報的效果達到新的水準。在英國強制徵兵之前，兩張傑出的英國海報，大有助於以群眾的壓力迫使年輕男性自願從軍。其中一幅是戰爭部長鐵欽納（Horatio Kitchener）用手直指觀看海報的人，海報下方寫著「英國需要你」的標語；另一幅海報則是一個小女孩問她的父親：「爸爸，在這場偉大的戰爭裡，您做了什麼？」

身爲法國總理的克里蒙梭，任意使用他的權力，以徵召或者緩召新聞記者爲條件來交換比較有利的新聞報導。德國的總參謀部利用勞工領袖在兵工廠實施「啓蒙綱領」。在戰爭晚期時，德國正確地採用一種比較複雜的戰術：他們成立新的群眾政黨祖國黨（Fatherland Party），以祕密軍事基金爲後盾，專門進行戰爭紀律和德國最終領土擴展的宣傳活動。1918年時，祖國黨已經比社會民主黨還強大。德國保守派的民族主義者，熟練地挪用了由左派份子創造的運用群眾政黨的技巧。

對知識份子的衝擊

四年的大屠殺，徹底粉碎了1914年時一般歐洲人所抱持的樂觀自由理性主義的陳腔濫調。最「先進」的四分之一個地球，已自願再度淪爲野蠻世界。進步在哪裡？理性在哪裡？戰爭所產生的影響，讓一般群衆更能接受1914年以前歐洲前衛派的評論與嘲諷。

從戰時的詩作裡，人們可以體會原有的幻覺已經消失，代之而起的是強烈的新怒火。詩人也和其他人一樣，在1914年時滿懷英雄氣概走入戰場。英國詩人布魯克（Rupert Brooke）歡欣鼓舞地沉浸在戰爭這門屬於男人的課程裡：

> 現在，感謝上帝讓我們在祂預定的時間裡，
> 留住我們的青春歲月，叫醒沉睡中的我們，
> 以實在的手、明亮的眼與強大的力量，
> 如同泳者躍入清澈的水中，我們在空中翻轉，
> 興奮地脫離老舊而且無聊的世界，
> 甩掉榮譽也無法驅動的病弱心靈，
> 那些不男不女的人，以及他們糜爛的歌聲和沉悶，
> 和所有空虛的愛情。[25]

在法國，好奇的社會主義神祕論者（socialist mystic）佩吉（Charles Péguy）在1913年時寫道：

> 為死於偉大之戰的人祈福
> 他們在上帝面前橫陳於地面……
> 為死於正義之戰的人祈福
> 為那些成熟的年輕人與團結的年輕人祈福。[26]

佩吉於1914年時被殺，而布魯克則死於1915年，所以人們只能想像壕溝戰所給予他們的冷酷與痛苦的衝擊。直到1918年時依然倖存的英國詩人歐文（Wilfred Owen），從相當呆板的浪漫派詩人，轉變成有力的批評者，他譴責那些把年輕人送進戰場的人。在〈爲國捐軀〉（Dulce et Decorum Est, 1917）裡，歐文詳細地描繪了一名爛醉如泥的士兵幾乎要咳出肺來的景況，譏嘲爲國捐軀是個「老掉牙的美麗謊言」。另一篇詩作，描繪了亞伯拉罕在上帝的要求

下，準備用他的兒子以撒獻祭的傳說。不過，和聖經上的亞伯拉罕不同，歐文的亞伯拉罕不理會天使要他「殺死羔羊代替以撒」的指示。

> 但是老人沒有這麼做，他殺死了兒子
> 並且一個一個地殺害了半數的歐洲人後裔。[27]

那些戰士詩人的怒火並不是直接針對敵軍，而是針對他們的父執輩。他們認爲，眞正的仇敵是讓他們難免於戰禍的舊社會；與以爲戰爭能「磨練」男人而不會貶損男人的那些老舊價值觀。第一次世界大戰創造了一套譴責文學（literature of repudiation），正如前文曾經提及，雷馬克的《西線無戰事》創作了愛國的教師才是眞正反派的情節。英國基於道德觀念而拒服兵役斯特雷奇（Lytton Strachey）所著的《維多利亞女王時代四名人傳》（*Eminent Victorians*, 1918），利用蔑視某些領袖的自傳，嘲笑前一世代的所有人。

戰爭經驗本身並未激發新的藝術形式或風格，比較適當的說法似乎是，戰爭所激起的大部分是最嚴酷的主題，以及對戰前知識份子的生活最無情或者最嘲諷的表達，並且培養與當代歐洲的主流價值觀意見相左的體驗。

戰前那些荒謬和下意識的陶醉，在幾年的流血衝突之後，似乎更加合乎時代潮流。達達運動（Dada movement）將嘲諷提升爲一種小調式的藝術形式，形成一系列專爲揶揄那些沉悶乏味的中產階級文化而設計的驚人花招。達達（一個故弄玄虛的無意義名稱）是年輕的羅馬尼亞詩人扎拉（Tzara）於1916年在蘇黎世所創立，在世界大戰結束時流傳到巴黎、柏林與紐約。達達藝術家利用讓十位詩人同時伴隨鐘聲朗讀他們的作品，或者展示模仿逼眞但多了兩撇八字鬍的蒙娜麗莎畫像來激怒觀衆。達昌甫（Marcel Duchamp）曾將標有「噴泉」（fountain）字樣的抽水馬桶，送到1917年的紐約雕塑展參展。不只是助長安逸的中產階級知識份子惡作劇，達達藝術家還宣布了一系列解放運動的目標，打破一致遵從的教條，並且擺脫以往對藝術心懷警畏的虛假敬畏。「大屠殺之後，我們只擁有淨化人性的希望。」[28]

戰時的經驗也爲1920年代更重要的超現實主義運動（surrealist movement）預備了一條路。在戰爭期間，被分派至法國精神病院工作的年輕醫學生布雷頓（André Breton），得到許多機會可以在炮彈休克症（shell shock）的病例身上發現下意識的力量，以及佛洛伊德理論的重要性。著迷於魔法（magic）與夢境的布雷頓放棄了醫學，專心投注於可將下意識的天賦從禁錮中解放出來的文學創作，他要擺脫的不只是中產階級的藝術風格，還有

「任何由理智所行使的控制」。[29]「我們依然活在邏輯的統治之下。」布雷頓如此聲稱。他試圖利用如「自動寫作」（automatic writing）這種可以記下自由聯想內容的方法，讓內在的天賦獲得自由。布雷頓啓蒙於達達藝術，但卻超越了它，朝著超現實主義的方向前進，當時他利用《磁場》（*Les Champs Magnétiques*；*Magnetic Fields*, 1920）一書實驗了自動寫作的概念。

正如義大利詩人馬里內蒂的作品般，在戰爭初期深深地滿足了藝術家包松尼（Umberto Boccioni）以及其他戰前未來派藝術家對速度、暴力與機器的迷戀。1915年春天，馬里內蒂因爲在羅馬街頭示威，贊成義大利參戰而被逮捕。

雖然這些運動的領袖們彼此爭鬧不和，但他們對於藝術領域裡的所有學術風格，卻有志一同地展現出堅決的對「現代主義」的蔑視，憎恨中產階級文化（言辭上的表現比行爲上的表現更暴力），並支持自由表達個人天賦。戰時的恐怖經驗，爲這所有的情感增添了一分暴力和憤怒色彩。

在戰爭結束時，社會普遍流竄著一種孤寂和空虛的情緒——付出如此龐大的犧牲，卻只換來如此微小的回報。「我的感覺已經麻木，」在被殺前不久，歐文於1918年10月10日寫下如此的語句給他的同袍——英國詩人薩松（Siegfried Sassoon）。他身旁的一位士兵被子彈擊中頭部，流出的鮮血浸透了歐文的衣服。「只要我敢，我就可以立刻再次感受，但現在我不能。」[30]在達達藝術那遊戲人生的表面之下，隱藏著一股空虛感。超現實主義者布雷頓的自動寫作，並不是胡鬧之作，而是表達一股強烈的孤寂感。戰爭結束時，有許多人感到精神空虛，其中最著名的代表作是艾略特（T. S. Eliot）的詩〈空心人〉（*The Hollow Men*, 1925）。如今我們知道，詩中的絕望是個人遭遇難處時的產物，但是詩作的末尾幾句，卻成爲戰後那個世代的人視爲足以表達他們心聲的不朽名句：

> 這是世界終結的方式
> 這是世界終結的方式
> 這是世界終結的方式
> 沒有興奮只有啜泣。[31]

在第一次世界大戰結束時，人們還不清楚這種戰時的憤怒會集中在何處發洩。如果那些知識份子投身政治，必然會造就反中產階級的政治。最後，馬里內蒂投入他的同袍——1915年提倡義大利參戰的墨索里尼的懷抱。超現實主義者布雷頓和阿拉貢（Louis Aragon）認爲，俄國的布爾什維克革命（Bolshevik

Revolution）爲創造性天賦的解放運動開啓了一條大道，而加入了新的法國共產黨（Communist Party）。年輕知識份子對戰時經驗的反應顯示，不論他們彼此之間意見有多不一致，他們都會加入任何看似能用最鋒利的刀斬斷一切的戰後運動。

圖4-3　1917年7月，因反抗克倫斯基政府而被射殺於彼得格勒的示威群衆。

第五章

革命：1917至1920年

1917年時，長期的戰爭在所有的交戰國裡引發了革命的緊張態勢。各個戰時政府在1917年時都顯得很不穩定。有些政府，如克里蒙梭的法國政府與德國的興登堡和魯道夫，可以哄騙或強迫他們的人民忍耐另一年的奮鬥，但是其他的國家，卻不再能夠承受厭倦戰爭、社會衝突以及民族分離主義的壓力，其中以奧匈帝國和俄國最爲顯著。1917年俄國所發生的兩次革命，不過是充斥全歐洲的不滿情緒最具爆炸性的實例而已。從1917年到1920年間，從蘇格蘭西方的克萊德河沿岸到西伯利亞，紅旗四處飄揚，不過只有俄國的紅旗始終飛揚不落。這些幾乎是普遍性的革命壓力和他們相對的局部成功，是本章論述的主題。

俄國革命：1917 年

沙俄特別容易因勞工動亂而受害。身爲工業化的新手，她的勞工都是農夫的後代，是第一代經歷工廠紀律的人，她正處於工業化經驗中最動亂的階段。除此之外，因爲新的俄國工廠高度集中於少數的大都市裡，所以這種動亂具有不尋常的影響力。1905年革命挫敗的陰暗記憶，破壞俄國組織愛國聯盟的努力。

和其他的交戰國一樣，如果沙皇政權已經得到其他主要階層民衆的支持，那麼俄國可能可以在勞工的不滿情緒下倖存，但是中產階級和自由主義派的貴族，對於沙皇撤回1905年怯懦的民主讓步感到惱怒；他們之中有很多人依然期待能發生1789年法國大革命的俄國版，以君主立憲取代君權神授的獨裁政府。即使是保守派的貴族，也對沙皇和沙皇皇后聽信裝模作樣與讒言諂媚的人，使幹練的顧問根本無法接近沙皇的情形深感憤怒。最後，戰爭打開了沙皇最後一批純眞忠誠的支持者——農民的眼睛。參戰的俄國優於敵軍的唯一資源是：大量的人力，沙皇讓大批農民投身於德軍的刀劍之下。由於不良的裝備和拙劣的領導，所以在開戰後的第一年裡，俄國士兵經歷了幾場兵力損耗最大的戰役。1917年春天，已有高達185萬名士兵戰死沙場，而受傷或被俘虜的人數還遠勝於陣亡的人數。[1]沙皇動員了大批臣民穿上軍裝，但卻只能眼睜睜地看著他們變得日益激進。在這種狀況下，需要解釋的只是這樣的政權何以能存在如此長久的時間。

「二月革命」

有些歷史學家認爲，甚至早在1914年時，沙皇制度就已經瀕臨革命邊緣，當時是因爲戰時的愛國熱忱，才得以多苟延殘喘兩年。有些人則正好相反，他們覺得戰爭的混亂和緊張狀態才是壓垮這個政權的致命一擊，如果沒有戰爭，或許俄國早就已經進行改革。[2]但是，沒有人會質疑第一次革命的爆發，不是來自於有計畫的行動，而是肇因於自然爆發的群衆憤怒。由婦女發動了這場革命，她們因爲缺乏麵包和煤炭，而於1917年3月8日〔俄國依然使用的舊儒略曆（Julian calendar）是2月23日〕，在俄國的首都彼得格勒[3]舉行示威活動。這些饑餓和憤慨的民衆發起的示威活動所獲得的大量支持，讓每一位政治領袖，甚至是社會主義者都深感震驚。

起初，對沙皇政權來說，那些示威行動似乎不比其他交戰國內的類似動亂嚴重。沙皇毫不猶豫地下令鎮壓。3月11日，當軍隊炮轟民衆時，有40位示威民衆死亡，但這只是讓人民因憤怒而更加團結。當奉命驅散示威群衆的軍隊轉而支持示威群衆時，沙皇政權遭受致命的打擊，沙皇體制下的官員發現，他們號令士兵的能力已經揮發殆盡，消逝無蹤。

由於拒絕接受皇帝的解散命令，杜馬（議會）步入眞空狀態，並在3月12日任命政黨領袖組成臨時政府。因爲自1905年沙皇被迫成立杜馬以來，杜馬的成員是經由日漸窄縮的選舉權所選舉產生的，所以這個杜馬所組織的統治團體比較贊同君主立憲制。但即使是如新任外交大臣米留可夫（Pavel Miliukov）教授般的君主立憲主義者也已經發覺，只有全新的政權，才有恢復公共秩序的機會。他們說服沙皇，退位已是必不可免的事。於是沙皇在3月12日正式退位，根據杜馬的選擇，任命耳弗夫（Lvov）親王擔任總理。[4]耳弗夫親王是一位雖然受人敬重但卻毫無影響力的君主立憲主義者，他曾經領導過城鎭和地方自治聯盟（Union of Zemstvos and Towns）。

臨時政府與蘇維埃

組成臨時政府相當容易，但是要人們接受它的職權，並且遵從它的命令就比較困難。臨時政府是由自1905年的革命創立以來，越來越不具代表性的立法機關所產生。在一個有80%人民是農民的國家裡，杜馬卻是一個由上流社會人士、中產階級的專業人士、企業家和知識份子所組成的議會。基本上臨時政府所面對的挑戰是，俄國少數的自由主義精英，能否成功補強沙皇獨裁政權的失敗之處：新政府是否能夠讓一個落後而且疲憊的國家繼續爲戰爭付出努力？

因爲這片領土上還存在著另一股勢力——蘇維埃（Soviets），使得臨時政府面臨十分複雜的挑戰。蘇維埃是代表會或委員會的俄文簡稱。1917年時，人們對於1905年的聖彼得堡蘇維埃記憶猶新，聖彼得堡蘇維埃是由武裝勞工的指導委員會所組成，領導1905年的全面性罷工。1917年3月，自動產生了一個新的彼得格勒蘇維埃，由已經參加聯合協調機構——戰爭工業委員會（War Industries Committee）的勞工領袖領導。彼得格勒蘇維埃的執行委員會日以繼夜地在女子學校絲莫妮學院（Smolny Institute），舉行公開讓大衆參與的常設城鎮會議，該會議後來變成首都民衆的情感共鳴板。更重要的是，它發布自己的命令，並且在某種程度上可以支配數百個在軍事單位、其他工業城鎮以及甚至是鄉間的同類蘇維埃。4月11日在彼得格勒召開的全俄蘇維埃代表大會（all-Russian congress of soviets），聚集了來自138個地區的蘇維埃代表，與來自7個軍團、13個後援部隊及26個前線部隊的士兵代表。[5]

臨時政府由自由主義者掌權，但是大部分的蘇維埃成員是隸屬於各種不學派別的社會主義者。社會民主黨（Social Democrats）形成了一股重要的潮流，馬克思主義者相信日益增多的無產階級工業領薪工人，最終將成功地以集體化的生產和分配，取代私人擁有的工廠、農莊和商店。大部分的俄國社會民主黨員，深受西歐議會社會主義的影響，他們認爲除非如同英國和德國般，工業能夠在俄國經濟結構裡占據優勢地位，否則落後的俄國並不適合實現社會主義。其間，他們極力主張俄國遵循西方曾經走過的路徑前進，確信如果他們能夠幫助中產階級達成俄國工業成長和憲法改革的目標，那麼他們就能更加逼近最後的社會主義階段。這些改良派的社會民主黨員，即孟什維克（Mensheviks），想要依循西方模式，組成適合群衆選舉的社會主義政黨。

雖然很小、但是活力充沛的俄國社會民主黨小派別——布爾什維克（Bolsheviks），[6]贊同正統馬克思主義者的目標，但是強烈反對選舉政治是讓俄國實現馬克思主義的適當手段這個觀點。他們流亡國外的領袖是烏里揚諾夫（Vladimir Ulianov，以V. I.列寧的化名聞名於世），列寧是公立學校教師的兒子，在17歲時，因爲他的哥哥涉及企圖暗殺沙皇亞歷山大三世的事件，並於1887年被處死而變得相當激進。因爲認爲議會制度與革命組織和紀律不能相容，所以列寧並不考慮採用議會政體的策略。他相信，即使在無產階級準備就緒之前，它的「先鋒隊」也應該能夠組成紀律嚴謹的黨派，以職業革命家爲畢生的職志，與依然倖存的帝俄警察奮戰，並且掌握任何可以表現自己的革命機會。

蘇維埃裡大多數的社會主義者並不是馬克思主義者，而是相信俄國農夫應該沒收大地產，並以傳統的鄉村代表會爲基礎，建立農村民主政體，遵循自己的非西方路徑朝社會主義邁進的平均地權論者。這些社會主義革命家（Socialist Revolutionaries，簡稱爲SRs），和布爾什維克一樣沒有耐心，急於直接進行革命性的社會和經濟改革。但是，和列寧不同，他們把希望寄託在農民身上，而不是居住在都市的勞工，他們不相信有紀律的組織，而深受個人暴力的策略所吸引。

在「二月革命」與1917年11月（俄國曆爲10月）爆發的第二次革命之間，相隔九個月的時間，這段時間通常被總括爲兩個潛在政府（potential government）之間的競爭——一方是上流社會人士與專業人士所組成的臨時政府，另一方則是激進的律師和新聞記者，以及勞工和農民所信奉的蘇維埃。但是爲了勾畫勻整的實際情勢，我們必須指出，即使是蘇維埃，也遠遠不及由都市民眾與無地產農民自發性發起的運動。第一次奪取土地的行動開始於3月，在臨時政府企圖進行一場規模更大的軍事攻擊——1917年7月的布魯西洛夫攻勢——之後，逃亡的士兵從涓涓細流壯大爲一股洪流。只要人們能夠看清，在政治組織競相爭取最高權力的表面之下，有數百萬俄國農莊的勞工正在搶奪地產，有成千上萬的士兵正在逃離前線，人們就會感受到革命的腳步已經逼近。

臨時政府並非完全缺乏資源。它立即得到西方協約國的承認及歡迎，協約國期待新的民主政權可以比老朽的沙皇俄國更有效率地作戰。臨時政府也擁有受過教育而且技巧熟練的專業人士和企業家的支持。臨時政府的領袖也不乏才幹與理想。他們進行了全面性的改革，例如實施普選制度（universal suffrage）以及制訂每日八小時工時的規定。他們確立所有公民的公民平等權：猶太人不再需要生活在烏克蘭和波蘭那些所謂的「隔離區」裡；承認波蘭獨立。臨時政府承諾將皇室和修道院的土地充公重新分配，並在1917年秋天，召開了立憲大會。剛開始時，臨時政府也取得蘇維埃的明確支持，即使是1917年4月，因爲德國希望進一步瓦解俄國所付出的戰爭努力，而搭乘由德國祕密安排密封火車從瑞士返國的列寧，也稱俄國是「世界上最自由的國家」。[7]

列寧抵達彼得格勒的芬蘭站——後期蘇維埃圖像學（iconography）最喜愛的一個鏡頭——展開了眞正的革命新階段。列寧的「四月提綱」（April theses，1917年4月20日）挑戰正統馬克思主義者對革命的解釋。他認爲時機已經成熟，俄國應該立刻越過中產階級革命這個階段，直接邁入社會主義。此外，列寧也主張以立即取得和平、土地與麵包，來取代臨時政府的民主、可能的土地改革與繼續戰爭的大雜燴作法。他提議「把所有的權力轉交給蘇維埃」，即使當時布爾什維克依然是代表會裡的少數派。

從1917年7月16日到7月18日，依舊糧食短缺且反對再度進行軍事攻擊的彼得格勒群眾，起義反對臨時政府。雖然這是由人民自動發起示威行動，但爲了讓布爾什維克不落人後，列寧也公開表示支持。臨時政府依然有充分的兵力可以鎮壓這起示威行動，有200名群眾被殺，列寧則假扮成車頭火夫逃到芬蘭。七月危機（July Days）顯示列寧想要推翻臨時政府的希望時機還未成熟。

但是，僅僅四個月後的1917年11月，臨時政府就被推翻了。幾乎與先前於二月時推翻沙皇統治一樣容易，而且傷亡人數也不及七月危機多。雖然它的組成份子已經逐漸向左傾，但是臨時政府始終沒能趕上大眾輿論向左傾的闊步。以米留可夫爲首，希望俄國主張它的領土戰爭目標，如君士坦丁堡灣（Straits of Constantinople）的立憲自由主義者，在5月分時出走。耳弗夫親王在七月危機之後辭職。1917年秋天之時，只有十位社會主義派的部長和六位非社會主義派的部長留在臨時政府裡，而唯一在第一屆臨時政府中屬於溫和左派的克倫斯基則擔任總理。臨時政府的改革，總是落後於人民日漸高張的期待。舉例來說，在農民已經開始爲自己奪取土地的時候，立憲會議最後將重新分配皇室與修道院土地的承諾，似乎已經變得無關緊要了。

最重要的是，繼續作戰會讓臨時政府陷入兩個彼此對立、互不相容的要求之間。一方面，只要德國和奧地利的軍隊依然在俄國的領土上橫行，那麼大部分經驗豐富的俄國政治家根本就難以相信能夠取得單方面的和平。即使是布爾什維克的黨員也同意：

當軍隊與軍隊當面對峙時，建議其中一支軍隊放下武器回家，是最荒唐的策略。這並不是一種和平的策略，而是一種屈從的策略，是自由的人民會厭惡地拒絕的策略。[8]

另一方面，臨時政府沒有技能、也沒有力量動員足夠的人員與物資，以便有效率地進行戰爭。列寧比任何人都更快了解到，單只是養活人民，臨時政府就不得不廣泛地干預私人資產，其廣泛程度遠超過政府原本預定的程度。陷入這種窘境的克倫斯基，命令布魯西洛夫將軍在7月時發動攻勢，結果發現這竟是一次使軍隊終於瓦解的攻擊行動。臨時政府不再能夠締造和平，也沒有能力繼續作戰。

如果議會政體的政府無法解決1917年時俄國人所面臨的問題，那麼或許軍事獨裁政府可以。人們也曾經嘗試軍事獨裁的解決方案，結果證實軍事獨裁依然不能解決1917年時的俄國問題。9月時科爾尼洛夫（Lavr Kornilov）將軍試圖將軍隊調入彼得格勒，以擊垮敵對的蘇維埃勢力。克倫斯基在「科爾尼洛夫事件」中的角色，可能永遠成謎。將軍的支持者堅稱是克倫斯基請求協助；但是克倫斯基則宣稱他的意圖受到誤解，而且他很快就知悉科爾尼洛夫計畫要掃蕩民主政權以及蘇維埃。不論如何，當科爾尼洛夫的軍隊開始開赴首都之時，克倫斯基轉而尋求左派——七月危機時他的敵人——的支持。他釋放一些被囚禁的布爾什維克黨人，並且分配裝備給由彼得格勒蘇維埃組成的自願軍「赤衛軍」（Red Guards）。支持蘇維埃的鐵路工人拒絕運送科爾尼洛夫的裝備，以及他的軍隊對赤衛軍相當友善的事實，使科爾尼洛夫甚至根本無法抵達彼得格勒。

克倫斯基就這樣阻撓了一場軍事接管行動，但是所付出的代價是從此他的臨時政府必須依賴蘇維埃的鼻息。1917年秋天，當不計任何代價、只求取得和平的渴望在蘇維埃內部迅速蔓延時，克倫斯基只能在得不到任何可靠資源的支持下，繼續進行這場令人生厭的戰爭。

「十月革命」

當10月20日從芬蘭祕密潛回俄國時，列寧認為自七月以來的局勢，已有兩個重要的轉變。在俄國國內，他的布爾什維克集團已經成為彼得格勒和莫斯科蘇維埃裡的多數派。在俄國境外，基爾的德國公海艦隊（German High Seas Fleet）發生動亂的報導，讓列寧相信全世界的革命運動即將展開。列寧日以繼夜地爭論，企圖說服他的夥伴——布爾什維克的領袖——相信：「我們已經置身於世界無產階級革命的前夕。」[9]列寧堅稱，錯失這次良機，將是對歐洲飽受戰火摧殘的窮人最大的背叛。

列寧的滔滔雄辯遭到強烈的反對。他並不指望繼續支持克倫斯基而反對他的孟什維克派。但是即使是列寧的「老布爾什維克」夥伴中，也依然有龐大的反對聲浪。加米涅夫（Lev Kamenev）有鑑於七月危機的血腥鎮壓，認為布爾什維克的起義時機還不夠成熟，會有大批的布爾什維克黨人死亡，而他們也會失去歷史的契機。加米涅夫和其他的老布爾什維克黨人如季諾維夫（Grigori Zinoviev）認為，他們的機會隱藏在即將召開的立憲大會裡，他們可以在更廣泛的民主政體中，充分發揮具戰鬥性的反對角色。在民主政體裡成長壯大，靜待時機成熟，如此會比企圖進行不成熟的政變並激起反革命運動的作法更加明智。加米涅夫極力主張，如果事態繼續發展，時機很快就會成熟。

「拋開那些『立憲幻想』吧！」列寧反駁道。懷抱著熱烈的信念，他在布爾什維克中央委員會（Bolshevik Central Committee）裡建立了多數派，贊成立即起義反抗臨時政府，而不要等到召開立憲大會。他爭取年輕的托洛斯基（Leon Trotsky）加入他的陣營，托洛斯基是傑出的前孟什維克派，曾經反對布爾什維克黨組織的「兵營體制」，但是因爲反對戰爭而變得激進。其他的布爾什維克因爲害怕克倫斯基會先發制人，採取反蘇維埃的對策，所以默許列寧的行動。有些富戰鬥性的平均地權革命家（agrarian revolutionaries，社會主義革命家），比較像循規蹈矩的馬克思主義者般堅持等待成熟的歷史時機，他們也站在列寧這一邊。

布爾什維克集團將彼得格勒的蘇維埃轉變爲列寧企圖奪取中央政權的基地。這並不是在3月與7月時，由饑餓的人民自發走上街頭的示威活動。雖然需要有廣大的群衆支持才能成功，但是「起義是一種藝術」，[10]列寧與托洛斯基在10月22日與23日時，組成彼得格勒蘇維埃的軍事革命委員會（Military Revolutionary Committee），計畫占領彼得格勒的中央政府和通訊中心。

11月9日夜裡，布爾什維克展開武力行動（舊曆10月25日，因此史稱「十月革命」）。他們得到彼得格勒衛戍部隊中大部分士兵的支持，這些士兵對克倫斯基企圖把他們送上前線而感到怒火中燒。得到衛戍部隊的支持，意味著布爾什維克可以輕易取得武器。一向激進的克倫斯塔（Kronstadt）海軍基地的士兵，將「極光號」（Aurora）巡洋艦駛入尼瓦河（Neva River），以控制臨時政府所在冬宮。由於無法取得城外的軍事支援，所以臨時政府開始徵調軍事學校的學生，以及一支由140名年輕中產階級婦女所組成的部隊來保衛冬宮——這支女兵隊伍是之前爲了羞辱俄國男性、促使他們服役，而由克倫斯基所組織而成。在長夜將盡時，極光號發射了幾回炮彈（大部分是空包彈），軍隊漸漸散去，臨時政府幾乎是在沒有流血衝突的情況下垮臺。克倫斯基無法召集足夠的軍隊收復彼得格勒，因而逃出城外並且躲藏起來。最後他於1918年夏天逃亡國外。

布爾什維克政權

列寧和他的支持者，還必須將他們在彼得格勒的控制權延伸到全國各地。這是一項艱鉅的任務，而因爲外國的介入，使得這項任務更加困難。歷經三年多的時間，並且經歷了一場血腥的內戰之後，才算完成任務，這是比推翻垂死的臨時政府還要偉大的成就。就某種意義來說，俄國的權力鬥爭已經持續將近

圖5-1　1917年11月9日在彼得格勒，布爾什維克向臨時政府的總部——冬宮（Winter Palace）進攻（由影片製作人Sergei Eisenstein重新修復）。

一年，政權曾經溜過沙皇、君主立憲主義者、民主政體以及溫和的社會主義者的手中。衆所周知，列寧是一位實現革命的戰略家，更是一位建立政權的人。他是第一位設法駕馭並控制1917年3月興起至今未曾平息的革命旋風的俄國人。

當然，不只是對他原本的綱領，而且對他的人民來說，他都是以極龐大的代價換取了這項成就。他承諾要帶給俄國人和平、土地與麵包，但是在他的領導下，人民所得到的是內戰、饑荒與一黨獨大的專制政權。不過，不論如何，在歷史上衆多的革命領袖中，列寧幾乎是那些被革命的浪潮推到峰頂的人之中，唯一成功永久保有勢力的人。

列寧的「和平、土地與麵包」

重新分配土地是列寧手中主要的王牌。就一般的總人數來看，社會主義革命家或者平均地權革命家所抱持的立場，最接近渴望擁有土地的俄國農民的期待。列寧所採取的第一個步驟，是一面避免內部對於如何實施產生歧見，一面盜用社會革命黨的綱領。原則上，身爲優秀的馬克思主義者，他宣布土地國有化，將進一步的土地分配權轉交給地方上的鄉村蘇維埃，並且認爲這些鄉村蘇維埃應該可以聯合大片地產組成「現代農莊」。但實際上，列寧只是任由已經奪取土地的農夫自由控制那片土地。從那以後，在試圖恢復舊地主權力的復辟勢力眼中，列寧的政權簡直無懈可擊。

因爲單獨與德國媾和，意味著得接受那種甚至會讓布爾什維克黨人如托洛斯基和布哈林（Nikolai Bukharin），也想要進行一場「革命戰爭」的喪權辱國的條件，所以和平的承諾比土地的承諾更難兌現。它也意味著默許很多非俄羅斯民族脫離之前的俄羅斯帝國，對這些民族來說，革命暗示著民族獨立。

爲了取得和平，布爾什維克的領袖在1918年3月3日，接受了德國的苛刻條件。布列斯特—立托夫斯克條約（Treaty of Brest-Litovsk）承認德國的占領地，俄國必須割讓東波蘭、烏克蘭、芬蘭與波羅的海各省，並且賠償巨額

圖5-2　1917年，列寧在彼得格勒向群衆發表演說。站在講臺右方的是托洛斯基。後來，在史達林的宣傳者所使用的版本裡，審查員用噴槍塗去圖中的托洛斯基，此後托洛斯基就消失在這張照片裡了。

賠款。直到1940年時，史達林（Stalin）才在希特勒的協助下，得以收復1914年時失去的大部分領土。當時列寧以擴及全世界的革命，很快就能廢棄這項條約[11]為承諾，壓制了反對的聲浪。但是，即使是這種「革命失敗主義」（revolutionary defeatism），也沒能為俄國帶來和平，反布爾什維克派的俄國人，在協約國軍隊的協助下，於1918年秋天，開始攻擊蘇維埃政權。

列寧的所有承諾中，以提供麵包的承諾最難兌現。正如那些對列寧的批評較不切實際的馬克思主義者，如羅莎．盧森堡（Rosa Luxemburg）所察覺到的一般，讓渴望擁有土地的農民自由掌控土地，會產生為數眾多的小地主，他們會謹慎地守護著自己的莊稼，不讓作物流入都市。由於農民的囤積，再加上1918年底爆發的內戰，以及隨之而來的作物歉收，導致連年糧食短缺，而且有些時期還出現大饑荒，狀況一如1921年時的慘況。

建立新的獨裁政府

布爾什維克的革命，既未如列寧所預期般引爆廣泛的歐洲革命，也沒有如很多他的追隨者所預期的那樣，為自由翻開嶄新的一頁。我們將在本章的後文裡，討論第一個意外的結果，在此先針對第二個意外的結果，進行完整的討論。

1917年時，俄國人民「讓自己陷入名副其實的民主狂歡，他們遠超過西方的良師益友，讓民主實際進入生活的每個領域……權力如同決堤的洪水，流入每個願意接受它的城鎮與省分，流進每一個村莊和軍團，流到每一群群眾和每一個委員會」。[12]除了俄國城鎮和鄉村的政治委員會或者蘇維埃以外，士兵團體在軍隊裡組成委員會，選舉他們自己的軍官；在廠主企圖把他們鎖在外面時，勞工團體也組織工廠委員會對抗資方。

這種由基層民眾自動發起、沒有計畫，而且通常是笨拙的行動，在1918年和1919年間，當布爾什維克鞏固他們的政權時，為由一黨指揮的集權式國家行政管理所取代。士兵委員會讓位給接受傳統指揮的軍隊；工廠委員會讓位給集權機構和由上層控制的工會；與邊境的非俄羅斯民族之間的鬆散連結，為在俄羅斯統治下的中央集權取代，勉強偽裝成一個聯邦國家（federal state）。這就是眾所周知，列寧在1919年時，於俄國建立的戰時共產主義（War Communism）制度。

為什麼在布爾什維克革命之後，原先承諾要帶給人民自由的人，如此迅速地轉變成獨裁政權呢？一個標準答案就是，列寧主義（Leninist）政治理論具

圖5-3　1921年10月，處於俄國饑荒時期的兒童難民。

有獨裁主義的特質。從1903年俄國社會民主黨（Social Democratic Party）發生分裂之時起，與其他喜歡透過議會政黨公開運作的馬克思主義者相較，列寧的追隨者比較贊同紀律嚴明的黨派組織。1917年11月的行動，證實列寧主義黨（Leninist Party）是有效率的，之後，不得不以少數統治多數的情況，只是讓列寧更加看重政黨組織的重要性。

俄國欠缺任何已經建立的自治政府傳統，確實妨礙了1918年與1919年時民主制度的發展。當掃蕩了舊有的獨裁政府之時，就露出一個空隙，那是衆多只會空談的地區委員會由於欠缺準備所無法塡補的空隙。但列寧的政黨可以塡補這塊空白。

布爾什維克不曾佯裝要用民主的方式，來運作他們的政權。在1917年的環境下，俄國的普選只會使某些農村小地主變成多數派。布爾什維克想要建立無產階級專政或者勞動階級專政的制度，即使俄國的無產階級依然只是少數派。然而，當世界的無產階級革命從俄國延燒到更都市化、更工業化的西歐國家時，這種反常的現象很快就會變得無足輕重了。權衡俄國境外的勞工最終獲得解放的可能性，列寧和他的追隨者認爲，在俄國必須以少數統治多數的情形，只不過是個小問題。

因此，在開會第一天之後，布爾什維克就解散了「由臨時政府召集，而且俄國民主主義者翹首等待，終於在1918年1月19日召開」的立憲議會。一如預期，俄國第一次行使的歷史性普選，產生了農民多數派（agrarian majority）的結果。這次的立憲議會共有420位平均地權革命家（SRs，社會主義革命家），但是布爾什維克只占了225個席次。列寧一度與左派的社會主義革命家聯合執政，但他們在1918年6月時分裂。本來就反對以喪權辱國的條件與德國和解的左派社會主義革命家，對於列寧重新恢復集權國家的行政管理方式深感不滿。從那時起直到1990年爲止，俄國都處於由一黨獨裁統治的執政方式。

1918年的俄國之所以實施新的獨裁制度，有其實際的原因。其中一個理由純粹只是爲了生產的需要。工廠委員會並不具備恢復生產的知識，而且對恢復生產這件事也沒有多大的興趣。他們抗拒所有幫助他們與別人協調工作的外部協助，舉例來說，極具革命熱情的鐵路工人雖然接管並負責營運鐵路線，但是卻「長期反抗所有外來的權威」。[13]有爭議的是，新政權是否應該只局限於工廠委員會的協調工作，或者應該從上而下以中央集權的方式，來實際指揮俄國的工業發展。

列寧相信，必須以資本主義已經展開，而且經由戰爭強化的工業「托拉斯化」（trustification）[14]過程，作爲社會主義的經濟結構的基礎。因此，各個工業部門不僅應該國有化，而且應該集中於單一的國家托拉斯（state trust）。在1919年底，已經組織了約莫90個這種國家托拉斯，所有的托拉斯都對最高層的國家經濟最高委員會（Supreme Council of National Economy）負責。舉個例子來看，因爲在戰前就已經高度集中化，所以很容易就能夠利用這種方式組織冶金工業。1918年3月，在管理冶金工業單一國家機關之下，已經有了750位職員，而機關的工作人員則必須透過官方的工會，遵守嚴格勞工紀律。這對支持新近的勞工管理實驗，反對「將群眾切離國家經濟結構內所有分部的活躍創造力」[15]的人而言，並不十分有利。列寧相信社會主義的生產，只能建立在集權式的組織之上。

內　戰

列寧的獨裁政府也是對內戰的一個反應。布爾什維克政權必須爲了生存而戰，對抗武裝的反對派——反布爾什維克的「白」軍（「白」相對於「紅」）；對抗宣布要脫離俄國獨立的邊境民族主義者；對抗協約國家軍隊的干預；以及對抗農民的消極抵抗。農民堅持「綠色革命」（green revolution）以回擊徵用他們的穀物來供應都市糧食的「紅色革命」（red revolution）。在1918年到1920年末這段時間裡，有時紅軍忙於在俄國各處邊境主動出擊。有時，布爾什維克的權力會減弱到甚至只能控制舊俄國心臟地區的程度。最後，布爾什維克政權倖存下來，除了割讓西部領土給波蘭、捷克斯拉夫、羅馬尼亞和波羅的海諸國外，在所有前俄羅斯帝國境內建立了它的統治權。但是在政爭之中，國家的政體已經轉變爲官僚政治、一黨專政、中央集權的國家，而且是一個誕生內戰的國家，所以對在內戰時曾積極支持其敵手的協約國勢力懷抱極深敵意。

協約國爲了嘗試維持對德作戰的東線戰事，開始插手干預俄國內政。早在1917年7月的在克倫斯基時代，西方的協約國就已經在找機會援助東線戰事。1917年11月以後，布爾什維克公開請求與德國單獨媾和，這對始終懷疑列寧是德國間諜的英國和法國而言，不啻是一次嚴重的打擊。他們預料德國會將所有的軍隊調往西方戰線，然後給予致命的一擊。起初有些西方的決策者依然與布爾什維克保持聯絡，希望他們最後可以拒絕德國所開出的苛刻條件，並且繼續與德國作戰。但是，1918年3月，布爾什維克在布列斯特—立托夫斯克接受了德國的條件，更強化英國和法國橫加干預俄國內戰的決心。1918年6月，當已從東線戰事脫身的德國突破協約國的戰壕，並且推進到距離巴黎不到37英哩的地方時，英法兩國做成了干預俄國內戰的決策，這是自馬恩河之役以來，德軍最逼近巴黎的一次挺進。

1918年6月，英國和法國派遣大約兩萬四千名士兵到俄國北方的莫曼斯克港（Murmansk port）和阿干哲爾港（Archangel port），以保護協約國的補給線，防止德國和布爾什維克的軍隊（依然被視爲是德軍的祕密盟友）在那裡組成聯軍，並且「讓（反布爾什維克）俄國軍隊可以安全地在北方集結成有組織的團體」。[16]大約與此同時，在西伯利亞約莫有四萬名捷克軍人（大部分是被俄國俘虜，現在渴望爲捷克的獨立而戰的前奧匈帝國士兵）起義對抗當地搖擺不穩的布爾什維克當局，並且爲了開赴西線戰場而占領西伯利亞大鐵路（Trans-Siberian Railroad）。

美國總統威爾遜突然一反早期勉強同意干預俄國問題的態度，提議聯合日本，派遣美日兩國軍隊在海參崴（Vladivostok）登陸，以支援捷克。早在1917年12月，便已在海參崴駐軍的日本，熱切地增援七萬兩千多名士兵，遠超過與威爾遜議定的人數；而美國派駐的分遣隊則大約有七千人。此外，早在1918年到1919年冬季，英國就有兩個師的軍隊越過高加索山脈，駐紮在富含石油的俄土邊境，守住從黑海巴統（Batum）到裏海巴庫（Baku）這段鐵路線。有一個師的法國軍隊、一支法國海軍分遣艦隊，以及一支希臘的小分遣隊登陸烏克蘭黑海沿岸的敖德薩（Odessa）。總計有14個國家超過10萬名軍隊——大部分是日本、英國、美國和法國——先後駐紮在布爾什維克領土邊境四周。

協約國剛開始時的意圖是不讓德國填補因布爾什維克單獨與他們媾和所留下來的空白。但是當1918年11月11日簽訂全面停戰協議（general armistice）之後，這個目的反而變得無關緊要，駐紮在俄國的協約國軍隊更加公開的發揮他們反布爾什維克的功能。這些軍隊並不龐大，也沒有精良的裝備，而且不曾直接參戰以助長俄國的內戰。此外在俄國境內，他們也不曾以任何共同的協約國策略爲基礎聯合統一。但是，他們提供反布爾什維克的俄國「白」軍，以及邊境上採分離主義的民族主義者，精神上與物質上的鼓勵。蘇維埃裡的俄國人總是被教導——附帶很多證明他們的看法正當的辯詞——協約國的政府要出盡全力破壞布爾什維克的實驗。

俄國的內戰持續延燒了兩年多的時間。在1918年11月到1920年年底之間，協約國所支援的反布爾什維克俄軍所控制之地，曾經橫掃俄國領土，先是西伯利亞，然後是烏克蘭，最後則是黑海沿岸地區。

1920年時，主要的威脅來自於波蘭。在春天時，波蘭的新政府開始攻克立陶宛地區、西白俄羅斯與烏克蘭，那些種族上不屬於波蘭人，但是曾經隸屬於中世紀時處於巔峰期的波蘭王國之地。在波蘭取得初步的成功之後，布爾什維克的年輕指揮官圖哈契夫斯基（Mikhail Tukhachevsky），將波蘭人逼回華沙城下。此刻，列寧相信挫敗波蘭可以點燃他等待已久的西歐革命，而他在俄國的生死存亡，則似乎必須依賴西歐的革命烈火。但是，在法國的補給與顧問的協助下，波蘭設法推回他們的民族邊境（ethnic frontier）略東之處。1921年3月的里加和平協議（Peace of Riga）確立了這些疆界，並且一直維持到1939年。

反布爾什維克一方的軍隊，雖然擁有經驗豐富的軍官以及訓練有素的士兵，但卻沒能擊敗未經過訓練的布爾什維克軍隊，部分是因爲他們之間並未經過協調，彼此各行其是，分別發動攻擊所致。而紅軍則得益於布爾什維克戰爭部長托洛斯基的軍事組織天才。布爾什維克也因爲內線作戰，以及反布爾什維克對鄉間民眾缺乏吸引力而受益。儘管他們普遍消極地抵制布爾什維克的控制，但是俄國農民甚至更不願意幫助以協助地主復辟爲要脅的「白軍」。

早期布爾什維克支持所有少數民族獨立是內戰的橫禍。對列寧來說，只有在他相信即將來臨的全世界革命的前提之下，才能接受舊俄羅斯帝國瓦解成爲新的革命國家。如果革命政權只存在於俄國，那麼邊境地區的民族主義就可能反而變成一條反革命的大道。

烏克蘭經驗是一個重要的教訓。1917年11月，烏克蘭民族主義者視布爾什維克革命為取得地方自治的預兆，當時的臨時政府與沙皇一樣拒絕讓他們擁有地方自治的權力。1918年3月的布列斯特—立托夫斯克條約將烏克蘭割讓給德國，讓她成為在德國監督下的獨立國家。1918年11月德國戰敗的時候，是由親協約國的孟什維克社會主義政權統治依然獨立的烏克蘭，這時的烏克蘭已經變成協約國反布爾什維克運動的基地。當布爾什維克重新收復烏克蘭時——第一次是1919年從俄國「白軍」的鄧尼金（Anton Denikin）將軍手中奪回，然後則是1920年從波蘭手中奪回——布爾什維克再也無法容忍烏克蘭的民族自決。

贏得內戰之後，布爾什維克政權也重新直接統治高加索山脈分離主義地區：喬治亞（Georgia）、俄屬亞美尼亞（Russian Armenia）與亞塞拜然（Azerbaijan）。1922年12月成立的蘇維埃社會主義共和國聯邦（Union of Soviet Socialist Republics），是一個統一的聯邦國家，其組成國家〔俄羅斯、白俄羅斯、烏克蘭、外高加索（Transcaucasia），以及1925年以後加入的小民族共和國，如烏茲別克（Uzbekistan）、土耳其斯坦（Turkestan）與哈薩克斯坦（Kazakstan）〕理論上擁有實質的自治權，但實際上其權力依然掌握在新首都莫斯科的中央政權手中。

西歐的革命活動：1917 年

正如我們已經了解的，1917年時所有交戰國所付出的戰爭努力已達谷底。1917年夏天在義大利杜林發生的麵包暴動，造成41個人死亡。教皇本尼迪克特十五世（Pope Benedict XV）和義大利的社會主義者，都呼籲妥協性和平。1917年10月，當俄國戰線的壓力得以解除時，奧地利的軍隊卻在卡波里多（Caporetto）讓義大利嘗到自大戰以來最令人吃驚的挫敗。他們威脅要突圍進入波河流域（Po Valley），直到義大利軍隊最後終於在威尼斯北方的皮牙烏河（Piave River）阻擋了奧地利的攻勢，義大利軍隊的士氣才免於完全崩潰的局面。

法國的前線部隊在1917年5月和6月就威脅要撤離前線。當年春天，在尼韋勒攻勢[17]中，再度虛擲了數千條生命，以換取數碼的土地之後，後備軍拒絕移師前線參與攻擊。除了擅離職守的個別士兵之外，還有些兵變的集體行動，有幾群士兵霸占了火車並且駛往巴黎。在法國的129個師中，有一半以上的師受到影響，其中有49個師可能有數週的時間不適合作戰。雖然大部分的騷動都特別指向反對採用大規模攻勢的戰術，然而法國的總參謀部卻一廂情願地相信，壓制反戰輿論，才是對付這次兵變的最佳良方。

在1917年5月與6月時，德國並未覺察到法國的部分防線其實幾乎是處於開放的狀態，不過即使他們知道也無暇顧及，因爲當時德國正以全副精力來對付自己的問題。同年夏天，德國的水兵因爲糧食與生活條件的問題而舉行示威活動，影響了被封鎖在港口的德國艦隊。1917年夏天，德國國內的政治問題主要是努力維護議會對戰時政府的影響，以及在7月的「和平決議」（Peace Resolution）中聲明放棄領土目標。德國主要的盟友——奧匈帝國，在1917年時公開尋求妥協性和平。

1917年時，來自俄國的消息如同火災警鈴般響遍其他交戰國。有些觀察家，尤其是法國的觀察家一度相信，民主的俄國會懷抱高張的愛國熱情繼續作戰，如同1792年以後的法蘭西共和國（French Republic）國民一樣。但是對那些灰心沮喪、擔心要迎接第四個戰爭嚴冬的歐洲人來說，俄國的發展讓他們第一次嚴肅地思考妥協性和平的可能。在獨裁政權如何輕易就被推翻這件事上，他們也上了客觀的一課。事實上，俄國的經驗顯示，除非改變政體，否則永遠不可能擁有和平。布爾什維克蓄意喚起人們嚴肅地正視戰爭目標的問題。1917年11月，他們公布了沙皇在1914年和1915年所簽訂的祕密協定正文，這些文件明訂了戰勝之後俄國與法國對領土的瓜分方式。這些被揭露的眞相暗示著歐洲人正爲了王朝或少數人的商業利益，面臨死亡邊緣並挨餓受驚。

爲了度過1917年的消沉萎靡，各個戰時政府不得不採行武力和說服雙管齊下的方式應付國內問題。群衆對戰爭的厭倦與列寧所披露的祕密協定，迫使協約國政府必須更清楚地解釋他們的戰爭目的。他們的人民到底爲什麼必須爲了統治者的榮耀或者祕密的領土交易，而無限期地犧牲他們的財產和子孫？現在美國也已經參戰，威爾遜總統先於其他協約國對此進行說明，他表示只有戰勝同盟國，才可能擁有民主、民族獨立與永久和平的美好世界。至於法國，只要德國軍隊依然駐紮在他們國家的領土上，政府就不需要對戰爭的目的多所著墨。因爲確信依然只有少數人口頭擁護妥協性和平，所以克里蒙梭在1917年11月就任總理之後，毅然決定監禁他的反對者，並且關閉他們的報社。即使在1918年春天，已經預期德國將重新發動攻擊的情況下，克里蒙梭依然留下四個武騎兵師，以備國內不時之需。

德國以專制的手段與擴張主義的主張，來解決1917年時內部所發生的動亂。藉助德皇與民族主義輿論的支持，陸軍元帥興登堡和魯道夫將軍提議針對俄國的弱點給予最後一擊，以爭取擴張主義的勝利。德國將拉緊每一條神經，努力擴張東方與西方的領土。在國內，這意味著必須壓制議會裡那些在1917年夏天便聲明放棄以併吞土地為戰爭目標的反對聲浪。德皇的支持是將領成功的要素之一。說服皇帝以沒有經驗又容易馴服的米迦里斯（Michaelis）[18]取代霍爾威格出任總理，他們讓議會多數派的地位變得無足輕重。促使他們成功的另一個要素是德國中立派議員對他們的支持度；雖然中立派議員之中有些人曾經投票贊成「和平決議」，但是依舊欣然接受德國於1918年3月的布列斯特—立托夫斯克條約中取得的東方領土。戰勝俄國的說法，說服大部分的德國領袖們，支持將軍們於1918年在西方發動最後的大規模攻勢的豪賭。

1918年3月21日，魯道夫將軍在西線的全力攻擊，是自第一次馬恩河之役以來，最可能打破僵局並進入決定性戰爭的戰役。高度意識到現代戰爭的政治層面，並根據法國極不情願派遣後備軍支援英國戰區的論點，魯道夫首先攻擊英國。然後，如果可以在兩國的軍隊之間打開一道缺口，他計畫直搗巴黎。在1918年3月到7月之間，德國發動了五次成功的攻擊，把協約國的戰線逼退近40哩左右。德國軍隊再度兵臨馬恩河，距離巴黎只有37哩。但是，魯道夫始終沒能打開他一直努力找尋的決定性缺口。協約國統一由法國將軍福煦指揮，並且因為美國軍隊的到來而備受鼓舞。7月18日的第二次馬恩河之役，協約國在過度延長的德國防線上攻出一道缺口。當時由於預備軍已經不敷使用，導致魯道夫無法阻止事態的發展，只能任由戰爭主動權永遠落入協約國的手中。1918年7月之後，協約國的軍隊穩定地向德國的國境推進。

魯道夫犯了幾個嚴重的錯誤。因為決定在東線保留足夠的軍隊，以防守德國占領的新領土，所以在西線戰場上並沒有調集充分的兵力。他高估了已經筋疲力竭的德國人為了擴張領土而戰的意願；他也低估了美國參戰所產生的精神和物質上的影響（1918年8月，有超過兩百萬的美軍士兵加入戰場）。最重要的是，由於孤注一擲地賭上一場決定性的擴張主義戰役，因此他並未考慮其他較審慎的替代方案，亦即在防禦線上安排一條退路，以便在協商妥協性和平時可以保護德國邊境。當魯道夫最後改採防禦性的策略時大勢已去，支持他的士兵或士氣已經蕩然無存。

德國革命：1918 至 1919 年

1918年9月29日，魯道夫將軍親自通知驚惶失措的德國政府，德國軍隊已無法遏止協約國軍隊的突圍行動，保衛德國西方領土的唯一方法是立即進行和平協商。在接下來的幾週裡，他強迫滿心懷疑的德國政府，要求威爾遜總統根據十四點和平計畫（Fourteen Points）[19]採行和平解決方案，不過後來當他拒絕接受協約國所要求的條件時，德皇就開除了魯道夫。因爲戰後魯道夫協助散布德國軍隊已經被國內的革命家「捅傷了背」的說法，所以必須強調他針對停戰主動採取的第一個步驟。

邁向革命

當威爾遜總統拒絕與直至1918年爲止依然統治德國的「專制權力」交易時，魯道夫支持重新恢復1917年時已經被他撇在一旁的議會制政府。由平民政府承擔戰敗責任這一點正合他意。據說他曾經說過：「他們（議會）做了這道湯。現在他們應該自己喝下去。」德國革命的第一步——立憲革命（constitutional revolution）就這樣從上流瀉而下，由巴登（Baden）的馬克斯（Max）親王擔任總理，馬克斯親王是尊貴的德國大公家族中的穩健派成員。最後他終於完成兩項德國革命家在戰前的君主政權裡，力爭無效的改革：總理應對議會的多數派負責，而不是向德皇負責；廢止普魯士國的三級選舉制。但是要利用遲遲未能兌現的改革來平息德國人民的怒火與挫折感，則爲時已晚。

德國邁向革命的下個步驟是從下層展開。這次的改革力量來自於武裝部隊。10月下旬時，魯道夫改變心意，同意支持繼續戰爭，以守住礦產最豐富的亞爾薩斯—洛林地區。雖然馬克思親王逼迫魯道夫交出軍隊指揮權，但由於德皇在10月29日時，從柏林遷住軍事總部，所以人們懷疑德皇反對停戰。當基爾港的德國公海艦隊領命出航，與英國展開最後一次大規模的戰役時，全體水兵反叛拒絕執行命令。11月4日，士兵的叛變烈火延燒到基爾港沿岸的海軍基地，士兵們在那裡組成士兵委員會。從此，革命運動向外傳開，軍事補給站與兵工廠陸續成立士兵與勞工委員會。1918年3月，魯道夫讓德國人相信，只要再作最後一次努力，他們就可以贏得這場戰爭的勝利。1918年11月，當另一個戰爭嚴冬即將來臨之際，維繫德國士兵與公民，使他們懷抱忠誠願意做出破格犧牲的最後一條紐帶終於斷裂。

11月初，在要求和平的群衆運動中已經嗅得出革命的味道。當巴伐利亞（Bavaria）王國試圖於11月7日單獨媾和時，聯邦德意志帝國似乎已經瀕臨瓦解的邊緣。反戰的議會派社會主義學家艾斯耐（Kurt Eisner）領導勞工和衛戍部隊在慕尼黑起義，逐出最後一代的維特爾斯巴赫國王（Wittelsbach king）；然後與協約國展開和平談判。11月9日早晨，有數千名柏林勞工走上街頭，舉行要求和平的示威活動。當他們發現已經無法再找到可靠的軍隊來鎮壓這群勞工時，高級軍事指揮官——興登堡將軍和魯道夫的繼任者格羅納將軍——說服威廉二世在權力全面崩解，甚至影響軍官率領軍隊撤回國內的能力之前，放棄普魯士國王和德國皇帝的王位。

社會主義者的爭權

正如一年前的俄國，1918年11月發生在德國的問題是，誰能重建這個已經四分五裂的國家。除了德皇和軍事指揮官以外，很多德國的議會領導人在1918年時，也因爲支持的是領土擴張而不是防禦性戰爭而受到牽累。最重要的反對組織是德國社會黨（German Socialist Party），社會黨的領袖現在正邁向領導地位。

但是，哪一派的德國社會主義者將引領風潮？曾經高度組織化的德國社會民主黨（German Social Democratic Party, SPD），在1914年8月之後已經分裂。大部分的人堅持戰前的改良主義傾向。這是由於他們相信社會民主可以在議會制的共和政體中萌芽，因此想要先建立議會制的共和政體。但是，因爲1914年時曾經支持戰爭信任法案，所以左派份子相當不信任社會民主黨的多數派。1914年已經脫黨的少數派，雖然組成支持立即爭取妥協性和平的獨立社會民主黨（Independent Social Democratic Party, USPD），但在1918年11月時也分裂成兩派。有些黨員想趁和平時刻把握良機恢復與多數派的統一，有些黨員則傾向少數但激進的反議會制度左派份子，要求依據俄國的模式，立即透過士兵、水兵與勞工委員會進行社會革命。由李卜克內西（Karl Liebknecht）與羅莎．盧森堡領導的這項運動，仿照西元前一世紀羅馬的角鬥士革命（gladiator-revolutionary），自稱爲「斯巴達克斯黨」（Spartacus）。

這兩種趨勢在1918年底於德國產生了兩個平行的政權。11月9日下午兩點，社會民主黨多數派的謝德曼（Philip Scheidemann）在國會大廈的窗口，宣布成立議會制的共和國。下午四點，李卜克內西則在皇宮的窗口，宣布成立現在由士兵和勞工委員會代表團掌控的革命性社會主義共和國。在改良派這一邊，出線的是由六個柏林的士兵和勞工委員會，於11月10日選舉產生的「人民委員」所組成的臨時執行委員會，但是該委員會是由社會民主黨多數派和改良派的獨立社會民主黨領袖所組成，其中掌控決策的是由馬鞍匠轉任社會民主黨官員的艾伯特（Friedrich Ebert）。1900年代早期，獻身成立社會民主黨第一個有薪常設幕僚機構的職志，讓艾伯特傾向於採行有秩序的行政管理。站在革命派一方的是委員會裡的斯巴達克斯黨黨員，他們想要越過立憲議會，利用德國國內等同於俄國蘇維埃的組織，直接建立由勞工統治的社會主義國家。

在1918年到1919年的冬天，德國以與俄國方向相反的方式，解決了這種平行政權的問題。在俄國，列寧的布爾什維克黨於1917年的8月底，控制了彼得格勒的蘇維埃。但是德國的士兵與勞工委員會，主要依然掌握在社會民主黨多數派追隨者的手中。1918年12月召開的德國士兵與勞工委員會全國代表大會，在488位會議代表中，只有10位是斯巴達克斯黨黨員。不讓社會民主黨多數派的領導階層專美於前，委員會率先要求政治民主，他們支持臨時執行委員會召開於1919年元月選舉產生的立憲議會。

至於斯巴達克斯黨黨員羅莎·盧森堡，則拒絕採行列寧嚴格的政黨控制策略，他贊同自發性的革命，並在革命之後走向勞工統治的狀態。因此，斯巴達克斯黨本身就失去了列寧的決定性優點之一——遵守紀律的政黨結構。更重要的是，斯巴達克斯黨並沒有大規模的群眾基礎可為後盾。艾伯特在1918年11月11日締結馬克思親王已經準備好的停戰協定，在大規模的和平運動中取得先機。德國並沒有出現大批渴望土地的人燒燬莊園屋舍以及奪取地產的情形，在列寧必須面對的三項主要問題——和平、土地和麵包——中，1918年到1919年冬天的德國只有嚴重欠缺麵包的問題，而艾伯特則將之歸咎於協約國的封鎖策略。

社會主義革命的失敗

1918年12月到1919年1月間，德國的社會主義革命因為兩個同時發生的歷程而消弭無蹤：基層未能成功奪權；來自上層的壓制。基層所面對的問題是，武裝的士兵和勞工委員會的激進份子未能攻占重要的政治與經濟機構。在1918年11月9日之後的數週內，職業的國家行政機構與傳統的統治家族，重新取得地方政府的控制權，漢堡（Hamburg）[20]這個古老的港市就是其中的典型案例。委員會企圖統治這個城市，但是在實際恢復行政機關的運作時，他們發現稅收的需要。長期把持漢堡參議院的舊商人家族以提供委員會財政支持，來換取委員會施行溫和作風的承諾。因為缺乏其他的領導階層，所以漢堡的士兵委員會落入精力充沛的職業官員之手。改良派的工會和社會民主黨官員，重新贏回很多勞工的忠誠擁戴，因此，漢堡恢復了正常的行政管理，德國很多地區也同樣默默地回歸正常。德國的社會和政府結構並未如1917年的俄國般發生瓦解，只在基層曾經出現極為短暫的權力真空狀態。

在上層，臨時執行委員會利用黨派鬥爭的殘暴行為壓制斯巴達克斯黨黨

圖5-4　1919年1月，斯巴達克斯黨黨員躲在代用的印刷機滾筒臨時路障後方開火攻擊。

員。艾伯特對斯巴達克斯黨黨員，以及士兵和勞工委員會運動中少數的激進派的恐懼，顯然勝過對德意志帝國傳統的國家行政部門和軍官團的畏懼。在那些日子裡，德國的各機關的確非常服從，艾伯特把他的注意力從完成基本的社會變革，轉向恢復秩序。在11月9日與格羅納將軍的慶賀電話中，他同意完整保留皇家軍官團（Imperial Officer Corps，所有成員都曾宣誓效忠德皇）的權威，以換取最高指揮部對他控制士兵和勞工委員會的協助。

決定性的考驗在1919年1月初來臨，當艾伯特把委員會所任命的柏林警察總監免職之時，示威的群眾開始占領公共建築物。剛在1918年12月30日將斯巴達克斯黨運動轉換成新德國共產黨的李卜克內西和羅莎．盧森堡認爲，即使奪權時機尚未成熟，他們仍然必須承擔領導責任。艾伯特決定擊垮這些改良派社會主義的敵手。但是，因爲未能建立直接效忠新政權的武裝部隊，所以艾伯特不得不依賴格羅納將軍和皇家軍官團，以及以自由團（Freikorps）之名聞名的反革命自願組織；自由團是在遣散常規軍時，由軍官迅速組織以維持秩序的團體。雖然表面上是由社會民主黨的國防部長──諾斯克（Gustav Noske）負責維持秩序，但是實際上鎮壓斯巴達克斯黨黨員示威活動的，是攙雜前線戰士的殘忍性情而且對勞工充滿怨恨的自由團。軍官們在押送羅莎．盧森堡和李卜克內西移監的途中將二人殺害。

在這次的斯巴達克斯黨起義行動中，有數百人在柏林遇害，而有一千人則死於3月時發生的第二次起義。諾斯克說：「有人必須扮演警犬的角色。」他因此贏得了「基爾警犬」的稱號。艾伯特的安全無虞，但是所付出的代價是讓左派人士充滿仇恨的怒火，以及舊皇家軍官團依然保有獨立性。

恢復行政管理也意味著逮捕地方的分離主義者。革命運動的烈火在不曾完全臣服於德意志帝國的普魯士統治之下的前巴伐利亞王國延燒得最遠。當新的巴伐利亞社會主義派領袖艾斯耐於1919年2月被暗殺以後，他那些改良派社會主義的同伴就再也不能維繫國家的團結統一。1919年4月7日那一週，一個革命勞工委員會的會員以及一群知識份子，包括劇作家托勒（Ernst Toller）在內，在慕尼黑組成一個共產主義共和國。歷史再度重演，身在柏林的艾伯特除了軍隊和自由團以外，手中並未握有任何武器。自由團對慕尼黑共產主義共和國的破壞行動極爲殘暴。雖然名義上是由社會主義多數派重掌權力，但實際上的權力卻掌握在軍隊與自由團手中。若不將巴伐利亞送給自己的敵人，艾伯特就無法讓巴伐利亞依然留存在德意志共和國之內。

表面上德國已經完成她的民主改革。於1919年1月選出的立憲議會，在遠離普魯士繁華的一個省城威瑪（Weimar）召開，利用眞正的人民主權，建立可以取代德意志帝國那狹隘的寡頭政治的議會制共和政體。威瑪共和國似乎體現了最謹愼規劃的民主制度，包括婦女的選舉權在內。但是，1918年與1919年時，在熱切渴望政府能夠恢復正常運作的情況下，艾伯特允許傳統的官僚政治、帝國軍隊，和大公司及普魯士地主的寡頭統治，原封不動地繼續生存下去。在結構並無明顯變化的古老帝國社會，強行套上威瑪憲法（Weimar Constitution）。在某些自然條件的支持下，共和政體已經形成，而必須接受協約國那嚴苛的和平條件所受到的恥辱也令德國人感到厭煩。因此仇恨威瑪共和國的民族主義者就擁有足以反抗威瑪共和國的龐大影響力。威瑪共和實難抵禦來自內部的敵人。

奧匈帝國的瓦解：1918 至 1919 年

挑起戰端的哈布斯堡王朝最後在戰爭中滅亡。帝國政權曾經試圖藉助1914年7月在塞爾維亞發動的戰爭來扼殺的民族主義者，卻因爲戰爭而大幅增長，直到1918年時，各民族的人簡直都是各行各路。君主政體的權威消散。在舊帝國的國境裡，戰爭最後數天的動力刺激，讓境內各民族建立新國家的企圖更趨旺盛。

這些新興國家建國後的經驗讓人理想破滅之後，人們便經常譴責第一次世界大戰的勝利者——尤其是對美國威爾遜總統的譴責最甚，他們怨責他爲了民族自決的原則，而犧牲了多瑙河盆地裡頗具功效的聯邦體制。實際上，在1918年時，舊有的君主政體就如同跌地不起般一蹶不振。即使沒有這場戰爭，人們還是會懷疑就憑臣民對王朝的忠誠，到底還能讓這個混雜各種語言的國家維持多久。比較樂觀的君主政體歷史學家之一認爲，「在1914年時，我們最多只能說君主政體的未來充滿了變數。」[21]

那些相信依然可以挽救舊帝國的人們，將希望寄託於較大的聯邦自治夢想上。哈布斯堡的聯邦主義者提議讓最直言表達不滿的少數民族——捷克和南斯拉夫擁有地方自治權，如同奧地利的日耳曼人、匈牙利的馬札兒人已經享有的那樣。在比較有限的範圍內允許加里西亞的波蘭人和克羅埃西亞人在匈牙利境內成立自己的議會〔薩巴（Sabor）〕。王位繼承人本身——斐迪南大公也贊同這種方式。

但是，聯邦解決方案的發展受阻，倘若無法從二元王朝——奧地利與匈牙利[22]——的手中取得土地，則難讓捷克和南斯拉夫感到滿意。匈牙利否決了任何此類的妥協方案。由於必須犧牲馬札兒人的利益才能達成妥協，因此自1867年的第一次「妥協」，將匈牙利王國提升到與奧地利帝國同等地位，形成二元君主政體之後，便不再有進一步的妥協餘地。然而如果不損及某些既得利益者的權益，就無法滿足任何新興民族團體的要求。實施聯邦解決方案，導致二元帝國的狀況發生，因此人們致力防止奧匈帝國變成三元或四元帝國。即使是同盟國贏得了第一次世界大戰，但若將波蘭人較多的地區，例如俄屬波蘭地區併入新的三元帝國——波蘭哈布斯堡王國，仍會導致1914年以來帝國內那脆弱易碎的民族均衡出現致命性的失衡。[23]

在詳細了解戰時的哈布斯堡王朝臣民，從聯邦主義的目標到完全獨立的目標之間的發展時，很難避免一種宿命的氣氛。人們公認，在1916年，臣民對王朝的忠誠，依然展現驚人的充沛活力。因爲他們仍然認爲統治衆多波蘭少數民族的沙俄戰敗，是重組波蘭民族國家——如波蘭哈布斯堡王國——的最佳時機，所以很多波蘭的民族主義者支持奧匈帝國的理想。天主教的克羅埃西亞人是忠誠的，即使是最先進的捷克民族主義者。這些克羅埃西亞人若非贊同聯邦主義，就是審愼地保持沉默。1915年初，雖然來自布拉格的教授馬薩利亞（Thomas G. Masaryk）在巴黎成立捷克一斯洛伐克全國委員會（Czecho-Slovak National Council），但是在國內依然沒有什麼直接影響。1915年於倫敦成立的南斯拉夫委員會（Yugoslav Committee）也是如此。

王朝忠誠的崩潰

隨著其他與奧匈帝國境內少數民族相同種族的國家加入戰爭，哈布斯堡王朝少數民族的態度發生了第一個重大的變化。義大利在1915年5月23日向奧匈帝國宣戰，羅馬尼亞也在1916年8月宣布與奧匈帝國抗戰，爲協約國贏得兩個哈布斯堡少數民族的盟友：亞得里亞海沿岸的義大利人，以及外西凡尼亞的羅馬尼亞。這意味著協約國的勝利必然會使奧匈帝國損失領土。隨後，在1916年年底，約瑟夫皇帝以86歲的高齡駕崩，扯斷了維繫帝國的個人感情。不過更具影響力的是1917年2月的俄國革命。如今，協約國所開出的條件比德國—哈布斯堡的條件，讓波蘭人對民族國家的復興懷抱更高的希望。

布爾什維克在1917年發動的「十月革命」，對哈布斯堡的團結有正反不一的影響。短期內，藉由紓解東方戰線的壓力，布爾什維克讓奧匈帝國有機會把所有的資源轉爲在卡波里多（Caporetto）挫敗義大利的力量。但是長期來看，布爾什維克終能讓因戰爭而筋疲力竭的哈布斯堡臣民深深了解，古老的獨裁政治有多麼脆弱，而且也讓他們客觀地上了一堂民族自決的課程。

因此，在哈布斯堡帝國裡，人們對戰爭的厭倦是以民族分化（ethnic polarization）的形式表現，不只少數民族對哈布斯堡的聯邦主義感到絕望，而且居統治地位的日耳曼和匈牙利民族主義者也更不願意讓步。奧地利議會在戰時的第一次會議，於1917年5月20日召開，但只是提供要求擴大民族自治權的公開論壇。捷克和南斯拉夫的會議代表，要求建立一個「享有平等權的自由民族各國所組成的聯邦國家」。

當帝國政府於1918年試圖以在1914年以前可能大受歡迎的文化自治權（cultural autonomy）的承諾，來收買分離主義者的感情時，爲時已經太晚。除此之外，哈布斯堡王朝最後的努力，也暴露了他們的最後一道裂痕：統治民族精英——日耳曼與馬札兒——的不滿。1918年春天，當克里蒙梭將年輕的卡爾（Karl）皇帝對協約國的祕密和平試探公諸於世時，很多日耳曼民族主義者判定，哈布斯堡王朝的利益（和平）與日耳曼民族的利益（爲柏林爭取勝利）背道而馳。馬札兒族的領袖對於王朝威脅要犧牲匈牙利人以收買少數民族的作爲，更加不滿。

局勢的發展顯示，協約國並不是毀壞哈布斯堡帝國的主要元兇。但是，他們在1918年的臣屬民族獨立宣傳，卻加速了哈布斯堡王朝的覆亡。在戰爭的前幾年裡，與多民族及專制獨裁的俄國同盟的英法二國，對於民族自決並未多加置喙。但俄國的革命與美國的參戰，卻將民主改革向前推進，演變成協約國主要的戰爭目的。在1918年1月所提出的十四點原則中，威爾遜總統比較贊同以某種形式的聯邦解決方案，來處理奧匈帝國的問題；稍後，協約國支持臣屬民族的完全獨立。1918年6月，雖然與義大利宣稱擁有亞得里亞海頂端土地的主張分歧，但是美國仍然允諾南斯拉夫可以享有「完全的自由」。在夏季裡，協約國承認位於巴黎的波蘭和捷克民族委員會擁有完整的主權。

1918年10月，戰事終於結束。一支大部分由法國人組成的協約國軍隊，從希臘向北推進，在1918年9月底迫使保加利亞退出戰場。保加利亞於9月26日所提出的停戰要求，使哈布斯堡的軍隊面臨來自南方的威脅。同時，義大利在10月底時也開始展開新的戰役，並且在維托利奧威尼托（Vittorio Veneto）大敗奧地利軍隊。當哈布斯堡政權於11月4日提出停戰的要求時，事實上奧匈帝國大部分的領土都已經在波蘭、捷克與南斯拉夫政府的控制之下。

建立新國家

國家的更替是否會造成社會革命？戰後，蘇俄邊境的東歐陷入一片混亂。與俄國情況相同，許多東歐國家境內也有為數眾多渴望擁有土地的農民。奪取大片地產似乎可以作為革命烈火的燃料。挨餓受饑的都市勞工和掠取土地的農民混雜交織，可能會如1917年的俄國般，醞出一股革命風潮。

但是，除了一個國家之外，所有新興國家，都是由社會民主黨和農民（或者平均地權主義）政黨，而不是布爾什維克負責設法平息人民的不滿。因為民族的驕傲以及建立或復興國家的興奮，所以抵銷掉很多東歐民族之間潛在的階級衝突。與馬克思在1848年那勞工無祖國的斷言相反，民族復興在東歐的窮人與受過教育的中產階級之間，激起了強烈的情緒。在1914年之前，社會主義的領袖就已清楚覺察，在奧匈帝國境內逐漸增強的民族認同趨勢裡，國際勞動階級的團結，將面臨超乎尋常的阻力。舉例來說，波希米亞的日耳曼技術性勞工，拒絕接受捷克人成為工會的一員，但是在德意志帝國的波蘭語區裡，愛國的波蘭勞工則退出社會主義政黨（社會民主黨），並於1903年組織他們自己的波蘭社會民主黨。奧地利的社會主義知識份子包爾（Otto Bauer）[24]告誡人們，除非建立國際社會主義的世界經濟結構，否則不論規模多麼微小，每個民族團體的獨立，都是一種倒退。但是，他的觀點對一般勞工絲毫不具影響力，對這些勞工來說，忠誠於民族主義比效忠社會主義更為重要。1918年，當民族自決的機會來臨時，布拉格、華沙和貝爾格勒的勞工在街頭跳舞，身旁羅列的是民族主義的中產階級。

哈布斯堡領土上的很多其他地方，農民也把他們的革命精力融入國家建設之中。舉例來說，由於捷克斯洛伐克境內的日耳曼大地主大都居住在捷克地區，而匈牙利大地主則大都居住在斯洛伐克區，因此對他們來說，土地的徵收與其說是一種階級行動，倒不如說是民族行動。

東歐對變革與改革的熱情，大多被導向陶醉於建立新國家的興奮之中，這比較像是改良主義與民主主義，而不像是社會主義革命。不論是新建國的國家（捷克斯拉夫、南斯拉夫）、19世紀時已建國的國家擴張（羅馬尼亞），或者長期沒落後再度復興的國家（波蘭），大部分繼承奧匈帝國的國家都是如此。

最主要的例外是匈牙利。民族獨立並未使匈牙利人民感到滿足。1918年時馬札兒人領袖的決策，較諸卡爾皇帝在最後關頭重組民族的提議，若匈牙利獨立建國，便能更妥當地防守歷史邊境。匈牙利的獨立因此成爲一種保守的反動，用以保護馬札兒人的統治地位與舊匈牙利王國的有限選舉權。戰時馬札兒族的領袖於10月16日宣布他們將完全獨立，與哈布斯堡皇帝之間僅限於維持私人關係。但是，不進行內部改革，他們無法透過威爾遜總統單獨訂立停戰協議。因此，在10月31日時，他們把權力交給卡羅里伯爵（Mihály Károlyi）。卡羅里伯爵是一位抱持不同意見的改革派貴族，戰時他曾經領導過一個小型和平主義者的反對組織。11月16日，卡羅里宣布匈牙利是一個獨立的共和國。

卡羅里的十月共和國（October Republic）依憑的是如下的推測：只要她接受普選和少數民族的語言權，協約國就會以維持匈牙利的歷史疆界爲條件，來酬謝新的、民主的匈牙利，但這個推測卻是一種誤解。協約國東南歐的指揮官——法國的德斯佩雷（Franchet d'Esperey）將軍，並沒有阻止匈牙利的新鄰國掠奪她的領土。羅馬尼亞的軍隊向前推進，進入富庶的外西凡尼亞平原；外西凡尼亞平原上的大部分農民都說羅馬尼亞語。斯洛伐克加入10月21日剛宣布成立的新捷克斯洛伐克。奧地利和匈牙利的南斯拉夫人，於10月29日建立了塞爾維亞、克羅埃西亞和斯洛維尼亞（Slovenes，後來的南斯拉夫）王國。

既然協約國，尤其是擁有該地區唯一的協約國武裝部隊的法國，贊成以羅馬尼亞與捷克斯洛伐克作爲新的東歐屏障，則卡羅里便無法藉助協約國來維持匈牙利領土的完整性。不但如此，協約國反而視卡羅里的匈牙利爲戰敗的敵軍。當德斯佩雷將軍在1919年3月20日下令要求匈牙利軍隊撤退至一條新防線後方時，匈牙利人不禁擔心這將會成爲他們的新國界。卡羅里於此時宣布退位，其遺缺由庫恩（Béla Kun）接任。庫恩是一名匈牙利的新聞記者，1917年時曾經暫居莫斯科，如今回國領導匈牙利的布爾什維克運動。1919年春天，庫恩設法取得匈牙利布達佩斯那日漸高張的罷工和示威行動潮流的指揮權。由於匈牙利的社會民主黨曾經是十月共和國的主要成員，因此卡羅里伯爵除了左傾之外，別無他途。

庫恩政權

從1919年3月20日到8月1日，庫恩的蘇維埃政權總計統治布達佩斯達133天之久。庫恩的政權是慕尼黑和莫斯科之間，東歐地區唯一的蘇維埃政權，也是在俄國以外存活最久的蘇維埃政府。他控制了布達佩斯以及那些沒有被羅馬尼亞軍隊法國人或在協約國的保護之下，於南匈牙利迅速成形的反革命運動。[25]

庫恩曾經嘗試藉助馬克思主義哲學家和文化部長——盧卡西（Georg Lukács），以及比較現實，且因領導「紅色恐怖」（Red Terror）造成大約五十人死亡的內政部長——薩莫里埃（Tibor Szamuelly）的力量，短期間內在匈牙利建立了社會主義的基礎。死傷人數遠超過實際情況的謠傳，讓匈牙利的上層階級深感害怕。但是，庫恩在以農業爲主的匈牙利所面對的重要敵手並不是中產階級，而是農民。和俄國的蘇維埃政權不同，布達佩斯的蘇維埃從一開始就與農民疏離。相較於列寧的務實作風，庫恩將地產國有化，而不將土地分配給小地主。除此之外，庫恩的政權也遭遇了任何欠缺糧食的都市政權都會遇到的典型城鄉衝突。他用已經貶值的紙幣向農民購買需要的糧食，而鄉村的農民則以囤積糧食和破壞莊稼的傳統反應來回應。事實上，庫恩完全沒有能力爲人民帶來和平、土地或麵包。

有些匈牙利的愛國者，曾經因爲相信俄國的援助可以幫助匈牙利對抗協約國，保住匈牙利的歷史疆界，所以支持庫恩的政權。庫恩對俄國的賭注所產生的作用，並不比卡羅里的協約國賭注高明。列寧正忙於處理內戰和協約國干預等種種問題。由於布達佩斯的蘇維埃鼓舞了慕尼黑蘇維埃的士氣、使奧地利的革命戰火升溫，再加上義大利和法國同時出現的普遍性罷工，致使協約國將之視爲無法容忍的布爾什維克的西進擴張之舉。因此，法國鼓勵羅馬尼亞的軍隊向前挺進，進入匈牙利。1919年8月初，羅馬尼亞攻陷布達佩斯，庫恩落荒而逃。因爲在十月共和國早期，社會民主黨與立憲共和政體的名聲已經敗壞，所以將匈牙利交由反動派的前奧匈帝國海軍總司令——海軍上將霍爾蒂（Miklós Horthy）掌理。他的「白色恐怖」（White Terror）所奪取的生命，是去年春天薩莫里埃的「紅色恐怖」的兩倍。[26]

英國、法國、義大利：1919至1920年的動盪

戰後的革命風潮並不只在戰敗國中流行。長年累積的戰爭疲倦以及社會苦難，甚至也在戰勝國裡突然爆發。戰時的怒火混合著戰後因為復員而致失業的情況開始爆發。在英國，傳統的「紅」區，尤其是蘇格蘭的克萊德河沿岸，正在進行由戰時曾經反叛的工廠代表所領導的勞工委員會實驗。在貝文（Ernest Bevin）的碼頭工人領導下，英國的勞工舉行罷工行動，拒絕將補給品海運給俄國的反布爾什維克者。法國在1919年5月1日發生大規模的全面性罷工，而於1920年5月又爆發一起規模略小的罷工行動，這兩次的罷工行動是工團主義者發起一場大規模暴動的戰術，已達歷史高潮的標記。即使是美國也出現相當多準備戰鬥的勞工，以1920年西雅圖港市的全面性罷工為最高潮。在戰後的幾個月裡，義大利的社會瀕臨真正的崩潰狀態。義大利社會瀕臨崩潰情況或許甚至比德國更嚴重，在德國，比較容易將大部分的革命壓力疏導向單純的立憲民主化。

首先，由於只有少部分的義大利人有勝利的感覺，因此戰後的義大利人民對徹底改變的渴望，比其他戰勝國更甚。與戰時控制整個亞得里亞海地區和南方的小亞細亞（Asia Minor）地區的夢想相較，義大利所爭取到的有限領土，似乎不足以彌補他們花在戰爭上的人力、精力與物力。其次，無效率的戰時政府使義大利的社會衝突更加劇烈。在已經分裂為工業化的北方，與實際上還處於封建制度的南方國家裡，因為社會的對立太過嚴重，以致於無法適當承擔戰時的壓力。第三，義大利經歷了勝利國中最嚴重的通貨膨脹。戰時人民的生活費上漲了四倍，但薪資卻追不上物價飆漲的速度，而在戰後頭兩年裡，生活費再度上漲兩倍之多。讓事態變得更嚴重的是，戰時政府曾經描繪過利用戰後可望擁有的實景來鼓勵人民。薩蘭得拉總理在1916年時曾經承諾，歸國的退役軍人將可以分配到土地。在戰爭結束時，發生了三次充滿敵意的抗議活動——工業罷工、掠奪農地，以及民族主義示威行動——使義大利瀕臨革命邊緣。

1919年和1920年的罷工運動，對義大利來說是史無前例的經驗。雖然在開戰前十年裡，每年平均約有二十萬名勞工罷工，但在1919年時卻有五倍的勞工（約一百萬名）參加罷工，而1920年的罷工活動更聚集了六倍（約一百二十萬名）的勞工。1919年4月到1920年9月間，警方和示威者之間共計發生一百四十起衝突，約有三百二十人喪生。

罷工的動機之一是支持蘇聯對抗西方的干預。在義大利政府給予和列寧政權敵對的「白」俄羅斯外交承認之後，於1919年7月19日與20日發動全面性罷

工。時間比較接近的導火線是生活費用的急遽上漲，很快就超過所有薪資和解方案的負擔。由勞工選出的工廠委員會，在戰時政府的支持下，已經取得某種非正式的存在地位，現在則要求在工廠管理上扮演更重要的角色，並且進一步取得如同義大利蘇維埃般的地位。

北方的工業城——米蘭和杜林，是極富戰鬥精神的勞工中心。在米蘭，工廠廠主與主要的冶金工人工會（FION）之間長久以來的薪資談判，因爲勞工的怠工而更加尖銳化。被激怒的雇主於1920年8月30日，將勞工擋拒在愛快羅密歐（Alfa-Romeo）汽車工廠之外。冶金工人工會則以占領米蘭地區所有的工廠來回應雇主的行動，然後繼續占領杜林地區的工廠，最後占據了59個城市的工廠，大約有50萬名勞工涉及這起罷工事件。在杜林的現代義大利共產主義的首席理論家葛蘭西（Antonio Gramsci）的明智領導下，工廠委員會維持工廠內的生產，實地示範蘇維埃的原則。

對戰後義大利的勞工革命風潮來說，1920年9月發生的占領工廠行動是結束而不是開始。喬利蒂（Giovanni Gioltti）總理比工廠廠主更加了解勞工並不知道下一步該怎麼做。他堅持與勞工談判，而不動用武力鎮壓。三週之後，銳氣盡失的勞工，以相當傳統的加薪條件，以及很快就被人拋諸腦後而且不具實質意義的承認勞工委員會的原則爲基礎，撤離工廠。

正當其時，1919年間掠奪土地的風潮，也威脅著鄉村的農莊與地主。戰時分配土地給退役軍人的承諾，與長期被置之不理的農民憤怒，結合起來對抗擁有大量未開墾的土地以及圍獵場的地主。1919年春天，如同很多早先動亂時期人們的作風一般，義大利很多地區有幾夥按日計酬的農村散工和收益分成的佃農，輕易地占領休耕的土地。但是，1919年的新特性是那些土地掠奪行動得到更多有組織的支持。退役軍人的運動、南方與倫巴底（Lombardy）和托斯卡尼（Tuscany）的激進派天主教運動（Popolari），以及波羅尼亞（Bologna）四周傳統的「紅色」農業區裡的社會主義農業勞工聯合會（socialist agricultural labor unions），都爲鄉村富有戰鬥精神的人提供組織性的支持。有些地區，爲立法提案授予新開墾地的定居者擁有開墾未經開發的土地的權利所激勵，所以沒有地產的人走入休耕的土地，綁上布條與旗幟，掘土犛田。農莊的勞工爲了薪資和解方案而組織起來，並且成立「地產委員會」——工廠委員會的翻版。雖然中部和南部確實有些土地因爲武力掠奪而換手，但是北部少有土地眞的是在暴力的脅迫下易主。然而，北部很多地主發現，除非接受社會主義者與天主教鄉村協會（Catholic rural unions）以及農民合作社（peasant cooperatives）的條件，否則他們雇不到農莊的勞工。

到了1920年秋天，義大利戰後的暴動壓力顯然有削弱的趨勢。回顧起來，即將發生革命的印象是一種誤導。實情是絕大部分有組織的義大利社會主義者確實都表態要興起革命，並支持所謂「最高綱領主義」（maximalism）的立場：他們拒絕與任何「資產階級政黨」結盟，而且擺出革命的姿態，在他們所控制之處飄揚的是紅旗而不是三色旗，而且他們也鼓勵勞工不妥協不讓步。[27] 但是，身爲優秀的社會民主黨，他們其實期待能夠在選舉時贏得大多數選票來取得政治權力。此外，社會主義運動分裂爲三個派別：嚴格的馬克思主義「最高綱領派」；在工會頗有權勢的「改良主義」少數派，他們想要與自由主義派結盟，以對抗右派份子；以及小型的棄權主義少數派，他們希望切斷與選舉政治的關係。控制政黨機器的最高綱領派，背離要求改革的廣泛的民衆運動，譴責掠奪土地是朝小資產前進的小規模中產階級運動。至於土地掠奪行動則分裂爲由社會主義者、激進派天主教以及退役軍人領導的行動。

1920年9月占領工廠的行動失敗之後，氣餒的勞工放棄了工會，工會的會員數急遽下滑。戰後不久出現的失業潮，進一步削弱了碩果僅存的有組織勞工的意志與進行談判協商的地位。從選舉方面來看，馬克思主義政黨從1919年11月的高峰下跌（在國家立法機關共508個席次中占了156個席位），在1921年5月的選舉中，他們減少了18席。革命的波濤已經平息，但是它爲義大利中產階級與上層階級所帶來的恐慌才剛開始，在下一章討論法西斯主義興起的內容裡，我們對此將會有更多著墨。

戰後的第三種直接行動是民族主義者占領義大利宣稱擁有、但爲巴黎和會否決的領土。當哈布斯堡帝國瓦解之時，義大利軍隊在亞得里亞頂端的駐紮占領之地，比戰時所承諾給予的地區更往東；尤其值得注意的是他們占領了阜姆港〔Fiume，南斯拉夫人稱之爲里吉卡（Rijeka）〕。和會要求義大利撤軍的命令，使義大利人展開憤怒的抗議活動。誇張的詩人與戰爭英雄鄧南遮率領8,000名自願者，其中大部分是戰爭的退役軍人，於1919年9月占領了該地區。雖然義大利政府應付及時，鄧南遮仍然成立了「卡爾內羅共和國」（Republic of Carnaro），喜劇式地呈現許多較晚期的法西斯主義主題和狀況。不過，當義大利政府與南斯拉夫達成協議，讓阜姆變成國際自由城時，儘管鄧南遮雄辯滔滔並向列寧和新芬黨求助，然而一切都已於事無補。義大利的軍隊在1920年12月25日取消鄧南遮的退伍軍人協會會員資格。但是這個事件卻讓很多退役軍人感到憤恨難平，也爲日後干擾義大利政治的民族主義直接行動首開先河。

事件的餘波與結果

1920年底，歐洲各地的革命浪潮逐漸退卻。1923年的德國，位於薩克森（Saxony）與色林西亞（Thuringia）的兩個社會主義共產黨聯盟州政府，以及失敗流產的漢堡暴動，是革命叛亂殘存的最後遺跡。甚至在這之前，蘇聯並未如馬克思主義者所預期般，觸發先進國家中的革命，只是變成碩果僅存的社會主義政權。

成功與失敗：比較性的觀點

爲何戰爭所產生的革命壓力，最後只在俄國誕生了新政權，而其他地方卻毫無成果呢？走過這整個世紀之後，針對此問題的探究與回響依舊未曾停歇。馬克思主義者和反革命份子一樣，從1923年起就各自以預測分析這始料未及的事件轉折作爲他們的計畫基礎。

有些結論似乎很明顯，在重要的戰爭失利總是致命性的打擊，事實上，即使是在比較次要的戰爭嘗到敗績，只要民眾感覺事關民族威望，便沒有任何現代的歐洲政權可以倖存。[28]但是，反之則未必盡然。正如義大利在戰後所呈現的社會劇變一般，贏得勝利未必就能保證社會安定。

顯然，在如英國和法國般具有民主制度傳統的工業化先進國家裡，極具同質性的社會，對總體戰所帶來的社會壓力的容忍度，遠勝於較不具同質性、不工業化、專制獨裁的社會。而南歐與東歐的革命壓力也確實比西歐大。上述觀察的結果已經在革命理論家之間引起深切的回響。之前曾經抱持若西歐未能同時發生革命運動，則社會主義革命不可能在如俄國般的落後國家取得成功的看法的馬克思主義思想家必須承認，在1919年裡，革命是首先在農業國家——俄國、匈牙利與巴伐利亞爆發。正如托洛斯基所提及的：「歷史總是沿著阻力最小的路線前進。將從路障最少的柵門開始進入革命的新紀元。」[29]

即使革命之火是從現存社會的「脆弱環節」開始燃燒，但是依然無法解釋爲什麼在面對武裝反擊時，只有一個地方革命成功，而其他地方的革命卻很快就宣告失敗。

倘若所結合的不滿情緒比較廣泛，則革命的壓力確實會進一步形成對專制獨裁政權的反抗勢力。依然拒絕給予人民基本政治自由權的政府，將面臨多層面的挑戰，範圍包括自由主義的貴族與中產階級的自由主義者到社會主義者。所有上述的反對勢力聯合起來，首先掃蕩了俄國的舊政權。德國的君主政體也因爲同時發生的民主和社會革命而崩潰。但是，德國很快就停駐在憲法改革的階段，所以依然必須找尋其他的因素，來解釋社會革命之所以能夠成功的原因。

革命成功最重要的先決條件之一是，當地必須存在一大群渴望擁有土地的農民。大部分已經工業化的先進歐洲國家，少有人民仰賴土地爲生（如英國般），或存在許多小型的家庭農莊（如法國般）。當這些社會的都市出現動亂時，鄉村如果不是對勞工的要求充滿敵意，就是默默地袖手旁觀。這也是我們從19世紀的西歐革命所得到的教訓。然而，在都市的示威行動與大地產的土地掠奪風潮相呼應的地方，這兩股息息相關的力量通常勢不可擋，1789年的法國、1917年的俄國、1948年的中國，以及1958年的古巴，都是支持這項觀察結果的證據。雖然並非全然如此，但是在第一次世界大戰之後，革命壓力最強烈的地區，是那些都市的不滿情緒和鄉村的土地掠奪同時出現的地方。

在社會主義者之間，土地曾經是相當棘手的問題。如果同意讓農民擁有自己的土地，那麼他們就會變成小農莊主以維持現狀的堡壘，如同法國的情形一樣，這是馬克思在1848年嚴厲譴責農民保守主義的原因。之後，社會主義者在土地問題上依然持有歧見。小型農業區的改良派社會主義者，如法國的焦萊斯（Jean Jaurès）和巴伐利亞的沃爾瑪（Georg von Vollmar），接受爭取小家庭農場莊的必要性，認爲這是取得農村選票的唯一方法；相反的，羅莎．盧森堡認爲，這種策略是與農地地主的保守主義妥協，她堅持國有化而不是分配土地的目標。

從1917年到1921年的幾年裡，上述爭論引起人們的共鳴。對權力的關切總是甚於純正教條的列寧，雖然正式將土地「國有化」，但是事實上卻默許農民直接掠奪土地。之後，對於任何威脅要恢復舊地主資產的反革命運動，不論是裝備精良或者資金充足的反革命運動，他大多都具有抵抗力。相較之下，庫恩的布達佩斯蘇維埃，則企圖將大地產的土地直接轉變成國營農場。以城市爲基礎的庫恩政權之所以垮臺，部分是因爲農民憎惡他那正統的社會主義土地政策所致。

民族主義也影響革命政權的生存機會。冒犯民族自尊的革命政權，很快就會被掃地出門，這是個普遍的定律。在匈牙利，卡羅里伯爵與庫恩因無力阻止羅馬尼亞占領外西凡尼亞，而付出龐大的代價，巴伐利亞蘇維埃則威脅要把德國分裂爲幾個小國家。另一方面，那些民族情感已經得到滿足的東歐新國家——波蘭、捷克斯洛伐克、羅馬尼亞與南斯拉夫——即使沒有大幅度的社會改革或者令人印象深刻的經濟成就，依然能夠平息人民喧鬧。俄國的情形比較複雜，因爲喪權辱國的布列斯特—立托夫斯克條約，甚至促使某些布爾什維克加入反對黨的陣營。但是在內戰期間，因爲宣稱托洛斯基的紅軍正有效抵禦外侮入侵國土，所以布爾什維克政權取得了額外的力量。

第三國際與歐洲左派的分裂

在整個1920年當中，列寧依然深信俄國的革命會催化工業化國家的社會主義革命。他盡己所能地鼓勵社會主義革命。1919年3月，匈牙利和德國的情勢頗爲樂觀，他召集全世界的社會主義者在莫斯科成立了一個新的全球性組織。這個組織被稱爲共產國際（Communist International）或者第三國際（Third International），以便與戰前由社會主義者領導的第二國際（於1889年成立）做區分。在列寧的眼中，第二國際對中產階級的愛國主義和議會主義做了致命性的讓步。

西歐社會主義者對列寧的呼籲所做的第一個反應是熱情的回應。左派更強烈地渴望能夠重新團結。由於未能阻止1914年所發生的戰爭，也由於有很多領導者加入戰時政府，因此第二國際的聲譽普遍不佳。歷史上第一個社會主義政體把持了俄國的政權，西歐的社會主義者也奮力阻止本國政府擊垮俄國的社會主義政權。如果那偉大的時刻即將到來，那麼退縮就等於背信。義大利、挪威與保加利亞的社會主義政黨，在1919年時集體加入列寧的新國際，而德國、法國和英國的政黨則派遣觀察員表示支持。

但是，列寧不需要一般大衆的支持或同情。他希望追隨者可以仿效布爾什維克，利用少數派的意志和紀律，迫使比較謹愼的議會派社會主義者起義革命。列寧在1920年7月的第二次大會中，制訂了加入第三國際的嚴格條件。由於堅信俄國若能在對波蘭的戰爭中獲勝，將會很快地將革命烈火延燒到德國，所以列寧要求所有申請準備加入第三國際的政黨，都必須同意二十一點綱領（Twenty-One Points）。想要成爲第三國際會員的政黨，必須去除自己的改良主義思想，「以最集中的方式」重建政黨；支持「蘇維埃共和國」對抗外侮；準備以暴力的方式奪取政權，並且不擇手段與改良派社會民主黨的競爭勢力鬥爭。

列寧挑撥式的挑戰以及西歐社會主義含糊不清的反應，造成1920年以後歐洲的左派發生激烈且永久的分裂。革命的可能性造成他們的分裂。雖然列寧堅信世界性的革命即將到來，但是很多西歐的社會主義者，依然不情願爲了一個不確定的結果，而冒險以先前的成果作爲賭注。列寧主義者爲了奪權而必須犧牲自由與舒適物質生活的代價，也促使他們發生分裂的狀況。直到1914年時，德國的社會民主黨以其精巧繁複的合法組織、多次成功的選擇經驗，以及擴展人類自由的洞見，已經成為其他社會主義者心目中的典範。1917年時，列寧引進了可與之匹敵的模式，這種模式雖然與很多社會民主黨員的價值觀並不相容，但是在奪權這方面的成就，無疑比社會民主黨更加成功。大部分的社會民主黨依然傾向在不實施獨裁統治的情況下，達到社會主義的目標。列寧主義者譴責他們破壞了歷史良機，雖已歷經兩代，但是兩派之間的裂痕依然極深。

在1920年與1921年間，蘇聯境外所發生的大規模社會主義運動，每次都以分裂收場。列寧不接受部分遵守二十一點綱領的行為。他具體指明各政黨必須清除的改良派領袖以及他們的追隨者。英國工黨和一些強大的社會民主政黨，如奧地利與瑞典的社會民主政黨，只有少數黨員加入第三國際。在列寧表示除非肅清黨內的改革派份子，否則拒絕接納熱情效忠的義大利「最高綱領派」之後，1921年1月時，只有大約三分之一的黨員加入新的義大利共產黨。1920年的聖誕節，工人國際法國支部（French SFIO）投票接受二十一點綱領，並且掌控了黨機器與黨報〔人道報（*Humanité*）〕。舊的德國社會民主黨自1914年以來，就已經因為戰爭而分裂，但是即使是忠誠的斯巴達克斯黨黨員羅莎．盧森堡，在她去世之前，也曾經質疑列寧的方法在西歐的適用性。1920年12月，只有大約三分之一的獨立社會民主黨（USPD）黨員加入第三國際。其餘的黨員則回歸社會民主黨多數派，或者在理想幻滅之後退出這場運動。

1920年之後，由於西歐的革命前景黯淡，因此即使第三國際擁有這些穩健的成就，卻依然無法遏止衰退的腳步。1920年代，正當俄國的領袖企圖將西歐的共產黨納入比較嚴厲的莫斯科布爾什維克的控制時，他們發現列寧所號召的只是一群熱中於直接革命，但卻毫無紀律的追隨者。西方勢力最大的新共產黨在法國成立，黨內充斥著永遠反對議會制社會主義的無政府工團組織主義者，而一旦弄清共產黨的中央集權管理制度之後，那些人隨即退出共產主義運動。1919年積極擠入第三國際的挪威工黨，便在1923年時退出第三國際。所以西方的共產黨少數派，以及比較大的社會民主黨之間，對於在1919年和1920年是否可能發生革命的這項議題，依然處於彼此對立的僵局之中。

稍後人們更清楚1917年的革命運動所造成的另一個比較重大的後果。正當革命的壓力已經平息之際，對革命的驚恐反應則方興未艾，很多受驚的歐洲中產階級，開始放棄19世紀時祖先所流傳下來的自由主義，轉而相信較有能力對抗革命派社會主義的堡壘。在檢視了1919年的和平解決方案之後，我們將在第七章裡更仔細地探討這些法西斯主義的堡壘。

圖5-5　人們在巴黎慶祝《凡爾賽和約》的簽訂。

第六章

巴黎和平解決方案

1919年1月到6月，協約國的領袖在巴黎開會，起草和平條款。[1]但是，巴黎和會（Paris Peace Conference）並不單只是將戰勝國的意願強加於戰敗國身上，和會面臨的是更爲複雜的議程。它必須建立新的國際秩序，以取代四個之前曾經統治中歐、巴爾幹半島與近東地區的大帝國——德意志帝國、俄羅斯帝國、奧匈帝國與鄂圖曼帝國；它必須滿足人們這種「以戰止戰」[2]的期待，以全世界的解決方案做結束，如此才能維持永久的和平。但是，因爲戰時的宣傳而高張的情緒，使人們很難扮演好公平正義的角色。儘管協約國的民族主義者因爲這場戰爭而指責德皇，並且要求審判他，但是很多德國人卻拒絕相信自己的國家已經戰敗。

此外，還有三方面強調深思熟慮的務實考量：之前在戰爭時協約國彼此之間，以及他們與其他國家之間的協定與協議；戰勝國的策略性與經濟性利益；以及1919年春天，他們想要遏制革命政權在中歐擴展的渴望。最後，由於利益和交易反映在實際條款中，致使這項和平協定的理想主義表達方式，相當令人不快。

背景：交易、利益與意識形態

戰爭目的

利用漸進式的步驟，戰爭已經從國家之間的利益之爭，轉變成爲爭取自由和民族獨立而戰的聖戰。起初因爲沙俄也屬於協約國的一方，所以協約國很難宣稱自己比同盟國更適合作爲自由和獨立的化身。但是，俄國在1917年2月所發生的第一次革命，讓協約國的人民相信自己是爲了民主而戰。

所有交戰國的政府，都曾經利用大規模的宣傳活動來誘哄人民忍耐這場長期戰爭所帶來的苦難。協約國的人民曾被告知德國在比利時的侵略行動與殘暴行爲。德國國內的反對派，因爲廢除普魯士[3]古老的三級投票制（three-class voting）的承諾，而修正他們的看法。勞合．喬治首相也允諾退役軍人回到英國後，將能得到「與他們的英雄事蹟相稱的土地」。戰時政府就是以這種含糊不清的交易，取得民眾的配合：爲求勝利付出一切，然後就可以擁有更加美好的世界。

1917年10月的布爾什維克革命，讓戰爭目的這個議題浮上檯面。列寧宣布俄國退出這場戰爭，他慫恿各國人民強迫他們的統治者結束一場以「只是爲了決定由哪些比較強大且健全的民族，來統治比較弱小的民族」[4]爲目標的戰爭。爲了具體說明那些指責，新任的布爾什維克外交事務部長托洛斯基打開放在被棄守的俄國外交部的保險箱，公布了戰時各國的祕密協定，歐洲人方才得知利用祕密的外交手段，各國已經達成哪些協議：俄國爲圖謀奧地利的加里西亞，以及土耳其的海灣地區而戰；法國已經得到俄國支持他們重新收復亞爾薩斯—洛林區的承諾；義大利則期待把版圖擴展到亞得里亞海頂端周圍地區，並且進入阿爾卑斯山區。由於缺乏其他武器，所以布爾什維克向各國已因爲戰爭而筋疲力盡的人民，揭發所有交戰國擴張主義的戰爭目標，希望能藉此達成立刻停戰的目的。

十四點原則

威爾遜總統試圖奪回列寧的宣傳主動權，他把對戰爭目的的爭論，從列寧的訴諸立即性和平，轉移爲協約國勝利之後可以帶來的眞正和平。在1918年1月8日按慣例提出的國情諮文中，威爾遜總統在美國國會發表演說，表示他在「十四點原則」裡，概述了一種堅持取得勝利的持久、正義的和平。稍後在1918年發表的數點原則聲明，使威爾遜的最終和平內容更加完整。其中的基本原則是以「公開的和平協定、公開的簽約過程」來取代祕密的外交手段、商業與貿易自由、裁減軍備、「重新調整」殖民帝國、使土著居民擁有與宗主國利益「同等價值」的利益、人民民族自決、各民族得擁有自己選擇的統治者，而且盡可能完全依據民族疆界來劃分國界；以及，最後一點，成立「全體國家聯盟」（general association of nations），以維持和平並且保證「大小國家一樣」安全。

雖然交戰雙方都有些歐洲人與列寧有相同的想法，希望透過革命實現立即性和平，但是在協約國中，多數人對於威爾遜那在戰勝之後可隨之而來的正義和平觀念，懷抱幾近虔誠的希望。在英國，如民主控制聯盟（Union of Democratic Control）這類自由主義的戰爭評論家，藉著威爾遜的優勢發揮了他們更進一步的影響力。威爾遜與他們的假設一致：以民族原則爲基礎的民主制度比專制制度和平；如果將外交置於人民的監督之下，就可以維持和平；如果能承認民族的抱負，則未來就不會有形成戰爭陣地的土地。威爾遜的觀點也讓他變成歐洲各地的預言家；他似乎把人們那未成形、但強烈渴望脫離曾經造成第一次世界大戰的舊秩序的希望具體化了。威爾遜在路經歐洲前往巴黎的途中，受到熱情支持者夾道歡迎，義大利人的反應尤其熱烈。最具體的改變是，因爲威爾遜的關係，德國已經轉變態度準備停戰，他們要求以十四點原則爲基礎，進行停戰協議。當時已經出現自由主義的戰爭評論文章，知識份子利用優勢，發揮其創造和平的影響力。不過，這仍存有某些實際層面的考量。

戰時的條約與承諾

首度出現的戰時「祕密協定」使調解者的任務更加複雜。1914年秋天，由於戰事陷入僵局，協約國政府乃做出祕密承諾，試圖團結並壯大聯盟。其中有部分原因是爲了防止俄國單獨媾和，因此英國和法國在1915年3月和4月時，同意協約國戰勝後，俄國可以控制君士坦丁堡和海灣地區，以此爲條件，來交換俄國接受英國在埃及與法國在亞爾薩斯—洛林的軍事目的。1915年4月26日所簽訂的倫敦條約（Treaty of London），協約國又對義大利做出豐厚的承諾，以此換取義大利加入協約國參戰。[5]雖然已經許諾羅馬尼亞可以占有外西凡尼亞，但是，既然羅馬尼亞已經在1918年5月7日與德國單獨媾和，這項承諾便被視爲無效。

大戰期間，協約國大都只是威脅要割據同盟國的領土，而不是要消滅他們。但是，戰爭結束時，協約國又對那些棲身於多民族大帝國裡的少數民族做出承諾，並且助長了大帝國內的民族主義革命壓力。

波蘭是第一個爲了在戰後能夠民族獨立，而接受協約國公開支持的無國家民族。在戰時只要俄國始終站在協約國這一方，很多波蘭人，如社會派民族主義領袖畢蘇斯基（Josef Pilsudski），就認爲德國的勝利會讓他們擁有更多的建國希望。德國在1916年11月宣布他們想讓前俄屬波蘭地區成爲獨立國家的意願。但是當俄國在1918年春天離開戰場之時，協約國建立了一個統一的波蘭民族國家──由德屬波蘭、奧屬波蘭和俄屬波蘭等地區組成──這是他們開戰的公開戰爭目的之一。建立通往海洋通道的「獨立波蘭」，是威爾遜在1918年1月所提的十四點原則裡的第十三點原則。

協約國在1918年的夏天，承認其他哈布斯堡王國臣民的獨立。位於巴黎的捷克斯洛伐克民族委員會（Czecho-Slovak National Council）因爲西伯利亞捷克軍團的反布爾什維克行動而受益，人們已經承認他是一個實際的政府。雖然協約國婉拒從貝爾格勒的塞爾維亞政府、倫敦的南斯拉夫委員會（Yugoslav Committee），以及札格拉布的南斯拉夫全國會（Yugoslav Natinoal Council）之中，選擇代表所有南斯拉夫人的官方發言人，但他們接受建立單一南斯拉夫國家的目標。因爲它的屬民已經掌握了行政管理權，所以在1918年10月底，除了日耳曼地區與匈牙利地區之外，奧匈帝國實際上已經滅亡。因此，1919年召開的和會，所面臨的不只是協約國的承諾，還包括一連串的既成事實，很多民族已經根據這些既定事實，來維護新民族國家的存續。

另一個多民族大帝國——1914年11月，在德國的影響下參戰的鄂圖曼土耳其帝國——的人民，由於當初給予他們的承諾特別曖昧與矛盾，因此他們現在反過來干擾和會的進行。承諾之一肇因於英國努力想要鼓動阿拉伯的分離主義者來對抗土耳其，並以之作爲蘇伊士運河的緩衝。首先，他們支持希札茲鐵路（Hijaz Railway）沿線貝多因地區（現今的沙烏地阿拉伯）的游擊隊。[6]英國軍官誘使主要的阿拉伯家族之一——哈施米特（Hashemites）家族，讓他們懷抱英國會支持他們在近東地區建立獨立的阿拉伯王國的希望——如果阿拉伯人能夠協助消滅鄂圖曼帝國。同時，在1916年5月的塞克斯—皮考協議（Sykes-Picot Agreement）中，英國和法國進一步劃分了彼此在近東地區的殖民地勢力範圍，但是這與建立獨立的阿拉伯王國的承諾完全背道而馳。根據協議，法國將擁有支配東北方地中海沿岸與內陸（敘利亞、黎巴嫩）的地位，而英國則可以控制底格里斯河—幼發拉底河流域（Tigris-Euphrates Valley，現今的伊拉克），以及約旦河流域（Jordan Valley，現今的以色列和約旦）。最後，英國政府在1917年11月的巴爾福宣言（Balfour Declaration）中，同意「表面上贊同」猶太人在巴勒斯坦建立「民族國家」，此舉也鼓勵猶太復國主義的擁護者，將希望寄託於與其他兩項協議的潛在差異上。

所有得到戰時承諾的人，都企圖利用和會兌現那些承諾。已被承認爲合法政府的捷克斯洛伐克和波蘭的全國委員會也包含在其中。哈施米特家族的傅賽爾（Faisal）親王和勞倫斯（T. E. Lawrence）上校亦是，他們出席和會的目的乃在於爭取在中東建立阿拉伯王國。來自曼徹斯特的化學家魏茨曼（Weizmann），向與會者遊說擁護猶太復國主義者建立猶太民族國家的理想。杜博斯（W.E.B. DuBois）在會議附近召開了第一次泛非洲代表大會（Pan-African Congress）。但是，巴黎和會對祕密條約與戰時民族希望的認定，顯然相當不公平。舉例來說，甚至在停戰以前，捷克人就已經利用他們隸屬於舊哈布斯堡王朝的武裝部隊與地方官僚政治，建立實質上屬於他們自己的國家；相反的，阿拉伯人卻只是擁有夢想而無法實現。

即使戰勝的列強願意，他們也無力兌現所有的承諾，其中有些是根本不可能兌現的承諾。舉例來說，根本沒有辦法如威爾遜總統所建議的那樣，劃出種族上以波蘭人爲主，而地理上又能控制進出大海通道的波蘭國界；有些協定是互相矛盾的，例如中東的情形。此外，早先與之前尚存各國所簽訂的「祕密條約」，在訂約當時依然是以王朝和民族的利益作爲開戰的目的，那些協定是以漠視民族認同與民族自決的傲慢態度，來變更國家的疆界。但是戰爭目的的議題，是以向焦躁不安及厭戰的人民進行宣傳時的重要內容之姿浮現，而民眾強烈渴望世界的政治能夠循著批評戰爭的自由主義者所擁護的路線改變，在這種情況下，人們無法接受這類型的領土交易。1919年比1915年時更難讓各國政府得以不顧當地居民的情感，任意協議割讓大片土地。

列強的國家利益

影響和會進行的第二點是，主要戰勝國本身的國家和戰略性利益，其中尤以代表法國的克里蒙梭爲甚。克里蒙梭敏銳地覺察到，在協約國中，法國人民所付出的戰爭代價最大，因此堅持歐洲大陸上的和平條款，應該優先考慮法國的利益，他堅決主張所制訂的和平條款應該要能保障法國的安全。

法國充分了解，以自己在1918年時的歐洲霸權身分，所發揮的影響力只是一種假象且爲時短暫：1917年5月與1918年7月，他們爲了戰爭所付出的努力，讓他們的國力近乎崩潰，而且最後還深陷於6,000萬德國人與4,000萬法國人間，日趨嚴重的工業和人口失衡的困擾之中。1918年時，法國主要靠著德國和俄國的同時衰敗來維持他們的優勢地位，事實上，這在現代歐洲的列強競爭史上是毫無前例的情況。法國軍隊不僅在德國的西部邊境投注龐大的武裝部隊，亦派遣大批部隊前往東歐。法軍是德國和俄國之間的主力部隊，而法國的軍事

圖6-1　1919年6月，法國總理克里蒙梭、美國總統威爾遜，與英國首相勞合・喬治（由左至右）在簽訂對德條約之後步出凡爾賽宮。

顧問也在很多東歐新興國家的首都提供協助。將這種暫時性的軍事優勢，轉換成永久的防護屏障系統，讓德國與俄國永遠沒落下去，是個深具魅力的想法。

貫穿和會的主要思路，是克里蒙梭不屈不撓地爲了確保法國安全所做的努力。更加不願妥協的法國民族主義團體，甚至爲了讓萊茵河地區脫離德國而奮戰，因爲如此一來，就可以將萊茵河變成一道軍事屏障。但是克里蒙梭的權力確實高於這個團體，而事實上他也因爲反對這個團體而獲益，藉由宣布放棄要求分離萊茵河地區，克里蒙梭可以拒絕做出其他讓步。法國的安全利益，依然是決定諸國在戰後體系裡是否能夠得到青睞的主要標準。

克里蒙梭並不是列強之中唯一在和會上追求國家利益的發言人。法國指責英國想要復興德國，以便「平衡」對抗勝利的法國，並且視其爲貿易夥伴，事實上，確實有些證據支持法國對英國的這項指控。英國的國家利益傾向於支持自我約束的非懲罰性和平，以及迅速復甦經濟，英國的經濟學家凱因斯，在他的暢銷書《和平的經濟後果》（*The Economic Consequences of the Peace*, 1919）中，強調健全的德國對歐洲經濟的重要性。勞合·喬治支持威爾遜總統反對法國分離萊茵河地區的提案，英國也嘗試在前德國於非洲的殖民地，以及自鄂圖曼土耳其手中「解放」的中東地區，取得主動的角色。

威爾遜總統也毫不猶豫地爭取美國的利益。美國的波蘭籍選民讓他有充分的國內政治理由，可以支持波蘭人所提出的超越民族界限的要求。這種「有絕對的自由可以在海上航行……不論是和平時期或是戰亂之際。」（十四點原則的第二點），以及移除國際貿易壁壘（第三點）的威爾遜原則，都有利於新興的商業大國。由於參議院的反對聲浪不斷提高，致使威爾遜總統不得不在國際聯盟憲章（League of Nations Covenant，第二十一款）中，加入明確聲明該憲章不得取代「如門羅主義（Monroe Doctrine）般的地區性協議」的說法。

對布爾什維克主義的恐懼

影響和會的第三個務實考量是擔憂逐漸延燒的革命烈火。冷戰（Cold War）期間，有些歷史學家已經意識到凡爾賽和約是圍堵共產黨[7]的首要步驟。事實上，和會確實花費很多時間和精力，處理1919年春天橫掃歐洲的革命風潮，以及俄國新蘇維埃政權的問題。

雖然在停戰協議中曾經提過，但在剛開始時協約國並未要求德軍撤出前俄國的領土。一直到1919年2月爲止，德國的軍隊依然駐紮在烏克蘭和前俄屬波蘭等地。直到愛沙尼亞（Estonia）、拉脫維亞（Latvia）與立陶宛

（Lithuania）的新政府在1919年的夏天，有能力確保自己國內的穩定為止，德國軍隊始終掌握某些波羅的海地區的重要鐵路線。因此，在停戰之後八個月，約三萬名由戈爾茨（Rüdiger von der Goltz）將軍所率領的德國自願軍所組成的自由團（Freikorps），在東歐不穩定的邊境地帶依然維持戰時編制，成為西方國家對抗布爾什維克的實際盟友。

然而，德國並未因此而贏得足以與俄國抗衡的地位，協約國反而設置了由東歐國家組成的封鎖線；這條封鎖線的功能，就是作為平衡德國和蘇聯的砝碼。尤其是在1920年和1921年的俄波戰爭（Russo-Polish War）中獲得法國的協助之後，新的波蘭更跨越了她的民族疆界向東方與西方擴展。新的捷克斯洛伐克版圖朝東延伸，吸納了烏克蘭人的近親——盧西尼亞人（Ruthenian）。羅馬尼亞取得兩個種族上有關聯但彼此混居的地區：屬於前俄國領土的比薩拉比亞（Bessarabia），以及原屬匈牙利的外西凡尼亞。這些新國家意味著要將布爾什維克和德國封鎖在比較小的疆界以內。

和會領袖們反布爾什維克傾向極為強烈，足以使他們忘記在危急時刻自己所做的民主承諾。在匈牙利，當羅馬尼亞於1919年8月挺進布達佩斯，不但驅逐了庫恩，而且也趕走了在庫恩之後試圖接位的溫和派社會主義者時，協約國並未實施有效的約束措施。協約國願意與在羅馬尼亞撤軍之後掌權的匈牙利軍官，協商匈牙利的和平解決方案，但是，除了反布爾什維克主義這一點以外，右派人士對於威爾遜的任何原則均不表贊同。

當然，反布爾什維克並不是各國領袖召開巴黎和會的主要動機。各國人民，尤其是法國人，無法立即將長達四年的反德宣傳拋諸腦後。剛開始時很多保守主義者認為布爾什維克只是德國的代理人。1919年1月，法國《法蘭西行動》（*Action française*）的新聞記者貝恩維勒（Jacques Bainville）歡慶柏林的斯巴達克斯黨黨員起義行動，預言蘇維埃德國將是軟弱而且支離破碎的組織。克里蒙梭總理完全不理會德國的警告——苛刻的和平（harsh peace）會散播布爾什維克主義。對布爾什維克主義的恐懼，既沒有為德國贏得比較寬容的和平，也沒能如1947年到1949年間一般，迅速解凍各國與德國的關係。

解決方案

巴黎和會最後所擬定出來的條款，即統稱為巴黎和約的條約。由於這是一份分別與各戰敗國簽訂的條約，因此巴黎和約共包含五個獨立條約，各條約皆以舉行正式簽約儀式的皇宮爲名，這些皇宮都位於巴黎附近。第一個，也是最重要的一個條約是凡爾賽和約（Treaty of Versailles）。凡爾賽和約是1919年6月28日，在宏偉的凡爾賽宮裡的鏡廳所簽訂的對德條約；與奧地利達成共識的相關條款，是1919年9月10日簽訂的聖．西耳門條約（Treaty of Saint Germain）；對匈牙利的條約，是在消滅庫恩的蘇維埃政權之後，於1920年6月4日所簽訂的特瑞阿嫩條約（Treaty of Trianon）；與保加利亞的納伊利條約（Treaty of Neuilly）則於1919年11月27日簽訂。由於受到凱末爾（Mustafa Kemal）領導的土耳其民族主義運動所延誤，與土耳其的色佛爾條約（Treaty of Sèvres）遲至1920年8月10日才簽訂，成爲最後簽訂的一份和約。

國際聯盟憲章

威爾遜總統堅持巴黎和會的第一要務是建立一個可以維持和平的常設組織——國際聯盟（League of Nations）。民衆要求根本改變以往處理國際關係之方式的強烈情緒，是這項提案的後盾。第一位造訪歐洲的美國現任總統威爾遜，更是將他個人的威望都投注在這項提案上。

1919年1月25日，全體一致無異議地正式通過國際聯盟的原則。在這一年的前幾個月裡，人們都忙著制訂聯盟憲章的具體條款，最後於4月28日通過的條款——國際聯盟憲章（League of Nations Covenant）設立了由所有會員國組成[8]的會員大會，以及由五大強國加上四個由會員大會選出的其他國家所組成的委員會。聯盟的會員同意「尊重並維護」所有會員國的領土完整性——亦即維護第一次世界大戰之後所存在的各國國界。在出現爭議之時，聯盟的會員國應約束自己服從聯盟委員會的仲裁、司法裁定或者調查，而且他們也同意在完成上述步驟之後三個月內不得開啓戰端。若有任何聯盟的會員國漠視這些規章而開戰，那麼其他的會員國得依據「國際制裁」的規定，採取封鎖或甚至軍事行動來對抗該會員國（第16款）。不過，國際聯盟並非擁有最高統治權的機構，它本身並未具備軍事武力，而且，若未取得委員會的一致同意，聯盟也不被許可採取任何行動。

國際聯盟的憲章還包含很多其他重要的一般規定。憲章並未依循往例，將戰敗國的殖民地和海外領土直接劃歸戰勝國，而以「尚無能力在現代世界的艱苦條件下自立」的地區交由國際聯盟「託管」（第22條）的方式，由國際聯盟委任某個「先進」國家擔負「託管」責任。接受委任負責託管的國家，必須每年向國際聯盟提出報告。

國際聯盟憲章依據歐洲人對各地區獨立的「先進」程度的構想，將託管地劃分爲三級。A級託管地是甫獲自由、期待自己最終得以獨立的民族，如前鄂圖曼帝國的非土耳其民族地區。與英國對阿拉伯人的承諾相較，在更接近塞克斯—皮考協議的解決方案中，將敘利亞和黎巴嫩交由法國託管，而底格里斯河—幼發拉底河流域和巴勒斯坦則交由英國託管。B級託管地則包含了前德國在非洲的殖民地，雖然並不期待當地的人民在可預見的未來能夠建立獨立的國家，但是締約者贊成不要只是簡單地把這些人民劃歸現有非洲帝國的統治之下。除了由比利時負責管理的剛果鄰近地區之外，坦干伊喀（Tanganyika，現今的坦尚尼亞）的大部分地區是屬於英國託管地。德國在西非的殖民地——多哥（Togo）與喀麥隆（Cameroons）的託管權分屬英國與法國所有。C級託管地是由可直接置於託管國法律之下的前德國屬地所組成。根據上述規定，由南非取得前德屬西南非的領土，直到1990年以納米比亞（Namibia）之名獨立建國之前，這項約定始終持續有效。德國在赤道以北的太平洋屬地由日本託管；赤道以南的屬地則歸澳洲和紐西蘭管理。

雖然託管國的義務是在國際聯盟的監督下管理這些領土，但是擁有託管權的強國，卻有將B級和C級託管地同化爲現有殖民體系的傾向。只有一個A級的託管地在二十年後當第二次世界大戰爆發之時，成爲完全的主權獨立國家——英國在1932年時接受伊拉克獨立。

國際聯盟憲章也呼籲各國全面裁減軍備（第8條）。此外，和會的少數民族委員會（Minorities Commission）促成國際聯盟與某些擁有眾多民族或宗教少數派的國家簽訂一連串的條約，保證少數民族或少數教徒不會受到歧視。和會亦成立國際勞工局（International Labor Office），負責匯報工作與薪資條件。最後成立的是一些專門機構，用以處理醫療、人道與法律問題。由於作風謙和，這些專門機構在國際聯盟機器中運作最久。

制訂憲章耗去了和會相當多的時間，因此和會剩餘的時間大多用來解決受既定事實不利影響的領土問題。其間由於威爾遜相信，只要國際聯盟能夠適當運作，則條約中的任何缺陷，都能留待日後補救。也因爲如此，威爾遜願意在領土解決方案上妥協，以確保各國願意接受國際聯盟的建立與運作。

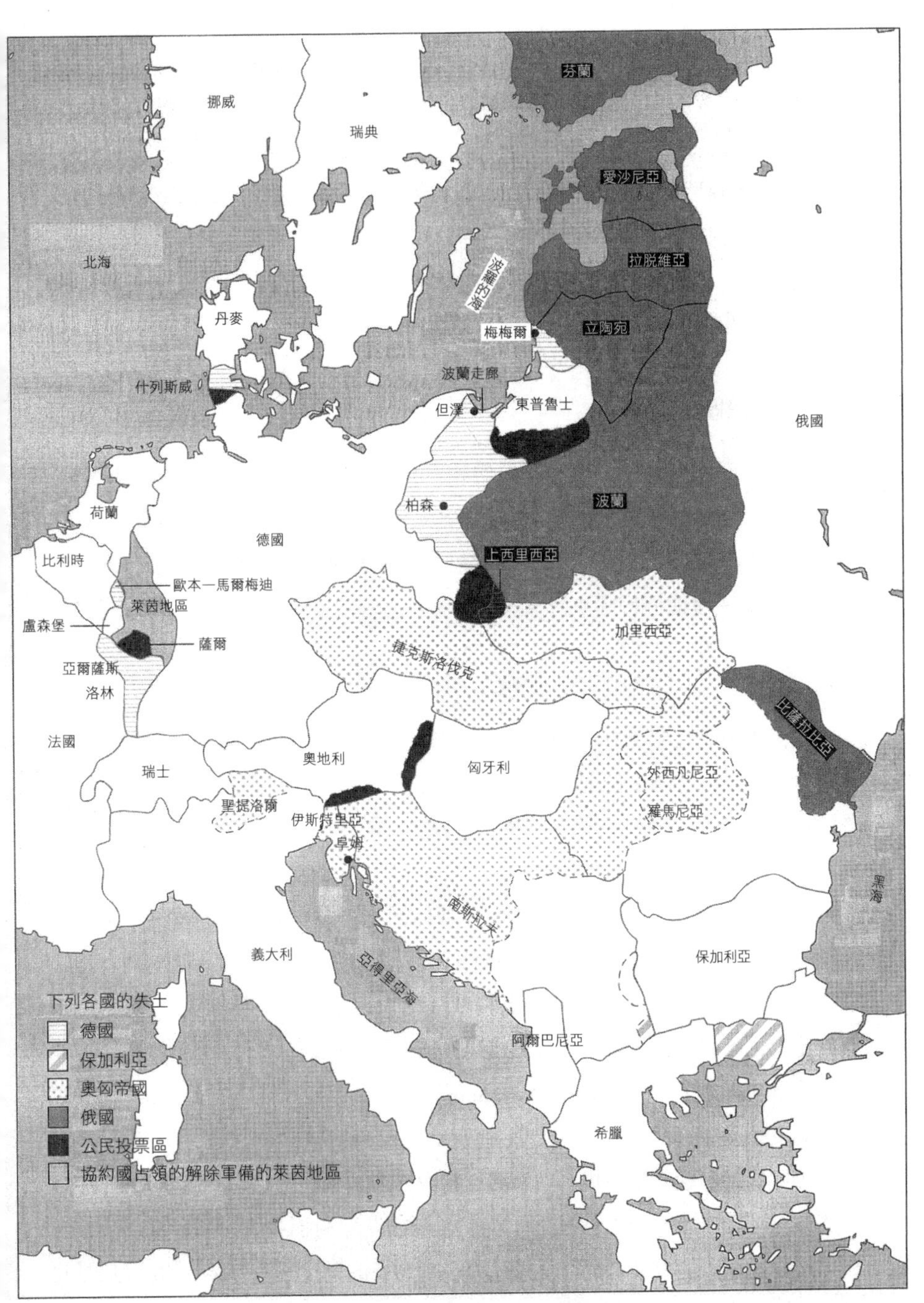

圖6-2　歐洲的和平解決方案，1919年～1920年

西歐的解決方案

威爾遜的十四點原則對於法德解決方案具有直接性的影響，這是由於此乃1918年10月巴登的馬克斯親王用以請求停戰的基礎。不過，在十四點原則中，專門處理西歐問題的內容只有兩點：第七點要求「撤離並恢復」戰爭的第一個犧牲品——比利時；第八點規定，應當不只是歸還並「恢復」法國被侵略的土地，而且也應該將亞爾薩斯－洛林區歸還法國，一雪「1871年法國所蒙受的冤屈」。不過，由於更多實際層面的問題有待考量，因此西歐的解決方案實比上述二點更加複雜。

分離萊茵地區的企圖

不論時間如何延遲，也不論人們如何詫異，德國畢竟戰敗了，讓法國軍隊有立場可以利用直接行動來影響解決方案。1918年11月11日，由協約國軍隊的總司令——法國的福煦元帥——所起草的停戰協議條款，是著眼於日後更永久的安排，授權協約國軍隊（大部分是法國軍隊）進軍萊茵河，以占領橫跨萊茵河的三座橋頭堡——梅因斯（Mainz）、科布林士（Koblenz）與科隆（Cologne），並且在萊茵河的對岸建立中立區。

雖然不清楚他們是憑藉何種權力這麼做，但是已經在萊茵河站穩腳跟的法國軍官，竟然直接讓這個地區脫離德國。他們在萊茵河地區找到了一些願意合作的德國人。多頓（Hans Adam Dorten）——前杜爾塞多夫區（Dusseldorf）的律師與杜爾塞多夫工業家俱樂部（Dusseldorf Industrialists' Club）的發言人——在1919年2月籌備了一次萊茵河地區制憲大會（Rhineland Constituent Assembly）。他得到有些認爲可以避免接受苛刻的和平條件的人、想要與法國而不是與柏林的社會主義政權，或者在巴伐利亞短暫執政的蘇維埃政權保有聯繫的企業家，以及對普魯士新教統治感到憤慨的天主教徒〔包括科隆市年輕的天主教徒市長阿登納（Konrad Adenauer）；三十年後，他成爲西德第一任總理〕的支持。

福煦元帥僭越克里蒙梭，在和會上遊說分離萊茵河地區的提案。但是在德國的萊茵河地區，分離主義只是一股少數派的潮流，而且勞合．喬治和威爾遜極力反對未來可能會製造另一個報仇雪恥的機會的領土解決方案。對於這個問題，法國代表克里蒙梭可以壓制他那些意志堅定的軍人同袍。

領土變更

因此，實際上西歐的領土變更相當有限。雖然有些地區還說著日耳曼方言，但是在17世紀爲路易十四征服以後，直到1870年法普戰爭（Franco-Prussian War）爲德國占領之前，始終由法國統治的亞爾薩斯一洛林地區顯然將完全歸還法國。歐賁（Eupen）、馬爾梅蒂（Malmédy）和摩累內（Moresnet）的邊境地區將轉讓給西方的第一個戰爭犧牲國——比利時。至於1864年從丹麥手中奪取的邊境地區，則安排舉行公民投票以決定歸屬。爲了「補償法國北方煤礦遭破壞的損失」，所以正好橫越洛林北方邊境的薩爾（Saar）煤礦將歸法國擁有15年，15年之後，薩爾的居民可以投票決定自己的國家歸屬（在1935年舉行的公民投票，人民以壓倒性的票數選擇依然歸屬德國統治）。西歐的領土經過變更之後，人們仍然依稀可辨1914年時的西歐版圖。

德國的「非軍事化」

既然法國無法分離萊茵河地區，和會便試圖建立一道自然屏障，以防止日後德國向西採取軍事行動。所有萊茵河以西的德國領土，以及萊茵河東岸約五十公里寬（約三十哩）的狹長地帶被劃爲永久非軍事化地區，德國軍隊將永

圖6-3　一名英國士兵在萊茵河巡邏，背景是科隆大教堂的塔尖。在簽訂凡爾賽和約之後，協約國的軍隊應該還會駐紮在萊茵河左岸十五年。1923年1月，美國將他們的防守區（科布林士）交給法國。英國在1925年12月撤離科隆防守區。法國依據楊格計畫（Young Plan）協商中的議定事項，於1930年6月，提前五年撤離他們的防守區（梅因斯）。

不能駐紮在這個地區的德國領土上。這片「非軍事化地區」的設置，是爲了阻擋德國突然向西襲擊，同時使法國在需要援救東方盟友時，便於向東移師。占領萊茵河西岸的協約國軍隊，將在該地駐守15年。此外，和會也同意美國和英國可以將法國納入他們的保障條約，當德國攻擊法國時，美英兩國便可依據保障條約出兵援助法國。

除此之外，解決方案還企圖解除德國的武裝力量、解散德國的總參謀部、限制德國海軍最後只能擁有六艘一萬噸級的戰艦、六艘輕巡洋艦，以及十二艘驅逐艦。禁止德國製造或擁有潛水艇、軍機、重型大炮、坦克車與毒氣瓦斯。德國只能擁有十萬名自願軍，規定每名自願軍必須服役十二年，如此一來，德國便無法重建一支大規模的短期後備軍。

賠　款

協約國試圖要讓德國賠償戰爭的損失。戰勝國總是榨取戰敗國的財產，先是戰利品，接著便是懲罰性的賠款。1815年當拿破崙最後戰敗之後，戰勝者就曾經強索七億法郎的賠款，約占法國和平時期年度預算的一半；而且他們必須在五年內清償這筆賠款。在1870年到1871年的法德戰爭（Franco-German War）之後，法國必須支付五十億法郎給德國；這筆金額共分四年清償。第一次世界大戰後，對德國的「賠償」要求，賠款的金額不只遠超過任何之前的敗戰賠款，而且還披著道德譴責的外衣。凡爾賽和約中著名的第231條條文中稱，由於「德國與其盟國的侵略行動」引發大戰，因此德國應該「補償協約國及其盟國人民之所有損失及資產」（第232條）。

沉浸在戰爭結束的情緒裡的人們，對賠償的要求越來越高。威爾遜的十四點原則中，只是曾經含糊地提及「恢復」比利時和法國被占領的領土，但是當德國於1918年10月，試圖以十四點原則爲基礎進行停戰協議談判時，英國和法國對威爾遜的所有抱負並不十分熱中，並且表示只有在添加德國應賠償「所有協約國人民的損失，及其因德國侵略所損失的資產」[9]的要求條件下，才能接受停戰協議。1918年12月的「卡其布選舉」時，勞合．喬治對英國群衆做出煽動性的承諾，他告訴英國民衆，德國將支付所有戰爭與重建的費用。與傳說相反，法國官員反而比較不那麼苛刻，不過，報紙卻煽動人民燃起「德國會付款」的希望。

在這項道德指控的背後，隱藏著冷靜的政治盤算。沒有一個交戰國能夠依靠稅收來支付所有的戰爭費用，所有的國家都利用出售債券來借用龐大款項，

圖6-4　賠償的問題，正如英國的漫畫家在1923年時所觀察到的一樣。

在戰後他們必須償還債券的本金和利息。他們也曾經浮濫發行大量的貨幣，以掩蓋戰時的預算赤字，結果所導致的通貨膨脹，意味著最後他們償還給債券持有人的錢，將低於債權人當時購買的價格——如果償還的話。雖然政府可以拖欠債券的償還，但這會使得再次借款時更加困難。不論是通貨膨脹或拖欠債券，購買戰時債券的人終將因為支持戰爭而投資失敗，政府不願意與債券持有人對立。此外，政府還需要龐大的資金來修復戰爭時損壞的建築物、橋樑、鐵路和礦山，以及恢復滿地彈坑的農田的生產力。沒有任何政府認為提高稅收以負擔這些支出是一件易事。

另一個引發糾紛的問題是戰爭借款。英法都向美國借了龐大的款項，而且法國還額外欠下英國一筆戰爭借款。雖然美國在要求賠款這件事主張溫和穩健〔美國並未實際參與賠款委員會（Reparations Commission）的運作〕，但是在1920年代時，美國堅決拒絕考慮放棄任何戰爭借款。不過如果沒能得到德國的賠款，英國與法國很難償還他們向美國的借款。

和會固然無法同意符合德國期待的低額賠款，但是也不能同意滿足英法國希望的高額賠款，因而將這個問題留給賠款委員會解決。在這段期間中，人們認為德國應該開始支付初期的十億馬克賠款，並且交付煤炭給法國，以補償在德國撤退之時法國煤礦被水淹沒所造成的損失。由英國、法國、比利時、義大利與塞爾維亞的代表們所組成的賠款委員會，在歐洲各個風景名勝中奔波召開，經過七次費力的協商，終於在1921年4月達成協議，大家同意德國的賠償總額應爲1,320億金馬克（合330億美元，超過戰前德國國家稅收的兩倍），德國每年應支付20億金馬克的分期付款，再加上26%的德國出口貨物價值。[10]

如何付款又是個大問題。即使德國願意支付賠款，但由於所要支付的賠款並非單純只是每年利用稅收或借款來籌措必要賠款金額的問題。各個款項都必須要轉換爲外國貨幣。換句話說，德國政府必須利用馬克購買足夠的法郎或英鎊來支付賠款。不過，正如某些人在當時所宣稱的一般，這種規模的貨幣轉換在技術上並非不可行。[11]對德國來說，解決方案之一是增加出口來賺取更多的外匯收入，但是協約國不想利用購買德國的輸出品來資助德國的賠款；另一個可以解決部分問題的方案是，用實物償付大部分的賠款——德國用貨物和原料來補償戰時戰勝國被破壞的類似貨物和原料。而事實上，傑出的德國猶太企

圖6-5　「不准碰魯爾！」這張海報闡述法國於1923年占領魯爾地區時，德國極左派份子所採取的民族主義態度。

業家和技術專家官員，時任外交部長的拉鐵諾，在1922年時就順利達成上述協議。然而法國的工業家不喜歡實物償付賠款的方式，而拉鐵諾也在不久之後，由於此種讓步之舉而被德國的反猶太民族主義者暗殺。不過，在馬克貶値時，人們又開始爭論這種曾被採納的解決方案。第一次支付賠款之前，德國的通貨膨脹早已開始狂飆，這是戰時的預算赤字、戰後貸款容易，與富裕的德國人投機購買黃金和外匯所造成的結果。德國的銀行家和政府的財政專家，並未在國內採用或許能穩定馬克的「嚴格限制消費」的策略，而只是一味將通貨膨脹歸咎於戰爭賠款。他們利用通貨膨脹受害者的痛苦，進一步向協約國施壓。

東歐的解決方案

領土變更

雖然西方的舊法德邊境只有微幅的調整，但卻幾乎徹底重畫東歐地圖。除了1815年的維也納會議（Vienna Conference）之外，巴黎和會可說是現代歐洲史上對國界進行最廣泛修訂的會議，此外，相異於維也納解決方案，巴黎和會不但沒有削減歐陸國家的數量，反而增加了歐洲的國家數目。曾經統治東歐的輝煌帝國已經滅亡，德國邊境向西方後退數百哩，放棄了西里西亞和東普魯士的大部分地區，俄國的國界依然維持在距離1914年時的疆界以東很遠的地方，在布列斯特—立托夫斯克條約裡，已將那些地方割讓給德意志帝國，[12]西方的協約國樂意接受德國在東方反布爾什維克的勝利成果，奧匈帝國完全在地圖上消失。新的民族國家接管了這三個帝國在北歐和中歐的部分領土：芬蘭、拉脫維亞、愛沙尼亞、立陶宛、波蘭、捷克斯洛伐克、奧地利和匈牙利。在巴爾幹半島上，羅馬尼亞取得匈牙利、俄國與保加利亞的領土，但是塞爾維亞——戰爭的起源地——則變成新興的大南斯拉夫國的根基，亦即1929年之後稱爲南斯拉夫的塞爾維亞、克羅埃西亞與斯洛維尼亞王國。

戰後東歐的締造者宣稱，他們的工作原則是如威爾遜總統的十四點原則以及後續的聲明所承諾般，以各國民族自決爲基礎，但實際行動未必總能符合原則。戰後東歐的解決方案，受戰勝者的國家利益、先前的承諾、東歐民族主義運動所造成的既定事實，與非共產主義國家阻止布爾什維克俄國逼近的渴望影響，甚至超過西歐的解決方案。

邊境問題

由於缺乏整齊勻整的民族疆界，民族自決的原則在東歐的運用極為複雜，難以處理。西歐在出現群眾的民族主義運動之前，國家已經團結鞏固。他們的中央政府都可以透過教育和共同經歷，在境內各個民族身上強加單一語言和國家忠誠的觀念。但是東歐在19世紀滋長的民族意識是以民族語言和宗教信仰為中心，與現存的國家疆界或經濟關係相互矛盾。如果東歐的民族、語言或宗教版圖具有勻整的邊界，那麼很容易就能沿著民族疆界建立新的國家。但是即使是邊境相當穩定的西歐也少見上述情況，同樣地，在東歐也一樣罕見。威爾遜總統十四點原則中的第九點「清晰可辨的民族疆界」，通常與第十一點的「歷史上已確立的忠誠和民族界線」相衝突。

以新波蘭與新捷克斯洛伐克都宣稱他們擁有主權的小礦區特青（Teschen）為例，來說明某些邊境的問題是多麼棘手。嚴格來說，特青不屬於波西米亞本土，但是她曾經接受波西米亞國王的統治長達五百年之久。根據「歷史上已經確立的忠誠界線」原則，特青理應隨波西米亞歸屬新的捷克斯洛伐克所有。但是，1910年的人口普查結果顯示，特青有56%的居民說波蘭語、26%的居民說捷克語，而有18%的居民說德語。因此，若根據國家民族自決的原則，即使民族和語言的人口普查不夠精確，特青似乎也應歸波蘭所有。他們將居間混雜說著捷克—波蘭方言的人任意分派到某一方，並且忽略了他們習用兩種語言的頻率。此時，若再加入第三個標準，那便是特青地區與維也納的銀行和市場在經濟上的聯繫。但是，不論如何，維也納已經從帝國的首都與區域中心降格為奧地利小國的首都。

既然在處理特青的國家身分這個問題時，不論從歷史、語言與經濟的關聯性著眼都會產生矛盾的結果，所以只好用傳統的國際政治方式來解決這個問題：訴諸武力或談判協議。凡爾賽解決方案幾乎將特青一分為二。雙方對這項所羅門式的裁決都感到不滿。波蘭和捷克曾於1919年和1920年時，為了特青而發生衝突。稍後在1938年時，當捷克全神貫注於處理希特勒索取說德語的蘇臺德地區的要求時，波蘭直接出兵以武力占領另一半的特青地區。

東歐因為民族自決而更加複雜的邊境問題，無窮無盡。雖然地區的民族團體在鄉間相當具有影響力，但是東歐地區大部分的城市和商業及工業活動的發展，都受到德國的強烈影響。舉例來說，普魯士於1742年從奧地利手中奪取的波蘭語區西里西亞，其工業發展在19世紀時開始萌芽，雖然企業家和零售商是日耳曼人，且許多西里西亞的波蘭人家族也因從事礦工或者新工業勞工的工作，而被德國文化同化，然而農民依然是波蘭人。因此，1919年的西里西亞應該歸屬哪方呢？如何在城市和鄉村說著不同語言的地方，建立具同質性的單一國家呢？類似的問題也發生在波蘭可以掌控海上出入口的承諾上。德國的大港市但澤（Danzig）嵌在一個波蘭的農民區裡。

當參與巴黎和會的會議代表會商東歐的版圖，並且傾聽專家與民族發言人的意見時，在各民族均建立自己的國家為基礎改編東歐的任務——有著誘人的前景——卻暴露了各種醜陋的糾紛。在1919年時，要建立一個能夠滿足各種需

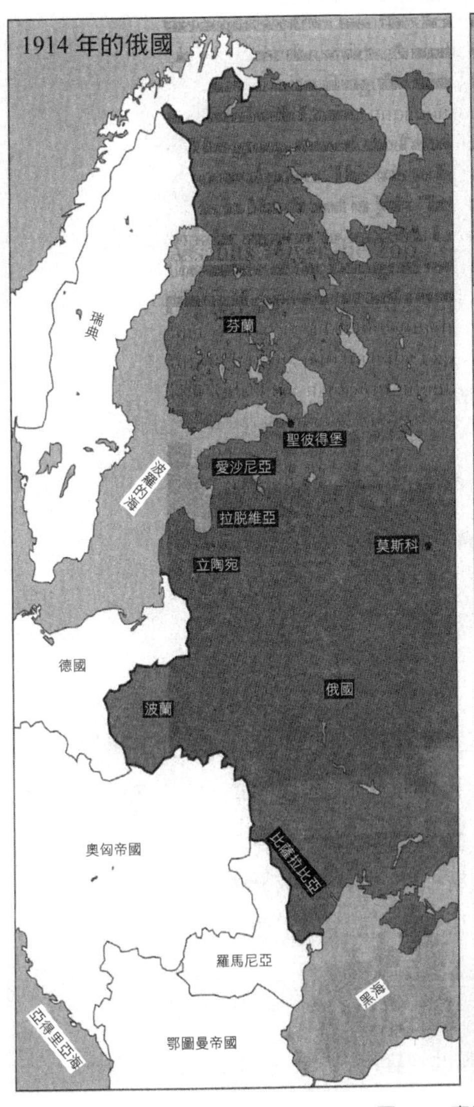

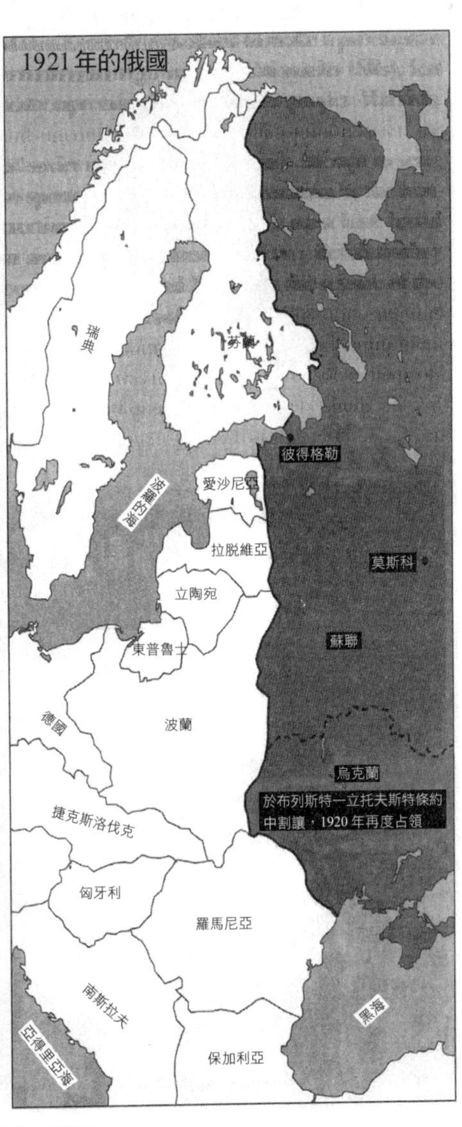

圖6-6　帝國的滅亡

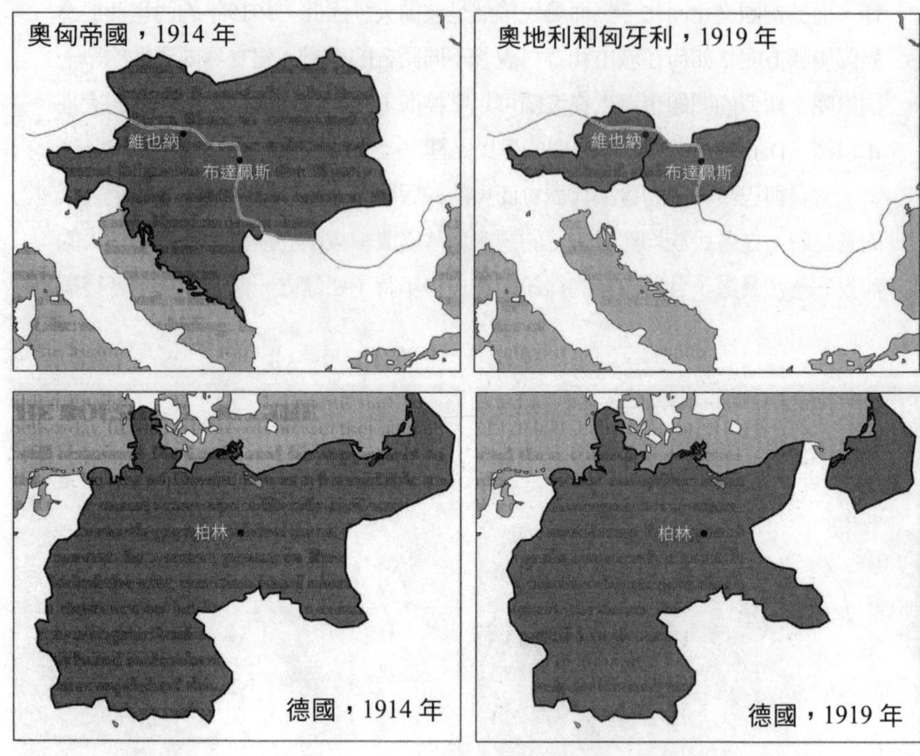

圖6-7

求，並由獨立國家組成的東歐，可能是一項超過人類智慧的不可能的任務，即使是凡爾賽合約的和平締造者，也完全摸不著任何頭緒。不論如何，其他的考量對於解決方案還是有重要的影響力。

各民族的不平等待遇

從一開始，各個東歐民族就並非受到平等的認可待遇。那些民族意識在19世紀已經復甦的民族——波蘭人與捷克人——從1840年代的蕭邦（Frederick Chopin）以及詩人米茲開維契（Adam Mickiewicz）時代起，便已在西歐贏得強烈的情緒認同。其他的民族，如克羅埃西亞人或斯洛伐克人，只是開始萌發民族或語言的自我意識而已。還有一些民族，如斯洛維尼亞人，則很難宣稱自己是一個獨立的民族。不論如何，如果各地區說方言的人，都發展出狂熱的分離主義意識，那麼要如何結束這種原子化進程（process of atomization）呢？

在戰爭期間，東歐民族對協約國的貢獻也有所不同。雖然剛開始時波蘭曾爲雙方賣力，但是沙俄的覆亡使最強盛的軍隊——畢蘇斯基（Josef Pilsudski）

圖6-8　歐洲的民族問題，1919-1939年

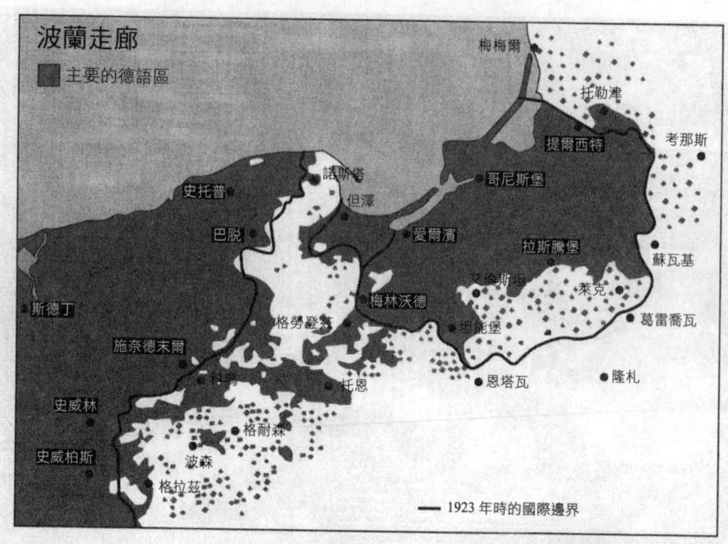

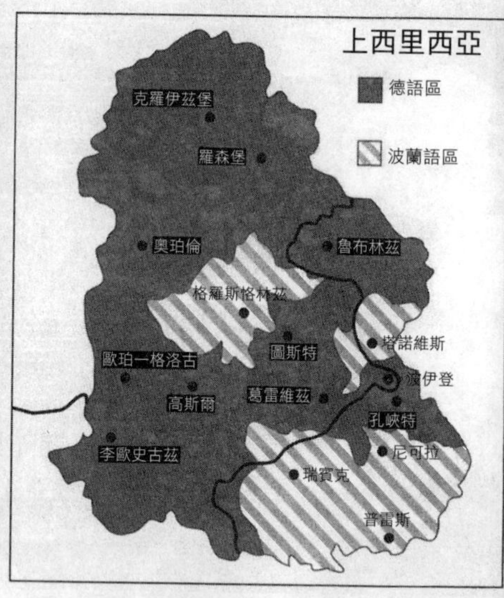

圖6-9

元帥的波蘭軍團——終於投入對抗德國的行動。在俄國戰線被俘虜的捷克戰俘，於1918年時在俄國組成一支親協約國的軍隊。「英勇的塞爾維亞人」是同盟國的第一個受害者。雖然獨立的羅馬尼亞曾經在1916年時加入協約國參戰，但卻在1918年5月時戰敗，並且單獨簽訂和約。協約國應該兌現1916年時對羅馬尼亞的利益承諾嗎？站在底線另一方的是首先起兵與塞爾維亞開戰的奧地利和匈牙利，以及國王曾經不情不願地把他們拖進同盟國陣營參戰的保加利亞。由於匈牙利在1919年5月時值巴黎正在製圖版上定其國界時，在境內成立蘇維埃政權，因此在協約國眼中罪狀加倍重大。

東歐各民族所遭受的優劣不一的差別待遇，與法國有最大的利害關係。法國在東歐的外交勢力與武裝部隊，比任何其餘列強活躍，其擁有歐洲大陸主要的陸軍軍力，也是德國的主要受害者和頭號敵人，非常渴望在德國的東部邊境擁有強大的盟國。這種同盟國，可以讓法國繼續執行他們利用兩線作戰來威脅企圖復興的德國的戰略。因爲法國自1892年以來主要的東方盟友俄國，現在國勢已經大不如前，而且懷有政治上的敵意，所以法國的國防策劃者轉而將希望放在能讓波蘭、捷克斯洛伐克、南斯拉夫和羅馬尼亞能得到最大的滿意度。即使是必須以犧牲某些正當的民族要求爲代價，但只要能夠讓這些國家盡可能地壯大，則對抗德國與布爾什維克俄國時，法國的安全可以獲得雙重的保障。

由於協約國的默許，甚至是支持，所以受到優待的東歐民族在戰爭即將結束的那段時間裡，開始進行一場「強占領土」的行動。在這場行動中，他們在具爭議性的地區造成軍事占領的既定事實。1918年10月6日，南斯拉夫成立了塞爾維亞、克羅埃西亞與斯洛維尼亞全國委員會（National Committee of Serbs, Croats, and Slovenes），在前哈布斯堡王朝的南斯拉夫地區建立主權。捷克的全國委員會於1918年10月在布拉格自封爲政府；1919年1月，與波蘭軍隊爭奪特青地區。對中世紀宏偉的波蘭王國追念不已的波蘭人，在1919年到1921年間，企圖征服立陶宛和烏克蘭組成大邦聯（Great Confederation）。1918年從蘇俄手中取得比薩拉比亞的羅馬尼亞人，在1919年7月繼續掠奪匈牙利的外西凡尼亞與其他領土。因此，在召開巴黎和會之前及開會期間，在與協約國以及尤其是法國串謀的情況下，東歐的未來疆界已經藉由直接行動而大致底定。

在和會上，法國主導支持壯大波蘭、捷克斯洛伐克、羅馬尼亞和南斯拉夫的國勢。克里蒙梭催逼波蘭擴張西里西亞的領土，並建立一條顯然是德國人居住的走廊，直達波羅的海。因爲擔憂未來會變成製造民族糾紛的地點，所以勞合．喬治強迫和會讓西里西亞舉行公民投票，並且將德語區的但澤分離出去成爲自由城。至於捷克斯洛伐克，雖然沿西方國境的居民大部分是日耳曼人，但是法國支持將有歷史淵源的波希米亞完全納入其中，並且阻止任何分離斯洛伐克的考慮。斯洛伐克分離主義的發言人，天主教神父赫林卡（Andrej Hlinka），被法國警方趕出巴黎；不贊成大南斯拉夫而主張克羅埃西亞獨立的發言人拉第科（Stjepan Radić）也得到相同的待遇。和會也支持羅馬尼亞的領土要求。

東歐解決方案的評價

如此，東歐的新版圖是原則——民族自決，充其量只能在民族拼布上實現部分的目標——與勝利者直接的國家利益妥協之後的產物。完全不是建立在令人滿意的、永久的民族基礎之上，巴黎和會的和平解決方案依賴的是暫時的情勢：兩股傳統上始終爭奪東歐主導權的勢力——德國與俄國，史無前例地黯然失色。沒有哪個曾經輝煌一時的民族願意就此永遠沒落，只要有外界的扶助，這種國境爭奪戰就會持續存在。既然英國和美國沒有意願，就只剩下法國獨自背負遠超過本身能力所及的潛在負擔來處理這些問題。

解決方案在很多地區留下使復興的德國與俄國可以利用的不滿。1919年之後，東歐的國家分裂為可以維持現狀的國家與要修正的國家，前者包括不只犧牲了德國和俄國，也犧牲了立陶宛而建立的大波蘭；東半部斯洛伐克人的地位似乎不及居統治地位的捷克人的大捷克斯洛伐克；犧牲俄國，但犧牲更多的是匈牙利而擴張領土的羅馬尼亞；雖然民族組成區別極為明顯，但是因為共同反抗哈布斯堡的君主政體而暫時結合在一起的塞爾維亞、克羅埃西亞和斯洛維尼亞大王國——1929年時重新更名為南斯拉夫。這些幸運的國家向法國靠攏，期待法國可以幫助他們維持現狀。

相反地，其他的國家卻渴望翻轉對他們不利的解決方案：匈牙利被截短，版圖縮小了三分之二；奧地利殘餘的德語區；領土被削減的保加利亞。也有些請求建立民族國家卻遭否決的民族，如斯洛伐克人和克羅埃西亞人。那些修正主義者尋求有力的盟友，以幫助他們改變這項和平解決方案。很多奧地利人夢想與德國統一，但和平條款卻明確禁止他們這麼做。兩次大戰之間的匈牙利強人霍爾蒂海軍上將，於1927年首次帶領匈牙利脫離孤立的態勢，與墨索里尼攜手合作，稍後則尋求希特勒的支持。保加利亞人認為他們的俄羅斯遠親，可以幫助他們修正諾依條約（Treaty of Neuilly）。

因為各個新國家境內都有少數民族，尤其是希望維持現狀的國家，而使東歐的局勢更加不穩定。新波蘭中有750萬名日耳曼人集中於但澤附近，以及1921年利用公民投票贏得的西里西亞地區。至於捷克斯洛伐克，雖然後來就任的貝奈斯（Eduard Beneš）總統喜歡稱之為「東歐瑞士」，但是其實卻更類似哈布斯堡君主政體的縮影。捷克斯洛伐克境內約有四分之一的人民——1,300萬人口中有300萬人——是日耳曼人，大部分沿波西米亞的西方國境（蘇臺德地區）聚居。覺得自己是二等公民的斯洛伐克人，製造了另一個潛在的分裂問題。一度，捷克斯洛伐克曾是最民主而且最繁榮的新國家，後來因為經濟蕭條

（Depression）和希特勒的煽動而造成民族分裂，在1938年時，蘇臺德日耳曼人的脫離行動，將歐洲捲進戰爭邊緣。[13]斯洛伐克人掌握機會在1939年時脫離捷克斯洛伐克。[14]1941年當希特勒侵略南斯拉夫時，克羅埃西亞人也建立了自己的國家。[15]

還有一個問題是新國家的疆界對東歐經濟結構的影響。曾經是個單一貿易和金融單位的奧匈帝國，如今成爲七個獨立國家，各自擁有邊境、海關官員與商業法規，人們必須開創新的經濟通道。舉例來說，在舊政權掌權時，斯洛伐克的鐵礦礦工會把他們的礦砂船運到布達佩斯，但是現在則改在布拉格銷售。在比較繁榮的時代，可能可以很快就克服那些混亂，但是現在新國家地位的緊張狀態，很快就因爲經濟蕭條的第一個前兆而加重：1920年代晚期農產品價格下跌。新國家相繼設立前所未有的高關稅保護壁壘，以對抗另一個國家的產品。人們開始緬懷舊帝國的優點，不過，復興多瑙河自由貿易區的夢想已經不可能實現。

支持威爾遜觀點的人，不切實際地懷抱著一個理想，以爲民族自決將會自動產生一個民主而且愛好和平的世界，東歐經驗則證實這是一個錯誤期待。新國家依據階級和民族而有明顯的區分，除了捷克斯洛伐克之外，其他各國的經濟結構依然大部分是以農業爲主，有著廣大的地產以及渴望擁有土地的農民。除了捷克斯洛伐克以外，內部的衝突與衰退的經濟所造成的緊張態勢，使民主制度滯礙難行。1930年代時，西方協約國對布爾什維克主義的恐懼，更甚於對社會改革的渴望，在這種心態的默許之下，新國家落入強人或獨裁主義的最高統治者手中。問題不在1919年東歐的邊境是否改變，以及是否利用武力造成這些改變，而是人們何時必須承擔另一次歐洲戰爭的風險。

和平解決方案的實施

在簽訂五個條約之後，巴黎和會的工作並未結束。他們花了很多年的時間，努力劃定新國界、在有爭議的地區舉行公民投票、監督各國裁減軍備，並成立國際聯盟。和平解決方案並不是自我約束。在協約國延長他們的經濟封鎖，並且揚言要占領柏林之後，德國政府才在抗議聲中接受了凡爾賽和約。德國總理——社會民主主義者斯契德門（Philip Scheidemann）在1919年5月表示，簽訂這種條款的「那隻手應該要殘廢」[16]。即使是天主教國際主義者爾茲伯格（Matthias Erzberger）所組成的政府，雖然願意簽署該條約，但也努力想修改這項條約。[17]

東歐人民繼續爲他們的國界爭戰不休。巴黎和會已經把維爾納（Vilna）判給立陶宛，但是即使是在1921年解決了波俄戰爭（Polish-Russian War）的問題之後，[18]波蘭依然非法占領維爾納市。波蘭與捷克的特青爭奪戰一直持續到1920年7月爲止，而且他們也質疑上西里西亞地區公民投票的結果。直到1921年底，奧地利都還在和匈牙利爭奪維也納的遼闊地區——布爾根蘭（Burgenland）。在把亞得里亞海的阜姆港判給了南斯拉夫之後，義大利民族主義的自願軍卻在1919年和1922年時以武力占領阜姆；最後義大利終於在1924年時強占了阜姆。由軍官凱末爾〔後來以阿塔圖克（Atatürk）之名著稱於世〕所領導的土耳其民族主義運動，拒絕接受蘇丹已經同意的條約條款，他們推翻蘇丹，擊敗協約國支持的希臘軍隊，並且在1923年時，贏得整個安納托利亞（Anatolia）的控制權。

因此，條約的字面意義通常與實際上的解釋和實施的本意沒有相關。根據某種解釋，和平條款意欲利用自由的文化和經濟交流，而產生由心滿意足的民主國家所組成的自我調節的世界。根據另一種相當合理的解釋，這些條約意欲向勝利者保證，他們用在戰壕裡犧牲的人命所贏得的一切將是永久的。

在協商之時，法國採用的是後者的觀點，而且戰後的發展也讓法國得以有效負責強制執行解決方案。美國首先表態不在歐洲安全議題採取任何主動的角色。在1918年11月的中期選舉，威爾遜失去了國會兩議院的控制力，共和黨（Republicans）對於捲入國外的同盟關係感到不信任。1919年11月，參議院拒絕無條件接受凡爾賽和約以及國際聯盟憲章，這是當時已纏綿病榻的威爾遜總統不樂見的情況。1920年11月，人民選出共和黨的哈定（Warren G. Harding）總統，美國轉向政治孤立主義的態度終於塵埃落定。雖然英國首相勞合·喬治在1918年11月的「卡其布選舉」中，擴大了他在戰時的政黨聯盟，但該次選舉所激發要求「絞死德皇」的民族主義，在英國的輿論裡很快就轉變爲不願扯進歐洲大陸那糾纏不清的混亂之中的情緒。

法國也順隨潮流往保守主義和民族主義的趨勢前進，在1919年11月選出的新國會，是1871年以來最保守的議會。新的衆議員中退役軍人爲數衆多，以致人們甚至以其所著軍服的顏色將之封爲「清一色藍衣議會」（horizon-blue Chamber）。直到1924年舉行的下次選舉爲止，法國的議會一直都支持政府採取的警戒強制執行和平條款、高度的軍事準備，以及與東歐國家聯盟以對抗復興的德國之政策。龐卡赫總理（Raymond Poincaré, 1922-1924）可說是這種精神的象徵。龐卡赫來自具有民族主義傳統的洛林區，是一位意志堅強的律師，人們對他的看法是「一個知道每件事但卻不能理解任何事」的人。[19]他帶著性格的影響力，以及戰時曾經任職法國總理（1913-1920）的威望，以嚴謹的法律術語來解釋那些條約。

因此，召開巴黎和會之後五年，法國是處於高壓政治的環境之中。法國在戰時盟友多少有些勉強的支持下，企圖利用武力維護1919年時的地位。1924年以後，疲累的法國和德國接受了某種程度的調停，緊接著進入五年的和解期。

高壓政治的年代：1919至1924年

法國挾著世界上最強大的陸軍之威，在第一次世界大戰大出風頭。但她所擁有的霸權顯然是脆弱的。1918年時，只有在協約國的協助下，並且付出了永遠不再有本錢付出第二次的人力與物力的代價，法國才可能取得勝利。德國依然比法國強大，而且生產量和出生率很快就超越法國。對東歐來說，俄國不再是天然的砝碼。美國的參議院未能批准凡爾賽和約，意味著與之同時簽訂，約定如果德國發起攻擊時，美國和英國將主動出兵援助法國的相關條約也將失效。英國政府並不願意向法國單獨提供類似的援助保證。法國領袖感到被英美兩國出賣了，因爲法國曾爲了交換這項支持承諾，降低了他們對德國的賠償要求。

1919年之後，法國政府試圖藉由兩個策略來補償他們形勢上的不足：單槍匹馬嚴格執行和平解決方案的懲罰性條款，並與那些因爲挑戰和平條款而蒙受最大損失的東歐新國家聯盟。

東歐聯盟（Eastern alliance）是取代1892年到1914年間法俄條約的手段，這個條約曾是保障法國的安全，並使其免受德國侵略的唯一支柱。在和平談判中受到法國青睞的新國家中，有三個國家——捷克斯洛伐克、羅馬尼亞與南斯拉夫——在1921年時組成小協約國（Little Entente）。法國與他們締結軍事聯盟，並且加強彼此的文化與經濟交流。波蘭是法國聯盟體系中另一個重要的齒輪，因爲如果德國和俄國復興，則其所蒙受的損失將會大於其他任何新國家。法國的軍官曾經在1920年時，協助波蘭擊退蘇維埃的軍隊，而且在處理國界的紛爭時，法國的外交官也幫助波蘭取得豐厚的解決條件：從德國手中取得上西里西亞的礦區與工業區，並且從立陶宛手中拿走維爾納市。1921年，波蘭和法國締結簽訂了一個雙邊互助條約，根據該條約的規定，在其中一方遭受攻擊時，另一方允諾給予協助。

法國的東歐聯盟體系，不及戰前的法俄同盟。在諸多繼承奧匈帝國的新興國家中，唯一擁有強大工業基礎的只有捷克斯洛伐克。但是捷克和波蘭在爭取特青時是站在敵對的立場。實際上，小協約國眞正要反抗的是匈牙利，而不是德國。雖然羅馬尼亞因爲使用羅曼語（romance language），而與法國關係較近，但是對她來說，因爲俄國復興所遭受的損失會大於德國復興。事實上，東歐聯盟只會使法國在兩次大戰之間的外交政策與國防問題更加複雜。

法國重振聯盟政策促成威瑪德國和蘇維埃俄國這兩個重要的局外國家攜手合作。當歐洲各國，包括德國和俄國在內，於1922年4月在熱那亞（Genoa）開會討論世界的經濟問題，並且試圖要求蘇聯償還沙俄的債款時，德國的外交部長拉鐵諾和蘇俄的外交部長齊切林（George Chicherin）悄悄離開熱那亞到拉巴洛（Rapallo）附近密議，簽訂條約確立兩國的外交關係，彼此允諾不向對方提出任何經濟要求。雖然條約中並沒有包含祕密的軍事條款，但是不久之後西克特（Hans von Seeckt）將軍就開始祕密安排由蘇維埃社會主義共和國聯盟（USSR）爲德國製造武器，並且暗中訓練德國士兵。拉巴洛條約（Treaty of Rapallo）如同一顆炸彈。它是在巴黎和平解決方案之外，對立雙方邁向結盟的第一步：一方是法國和小協約國，而另一方則是德國和蘇聯。

法國單方面強制執行戰後賠償的最高潮，是法國軍隊於1923年1月占領魯爾（Ruhr）。因爲確信德國在裝運用來賠償的煤時進度落後，所以龐卡赫派遣由兩師軍隊保護的技術使團，帶著迅速交付應繳煤炭的命令，前往埃森的德國煤礦聯合會總部（headquarters of the German Coal Syndicate）。德國當局只好退讓妥協。但是人民的消極反抗，使法國必須派出數千名工程師、管理人員與鐵路人員，再加上五師軍隊以之因應。

眼前看來龐卡赫雖然得到了煤礦，但卻付出非常高的代價，他所付出的代價之一是1923年爆發使德國震盪不安的憤怒與騷亂。雖然大部分的魯爾居民都遵從政府的命令進行消極抵抗，但是他們的破壞行動依然導致發生武裝衝突的結果。在最嚴重的一次衝突中，有13名德國人被殺。德國共產黨在魯爾復興，並且在位於德國中部的圖林根州和薩克森州聯合政府中分掌權力。11月時，希特勒帶著他那流產的慕尼黑「啤酒館暴動」登上德國的政治舞臺。

另一個代價是德國的經濟崩潰。已經因爲多年的戰爭及戰後通貨膨脹的影響而貶值的德國馬克，現在因爲政府不顧一切地印製貨幣，以支付實行消極抵抗的勞工和企業，所以貶值的情形更加嚴重，甚至失去控制。1923年夏天時，物價向上飛漲，通貨膨脹不斷飆升的情況史無前例。1923年4月25日，一個四個人的家庭，就已經需要46萬3,000馬克才能買到四個星期的生活必需品；在6月6日時，需要98萬1,000馬克；在8月14日時，需要8,400萬馬克。[20]最壞的情況在1923年的秋天，價格每週飆漲兩倍或三倍。[21]任何在德國有存款或投資的人，都失去了他們的存款或投資金。這種劃時代的財產蒸發，毒害了往後數年德國的經濟和財政風氣。

法國也同樣遭遇財政問題，因為戰時大量的預算赤字，法郎已經失去一半的購買力與交換價值。1923年，因為占領魯爾的費用與焦慮，再加上領悟到已經承諾支付的德國賠款永遠不可能填補法國的預算缺口，所以法郎在國際上跌價，並且使新一波的通貨膨脹狀況更加惡化。當1928年法國終於恢復財政的穩定狀態時，法朗的價值大約僅剩戰前購買力的五分之一。雖然有些領薪階級的薪水調升的幅度，得以與通貨膨脹的速度並駕齊驅，但是所有領取固定收入的人都一貧如洗。戰前擁有存款或退休金，或曾經購買戰時債券的法國人，痛苦地得到他們已經以存款的損失——而非曾受允諾支付的德國賠款——支付了戰爭費用的結論。

圖6-10　在1923年當德國的通貨膨脹脫韁失控時，鈔票很快就失去它們的價值。照片中賣報的小販用洗衣籃放錢。

龐卡赫進一步付出的代價是失去國際支持。忘卻1918年「卡其布選舉」的復仇心切，現在大部分的英國輿論與凱因斯的暢銷書《和平的經濟後果》（*The Economic Consequences of the Peace*, 1919）有相同的觀點，指責法國的報仇心態阻擋了歐洲經濟的復原。英國政府迴避參與占領魯爾的態度明顯；比利時只象徵性地派遣一些軍隊；而墨索里尼的義大利則少少地給予龐卡赫一些道義上的支持。但是局勢很清楚，如果法國試圖用武力向德國榨取他們的一磅肉，她就得面臨單打獨鬥的局面。

和解的年代：1924至1929年

法德雙方筋疲力竭的窘境，開啓了走向和諧時刻的康莊大道。法國發現他們不可能單獨強迫德國順從；德國了解到他們的消極抵抗是一種自我毀滅。因爲這種消極的平衡，使1920年代晚期的歐洲出現了國際關係正常化的趨勢。

正當德國蹣跚不穩地站立在混亂的邊緣之際，所有支持還處於嬰兒期的威瑪共和國的主要政黨，從左派的社會民主黨，到中間偏右傾的人民黨（Peoples' Party），在1923年8月團結一致組成「大聯盟」（Great Coalition）以因應這個緊急時刻。人民黨的領袖施德萊斯曼（Gustav Stresemann）成爲新總理（首相）。施德萊斯曼成功地終結危機，所以一直到1929年去世爲止，他始終是德國政治舞臺與歐洲外交界中出類拔萃的人物。

雖然施德萊斯曼的政府只維持了三個月（1923年8月到11月），但卻是具決定性的「一百天」。他下令停止消極抵抗的行動，發行穩定的德國新鈔，阻擋共產黨的勢力在漢堡擴大，與在慕尼黑發動的「希特勒暴動」（Hitler Putsch），[22]開啓了與法國諒解共議的序曲。之後，一直到大約六年後他去世時爲止，施德萊斯曼始終擔任所有繼任政府的外交部長，施德萊斯曼引導德國進入「負責任」的新外交政策程序中。

施德萊斯曼企圖一面執行凡爾賽和約的規定，一面透過協商逐步改變凡爾賽和約體系，他的新外交政策評價不一。當時，甚至在希特勒掌權的時期裡，施德萊斯曼似乎是國際和解的最佳模範，他是1926年諾貝爾和平獎的得主。但是，在第二次世界大戰以後，由於其私人文件的披露，以致人們重新斟酌對他的評價。很顯然，即使施德萊斯曼願意維持德國西方國境的現狀，他也從未接受過凡爾賽和約所劃定的東方國界。在施德萊斯曼的私人文件中，有一份關鍵性的文件是1925年9月7日寫給流亡在外的普魯士王儲的祕密備忘錄，在這份文件中，施德萊斯曼列出分解凡爾賽體系的時間表：首先是解決賠款問題；其次是保護國境之外的德國人民；最後則是修正東方國界——收回但澤、波蘭走廊以及上西里西亞地區；修改與捷克斯洛伐克之間的邊界；以及或許最終可以與奧地利統一。施德萊斯曼認爲可以利用謹慎但更有力的步驟，來達成所有上述行動的目標。「首先我們必須低聲下氣」；然後德國就可以利用「種種謀略」尋找更積極的目標。

施德萊斯曼不曾有時間執行他的偉大構思，但是他的私人文件卻揭露他其實是一個堅定的修正主義者，希望能做到許多希特勒於1930年代晚期所達到的改變——包括擴張德國領土甚至超越1914年時的東部國境。當然，與希特勒相較，我們必須強調施德萊斯曼的領土目標完全不包含德語區外的地區，施德萊斯曼沒有公開的種族主義教條，也不像希特勒般以展現武力來求勝。

羅加諾時代：道茲計畫與羅加諾公約

在1923年與1924年交替之際，英國和法國的選舉反映出了一種新的風氣。兩國的選民，都拒絕接受那些在1918年至1919年間[23]掌權的強硬路線派作風的人。英國第一任工黨首相麥克唐納，以及中間偏左派的法國新領袖——赫禮歐（Edouard Herriot）總理與外交部長白里安（Aristide Briand），熱切地回應施德萊斯曼「負責任」的努力。從1925年4月起，直至1932年1月逝世爲止，始終在各政府之下負責法國外交政策的白里安，將「和解的年代」具體化，取代龐卡赫的「高壓政治的年代」。龐卡赫是枯燥乏味的守法主義者，而白里安卻是個溫和且熱情的人，在1920年代晚期，於國際聯盟上發表的感性演說，爲他贏得舉世讚賞的「和平使徒」封號。如果比較仔細地檢視，其實白里安在私下的協商少有讓步，而這確實是他要保住議會裡民族主義多數派的信賴必須的作法。

在此年代，施德萊斯曼所面臨的首要之務是賠款問題。畢竟，那是使他有機會掌權的1923年魯爾危機之後最迫切的問題。1923年11月時，龐卡赫表示願意接受國際委員會的邀約審查整個賠款問題，並且從實際經濟能力的角度，而非道義角度來看待賠款問題。道茲（Charles G. Dawes）是一位美國財政專家，後來曾在柯立茲（Calvin Coolidge）手下出任美國的副總統，他負責領導一個委員會於1924年7月和8月時，在倫敦提出新的賠款計畫。

道茲計畫（Dawes Plan）是將賠款置於井然有序且高效率的基礎上。按照該計畫，首先，德國的償付不應以協約國的道德義憤或重建需要爲基礎，而應以德國的支付能力爲基礎。德國的資金會因爲新稅收與置於國際監督下的鐵路所產生的收益而增加，而為了避免馬克對國際匯兌的損失，必須審慎調節馬克與外國貨幣的轉換。最後，道茲計畫承認計畫有必要暫緩執行。首先，在外國貸款（「道茲貸款」）的協助下，從比較低的水準開始償付賠款。在1928年與1929年時，德國每年只能償付20億馬克。後來，因為道茲委員會（Dawes

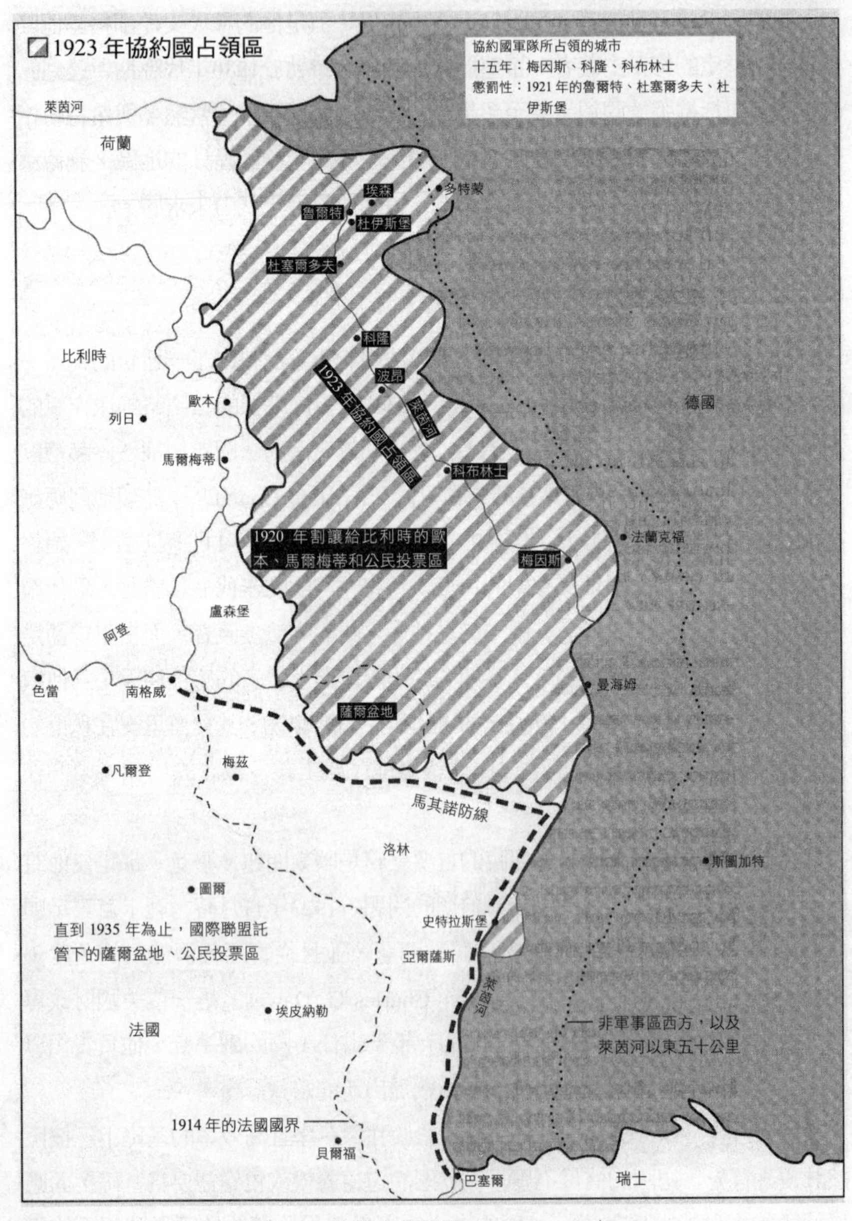

圖6-11　法德安全問題，1920～1940年

Commission）拒絕設定賠款的總數，因此各國必須協商同意另一個解決方案。實際上，道茲計畫運作順利。新德國貨幣的幣值穩定了下來，而外國貸款也流入正在復甦的德國企業社群，其規模甚至超過德國應支付的賠款。[24]

當德國的外交部長施德萊斯曼提議法德簽訂互不侵犯萊茵河邊境地區的協議時，因爲法國占領魯爾所引起的外交僵局，開始有了鬆動的現象。白里安和英國保守派的外交大臣張伯倫（Austen Chamberlain），與他們大部分的同胞一樣，表態承諾與德國維持更和諧的關係，欣然同意採用施德萊斯曼的提案。1925年10月，他們在瑞士的風景勝地羅加諾的馬奏列湖（Lake Maggiore）畔舉行會議，並且簽訂羅加諾公約（Locarno Agreement），爲紓解歐洲的國際緊張局勢，開創新的紀元。

羅加諾公約的核心是法國與德國承諾遵守凡爾賽和約的規定，維持萊茵河邊境地區的現狀。法國和德國承認目前的共同邊境是合法正當的。英國和義大利承諾，如果法國或德國試圖派遣軍隊超越邊界，或者如果德國調遣軍隊進入萊茵河地區的非軍事化區域時，他們將出兵干預，但是並不以相同的方式來保障德國的東邊國境。爲了讓所造成的疏忽比較不具威脅性，德國隨後又與波蘭和捷克斯洛伐克簽訂仲裁條約。此外，爲求自身的安全更有保障，法國與東歐各國簽署更具約束力的雙邊互助協定，加強他們與小協約國之間的聯繫，防範德國的攻擊。

每一位與會者在羅加諾公約裡都放棄了一些權益，但是也得到一些利益。德國聲明放棄任何以武力奪回亞爾薩斯—洛林地區，或者單方面再武裝萊茵河地區的企圖。事實上，雖然德國祕密重整軍備的行動正處於萌芽階段，但是這些行動都遠超過德國當時的軍事能力所能負擔的程度。而施德萊斯曼則在從西到東的邊界劃分問題上取得回報，他不但讓法國保證支持德國加入國際聯盟（1926年），並且說服法國開始撤離駐紮在萊茵河地區的軍隊，法國的撤軍行動在1930年而非1935年完成，有效阻止法國將該地區與德國分離的努力。

法國聲明放棄在德國進行如1920年到1923年間，他們曾多次企圖進行的直接武裝干預的可能性。不論如何，事實證明那些企圖會像法國助長萊茵河地區的分離主義情緒般，產生不良後果。此外，法國以支持德國進入國際聯盟，並且在1930年時撤離應可占領至1935年的萊茵河地區，表明他們願意接受與德國平等外交對話的態度。白里安也心照不宣地接受不如預期滿意的東部國境狀態。當然，只要萊茵河地區如羅加諾公約明確規定一般，永遠沒有德國軍隊駐紮，那麼當德國威嚇波蘭或捷克斯洛伐克時，法國依然可以從西邊有效地威脅德國。

自1919年以來，英國首度聲明放棄她的孤立主義，加入歐洲大陸和平擔保人的行列。但是他們的擔保僅限於西歐，而且平等適用於德國和法國，因此被法國的不妥協態度所激怒的英國民眾，便較不擔心被法國拖累而捲入戰爭之中。因此，羅加諾公約紓解了英國履行條約，出兵援助法國的壓力，而這正是白里安和龐卡赫曾經追求但卻徒勞無功的目標。

羅加諾公約最重要的意義是希望能夠點燃歐洲人的希望。當1925年10月16日終於締結羅加諾公約時：

> 英國外交大臣張伯倫因欣喜而顫抖流淚，法國的外交部長白里安也是如此。墨索里尼親吻張伯倫夫人的手。樂隊奏樂，聚集在廣場上的人們快樂跳舞……。隔天《紐約時報》的頭條新聞是「法國和德國將永遠不再戰爭」，而《倫敦時報》的頭版頭條則宣稱「和平終於降臨」。[25]

施德萊斯曼與白里安因爲那份精神，而不是因爲協議中的具體條款，雙雙獲得1926年的諾貝爾和平獎。

沉浸在這令人陶醉的心情裡，大部分的歐洲國家、美國與日本，在1928年8月27日締結了凱洛格—白里安公約（Kellogg-Briand Pact）。[26]雖然在該公約中並沒有具體述明任何強制各國兌現承諾的方法，但是簽約國都承諾「聲明放棄以戰爭作爲貫徹國家政策的工具」。

仔細思考之後，我們會發現羅加諾精神太過樂觀。它依賴的是法德兩國的軍事力量因爲突然遭受打擊，而暫時處於平衡狀態的局勢。法國已經公開承認他們無法單獨強制德國。英國也已經公開表示他們不願意幫助法國強制德國。雖然有蘇俄的些許協助，但德國要暗中展開重整軍備的行動還是很不容易，任何有遠見的人都可以預見6,000萬德國人與4,000萬法國人之間相差懸殊的潛在力量。一切都依賴白里安的賭博，他認爲讓步可以讓德國「有道義」的卸除武裝，而且相信溫和穩健的作法可以成功調停彼此之間以凡爾賽和約規範的軍事壓力所無法調解的關係。

這些希望並未實現。在中間派議員的多數派不斷向白里安施加壓力下，羅加諾公約之後，各國所採取的行動不但緩慢而且不甘不願。此外，白里安是一位草率又不夠謹慎的外交官，他在滔滔雄辯中所提供的允諾，遠勝於實際上所能承擔的承諾。他的對手施德萊斯曼從未能說服德國的民族主義者，讓他們相信，與凡爾賽和約強加的莫大恥辱相比，法國眞的已經做了相當的讓步。

當道茲計畫的暫時性賠款協議於1929年屆滿時，德國民族主義者對於接下來由美國企業家楊格（Owen D. Young）所執行的接替性計畫，興起一陣反對風暴。楊格計畫（Young Plan）取消協約國對德國經濟的保護，但是卻要求德國必須繼續償付賠款，直到1988年爲止。對楊格計畫的憤怒咆哮，促成1929年夏天，在發生經濟蕭條之前，納粹黨的復興。

裁軍失敗

羅加諾精神並不足以讓各國裁軍。借用威爾遜十四點原則（第四點）精確的表達方式，國際聯盟憲章曾經要求「將國家軍隊裁減至保護國家安全所需之最低限度」（第8條）。凡爾賽和約以解除德國的武裝，作爲走向全面裁軍的「第一步」；德國也承諾在知悉其他各國也將裁軍的情況下，遵守和約的限制。在1919年就已允諾要召開的世界裁軍會議（World Disarmament Conference），一直到1927年以前都不曾認眞籌備，而且實際上一直拖到1932年2月才正式召開會議，但是爲時已晚。就在這一段時間裡，沒有任何政府對自己的國家安全有足夠的信心，除了自己本身的武裝部隊以外，他們不放心把國家的生死存亡任意託付於他人之手。

至於陸軍方面，基本的問題是德國和法國軍事潛力之間的差異，以及確實查明德國陸軍所能達到的最大數量的困難。德國在1920年代暗中重整軍備的經驗已經顯示，外來的視察團隊很難識破背後有民衆支持又頑強反抗的政府所提供的軍備限制假象。協約國軍備控制委員會（Allied Control Commission）曾經提出兩份長篇報告，一份是在1925年1月5日提出，另一份則於1927年1月31日提出，內文描述德國「不曾裁減軍備，不曾有過裁軍的意圖，而且七年來用盡一切手段來欺哄矇騙」外國的視察員。

即使人們接受英國戰略家陸軍少校里德勒哈特（Basil H. Liddell-Hart）後來的見解，即「過分高估」[27]德國暗中重整軍備的實際影響，不過，在1930年代時，德國的軍事力量仍然無法與法國相匹敵，而當時情勢所蘊含的長期意義也很明確。巴黎的觀點是，德國終將達到與法國不相上下或者優於法國的地位，而且因爲凡爾賽和約所惹起的憤怒，甚至只要有些成功的機會，德國就會發動攻擊。法國的擔憂因爲孤立無援而更甚，而美國或英國又都不願意與法國締結雙邊防禦協定。法國相信普遍裁軍的結果，只會使德國更可能，而非更不可能展開侵略行動。其結果是，在1920年代晚期，除了蘇聯[28]以外，法國的國家軍備費用在國家稅收上所占的比例，依然高於其他的歐州國家。

從1927年起到1932年爲止，裁軍籌備委員會（Disarmament Preparatory Commission）忙著研擬裁軍協議草案。德國的要求重點是軍備平等，實際上這意味著提升他們的軍備水準。當蘇聯代表於1928年加入委員會時，也力勸立即清理所有的軍事力量。所有的協約國提案都在法國那沒有明說的假定面前崩垮，法國假定自己是靠著擁有比德國強大的陸軍兵力而得以倖存。西班牙的外交官馬達里亞哥（Salvador de Madariaga）借動物裁武會議的寓言暗指各國：獅子提議廢除爪子與利齒以外的武器；老鷹則建議廢除尖嘴與利爪以外的武器等等。

當世界裁軍會議終於在1932年2月於日內瓦召開時，協議的時機早已逝去。會議第一天因爲日本轟炸上海的消息而延遲開議時期。1932年7月到9月間，德國代表團離開會議桌，一直到法國同意接受在集體安全體系下的平等原則，才重返會議桌。1933年10月，希特勒的代表永久退出這場會議。更確切地說，只要歐洲沒有形成民族國家更強大的主權，只要各個國家都依據自己對「保護國家安全所需之最低限度」的定義來遵守裁軍方案，那麼就很難想像可以利用簽訂條約來有效裁減歐洲各國的軍備。

1920年代裁減海軍軍備的進展，似乎比裁減陸軍軍備有希望。這是因爲海軍實力的視察比較容易，裁減海軍軍備的會議在戰爭結束後不久就已經召開，而且比較不直接涉及法國與德國之間的衝突。1921年與1922年召開的華盛頓海軍會議（Washington Naval Conference），在下列五個主要海軍強國主要艦種（主力艦、航空母艦）的噸位分配比例取得一致的意見：美國與英國5噸；日本3噸；法國與義大利1.75噸。但是華盛頓會議並未涉及小型艦種的噸位分配問題，例如：潛艇、驅逐艦與巡洋艦。1927年當人們在日內瓦汲汲於裁軍問題的解決時，英國和美國以及法國和義大利之間卻爆發激烈爭執；英國與法國都不願意接受華盛頓海軍會議所規定的巡洋艦分配比例。1930年的倫敦海軍會議（London Naval Conference）曾就海軍限制的安排做最後的嘗試，英國、美國和日本（法國和義大利拒絕受任何此類協議的約束）方面，確實就各類型的船艦噸位分配比例取得了共識，但是著名的「伸縮條款」（Escalator Clause）卻清楚地表明國家生存的重要性淩駕於一切：任何感受到非簽約國勢力威脅的國家，都可以單方面擴充武力，即使超越議定的限額亦無防。在1930年及往後的年代裡，所有的國家都感受到威脅，而企圖藉助會議達到裁軍目標的一切努力，便在各國僅試圖消除不安全的徵兆，而非解決造成危險的根本原因之下，終告失敗。

新外交？

1919年的和平解決方案，是在希望以「坦然達成公開簽訂和平盟約」，取代古老的國際強權政治的氣氛裡架構出來的。「自此之後，不再會有任何私下的國際共議，而且應始終以坦率的方式，在公眾的監督下展開外交活動。」（威爾遜十四點原則中的第一點）當然，實際上威爾遜總統或任何其他的政治家，都沒有利用這種方式來處理與其他國家的關係，然而「新外交」的夢想流傳非常廣泛。英國外交官尼克森（Harold Nicolson）的變質回憶是，巴黎和會是年輕人渴望抹去「反動派……貴族」在先前的和平會議所犯下的「錯誤」。

> 我們正前往巴黎，不單只是清算戰爭，而是要在歐洲建立一個新秩序。我們不只是為和平做準備，而是為永久的和平做準備。我們的頭上頂著神聖任務的光環。[29]

但是現實總是比較冷酷。政府繼續以祕密的方式彼此交易，而國家的利益（當然，是各國自己的感知）依然是推動國際關係的動力。第一次世界大戰不曾徹底而且永久地改變各國的外交關係。

公眾涉入

雖然政治家依然繼續進行祕密協商，但是在兩次大戰之間，外交事務變得越來越公開化。在1914年以前，外交關係成爲和平時期的重大政治議題這種情形並不常見。[30]偶爾，會因爲在外交和殖民政策而形成政治上的反對派，如英國在波爾戰爭（Boer War, 1899-1902），以及法國在1911年第二次摩洛哥危機時所做的祕密外交一般，但是行政當局依然可以完全掌控外交政策。即使是在議會制度裡，衆議員也沒有充分的權力審查條約，舉例來說，沒有人相信議會可以宣布已簽訂的條約無效。行政當局往往爲了鞏固自己的地位，而將外交與殖民議題堂而皇之地注入黨派的政見之中。德國總理比洛（Bernhard von Bülow）在1907年所謂的何騰托選舉（Hottentot election）中，贏得擴大的政府多數派。比洛要求讓政府擁有不受限制的行政自由，可以在非洲的何騰托（African Hottentots）或任何政府選定的其他地方，在沒有議會「那令人難以忍受的干預」[31]的情況下，進行外交政策及殖民地擴張的行動。正如比洛所希望的，他的愛國訴求，讓反對殖民政策的社會民主黨代表從81席減少爲43席。

第一次世界大戰的熱情激起民衆對外交政策的敏感度與關切之情。在大戰的最後一年裡，威爾遜和列寧利用與戰爭目的以及世界重建方案有關的宣傳戰，提升了人們對未來的期盼。1919年世界領袖們在巴黎的大集會，使得接踵而至的世界體系似乎比以前更加人工化，減少了自然傳承的特徵。因此，後來人們對該體系的理想破滅，爲那些政治領袖帶來無數指責，而選舉的焦點也越來越常轉向外交政策的議題。1922年，由於白里安似乎太順從英國的要求，而且在羅加諾對德國的讓步，以及他所能爭取到的利益太過有限，而失去了總理與外交部長的官職。法國和英國在1924年舉行的選舉中，有部分的注意力轉向外交事務。希特勒的前一任領袖努力希望透過成功的外交政策來贏得選舉的支持。把時光往前快轉10年，在1935年時，英國和法國政府似乎因爲默許義大利征服衣索比亞而垮臺，而在1930年代晚期，對希特勒領土擴張政策的反應，是主要的政治問題。因爲結果證實輿論比統治者更加沙文主義，而懦弱的政府則迎合民衆的沙文主義，所以外交政策中始終攙雜了民衆的關注情緒，而這並不是威爾遜所預期的和平保證。

圖6-12　1918年到1919年的冬天，戰敗國的人民經歷飢寒交迫的艱苦日子。奧地利人砍下維也納森林的樹木做為燃料，而中產階級和窮人都淪為背柴火的人。

民衆關切外交關係的主要的原因之一是經濟因素。因爲國際事務的進行幾乎都與每個歐洲人的錢包息息相關，而人民既無法控制也難以理解國際事務。大多數的法國人都隱約知道1920年代的物價上漲和法郎貶值、美法之間的戰爭借款，與德國未能償付全額賠款有關。大多數的德國人隱約覺得毫不寬容的協約國勝利者在1923年時毀了馬克的價值；大多數的英國人隱約察覺大英帝國的基礎——龐大的煤產量與紡織工業在戰後價值不再，而英國現在成爲其子孫國美國的負債國的事實。因爲現在金錢的購買力與資產的價值，受到國際波動與影響的打擊更甚從前，所以在1918年之後，民衆的心情與外交事務關係不可謂不密切。

共產主義的威脅

因爲現在共產主義運動已經控制了一個國家機器，所以外交關係也更具意識形態的色彩。世界上的共產黨從兩個層面插手干預國家之間的關係：一是透過傳統的外交策略，一是透過革命性的政黨。身爲一個主權國家，在預期的世界革命未能成形之後，蘇聯轉而尋求與其他國家建立正常的外交關係。威瑪德國是第一個在1922年時於拉巴洛與蘇聯互派大使的主要國家。英國與法國及大多數的其他國家，則在1924年時跟進與蘇聯建交。[32]日本在1925年時撤離他們堅守在西伯利亞的駐軍，並且承認俄國的新政權。正如英國自由主義政治家勞合．喬治所說，人們甚至會和食人生番交易。雙方的領袖都承認，即使在1920年代時布爾什維克革命擴展到俄國境外的機會比較小，但是共產黨對俄國穩固的控制力依然不可小覷。蘇聯在沙俄時期的老外交官，曾經被定罪的孟什維克派或者改良派社會主義者齊切林的領導下，與各國進行正規的國際外交。

但是，蘇聯同時也是列寧因爲預期世界革命即將到來，而於1919年成立並且在老布爾什維克季諾維夫（Grigori Zinoviev）的領導下，走過整個1920年代的親蘇維埃馬克思主義政黨的全球性組織——共產國際[33]的主要力量。很多共產國際的代表都在國外工作，以鞏固國內共產主義反對派的勢力。1920年代時，因爲保住俄國的共產黨政權以及保護共產主義家鄉的任務更勝於推動世界革命，所以共產國際對蘇聯外交政策的影響力削減。然而，非共產國家與蘇聯的關係，總是因爲這種含糊不清的雙重外交策略而變得更加複雜。共產國際在英國展開積極行動的斷言，造成1924年時工黨的挫敗，並且暫時中斷了英國與蘇聯之間的外交關係。1924年舉行的英國選舉顯示，人們對於共產黨持續進行的非官方外交活動議題有多麼敏感。

外交機器

樂觀主義者希望國際聯盟能成為有效解決國際爭端的機器。但是國際聯盟並不是一個擁有主權的世界政府。在國際聯盟採取行動對抗侵略國之前，必須先由委員會投票，而且全體一致通過確定該國確實已經展開侵略行動；然後會員國必須貢獻兵力，並且以國際聯盟的名義出兵干預。國際聯盟最多只能做最有勢力的會員國同意大家去做的事。

1914年，法國和英國由國際主義者贏得選舉，赫禮歐、白里安和麥克唐納試著讓國際聯盟能具備更多可強制實施的有效手段，成為維持和平的機器。但是國際聯盟憲章並未具體指明侵略行為，或者同意對抗侵略行為的定義。麥克唐納和赫禮歐提出仲裁手段的建議，任何拒絕接受仲裁的爭論方，就可自動將之視為侵略國，必須接受國際聯盟其他會員國的國際制裁。這個以日內瓦草約（Geneva Protocol）之名聞名於世的提案，是兩次世界大戰之間，以某種合法程序取代傳統的強權政治來解決國際爭端的最重要嘗試。不過，人們不曾採用過這項提案；1924年9月，在英國選舉中重新奪回政權的保守黨拒絕接受這項提案。

1920年代時，在主要霸權一致同意的情況下，國際聯盟協助解決了數件國境小紛爭。當德國（1926年）與俄國（1934年）先後加入聯盟之後，國際聯盟變得比較不像戰勝國聯盟，反而更像是一個聚集各個國家的家庭。然而由於美國未曾加入國際聯盟，導致聯盟內吹起一陣幾乎致命的風暴。國際聯盟最偉大的成就是促進如公共衛生與通訊情報方面的國際合作。但是因為對1931年日本入侵中國東北九省的行動顯得束手無策，使得國際聯盟顏面大失，而在1934年到1935年義大利入侵衣索比亞時，更加證實國際聯盟無能阻止大國的侵略行動。

因此，在兩次世界大戰之間，國際關係依然掌握在主權國家的手中，情況甚至更勝從前。現在世界上有更多的主權國家，歐洲國家可能會受到遠方勢力的有力影響，例如日本和美國，結果就是列強對歐洲事務的控制力已經大不如前。東歐的新民族國家所發生的國際問題，至少與他們所推翻的王朝一樣多。1919年時戰敗的國家——德國和俄國重新站起來，尋找機會再度奪回他們暫時褪色的權力光環。所以，1919年的解決方案，完全不能帶領人們走進和平時代，只是暫時擱置一些問題，人們將這段時間稱為歐洲的第二次三十年戰爭（Thirty Years' War, 1914-1945）。

圖6-13　法西斯童子軍運動（Fascist boys' movement）——羅馬幼狼（Roman Wolf's Cubs; *Figi della Lupa*）的成員，1935年5月在義大利參加第一次世界大戰的20週年紀念時，扛著小型步槍於羅馬廣場上，接受墨索里尼的檢閱。

第七章

革命對抗革命：法西斯主義

1917年以後，歐洲的革命風潮一度引發反革命的回響。但是，戰後的反革命並不意味著人們想要回歸19世紀傳統的保守派試圖用來迎戰革命威脅的宗教及社會遵從。戰後的反革命運動有個新名詞——法西斯主義，在這個名詞背後有個新的現實。法西斯主義以出乎大多數人意料之外的方式，將群眾運動、民族主義、反社會主義和反自由主義的價值揉和在一起。

群眾政治在19世紀時就已經從左派走進歐洲歷史。19世紀歐洲中下中產階級的價值觀傾向於自由主義：他們將龐大的希望寄託在投票箱；寄託在普遍、非宗教的公共教育；寄託在民族自決上。1890年代，新的社會主義政黨吸引了許多歐洲的勞動階級與下層中產階級。1895年時，他們的選舉成就讓馬克思的合作者和繼承者恩格斯（Friedrich Engels）相信，「我們應該能夠征服社會中大部分的中間階級、小資產階級以及小耕農，並且在這片土地上壯大成一股重要的勢力。」[1]隨著中下階級人民數量的增長，公民對政治的參與度擴大，似乎使歐洲的群眾政治毫無限制地朝向左傾。除了一些例外之外，19世紀的保守派比較喜歡順服的公民。熟悉1890年之前的政治局勢的歐洲人，如果突然置身於1920年代或1930年代的群眾大會中，面對激動的人群高聲狂喊地贊同穿著軍裝在臺上高談闊論的反對社會主義、反知識份子、反外國人與反猶太人的領袖的場景時，他可能會以爲自己到了另一個星球。

得利於事後之明，我們可以看到一些19世紀晚期的發展培育出法西斯主義的原因。在本章結尾，我們將回頭了解這些前兆。但是，爲了再現法西斯主義運動爲戰後動亂的歐洲所帶來的新鮮感與急迫感，似乎最好先深入了解使義大利的法西斯主義一舉成名的運動，以及1919年到1923年間，兩場發生在德國和匈牙利的重要的類似運動。

義大利的法西斯主義

由於在第一次世界大戰這場無決定性勝利的花費，以及停戰之後還必須痛苦地面對另一個社會及民族問題，因此在第一次世界大戰終於落幕之時，有很多義大利人的幻想破滅。[2]1919年與1920年的罷工和占領工廠運動，以及1919年的土地掠奪運動，似乎正在引領義大利走向一場社會主義革命。同時鄧南遮在1919年奪取阜姆的行動，也讓好戰的民族主義者想到他們可以將猶豫退縮的國家拋在一旁，用直接行動取得他們想要的東西。墨索里尼的法西斯主義運動就在這種一團混亂的情況下誕生了。

墨索里尼：從工團主義到法西斯主義

當被要求爲法西斯主義下定義時，墨索里尼喜歡說：「我就是法西斯主義。」所以，從觀察這位領袖本身開始研究法西斯主義是很恰當的選擇。墨索里尼出生於羅馬東北方的羅馬涅亞（Romagna），這個地區向來就有容易動亂的傳統。墨索里尼的母親是教師，父親是無政府主義的鐵匠，他的父親按照墨西哥革命家饒列茲（Benito Juarez）的名字爲他取名。和德國仿傚者希特勒不同，墨索里尼在戰前就已經擁有某種地位，他在三十歲以前就已經是義大利左派份子的領導人物。1912年年底，他擔任社會黨黨報《前進！》（*Avanti!*）的編輯，並在接下來的兩年裡讓報刊的讀者人數激增四倍，變成一份擁有十萬讀者的報紙。1913年，他獲選進入義大利最大的工業城米蘭的市議會。

從政治信念和性格的角度來看，墨索里尼是屬於工團主義者而非社會主義者。工團主義是法國、義大利與西班牙特有，涉及鄉村工匠、農業勞工、鐵路勞工與礦工的一種個人主義、反權威的造反運動。工團主義者不只對於議會制度和改良派社會主義者深懷敵意，而且對馬克思主義企圖奪取接管國家的策略也深感不滿。他們想要解散國家，而不是奪取國家，他們的戰略是依賴在一個上帝啓示的「偉大的日子」，以一次廣泛的全面性罷工，拉垮整個不道德的資產世界。然後他們就可以取代國家，但是他們並不如先前的革命家（從雅各賓黨員〔Jacobins〕到列寧）般用另一個權威取代國家，而是創立一個自由社區來取代國家在自由社區裡的勞工聯盟（工團），負責在勞工之間交換貨品與服務的唯一組織。工團主義的雛形來自千年以來深植於羅馬　亞的革命主義。當時還是年輕學生的墨索里尼，深深地沉溺於法國工團主義者索雷爾（Georges Sorel）的行動崇拜、通俗的尼采意志至上論，以及柏格森（Bergsonian）的直覺信念。雖然對於工團主義者來說，轉化爲極右派確實比保持中庸的立場容易，但是政治生涯變化多端的墨索里尼對議會始終抱持不耐的蔑視態度，也始終堅持不妥協的行動主義。

在義大利的工團主義者從議會制社會主義者手中贏得義大利社會黨的黨機器控制權之後，墨索里尼於1912年12月被任命爲《前進！》的編輯。那些議會制社會主義者中，有些人曾因爲支持義大利占領利比亞而聲名掃地。兩年後，墨索里尼由於自己特有的變卦作風，轉而慫恿義大利加入協約國參加第一次世界大戰，因而被開除黨籍，此後，墨索里尼轉變成「民族工團主義者」。對於他那容易感到不耐煩的脾氣來說，戰爭似乎比較是一種革命狀態，而不是消極的中立態度。雖然所取得的資助似乎是事後作爲獎賞之用，而不是如有些人所言般作爲事前的賄賂之用，但是他那主戰的新報紙《義大利人民報》（*Il Popolo d'Italia*）確實得到法國的資助。

1918年，墨索里尼是數百萬因爲復員遣散而必須爲自己尋找出路的退役軍人之一。由於他曾經在前線作戰，且曾經在壕溝迫擊砲射擊演習時，因炮彈爆炸意外而受重傷（他計算身上每一片彈片，並戲稱這爲「44處傷」），所以他的《義大利人民報》有些主張是爲退役軍人發聲。在和平解決即將到來的時刻，墨索里尼加入了兼併主義的大合唱，宣稱義大利是一個必須沒收富裕國家殖民地的「無產階級國家」。他對社會的批評，反映了退役軍人在面對戰爭投機商、和平主義者與生活安逸者時心中雜陳的苦味。墨索里尼認爲他可以駕馭那群顛沛流離的退役軍人，展開一場既左傾又帶有民族主義色彩的運動。

> 1789年革命與戰爭二合一的中產階級革命為中產階級打開通往世界的大門……目前的革命也是一場戰爭，似乎為那些在戰壕中經歷流血與死亡洗禮，以及接受過的艱苦磨練的人們打開了走入未來的大門。[3]

早期的法西斯主義

第一個法西斯[4]於1919年3月23日成立，當時墨索里尼集合了145個朋友群聚到米蘭某棟建築的閣樓。其中有些是曾於1914年時表現主戰態度的老工團主義信徒，再加上一些特別傾向盲目愛國及直接行動的退役軍人，例如前突擊隊的隊員。米蘭突擊隊的總部設在未來派知識份子馬里內蒂的家中，馬里內蒂對速度和暴力的吹捧，有助於設定這個組織的基調。[5]

由主戰的工團主義份子昂勃利斯（Alceste De Ambris）所草擬的法西斯綱領，揉和了民族主義及社會激進主義與掃除軟弱的戰前制度的急切渴望。它要求的只是對義大利戰勝的回報——取得阿爾卑斯山脈以及達爾馬希亞（Dalmatian）沿岸，那些義大利民族主義者稱之爲義大利淪陷區——「未贖回的義大利」的地區。法西斯也要求召開制憲大會、爭取婦女的投票權、廢除參議院、徵收資本稅、規定工業應執行八小時工時制、要求勞工應有分享工廠管理的權利、沒收教會的地產，以及爲農民重新分配土地。這群人懷著工團主義反叛者特有的憎惡心情，抨擊1914年開除墨索里尼的義大利社會黨。現在墨索里尼加入民族主義退役軍人的行列，一起譴責社會主義者對義大利戰爭目的所抱持的溫和態度，這種舉措無異是「拋棄」或「背叛」士兵。

他們的行動所引起的共鳴，甚至勝過《義大利人民報》上那些譏諷的文字。墨索里尼和馬里內蒂破壞了一場社會主義者於1919年1月11日在米蘭的斯卡拉劇院（La Scala Opera House）召開的會議。4月，馬里內蒂率一群突擊隊隊員，洗劫並燒燬《前進！》的編輯部。墨索里尼還支持基層勞工的要求，並公開支持數起由勞工自己發起的靜坐罷工活動。1919年時，人們還不清楚法西斯主義到底是社會主義者的左派敵手，還是右派敵人。

法西斯主義早期融合激進主義與民族主義的方式，並未能在1919年時爭取到很多新成員。1919年11月，墨索里尼成爲來自米蘭的獨立議員候選人，他以兼容反自由主義與反社會主義並打擊大企業的混合綱領加入選戰，結果，在27萬張選票中，他所得到的支持票不及5,000票。1919年年底，法西斯只剩下不到1,000名成員在活動。

法西斯主義的新路線

1919年與1920年瀕臨爆發內戰的情勢，爲法西斯主義設定了新路線，並且走上幸運的未來。墨索里尼發現，他所組成的團體對社會主義者的人身攻擊，比他那激進的言語，更能激起人們的興趣與更多的支持。1919年的罷工和土地掠奪事件，已經使工廠的廠主和地主陷入眞正的恐慌，而轉捩點是1920年8月與9月發生於杜林和米蘭的勞工強占工廠事件。[6]雖然喬利蒂（Giovanni Giolitti）總理按兵不動，成功地等到風暴平息，讓「工廠委員會」運動迅速失去原先的熱情，不過，他那從容不迫的冷靜態度，卻讓驚恐的廠主和地主更加認爲自由主義政府無法拯救他們。在他們的財產威脅開始減弱之後，工廠與大農莊的物主開始主動掌握自己的命運。爲求自力救濟，他們請求墨索里尼的直接行動團——行動隊提供協助。

墨索里尼在極端民族主義的亞得里亞海國境領土上，組織他的行動隊，於1920年7月在的港（Trieste）展開第一次行動，洗劫了斯洛維尼亞民族主義協會（Slovene Nationalist Association）的總部。將攻擊斯拉夫人轉爲對社會主義者的攻擊是一件容易的事。此外，行動隊也爲此目的接受地主和企業家的金錢資助，並且接受軍隊的卡車與軍備援助。從1920年年底到1921年，他們將在戰場上學來的暴虐行爲，施加於義大利的社會主義者身上。

行動隊在義大利東北方的小城鎮和鄉村中最爲活躍，當地的地主利用行動隊來瓦解農場勞工的工會與合作社。他們利用借來的卡車，滿載民族主義的退役軍人、失業者和受威脅地主的兒子，在夜間出發「征討」。抵達目的地後，他們攻擊社會主義者或左派的天主教組織者，常常強灌受害者喝下劑量幾乎足以致命的蓖麻油，或者把他們的八字鬍剃去一半。雖然有些死亡事故，但是行動隊大多是攻擊辦公室、印刷廠或敵人引以爲傲之處。在1921年的前六個月內，墨索里尼的暴徒們就已破壞了25間合作公寓、59家地區勞工俱樂部、85家合作社、34家農業勞工工會總部、51家政黨總部、10家印刷廠，與6家報社辦公室，這些暴行大部分發生於義大利中北部的鄉村。

雖然墨索里尼否認法西斯主義已經變成「資本主義的看門狗」，但是草創時期一些經濟激進派與革命派的工團主義者，都已經退出這個組織。他們的位置由一群坦率的右派新手所取代。法西斯的會員數在1920年時增加到3萬人，但在1922年年底時人數激增10倍，共有30萬人加入這個組織。

政府的危機

喬利蒂總理試圖招安正在萌芽的法西斯主義運動，在長年的議會生涯中，這種招安策略對於改良主義的左派份子曾經發揮過作用。喬利蒂相信，與1920年的工廠占領事件一樣，隨著時間與經歷的增長，法西斯主義的怒火將會消褪。他吸收墨索里尼與他的自由黨和民族主義者組成選舉聯盟。1921年5月15日，在戰後義大利的第二次選舉中，喬利蒂的全國跨黨派集團在535個席次中贏得105席，而墨索里尼和法西斯主義者則贏得35席。起先，喬利蒂有理由相信自己已經馴服了法西斯主義，並且將讓他們融入他的議會聯盟裡。因爲1920年時墨索里尼已經同意喬利蒂對阜姆問題的妥協方案，所以當義大利軍隊強迫鄧南遮的自願軍放棄阜姆市時，法西斯主義者並沒有採取任何行動。然而，在1921年時墨索里尼雖然曾經企圖約束行動隊，但這項行動已經幾乎失控，在當地的激進份子不斷展開更多攻擊的情況下，墨索里尼不得不出手干預。

此時，君主立憲政體已無能管理戰後的義大利。戰後的內閣沒有能力維護法律或秩序，以對抗革命的左派份子或警惕的右派份子。因爲1921年的選舉產生無法形成一致性多數派的議會，所以局勢更加惡化。核心的自由主義與民主主義政黨本身沒能爭取到多數席次。擁有123席的社會主義者，拒絕加入任何資產階級部門。在義大利的政治舞臺上最重要的新人是斯圖佐（Don Luigi Sturzo）領導的左派的天主教人民黨（Catholic Popolari Party），他們擁有108個席次。但是基於對社會改革的要求，例如土地重新分配，使他們不可能與喬利蒂的自由黨結盟。而且，雖然有些斯圖佐的追隨者比某些社會主義者更激進，但是政教爭端的議題，使人民黨和反對教會干預政治的左派份子無法結盟。戰前中央聯盟政治的化身——喬利蒂，在1921年6月時發現，國內沒有穩定的多數派，因此以79歲的高齡永久引退。

在接下來的14個月裡，義大利人經歷了一連串的政府危機，而戰後的國內問題也依然懸而未決。遣散軍隊以及停止生產戰爭物資，讓義大利陷入了經濟蕭條的景況裡；日益增加的失業人口與1919年和1920年的挫敗，讓義大利的勞工感到痛苦與冷漠。在回國的退役軍人和因爲通貨膨脹與對革命的恐懼而深感苦惱的中產階級之間民怨沸騰。義大利人期待可以拯救他們的政府，但看見的卻是議會派系之間不光彩而且毫無效益的聯盟一修補循環。在1922年2月的前三個星期裡，竟然完全無法組成一個政府，這是至今爲止義大利爲期最久的一次內閣危機。1922年8月以後，只有一個由毫無特色的喬利蒂副手法克塔（Luigi Facta）所領導的看守政府，在沒有多數派爲後盾的情況下執行管理之職。

行動隊對於1922年間義大利的失控頗有貢獻。義大利東北部當地的法西斯主義者，現在已經發展出他們自己的「征討」氣勢。仿傚衣索比亞封地酋長的稱呼，而被稱爲「瑞斯」（ras）的地區領袖，對墨索里尼利用自己在議會的地位企圖控制他們的行動感到憤慨。在地方保守派與軍隊指揮官的鼓勵之下，他們奪取了整個市鎮，驅逐社會主義者或共產主義的市長與市議會。1922年5月，最殘暴的瑞斯之一巴爾波（Italo Balbo），在一次「法西斯罷工」中，動員了5萬名失業人口，他們占領了非拉拉（Ferrara）的市政廳長達一週之久，直到當地的地方行政官員承諾在公共工程計畫中聘雇他們所有的人爲止。5月底時，他對波羅尼亞（Bologna）的共產主義政府重施故技。7月，法西斯主義者奪取了雷米尼（Rimini）、克萊蒙那（Cremona）與拉溫那（Ravenna），在8月時占領米蘭。1922年初秋時節，法西斯主義者已經變成義大利北部地區實質上的地方政府了。

早期法西斯主義者的勢力集中於義大利中北部與東北部地區（埃米里亞〔Emilia〕、托斯卡尼、羅馬涅亞）的現象意義深長。他們的勢力緊臨1919年和1920年革命騷動最嚴重及保守派反應最強烈的地區，尤其是地主的權威受到威脅的地區，如波河流域（Po Valley）。勞工的大本營，如杜林，依然排拒法西斯主義的影響，而落後的南部則幾乎完全不受影響。但是，在法西斯主義勢力強大的地方，就暴露出義大利政府在命令的貫徹上極爲無能。

「進軍羅馬」

爲了努力維持對追隨者的控制，墨索里尼含糊但不斷地談論「進軍羅馬」的計畫，來凸顯政府的危機。他建議應該如行動隊進軍非拉拉和其他城市以掃蕩左派份子一樣，進軍首都趕走無能之徒。1922年10月在那不勒斯召開的法西斯代表大會（Fascist Congress，標記了法西斯運動的向南突破）不再只是坐而言，更是起而行。由四位法西斯主義領袖領導的高層指揮部——以法西斯運動偏好的誇張拉丁語法稱爲四人團（quadrumvirs）——規劃三個法西斯縱隊，於10月27日到28日晚上在羅馬會師。四人團各自代表一群法西斯的追隨者：前阿爾卑斯軍隊的軍官以及非拉拉的瑞斯——巴爾波，代表的是滿心憤怒的退役軍人；曾經是革命派工團主義者的比安其（Michele Bianchi），代表的是法西斯主義反議會制的左派基層群衆；波諾（Emilio De Bono）將軍來自正規軍隊；皮得蒙（Piedmont）法西斯的組織者威克契（Cesare De Vecchi），公然承認自己是君主主義者，代表的是新近加入法西斯主義運動，對自由主義君主政體理想破滅的傳統保守派人士。

圖7-1　墨索里尼和他的四人團於1922年10月31日進軍羅馬。從左到右依序是比安其、巴爾波、墨索里尼、威克契和波諾將軍。

但是墨索里尼並不是因爲「進軍羅馬」的行動，而於10月30日成爲義大利的總理。在國王艾曼紐三世要求他以正當的憲法程序組成政府之後，墨索里尼才乘坐臥車從米蘭抵達羅馬。「進軍羅馬」只是一種威脅，而不是一場政變。這次的威脅暴露了法克塔總理的生存之道依賴的是軍隊的支持，不過他對軍隊的支持度感到半信半疑。國王並未測試軍隊的支持度，反而要求墨索里尼自己接手維持秩序的任務。法西斯縱隊並不是以武力征服羅馬。警察阻止所有人進城，但約有九千名穿著粗製濫造的衣服且武器裝備不良的人，在沉靜的雨夜裡垂頭喪氣地抵達城門。直到墨索里尼就職之後，才有約兩萬名法西斯主義者在城內閱兵遊行。

這位1919年還名不見經傳的小鼓動家，如何於1922年10月搖身一變成爲義大利政府的領袖呢？墨索里尼的成功，部分原因是由於義大利人缺乏其他可替代的選擇。除非社會主義者和天主教人民黨能夠拋開彼此對宗教的歧見，否則不可能組成堅決反對法西斯主義的政府。在最後一刻時，改革派社會主義者確實表達了願意加入反法西斯主義聯盟的意願，可惜爲時已晚。而他們的這項行動卻導致自己的政黨分裂，有能力組成有效能的政府聯盟的中間派領袖，寧願選擇與墨索里尼合作，而非排斥。在1922年10月，喬利蒂忙於在幕後指揮更大的聯合，他希望招攬法西斯主義者加入新內閣，但是只願意給墨索里尼少數的幾席職位，而且依照1914年以前的遲緩步調進行協商談判。因爲戰時總理薩蘭得拉（Antonio Salandra）同時也與墨索里尼磋商，希望法西斯主義者能夠加入一個更坦率的保守聯盟，激勵墨索里尼堅持要求掌握更多職位。

如果法克塔總理和國王決心反對墨索里尼，那麼墨索里尼那些被雨淋得全身濕透的行動隊隊員，可能依然被拒於羅馬城外。我們完全有理由相信，不論軍官們的私人感受如何，軍隊都必須服從國王的命令驅散行動隊，國王必須爲拒絕試驗軍隊忠誠度負很大的責任。因爲堂兄奧斯塔（Aosta）公爵將在法西斯主義者的支持下謀奪王位的報告，而感到忐忑不安的艾曼紐三世，在10月28日早晨拒絕簽署法克塔的戒嚴令。當墨索里尼再次拒絕加入薩蘭得拉政府之後，國王直接懇請在米蘭的報社辦公室裡焦急等待的墨索里尼。墨索里尼於10月30日早晨抵達羅馬，並且開始籌組內閣。

從技術上來說，墨索里尼是依據憲法程序而成爲義大利的總理，但是從另一種意義來看，墨索里尼是靠武力取得政權。1921年與1922年時，因爲他的推波助瀾使義大利無法組成正常的政府，直到政治領袖收買他爲止。此外，他讓義大利的企業家、地主、軍官與警察，這些不惜任何代價誓要粉碎社會主義的團體，有了一件暴力的反社會主義武器可供利用。但是當行動隊掠奪了一部分的中部城鎮時，就必須採用武力才能將法西斯主義者逐出權力中心。

墨索里尼的個人統治

1922年10月時，人們還不清楚墨索里尼是否會採用暴力的方式管理國家，或者他會根據喬利蒂的用語，「轉變」成另一個促成議會聯盟的人。

當他步下火車時，墨索里尼的裝束反映出他那模稜兩可的態度：代表法西斯主義的黑襯衫，與正式的白色鞋罩形成極不協調的強烈對比。「陛下，」他對國王說道，「您會原諒我穿著黑衫吧？我剛剛才從很幸運能夠兵不血刃的戰場趕來。」[7]他的新內閣也反映出他自己那混雜的來源。他所組成的內閣是混合法西斯主義與中間派和右派份子的聯盟。雖然在十四位部長中，只有四位法西斯主義者，但是這幾個人卻把持了重要的職務。墨索里尼身兼內政部長（大部分的歐洲國家是由內政部長負責掌控國家警察）、外交部長與總理的職位。其他三位法西斯主義者則分別擔任司法部長、解放領土部長與財政部長。內閣中甚至還包括兩位改良派社會民主黨的閣員，而保守色彩明顯的薩蘭得拉則擔任義大利的國際聯盟代表。但是，在這個政治聯盟的背後站著得不到滿足的行動隊，他們開始商討「二次革命」的事宜。

在接下來的兩年裡，這個混雜各類成員的雜牌軍如何解決本身的協調問題，始終是個頗具爭議性的話題。墨索里尼外在的表現讓那些希望擁有另一位比前任內閣穩固的中間派內閣的人感到放心。他遵循慣例在擔任總理一職時，穿著正式的服裝，而且就職以後也沒有進行令人吃驚的改革，只有在科孚事件（Corfu Incident）中，才展現出他殘酷的一面。1923年8月，在希臘─阿爾巴尼亞的邊境進行視察的一位義大利將軍和幾位軍官，在希臘的領土上被暗殺，於是墨索里尼轟炸並且占領希臘的科孚島，直到希臘被迫道歉並且償付賠款爲止。除此之外，義大利的外交政策給人一種溫和穩健的印象，尤其是1924年1月簽訂條約解決與南斯拉夫之間對阜姆的爭執問題。

義大利國內主要的改變是阿色伯選舉法（Acerbo Election Law）。[8]這項選舉法巧妙地將下議院裡三分之二的席次，判給在選舉中贏得最多選票（以超過25%爲條件）的政黨，然後利用比例代表制，把其餘的席次分配給其他政黨。這項選舉法案在只有三十五位法西斯主義者的衆議院會議中，以235票對139票（大部分是社會主義者與共產主義者）的票數通過。顯然，即使法西斯主義者是主要的獲利者，但是中間派與右派政黨依然寧可選擇秩序而不選擇選舉民主。既然政府機器已經掌握在他們的手中，於是在1924年4月的選舉中，墨索里尼聯盟的候選人在535個席次中贏得374席，其中有275席是法西斯主義者，這是二十年來義大利最後一次的準正式選舉。

行動隊另一次的殘暴行動，迅速迫使墨索里尼在個人統治或者失敗兩者之間做抉擇。1924年6月10日，口才最好的評論家——議會的社會主義領袖馬蒂歐提（Giacomo Matteotti），被五名法西斯主義暴徒綁架並且殺害，這五名暴徒全都受僱於墨索里尼的新聞祕書羅西（Cesare Rossi）。雖然沒有證據證實墨索里尼直接下令殺害馬蒂歐提，但是馬蒂歐提謀殺案卻讓墨索里尼是否有能力控制他自己發起的暴力行動這個重要議題浮上檯面，有些墨索里尼的中間派支持者與他決裂，而反對派則開始復甦。有幾個月的時間，墨索里尼的迷惘與不確定，暴露了他強硬面具下的猶豫不決。

在瑞斯的敦促下，墨索里尼最後終於了解，他必須取得所有的權力，否則就得放棄他已經擁有的權力。1925年1月3日，他懷抱迎向挑戰的嶄新心情向內閣發表演說：「我們希望建立法西斯主義的國家。」與此同時，他解除對行動隊的限制，並且下令警方鎮壓日漸壯大的自由主義與社會主義反對派。一連串的命令，讓義大利從君主立憲政體，轉變爲一黨獨大的獨裁國家。1926年年底，除了法西斯黨之外，所有的政黨都已解散；再度恢復1890年時廢除的死刑；而墨索里尼似乎自行其是地走向他那些更沒耐心的追隨者喧嚷要求的「二次革命」的道路。

德國的國家社會主義

在德國，1918年春天的勝利凱旋之後，緊接著迎接他們的是令人昏亂的突然敗戰。他們已經推翻了德意志帝國，德皇流亡國外；建立新的共和政體，但是保守主義者與民族主義者懷疑這個共和政體保護德國的財產、德國的價值觀，與德國邊境的能力。勝利者忙著瓜分大片從前屬於德國的領土，德國共產黨正在籌備進一步的革命步驟。協約國的封鎖策略，使食糧短缺的問題在停戰後的幾個月內甚至比以前更嚴重。物價與失業人口不斷飆升，羞辱、饑餓與恐懼，是1919年和1920年這段期間中很多德國人日常的生活寫照。

在這些情況下，1919年9月，在慕尼黑軍事情報機關工作的下士希特勒，加入了試圖以民族主義但經濟激進的政綱爲中心，聯合退役軍人與勞工的「德國勞工黨」（German Workers' Party）。

戰後的反革命民團主義

1919年9月，慕尼黑已經變成激進的極右派團體和憤怒的民族主義者聚集的地方。慕尼黑那搖擺不定的革命局勢，在1919年4月時，曾經隨著蘇維埃共和國擺到最左方，然後在1919年5月初，又因爲軍隊和埃普（Franz Ritter von Epp）將軍的自由團摧毀這個暫時政權而向右擺盪。武裝部隊暫時將政權交給自1918年11月以來，就一直統治巴伐利亞的溫和派社會民主黨。但是，很多軍官卻蔑視屈服於凡爾賽和約的新共和國。

因爲對共和國充滿敵意，自由團的表現甚至更激昂而且無法無天。如前文所述，在統治臨時政府[9]的社會民主黨員如艾伯特與諾斯克的默許下，1918年12月，總參謀部組織自願軍以協助控制柏林的情勢。人們不難在失業人口，以及大量漫無目的四處遊蕩的退伍軍官之中，找到願意加入自由團自願軍的人。自由團於1919年春天，在柏林、萊比錫（Leipzig）與慕尼黑鎮壓勞工暴動的經驗，磨利了他們反社會主義的刀刃，那些曾於1919年和1920年堅守波羅的海邊境、對抗俄國布爾什維克的人認爲，反社會主義和保衛國家領土是同一件事。自由團混合了戰前德國健行社〔German hiking clubs；飄鳥運動（Wandervögel）〕裡年輕中產階級的反資產階級風格、戰時「前線戰士」的強硬作法，以及戰後在波羅的海或爲革命者占領的城市街道上進行的拯救德國運動的心態等，形成一種對共和國不利的態度。

那些新威瑪共和國的敵軍無法以正面攻擊的方式擊垮共和國，他們曾經試圖在1920年3月的「卡普暴動」中推翻威瑪共和國。當共和國企圖遣散某些自由團部隊時，其中一個曾經在1919年5月協助「掃蕩」慕尼黑的分隊——歐哈德大隊起兵叛變，並且配戴著納粹黨的黨徽標誌進軍柏林。有權勢的反共和國軍官和文職人員，例如1917年曾經協助成立祖國黨（Fatherland Party）的普魯士官員卡普（Wlofgang Kapp），希望利用歐哈德的士兵逼政府下臺。當軍隊總司令西克特（Hans von Seeckt）將軍拒絕命令軍隊採取行動對抗歐哈德大隊，以免使部隊分裂時，政府撤離柏林，把柏林讓給叛軍。但是，在有份量的文職人員拒絕執行他的命令，以及德國現代史上最廣泛的勞工全面性罷工導致經濟癱瘓的情況下，卡普組成新政府的企圖失敗。四天後，卡普放棄了，威瑪共和國重回柏林執掌政權。

慕尼黑的地區軍隊指揮官推翻了社會民主黨的巴伐利亞州政府，並且成立一個由卡爾（Gustav von kahr）領導，較溫順的民族主義州政府；卡爾是保守的巴伐利亞自治權支持者。1920年代初，早期的威瑪共和國中的「自治權」，意味著一種不貫徹執行聯邦政府控制暴動者權利的努力。因爲共和國的領袖已經選擇將在凡爾賽和約的限制範圍內重建德國軍隊的重責大任，交託給西克特將軍，所以這些「自治權」的努力相當貧弱，西克特將軍在1920年3月以政治「中立」爲名，讓歐哈德大隊進入柏林。在慕尼黑，軍隊甚至不需僞裝其中立的態度。

希特勒的崛起

慕尼黑的軍隊指揮官設計了政治訓導計畫（political indoctrination program），以保衛他的士兵抵禦破壞性的宣傳活動。其中的一位訓導員是當時身分爲下士的希特勒，奧地利海關官員之子，他是一個鬱鬱寡歡的寂寞青年，在維也納度過二十幾歲時的青春歲月，雖然沒能進入藝術學院就讀，但卻受到維也納人的德國民族主義和反猶太主義影響，懷才不遇之情充塞胸腑。雖然日後在自傳《我的奮鬥》（*Mein Kanpf*, 1925）中，他選擇以一個被誤解的年輕藝術家掙扎於貧窮和顛覆性的反德思想的方式，來描述自己在維也納的數年光陰，但是因爲母親的饋贈以及最後得到的一份小遺產，所以希特勒其實並不眞正缺錢。第一次世界大戰爆發，爲在慕尼黑的他製造機會，他曾移居到慕尼黑以躲避奧地利的徵兵。1914年，希特勒自願加入巴伐利亞軍隊，戰爭讓他擁有第一次眞正實現人生的機會。他服役四年，擔任在指揮部和前線之間傳達訊息的傳令兵，並且曾經二度受傷。他被授予很少頒給下士的一級鐵十字勳章。1918年因爲毒氣中毒暫時失明而住院，他聲稱在幻覺中聽見拯救德國的召喚，所以他對戰敗做出反應。

1919年，慕尼黑的第二軍團政治部命令希特勒調查被視爲祕密間諜的德國勞工黨。德國勞工黨是由一位熱心地希望讓他的勞工夥伴能從社會主義轉變爲民族主義的鎖匠，於1918年3月在慕尼黑成立的政黨。希特勒以卡號555的身分加入這個團體，逐漸控制了德國勞工黨，並於1920年4月，放棄軍人的職務，把所有的時間都花在黨務工作上，他將德國勞工黨更名爲國家社會主義德國勞工黨（National Socialist German Workers' Party）。[10]希特勒流利的口才爲這個政黨帶來新的活力，並且從與自由團相同的來源中吸納很多新成員。他買下一家報社《人民觀察報》（*Völkischer Beobachter*）。[11]該政黨的準軍事直接行動隊伍衝鋒隊（Sturmabteilung, SA）或者衝鋒隊員，在街頭與社會主義者鬥毆，並且保持自由團構選成員宣誓效忠單一領袖的傳統。

納粹黨

希特勒的新政黨只是1919年以後，德國盛行的民族主義反猶太直接行動團體之一，但是它比其他團體成功。希特勒設法吸收社會各階層的人士，這是法西斯主義運動的標誌之一，除了少數啓動這項運動的工匠之外，還有來自於上層階級與富人的支持。希特勒得到有政治頭腦的軍官如羅姆（Ernst Röhm）上尉，和曾經於1919年5月從蘇維埃手中「解放」慕尼黑的自由團領袖埃普將軍的支持，用來購買《人民觀察報》的資金中，有一半是來自他們的資助，他們也提供有用的保護和宣傳。其他富裕的支持者是兩位婦女——貝希施坦因（Hélène Bechstein）小姐（出身於鋼琴製造商的家庭）與勃魯克曼（Elsa Bruckmann）小姐（出版業），希特勒是透過曾經就讀哈佛的藝術商後代，也是慕尼黑酒館的知識份子漢夫施丹格爾（Putzi Hanfsttaengl）與她們結識。另外還有四處漂泊的退役軍人，如戈林（Hermann Göring）上尉，他是一位得過很多勳章的戰鬥機飛行員，繼任里希特霍芬（Manfred von Richthofen）男爵成爲德國最著名的戰鬥機中隊隊長，但現在不但失業而且嗑藥。也有來自東方國境失土的日耳曼人，例如來自波羅的海的羅森堡（Alfred Rosenberg）。

1920年2月，納粹黨開始採行二十五點綱領，當時的納粹黨還只是由工匠和工藝師組成的小型運動。他們的黨綱揉合了狂熱的民族主義、反猶太主義與反資本主義，主張廢除凡爾賽和約，並與奧地利統一，成爲比1914年的德國還大的大日耳曼王國，且必須褫奪猶太人的公民權和公職。在二十五點綱領中，由希特勒的德國勞工黨前輩所負責的反資本主義，並不是如社會主義者所倡議般反對私有財產或者號召社會主義革命，更確切地說，它是一小股人民對債權人和富人的不平之氣。主張廢除非勞動所得、沒收靠戰爭掙得的利潤、信託國有化，以及調整大企業的利潤。爲了將店舖出租給小店主，納粹黨提議將百貨公司「公有化」。他們要求土地改革，防止投機買賣土地，並且爲了「公共目的」而沒收土地。

更值得注意的是這二十五點綱領表達的是下層中產階級的牢騷不滿，而不是日後納粹的行動指南，十年後當希特勒掌權之時，採用的是相當不同的社會政策。但是，即使是在剛開始的階段裡，相較於他們對綱領的強調，納粹黨其實更強調群衆動員的技巧。群衆遊行和集會已經進入歐洲左派的政治活動，納粹卻把這些活動轉變成一種民族主義、反社會主義與反猶太主義的藝術風貌，制服、旗幟與火光照耀下的晚會，撩動許多德國人的心弦。正如1922年10月，有800名衝鋒隊員違抗示威運動的禁令在科伯遊行一般，納粹黨公開嘲弄威瑪共和國控制公共秩序的努力。衝鋒隊員對社會主義者集會所採取的不利行動，直接或因引發共鳴而間接地發洩人們的憤怨，甚至在敵對的新聞報紙上大出風頭。

1923年的「啤酒館暴動」

德國的政治氣候在1923年時再起風暴。法國已經占領魯爾，共產黨企圖在漢堡奪權，還有已達天文數字的通貨膨脹。對威瑪共和國的絕望和輕蔑，推動了一股群眾轉而支持納粹黨的潮流。第一次世界大戰的指揮官魯道夫將軍，在集會上站在希特勒身旁。在這些支持的鼓勵下，希特勒決定強迫把巴伐利亞的民族主義州政府變成他推翻威瑪共和國的基地。1923年11月8日，納粹黨員衝進在慕尼黑貝格勃勞凱勒啤酒館（Bürgerbräukeller，一間大型啤酒館）舉行的會議，擄獲巴伐利亞州長卡爾與地區高級軍官和警官，並且強迫他們發誓公開支持希特勒展開全國革命的呼籲。雖然卡爾和其他人一得到自由就馬上否認希特勒的權威，但是羅姆上尉和他的衝鋒隊卻在與軍官串謀的情況下，成功地占領了巴伐利亞州的軍事部。11月9日，在希特勒的領導下進軍其他的政府建築物，他確信身旁的魯道夫將軍可以讓負責守衛這些建築物的軍隊和警察保持中立。但是，巴伐利亞的軍隊指揮官支持合法的政權，而且當希特勒和魯道夫帶頭逼近政府架設的路障時，警方竟然對他們開火，有十六名納粹黨員和四名警察被殺。希特勒被逮捕，雖然他利用接受審訊的機會，把審訊變成一場公開講壇（「我要摧毀馬克思主義」），但仍被送進了監獄。

1924年間，威瑪共和國設法穩住自己的陣腳，而且1923年時的緊張情勢和

圖7-2　1924年2月24日，希特勒和在慕尼黑「啤酒館暴動」時追隨他的同謀們，因為叛國重罪接受審判。站在中間位於希特勒身旁的是魯道夫將軍，而右邊數來第二位則是衝鋒隊的指揮官羅姆上尉。

民團主義也已經緩和。納粹主義似乎也有衰退的跡象，但是它的構成要素依然潛伏在德國的社會和價值觀裡，準備伺機而動，在未來出現任何危機之時就會一呼百諾。

匈牙利的反革命運動

第一次世界大戰之後，匈牙利大規模的反馬克思主義民族主義運動時機也已經成熟。就比例上來說，匈牙利是戰爭中失土面積最大的國家。昔日曾經是對斯洛伐克、羅馬尼亞和南斯拉夫等少數民族作威作福的統治國家，現在的匈牙利卻是遍地饑荒，領土縮減至僅剩戰前領土的三分之一大小。三百萬名馬札兒人現在變成羅馬尼亞、南斯拉夫和捷克斯洛伐克境內的少數民族。從馬克思主義者到保皇黨，每一種政治運動都拒絕接受特瑞阿嫩條約（巴黎和會中屬於匈牙利的部分），而且充滿了要求民族復興的聲浪。幾乎每一位匈牙利人都是要求修改條約的民族主義擁護者，他們對戰後匈牙利地位的反應是「不！不！絕不！」的口號標語。

英國的歷史學家泰勒基於數個理由稱呼匈牙利為「第一塊孕育法西斯主義的土地」。[12]因為卡羅里伯爵的十月共和國所招致的民族恥辱與社會動亂，[13]所以戰後的事件對匈牙利自由主義價值觀的毒害，甚至更甚於威瑪共和國對德國民族主義的影響。1919年成立的蘇維埃政權，使那些在羅馬尼亞境外的歐洲地區與西班牙南部地區[14]享有不公平的土地分配優惠的上流社會人士與貴族統治階層深受驚嚇。極度渴望擁有土地的農民們對「共產主義和紳士」都同樣厭惡。[15]從國王的三分之二失土中被驅逐的大批流離失所、飽受驚嚇的復員軍官和匈牙利官員，因領土割讓和戰後經濟混亂而破產的企業和專業人員的加入而更形壯大。這些人逐漸產生反猶太主義和反馬克思主義的情感。他們對於猶太人在匈牙利的銀行業及商業界中擁有舉足輕重的地位，[16]以及庫恩的蘇維埃政權深感憤慨。

戰後的匈牙利是在反革命的氣氛中形成的，甚至在庫恩的133天蘇維埃政權建立之前，於1918年10月的共和國執政期間，復員的軍官和被趕出來的文官就已經組成祕密社團，致力於以「匈牙利主義」取代西方的理想。匈牙利主義含糊曖昧地混合了種族主義者和等級制度的社會觀念，並且以浪漫多情的新中世紀語言來表達。位於南方邊境地區且在法國軍隊的防禦線後方的塞格德（Szeged）鎮，是這類運動的中心，反自由主義的年輕軍官在這裡組成「十二上尉集團」，他們在兩次大戰之間成為匈牙利領導階層的一部分。這群人很快地便組成如「喚醒匈牙利人」（Awakening Hungarians）或「伊特庫茲協會」（Etelköz Association, EKSZ）般的地下活動集團，這些集團聲稱要模仿早期匈牙利的部落社會，誓言完全效忠七個部落酋長，並且承諾建立「一個偉大、基督教與純種的匈牙利」。

塞格德鎮中聲名最顯赫的是海軍上將霍爾蒂。他是奧匈帝國最後一任海軍總司令。不過，最活躍的人物則是「十二上尉」之一的戈姆勃斯（Gyula Gömbös）上尉，他曾在霍爾蒂的命令下，組織了一支反布爾什維克的自願軍。戈姆勃斯的父親是一位教師，母親是德語區的農夫之女，並非出身自必須受到匈牙利傳統束縛的仕紳家族，甚至完全沒有傳承到完整的匈牙利文化。但是，他利用強烈反對巴黎和會的主張、致力於復興匈牙利文化，以及抨擊馬克思主義是「追逐私利的國際猶太人強加於單純勞工身上的毀壞性異端邪說」，[17]來彌補自己的這點不足。

戈姆勃斯在1919年時自稱是國家社會主義者。他所謂的「國家」，表現在他認為恢復自己想像中的匈牙利價值觀和國境是他們的歷史權利的決心；而「社會主義者」則反映在他剝奪國際財閥為匈牙利勞工製造工作機會，並且沒

圖7-3　1919-1944年，匈牙利攝政王——海軍上將霍爾蒂。

收大地產將土地分配給匈牙利農民的提案。和匈牙利的上流社會人士不同，哈布斯堡的統治家族對戈姆勃斯來說毫無用處，後來在1920年代時，他甚至攔阻所有幫助最後一任奧匈帝國皇帝——卡爾重登匈牙利王位的企圖，而當他在1932年就任總理時，戈姆勃斯籌組了匈牙利現代史上，第一個不包含貴族的內閣。戈姆勃斯的民族保衛黨（Party of Racial Defense）變成復員的低階軍官、憤怒的民族主義者，與反猶太的低階官員和商人的聚集處。1922年之後，他在墨索里尼的政綱風格中汲取靈感，並且早在1923年時，就已經與希特勒有所接觸。

1919年時，匈牙利另一個反革命中心是維也納，維也納是由貝特倫（Istvan Bethlen）伯爵領導的反布爾什維克委員會成立之處，貝特倫伯爵是來自匈牙利東部的喀爾文教徒，而且是個擁有大片土地的貴族。貝特倫代表出身背景更高貴、寬容以及有教養的大地主說話，他們比戈姆勃斯更贊同19世紀晚期匈牙利統治家族那有限的議會傳統。

1919年8月1日，來自塞格德鎮與維也納這兩個反革命中心的軍隊，在羅馬尼亞人趕走了庫恩之後，占領了布達佩斯。伴隨收復布達佩斯而來的是奪走一千條人命的「白色恐怖」，那些喪命的人多多少少都是不分青紅皀白地被視為社會主義者或者猶太人。海軍上將霍爾蒂開始了他在陸地上的第二個事業——擔任王權已被架空的匈牙利君主國的「攝政王」。

剛開始時，主要的影響力掌握在「種族主義的動力與反對紅色風暴」的塞格德鎮祕密協會，與年輕的「上尉們」手中。但是，1921年時，社會的狂熱已經退燒。霍爾蒂任命貝特倫伯爵為總理，雖然貝特倫的政權不受日益刺耳的反猶太主義與塞格德鎮軍官的神祕主義影響，但是他卻試圖恢復上流社會人士的統治。舉例來說，貝特倫把合格的選舉人數減少到至人口的27%，而且恢復鄉村選區的公開投票，如此地主就可以知道他們佃農的投票情形。他允諾城市裡的工會可以再度運作，但是卻禁止組織農業勞工。因此在1920年代的其餘歲月裡，由寡頭議會政治取代塞格德鎮集團接掌了這個國家的政權。

近觀法西斯主義

在上文中，我們曾經檢視了三個團體——義大利的法西斯主義、德國的國家社會主義和匈牙利的上尉集團；這三個團體並不是大戰結束後，唯一在歐洲活躍，普遍的、具暴力傾向的、反自由主義與反馬克思主義的運動。還有很多規模比較小，比較沒有那麼成功的實例。大戰之後，法國的瓦盧斯（Georges Valois）與君主主義的天主教法蘭西行動（Catholic Action française）決裂，希望利用比較激進的「國家社會主義」來讓法國勞工脫離馬克思主義的影響。他的「儀仗鉞」（Faisceau）企圖成為義大利的法西斯（fascio）或者兄弟會在法國的翻版。時間較持久的法國運動是「愛國青年」（Jeunesses patriotes），這是由民族主義學生和退役軍人組成的直接行動小隊，於1924年由香檳酒釀造商泰丁格（Pierre Taittinger）所組成。1920年時，羅馬尼亞學生科德雷亞努（Corneliu Codreanu）所發起的「基督教國家社會主義」（National-Christian Socialism）運動，致力於破壞罷工，並且干擾自由主義教授授課，以及限制羅馬尼亞大學與專業人員的猶太人數量等活動。凡此種種都是廣泛、新穎而且重要的運動。究竟這些運動所代表的意涵為何？而它們又是如何產生的呢？

法西斯主義的意義

法西斯主義不單只是極右派。右派和左派這兩個名詞，是法國大革命時首度應用於政治學上的用語，[18]屬於19世紀時的政治語彙，與爭取人民主權、個人自由及資產的奮鬥有關。在觀察法西斯主義運動時，我們會發現自己置身於怪異的景象之中。其間，人們熟悉的政治路標如右派和左派，再也無法提供精確的方向。

早期的法西斯主義運動對傳統的極右派保守主義似乎相當暴力與敵視。與左派份子相同，法西斯主義是一種群眾運動。它的軍隊穿著顏色統一的襯衫，它的平民領袖對國王和貴族滿是蔑視，它那震耳欲聾的大集會以及訴諸行動的行為，都背離了世襲等級制度以及傳統保守派所渴盼的恭順、被動的下層平民世界。沒有人會錯認戈姆勃斯上尉是有教養的貝特倫伯爵，或者誤認墨索里尼是個義大利貴族或富裕的企業家。很多法西斯主義者對教會（雖然在斯堪地那維亞半島、羅馬尼亞和匈牙利比較不嚴重）也懷抱敵意。

早期的法西斯主義黨綱稱他們的運動為「國家工團主義」或者「國家社會主義」運動，嚴厲抨擊國際資本主義、百貨公司、銀行，有時也會批評大地主。他們吸收那些厭惡社會黨的前工團主義者、厭惡父執輩自滿態度的年輕中產階級、憎恨把他們送上戰場卻又讓他們失業的那些人的退役軍人、嫌惡現代大眾文化的知識份子、害怕新潮的獨立女性的男性，以及擔心社會沒落，辛苦奮鬥的店主和低階官員。因為主張以改頭換面的方式進行徹底的改革，所以法西斯主義者通常被視為革命家。與黨決裂的但澤前納粹領袖勞契寧（Hermann

Rauschning）曾經寫道，「就無政府主義者與共產主義者夢想的『群衆起暴』的意義來看，國家社會主義毫無疑問是一種名副其實的革命運動。」[19]勞契寧認爲，除了奪權和鞏固權力之外，這種革命是漫無目的的，但是對於現狀的破壞自然其威力也不在話下。

一方面，反資本主義者和反資產階級者的辭令，讓法西斯主義者看似屬於反右派份子；另一方面，所有的法西斯運動無一例外，均視馬克思主義爲仇敵，並且認爲軟弱的自由主義是敵人的主要幫兇。法西斯主義者的暴力是用來對抗社會主義者和左派的天主教政黨、工會與種族「敵人」。法西斯主義者想推翻的政權，是那些他們判定無法適當維持國家勢力、提供工作機會與維持社會秩序的自由派或改良派的無能政權。

除此之外，反資本主義和反資產階級的辭令在法西斯主義運動中並不普遍，而且他們鼓吹的始終是一種選擇性反資本主義。他們代表那些飽受通貨膨脹的壓榨，而且夾在日益強大的資本主義公司和日漸發展的工會之間的狹縫中求生存的中產階級的不滿。在要求銀行國有化並且「打破資本利息的束縛」（break the capital-interest yoke，納粹黨二十五點綱領中的第十一點）時，他們只是想要爲自己的小企業爭取寬厚的貸款條件並且降低利息，而不是要實行社會主義。當他們要求競爭力對他們造成威脅的托拉斯國有化時，他們想要的是保護小資產而不是廢除財產權。他們要求有組織的經濟，指的是解散獨立的工會，而不是關閉自由競爭的企業。儘管其中有些知識份子會使用反資產階級的辭令，但是法西斯主義想要的是一場保護中產階級的革命，而不是讓無產階級掌權的革命。「只有改變才能維持不變。」在蘭帕杜沙（Giuseppe de Lampedusa）的西西里社會小說《花豹》（*The Leopard,* 1956）中，年輕的繼承人如此說。

不論如何，法西斯主義者的辭令，遠不及法西斯主義的實踐重要。1920年代奪得政權的法西斯主義運動——義大利的法西斯主義，就在傳統保守派的協助與串謀之下，確實實踐了法西斯主義。然而，掌權之後，它就忘卻了自己先前的言論，與國王、貴族、教會和企業（在第八章我們將有更詳細的討論）達成協議。德國國家社會主義也利用類似的結盟關係取得權力。有些馬克思主義者斷言，法西斯主義只是資本家爲了擊退馬克思主義以及紓解經濟壓力的雙重目的所創造出來的手段。這樣的說法太過低估法西斯主義運動的群衆基礎。[20]但是，很難否認法西斯主義者和傳統的保守派通常會建立收益豐碩的同盟關係。法西斯主義很顯然屬於右派，但卻是新式的右派份子。

因爲宣稱要消滅階級界線，所以要用右派的標準來適當定位法西斯主義就更加複雜了。法西斯主義者承諾在熱烈的民族和解裡，消除階級鬥爭，這是它對傳統右派所做的呼籲之一，並不是一個全然虛僞的要求。雖然法西斯主義的支持者大部分是中產階級，但是法西斯主義確實也吸引了一些勞工的目光，這些勞工大多不受歐洲勞動階層普遍的社會主義文化影響：愛國的反社會主義者、年輕的失業人口，以及勞工不曾受到群衆運動青睞的地區，如東歐和義大利南部裡沒有組織的窮人。

在某些方面，年輕人對法西斯主義的辨識力優於階級或政治意識形態。法西斯主義煽動年輕的局外人叛亂，他們出身於壕溝戰或街頭示威活動，以及戰後不久的那些失業人群之中。墨索里尼的行動隊在行軍時高唱「青年之歌」（Giovinezza）。1920年時，戈姆勃斯上尉33歲；科德雷亞努20歲；希特勒31歲。

法西斯主義將19世紀中產階級與下層中產階級所擁抱的自由主義拋諸腦後。在緊急時刻，例如經濟蕭條、國家敗戰或者政治弊端改革不力的時候，歐洲的中產階級會有向左極化的傾向，正如1848年時的革命一般。在法西斯主義運動中，歐洲的下層中產階級偏向激進的反社會主義和反自由主義的極權主義。他們發現，在他們的父輩中占優勢地位的自由主義或社會主義的價值觀已經蕩然無存。這是研究法西斯主義的學者們必須考察的歷史大轉變。

法西斯主義的根源

雖然法西斯主義是在第一次世界大戰與布爾什維克革命的衝擊之下，才突然在世界上完全綻放，但是我們仍可以從一些蛛絲馬跡辨明，早在19世紀晚期，情勢便已經開始爲法西斯主義準備了孕育溫床。

第一步是某些保守派人士接受了群衆政治。19世紀中葉，行動派的極權主義者，如法國皇帝拿破崙三世以及德國總理俾斯麥，以成年男子的普遍選舉權，作爲爭取更多民衆支持，以壓倒比上層階級的自由主義議會反對派領袖的策略。

天主教教會也承認群衆政治的必要性，開始與那些堅持反社會主義的反教派——自由主義者講和。在教宗碧岳九世（Pope Pius IX, 1846-1878）的時代，教會的主要敵人是，在1880年代從教會手中奪走公共教育權的新興、好戰且反教權主義的法國共和國，以及在1870年時曾經掠奪教會土地的新興、統一的義大利王國。1890年代，教宗里奧十三世（Pope Leo XIII, 1878-1903）曾經推動法國天主教徒接受法國第三共和（French Third Republic）。里奧的繼任者碧岳十世（Pope Pius X, 1903-1914），在1904年時做出更引人注目的變革，當時他授權義大利的天主教徒，在他們的選票可以阻擋社會主義候選人當選的情況下投票，這是自1870年以來，義大利國內教會首度允許天主教徒投票選舉。不過教權主義的議題並未因此沉寂，這從1905年在法國的一場政教分離的激烈口角可見一斑。但它是屬於19世紀所發生的諸多歧見之一，其重要性隨著社會主義勢力的日益擴大而逐漸褪色。19世紀末期，很多歐洲的保守派寧可讓自己適應群眾政治，也不願意遵循保守主義嘗試把群眾逐出政治圈外的目標。

當然，只有在群眾樂意支持保守派的利益時，這種策略才有意義。在19世紀末時，代表歐洲中產階級與下層中產階級政治言論的自由主義，已有枯竭之象。在政治層面，隨著1890年代[21]社會主義政黨已經開始透過男子選舉權贏得大量的議會席次，有些歐洲的中產階級對於議會民主制度的效力，開始有了第二種想法。在經濟層面，許多中產階級並不喜歡會讓他們夾在有日益增加之勢的有組織的資本家，以及有組織的勞工之間，自由放任的自由市場經濟。小資產、個體商店或手工藝業等，已經成為下層中產階級自立的主要途徑，但是19世紀晚期時，這類資產卻長年處於壓力之下：小商店遭遇連鎖商和百貨公司新零售方式的競爭之苦，而工匠也一樣面臨很多工業競爭。週期性的商業不景氣期間，如1880年代，這些壓力更加沉重。

不論是馬克思主義者或自由主義者，這些小企業主和工匠們都無法透過現有的政黨適當地宣洩他們的怒氣。自由主義政治經濟學者依然抵制國家干預經濟。雖然提倡持續的工業化是社會主義下一階段——集體富裕的必要準備，但是馬克思主義反對在生產和商業上所有的私有財產。在大戰之前，反對自由放任的資本主義的中產階級，正迷亂地探索一種非自由主義，也非馬克思主義的「中間路線」或「第三路線」。[22]似乎只有新的手段可以保護小資產免於受到大企業和強勢勞工的欺壓，這個新手段就是摩拉斯（Charles Maurras）在1900年代初期的法西斯行動運動中所提出來的新方案。舉例來說，他那過早發動的行動之一是攻擊威脅到小食品雜貨商生計的乳品連鎖店。

雖然第一次世界大戰之前，歐洲獨立的下層中產階級緩慢而且痛苦地萎縮，但是領薪的下層中產階層卻急速地成長，為法西斯主義提供另一群潛在的群眾追隨者。馬克思曾經預期工業進步將會產生更多的無產階級，然而事與願違，1890年代時，北歐與西歐工廠勞工的比例，始終大約維持在總人口的三分之一左右。雖然產業勞工的絕對人數持續增加，但是他們的相對人數卻因為下層中產階級，或者被稱為經濟第三產業：白領雇員、辦事員、負責銷售與配銷的勞工，以及低階公務員等的大幅增長而維持下滑的狀態。這些是20世紀工業化與都市化歐洲國家中，人口成長最快速的一群人。雖然他們和任何工廠勞工一樣，為了薪水而工作，但是很多白領雇員卻堅守某些中產階級的體面象徵。很多漫畫所呈現的景象——穿著手肘已經磨光的黑色西裝、公事包裡只裝著作為午餐的薩拉米香腸的德國或奧地利小公務員——與現實相當接近。只要能夠給他們安全或進步的承諾，這些新興的中產階級就會支持民主制度，但是處於危機之中時，他們深恐自己會淪為無產階級。雖然他們之中有很多人討厭自己的老闆，但是他們也不願意變成社會主義者，因為那意味著要接受無產階級的身分。歐洲的下層中產階級曾經為1848年革命的街壘戰貢獻頗多力量，在20世紀時，他們甚至為法西斯右派份子提供了更多的群眾力量。

戰前自由主義在知識份子階層的頹勢也很明顯，但這並不代表自由主義宿敵的勝利。19世紀末期，人們已經不再非常嚴肅地正視傳統保守派以信條及世襲威權的神聖權利為名義，對自由主義發出的挑戰。重要的變化是在自由主義先前的大本營——受過教育的中產階級之間，自由主義者對人類進步以及人類普遍具有理性的信心不再。我們在之前的章節內容中，曾經檢視過很多19世紀的自由主義假設備受挑戰的層面——視覺藝術、哲學、心理學與科學。[23]有些挑戰者本身，如未來派畫家馬利內堤，熱情地參與墨索里尼的法西斯主義蔑視自由主義的狂熱行動。

因為熟悉的自由主義心靈宇宙的瓦解，使某些歐洲人更加微妙與間接地投入法西斯主義。在20世紀末期，有些人的心中有著不祥的預感；有些人對醜惡的城市和工業社會、對過度破壞的知識份子、對男性支配地位衰退的知覺，以及對資產階級個人主義的任性有強烈的反感。他們因為感受到歐洲正在衰頹而驚恐害怕，對衰頹的恐懼，很容易就轉變為宏觀的歷史悲觀主義。在軟弱的第三共和統治下，摩拉斯的法國人估量他們民族威望的衰退程度；義大利人緬懷已經消逝的羅馬帝國；舒納特（Georg von Schönerer）的奧地利日耳曼人認為他們的人民已經被淹沒在斯拉夫人和猶太人的人海之中。他們帶著渴望復興的心靈，尋找純淨的種族、群眾的熱情、男性的堅強、民族的統一，與獨裁主義的統治之間，可以彼此相輔相成的補救方案。

19世紀初期，想像民族自決的國家將能組成一個如家庭般和樂、寬容的國度的民族主義，在19世紀晚期時已經變得更加封閉與排外，與此同時，種族概念更加流行。自由主義的知識份子，曾經把所有跨越頭銜和身分地位的界線而將人們團結起來的人類特性，視為至高無上的特質，但是在19世紀的歐洲蓬勃發展的探險家、旅行家、地理學家和人類學家，卻重新發現了人類的差異。他們將那些差異歸因於種族。種族思想以反猶太主義的形式，在教育程度比較低的歐洲人之間蔓延開來。1880年代之後，俄國沙皇「俄羅斯化」所有境內少數民族的努力，激起人民仇視因受法令限制而必須集中居住於俄羅斯西部和波蘭隔離區的猶太人。1880年代以後，攻擊猶太人商店和居處的大屠殺，導致數千人葬送生命；戰前最殘忍的一次大屠殺發生於1905年10月，當時在敖德薩有三百多名猶太人慘遭殺害，而相關當局卻袖手旁觀。1890年代，因爲俄羅斯東正教猶太人的移民，使西歐人對這些外人產生敵意。中世紀基督徒對猶太人的敵意，現在因爲種族差異的主張，以及對猶太人可能會削弱國內的民族同質性的恐懼而更加強烈。

因此，在1914年之前，所有法西斯主義的構成要素都已齊備。第一次世界大戰只是法西斯主義的催化劑而不是它的創造者，同時，在很多不同的層面上，戰爭的經驗擴大並且融合這些各不相同的要素。戰爭破壞了整個戰前歐洲的秩序，其中以年輕人受害最烈，以致於那些不願意接受以蘇維埃模式進行改變的國家，全都開始尋找可以承擔新緊急情勢的「新道路」。戰爭也暴露了人性邪惡與不理性的一面，證實了戰前人們對自由主義假設的批評。

戰爭使法西斯主義潛在的群眾追隨者倍增。整個世代的人都已經投入戰爭，這些年輕人中，曾經經歷過第一次世界大戰的「鋼鐵洗禮」，具有「前線戰士」的心態，因此變得冷酷無情以及滿心怒火。後來成爲墨索里尼夥伴的巴爾波（Italo Balbo）回憶道：

> 當我從戰場上歸來……和其他許許多多的人一樣，我厭惡政治和政治家，在我看來，他們出賣了士兵的希望，讓義大利屈服於可恥的和平，讓義大利人的英雄傳統徹底蒙羞。我們是為了奪回出賣一切理想的喬利蒂的樂土而奮勇作戰嗎？不！為了徹底更新一切，我們寧可否定一切、破壞一切。[24]

那些沒被和平時期單調沉悶的工作所吸納的退役軍人，找尋可以延續戰壕裡那堅定、陽剛的同志友誼和忠誠情感的方式。若單靠他們自己的力量，或許只能結成勉強算是街頭幫派的組織。但是，戰時的社會變遷爲他們提供了一群群眾追隨者，社會混亂對整個先前生活無虞的中產階級民眾的地位造成威脅。勞工的興起使有身分地位的人感到恐懼，不過，因爲總體戰的龐大衝力刺激產業集中，讓小企業主深感惶恐。不過，對中產階級來說，造成混亂的主要發動機是通貨膨脹。

戰時物價上漲的情形在1918年時並未停歇。法國在戰後經歷了爲時短暫的穩定期之後，1924年到1926年間，法郎的匯率就滑落到只剩戰前價值的零頭。

當1928年時法郎以戰前匯率值的五分之一的價值穩定下來時，法國那些戰前每一法郎的存款現在只值二十生丁的中產階級覺得，自己爲戰爭所付出的損失與收穫不成比例。義大利通貨膨脹的情形依然持續惡化，而在被分割後的奧匈帝國領土上，情況甚至更加嚴重。1919年7月，四口之家購買一個月的食糧大約需要2,500克朗；在1922年7月時，四口之家卻必須付出29萬7,000克朗才能買足一個月的食糧。[25]1923年時，德國那如脫韁野馬般失控的通貨膨脹，已經讓人民無法以貨幣購買任何物品。所有靠固定收入生活的人都必須仰賴慈善救濟度日，而支撐中產階級自立的基礎——儲蓄、投資與年金——已經消失不見。

法西斯主義最後的催化劑是革命派社會主義的威脅。雖然不是百分之百的吻合，但是新興法西斯主義的版圖，恰巧與1919年和1920年革命爆發的分布圖頗爲一致。有些歐洲人依然完全信賴傳統的保守主義。在1917年到1920年西班牙爆發激烈的勞工衝突之後，就由普里莫（Primo de Rivera）將軍領導的軍事獨裁政府統治這個在國王阿豐索十三世（Alfonso XIII）的絕對威權統治下，未受法西斯主義影響的國家。一個除了憎厭政黨政治以外，全無任何清楚政綱的軍人集團，於1926年推翻了葡萄牙共和國。英國和法國這兩個戰勝國在他們現有的議會制度架構之內，解決其戰後問題。1923年時，只有一個歐洲國家——義大利——擁有這種新風格的政權，雖然有些其他的歐洲人也仿傚法西斯主義的制服、黑色襯衫、法西斯主義的辭令與腔調，我們仍然無法確知法西斯主義散布的範圍有多廣泛。

不論如何，在未來面對緊急情況，我們依然可以利用法西斯主義。當面臨經濟蕭條或通貨膨脹所造成的經濟崩潰、現代衰微所導致的文化崩散，以及階級鬥爭而導致國家分裂時，驚恐的歐洲人最好轉向組成能強有力地整合經濟、文化與階級的法西斯主義國家。

第八章

「常態」：1920年代的歐洲

直到1920年代中葉，歐洲人才開始感受到「和平的陽光普照」。[1]那時緊張的局勢已經緩和，隨之而來的是1920年代晚期一段平靜而繁榮的時光。在國際上，1920年代初期那充滿仇恨的對抗，如法國侵占魯爾，已經爲羅加諾精神所取代。在國內的政局上，革命和反革命的浪潮已經平息，而議會政體的國家也以較溫和的左派與右派輪番執政的方式安頓下來。戰時的管制已經取消，人們的重建工作漸漸掩去戰爭留下的種種痕跡，至少在西歐，繁榮興盛的景氣已經讓生產量重新回復1914年時的水準。戰爭種種社會禁令的廢除，再加上放縱戰時被推延的渴望，以及鬆綁的社會約束，爲1920年代晚期的繁榮時光，增添一層輕率粗俗的光彩。

回歸「常態」

美國總統哈定以「回歸常態」的說法，來描述這段時期。但是對於經歷了四年總體戰，然後又接著經歷四年戰後混亂歲月的歐洲來說，什麼是「常態」呢？1920年代晚期，主導西歐議會制國家公共生活的、溫和的中間偏左和中間偏右的聯合政府，使19世紀晚期的自由主義價值觀再度復甦：擴大議會制民主政治、個人的自由權，及以私人企業爲基礎，而且在政府最低限度的干預下運作的市場經濟。因爲崇尚自由主義的西方國家英國與法國不但贏得了這場戰爭，遏制了革命風潮，並且在當時已經恢復歐洲最高的生活水準，所以在1920年代晚期的歐洲，對很多歐洲人來說，這些價值觀似乎比較「正常」。然而問題是，那些「正常」的19世紀自由主義價值觀，有多麼切合戰後的世界呢？

新自由主義經濟：解散戰時政府

沒有人預期戰時政府狂熱的努力或嚴厲的管制會無限期地維持下去，一旦完成軍隊復員並且安定了國內秩序以後，各國就會開始解散各種戰時因應戰爭而設立的局部機關。1922年時，蘇聯以外地區的戰時機關幾乎已經完全解散殆盡。自由主義的價值觀主張經濟和社會決策最好留待自由市場決定，而「常態」則意指盡最大可能回復這種狀態。歐洲的自由主義者認爲，戰時的經濟管制是在緊急情況之下，不得不然而令人厭惡的權宜之計。「我們希望繁榮商業，」英國的保守黨（托利黨，Tory）黨員英奇凱普（Lord Inchcape）爵士如此說，而且：

> 不要花時間與政府的辦事員爭吵，隨著經濟部起舞，求見委員會，用甜言蜜語哄騙領事們，讓他們批准進口我們所需要的東西，為白廳（Whitehall）派來的調查員打開帳簿、票據和發票，並且忍耐煩惱和損失來證明每件交易的正當性……，接受某些官方的審員。[2]

但是，即使是在最不具國家干預傳統的國家裡，也無法完全回復到昔日世界，是很明顯的事實。護照的核發雖然是件小事，卻能顯露這項事實的實例。在1914年時，除了俄羅斯帝國和鄂圖曼帝國之外，歐洲人可以在整個歐洲大陸自由來去。但是在1918年以後，所有的歐洲國家都要求旅客攜帶護照。

因爲即使是在1914年以前，歐洲的經濟結構也沒有爲市場力量留下自由運作的空間，所以要恢復純正自由放任的經濟結構，甚至比恢復無限制的自由旅行還要困難。1880年代之後，除了表現卓越的貿易國英國之外，所有的歐洲國家都利用關稅或其他的貿易限制，來保護本國的工業。對內，政府介入保護公司行號對抗他們的勞工，而且他們對防範勞工聯盟的警戒心，更遠甚於對雇主聯盟的警戒心。事實上，所有的政府都已經開始監督工作時間和工作條件，並且支持健康與退休保險計畫。在英國，勞合．喬治曾經承諾過，戰後要建立一個「與英雄相稱的國度」，不過，在放任一切自由發展的情況下，他要如何兌現這項承諾呢？

事實上，歐洲的自由主義者並不建議在歐洲恢復猶如神話般，純粹自由放任的經濟制度，也沒有企業家或有組織的勞工願意接受這樣的目標。自由主義者希望在與1914年時類似的世界金融、貿易和銀行體系裡，盡可能恢復企業家在戰前曾經享有的獨立自主的經濟。反映這些意圖的最明顯的徵兆是重建國際金本位制，英國首先於1925年重建金本位制，隨後除了蘇聯以外的大部分歐洲國家也相繼重建了金本位制。

但是，即使是在1920年代晚期，歐洲經濟最繁榮的時候，也只是與1914年的情況相仿而已。原因之一是戰爭已經大幅增加經濟組織的規模與力量。在戰前已經出現的企業卡特爾，在戰時政府的大力鞏固之下更加壯大，尤其是歐洲大陸上的企業卡特爾。1920年代時，國際企業卡特爾負責調節歐洲的鐵、鋼、石油、化學品和其他重要工業產品的銷售。與此同時，工會會員的工廠勞工比例比戰前還高，並且他們還曾經參與戰時政府領導下的集權式經濟決策。在這種背景條件之下，自由主義的經濟政策相當於在有權力有組織的利益團體間進行仲裁。

國際經濟也因爲戰爭的影響，而出現永久性的變化。金本位制的重建並未能使國際貿易順暢運轉的媒介物重現。戰後的通貨膨脹已經使各國貨幣的相對波動相差甚巨，而投機商人又已蠢蠢欲動，想從這些波動之中獲取利潤，並利用大量炒作貨幣以加劇貨幣的波動程度。其中最重要的是賠款與戰爭借款的負擔，對國際貿易與匯兌的干擾。德國欠英國和法國錢；法國向英國和美國借債；而美國又是英國的債主。1924年以後，因爲美國貸款給德國，於是整個循環就此成形。如果美國的經濟出現任何問題，那麼整個脆弱易碎的新自由主義國際付款系統結構，就會搖搖欲墜。

新自由主義政治：議會民主制度的擴展

政治上的常態意指加速19世紀晚期邁向普遍選舉權、議會制政權與共和政體的步調。

共和政體首度成爲歐洲的通例，戰前只有一個強國——法國屬於共和政體。戰爭和革命掃蕩了四大君權（霍亨佐倫王朝、哈布斯堡王朝、羅曼諾夫王朝與鄂圖曼王朝）以及一些比較小的王國，如巴伐利亞與（從1924-1935年的短命王朝）希臘。戰後歐洲的主要國家中，只有大英帝國和義大利依然維持君主政體。現在大部分實施君主政體的都是一些小國，例如低地國家與斯堪地那維亞半島上的國家。只有一個新興的東歐國家——南斯拉夫——採行君主政體。

新政權的建立，讓制憲者度過一段過癮而且愉快的時光。新憲法通常是以西方的戰勝國爲模範；他們通常會結合法國的議會制度，並且遵循美國模式由人民選舉總統。起草新議會制憲法的最重要國家是德國。1919年8月制訂的威瑪憲法，應該是體現最佳法律學識與議會制度經驗的一部憲法。由擁護自由主義的柏林法學教授普羅伊斯（Hugo Preuss），在社會學家韋伯（Max Weber）與其他人的協助下所起草的威瑪憲法，用意是要將德國的政治穩固地推向民主路線，同時鞏固中央政府統治德國各州的權力；由人民選出任期爲七年的總統任命總理，總理與他所籌組的內閣必須擁有由人民選舉產生的議會多數派的支持；由各州代表組成的上議院可以延緩但不得阻止立法。爲了讓每位公民的選票能夠最具數學性的等值性，威瑪憲法的起草人設計了比例代表制，各政黨在立法機關的席次，是按照其所得票數在全民總投票數中所占的比例而定。

戰後的憲政體制大幅擴增投票權。戰時的壓力甚至曾經迫使德國皇帝承諾於1917年廢除普魯士的三級投票制。直到1946年下一波新憲法出現爲止，第一次世界大戰之後取得投票權的歐洲婦女，比其他任何時期更多。在戰爭之前，歐洲只有芬蘭（1906年）和挪威（1913年）准許女性擁有投票權。[3]1918年時，英國實際上已經給予幾乎所有成年男性以及三十歲以上女性選舉權；1928年又賦予年輕女性選舉權，在戰後的這段期間裡，威瑪德國、三個繼承國（波蘭、捷克斯洛伐克與奧地利）、低地國家、斯堪地那維亞半島各國和西班牙（1931年）的女性都擁有投票權，但是義大利、瑞士、法國或葡萄牙的女性依然還沒有選舉權。在兩次大戰之間，只有英國和蘇聯有女性擔任重要的政治角色。

戰爭促使人權平等的影響力，在戰後的政壇上顯而易見。社會主義政黨，包括某些確實具有勞動階級背景的成員，在議會民主制度裡共享權力。威瑪德國的新總統——社會民主黨的艾伯特，曾經只是個馬鞍匠學徒。1924年第一個英國工黨政府的成員，彼此熱烈地討論在晉見國王喬治五世（King George V）的儀式裡，應該穿著的適當服裝，最後他們決定穿著傳統的燕尾服。在後來的第二次世界大戰，1945年工黨的領袖則穿著便服晉見喬治六世。

西歐三個主要的議會民主政體——英國、法國與德國——在1920年代中葉，由中間派政黨聯盟上臺執政。1920年代晚期，這些政權外表予人政治穩定而且意見一致的印象。

戰後的常態不單只是意味著恢復北歐和西歐的自由主義政治和經濟制度，也意味著要將這種自由主義政治和經濟制度推展到歐洲大陸其他地區的意圖。但是，議會制度仍然無法有效地移植到多數人民是未受教育的農民，以及有民族衝突問題的東歐和南歐地區。

英國

戰時極富個人色彩的政府領袖勞合．喬治，在停戰協議之後，曾經藉助1918年12月的「卡其布選舉」繼續執政。對自己在國家中握有的勢力深具信心，又對勞合．喬治的個人統治與其對政府行動主義的偏好感到憤怒的保守黨領袖，在1922年年底退出這個執政六年的聯合政府。勞合．喬治個人多數派統治的垮臺，標記著英國將回歸比較傳統的政黨政治。

三黨體制

但是，正如1922年11月的選舉結果所示，英國的政黨政治已不再是19世紀自由黨與保守黨輪流執政的模式。雖然保守黨贏得壓倒性的多數，但是反對派的權力平衡卻有了變化，工黨是王國之內第二個最有勢力的政黨。自由黨18世紀的維新黨（Whigs）與19世紀的改良派，如葛雷（Grey）、皮爾（Peel）和格萊斯頓（Gladstone）——驕傲的繼承人，滑落成為議會第三大黨。[4]因為很多英國選民對於工黨的執政能力心存懷疑，所以自由黨暫時還能與工黨均分這部分的選票。於是已經進展到兩黨競爭局面的英國議會體制，在兩次大戰之間的這段期間，則以三黨體制的方式運作。

從某種層次來看，自由黨的衰退或可歸因於政治上難以預測的行為。在兩個世代裡，自由黨就曾經跌滑過兩次：一次是與1890年代的愛爾蘭獨立問題有關，一次是與第一次世界大戰期間，阿斯奎斯與勞合．喬治的追隨者之間的問題有關。但是，就比較深層的層面來看，自由黨的衰退暗示著倚賴政治民主與自由放任經濟的政黨價值觀，來因應英國自1914年以來所面臨的社會與經濟挑戰，前景黯淡。19世紀時英國經濟的大宗——煤與紡織品，所創造的利潤已經大不如前，而且大部分的國外投資也在大戰期間消耗殆盡。因為戰時政府的實驗，大幅提升了社會對未來的期待，但是英國的生財能力卻已經耗損嚴重。在1940年代另一次世界大戰之後，自由黨注定萎縮成為一個小政黨。

1922年到1924年間，在勞合．喬治之後繼任的保守黨大臣們，希望英國能「在最低限度的國內干預與國外干擾的情況下，憑靠自身的努力再次欣欣向榮」。[5]對回歸常態來說，這不失為一個明智的政綱。因為承認英國工業在戰後世界的競爭優勢下降，所以戰後保守黨的重大革新是完全承諾將成為支持保護關稅政策的政黨。有些保守黨員在1914年以前就曾經支持帝國貿易特惠的制度，而且又有戰時貿易管制。而在保守黨選擇以關稅保護為議題投入1923年12月的選戰時，是自1846年以來，英國的主要政黨首次在選舉中，以擁護和平時期的關稅為其主張。在戰後世界那充滿敵意、生存競爭激烈的經濟局勢裡，保守黨已經放棄19世紀時大部分英國領袖奉行的貿易原則。但是，自由黨和工黨卻支持自由貿易，而他們在1923年12月的選舉中贏得兩黨合一的多數派，顯示他們的主張確實具有民意基礎。[6]既然19世紀英國的經濟優勢是繫於自由貿易，所以也可將恢復自由貿易視為是使英國回歸常態的策略之一。

第一個工黨政府：1924年

雖然工黨已經鞏固了自己身為最大反對黨的地位，但是在選舉過後，自由黨或工黨依然無法單靠自己的力量成為議會的多數派。不再加入聯合政府，自由黨領袖，前任首相阿斯奎斯，決定讓工黨初嘗執政的責任——也或許讓他們有充分的機會敗壞自己的名聲。因此，在自由黨的支持下，工黨的領袖麥克唐納得以於1924年1月，首度在英國組成具有社會主義名義的政府。

有些英國人擔心工黨會「把每樣東西，包括婦女在內」國有化。[7]有些人則對革命派的社會主義政權心存希望。麥克唐納的政府既未讓憂心的人憂慮成眞，也沒能滿足對他們懷抱希望的人的期待。雖然麥克唐納曾經在1890年代，協助成立比較激進的獨立工黨（Independent Labour Party），而且在第一次世界大戰期間，也曾是英國屈指可數直言不諱的和平主義者，但是他並沒有在英國強制執行社會主義的意圖，當然，麥克唐納也沒有權力這麼做。他的政府是依靠自由黨的選票才能成爲議會裡的多數派，他的內閣中有幾位從自由黨延攬來的大臣，但卻只有一位是來自克萊德河沿岸工業區的戰時激進份子——惠特利（Wheatley）。提出租金受控制的市立住宅建物的惠特利住宅法（Wheatley Housing Act），是這段時期裡一項名副其實的國內革新。除了首次在和平時期進行企業—政府合作與社會規劃的實驗之外，麥克唐納政府對於使眞正出身勞動階級的政治家（麥克唐納本身是蘇格蘭佃農的私生子）適應主流趨勢，而不是讓主流趨勢去適應勞動階級背景出身的政治家這一點貢獻更多。我們可以揣測，一個理想幻滅的英國勞工應該會說出「這是個戴著紅帽，但實際上與其他政府沒有兩樣的政府」的話來。

與回歸左派傾向相較，麥克唐納政府更是一個重申經濟自由主義以及持續廢除戰時管制的政府，毫無疑問地，這是大部分選民的期待。麥克唐納有效地建立工黨身爲執政黨的正統，並且大幅拓展招納英國政治精英份子的機會，但這並不代表他們有所成就。

不論如何，第一個工黨政府執政期間相當短暫。它在執政10個月之後，因爲個人事件而垮臺：有人指控「麥克唐納先生」因爲接受高價的豪華轎車，而暫緩起訴一家共產黨報紙。在接踵而至的1924年10月的選舉中，保守黨集中火力攻擊麥克唐納的外交政策，包括承認蘇聯在內，質疑那是具有危險性的激進主義。保守黨的報紙刊出一封來自共產國際主席季諾維夫的信，信中建議英國共產黨暗中破壞英國的資本主義。麥克唐納被指控對於破壞份子的行動，採取危險的「軟弱」態度。現在我們已經知道，雖然英國編輯們可能是出於相信那封信是眞品而將之刊登出來，但是季諾維夫的那封信，其實是一個波蘭的反布爾什維克者所僞造的。雖然在那封信所捲起的政治極化氣氛之中，自由黨所遭受的打擊甚至更嚴重，不過，那封信的力量已經足以使工黨挫敗。

回歸保守黨的「常態」

1924年10月的選舉，權力重回保守黨領袖鮑爾溫手中，鮑爾溫是1920年代英國版常態的化身。除了第二個工黨政府執政期間（1929-1931年）之外，鮑爾溫是1924年到1937間的內閣成員，也是1923年、1924-1929年、1935-1937年間的首相，英國現代史上掌握政權最久的領導者之一。

鮑爾溫歷經幾番辛苦，讓人們留下他是屬於溫和派而不是保守派人士的印象。攝影師與漫畫家將這位富裕的鋼鐵製造商之子，描繪成一位古英國殷實的自耕農、一位漫步田野欣賞他的豬隻的紅臉寡言者，抽著菸斗、輕視知識份子，並且虛張聲勢地談論淺顯的常識。他是第一位對內閣閣員直呼其名的英國首相，也是第一位將無線電有效地應用在政治用途的人。他以自己能與工黨保持良好的關係而自豪。他幫助英國的保守黨建立務實的中產階級風格，取代上一代托利黨（Tory）領袖，如索爾斯伯利（Salisbury）爵士與寇松（Curzon）爵士那永遠的貴族式作風，據說寇松爵士曾經說鮑爾溫是個「極無足輕重的人物」，但是事實證明鮑爾溫是一位精明的議會制謀略家，也是一位相當執著於正統經濟學的人。他協助帶領英國表面上重建1914年以前財政與商業管理制度。

英國新自由主義最值得注意的一個措施是恢復國際金本位制。19世紀的世界貿易裡兩個固定不變的狀況是，可以自由交換所有主要貨幣與黃金，以及倫敦身為世界金融首都的角色。金本位制因為戰時的貨幣管制而暫停運作，而倫敦也因為戰爭而中斷與部分客戶的業務聯繫；此外，戰爭期間英國在海外投資的損失，也嚴重地削弱英國的經濟實力。從正統經濟學的觀點來看，恢復金本位制和倫敦的復興是密不可分的。

鮑爾溫的財政大臣邱吉爾，在1925年4月的預算報告中宣布恢復戰時暫停運作的金本位制，從此以後，在世界各地都能自由地以英鎊兌換黃金。因為金幣不再能在英國的國內交易中自由流通，所以這並不是傳統的金本位制，但是它卻能讓人有一種世界已經恢復舊觀，以及僅存的戰爭影響已經消逝的錯覺。

英國恢復金本位制的舉措可能阻礙了1920年代後期國家尋求再度繁榮的努力。一則因為邱吉爾堅持要恢復1914年時的匯率，高估了英鎊兌美元的價值，導致英國的商品在世界市場上的價格更為昂貴。[8]一項對金本位制更基本的批評是，鑑於戰前英鎊對黃金的自由兌換，是以英國在國際帳戶的龐大盈餘，以及持有龐大的黃金儲備為基礎，但是戰後倫敦的黃金市場依賴的卻是衰弱的經濟結構。由所持有的外匯儲備金如馬克或美元來補充黃金的措施，如果發生困難，這些外匯儲備金很快就會流失。這種脆弱的金本位制終於在1929年到1931年間崩潰，它對於英國經濟所造成的損害，遠比1925年的小規模財政復辟嚴重。

恢復常態對於1920年代英國勞動人口的生活水準的改善毫無幫助。英國必須因應他們在世界經濟地位的變化所進行的基本調整，因爲金本位制使英國商品在海外的價位偏高而更爲困難。英國出口貿易的唯一支柱——煤與紡織品正在逐漸沒落。英國的輸出所得，始終不曾將戰時海外投資的損失彌補過來。更糟糕的是，在兩次大戰期間，英國的失業率始終不曾低於那令人震撼的10%以下，即使是在1920年代後期經濟最繁榮的時期亦是如此。性情可稱坦率的鮑爾溫，對英國經濟問題的解決依然毫無貢獻，他在1925年7月30日的演說中曾經說道，「這個國家裡所有的工作者，都必須減薪以便協助產業恢復經濟獨立。」[9]

煤礦工業爲鮑爾溫對英國恢復常態的希望帶來最嚴酷的挑戰。煤礦礦藏豐富的近海地區，是19世紀英國商業和工業昌盛繁榮的主要刺激原素，而且這些煤礦還是英國可以提供最多就業機會的產業。但是在1920年代時，世界上的煤供過於求。因爲他們的市場在戰爭期間已經中斷，設備也已落伍，且管理權又支離破碎地落在衆多規模不大的公司手中，導致英國煤炭的競爭力極弱。煤礦主人認爲減薪是讓他們重回世界市場的唯一辦法，但是礦工卻堅決拒絕接受減薪的作法。[10]而政府任命由塞謬爾（Herbert Samuel）所領導的委員會未能成功地說服煤礦業主合併他們的煤礦、使他們的經營方式合理化，並且將設備現代化，以交換政府對降低薪資談判的協助。當談判陷入僵局時，礦工們終於在1926年5月初走上罷工一途。

礦工的不滿是1926年全面性罷工活動的主要燃料。1926年全面性罷工是發生於1919年與1920年，「不要干涉俄國」的罷工行動，與1973年到1974年冬天的能源危機之間，英國現代史上局勢最緊張的階級衝突。罷工的礦工們加上幾乎全部有組織的勞工，組成英國史上最盛大的聯合示威遊行。示威運動最高潮的那一天，5月13日，約有將近四百萬名勞工走上街頭。英國全國總工會（Trades Union Congress, TUC）的總理事會在九天之後接受和解（政府強制執行塞謬爾在以減薪作爲交換條件的報告中所提倡的現代化），但是有些一般會員依然持續罷工。才經歷六個月的時間，很多礦工就因爲饑餓而被迫接受低薪條件回到工作崗位。

回顧1926年的英國全面性罷工，我們發現這次的全面性罷工似乎是一個結束而不是個開始。它的領袖們始終只是打算以罷工作爲操縱談判的手段，而不是一種革命步驟。英國全國總工會甚至使用「全國罷工」這個名詞來稱呼本次的罷工事件，而不是以往工團主義者所使用，暗含以勞工聯盟取代政府的意義的「全面性罷工」這個名詞。和戰後不久在克萊德河沿岸地區所發生的罷工事件不同，1926年時的罷工不曾提及僭越政府功能的蘇維埃或罷工委員會。雖然勞資雙方以及由政府和大學生所組織的反罷工者，都曾出現一些暴力行動，但是無人死亡。凡此種種都讓人明白，當時保守的新聞界所發布對「布爾什維克主義細菌」歇斯底里的恐懼，以及主張採取強硬路線的邱吉爾對罷工那「只有推翻議會制政府或取得決定性勝利才會停止」[11]的可怕預言，其實只是杞人憂天。

全面性罷工對政府的影響是，在1927年制訂新的法令禁止贊同罷工，並且斷絕與蘇聯的貿易和外交關係，這是由於有些保守黨黨員譴責蘇聯曾經發放救濟金給礦工所致。在英國全國總工會這一方面，因爲這次的罷工，英國的工會運動終於補償它在資金與會員人數方面的損失；實際上也加強了它在現存的英

圖8-1　反對1926年5月英國全面性罷工的人，組織臨時交通工具以便回去工作。

國社會體制中集體談判的能力。不過歷史並未記載個別礦工與他們的家人所經歷的痛苦和磨難。

1920年代晚期的英國顯然是個和平繁榮的國家。但是已恢復常態的外表，卻掩藏不住英國爲因應他們已經下滑的世界經濟地位所做的不適當調整。

法國

在龐卡赫政府對德國的強硬路線因爲占領魯爾而信譽盡失之後，法國的選民在1924年5月的選舉中，讓溫和的左派政黨聯盟取得了國會的多數席次。左翼聯盟（cartel des gauches），是法國議會中激進黨（Radicals）與改良派社會黨這兩大主要的左派政黨所組成的選舉聯盟。

左翼聯盟

因爲可以爲兩次大戰期間，法國第三共和那表面上錯綜複雜的政治活動提供解題之鑰，所以我們絕對有理由徹底地檢視這個政黨聯盟。習慣措辭謹愼的政治語彙的美國讀者，可能會被這些拉丁語政黨所使用的熱情標籤誤導。法國激進黨（French Radical Party）是1860年代第二帝國（Second Empire）激進份子的正統繼承人，他們強硬主張普遍選舉權、議會的權力凌駕於行政部門之上、普及免費自由的中等教育、廢除天主教教堂的國教制度，和以民兵取代職業軍人。雖然在1890年代時有些激進黨員贊成徵收所得稅的提案，但是這個政黨通常並不贊成國家干預經濟。在1905年時，隨著法國的政教分離，激進黨的黨綱實際上都已經實現。激進黨依然是法國「小人物」主要的政治代言人，他們反教權主義（antielerical）、主張政治上人人平等、贊成自由放任的經濟、對法國大革命懷抱傷感，當共和國受到主教、將軍或貴族們的威脅時，隨時準備起來保衛共和國（歐洲所有的天主教國家都有類似的反教權主義、支持民主的小資產政黨）。

左翼聯盟的另一半是法國社會黨〔French Socialist Party, SFIO，或者（第二）工人國際法國分部（French Section of the [Second] Workers' International）〕。這是在1920年大部分社會黨黨員投票加入第三國際（共產國際）之後，法國議會中碩果僅存的社會主義政黨。1924年時，法國社會黨回歸自己的路線，成爲法國議會中另一個主要的左派政黨。雖然名義上他們忠於馬克思主義者所支持的社會主義，以及最終將發生的勞工革命，但是法國社會黨卻賦予議會制共和政體極高的存在價值，認爲這是朝上述目標前進的第一步。法國社會黨願意在選舉期間與激進黨合作，以防止右派政黨大獲全勝，但是除非他們自己取得議會的多數席次，而且有能力制訂社會主義法令，否則他們不願意加入「資產階級」的政府。

此外，左派政黨的結盟基礎是，保衛第三共和以對抗支持教權主義或君主主義的右派敵人。左翼聯盟是1924年時於世紀交替之際，因德雷福事件（Dreyfus Affair, 1899-1906）而組成的激進黨——社會黨聯盟。德雷福事件發生之際，支持教權主義者與軍官似乎意圖利用此事件來破壞法國的憲政體制，而不單只是放任軍事法庭利用子虛烏有的指控，誤審猶太上尉德雷福叛國罪一案。對政治家而言，在瓜分左派選票的危險性勝過一切的選舉期間內，這種結盟可說是合作無間的表現。激進黨和社會黨都承諾，無論他們之中哪位候選人在決勝選舉中領先，他們都會支持該位候選人。[12]兩次大戰期間的五次選舉中，這種「共和政體紀律」讓改良派的左傾份子三次贏得議會的多數席次（1924年、1932年與1936年）。

一旦選舉結果塵埃落定，激進黨和法國社會黨的衆議員在合作制訂政治綱領時，就出現了問題。在政治自由、免費教育、反教權主義與反軍國主義（antimilitarism）方面，他們可以取得一致的意見，但是在處理經濟議題時，激進黨的小資產傾向與法國社會黨信奉的馬克思主義，有基本上的衝突。因此，在兩次選舉之間的那段期間，激進黨的樞軸很容易回轉朝中間派的政黨聯盟靠攏。結果造成議會的多數派始終不夠穩定，是美國政治學家霍夫曼（Stanley Hoffmann）所稱第三共和「僵局」的重要因素，第三共和僵化的政治體制與法國經濟進步緩慢及低出生率盛行息息相關。

1924年左翼聯盟的選舉，讓我們有機會見識這個政治局的運作。新任總理是兩次大戰期間擔任激進黨領袖，但在第三共和晚期轉爲非社會主義左派份子的赫禮歐。赫禮歐品德高尚，是一位具有人文主義思想的作家〔他有很多著作，包括貝多芬（Beethoven）與斯塔爾夫人（Madame De Staël）的傳記〕；擔任里昂（Lyon）市長時積極提供市政的社會服務，眞誠地關心政治自由。此外，赫禮歐也是一位絕頂高明的議會談判家，身材魁梧的他，經常進出里昂與巴黎的咖啡廳與餐廳。

赫禮歐在法國總理任內（1924年6月到1925年4月）的成就，展現在左翼聯盟有能力做出具決定性行動的部分。我們已經看到1924年時，赫禮歐協同麥克唐納與施德萊斯曼對國際和解的貢獻。[13]他給予蘇聯外交承認，並且開始退出羅馬教廷（Holy See）。法國消除了教會在公立中小學的影響，相關法令也延伸到亞爾薩斯—洛林地區（當1880年代通過上述法令時，亞爾薩斯—洛林地區並不屬於法國領土）。赫禮歐也推行法國優秀公立高中的民主化運動，反軍國主義、反教權主義、擴大個人受教育的機會——這是讓法國激進黨也深感滿意的共同區域。[14]

不幸的是，左翼聯盟所面臨的重要問題是經濟與財政問題。法國曾經寄望能利用德國的賠款來償還戰時的債務，也曾經寄望能利用德國的賠款來彌補戰後重建所需的龐大費用。戰後重建的龐大費用，使法國的預算始終處於赤字的狀態，但是赫禮歐對占領魯爾的清算顯示，法國可能永遠無法從德國榨取大量的金錢。自從解除戰時的經濟管制以來，猛烈的通貨膨脹就已經失去控制。不信任赫禮歐的法國保守派人士，對於法郎在國際上的價值已經失去信心。持有法郎的人開始賣出法朗，買入黃金和其他貨幣，造成「法郎擠兌」。與此同時，金融界與法國銀行也對赫禮歐施壓，要求他平衡財政預算。最後，法國銀行甚至拒絕借款給政府周轉。

赫禮歐和激進黨總是指責保守派的金融業者築起「錢牆」（wall of money）來對抗共和國，這是激進黨典型的誇飾言辭，也是「小人物」對龐大的經濟力量所懷抱的猜疑。當然，保守派人士對赫禮歐的敵意，無疑對法朗擠兌也有推波助瀾之力。但眞正的問題是，法國人民拒絕利用課稅來支持戰爭與重建費用，以及憎惡激進黨管理國家的作法，正如1924年時的英國一般，傾向左派意味著減少而不是增加政府的干預。戰時的管制是一段令人深感不快的回憶。除了提議大幅提高所得稅以外，法國社會黨對於資本主義內的政府干預毫無興趣。激進黨傾向於支持經濟的自我調節，所以赫禮歐不願執行可能有助於平衡預算並穩定法郎的提高稅收與貨幣管制策略。

法國在赫禮歐於1925年4月下臺之後接下來的十五個月中，歷經七任內閣。正當激進黨感到沒有社會黨的參與，他們的路線就可以朝比較中間的政黨聯盟靠攏時，法國通貨膨脹飛升，而法郎在世界貨幣市場上的價格，已經貶值幾達戰前價值的十分之一左右。

龐卡赫：回歸「常態」

最後，法國終於在嚴謹的龐卡赫身上，找到了1920年代晚期的常態。1924年時，因爲占領魯爾而被排擠的龐卡赫，在1926年以國家財政救星的身分重回政府。他個人的廉潔與嚴格的守法精神，讓那些驚恐而只能眼睜睜看著存款在永無止境、不斷飆升的通貨膨脹中蒸發不見的人民感到心安。甚至在龐卡赫還來不及做些什麼之前，投資人就已經開始買回法郎，經濟也再度復甦。雖然大部分是因爲安全感，但是有部分也是因爲政府採取緊縮開支與審愼管理的傳統保守救濟方法，這一切使龐卡赫得以於1928年時讓法郎的價值回升到戰前國際價值的五分之一。也就在那時，龐卡赫恢復了國際金本位制。從1807年到1914年，「拿破崙法郎」始終是穩固的經濟靠山，是法國的中產階級賴以安居樂業的磐石。但當時法郎的地位已經因爲戰爭而鬆動，而且受到戰後通貨膨脹的破壞。1928年，「拿破崙法郎」已經爲「龐卡赫法郎」所取代，中產階級開始看見復甦安定世界的曙光。他們已經用自己的薪資支付戰爭的費用，所以甚至在1929年經濟最繁榮的時期，法國中產階級的意識裡依然留有一道一觸就痛的傷口。法郎絕不能再受到傷害，法國也絕不能再捲入另一場戰爭，因爲，戰爭所付出的黃金與鮮血，代價如此龐大。

龐卡赫的政府是第三共和國中「在位」最久的政府（1926年7月到1929年7月），他把1920年代晚期法國版的常態具體化。龐卡赫政府以簽訂羅加諾公約的白里安出任外交部長，確定改以和解與終止危險的外交對抗的路線，取代1922年到1924年間赫禮歐所採取的強硬路線。在國內，恢復金本位制及平衡的財政預算，似乎讓人感到經濟確實已經再度復興。戰時的管制與短缺以及戰後的混亂，似乎已成過去。

威瑪德國

表面上看起來，威瑪共和國對德國人來說是一個饒富戲劇性的新開始。1919年夏天選擇在歌德住過的城市威瑪，而不是在柏林起草新憲法的這項特殊決定本身，就是一個有力的象徵性姿態。柏林曾經是普魯士霍亨佐倫王朝的要塞城市，也曾經變成羅莎．盧森堡、李卜克內西與斯巴達克斯黨員的紅色城市。在威瑪，實現19世紀自由主義的理想似乎已經過時。那些1860年代與1870年代時德國人的理想已經轉向，當時的德國自由主義多數派選擇忽略俾斯麥對議會體制的顚覆行動，而將他們的滿懷熱情投注在德國統一與軍事勝利上。如歷史學家邁內克（Friedrich Meinecke）般的德國自由主義者，現在懷抱著在威瑪所建立的政權中，德國「有修養的男士」〔文化人（Kulturmenschen）〕可以有長期占在德國「有權力的男士」（Machtmenschen）上風的希望。[15]

威瑪共和國的重擔

打從一開始，威瑪共和國就背負著幾乎壓垮他們的重擔。無疑地，憲法確實有瑕疵；舉例來說，比例代表制擴大了國內多政黨議會裡的派系分裂。雖然憲法的安排有缺陷，但是合理和諧的國家還是可以適當地自我管理。威瑪政權面對的是更加基本的問題。因為1919年夏天威瑪政權曾經接受凡爾賽和約的苛刻條件，所以對很多德國人來說，威瑪政權帶有不可磨滅的戰敗恥辱。在很多德國民族主義者的眼中，左派份子利用1918年11月的革命，在德國軍隊背後捅了一刀，並且因此取得掌控政權的報酬。同時，因為1918年與1919年的德國革命並不徹底，[16]所以威瑪共和國的敵人大多依然絲毫無損：軍官團、貴族、有勢力的企業卡特爾領袖、對推翻帝國政權耿耿於懷而不願和解的民族主義與君主主義運動，與地位下滑的德國人。

大戰期間，德國國內的組織日漸壯大，而且對於公共生活的各個層面也具有更多影響力。雖然並非對於每一件事都能達成協議，但是德國重工業的卡特爾卻聯合起來反對威瑪共和國的勞工政策。會員越來越多的工會直接對抗企業。依據威瑪憲法所設立的兩個傳統的立法機關與政府內閣，始終無法適當控制這些組織。此外，既然並不是因為前幾世代的中產階級成功對抗權威而自然萌芽，所以威瑪共和國欠缺可立足於其上的根深柢固的價值觀。「雖然獨裁政權已經垮臺而且煙消雲散，但是以往舊有的傳統、態度和習俗，卻漸漸地恢復，並且發揮慣有的影響力。」[17]

讓事態更加惡化的是，威瑪德國被迫承擔分配敗戰的物資負擔的責任。即使是戰勝國，在向人民課稅以支付重建以及增加社會服務的費用時，也會遭遇困難，更何況戰敗國。正如民族主義者所指控，由於有些錢是用來支付那令人憎惡的協約國賠款，所以威瑪共和國更廣泛地開徵累進所得稅的作為，使人民更感憤慨。

然後，威瑪共和國在異常混亂與階級對立加劇的情況下走入了1923年。即使曾在1919年1月到5月間，鎮壓了自己內部的革命派左傾份子；於1919年6月在協約國威脅要進攻的情況下無條件接受凡爾賽和約，並且在自由團於1920年3月的卡普暴動[18]占領柏林之後依然倖存，但是這個新成立的德國共和政體還必須面對更多的衝突。協約國強制實施各項和約的具體條款，在德國劃出一道道刺痛的傷口。法國軍隊於1919年春天與1921年3月二度占領魯爾，強迫德國人接受法國人對和約的詮釋。在解決西里西亞和石勒蘇益格—荷爾斯泰（Schleswig-Holstein）的國界問題時所引發的衝突，直到1922年才平息。魯爾的勞工在斯巴達克斯黨員的支持下，於1920年春天走上街頭，舉行暴動式的罷工。德國馬克的購買力穩定下滑。巴伐利亞的民族主義州政府自行其是，保護並鼓勵殘存的自由團以及好戰的民族主義團體，如希特勒的德國國家社會主義勞工黨的成員等。暗殺行動不斷地打斷威瑪共和國的政治生命。1917年曾經提議和平決議、帶頭接受凡爾賽合約，並曾提出課徵累進所得稅提案的天主教中央黨（Catholic Center Party）領袖埃茲伯格（Matthias Erzberger），於1921年8月被民族主義者暗殺；1922年擔任外交部長，試圖洽商妥協的賠款解決方案的拉鐵諾，又於1922年6月被謀殺。此時，惡運依然不斷臨頭——1923年魯爾再度被占領，並且馬克也面臨全面崩盤的局勢。

威瑪共和國終於在1920年代晚期邁入相對穩定的歲月。但是，即使是在當時，威瑪共和國的議會制政府也不曾如英國或法國般受到人民的廣泛接受與擁戴，而威瑪共和國轄下的各級機關也未能以創始者所預期的方式運作。在威瑪德國裡，軍事和經濟組織的勢力之龐大，已經不是議會所能控制，而且自由主義的價值觀也沒有深厚的歷史合法性。

「威瑪聯盟」

威瑪共和國的憲政體制裡，並沒有出現政治上具一貫性的多數派，足以處理各式各樣的問題。人們期待由社會民主黨（Social Democrats）、民主黨（Democrats）與中央黨（Center Party）內曾經負責制訂該憲法的成員所組成的「威瑪聯盟」（Weimar Coalition）來執行政府的運作。當1919年1月選出制憲議會時，這些政黨就已經掌握了大約三分之二的選票，在通過該部憲法之後，制憲議會慎重地展延它的任期，成爲威瑪共和國的第一屆議會。制憲議會提名社會民主黨的艾伯特擔任共和國的第一任總統（1919-1925）。然而，當「威瑪聯盟」於1920年6月接受第一屆議會選舉的考驗時，它所掌握的公民選票滑落到大約40%左右。

「威瑪聯盟」的各政黨都在某些基本路線上受到阻礙，使他們無法成爲廣泛的議會多數派的基礎。社會民主黨表明自己是一個馬克思主義的勞工政黨，但是在1918年與1919年時，爲了阻止立憲革命轉變爲社會革命，他們的雙手已經染有勞工的鮮血。民主黨依然是由以威瑪憲法起草人普羅伊斯爲中心的自由主義知識份子所組成的小團體，他們那些潛藏的中產階級追隨者，大多依然寧可選擇民族主義的成功，而比較不重視自由主義的原則。中央黨是一個天主教教派的團體，而不是一個以階級或者意識形態爲基礎的團體。它的追隨者很多，從立憲主義者（constitutionalists）如埃茲伯格到保守派人士都有。雖然「威瑪聯盟」的各政黨在1928年時密切合作，在選舉中贏得多數選票，但是自從1920年6月的選舉之後，他們就不曾再次管理這個他們所創立的政府。

1920年以後，每一任的威瑪政府都只能藉助一些充其量可以暫時容忍威瑪憲法的中間派與右派份子的支持，而組成多數派。以與企業界關係密切的前民族自由黨（National Liberals）爲基礎所成立的新政黨——人民黨（People's Party），在施德萊斯曼的領導下，於1920年的選舉中一舉獲得15%的選票。由民族主義者和君主主義者重新編制組成的德國民族人民黨（German National People's Party, DNVP）也得到一樣多的選票。人民黨接受議會制共和政體，認爲這是德國爲了重新奪回世界霸權，最合理可行的手段。德國民族人民黨對議會政治的參與度，遠比人民黨有更多的條件限制。他們只是爲了要建立更具權威性的政治體制的目的，而參與議會的運作。在危機時刻裡，共產主義者與民族主義者（德國民族人民黨）反而能從支離破碎的中間派中得到更多的支持。處於這個時代的威瑪共和國中間派，就好像一支兩頭燒的蠟燭。

一絲不苟地遵行憲法的艾伯特總統，在面對不佳的選舉結果時，並未採取行動企圖延續社會民主黨繼續掌權，而從議會的溫和中間派中選擇新的總理。即便如此，以支持由技術專家統治的無政黨政府爲趨勢，使選票並未大量流向中間派政黨。在短短兩任天主教中央黨政府的執政期間，既未能與締結凡爾賽和約的列強達成比較令人滿意的解決方案，也沒能遏止讓馬克貶值到近乎是廢紙的惡性通貨膨脹，於是在1922年11月要求漢堡－美洲輪船公司（Hamburg-America shipping line）的首長——坎諾（Wilhelm Cuno），籌組由無黨無派的技術專家所組成的政府。坎諾甚至不是國會議員，他所建立的模式是倚重總統權威與技術專家，以塡補議會多數派的空隙。

另一種模式，是將全副精力集中灌注於外交與經濟議題的政權。至於那些德國國內所出現的，能使社會機構，如軍隊、文官系統與大學自由化，以因應新的民主憲法的新變化，若不是更早出現，便是隨1920年6月的選舉而消逝無蹤。今後德國政府的成功或失敗，將取決於他們是否能夠成功地因應外交事務與經濟議題。

外交事務與經濟議題在1923年時正處於危機狀態——就在那一年，法國占領魯爾；也就在那一年，馬克崩盤。1923年時的威瑪共和國，面臨了十年裡最重大的挑戰。坎諾總理在魯爾事件採取消極抵抗法國的政策，只是讓德國的經濟停頓不前。共產主義者和民族主義者與法國作戰，並且創造了英雄施拉格特（Leo Schlageter），施拉格特是一位年輕的自由團退役軍人，因爲破壞杜塞道夫（Düsseldorf）附近的鐵路線，而被法國人處死。受到日益高張的罷工浪潮，以及人們對向上翻騰的生活費用的普遍不滿所鼓舞，德國共產黨企圖在10月發起一場革命性的暴動。在由社會民主黨和共產黨所治理的薩克森與圖林根州，革命家招募民兵或者「無產階級百人隊」。而在另一方面，從墨索里尼那裡學得教訓的希特勒，則企圖利用「啤酒館暴動」，在慕尼黑掀起一場民族主義革命。同時德國的中央政府也陷入馬克已經一文不値的危險之中；德國人的生活結構似乎已經破碎。

「大聯盟」

1920年3月，卡普暴動因爲工會的全面性罷工而受阻，而「威瑪聯盟」也已經恢復了政治權威。相對的，在1923年年底，有三位保守派人士挽救了共和政體，他們主要是在議會的架構以外運作，而在1920年代晚期穩定的威瑪政權裡，他們依然是處於統治地位的人物：政治領袖施德萊斯曼、德國軍隊指揮官西克特將軍，以及財政專家沙赫特（Hjalmar Schacht）。

掌權的政治人物是施德萊斯曼。施德萊斯曼的父親是一位啤酒批發商，他不但是帝國時期一位成功的商人，而且在中間派的政治活動也有傑出的表現。大戰期間擁護德國領土擴張的施德萊斯曼，對1918年的革命深感震驚，並且對新的共和政體心存懷疑。但是他卑微的出身、務實的態度，以及對安定的體驗，讓他對貴族和毫不妥協的右派官員，懷抱更深的敵意。因爲民族主義者的愚行——卡普暴動，以及埃茲柏格和拉鐵諾的被刺事件觸怒了他，所以施德萊斯曼逐步地領導他的人民黨走向正面支持威瑪憲法的路線，他認爲威瑪憲法所造成的禍害比較小。同時代的人稱他是一個理性共和主義者，擁有共和主義的頭腦，但是沒有共和主義的心。

1923年8月，當危機更加強烈之時，施德萊斯曼拼湊了一個承諾能從右派與左派手中救出威瑪共和國的議會多數派。他帶領人民黨加入由社會民主黨、民主黨和中央黨組成的「威瑪聯盟」，形成一個「大聯盟」。我們已經了解他在外交部長任內對國際調解的決定性貢獻。[19]施德萊斯曼的大聯盟（1923年8月到11月）同樣堅決地維護德國境內的威瑪憲法。但是在大聯盟中納入這些彼此矛盾對立的政黨，既有缺點也有優點。事實證明，施德萊斯曼對於將共產黨部長逐出薩克森與圖林根州政府的決心，比強迫巴伐利亞的民族主義州政府執行極右派法律更加堅決，至少直到11月8日，希特勒的啤酒館暴動爲止，社會民主黨首度走上反對黨的舞臺。接下來的四年裡，就由沒有社會民主黨的中間派議會來統治德國。施德萊斯曼曾經挽救了共和政體，但是他卻也從「威瑪聯盟」手中永久地奪走了威瑪共和國。

施德萊斯曼向西克特將軍而不是向議會求助，以便擊退由兩個政治極端派所引發的暴動。1920年到1926年擔任德軍指揮官的西克特，在凡爾賽和約的限制內，盡其可能地，也讓他那只有10萬士兵的軍隊成爲一群具有統一性、高才能，有可能成爲未來領袖的人，甚至比舊帝國的軍隊更保守、更不受政府控制。[20]西克特優先考慮的是德國的國家統一與軍隊統一。只要共和國促進推展這兩個價值觀，他就願意出兵保衛共和國。10月份於薩克森與圖林根組成的共產黨—社會民主黨州政府，對中央政府的權威與資產構成威脅。當西克特占領這兩個州的首府（德累斯頓與威瑪），並且於10月和11月推翻兩州的州政府時，地區軍隊司令官受命採取行動保衛兩州的領土。爲了迎戰因爲希特勒的慕尼黑暴動所引發的巴伐利亞分離主義的威脅，於11月8日依據憲法第四十八條——緊急狀態的總統權力條款——的規定，授予西克特全權解決這個問題的權力。對西克特來說，幸運的是，巴伐利亞當地的保守派人士在不需要動用聯邦軍隊對抗希特勒最著名的共犯——戰爭英雄魯道夫將軍——的情況下，就將暴動鎭壓下來。與此同時，警方與海軍也於10月23日，在漢堡港市鎭壓了最後一次的反威瑪德國共產主義暴動。共和政體已經獲救，但是付出的代價是勢力更大的中央集權，以及更加獨立自主的軍隊。

施德萊斯曼必須處理的另一個緊急狀況是已經失控的通貨膨脹。11月12日，施德萊斯曼任命銀行家與經濟學家沙赫特擔任貨幣專員。沙赫特所做的只是開始發行新貨幣——倫滕馬克（Rentenmark），每一個倫滕馬克價値一百萬兆馬克。沙赫特寄予厚望的「倫滕馬克奇蹟」，達成心理層面重於經濟層面的兩項成就。因爲存放在德國銀行裡的黃金和外匯數量不足以作爲新貨幣的後盾，所以沙赫特以不動產爲媒介物——用德國所有的土地、工業與商業抵押來作爲新貨幣的後盾。然後他利用嚴格限制政府的開支，以及企業借貸的金額，來維持新貨幣的穩定。當1924年道茲計畫的貸款開始流入德國時，[21]沙赫特轉而推出以黃金爲基礎的新貨幣——德國馬克（Reichsmark），德國馬克直到出現經濟大蕭條之時，依然相當穩定。

人們曾經說：「通貨膨脹才是眞正的德國革命。」[22]與1918年及1919年時的政治革命不同，通貨膨脹改變了人們的經濟與社會關係。它使很多中產階級的人們必須挽起衣袖擦洗自家的地板。這些人在另一次經濟危機時，將會追隨任何一位可以拯救他們的救星。沙赫特那嚴格的經濟緊縮新政策，迫使那些處於盈虧臨界點的企業離開商業界。只有生產合理化與現代化的大公司，才能在1920年代後期的德國經濟景氣中獲利。現在已經形成新的卡特爾與托拉斯。1926年合併多家煤、鋼鐵企業的聯合鋼鐵公司（Vereinigte Stahlwerke），鋼產量大約占德國的鋼產量一半左右。而龐大的克魯伯工業王國，則負責其餘大部分的鋼產量。化學品與染料托拉斯〔1925年成立的法本公司（Interessengemeinschaft Farbenindustrie A. G.，或I. G. Farben）〕，是歐洲大陸規模最大的公司。

因此，威瑪共和國從1923年的垮臺邊緣掙扎而出，轉進一段平靜的歲月。在政治上，它持續向右偏斜。1925年，當艾伯特總統去世之時，這個原屬於社會民主黨所有的職位，就被普魯士戰爭的英雄——陸軍元帥興登堡所取代。雖然其他總統候選人的得票數總計超過半數，但是共產黨候選人臺爾曼（Ernst Thälmann），卻從中間派共和主義候選人威廉．馬克斯（Wilhelm Marx）手中取得決定性的選票，這是因左派分裂而導致的後果。1927年時，因爲納入黨報與地區領袖都不斷要求以國王或獨裁者，來取代共和政體的德國民族人民黨（DNVP）黨員，使政府的多數派更進一步向右派靠攏。左派人士贏得了1928年的選舉，但是新任的社會民主黨總理繆勒只能藉助「大聯盟」來治理國家。

隨著經濟的繁榮，政治熱的溫度確實下降不少。早期的暗殺事件現在已經不再出現，而由憤怒的退役軍人與權力主義者組成的準軍事街頭幫派，也比較少見。暴動失敗之後，希特勒被送進蘭茨貝格（Landsberg）監獄服刑，並寫下他的政治信條《我的奮鬥》（*Mein Kampf*, 1925）。此時，個人自由多少得到保障，且柏林與巴黎也競相成爲世界性的藝術實驗中心。威瑪共和國倖存下來了，但是在它那議會制政體的背後，卻隱藏著一個獨力自主、支持權力主義的軍官團，一批具有支配地位的大型企業聯合集團，以及並未實際承諾政治自由的技術專家文官系統。如果議會政權在外交或經濟事務上出現失敗，那麼那些有權勢的組織就會將它拋在一旁，轉而支持更有效率的政府。

東歐

第一次世界大戰之後，東歐的新國家也如德國一般，處於以自由主義模式爲基礎來制訂憲法的場景，人們預期會受到自由主義的強烈影響。新政權是三個同步發生的自由主義勝利的產物：西方議會制政權的勢力——大英帝國與法國——勝過獨裁專制的同盟國；民族獨立運動勝過德意志帝國、奧匈帝國與俄羅斯帝國的多民族王朝；以及中產階級與上層階級的利益，勝過1919年和1920

年時東歐的布爾什維克運動。

在1920年代的政治氣氛裡，民族獨立與議會民主制度是密不可分的。除了直到1929年爲止，都以塞爾維亞、克羅埃西亞與斯洛維尼亞王國（Kingdom of Serbs, Croats, and Slovenes）爲名的南斯拉夫以外，新國家（奧地利、波蘭、捷克斯洛伐克）都採行共和政體。先前就已存在的羅馬尼亞和保加利亞，則在1920年代初期採用新的議會制憲政體制，但是匈牙利依然是由沒有國王的攝政政府統治，而希臘則於1924年變成共和國（暫時）。這些國家所制訂的新憲法大多採用法國、英國與美國的政治慣例。選民的範圍遠比以前廣泛；但是匈牙利那有限的選舉權則是個主要的例外。

至少在理論上，1920年代那十年，似乎是東歐政治民主的高峰，但是，東歐的自由主義政治與經濟制度是從外國的土地移植過來的。西方的議會制度是在君權神授論的右派君主政體，與社會上層人士和廣大、日漸增多的中產階級的結盟之間，一連串長期而痛苦的衝突下逐漸發展成熟。相較之下，在東歐受到民族主義知識份子支持的自由主義價值觀，卻缺乏廣泛的社會基礎。東歐沒有穩固、大量的中產階級，這個地區大部分是農村。東歐很多地區如波蘭、匈牙利與羅馬尼亞的商人與專業人員，通常是日耳曼人或猶太人，因此與國內已經成形的民族運動之間關係緊繃；只有捷克國內有著大量具有自由主義傳統的民族主義中產階級。

新國家的問題因爲東歐那不成熟的議會制度而更加複雜。本地的領袖經驗不足，而絕大部分的農民則不曾持續地參與國家的政治生活。在巴爾幹半島地區，約有四分之三的人口依然是文盲，在這種情況下，依然只是由少數人包攬政治活動。有些新的東歐憲法雖然納入投票義務的條款，但是與其說是表達人民參與政治的先進觀念，還不如說是反映對公民消極參政態度的恐懼。

經濟混亂是另一個沉重的負擔。新國界突然切斷了很多東歐人與他們習慣進行貿易的都市之間的聯繫；有很多要求土地改革與發展基礎交通運輸業的聲浪；通貨膨脹幾乎與德國一樣悲慘。在這種情況下，自由放任的經濟變得毫無意義。

東歐的自由主義實驗必須與這個地區的兩個基本特性妥協：農民的優勢地位，以及種族的多樣化。在20世紀前半的歲月裡，東歐的政權是否能夠堅立或者衰敗，取決於他們處理農業和民族問題的方法。

農村優勢與農民的不滿

大戰結束時，大部分的東歐人依然在田裡耕作。直接從事農業或畜牧業的人口，在保加利亞和南斯拉夫的總人口中所占的比例，幾乎已達80%；而農民則占羅馬尼亞、波蘭和匈牙利總人口的60%以上。但是在這個地區裡最工業化的國家——捷克斯洛伐克，農民所占的比例則降到50%左右（相較之下，同時期英國的農民比例低於20%）。此外，正如我們已經了解的，大部分的土地都屬於大地主所有。大領主（Latifundia；大地產）們統治波蘭、匈牙利與羅馬尼亞的鄉村，其程度在西歐或許只有西班牙南部可以比擬。既然少有都市或工業發展的機會，所以普遍的就業不足以及擁有土地的渴望，就鬱積在人數漸增的臨時工人與依賴一小塊地維生的農民心頭，使他們深感痛苦。

農民似乎可能會發生直接的暴力行動。1907年，羅馬尼亞的農民們攻擊領主的宅邸和放高利貸的猶太人，這場歐洲現代史上最血腥的農民暴動可說是第一個警訊。在鎮壓這次暴動時，有一萬名農民喪生。1917年和1918年時，俄國農民大量掠奪土地的行爲，爲鄰近地區豎立了榜樣，激起幾乎無法壓制的奪地浪潮。1920年代初期，東歐的統治者們知道，實施某種形式的土地重新分配，幾乎是無可避免的事；主要的問題是，應該採取什麼樣的形式重新分配土地。

庫恩的布達佩斯蘇維埃，在1919年春天就曾經提出革命性的土地重新分配。但是對東歐的農民來說，庫恩呼籲土地集體化的正統堅持，不如列寧那比較有彈性的默許個別農民重新分配土地的方法具有吸引力。不論如何，因爲庫恩的政權在1919年夏天垮臺，所以他的革命性解決方案並未付諸實行。從此以後，東歐的土地改革就掌握在那些新國家的中產階級與上層階級領袖手中。他們處理土地改革的方法，受到自由主義知識份子以及少數的革新派地主，和廣大農民的支持，此土地改革法以大幅增加獨立式家庭農場的數量爲目標。他們沒收皇室土地和外國人的土地，購買私人手中超過最高容許限額的多餘土地，再將土地重新分配給家庭農場，以實現其土地改革目標。

1920年代初期，每個東歐的繼任國都以這種方式重新分配某些土地。在很多地主都是外國人的捷克斯洛伐克和羅馬尼亞，產生了相當實質性的變化。1920年到1941年間，羅馬尼亞將1,300萬英畝的土地分配給140萬名農民，在超過220英畝的土地上僅存13%的耕地。[23]保加利亞非常特別，雖然從一開始國內的小地主就非常普遍，而且幾乎沒有貴族存在，但是在主張平均地權論的斯坦姆波林斯基（Alexander Stamboliski, 1919-1923）政權的領導下，依然進一步擴展國內家庭農場的基礎。斯坦姆波林斯基爲在保加利亞的鄉村擁有土地的地主設定了75英畝的上限。1934年時，只有1%的鄉村農場以及6%的地產面積超過上述的上限。其餘各國的土地改革進展緩慢。在很多情況下，剛獨立的農民因爲沉重的抵押借款，以及1920年代晚期農產品的價格下跌，而再次將土地全部出售給大地主。1937年時，拉茲維爾家族（Radziwill）在波蘭總共擁有20萬英畝的地產。不論如何，單只是土地重新分配，實在無法解決農村中人口過剩、欠缺有效率的農場經營方式等基本問題。

在農村占優勢地位的國家裡，選舉權的擴展，使農民政黨得到參政的機會。致力於維護小地主利益，由平均地權論者、小耕農或小地主所組成的政黨（使用最普遍的名稱），在東歐的議會裡占有重要的地位，但是在西歐的政黨體系裡，則大多看不到他們的身影。雖然由於那些在第七章曾經討論過的反革命因素遮掩了他們的光彩，但是1919年於匈牙利首屆選舉中崛起的小地主政黨（Smallholders' Party），仍然搖身一變成爲議會的最大黨。韋陶思（Wincenty Witos）的農民黨（Peasant Party）在1923年到1926年間執掌波蘭的政權。拉第科的羅馬尼亞農民黨（Croatian Peasant Party）是1920年代新建國的塞爾維亞、羅馬尼亞與斯洛維尼亞王國（後來更名爲南斯拉夫）的第一大黨。然而最引人注目的農民領袖，還是領導保加利亞農民聯盟（Bulgarian Peasant Union）的斯坦姆波林斯基。

從1919年開始，一直到1923年被暗殺爲止，斯坦姆波林斯基讓保加利亞蛻變爲眞正由平均地權論者掌權的獨裁國家。他不喜歡城市中產階級那些讓農民負債累累的「寄生蟲」，而且他也輕視那些他認爲會因爲一再重複機械性的工作而心胸狹窄的工業勞工。

> 我不喜歡那些帶有西方狹隘觀念的勞工；他們沒什麼教養……農民可就不同——農民的心裡蘊藏著可以充分發展人類品格的種籽……農民的經驗使他們自然而然擁有優於勞工的優勢，農民是自己的主人，能夠承擔圓滿教育自己的責任。[24]

因爲深信生產力、美德與才智都與土壤息息相關，所以斯坦姆波林斯基盼望建立一個沒有銀行家和官僚主義身影的農民民主政體。

斯坦姆波林斯基是東歐唯一擁有足夠的權力，可以實現農民民主的農民政治家。保加利亞農村的民衆讓他擁有絕大多數的選票——在共236個席次的國會（Sobranie）或者保加利亞議會取得112席席位。在鄉村勢力也相當強大的共產黨，以50個席位居次。除了限制個人的農村地產大小之外，他也讓都市居民很難擁有農村土地，此外斯坦姆波林斯基還有向都市的中產階級納稅人課徵重稅的傾向，並利用法律和銀行嚴格控制這些中產階級。他的私人軍隊——橙色衛隊（Orange Guards）負責痛擊敵人以及鎮壓罷工。他建立了一個統一整個東歐農民地主利益的「綠色國際」（Green International），以對抗集產主義者的「紅色國際」（Red International）。

與他自己帶有侵奪風格的橘色衛隊一樣，斯坦姆波林斯基也落得殘忍的結局。他曾讓城市裡的中產階級感到驚恐；也曾由於在國際議題上支持協約國而觸怒民族主義者與共產黨員。此外，他也因為與南斯拉夫建立友邦關係而與國內的少數民族馬其頓人發生對立的狀況。雖然共產黨袖手旁觀，但是1923年時，在一場由預備役軍官所發起的政變裡，斯坦姆波林斯基的政權還是被推翻了。他被一群馬其頓的恐怖份子擄獲，這群恐怖份子在將他斬首之前殘虐地先砍斷了他的手臂。

保加利亞的經驗顯示，即使是農民人口占絕大多數的東歐國家，也無法用與城鎮和軍隊對立的方式統治國家。雖然農民政黨有足夠的人可以讓議會生態更加複雜化，但是他們的力量不夠強大，不足以提出前後連貫的政治綱領。他們只是藉助模糊不清的反城市平民主義（antiurban populism）聯合起來而已。反城市平民主義的觀念認為都市是墮落邪惡的，農民應該將自己從銀行家和商人的統治之下解放出來。除此之外，他們也陷入矛盾對立的處境，有些農民領袖，如克羅埃西亞的平民主義者拉第科，他贊成激進的耕地改革，還加入第三國際；有些人如斯坦姆波林斯基，則主張保護小地主以對抗馬克思主義者的集產主義。欠缺政治的凝聚力，反映出鄉村人口的利益衝突，已將他們劃分為無產勞工、小地主、家庭農場地主和大地主。此外，農民政治家通常由於從政經驗不足，很快地就會被誘惑而順應都市政治家的風格，使得選民鄙視他們。東歐的農民政黨奪走都市自由主義政治家執行統治所需的多數席次，然而卻無法提供可行的統治方案。

甚至更基本的問題是，東歐農民政黨的強大勢力，使人們更難克服讓社會落後的藩籬。長期來看，人們可以想見繁榮興盛的東歐，若不是如丹麥一般，建立在有效率、高生產力的農業上，就是建立在工業吸收日益增多的農村過剩人口的基礎上。不過，1920年代的東歐仍然處於靠土地維生的稠密人口、過多效率不彰的小農場與工業化速度緩慢的狀況。其後，當世界農產品價格下跌而農民主要的生計也遭受破壞的大蕭條時期，所有的東歐國家都變得更加脆弱，不堪一擊。

少數民族的問題

1920年代時，各個新國家的另一個重要問題是尚待解決的民族抱負。戰敗國，尤其是匈牙利感到羞憤難當。戰勝國的境內含有很多尚未同化的少數民族，是1918年和1919年時爲了建造大捷克斯洛伐克、大羅馬尼亞與大波蘭所付出的代價。

南斯拉夫的實例說明，當新的議會制政權遇到棘手的民族分離問題時，可能會產生的結果。在塞爾維亞、克羅埃西亞與斯洛維尼亞王國中，雖沒有任何一個民族強盛到足以統治其他民族，但是他們也沒辦法在不起摩擦的情況下和睦相處。在擊敗他們的共同敵人哈布斯堡王朝之後，塞爾維亞〔信奉東正教、講塞爾維亞—克羅埃西亞語（Serbo-Croatian language）、使用西里爾字母（Cyrillic alphabet）〕、克羅埃西亞（信奉天主教、講塞爾維亞—克羅埃西亞語、使用羅馬字母）與斯洛維尼亞（信奉天主教、講斯洛維尼亞語、使用羅馬字母）人發現，他們很難統一成一個國家。新王國的分權式聯邦制度（decentralized federal system）擴大了民族分離的問題。既然克羅埃西亞的領袖拉第科曾經投靠第三國際，其分離主義的根基上就布滿了布爾什維克的威脅。亞歷山大（Alexander）國王於1929年1月廢除憲法，以中央集權的制度，取代以種族爲基礎的聯邦行政區制度，並且把國名重新更名爲南斯拉夫王國，如此「解決」這個把革命、地方分離主義及政府不穩定攪和在一起的問題。但是，他的獨裁政府正如烏斯塔沙（Ustasha）一般，無法解決任何問題，克羅埃西亞極端的分離主義份子於1934年10月9日，於馬賽（Marseilles）暗殺了當時正在法國進行國是訪問的烏斯塔沙。

許多其他的東歐國家也步上相同的權力主義路線。1923年斯坦姆波林斯基被暗殺之後，保加利亞的國王鮑里斯（Boris）就任命保守派的政治家憑藉警力來統治國家。從1925年起就自願過著流亡生活的羅馬尼亞國王加羅爾二世（Carol II），在1930年時回國即位，並且積極地統治國家。其間，最惹人注目的是1926年5月，使畢蘇斯基（Josef Pilsudski）元帥得以從主張平均地權論的韋陶思總理手中接掌波蘭政權的軍事政變。

1921年的波蘭憲法賦予向議會多數派負責的內閣權力。但是這個多數派是如此的支離破碎，其中所含的政黨多達59個（包括33個代表少數民族的團體），在1918年11月到1926年5月的八年之間，接連更換了十四位部長。因爲議會制政權的成功而獲益最多的韋陶思，他的農民黨與都市自由主義團體，都無法形成具凝聚力的核心。缺乏有效率的管理，很難調整統一波蘭的經濟。西里西亞人曾經與柏林擁有貿易關係，加里西亞人曾經和維也納有過貿易關係，而東部的波蘭人則曾經以俄羅斯的經濟生活馬首是瞻，但是現在這些人都必須緩慢且痛苦地以華沙爲中心來發展他們的經濟活動。

民衆漸漸開始輕視議會政權。在第一次世界大戰時曾經領導波蘭軍隊對抗俄羅斯的愛國社會主義老人——畢蘇斯基，於1926年5月的政變時得到工會和軍隊雙方面的支持。奪權之後，畢蘇斯基就創立了單一民族運動——與政府合作的無黨派聯盟。單一民族運動的功能是促進國家那在政黨口角中已經蕩然無存的「道德更新」。

非常需要國家統一與政局穩定的新國家裡，1920年代的議會政權卻蒙上毫無效率、腐敗墮落與派系不和的名聲。1920年代依然能勉強倖存的議會制度，卻在1930年代時被權力主義政權所取代。在二次大戰之間的這段時期裡，只有捷克斯洛伐克依然以議會制共和政體的模式運作。在東歐各國中，只有捷克擁有大量本國的中產階級，以及高度發展的自由主義傳統。承繼舊奧地利帝國以工業爲基礎的重要傳承，當捷克斯洛伐克在新的國界之內建立經濟生活的時候，所經歷的適應不良與通貨膨脹等問題，比其他繼任國輕微。捷克人設法在中央集權的行政體制裡，轉移斯洛伐克與日耳曼等少數民族的不滿。在捷克斯洛伐克之上，由馬薩利克（Thomas Masaryk）統領一切。一直到1935年去世爲止，馬薩利克純粹利用他的個人特質所發揮的影響力，掌握由改革派社會主義者、平均地權論者與天主教人士結合起來的議會核心，法國歷史學家鮑蒙特（Maurice Baumont）將他的個人特質所展現的力量稱爲「受敬重的獨裁」。[25]

伊伯利亞半島

與東歐相同，西班牙和葡萄牙那毫無生氣的議會政權，也沒能在1920年代倖存下來。和東歐人一樣，伊伯利亞半島的居民絕大部分是農民，大多目不識丁，依然根深柢固地依賴傳統的鄉村慣例，並且受到當地地主和教職人員的強烈影響，他們的農業也一樣沒有效率。舉例來說，雖然有四分之三的葡萄牙人居住在農村，但是葡萄牙依然因爲無法生產足以供應人民的基本食糧而困擾。

當然，伊伯利亞半島的國家有某些重要的層面與東歐不同，但是並不是那些有助於成就自由主義制度的層面。不像新的繼任國般努力地在新的國境內積極投入施政與經濟活動，西班牙和葡萄牙是由政客以及官僚負責執政的腐敗舊帝國。西班牙和葡萄牙的天主教會對人民生活的普遍影響，更甚於天主教國家波蘭以外的任何東歐國家，但是伊伯利亞半島的居民並未因此而更具同質性。城鄉對立、北部小地主與南部大領主之間的利益衝突，以及巴斯克人、加泰隆尼亞人與在西班牙心臟地區占優勢的阿拉貢—卡斯蒂爾人（Aragon-Castille）之間特別激烈的文化差異，阻礙了運作選舉政治所必須的基本合意的發展。最後，不論是西班牙的議會制君主政體，還是1910年的葡萄牙共和國，甚至都未能如繼任國剛開始時般，享受剛建國的片刻歡娛。在19世紀晚期，自由主義制度就已經以北歐和西歐的統治模式爲主，移入伊伯利亞半島。大戰期間不論是中立的西班牙，或者是1916年以後加入協約國參戰的葡萄牙，都已厭倦了戰時的指責以及戰後的混亂，這兩個國家都再度走回19世紀時的軍事政變傳統。軍官團帶著維持社會秩序與復興國家的允諾，接掌了兩國的政府。

在西班牙，伴隨第一次世界大戰而來的工業繁榮與通貨膨脹，使主要工業區——文化背景不同的加泰隆尼亞〔巴塞隆納（Barcelona）〕與巴斯克地區——的社會緊張局勢更形擴大。1917年開始，並且從1919年一直持續到1923年的罷工，結合了熟悉的焚燒教堂、要求加泰隆尼亞自治權，以及倡議其實是以爭奪權力而非改良工作條件爲目的的革命性全面罷工的辭令等成分。但是，他們的規模是史無前例的，並且還有南部的無政府主義農民暴動與之響應。蘇維埃的影響更加明顯：安達魯西亞（Andalusia）的一名農民領袖，甚至把自己的名字從科登（Cordon）改爲科頓涅夫（Cordoniev）。1921年的殖民戰爭中被摩洛哥游擊隊打敗，只是壓垮長期因帝國衰頹而深感困擾的西班牙的最後一根稻草。在阿豐索十三世國王的批准下，利維拉（Miguel Primo de Rivera）將軍於1923年9月發動了一場軍事政變。

利維拉掃除那些他以軍人簡潔直率的指責，認爲必須爲西班牙的沒落負責的「老政治家們」，並且建立由他一人領導的獨裁統治，他所建立的獨裁政權一直持續到1930年爲止。但是，利維拉並不單只是個西班牙的反動份子，他成立勞資仲裁委員會，有些主張改良主義的工會也加入其中。他招聚了一些技術專家，允諾要讓經濟現代化，而且大幅拓寬西班牙的道路以及擴展電力系統。利維拉的專制統治是一個現代化的獨裁政府，他決定讓勞工和平地分享比較先進的經濟領域。但是，利維拉在反動派與大企業之間，以及擁護共和政體與不妥協的左派份子之間卻樹立了不少敵人。1930年，當西班牙的經濟開始受到不景氣的影響時，阿豐索十三世國王卻收回了他的信任，而不願意與衰敗的軍人團體一起沉淪。1930年1月，利維拉流亡法國，並在不久之後死於法國。

1910年的葡萄牙共和國既不曾達到政治穩定，也不曾達成財政廉潔的目的。既然它的政治基礎只是相當狹小的社會階層——那些里斯本市（Lisbon）

與波爾多市（Porto）中具有自由思想的商人和專業人士——而其主要的成就是反教權主義〔政教分離、離婚合法化，終結科英布拉天主教大學（Catholic University of Coimbra）的教育壟斷〕，因此葡萄牙共和國所依賴的是鄉村人民的順從，以及官僚和軍隊的默許。與英國（葡萄牙人的貿易大部分是與英國交易）站在同一陣線參加第一次世界大戰，讓國家深陷負債的壓力之中；而所爆發的災難性通貨膨脹，則對共和國自己的支持者損害最烈。雖然在1919、1920與1921年都曾經爆發全面性罷工，但是在1920年代中葉，葡萄牙已經普遍實施每日八小時的工時制度，而且勞工的購買力也並未低於1914年時的購買力。當時最感到痛苦的應該是中產階級。上層的公職人員（包括軍官）發現，通貨膨脹和政府的經濟政策，已經使他們實際上的購買力降到1914年的一半。

人們很容易就把這些情況歸咎於1911年制訂的共和國憲法，該部憲法讓自由主義政治家以內部循環交換內閣職位的方式的議會居首。在1910年推翻君主政體後的十六年間，葡萄牙曾經有四十五個以上的內閣執行，以及十五次的選舉（將近有一半的選民並不因參加選舉而感到煩惱）。

共和國的反對派以軍隊和科英布拉天主教大學的教授爲中心，他們身受法國「新右派」理論家摩拉斯的「整體性國家主義」影響。[26]1926年，鄉村的人民依然順從，但是有一群軍官起兵奪權。1928年時，科英布拉的禁欲主義經濟學教授薩拉查（Antonio de Oliveira Salazar），以政權強人的姿態出現；他是唯一有能力平衡葡萄牙危險的財政狀況的人。薩拉查先擔任財政部長，並在1932年以後則擔任總理。薩拉查一直領導葡萄牙的政府，直到他在1968年時因爲中風而行動不便爲止。他的獨裁政府是現代歐洲控制最嚴密、掌權最久的教權主義獨裁政權。

法西斯義大利

在馬蒂歐提謀殺案所造成的短暫停頓中重新振作起來之後，墨索里尼在1925年和1926年時，繼續爲義大利鋪設一黨專政的基礎。在他面前有兩條路可走，他可以發動更激進的法西斯主義者所號召的「二次革命」；或者也可以和義大利保守派的主要非議會機構（君主政體、教會與軍隊）講和。第一條路是前景尚未明朗的計畫，必須掃除前法西斯主義義大利所有陳腐的制度，包括君主政體在內。義大利舊有的掌權精英份子，將全部被行動隊所取代，行動隊是一群憤怒的反教權主義、反社會主義的年輕退役軍人，他們曾於1922年將市政府轟出北部都市。當前社會主義鐵路工人與最頑固的行動隊員法里納西（Roberto Farinacci）於1925年2月出任法西斯黨祕書長時，看來墨索里尼好像已經決定走上這一條路。1922年，當法西斯主義者接管市鎮時，法里納西曾經是格里摩那（Cremona）的首領〔瑞斯（ras）〕。

但是，1926年4月，墨索里尼卻撤除了法里納西的職務。自此之後，他悄悄地削弱了這股曾經幫他登上權力寶座的政黨勢力，並且與現存體制求和。最引人注目的是他採取與天主教教會一致的步驟。1870年，在世俗政權握住羅馬教皇的手之後，教會始終不曾承認義大利的統一。在1929年的拉特蘭協定（Lateran Pact）中，墨索里尼領導下的義大利，不但承認羅馬教皇在梵諦岡城擁有主權，而且還做出其他即使是最保守的前法西斯主義義大利領袖也不可能同意的讓步（例如同意廢除離婚，除非在最嚴苛的條件下，否則禁止離婚）。爲了回報墨索里尼的善意，羅馬教廷終於宣布他與義大利政府不同，並且力勸信徒支持墨索里尼政權。這項協定的效果一直延續到1984年2月，當時戰後共和政體的第一位社會主義總理，取消墨索里尼對教廷所做的大部分讓步。

1920年代晚期，法西斯主義義大利歸回自己的常態。國家依然維持一黨專政的情況，不過，此時法西斯主義者與1922年曾經將法西斯主義者送上權力寶座的機構和團體，合作治理國家。非法西斯主義者（君主政體、教會、軍隊）依然保留了他們的自主權。在統合主義體系的發展下，大企業達成一種非官方的自我調節形式。[27]所有這群人都接受墨索里尼的政治規則，而只要墨索里尼可以確保國內的秩序與繁榮，那麼法西斯主義的舞臺效果就會與之相稱。

在穩定世界裡的革命俄國

1920年底，托洛斯基的紅軍擊敗在波蘭和克里米亞（Crimea）發動的最後兩次反革命攻勢，結束了俄國的內戰。對布爾什維克政權來說，面對國內外的反對聲浪而能倖存，已經是非凡的成就。但是，他們的國家卻正處於絕望的困境之中。

布爾什維克的挑戰

1921年，俄國的工業輸出滑落至1913年時的五分之一左右。曾經要求生產力完全集體化的戰時共產主義的暫時權宜之計，無法在戰爭的殘骸之中再度恢復生產。最重要的障礙是欠缺原料、運輸混亂，以及缺乏技術與管理技能。戰時的共產主義政策讓鄉村的情況變得更加惡劣，強制徵用糧食，激起農民長期以來的藏匿糧食、吃掉糧食，以及故意殺掉家畜等反應。旱災又使這些問題雪上加霜。在1914年到1921年間，俄國已經從穀物的主要輸出國，變成一個無法餵飽自己人民的國家。

1921年的都市呈現半空的狀態。民眾挨餓、斑疹傷寒流行與爭鬥等因素，甚至在1918年到1921年間奪走更多人命（或許有2,000萬），比第一次世界大戰加上1917年的革命行動所犧牲的人還多。1921年時，有個布爾什維克黨員宣稱俄國的經濟崩潰是「人類史上空前未有的經歷」。[28]

布爾什維克最緊急的警報是，在他們最熱情的支持者之間，開始瀰漫開來的群眾不滿情緒。農民團結起來公然反抗政府當局。單只是1921年2月，全國就有118次農民動亂。在2月底時，罷工風潮橫掃彼得格勒。3月1日，隨著一次彼得格勒海灣的喀浪施塔得（Kronstadt）海軍基地的水兵暴動，人民的反抗情勢已到緊要關頭；這支暴動的軍隊在1917年10月時，曾經用他們的槍炮掩護布爾什維克掠奪冬宮。喀浪施塔得的士兵宣告，展開一場以「自由選舉產生的蘇維埃」對抗列寧戰時共產主義「部長統治」的「第三次革命」。[29]一支有35,000名士兵的紅軍平服了喀浪施塔得的暴動，但是所付出的代價是犧牲了無數條人命。此外，也不能忽視這次暴動所散發出來的危險信號。雖然一旦爆發起義行動，就會有些反布爾什維克的流亡者伸出援手，但卻未能成功，不過起義行動已經自然而然地發生。名為「工人眞理運動」（Workers' Truth Movement）的地下組織也表達了類似的憤怒。身為領導階級的布爾什維克黨員，布哈林（Nikolai Bukharin）在1921年3月說道：「目前共和國已如風中之燭。」[30]

1921年3月，列寧以新經濟政策（New Economic Policy, NEP）取代戰時共產主義的策略，來回應那些挑戰。在新經濟政策之下，以向農民徵收固定的糧食稅來取代餘糧徵集制，農民終於可以自由買賣他們有餘的穀物。約有75%的零售業，以及大量的小型手工業經營權，重新回到私人手中。但是政府保留列寧所謂的經濟「制高點」：重工業、批發商業、銀行業與運輸業。1922年時，已經復甦的市場與風調雨順的氣候，讓俄國生產了足量的糧食，而俄國人也可以過著正常的生活。

就在此時，1922年5月，列寧第一次中風，後來他又經歷了幾次中風發作，並在1924年1月去世。列寧並沒有準備清楚的接班路線，接踵而至的權力鬥爭，並不單只是個人為了爭奪政黨與國家控制權所採取的行動。最基本也最重要的問題是，如何建立史上第一個社會主義政權。既然從一誕生就開始面對的危機已成過去，那麼新政權應該是什麼樣貌，而走向正常化所應該採取的第一個步驟又是什麼呢？

列寧之死，讓俄國的布爾什維克面臨任何馬克思主義理論或者實務經驗都未曾讓他們有所準備的情境。在更先進的國家裡，並沒有出現工人革命的徵兆，但這卻是俄國的馬克思主義者認為可在背後促使俄國社會主義政權繼續生存的支撐力量。戰後歐洲動亂的最後一星火花，隨著1923年10月漢堡暴動的失敗而熄滅。俄國的布爾什維克政權必須適應一個資本主義已經立穩腳步（在先進的北歐和西歐中，以自由主義制度為中心，而在比較農業化的東歐和南歐，則處於權力主義政權的統治下）的世界。在這種情況下，俄國的布爾什維克還能讓這個前工業化的大國繼續朝建立「一個社會主義國家」的目標前進嗎？

「工業化的爭論」

布爾什維克相信，像俄國這樣的國家，只有靠著發展大規模的勞工基礎，或者取得已經擁有這種規模勞工基礎的共產主義政權的支持，才可能朝著社會主義前進。既然在1923年以後，似乎已經杜絕了進一步向國外散布革命的可能性，所以現在的問題只在於如何在自己的國家裡建立大規模的工業基礎。

由戰爭部長托洛斯基領導，稍後共產國際主席季維諾夫與莫斯科蘇維埃主席加米涅夫也加入的「左派」團體，提議國內外應回歸1917年時的「英勇」立場。在國外，這個左派團體希望能繼續施加革命壓力；如果證實歐洲全然毫無反應，那麼他們會把這種革命壓力帶進亞洲。在國內，他們主張「工業獨裁」是走向社會主義唯一可行的道路。這意味著將從俄國一群有能力製造多餘財富的農民身上，極盡所能地榨取發展工業所需的資本。

在1914年以前，農業出口是俄國賺取外匯的主要來源。就某種意義來說，雖然在帝俄時期就已經開始發展工業，但是工業依然落後於農業的發展。[31]左派團體提議用壓低農產品價格，來提高工業產品的價格，如同剪刀的雙刃一般，繼續榨取農民盈餘的生產能力以幫助工業成長。在新經濟政策實行之初，農民就已經抱怨有這種「剪刀危機」；如今布爾什維克左派團體則希望繼續施加，甚至更強調這種壓力。左派團體的策略包括榨乾絕大部分俄國人的財富，利用自己本國的資金進行快速的工業化。所謂絕大部分的俄國人，包括曾經在1917年和1918年的土地重新分配中獲利的農場主，尤其是中產階級的農場主，或者現在揚言要創造有力的農業中產階級的「富農」。

由布哈林領導的「右派」團體主張與心滿意足的農民合作的社會主義工業

化，雖然並非唯一的可能，但卻是比較適當的方式。與左派團體一樣，布哈林認爲，爲了發展社會主義，俄國必須工業化，而且工業化的資源必須來自於國內。但是和左派團體不同的是，他認爲如果允許農民爲了有盈收的市場而生產，那麼不但可以更快速地生產工業化所需的資源，而且也可以提高農民對工業商品的購買力。布哈林表示，畢竟農民是「我們這個星球上人口總數最多的人」。[32]如果布爾什維克俄國能夠在農民與工業勞工之間開闢一條合作的道路，那麼社會主義就能繞過局勢已經穩定的西方，自然地向世界其他地區散布。布哈林和其他人一樣遭遇流亡的命運，然而他依然保持開放的態度，並且支持與農民和解，使讚賞他的人相信可以在俄國建立一個社會主義但非強制高壓的國家。

在1920年代那激烈的「工業化爭論」中，不論是左派或右派，雙方都沒有倡導回歸資產階級政權以及多政黨政府，以靜待俄國或其他地方那必然成熟的革命派無產階級。雙方都決心將社會主義深植於俄國，並且保護俄國的社會主義，以免再被吸入西方那繁榮的自由經濟世界裡。雙方都了解利用國內資源資助俄國工業化的必要性，不論當時勝利的是布爾什維克左派還是右派，這些決策都使他們不得不走上獨裁政治的路。

鞏固獨裁政治

1920年代時，與革命的混亂時期相較，俄國都市中的薪水階級人數甚至更少；其中只有少數中的少數是忠誠及可信賴的布爾什維克黨員。舉例來說，在俄國東部，人口約兩百三十萬的農業區斯摩稜斯克區（Smolensk District）中，1924年時只有5,416名共產黨員，大部分集中於斯摩稜斯克市。[33]在這種情況下，只有透過完全依靠共產黨的政治指導穩固的官僚政治控制，這個政權才得以倖存。必須藉助一個少數政黨來代表無產階級實行「無產階級專政」。

在革命之後鞏固政權的這段期間，列寧對於一黨統治的必要性不曾存有任何懷疑。1919年時他曾經寫道，蘇維埃「根據他們的綱領是勞工政府的機關，但事實上只是大部分無產階級先進勞工，而不是勞動群衆本身的政府機關」。[34]只要大部分的勞工還沒有養成共產主義文化，那麼除了按照列寧的主張之外，別無選擇。就在這一段時間裡，「黨的無產階級政策並不是由一般黨員，而是由少部分優秀專一的權威人物所制訂的，或許可以稱他們是黨的老禁衛軍。」[35]

直到1921年爲止，內戰和恢復生產力的需要，促使布爾什維克領袖採取高度官僚化的中央集權管理制度。但是，在新經濟政策之下對小企業日漸放鬆的市場控制，並未帶來對政治控制的鬆綁。列寧在1921年3月和4月時，就已經決定禁止政黨裡存有派系，並且授權黨中央委員會開除公開反對黨中央政策的人。因此，新經濟政策實施時的放鬆策略，無助於恢復共產社會成員自我管理的任何自由，雖然那曾經是蘇維埃運動一開始時的承諾。

在邁向生命終點之時，列寧開始憂心政黨統治的性質。他曾提及將少數「精英共產黨員」混雜在大量眼光短淺而且官僚的「外國文化」之中的危險。

> 以莫斯科為例：莫斯科有4,700位共產黨領袖，以及為數眾多的官員。但誰是領導者，而誰又是被領導的人？我對於共產黨員是領導者的說法非常懷疑。我認為或許應該說他們是被領導的人。[36]

只要列寧還活著，他就能倚靠個人權勢，讓組成黨中央委員會的老布爾什維克黨員掌握權力。但是，在他死後，黨的全職行政人員——中央委員會的政治局及它的常設機關書記處——對國家的掌控力就越來越強了。

史達林的崛起

政治趨勢有利於史達林（Josef Stalin）的崛起，史達林自1922年開始擔任黨書記，而且他或許是唯一眞正出身下層階級的老布爾什維克黨員。史達林原名約瑟夫．米加施維利（Josef Djugashvili），他的父親是鞋匠，祖父是農奴，住在喬治亞省的外高加索區（trans-Caucasian）。從神學院退學之後，史達林大約在1900年左右加入布爾什維克運動，並且負責爲黨籌措資金而搶劫銀行的祕密活動。當時他採用的匿名——史達林——是「鐵人」的意思。史達林因爲帝俄時期的牢獄生活與在西伯利亞的流亡生活，而鍛鍊出堅強的意志，他沒有如那些大部分曾在西歐度過多年流亡歲月的同僚們般，具備廣泛的文化背景。並沒有明確的證據可以斷言他曾經也是帝俄時期祕密警察的雙面間諜，比較確定的是，史達林擔任黨書記這個頗具戰略重要性的職位，與他那不屈不撓的個性，恰巧與黨內新一代強硬派官員日漸壯大的權勢一致。那些強硬派的官員不曾如老布爾什維克黨員般，接受過流亡運動的洗禮，但是卻接受過自1917年以來就始終不斷的鬥爭教育。史達林輕易地克服列寧在遺囑中反對他的「粗野」與嚴厲，對他所造成的障礙，奪取了黨內鬥爭的主動權。

在「工業化爭論」中，史達林堅定地與布哈林站在同一陣線，擴大新經濟政策對農民貿易的讓步，而且農產品的產量也再度回升到1913年時的水準。當左派的布爾什維克在中央委員會選舉中失去選票時，他們就一個一個地被逐出

圖8-2　從神學院學生變身為革命家的約瑟夫·米加施維利，他的布爾什維克同志知道他的名字是史達林，也就是「鐵人」的意思。這張照片攝於1917年，當時他38歲。

有權勢的職位。曾經創建並指揮過紅軍的托洛斯基，1925年離開戰爭軍需部。在1925年保加利亞的共產主義暴動失敗之後，共產國際主席季諾維夫就被免職，這次暴動的主要成就是炸毀了蘇菲亞大教堂（Sofia Cathedral），擁有獨立權。

威的老布爾什維克基地，如加米涅夫對莫斯科黨組織的控制，以及季諾維夫在彼得格勒〔在列寧去世以後更名爲列寧格勒（Leningrad）〕黨組織的控制力，逐漸被中央集權的黨中央所取代。1927年12月召開的第十五屆黨代表大會，最後依史達林的決定，宣告所有「偏離黨路線」的一切都不適用。1929年，托洛斯基被迫流亡國外，他在流亡地寫下描繪「被出賣的革命」以及無產階級政黨「替代品」的作品。史達林以卓越蘇聯領袖身分出現。正如一位心懷不滿的老布爾什維克黨員所說，俄國已經變成「黨書記的獨裁政府」。[37]

因此，在1920年代後期，蘇聯使自己適應一個非革命性的世界，並且在新經濟政策和一黨官僚政治的統治之下，漸漸趨向穩定。雖然工業生產與畜產的飼養量依然不及1913年時的水準，但是有些物資的供應量已有改善。人民的識字率迅速提升，而人們對這種社會實驗的興奮之情，又激發出強烈的文學與藝術能量。在文化部長盧那察爾斯基（Anatoly Lunacharsky）的領導下，建築、戲劇、詩歌與藝術普遍地綻放光彩。在這個時期裡，受惠最多的是一億俄國農民，他們那兩千五百萬個家庭農場比以前更加繁榮與自由，甚至可以說是俄國有史以來最璀璨的一段時間。但是「工業化爭論」所帶來的問題依然存在。如果繼續由小耕農把持他們的經濟，那麼蘇聯可以避免不景氣的發生嗎？

脆弱的穩定：評價新自由主義

與過去及後來相較，1920年代後期的歐洲似乎是安定而繁榮的。不但北歐和西歐繁榮興旺，甚至連東歐的經濟也大有起色。但是，當英國的歷史學家泰勒稱1920年代晚期是他祖國的「黃金歲月」[38]時，他所下的定義其實具有正反雙重含意。雖然已經恢復國際金本位制，但是19世紀自由主義的其他美景，卻未能因金本位制的恢復而自動再次浮現。舉例來說，英國的失業率不曾低於10%。那些年裡，大部分所謂的「黃金」是在「喧囂的1920年代」裡，過度尋歡作樂的浮渣。

歐洲大陸上恢復或擴展自由主義的企圖，成就有限。無法在以農業為主且具有民族衝突問題的東歐和南歐繼續施行議會制度。即使是富裕的法國人和德國人，也因為所經歷的通貨膨脹而備受驚嚇，他們只有在確保經濟穩定的情況下，才能持續保持對新自由主義政權的忠誠。

暫時，許多歐洲人有錢可以唱歌和跳舞，欣賞美國的新爵士樂，並享受新奇的電影，擁有汽車的情形也更普遍。但是，相信只要順其自然，1920年代晚期那相對的繁榮就可以一直持續下去的想法，是一種新自由主義的幻覺。即將來臨的經濟大蕭條將把人們從夢幻中喚醒。

圖8-3　雷捷（Fernand Léger），城市（*The City*, 1919）

第九章

兩次大戰之間的大眾文化與高級文化

1920年代現代主義（modernism）在藝術界奏起一曲光輝燦爛的凱旋歌：畢卡索（Picasso）在巴黎作畫，而康定斯基（Kandinsky）則在威瑪取材；史特拉汶斯基（Stravinsky）在巴黎作曲，而維也納則有舍恩伯格（Schoenberg）、格魯比亞斯（Gropius）與庫伯西爾（Le Corbusier）的功能主義（functionalist）風格建築。更細心地審視，你將會發現，1920年代那個精力充沛的新世代，只是戰前蘊含高級文化的價值觀大轉移的結果。[1]兩次大戰之間的那段時期，這些藝術家的主要成就，是把戰前前衛派的歐洲，帶入高級文化的主流。更顯著且深刻的改變則發生在大衆文化。大衆娛樂事業商業化的廣泛發展，是兩次大戰之間轉變最急遽的歐洲人文化。

大衆文化：無線電與電影的年代

1920年代有兩種新型的通訊設施，使那些有名而且有權勢的人，首度可以同時向數百萬人發表演說：無線電與電影。歐洲人向前飛躍，把只能在聽力所及的範圍之內，才能對著一群人發表演說的世代拋在腦後。在大戰期間，大規模的宣傳活動，甚至只能局限在印刷的文字，局限在海報藝術作品，或者局限在演說者所呈現的聲音上。直到大戰結束爲止，人們還無法實現播放新聞影片的可能性；無線電依然處於業餘愛好者偶爾播放廣播節目的初創階段。

大衆傳播媒體的技術基礎

因爲19世紀對通訊設備的發明熱潮，於是公共無線電廣播變成可能實現的理想。重要的第一步是電報，任何地方只要接通線路，電報幾乎可以在瞬間傳送已編碼的信息。1872年，隨著從英國到澳大利亞的線路開放，電報網幾乎已經遍及全球各地，與此同時，早期的電話也可以利用線路傳送聲音。但是，只有解除傳輸線路的束縛以後，快速的通訊設備才確實具有十足的彈性。1901年時，一位義大利的工程師馬可尼（Guglielmo Marconi），設法利用「無線」的無線電波從英國將訊息傳送到加拿大。經過後續的改良，尤其是1906年以後美國眞空管的開發，使得人們不再只能傳送已編碼的信息，還可以確實地利用無線電廣播人類的聲音。

但是在當時，無線電通訊只是作爲私人之間的訊息傳遞之用。1920年代的主要突破是可以同時向很多人廣播。初期的無線電廣播是單次傳輸式的，如1920年6月16日，從倫敦播送的女高音梅爾巴（Nellie Melba）的音樂會，或者1920年11月從匹茲堡（Pittsburgh）播送的美國總統選舉結果獨家報導。在1921與1922年間，美國、歐洲和日本都成立了常設的廣播電臺，而且也開始大量生產收聽廣播用的收音機。無線電的時代已經來臨。1926年，當國營的英國廣播公司（British Broadcasting Corporation, BBC）成立之時，在英國境內有217萬8,259臺收音機。但在1930年代末期，英國已經約擁有900萬臺收音機——大約每四戶英國家庭中，就有三戶人家擁有收音機。1938年，德國國內已經有九百多萬臺收音機；法國國內有超過四百萬臺的收音機；俄國則有四百五十萬臺收音機（因爲他們的總人口比較多）；此外，捷克斯洛伐克、瑞典和荷蘭等國家都各自擁有超過一百萬臺的收音機。[2]

現在，氣勢恢宏的無線電收音機，與鋼琴和蜘蛛抱蛋（aspidistra）的盆栽，競爭每個中產階級家庭的起居室裡那片顯而易見的地方，而歐洲的消費者誇耀他收音機裡的眞空管數量，與吹嘘他們的汽車汽缸數量如出一轍。無線電收音機也開始普遍進入勞動階級的家庭裡。1930年代，具備宣傳意識的納粹政權鼓勵人民購買的最便宜的德國收音機，價値35馬克，大約是一個德國人一週的薪資。[3]對歐洲很多生活安定的勞動階級家庭來說，繼家具和腳踏車之後，收音機是接下來他們優先考慮要購買的物品。

電影的技術基礎早在1890年代就已經發展出來，作爲表演歌舞雜耍和音樂會之後的餘興節目之用。早期的電影只是一小段拍攝簡短的動作和戲法的膠片，很快就讓帶有故事情節的多卷本電影取代。《火車大劫案》（*The Great Train Robbery*, 1903），是第一批有故事情節的電影之一，片長8分鐘，並且極獲好評。義大利拍攝的《暴君焚城錄》（*Quo Vadis*, 1912）不但片長兩小時，並且爲電影業汲取戲劇傳統的精髓成爲一種視覺藝術形式開啓了一條康莊大道。但是一直到第一次世界大戰之後，電影才變成大眾文化中最重要的傳播媒介。電影最普遍的英國，在整個1930年代裡，這個總人口5,000萬人的國家，每週約有1,800萬人到1,900萬人會去看電影。在因電視的發明而導致電影熱潮退卻之前，1946年英國看電影的人次達到最高潮，每週約有3,000萬人次；全國有三分之一的人每週看一次電影。[4]歐洲大陸的數據也並不比英國低多少。

創造閱聽大眾

無線電廣播和電影首度同時創造了具國家規模，甚至是國際規模的閱聽大眾。人們可能必須回溯文化傳播方面的發明史，以便找出與無線電和電影的發明同等重要的起始點。嚴格說來，創造大群閱聽大眾本身並不完全是新奇的經驗，當然這要感謝19世紀時識字能力的普及與便宜的印刷術。哈姆斯沃思（Alfred Harmsworth），也就是後來的諾思克利夫（Northcliffe）爵士，在1890年代時，就已經著手進行報業的商業革命，他把他的報紙以成本價或低於成本價的價格賣出，並將他的主要收益從販賣報紙的利潤轉爲販賣廣告的利潤。他發現企業行號願意支付大筆金額，購買專門爲了引起大量讀者的興趣而設計的廣告看版。他的《晚間新聞》（*Evening News*）和《每日郵報》（*Daily Mail*）是倫敦第一份以半便士的價格出售的報紙，也是歐洲第一份發行量史無前例地高達50萬份的報紙。

但是，讓報紙在精英份子以外的讀者群內流傳，是一個漸進的過程。1910年以後，也只有半數以上的英國成人閱讀一份星期天出刊的報紙，那些星期天出刊的報紙通常著重犯罪事件、體育方面的報導，並且刊載引起社會轟動的小說。直到1920年以後，才有半數以上的人每天閱讀一份報紙。[5]在兩次大戰之間的這段時間裡，歐洲大陸的報紙接觸的是比較傳統的精英閱聽人。有名望的日報，如巴黎的《時代》（*Le Temps*）寧可接受政府祕密資金的資助，也不願意依靠大量刊登廣告來賺錢。相較之下，聽無線電廣播和看電影非常快速地變成大多數人的休閒娛樂。此外，和印刷出來的文字不同，無線電廣播和電影可以讓閱聽大眾立即體驗所受到的衝擊。早期的閱聽人在觀賞《波琳歷險記》（*The Perils of Pauline*）中高速行駛的火車即將逼近被綁住的女主角這一幕時，身體會往後縮，而後來的閱聽人在1950年代，觀賞第一部「3D立體」（three-dimensional, 3D）電影中乘坐雲霄飛車的情節時，他們會緊緊抓住自己的座位，這些閱聽人表現出相同的不自主反應。

無線電廣播與電影的政治用途

政治人物早就利用無線電廣播來從事政治活動，人們很快就發現，有些政治人物在麥克風前的表現優於其他的政治人物。對19世紀特別熟悉議事規程並擅長辯論的國會議員來說，在擠滿其他議員的房間裡發表他們精心起草的演說，所引起的回響不如透過無線電廣播的效果，甚至也不及《辯論報》（*Journal des débats*）對議會的相關報導所帶來的影響大。事實證明，在無線電廣播的麥克風前，有兩種非常不同的風格都能成功。對冷淡的英國保守黨領袖鮑爾溫來說，親切而平易近人的閒談風格是最理想的，他在麥克風前的演說，就好像「把他的腳放在你的圍爐上」（爐邊）聊天一樣，談著古老的農業常識。鮑爾溫在無線電廣播上的表現，比當時更優秀的公眾演說家如勞合・喬

圖9-1　「所有的德國人都透過人民的無線電收音機聆聽元首談話。」各國政府很快就了解無線電的力量，納粹政權補助企業生產如上圖所示的便宜收音機，這種收音機只能接收德國電臺的廣播。

治有效率，如果沒看見他的臉部表情與手勢，只聽見他演說的聲音，那麼勞合・喬治那種浮誇的語調會令人覺得他似乎很緊張。另一種在無線電廣播上可以發揮效果的風格是，反覆強調一些簡單的口號、慷慨激昂地高談闊論，就如墨索里尼與希特勒的完美演出一般。雖然希特勒並沒有忽略他個人那引人注目的外表，憑著自己的外表，他很快就能在飛機或高級賓士轎車上具體化自己的形象，但是他也非常相信無線電廣播的重要性，在執政的第一年裡，他播送了不下五十次的無線電廣播演說。他的宣傳部長戈培爾（Josef Goebbels），也是熱愛利用無線電廣播高談闊論的能手，他讓政府資助企業生產便宜的收音機，並且在青少年的夏令營地、工廠和兵營裡，組織人們收聽收音機。結果，德國似乎是歐洲無線電廣播通訊網路最稠密的地方，1942年時，在2,300萬戶德國家庭裡，有1,600萬戶擁有收音機；英國位居第二。因爲義大利的收音機數量遠遠不及德國和英國，所以對墨索里尼來說，無線電廣播所能發揮的效果並不是很大，但是他也會有效率地使用無線電廣播，並且組織群衆收聽。兩次大戰之間利用無線電廣播進行政治鼓動的高潮，是1935年10月2日墨索里尼的演說，他利用無線電廣播宣布他已經決定侵略衣索比亞，並且在1936年5月9日晚上，宣布勝利的消息。墨索里尼的無線電廣播演說，不時因爲幾十萬站在他露臺下的群衆所發出的高聲叫喊而被打斷：

軍官們！士官們！所有在非洲和義大利的本國軍隊的士兵們！革命的黑衫黨黨員們！在祖國以及世界各地的義大利同胞們！聽著！

再過幾分鐘之後你們就會知道一些決定……一件偉大的事已經發生：今天，5月9日，法西斯時代的第十四個年頭，衣索比亞的命運已經被決定……

義大利人用自己的鮮血創建了這個帝國。他們也會努力工作使國家富饒，並且還要武裝軍隊保護國家……

你們認為這麼做值得嗎？（群眾高呼：「值得！」）[6]

因此，無線電廣播降低了傳統演講的效率，並且強化歐洲政治家的個性和修辭風格的重要性。

政治家也很快就了解到電影的宣傳潛力。雖然所有國家的新聞影片，都是以宏亮的聲音、單純的情感爲特性，放映時間短，並且強調個人的功績（不論是運動場上或戰場上的功績）以及「人類的利益」，但是法西斯主義政權卻仍然謹愼地控制新聞影片的內容。希特勒曾經聘雇年輕的女製片人莉芬斯塔（Leni Riefenstahl），拍攝1934年紐倫堡（Nuremberg）的納粹黨黨員大會，以及1936年奧林匹克運動會的紀錄片。在她所拍攝的納粹黨黨員大會的影片《意志的勝利》（*The Triumph of the Will*, 1934）中，人們可以看見納粹黨員整齊的行進隊伍及典禮儀式的漂亮鏡頭，而這是莉芬斯塔透過濃厚的雲層從空中鳥瞰紐倫堡所拍攝下來的畫面；對她來說，這部影片的拍攝過程是一場刺激又有幾分困擾的親身體驗。

大衆媒體的控制

重要的政治問題是，應該由誰來控制大衆媒體。如果只是要避免一些相同頻率的廣播電臺彼此干擾，那麼無線電廣播就要在國際間進行。在基本的技術性協調之外，人們還發展了三種基本的控制形式。美國、拉丁美洲和日本將無線電廣播完全交由從播放廣告收取利潤的公司管理。不論是自由主義國家或集產主義國家，沒有一個歐洲國家同意將無線電廣播完全交由商業組織管理。1920年代，大部分歐洲大陸的國家，包括法國、威瑪德國，以及法西斯主義義大利和共產主義俄國在內，都由政府以某種形式直接控制無線電廣播。第三種形式的控制可以英國廣播公司爲代表。英國廣播公司是國營的壟斷事業，由公司自己的理事會負責經營，並且向各個擁有收音機的人收取年授權金來籌措資金。英國廣播公司的第一任經理——雄心萬丈的蘇格蘭人里思（John Reith），堅定地建立了知識至上與政治中立的雙重傳統，使英國廣播公司成爲所有非商業性無線電廣播系統中最具獨立性的系統。雖然英國廣播公司偶爾會被指責太過溫和，但是它成功地避免了其他無線電廣播系統容易落入的重大陷阱：美國廣播事業那粗俗的營利主義，以及歐洲大陸政府爲了遂行宣傳目的，而濫用廣播事業。因爲，「電視」這個更具滲透力的媒體，在1945年以後自然而然地落入與無線電廣播相同的控制模式，所以各個國家用來控制無線電的方式無疑非常重要。[7]

除了那些接受納粹和法西斯主義政權資助，以政黨爲導向的電影，以及受到嚴格控制的所有蘇聯電影以外，幾乎是完全從商業性的角度來考慮電影的主題。事實上，兩次大戰之間大部分在歐洲放映的電影並不只是商業產品；它們也是美國的產品。雖然法國和義大利的製片人，在1914年以前曾經在故事長片的拍攝上引領風騷，但是在大戰期間，因爲影片所使用的硝化纖維素是製造炸藥的必須材料，所以他們的氣勢就此消退。他們的停頓不前，讓美國的製片人有機會以默片在1920年代的電影業獨占鰲頭。1920年代末期出現的「對白」，將觀眾群局限於某個單一語言的群體，並且讓歐洲大陸的製片人在1930年代時得以東山再起。但是，當美國電影已經併吞了90%的英國電影市場時，英國政府不得不強制英國電影院放映一定比例的國產影片。

除了納粹德國、法西斯義大利和蘇聯的黨報以外，[8]大部分歐洲國家的報紙都是由商業組織控制的。報紙的特性也正在改變，並且落入大型報業之手。歐洲的日報繼續進行英國的諾思克利夫爵士於1890年代開始引燃的商業革命。透過活潑的散文、大規模的廣告和低價銷售，在兩次大戰之間，歐洲主要的日報如《每日快報》（*Daily Express*）和《小巴黎人報》（*Petit Parisien*）發行量約達兩百萬份左右。

廣告的角色

無線電廣播、電影和大眾出版業，使人們可以利用熟練與積極的商業推銷術影響全人類，其所造成的影響是1914年以前無法想像的程度。廣告本身是一種古老的媒介物，1890年代以後，隨著大型報紙看版的發展而迅速成長。但是，在兩次大戰之間，廣告的規模和性質的成長相當戲劇化，使舊有的廣告形式相形見絀。

兩次大戰之間的這段時期，大部分的日報約有二分之一到四分之三的收益是來自於廣告。[9]為了吸引廣告客戶，報紙發行人必須迎合大眾的口味，刊登運動、犯罪報導與言情小說，以及簡潔、沙文主義的新聞報導內容，以維持高發行量。在各個主要都市裡，由通常屬於大型出版企業所有的兩份或三份追求引發社會轟動效應的日報，來支配廣告市場，並且迫使小報社不得不退出商業界。有時，嚴肅的報紙，如倫敦的《泰晤士報》（*Times*，發行量22萬5,000份），是藉助保證廣告客戶可以接觸最有教養且最有權勢的少數人而賴以生存。在商業發展比較不先進的歐洲大陸，有些日報如巴黎的《時代》（*Le Temps*），依然維持舊式的嚴肅風格，沒有刊登廣告，而是藉助希望得到有利的新聞報導的本國政府及外國政府，所提供祕密津貼的資助。無線電廣播為廣告開放了一個全新的領域。專業的廣告商學著迎合人們變換口味的心理。廣告的總費用成長驚人。在英國，從戰前每年約2,600萬英鎊，提升到1938年時的9,600萬英鎊；大約占國家收入的2%，[10]遠遠超過花費在科學研究或藝術發展的經費。在最好的情況下，廣告可以利用優異的現代設計協助提升大眾文化的品味。但是在最糟糕的情況下，歐洲的廣告鼓勵那些沒有能力負擔的人做些無謂的購物行為；而且，如果廣告的是未經試驗的藥物，那麼廣告甚至確實具有危險性。

新式的休閒活動

流行的大眾文化與人們享受這些文化的閒暇時間關係密切。在19世紀結束時，休閒依然是大部分富人的專利。第二代和第三代的商人家庭，是在最近才從工業化初期為了累積資金所需要的簡樸生活習慣，和長時間的工作之中解脫。在1890年代時，雖然農村的勞工依然如工業革命早期階段裡大部分的勞工一樣，日出而做日落而息，每天從早忙到晚，但是很多工廠勞工每天只工作10小時。少數的勞工，如法國的礦工，甚至在1914年以前就已經過著每天工作8小時的生活。在第一次世界大戰結束時，對北歐和西歐的公務員及工廠勞工來說，每天工作8小時已經是非常普遍的現象了。1936年，法國政府規定每週工時為40小時。於是在人類的工作史上，男性和女性的有薪階級首次在清醒的時間裡，擁有和工作時間一樣多的休閒時間。

早期立法限制的工作時間，通常是意圖保護勞工的健康和生產力。在戰後，休閒是有益的人類權利的新概念，讓人們更廣泛地感受到休閒的重要性。完善地滿足每位市民在休閒時間娛樂消遣的個別特性，開始成爲政府關切的重點。

除了每週40小時的工作時間之外，法國政府於1936年還規定，凡是規模大於家庭商店的公司，都必須提供所有員工每年兩週的有薪休假。於是在1936年8月，便有數百萬的法國平民在平時所不熟悉的正午陽光下眨眼享受不習慣的休假日。他們有兩週的時間可以自由運用，不需要用生病或受傷的理由就可以取得休假。當時很多法國勞工還沒辦法負擔四處旅行的費用，但是已經開通將湧入露營、騎腳踏車、徒步旅行，與現在定期如洪水般湧入歐洲海岸與山林的觀光旅遊人潮的道路。

有組織的娛樂活動

極權主義政權並不以讓他們的公民享受自由時間所帶來的豐富樂趣爲滿足。人民的每一分鐘都必須塡滿有用以及非政治性的活動。「對整個國家來說，人民的休閒時間是危險的時刻」，義大利法西斯主義發言人在1925年時寫了這段話給他的同事們。[11]就在那一年，法西斯政權出手干預每一家人民在休閒時間裡成立的組織，從曼陀鈴社團到足球俱樂部都被併呑，並且納入龐大的國家娛樂機構：國家休閒育樂中心（Operaio Nazionale Dopolavoro）。

人們指責育樂中心（下班）把被假定是任性的個人主義義大利勞工，關進會讓他們變成馴良公民與優秀士兵的大衆娛樂活動。根據熱心的官員所公布的統計數據顯示，每年有數百萬義大利人被組織起來前往博物館、公園、海灘、歌劇院以及運動競賽場。人數這麼多，以致於他們走到哪兒，哪兒就像是個被人輕蔑的難民營。薩爾維米尼（Gaetano Salvemini）曾經預測：

> 在育樂中心的保護之下，交換接吻的次數……很快就會被計算出來，而那令人難以置信的總數，將被歸功於墨索里尼的天才。[12]

不過比較實際的估計是，在1,200萬義大利勞工中，大約只有200萬人可以被說服或被強迫參加育樂活動，而農村和村莊裡的勞工因爲天高皇帝遠，所以必然比較不受官僚政治的影響。但是在義大利南部的很多地區裡，育樂中心是第一個介入鄉村居民與他們實際上的封地長官之間的機構。法西斯主義所組織的娛樂活動，是走向更充分動員義大利公民參與現代大眾文化的第一步驟之一。

1933年之後，希特勒仿效育樂中心的作法，組織「快樂帶來力量」（Kraft durch Freude）運動。雖然廣泛宣傳勞工的馬得拉（Madeira）群島與挪威旅遊，但是實際上每20名勞工中大約只有一人能夠眞正享受這種殊榮。不過希特勒政權確實投資了大筆金額促進並組織體育活動和大眾娛樂活動，只是這些體育活動和大眾娛樂活動都經過專門設計，是以散布熱情、反覆灌輸人們服從紀律的觀念，以及誘使勞工忘卻他們實際支領的薪資比1929年時低的事實爲目的。

蘇維埃政府也承擔爲公民規劃休閒活動的責任。共青團〔Komsomol，青年共產主義聯盟（Young Communist League）〕組織夏令營並且促進體育活動的發展，此外，政府也把以前貴族的別墅和狩獵小屋變成度假中心。但是實際上，因爲1929年以後土地快速集體化，及工業發展所帶來的龐大壓力，所以少有剩餘的資源或自由時間可以廣泛拓展俄國人的休閒娛樂活動。

圖9-2　納粹的育樂機構「快樂帶來力量」廣泛宣傳特別休假，他們為少數精選的勞工準備休假，例如1935年這趟到馬得拉群島的旅遊。

體育活動

職業體育活動是兩次大戰之間，大部分的歐洲人所喜愛的休閒活動。例如英式足球的球賽在19世紀時，就已經從自發性的遊戲轉變成系統性的體育競賽，具有正式的比賽規則以及常設的組織網絡（英國的足球協會，1854）。在公開的體育競賽裡，下層社會的專業球員開始取代中產階級與上層階級的業餘球員。在有意模仿英國的情況下，早在第一次世界大戰以前，英式足球就已傳布到歐洲大陸以及拉丁美洲，米蘭的足球隊甚至用自己都市的英文名稱——A. C. 米蘭（A. C. Milan），作爲他們球隊的隊名。20世紀時，足球賽變成一項擁有大批觀衆欣賞的體育活動，而1930年所成立的世界杯（World Cup）足球賽，更加深了環繞在球賽周圍的民族主義熱情。

1920年代與1930年代是歐洲與美國建造大型體育場的偉大時代。雖然第一批建造的現代化體育場，如1896年建於雅典的運動場，可以容納五萬到六萬名觀衆，但是在1918年之後所建造的大型足球場，可容納的觀衆幾乎可與滑鐵盧戰役的參戰軍隊數量相當。莫斯科的列寧體育場可容納10萬3,000人；倫敦北部的溫布利（Wembley）體育場可容納12萬6,000人。爲了1936年的奧林匹克運動會而在柏林興建的大型體育場可容納14萬人，而隔年在紐倫堡興建的體育宮則可容納22萬5,000人。世界上最大的體育館是布拉格的斯特哈拉體育場（Strahav Stadium, 1934），是一座專門爲體操及田徑賽盛會所設計的體育場，可以容納24萬名觀衆。

從人們在英式足球投下的龐大賭金，可以一窺民衆對足球賽著迷的程度。據估計，在1934年到1935年的足球賽季裡，英國足球的總賭注大約是2,000萬英鎊（以當時的匯率大約是1億美元），而在1936年時總賭注的金額甚至加倍；每週一和週二在勞動階級聚集的鄰近地區，都必須額外加派郵差值班，以便遞送上個週末的球賽賭注。[13]人們對賽馬所下的賭注也很大。那些有群衆參與的體育運動受歡迎的程度，遠遠超過比較傳統的上級階層業餘喜好的運動項目，如橄欖球、網球和板球。

歐洲大陸的人民對自行車賽總是比英國人狂熱。在對人們來說，機械依然是相當新奇之物的1890年代自行車狂熱之後，兩次大戰之間，一些著名的長途自行車賽不但吸納了龐大的廣告費，而且也激起民衆對這項活動的熱情。環法自行車大賽，是吸引比利時與義大利自行車騎士以及法國人參加的自行車賽，賽程大約持續十天。柏林的自行車賽則使柏林市區交通受阻長達六天的時間。

旅行

因爲有閒暇，所以旅行也變成很多民衆可以從事的活動。重大的技術性突破，徹底革新人們的旅行速度。最重要的是人們征服了天空，一旦掌握飛行的基本技巧之後，後來的進展就變得非常快速。1903年時，萊特（Wright）兄弟曾經使一架比空氣重的機器，橫跨北卡羅萊納州基蒂霍克（Kitty Hawk）的沙丘，在空中飛行了3分鐘。僅僅六年以後，法國的布雷里奧（Louis Blériot）就以37分鐘的時間飛越英吉利海峽。而戰爭中作爲軍事用途的飛機，不論是速度或飛行距離都已有大幅改善，所以在戰爭結束時，歐洲和世界各地已經準備好迎接利用民航機旅行的時代。

1919年，英國的飛行員阿爾科克（John Alcock）與布朗（Arthur Brown）首度直接飛越大西洋，[14]同年啓用連接巴黎和倫敦的第一條定期國際郵政航班，幾乎與此同時，人們也開始展開客機的旅客服務。在1934年時，英國人已經可以搭乘飛機在4天內飛抵澳大利亞，如果搭船，這趟旅程可能要花上數週的時間。唯一可與航空旅行速度加快這件事相比較的，是1830年到1870年這段時間火車旅行的速度。[15]不論如何，由於客機（以及轟炸機）可以不經由陸路或水路越過地理上與政治上的國界，抵達世界的任何角落，因此航空旅行甚至更加自由。

當然，在兩次大戰之間，只有富人或喜愛冒險的人才會搭乘飛機旅行，但是一般旅客現在除了搭乘火車之外，也可以利用巴士或私家轎車旅行，也有很多人騎自行車旅行。1930年代時，徒步旅行也是歐洲年輕人非常普遍的旅行方式。因爲挾帶戰前漂鳥運動長久以來的童子軍活動與徒步旅行的傳統，所以德國是年輕人背著背包徒步旅行的中心。徒步旅行又與對戶外嚴酷生活的狂熱崇拜混合在一起，納粹政權喜歡把它拿來與弱不禁風的自由主義資產階級做比較。每年都有幾位德國青年，因爲試著證明他們以及他們的意識形態可以征服險峻的高山，而跌死在瑞士艾格森林（Eigerwand）北方的峭壁下。對背著背包徒步旅行的狂熱並不單只限於德國。1930年代時，青年旅社運動（youth hostel movement）遍及法國及其他各地，甚至有些法國人把徒步行走的年輕人與反自由主義的強硬派相提並論：「餐風露宿的法國人，會擊敗錦衣美食的法國人與政黨國會。」右派的小說家羅徹爾（Drieu La Rochelle）曾於1937年如此寫道。[16]

不管用什麼方式旅行，也不管是在什麼樣的意識形態標誌之下旅行，一般的歐洲人都比他們的父母輩與祖父輩擁有更多四處旅行的機會。迎合休閒生活的企業已經完全改觀，19世紀那些奢侈浪費的休閒名勝，如富人聚集「沐浴」之處的馬倫巴山泉（Marienbad）、巴特戈德斯貝格（Bad Godesberg）與維琪（Vichy），已經被更平民化的度假營地取代。湧向海濱度假勝地的人潮增多，布來頓（Brighton）海灘就是其中之一，它是1820年代英國王儲首度讓海水浴大衆化的海灘。讓頭等艙的旅客在奢華的房間裡舒適地越過大西洋的大型客輪，現在在航程途中會遇到航往馬得拉群島的「快樂帶來力量」客船，以及與育樂中心舉辦到馬約卡（Majorca）旅遊的遊輪。1918年以後，因爲新聞、流行時尚的傳布容易，而且人們可以輕鬆地在世界各地旅行，所以有助於國際大衆文化的傳播。

大衆文化與休閒生活的影響

大衆休閒活動，與具有自信和經濟力量的新大衆文化累積起來的影響，至今依然是人們討論的主題。其中一個最主要的影響，顯然是增加了國民的同質性，這是一個在19世紀之時就已經開始展開的過程。流行的出版品及無線電廣播，將巴黎、柏林、倫敦或羅馬人的品味與口音，傳送到奧弗涅（Auvergne）、巴伐利亞、諾森伯蘭（Northumberland）或卡拉布里亞（Calabria）的偏遠村莊。根深柢固的地方文化，在全國性的文化面前以更快的速度後退；接下來，國家的生活方式也越來越受到國際性的消費者文化影響。哈代（Thomas Hardy）的小說《黛絲姑娘》（*Tess of the D'Urbervilles*, 1891）中的女主角，似乎覺得從一個山谷搬到另一個山谷，就好像到了另一個國家一樣；但是距離只有老式的社會會保留當地的傳統口音與習俗的時代，其實已經不遠了。

比較便宜、統一生產的衣物，更加速了同質化的過程。1920年代的歐洲人，或許是最後一代可以從衣著上就能分辨個人的階級地位甚至職業的人。第一種廣泛使用的人造織品——人造絲（rayon），在1920年代時，已經變成司空見慣的衣料。[17]人造絲模糊了自古以來就存在於有錢使用絲綢與沒錢使用絲綢的人之間的界線。

有些觀察家覺得，更具同質性的群衆，是平等主義更加風行的一個徵兆。如果階級的視覺特徵——藍色工作服、布帽、不同的口音——減少，那麼1840年代時，迪斯雷利曾經提出的「兩個國家」的古老警告，終將因爲社會成爲都合併爲單一身分的公民群體而不再有意義，那麼就可以實現民主主義者自法國大革命以來所懷抱的夢想了吧？

但是有些技術用來動員各層階級和地區少數民族融入一般公民，卻令人產生與操縱問題有關的擔憂。青年團體、有組織的娛樂活動，以及盛大的遊行和集會，只是極權主義政府企圖用來塑造人民的方法之中，最引人注目的實例。在自由主義的國家裡，也發展出群眾政治的操縱技巧。比較早期的實例是1909年英國的預算聯盟，這是一個為了喚起輿論支持勞合・喬治的自由黨所主張的預算改革計畫而成立的團體。在英國的政治史上，預算聯盟是使用發行刊物、群眾集會及宣傳活動來達成政治目的的先例。[18]在戰爭期間，各國政府有組織的製造輿論，使各政府操縱人民的經驗更加豐富。如同廣告商和推銷商必須建造的龐大機器來引導流行文化一般，國家似乎也要藉助龐大的誘導機器，來塑造他們的人民，讓人民可以遵循單一命令齊步前進。命令可能不是來自於政府；可能來自於要求人民購買某種新產品的贊助商，或者來自於深層的流行情緒，例如反猶太主義。因為很多流行的娛樂活動——爵士樂、逃避現實的電影——都來自美國，而且美國的廣告和出版技術似乎也比較先進，所以很多歐洲人把注意的焦點放在他們對那令人討厭但卻方便的「美國化」標籤的操縱能力。[19]

更具同質性的公民意指比較古老、比較具地方色彩，口語傳承的通俗文化的消逝。對一些有教養的歐洲人來說，因為通俗文化能夠引起最低階層的共鳴，而且可以激起人們的欲望和好奇心，所以舊有的通俗文化似乎遠優於商業性的大眾文化。出身勞動階級的英國知識份子霍格特（Richard Hoggart），以悲痛的心情傷悼兩次大戰之間，他祖父母輩那一代的價值觀的消逝：

> 俱樂部歌唱家們的藝術天地，正逐步被收音機播放的典型舞曲和柔情歌曲、電視播出的歌舞片，以及各種商業廣播所取代。通俗報紙炮製出來的一成不變的國民形象，甚至由好萊塢的電影製片廠把它擴大成國際性的標準公民形象。古老的階級文化正面臨被比較拙劣的無階級文化，或者以前我曾經描述過的「粗俗」文化所取代的危險，這真是一件令人痛惜的事。[20]

其他的歐洲知識份子對大眾文化侵害精英份子價值觀的憂慮，更甚於其對舊習俗的影響。當然，只要是學校與文字世界以外，還流傳著民謠、民族舞蹈與傳說的地方，總是會有「通俗文化」的存在。因為與自己的社會階層格格不內，所以受過高等教育的歐洲人，通常會忽略這個事實。讓這些知識份子深感驚恐的是，新大眾文化的物質力量與活力，會使那些本來應該繼續從事藝術與科學工作的年輕精英份子，因爲迷戀某些可以輕易到手的享樂，而玩物喪志，以致一事無成。如果中產階級出身的歐洲學生與平民百姓一起加入看電影的行列，那麼還有誰會去學習希臘文和數學，又有誰會去提升物理學水準呢？儘管他那深具學者風範的祖父深感不悅，但是年輕的薩特（Jean-Paul Sartre）和他的母親依然溜出家門去看電影。

> 我們摸黑進入一個沒有傳統包袱的世紀，一個因為不良的社會風氣與新藝術（電影）而與其他世紀形成強烈對比的世紀。新藝術是屬於普通人的藝術，預示了我們即將陷入野蠻落後的時代。儘管出生在賊窩裡，而且正式被歸類為巡迴表演，但是它受歡迎的程度，卻令生性嚴謹的人深感震驚。電影是能夠取悅婦女和兒童的娛樂活動。[21]

西班牙哲學家加塞特（José Ortega y Gasset）在《群衆的反叛》（*The Revolt of the Masses*, 1930）一書中，提出對大衆文化不利的警告，這則警告是最爲人廣泛閱讀的警告之一。已受1898年反映西班牙的衰微與沒落傾向西班牙世代的悲觀主義所感染，加塞特深信，由優秀的人所創造出來，纖細的歐洲文明世界，會被「一群普通人」蹂躪，他們是尋求片刻滿足的粗心人，既不願意親自熟習文明的創造力，也不願意屈服於那些文明人之下。雖然他是一位自稱專業的「民主主義者」，而且也是個反法西斯主義和布爾什維克主義的人，但是加塞特被很多暗示爲了保護精英份子文化不被大衆商業文化的殘暴力量所迫，他們贊同採取強硬措施的人講的話。

史賓格勒（Oswald Spengler）在1919年的暢銷書《西方的沒落》（*The Decline of the West*）中，更特別從德國的角度，表現了同樣的關切。因爲書中提及文化那無可避免的興衰沉浮的觀點，所以史賓格勒的書最令人難以忘懷。保持德國民族主義著作的傳統，史賓格勒深恐「文化」（深植於德國傳統而且與西歐文化截然不同）正被「文明世界」（在史賓格勒的眼中等同於自由主義西歐那比較世界性、商業化的大衆文化）吞沒。史賓格勒預見了「世界城市」的浮現，那將是一個沒有個性，屬於全世界的螞蟻窩，在世界城市裡，民族文化（包括德國那剛健、崇高純潔的價值觀）將會被埋沒而消失。在此，人們可以發現對大衆文化的抨擊，已經被1918年德國戰敗的憤怒，與民族主義者對德國傳統具有特殊性與優越性的斷言所扭曲。順著史賓格勒所描繪的路往下走，如果爲了挽救德國的價值觀，使之不致爲世界性的大衆價值觀所擊垮，而必須走上獨裁國家的路，那麼知識份子們將會接受建立獨裁國家的建議。

這個觀點有幾個問題，其一就是他們自己的選擇，一般的歐洲人滿腔熱情地欣然接受新的大衆文化。無線電廣播、電影以及流行時尚極其興盛。其他的問題是，1920年代時，高級文化本身也欣然拋棄傳統，投身於富饒且喧鬧的實驗裡。

兩次大戰之間的高級文化

表面上，1920年代的文化擁有閃爍奪目、輕快活力以及新奇的名聲。而在藝術和文學領域裡，也的確發生了衆多各式各樣且努力創新的事件：1925年首度在柏林演出的歌劇《伍采克》（*Wozzeck*），是貝爾格（Alban Berg）聯合一系列的音樂和表現主義所完成的陣容龐大的戲劇作品；布萊希特（Bertolt Brecht）與韋爾（Kurt Weill）的爵士樂劇《三便士歌劇》（*The Threepenny Opera*）首場演出便相當成功（柏林，1928年）；米堯（Darius Milhaud）的爵士芭蕾舞《創世紀》（*La Création du Monde*，巴黎，1923），搭配的是立體派畫家雷捷（Fernand Léger）的舞臺設計；這群天資卓越的人材大會師，還包括在威瑪德國的包浩斯（Bauhaus）負責教學和設計的格羅佩斯（Walter Gropius）與克利（Paul Klee）。

但是，就基本的美學觀點來看，1920年代的高級文化並沒有發生任何革新。這十年裡的藝術大師們，只是繼續表現世紀轉換之時偉大的美學革命意涵，更重要的是，他們將1914年以前，前衛派那與世隔絕的實驗帶入主流。套用蓋伊（Peter Gay）的說法就是戰前的「門外漢」已經變成「局內人」。[22]

為什麼1920年代時，戰前的前衛派文化可以爲人接受，甚至成爲一種流行時尚呢？首先，全球性戰爭所帶來的恐怖感，使人們認爲尚古主義（primitivism）的表達方式、主觀的無理性以及暴力行爲，似乎更適合用來詮釋這個世界；其次，大戰結束時的革命衝動凸顯了人類對於維持現狀的不耐，不論是藝術或其他領域都是如此。年輕的瑞士建築師和都市規劃師庫柏西爾（Le Corbusier）曾於1923年時表示「出現了一種新精神」，「（我們需要）修正價值觀：如果沒有發生建築學革命，就會發生社會革命。」[23]第三，在戰爭結束時剛好趕上世代衝突的年輕人們，有很強烈的使命感要拒絕並重塑那些把他們帶進戰壕裡的長輩們的價值觀。最後，1920年代重新復興的繁榮經濟，是「所有那些渴望回到庸俗以及輝煌時代的人們」的大敵與攻擊目標，「在那個時代裡，他們只要賺錢，並且舉止有禮地以虛僞的高傲目光掃視一切。」[24]

20世紀長期保存基本統一的美學基礎。當人們仔細忖度1914年以前那些偉大的先驅們都擁有長壽的藝術生命，就不難找到顯而易見的解釋：野獸派畫家馬蒂斯直到1954年還在從事創作；畢卡索直到1973年還在作畫；音樂界的先驅史特拉汶斯基一直活到1971年，幾乎已到生命的終點時，他都還在積極地作曲。在功能主義建築學的創立者之中，庫柏西爾一直活到1965年；格羅佩斯和密斯凡德羅（Ludwig Mies van der Rohe）一直活到1969年。他們的繼承者無疑都是派生的，傑出前輩的創作越多，藝術創作的實踐者就越少。1920年代大部分的藝術風格，在80年後的眼光看來依然是現代的。

新的憂慮

不論他們的主要目的是單純的形式或是表現的力度，1920年代的現代藝術運動都有一些共同的新憂慮。因爲社會精英份子過分敬畏對傳統或已有的技術表現方法，所以所有的知識份子領袖都拒絕「藝術」。現代的藝術作品帶有強烈的自我表現，喜愛這類藝術的藝術家們，會利用創作來表達自己的情緒感受。除了少數例外以外，現代的藝術家們注重的是「做」而不是「說」。他們比較容易指責已死的傳統思想與人們的庸俗，而不是闡述他們想要做些什麼。因爲他們的創作本來就是用來代表他們自己說話。

所有兩次大戰之間的藝術形式，更加深陷戰前就已出現的主觀論。戰爭和革命使人們更加迷戀有時會以非常直接的方式表現出來的潛意識。我們已經看到在1917年時，布萊頓（André Breton）那些與罹患砲彈休克症的士兵有關的作品，如何顯現他對藝術作品中所表現的深層潛意識情感的好奇心。[25]布萊頓曾在他倡導超現實主義運動（surrealist movement, 1924）中嘗試自動寫作，自動寫作的寫作方式是假設作者可以寫出任何因爲某些神祕的內在提示而聯想到的字詞；他使那些迄今爲止爲藝術所輕視的潛意識「神聖狂熱」備受推崇。後來的超現實主義畫家，如比利時的馬格瑞特（René Magritte）與西班牙的達利（Salvador Dali），在大膽而困難地探索人類深奧的心靈世界時，把極爲寫實的細節，納入他們那風格怪異的虛構風景畫之中。

除了布萊頓的自動寫作之外，其他新的文學技巧也反映出人們對於潛意識越來越感興趣。普魯斯特在多卷本小說《追憶逝水年華》中，也探索了記憶與社會地位所發揮的作用。雖然在1913年出版的第一卷小說籍籍無名，但是第二卷小說卻贏得1921年法國重要的文學獎項，也出現了「意識流」的寫作技巧。藉助這種技巧，作者可以利用支離破碎、無邊無際的談話，平庸但深奧的自由

圖9-3　《卡里加利博士的小屋》（*The Cabinet of Dr. Caligari*, 1919）中的一個鏡頭，是德國表現主義電影的傑出代表作。

聯想，以及具有聯想性、一知半解的暗示，直接把讀者帶入角色的內心。最出色的「意識流」作家是愛爾蘭的流亡作家喬伊斯（James Joyce），他的《尤里西斯》（*Ulysses*）在1922年時出版。

佛洛伊德或許是兩次大戰之間的知識份子圈中，唯一最具影響力的思想家。在戰前，佛洛伊德就已經確立了他的兩個主要觀點：我們的意識推理有某種程度是潛意識的渴望和衝突的合理化；以及通常發生於嬰兒期的性衝突，是精神疾病的主要來源。在戰後，佛洛伊德繼續琢磨他的理論，並且增添了著名的人格三重分析：本我（id），或者說是潛意識；自我（ego），或者說是驅力或自衛的本能；與超我（superego），或者說是就佛洛伊德學派的觀點等同於意識的部分。在戰後，佛洛伊德也著手從事闡述人類的歷史和社會的工作。在《文明及其不滿》（*Civilization and Its Discontents*, 1929）一書中，佛洛伊德主張，某種形式的性壓抑是團體生活和文化發展不可或缺的先決條件。整體上來說，佛洛伊德的著作重點都帶有些悲觀主義與決定論的成分，強烈暗示每個人的人格要素之間不但彼此交戰，而且也必須與周遭的文化環境搏鬥。一個人所能擁有的最美好的希望，是在精神分析治療的協助下「調適」自己，以確實緩和痛苦。

因爲戰時在戰場上所經歷的情緒障礙經驗，所以在戰後佛洛伊德的科學性影響相當普遍。除了佛洛伊德居住的維也納以外，在柏林、倫敦和紐約也逐漸形成重要的精神分析中心。但是，因爲他的名字常與戰後初期快樂主義的色情廣告推銷連在一起，所以佛洛伊德對一般人民所造成的影響，卻是另一種截然不同的形式。認爲性壓抑是有害的，而透過自由的性表達可以挽救因爲性壓抑而造成的傷害的主張，比較接近佛洛伊德那離經叛道的學生賴克（Wilhelm Reich）的看法，而不是佛洛伊德的見解。當好萊塢的電影製片人戈德溫（Samuel Goldwyn）在1925年時表示，要以10萬美元爲酬，聘請他擔任一系列各種愛情電影的顧問時，佛洛伊德竟然不知道自己到底應該生氣還是高興。[26]

戰後藝術界對人類性慾的處理，遠比戰前更坦白也更重視，甚至19世紀晚期，曾經因爲左拉（Emile Zola）對性問題的坦率態度，引發審查制度與訴訟案件。左拉是抱持自然主義的法國小說家，他曾經描述色慾和性暴力，認爲它們只是令人不快的人類醜陋面而已。對某些兩次大戰之間的作家而言，描寫性慾不但更普遍而且更加正當；性慾是一種人類最基本的能量與情慾的表達。英國的小說家勞倫斯（D. H. Lawrence）坦率地描寫異教徒式的本能享樂，他的小說將貧瘠衰弱的人、受壓抑的上層階級人士，以及「用熱血思考」而且精力充沛的原始人，做了鮮明的對比。

兩次大戰之間，大部分的藝術家們毫無異議地接受原始創造性本能的生命力。藝術界中自我表現的整體論點，是越過現有藝術和學術機構那種貧乏的因襲盲從態度。正如1905年畢卡索和馬蒂斯曾經在非洲人的面具中找到靈感一樣，德國的表現主義藝術家柯克納（Ludwig Kirchner）也在1904年時，從太平洋的雕刻作品中汲取靈感。不論是在他們自己的潛意識裡尋找、在兒童的作品中搜尋，或者在世界上快樂的「未開化」部落藝術之中發掘，兩次大戰之間的藝術家們始終不斷地尋找活力和必然性的深層來源。在人種誌博物館裡或者四處旅行研究，原始藝術已經成爲畫家的藝術生涯中必不可缺的一部分；康定斯基就曾經提及：「人種誌博物館讓我留下難以忘懷的印象。」[27]

俄國的流亡者尋找原始根源的情形特別明顯，他們對於1917年以後西歐的知識界貢獻卓著。作曲家史特拉汶斯基拋棄了他第一批作品中那極富浪漫主義色彩的樂曲曲風，轉而傾向簡潔、清澈與儀式性的風格。他所創作的《婚禮》（*Weddings*, Les noces, 1923）在強烈且催眠般的複奏樂曲中，讓人回想起民俗儀式的典禮；在後續的修訂版中，他的管弦樂編制更加精簡與單純，彷彿不斷地努力要回歸最簡單的眞實。畫家查格爾（Marc Chagall）創作了俄國猶太人聚居區家鄉鄉民的幻想世界。

不論從想像力、個性或活力等任何角度來看，這段戰後歲月都可稱得上是

圖9-4 畢卡索，《史特拉汶斯基》，（*Igor Stravinsky*, 1920）。

藝術表現最輝煌燦爛的時代。但是為了更徹底地了解這段時期的文化氣氛，我們還必須更了解他們所處的背景環境。

實驗美學的價值

有些實驗派畫家在1914年以前，就已經捨棄文藝復興時代所確立的美學標準——描繪自然與人類天性——並且正在努力建立新的美學價值觀。大部分的戰後畫家都開始這些新的美學價值觀，事實上，在進入20世紀之後，那些新的美學價值觀依然具有廣泛的影響。善於辭令的畫家克利，在1923年時把這些新的美學價值觀納入他的授課教材之中，藝術家們不再固執於「這種自然形象的極端重要性……但是更珍視塑造這種表現形式的力量」。克利想像了一段與一個令他厭煩，「總是找尋他特別喜愛的題材」的門外漢之間的對話：

門外漢：「但是那幅畫一點也不像叔叔。」神經已經受過訓練的藝術家內心想的卻是：「該死的叔叔。我必須繼續蓋我的房子。這塊新磚有點太重，而且我認為左邊的重量太重了。我必須在右邊加些大的磚塊才能恢復平衡。」[28]

克利堅持藝術家「必須扭曲」，「因為這樣才能重新創造自然。」[29]在強調「建造」一幅畫以及「構圖」時，克利和很多兩次大戰之間的畫家一樣，利用形式與結構來發揚戰前立體派藝術家們的實驗。兩次大戰之間的畫家，少有人像克利一般愛開玩笑且口才便給，但是他們幾乎毫無異議地拒絕任何攝影或傳統美學。

基於其本身的理由，對其他藝術來說，純淨、簡化的形式也是一種新的美學基礎。在1914年以前，音樂界中的前衛派人士，已經部分捨棄主調音及和聲。1924年時維也納的作曲家荀白克（Arnold Schoenberg）發表了一部鋼琴組曲，在這部作品中，他完美地把不同的音樂風格融合在一起：12音（twelve-tone）或系列音體系。在這個體系裡，作曲家在一個序列中安排了12種音調，讓這些序列和音調取代傳統的音階，變成建造樂曲的積木。雖然這些音樂的創新者少有同時代的知音，但是荀白克與他的學生貝爾格與魏本（Anton Webern）一起將音樂帶入一個全新的領域。

很多建築師在戰前就拒絕只重視華麗裝飾的風格，他們贊成以功能性需求與簡單平衡的美學爲優先、樸素純潔的建築風格。庫柏西爾轉而求教工程學，因爲他認爲工程師們唯一的美學是派生自簡單實用的自然和諧。「工程師的美學和建築學是步調一致且彼此依存的兩件事。」[30]在讚賞了穀倉、汽車、飛機與其他機器之後，庫柏西爾堅稱「房屋是生活的機器」。[31]他設計可以大量生產的鋼筋混凝土房屋，這些房屋有著寬大的落地窗以及彈性的室內空間，滿足居住其中的人們所需要的功能。他說城市應該是錯置於公園和遊樂場之間的高樓，以便滿足在不同層次生活、玩耍以及運輸的人們。[32]

1920年代時，機械美學在一藝術領域中流傳普遍。杭立格（Arthur Honegger）的鐵路樂曲《太平洋231號》（*Pacific 231*），是利用工業的聲響來豐富音樂語彙的種種努力中，唯一最著名的作品，不過其中大部分的作品在現在看來簡直是舊時的珍品。有些畫家，像法國的雷捷，把立體派的觀念應用在工業形狀的探索上。比那些單只是影響題材的表面影響更重要的是，人們發現機器的簡單雅緻與藝術表現之間那種基本的相似關係。包浩斯派的成員嘗試在日常用品，如家具和家用器皿等中帶入優秀的設計。他們希望能融合美學和實用的觀點，創作兼具美觀與產品性能的「社會藝術品」，以恢復人們日常生活的完美。

功能主義（functionalism）、良好的社會組織，以及偏好單純的形式，是1920年代時延續戰前的前衛派藝術家，而加以發揚光大的美學價值觀。現代主義的另一條重要的主根是情感的表達，必要時，他們會以扭曲、強調的技巧、粗糙單調的色彩與病態的題材，來凸顯所要表現的情感。早在1905年時，野獸派畫家就在巴黎用單調鮮明的色彩取代立體感，製造出震撼人心的效果；1914

年以前，德國的表現主義藝術家們，就已將他們的新哥德式病態（neo-Gothic morbidity）、扭曲與激烈的情緒應用在所有的藝術表現上。[33]利用藝術的扭曲來表達激烈的情感與情緒，依然是1920年代現代主義的主要特色。

戲劇和電影的新藝術，特別適合於表現主義藝術家所想要表現的效果。非常適合利用電影透過預先計畫好的扭曲的表現手法，強而有力地引發人們驚恐與神祕的感覺，正如德國的表現主義製片人的名作《卡里加利博士的小屋》（*The Cabinet of Dr. Caligari*, 1919）所證實的一般。表現主義戲劇的高峰是貝爾格的歌劇《伍釆克》——那是一個駭人聽聞的故事，一名士兵內心詭祕的恐懼感，由於其他人奚落他情婦的通姦行爲而更加強烈，故而驅使他謀殺了自己的情婦。

兩次大戰之間的文化背景

精緻繁複的文化表現大都只限於大城市。歐洲有兩大中心是歐洲人文化生活大放異彩的地方：巴黎（直到1933年爲止）與威瑪德國。1914年以前，當時不但是世界上最自由的共和國首都，也是視覺藝術界熱情洋溢的實驗中心——巴黎，吸引了國際藝術家們的腳步：其中畢卡索來自西班牙；梵谷來自荷蘭；狄亞基列夫（Sergei Diaghilev）來自俄國。當時的巴黎，是一個培育前衛派藝術綻放花蕾的自然環境。1918年以後，美國人也加入歐洲藝術家們的行列，引進爵士樂以及美國流放作家如海明威簡潔的新文學風格，首度展現美國對歐洲文化的表現也頗有貢獻，而不單只是借用歐洲的文化表現方式而已。

德國就不同了。她的文化花朵在革命之後盛開，所以新藝術表達方式的勝利，伴隨著戰前的「局外人」現在握有影響力及權威地位的現象。這些「局外人」在威瑪共和國的統治下找尋工作與贊助者。其中建築師格羅佩斯和畫家克利及康定斯基在國家資助的包浩斯大學任教；貝爾格找到一位富裕的贊助者——沃菲爾（Alma Mahler Werfel），可以爲他支付創作歌劇《伍釆克》所需的經費。因此，戰前的實驗家找到了他們的舞臺以及發言權。但是革命最終還是讓威瑪共和國難逃垮臺的命運，並使因襲舊習的守舊勢力很快就再度掌權。曾經一度是「局外人」的經驗，以及他們那貧乏無力的勝利，點燃德國藝術家們的高昂鬥志，有助於他們適應未來那段政治和經濟都極不確定的年代。

藝術家們的社會地位

正如19世紀晚期一樣，大部分的藝術家和知識份子是資產階級；同時也和19世紀晚期時一樣，他們嫌惡培養自己長大成人的環境。沒有任何事情可以略減他們對中產階級價值觀的蔑視，以及他們對權威和社會順從的憤怒。他們的某些藝術表現採取玩世不恭的嘲弄形式。克利所創作的《唧唧喳喳的機器》（*Twittering Machine*, 1922年）展現畫家不但樂於採用單純的表現形式，而且喜歡嘲弄道貌岸然的「嚴肅藝術」。人稱「六人組」（The Six）的法國作曲家，不但吸取了他們的導師薩蒂（Erik Satie）的音樂技巧，而且也承繼了他的愚蠢言行。不過主流的基調還是一種不信任、憤怒的蔑視態度，特別在柏林尤其如此。凱斯勒（Harry Kessler）伯爵納悶爲什麼他的朋友格羅茲（George Grosz）在「他的藝術作品裡」專門「描寫那令人厭惡而庸俗的資產階級」。凱斯勒判定格羅茲是個病態的理想主義者，他的敏感性已經因爲他「瘋狂憎恨」現代德國人生活中的每一件事，如獨裁政權、愚鈍的唯物主義，以及自滿，而變得「不尋常地苛刻」。[34]

大戰之後，藝術家的階級地位出現了一些變動的徵兆。有些勞動階級出身的畫家和作家，在比較不那麼需要接受正式訓練的藝術界裡大放異彩：出身英國中部煤礦礦工家庭的羅倫斯就是一個很好的例證。

尋找大衆閱聽人

第一次世界大戰之後，藝術家們向大衆閱聽人伸出他們的雙手。少有藝術家願意接受藝術是王室或者教會贊助者的裝飾，或者甚至是像有些19世紀晚期的唯美主義者一樣，藝術是爲了取悅一小群矯揉做作的初學者的觀點。爲了吸引廣泛的閱聽大衆，在兩次大戰之間，有些藝術家滿腔熱情地利用通俗文化，他們不只是利用查格爾的畫作或史特拉汶斯基的樂曲中日益淡化的民俗文化，也利用新興的大衆文化。雖然剛開始時是一位鬱鬱不得志的室內音樂作曲家，但是韋爾終於發現自己在爵士韻律與簡潔、風格硬朗、苦樂參半的音樂方面的作曲專長，他經曾爲布萊希特的反資產階級諷刺文學作品《三便士歌劇》和《馬哈哥尼城之興衰》（*The Rise and Fall of the City of Mahagonny*, 1930）作曲。法國「六人組」之中最有名的蒲朗克（Francis Poulenc）也在1920年代創作的具有反浪漫傾向的樂曲中，融入大量的爵士樂。當然，因爲藝術實驗的關係，藝術家們很快就介入了電影藝術。

戰後比較激進的藝術家們認爲藝術是改造社會的媒介物。甚至在大戰之

圖9-5　克利（Paul Klee），《三朵白色風鈴草》（*Three White bellflowers*, 1920）。在包浩斯大學任教的克利，只利用圖像的暗示畫出自然界與幾何圖形的題材，他希望利用形狀和構圖來傳達自己畫作的意涵。

前，第一批表現主義藝術家已經在德雷斯頓（Dresden）附近最貧困的地區成立團體工作室，他們並沒有依慣例在中產階級聚居處或鄉間成立個人工作室，他們表示：「正當年輕的我們身上背負著未來，我們想要建立與掘壕自守的舊勢力意見相左的自由生活和運動。」[35]粗暴地反資產主義的藝術家格羅茲，在1919年時曾經告訴一位朋友，他想要變成「德國的霍加斯（Hogarth），實事求是而且誨人不倦地倡導、改良以及改革……。到目前爲止，他都不喜歡繪畫，尤其是那些常見的漫無目的的繪畫」。[36]德國的包浩斯大學是利用藝術作爲改造社會的工具的傑出實例。根據格羅佩斯的說法，包浩斯大學所開的課程會「讓下一代的人有能力重聚所有形式的創造性作品，並且成爲新文明世界的締造者」。[37]

戰後藝術家影響大量閱聽大衆的努力，以戲劇界的成就最傑出。因爲具有深厚的戲劇傳統以及國家的資助，所以柏林成爲專爲容納大量觀衆參與劇場體驗而設計的舞臺實驗中心。萊茵哈特（Max Reinhardt）導演利用旋轉式舞臺與壯麗的舞臺燈光，把埃斯奇勒斯（Aeschylus）和莎士比亞的劇本幻化爲絕色的表演。爲了讓觀衆更親近那些壯觀的場面，萊茵哈特還捨棄了舞臺上的簾幕與傳統的自然主義布景。比較政治化的是杰斯納（Leopold Jessner），杰斯納導演是一位社會民主黨黨員，新的德國共和國委任他經營柏林國家劇院。他在1919年製作演出席勒（Schiller）的《威廉・泰爾》（*William Tell*），以兩頰搽著胭紅、胸前戴滿勳章的德國將軍形象，來表現暴君格斯勒（Gessler）；劇中描述泰爾是僞裝成1918年德國革命保衛者的人。其中最激進的是皮斯卡托（Erwin Piscator），因爲1918年和1919年爲站在罷工警戒線上的勞工表演戲劇，而開始他在柏林的導演生涯。皮斯卡托期待在沒有自然主義布景的舞臺上，利用在戲劇和快速移動的短鏡頭之間，穿插新聞影片和幻燈片的技巧，在實驗劇中增添強烈的政治信息，以便爲實驗劇發掘大批的無產階級觀衆。依據他遺孀的說法，皮斯卡托意圖表現「積極抗議的戲劇，是一篇經過深思熟慮的自我控訴；是一種報導文學與蒙太奇的表現手法；是警告式的歷史行動劇；是具有政治諷刺的作品；是具有倫理道德意涵的戲劇與法庭審判的情節；是有目的地製造令人感到震驚的效果」。[38]皮斯卡托曾經要求格羅佩斯根據他對戲劇的完全了解，爲他設計一個可以操縱變化的圓形劇場，但是他未曾籌措資金興建這座劇場。

俄國似乎最有可能利用文化革命創造新人性。托洛斯基曾於1923年預言，在共產主義統治之下：

人們會永無止境不斷地變得更強壯、更聰明而且更靈巧；他們的身體會發育得更勻稱，他們的動作會變得更協調，他們的聲音會變得更悅耳。人們生活型態會變得充滿活力而且富有戲劇性。人類的平均素質將會提升到亞里斯多德、歌德或馬克思的水準，並且還要超越這個水準，攀向新的高峰。[39]

教養基礎深厚的托洛斯基和列寧，反對某些布爾什維克黨員掃蕩一切文化，只保留無產階級文化的企圖。雖然有些知識份子選擇流亡國外，但是依然留在國內的知識份子在1920年代時，卻享有相對開放的環境，他們之中有很多人因受激勵而產生豐富的創造力。在布爾什維克革命的史詩電影中，愛森斯坦（Sergei Eisenstein）發展了令人驚豔的攝影技巧；塔特林（Vladimir Tatlin）發展了一種「構成主義」的建築式樣，反對外觀的華麗修飾，而贊同功能性的建築、花園都市與衍生自工業型式，而他認爲很適合社會主義社會的紀念碑；詩人馬雅可夫斯基（Vladimir Mayakovsky）則慷慨激昂地朗誦他那頌揚革命，粗製濫造的詩文。

排隊準備進軍！
現在沒有時間聊天或開玩笑。
安靜，你們這些演説家！
給你的命令是，
同志來福槍！
在亞當與夏娃制訂的法律下
我們已經活得夠久了。
把這匹可憐的歷史老馬拴入馬廄！
向左！
向左！
向左！[40]

俄國的戲劇與威瑪德國的柏林一樣，也走過一段黃金歲月。當斯坦尼斯拉夫斯基（Konstantin Stanislavsky）在莫斯科藝術劇院，繼續用對扮演的角色產生密切心理認同感的方法，來訓練他的演員時，他的學生邁耶霍爾德（Vsevelod Meyerhold）卻已經利用格式化的布景與接受機械式姿態訓練的演員，完成了「戲劇的十月革命」。他在自己的劇院裡任意安排席位，並且隨機發放戲票給士兵和勞工。至遲在1929年時，邁耶霍爾德就已經獲准製作演出一齣如馬雅可夫斯基的《臭蟲》（*The Bedbug*, 1928）般，批評蘇維埃政府官僚政治的戲劇。

不論是在巴黎、柏林或者莫斯科，戰後的藝術家和知識份子對召集閱聽大眾並改造社會的希望，依然注定要失敗。藝術家們雖然出盡一切法寶，要將他們的信息傳播出去，但是他們卻絕不會放棄個人的自我表現，轉而支持依然迎合大眾品味的陳腐、因襲守舊的美學觀念。1923年時，克利曾經在包浩斯大學的課堂上可憐地承認這項事實。克利說道，從包浩斯大學開始的社群所欠缺的是一名觀眾，「我們尋找一個知音。」[41]

學術界與學者的世界

在兩次大戰之間，現代的藝術家不單只是找不到閱聽大眾，而且他們對於學術和研究世界的影響力也很小。因爲戰後革命的影響，所以社會上高教育水準的分布情況依然沒有改變，至少蘇聯境外的地區是如此。小學以上的教育，依然是以傳統教育的優異表現爲基礎，所篩選出來的少數精英份子的專利。在法國，一直到1930年爲止，一流的公立中學仍然需要繳交學費；有名望的英國「公立中小學」實際上是昂貴的私立學校，而且除了少數領有獎學金的學生以外，即使是水準比較差的中學還是要繳交學費。即使有能力提供學費，但是也只有那些在傳統科目的筆試和口試成績出類拔萃的人，才能取得入學資格。當然，也可以憑藉功績和專長入學，但是出身低層階級的兒童，其實已經被剝奪了取得優異學業表現所需的居家環境。當時距離實施普及、免費的中等教育的時代還很遙遠，普及且免費的中等教育是1945年戰後重建時期基本的社會變革之一。

在精英的中等教育之後，大學教育甚至是一個更局限的專家世界。在法國的大學預科制度裡，預期有一半以上的學生——他們已經是屬於少數的精英份子了——無法通過嚴格的業士學位考試，而通過業士學位考試卻是取得大學與專業學院入學資格的不二法門。雖然在大學裡已經展開以現代的語言和哲學，取代拉丁文和希臘文的爭論，但是在歐洲的學校體制裡，依然認爲技術教育是比較等而下之的。因爲被排拒於課堂之外，而且部分也是爲了要抗議他們狹隘的傳統教育制度，所以中等學校的學生和大學生與新的藝術形式聯合一氣。難怪現代藝術家要尋找一般閱聽大眾的知音人，並且將通俗文化的要素據爲己用。他們蔑視學術界，而學術界也反過來輕視他們。

隨著知識的增加，研究界越來越不完整，終至於專門化。包浩斯派所尋找的巧匠社群，與在科學和學者專業裡的研究專家們所處的現實環境，相差太遠。

戰前由拉塞福、波耳、蒲朗克與愛因斯坦所發起的物理學革命，在兩次大戰之間更加如火如荼地展開。德國物理學家海森堡（Werner Heisenberg）的不確定論（1926-1927），徹底推翻了古典物理學的觀點。海森堡的前輩們曾經表示，原子的結構是基於力場或者電荷，而不是以物質的粒子爲基礎，但是因爲他們是以牛頓的太陽系爲類比，所以對於原子內元素的組織方式，是否如行星繞著太陽旋轉般的結構問題，經常爭論不休。海森堡發現，一如觀察者對觀察結果的影響一樣，任何特定的電子，都只能位於某個可能的範圍之內，因此它的位置是不確定的。

只有少數的歐洲人有能力眞正了解那些理論。事實上，現今教科書的讀者與作者，在嘗試理解現代物理學中，這些難以捉摸的數學語言時所遇到的困難，是提醒人們在日漸封閉的專業區隔裡，各項知識在20世紀裡分科更細的現象。舉例來說，在兩次大戰之間，沒有任何一位物理科學家對公衆的態度，能夠發揮如19世紀晚期的達爾文所展現的影響力。愛因斯坦顯然是1918年以後最有資格與達爾文並駕齊驅的人，但是愛因斯坦所享的盛名更甚於他對文化的眞正影響。

愛因斯坦的狹義相對論（special theory of relativity, 1905），啓發人們了解在空間中重力對光波的影響；既然光速是常數，那麼在不斷變遷的宇宙裡，只有在空間和時間與各觀察者的所在位置都是相對的時候，重力才能發揮眞正的影響。當發生於1919年的一次日蝕，讓英國的天文學家得以證實，光波確實受到重力場的影響時，頭版新聞宣布時間和空間的「相對性」已經獲得證實。愛因斯坦成爲家喻戶曉的人物，但人們也因此對這位穩重、謙抑的科學家產生很多困惑。兩次大戰之間，「相對主義」（Relativism）爲其他文化領域裡的主觀論提供一種想像的科學支持。從事科學普及化工作的人，如其著作《物理世界之性質》（*Nature of the Physical Universe*, 1930年）擁有廣大讀者群的愛丁頓（Arthur Eddington）爵士表示，物理學不再與精神信仰起衝突。

至於科學家本身，海森堡學派的科學家將不確定論應用於原子物理學的實驗上，雖然出現不確定的結果，但是並未減損他們那種每一個成功的假設，就讓他們更逼近於以科學知識來解釋宇宙各個層面的感覺。20世紀初期的物理學革命，靜靜地爲下一代在結晶體、固態物理學、分子粒子與活細胞領域的研究革命，鋪設了一條道路。

除了在狹隘的專家圈裡面的人以外，人們對於學術知識的其他領域並沒有比較清楚的了解。人們已經注意到備受歡迎的佛洛伊德學派與精神分析之間的鴻溝。在其他研究領域裡的重大進展，對於群眾的影響卻很微小。在19世紀末時，才將社會學制訂為一個學術學科。社會學深受德國的韋伯所影響，韋伯希望用其他的社會力量——官僚政治的壯大、宗教以及他所謂的「有魅力的領導」——來補充（而不是取代）馬克思所強調的社會發展的經濟原因。在英國工作的波蘭學者馬利諾夫斯基，對於依然稚嫩的人類學這門科學的假設與田野研究技術，具有決定性的影響。

英國和歐洲大陸的哲學朝各個不同的方向發展。在維特根斯坦（Viennese Ludwig Wittgenstein）影響之下的英國哲學，拒絕思索形而上的議題，而贊同審慎分析隱藏在具體陳述背後的邏輯。在歐洲大陸上，胡塞爾（Edmund Husserl, 1859-1938）和他的學生海德格（Martin Heidegger, 1889-1976年）卻復興了形而上學。胡塞爾試圖將人類的知識樹立在現象的直接經驗上。海德格則致力於利用這種「現象學」來探索存在與時間的現象（1929年）。對海德格來說，生命是一種帶著焦慮與自覺的痛苦，在眞實存在與僅僅只是生活在現代機件之間的掙扎。雖然在1933年時他對納粹主義的熱誠已經不再，但是卻無損於他身為一位哲學家所帶來的影響。

在兩次大戰之間，那些差異非常大的各領域——藝術界、學術界與學院界——都走著屬於自己的路，只有少數極有名望的個人，才會對大眾文化產生影響。因為它們有令人反感的新奇經驗，所以特別能在藝術界發現比較多的名人，但是這並不是很多藝術家曾經希望能夠找到的新群眾基礎。因此，他的敵人相當珍惜1920年代那些狂熱的藝術實驗。

反對實驗藝術

實驗藝術確實激起了人們猛烈的反抗。尤其是在德國，人們會將實驗藝術與1918年的革命，以及讓「民主主義者、猶太人與其他外來者」堂而皇之地進入至今依然保留給舊派精英份子的文化與學術領域聯結在一起。[42]尤其是在柏林，很多比較著名的首場演出，是新藝術的贊助者和民族主義者、傳統主義者的戰鬥小隊之間拳鬥的時機。文化生活的兩個互相對立的觀念彼此牴觸：一方認為極力表現個人的創造力是一種神聖的職責，而另一方則認為那些任性的年輕人，必須傳承代代相傳的價值觀。

法西斯主義的根源之一，是很多抱持傳統主義的歐洲人的恐慌，他們擔憂那一股讓藝術和科學墮落與衰微的浪潮。1919年8月，當匈牙利的軍官摧毀庫恩的布達佩斯蘇維埃時，他們所採取的第一批行動之一，就是讓佛洛伊德最積極的信徒——弗倫茲（Sandor Ferenczi）的辦公室停業。德國的納粹黨專門破壞那些似乎會危及德國政府或傳統德國文化的種族純淨的藝術表演。從改編自雷馬克的小說《西線無戰事》的電影，到表現主義藝術家的戲劇，以及精神分析，都是他們發洩不滿的目標。1929年，納粹黨的冒牌哲學家羅森堡甚至成立了德國文化戰鬥聯盟（Militant League for German Culture）。納粹黨因爲允諾以「『德國』的藝術和永恆的藝術」，來取代試圖「利用『每年都有新鮮事』——印象主義派、未來主義派、立體派，或許也包括達達主義派的格言，將藝術降格爲時尚服裝的層次」的世界性「現代藝術」，而贏得權力圈內外的支持。這是曾經一度是藝術系學生的希特勒有效使用的譁衆取寵的嘲弄手法。1937年7月18日，當他在慕尼黑爲德國藝術館舉行落成典禮時，公開揶揄一個「墮落」的藝術展覽會。希特勒更進一步地評論道：

正如政治生活一般，德國人的藝術生活也應如此：我們決定肅清一些東西。如果一位藝術家希望他的作品能在這兒展覽，那麼能力是他必備的資格……猶太人的影響是很龐大的，透過他們對出版界的控制，他們就能夠脅迫那些渴望為「正常健全的智力與人類本能」而戰的人。從參展的畫作上，我們發現顯然真的有人遵從原則，感受到草地是藍色的、天空是綠色的，而雲彩是硫黃色的——或許這些人寧可說他們的「經驗」就是如此。我不需要去問他們是不是真的用這種方式看見或感受那些事物，但是我以德國人的名義宣布，我不得不防範那些可憐又不幸的人，雖然他們顯然深受視覺缺陷所苦，但是卻企圖用暴力來說服同時代的人接受他們的看法，他們喋喋不休地述說那些錯誤的觀察是實際存在的，或者辯稱他們是以「藝術」的方式來表達……藝術家不是為了自己而創作；他是為了人們創作，而我們將會看到從今以後，他們會要求人們去判斷這些藝術品……人們認為這種藝術是厚顏無恥或恬不知恥的傲慢自大所造成的結果，或者只是因為缺乏技術而造成的驚人結果……可能是那些八到十歲沒有才華的孩子製造出來的東西……這種令人瞠目結舌的藝術……可能是石器時代的人所製造出來的吧。[43]

1930年代，納粹德國並非唯一認爲藝術的地位次於灌輸「有用的」社會價值觀的社會。當1920年代晚期，史達林已經鞏固他在蘇聯的政權時，1920年代初期迅疾猛烈的藝術實驗，如今已經變成資產階級個人主義的過分行爲。1928年時，斯坦尼斯拉夫斯基被免職，不再擔任莫斯科藝術劇院的導演，而1929年盧那察爾斯基（Lunacharsky）也被解除教育部長的職務。因個人問題深感困擾的馬雅可夫斯基由於對政權的理想破滅，而於1930年自殺身亡。同年，政府命令愛森斯坦修改他的《總體路線》（*The General Line*）這部電影。邁耶霍爾德在1930年代晚期的清算之後失蹤。1934年時，政府要求所有的作家都必須加入全國作家聯盟（National Union of Writers）。與此同時，黨代表大會批准了所有的藝術都應該表現「社會主義的現實主義」的教義，所謂社會主義的現實主義就是麻木地遵從可以爲政府的宣傳活動所用的19世紀的繪畫風格。

沒有人能解釋，爲什麼希特勒和史達林要嘗試將19世紀那些陳腔濫調的藝術風格，強加於他們那些公開宣稱表現革命政權的主題上，但很清楚的是，1920年代在藝術界和科學界所爆發出來的能量，並未贏得大眾的支持，如果當時他們能夠贏得大眾的支持，就可以拯救他們免於1930年代時所受到的迫害。

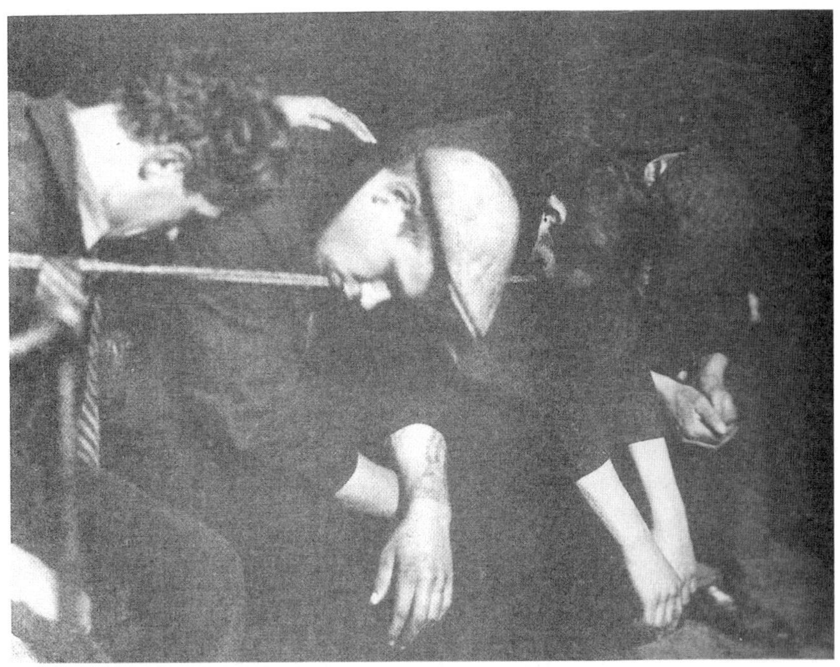

圖9-6　在位於漢堡的極廉價旅社裡，失業的德國人由於沒有足夠的錢支付房租，只能用幾便士換得「把頭掛靠在繩上」幾小時的睡眠。

第十章

經濟大蕭條及其影響：1929至1936年

在1920年代晚期，許多歐洲人期待能有一個和平而且更加繁榮的未來。但是，1929年以後，卻有數百萬歐洲人找不到工作，即使是身強力壯而且有一技在身的人也找不到工作。雖然有數百萬的歐洲人衣衫襤褸，但是成衣廠卻依然閒置。雖然農民得銷毀他們賣不出去的農產品，但是卻有很多人餓著肚子。因爲面對這些怪誕現象時油然而生的無力感，所以大部分的歐洲人或是沉浸在絕望之中，或是忿恨不平。上述現象是經濟大蕭條所帶來的一些影響。

經濟蕭條是一種買賣行爲長期衰退的情形：企業無法賣出他們生產的所有產品，雖然拚命減價，但是存貨依然堆積如山。公司解雇員工或者倒閉的情況日益嚴重。既然失業，那麼接踵而至的自然是沒有能力購買任何東西，所以銷售額依然持續下降。有更多的商店倒閉，而借錢給他們的銀行，也不再有足夠的錢可以支付所有存戶的存款。因爲銀行倒閉，所以人們的存款轉眼成空。人們所經歷的痛苦不盡相同。在物價下跌時，那些依然有工作或者有存款的人，可以生活得比較舒適。至於其他的人，就只能陷入沮喪無助之中。企業家破產；專業人員失去了他們的客戶；數百萬的領薪階級失去了他們的工作，而且找不到可以養活自己和家人的方法。

在1929年以前，歐洲人就已經知道什麼是經濟蕭條，但是他們從來沒有經歷過如此大規模的失業，或者商業如此衰頹的情況，歐洲的領袖似乎也都束手無策。1929年的經濟蕭條完全超出人類先前的經驗。在商業循環有優秀成就的美國經濟學家米契爾（Wesley Clair Mitchell）曾經寫道，因爲偏低的價格會鼓勵更多的購買行爲，所以景氣通常會在經濟蕭條的第一年或第二年開始恢復。[1]但是，在1929年的經濟破產之後兩年，在一波波銀行的倒閉潮裡，世界經濟依然持續往下滑落。這段時間裡，雖然民衆對政府的期待更多，但是政府的表現卻是空前的無能。

1932年時，人們走到經濟大蕭條的谷底，每四名英國人中就有一個人靠著失業救濟金生活，但是在德國，每五個人裡就有兩個人失業。1932年時，德國有超過600萬的失業人口，美國大約有1,200萬的失業人口。在1929年到1932年間，美國的工業生產量降到47%，德國降至44%，而除了蘇聯以外，全世界的工業生產量則降到37%。[2]

這些統計數據沒辦法清楚說明經濟蕭條對個人的影響，因此，我們要將箭頭轉向藝術。1930年代的小說、散文與戲劇（在所有的視覺藝術中，繪畫將大部分社會批判的角色讓給了攝影與電影）是尖酸刻薄的社會批判大放異彩的時期。人們所強調的重點從1920年代的個人自我表現，搖身一變成爲社會關注。1930年代的小說、散文和戲劇通常是以憤怒與困惑的眞實聲音在發言。經濟蕭條所劃下的傷口，並不單只是物質的想望，在樂意工作但卻無法負擔家計的勞工身上，經濟蕭條所刻劃的是羞辱無助的心理創傷；社會上有著極強烈與兩極化的社會對立，人們在尋找救星。林林總總的這些關切與擔憂，瀰漫在整個1930年代的藝術界。

德國劇作家布萊希特與作曲家韋爾的《三便士歌劇》中，女侍應生珍妮，曾經做過一場辛酸的白日夢：一艘「載著五十門加農砲的海盜船」駛進海港，然後她夢想那個海盜頭目問她，她想要殺掉誰。珍妮下令殺掉所有的鎮民，並且與海盜一起離開這個市鎮。但是，在現實生活裡，她依然得侍立桌旁服侍客人，並且用力擦洗地板。有些電影，如克萊爾（René Clair）的《我們等待自由》（*À nous la liberté*, 1931），和卓別林的《摩登時代》（*Modern Times*, 1936）中，還有針對去人性化的機器時代所做的諷刺抨擊。有人鋌而走險，如德國小說家法拉達（Hans Fallada）的《小人物怎麼辦》（*Little Man, What Now?*, 1932）中失業的售貨員。英國作家歐威爾反映的是英國煤礦城裡的生活和社會差異。歐威爾曾經描述窮人家在礦渣中撿拾煤屑時「互相爭煤」的窘境。

> 那幅場景留在我的心裡，是我對蘭開夏郡的印象之一：穿著骯髒破舊、披著圍巾的女人，穿著她們的麻布袋圍裙，以及她們那沉重的黑色木屐，跪在煤渣泥裡，在刺骨的寒風中翻找極小極小的煤屑……。在冬天裡，她們幾乎是情急拚命地找尋燃料；因為這時燃料幾乎比食物還重要。其時，極目四顧，視野所及之處可以看見的盡是堆積如山的礦渣堆以及煤礦區的起重設備，沒有一個煤礦可以賣完所開採出來的煤。[3]

窮人急需生活物資與公司無法出清產品的情況並列，以致在歐洲造成很大的問題。曾經是1920年代成功準則的價值觀，現在似乎遭到咒詛。曾經是崇高理想的民族自決，卻讓歐洲破裂成幾個不具效益的經濟單位。戰時管制的結束，雖然迎來了回歸常態的結果，但是卻留下生存競爭激烈殘酷的歐洲經濟。恢復金本位制似乎是一種不言而喻的進步，但高物價與高失業率的狀態卻依然維持不變。

整個19世紀那種自由主義的自我調節市場經濟的理想，在1929年時幻滅。1929年以後，人們認爲這種觀念不但荒謬可笑，而且確實是個禍害。不能提供人民謀生之道的政權無法倖存，這個具體的問題讓這次的經濟蕭條變成一場「自由主義的危機」。1930年代的歐洲，人們正在找尋更適合統領歐洲事務的方法，而歐洲人所面臨的挑戰與第一次世界大戰一樣嚴峻。誰能夠挽救1930年代的經濟危機，誰就可以掌控整個歐洲。

經濟大蕭條的源起與過程

經濟大蕭條的源起一般會追溯到1929年10月，紐約股票市場崩盤後對國際財政金融的回衝。但是在發生股票市場崩盤之前，美國國內的經濟就已經出現衰退的徵兆。這可能可以幫助我們區分經濟蕭條的兩個層面：1929年的華爾街所引爆的國內經濟問題，以及國際金融恐慌。在1929年股票市場崩盤以前，人們的買賣行爲已經漸漸下滑，先從農產品和煤的世界價格下跌開始，然後隨著不景氣的情況更加嚴重，而影響所有的日用品市場。在1929年經濟崩潰之後，黃金和貨幣的恐慌行動逐漸損害銀行業，使政府不得不努力維持國家貨幣的國際價值。

當然，這兩個問題息息相關，即使是爲了討論的目的而勉強將這兩個問題分開，也顯得有些不自然。舉例來說，1929年美國迅速地將資金撤出德國，對於當地商業的衰退有相當大的影響；緊接著，各國國內衰退的商業活動侵蝕了銀行以及國際市場上國家貨幣的償付能力，尤其是以農業立國的東歐。要區隔這兩個層面，必須要觀察政府開始從國際層面著手補救的經濟蕭條問題，而不是企圖刺激國內經濟的情形。事實上，各國政府曾經冒著預算赤字的風險，努力創造新工作的機會或救濟失業人口，但卻激起國際上對該國貨幣的投機買賣。

國內危機

如同1880年代，當美國和俄國的小麥首度打入世界市場，並且迫使歐洲的農業收入下降時，所發生的長期經濟蕭條，經濟大蕭條開始於1920年代中葉農產品價格下跌之際。第一次世界大戰曾經使農產品的價格大幅提升。爲了回應戰時偏高的農產品價格，美國、加拿大、阿根廷與澳大利亞大約增加了3,300萬英畝的耕地面積。大戰之後，這些數以英畝計的農地所生產的農產品數量，遠超過現有市場的需求量。此外，在1930年時，用輪船將小麥從溫哥華運送到萊茵河口的運費，比用鐵路把小麥從布達佩斯運送到柏林還要便宜60%。世界農產品物價指數從1919年時的226降到1929年時的134。

因爲農民政黨在東歐繼任國的政治上占有舉足輕重的地位，所以農民本身的困境，很快就轉換爲導致政治不安定的因素。此外，東歐的許多小國，早在1929年以前就已經排除外國農產品的競爭。徵收關稅是中歐放棄自由主義經濟理想的第一個步驟，德國在1925年時恢復徵收農產品的關稅，捷克在1929年時宣布不再購買匈牙利的小麥。哈布斯堡帝國舊有的自由貿易區，現在已經變成競爭激烈的小型經濟單位。

在兩次大戰之間，煤礦業也面臨與歐洲農業的大災難類似的災禍。煤是早期工業革命所使用的燃料，尤其是英國，大英帝國的建立曾經在一定程度上倚賴煤的輸出。但是，在大戰之後，煤的銷售額就不曾再恢復1914年以前的盈收。戰爭重整了各國的貿易型態，其中有些貿易是以美國爲對象。部分是因爲出現了頗具競爭性的新能源資源：石油和水力發電，所以戰後全球對於煤的需求量，增幅額極爲緩慢。英國的煤炭產業不曾再恢復戰前的地位，這是爲什麼在兩次世界大戰之間，英國的失業率不曾低於勞動力的10%的重要原因。與農業一樣，煤炭工業甚至在1929年以前就已經出現不景氣的情形了。

國際金融危機

第一次世界大戰之後，歐洲的國際金融協定就如同紙糊的房子一般脆弱。與戰前的金融體系一樣，在大戰之後人爲重建的國際金融體系，因爲默許以商業循環作爲調節手段，所以備受批評。但是戰後的金融體系還有三個缺點。首先，在英國的經濟勢力不再如同戰前般強大的情況下，英鎊卻恢復戰前的角色，作爲每次國際交換的主要貨幣。其次，賠款造成了扭曲的影響。人們預期一直到20世紀末爲止，德國應該支付龐大的賠款給法國、英國與比利時；但這超過了德國一般貿易交換所能負擔的能力，所以從1924年起，德國就開始向美國借款以支付賠款。最後，戰爭借款的問題演變成法國和比利時負債於英國，而法國、比利時和英國又都欠美國錢。戰後國際金融協定的主要特色是，整個世界的財務結構都完全仰賴美國銀行借給德國的貸款。根據道茲計畫，有230億馬克以美國購買公債或貸款給企業界的形式流進德國，但是約有80億馬克作爲賠款之用。

不論如何，在1928年與1929年時，美國人因爲受到景氣大好的紐約股票市場可獲得較高利潤所吸引，所以撤回他們在德國的銀行存款。此次撤出資金的行動，嚴重動搖了德國銀行的存款結構。然後，在1929年10月，紐約股市崩盤以後，很多被套牢的美國投機商人，又在短時間內迅速抽回他們在德國和歐洲其他地區的投資。因此，華爾街的經濟下滑所造成的不景氣影響也蔓延到歐洲。而這種影響又因爲1929年10月以後，美國對歐洲的購買力急遽下跌而更加惡化。

在華爾街股市崩盤之後接下來的幾年裡，德國和中歐地區各銀行的國際地位，因爲外國資金，其中大部分是美國資金的撤資而進一步受到侵蝕。因爲需要用錢，或者是對於在德國投資的安全性失去信心，所以在1931年的前七個月裡，單單美國和英國的存款人就從德國提領了20億馬克。

1931年5月11日，傳出奧地利最大的銀行——維也納的信貸銀行（Credit-Anstalt）倒閉的消息，引發了長達四個月的國際金融危機，這場國際金融危機一直鬧到9月份英鎊貶值並且與黃金脫鉤才結束。人們預期在歐洲經濟蕭條的情況下，第一波主要的銀行倒閉潮應該會發生在維也納。當東歐的農業收入長期下跌，而且同時出現貿易與金融障礙時，所有造成經濟蕭條的要素鋪天蓋地而來，將維也納籠罩其中。曾經是區域性資本的維也納金融機構，已經被迫將它的活動範圍越縮越小，最後只能局限在小小的奧地利境內。

其他的歐洲金融中心爲了扶持信貸銀行所做的努力並沒有成功。個別投資人和投機商人盡速抽回他們在奧地利銀行的資金，以免蒙受損失，並且將資金從一個國家轉到另一個國家以保安全。不論在任何地方，只要謠傳貨幣即將貶值或者銀行將要倒閉，就會開始刮起一陣擠兌的風潮，這種情況因爲國際競爭與高壓政治而更加複雜。舉例來說，因爲正在嘗試對奧地利施壓，希望他們放棄法國視爲違反凡爾賽和約的德奧關稅聯盟（German-Austrian customs union）提案，所以剛開始時法國並沒有向信貸銀行伸出援手。

奧地利的危機使人懷疑與他們關係密切的德國銀行的穩定性。1931年7月初，當德國政府每週的報告書出現外匯與黃金儲備衰退的現象時，就爆發了馬克擠兌的事件。持有馬克的德國人和外國人，都爭著希望能及時賣掉馬克，換購黃金或其他他們認爲比較安全的貨幣。雖然美國總統胡佛（Herbert Hoover）於7月6日宣布延期償付所有應付賠款和戰爭借款，但是依然無法攔阻這波擠兌風潮。8月，德國被迫「凍結」外國存款，也就是說，拒絕將外國人所持有的馬克轉換成外國貨幣。

當倫敦依然是歐洲最大的黃金自由市場，而倫敦那些渴望黃金安全的投機商人，試圖盡可能賣出所有的英鎊以購買黃金。英國銀行不得不把黃金賣給每個帶著英鎊想要來買黃金的人，但是他們的實力已經因爲存放在德國和奧地利的部分資產被「凍結」而嚴重受損。當處於繼續賣出黃金會使英鎊的交換價值出問題的情形下，英國政府被迫於1931年9月19日「停止實施金本位制」，並且拒絕任意使用英鎊來購買黃金。戰後以黃金爲基礎建立世界國際銀行體系的努力終成泡影。

在這次經濟蕭條的第二階段所發生的銀行危機裡所蒙受的損失，甚至使各國國內的經濟商業活動跌入更黑暗的深淵裡。此外，採用貨幣管制及缺乏任何一種交換的標準，也使得對外貿易變得更加複雜，也更加不穩定。在1932年時，歐洲的經濟疲軟無力，他們的經濟活動力僅及1929年時的一半，或者略高一點。

補救經濟蕭條

經濟大蕭條讓歐洲的領袖們面臨自第一次世界大戰以來最大的挑戰。在當代的經濟思維裡，有七種不同的補救方法可以用來挽救經濟蕭條。這些補救方法各有不同的政治擁護者，他們並且提議要將經濟蕭條的重擔分置予不同的對象。然而事實證明，並沒有哪種方法是較明智的救濟策略，因爲這次的經濟蕭條是一種全新的經驗。

自由主義經濟學

「古典」或說「正統」的自由主義經濟學，是一種因襲傳統的智慧。根據自由主義經濟學的觀點來看，最根本的問題是國際貨幣制度功能不彰。因此，解決方案就必定是處理國際貨幣制度的問題。如果某個國家的貨幣正處於投機者的壓力之下，那麼阻止該國貨幣「擠兌」的方法就是平衡政府的預算，藉此向世界證明他的經濟依然穩固而且可以信賴。古典的自由主義者相信，貨幣波動反映的是人們對該貨幣失去信心，所以最佳的對策就是恢復世界上的銀行家、金融家與投機商人的信心，將自己隔絕於國際貨幣市場，只會讓每個人都變得更加貧窮而已。傳統補救方案的第二部分關切的是世界貿易，最好使用能讓自己在世界市場上更具競爭力的方法，來復興日漸走下坡的經濟。讓自己變得更有競爭力的一個好辦法，是利用調降薪資來降低物價。這種方法牽涉到勞工的切身利益，但是古典的自由主義者認爲，利用調降薪資使物價降低，因爲物價降低，所以會增加銷售量，因此最後勞工就會有更多的工作機會，足以補償他們之前的犧牲。

上述的解決方案稱爲「通貨緊縮」：爲了平衡預算而減少政府開支，爲了提高銷售量而降低產品的成本。因爲會導致預算赤字，所以插手干預以刺激就業或支付失業救濟金的政府，由於得維持毫無效率的經濟領域，並且脫離世界市場來為商品定價，所以只會讓事態變得更加嚴重，最完善的處理對策是市場的自我調節。因此，古典主義者認為當前國內救濟事業的地位應該居次，必須以國際貨幣的穩定為優先考慮。

1929年時，有很多人支持古典自由主義經濟學的觀點。這些支持者的身分大多是銀行家、專業經濟學家、教授學者與政府專家。大部分的政治家雖然比較不具學術水準，但是他們與自由主義者共同擁有相同的假設。這些觀點可以讓出口商、債券持有人與其他有實力的商業領袖取得利益。此外，傳統的角度也支持這項觀點，直到1931年為止，現代的政府不曾在和平時期限制外幣交易。

但是，古典的自由主義者面臨一個絕大的難題，短時間的通貨緊縮在政治上也許可行，但是要長時間縮減政府經費並且降低薪資，可能會使人們因窮困而叫苦連天。既然戰時的經驗已經讓人民熟知政府採取社會行動的可能性，因此這樣的怨聲載道將會更加引人注目。只有在政府有權壓制不同意見的情況下，長期的通貨緊縮才能付諸實行，換句話說，要實施通貨緊縮必須實行獨裁統治。因此，自由主義經濟學所提出的解決方案，只有在不開明的政治體制下才有可能運作。

社會主義經濟學

社會主義者和自由主義者一樣，認為經濟蕭條是生產過剩的結果。但是他們得出的卻是相反的結論。由於利潤系統提取了勞工所創造的價值，只留給他們賴以活命的薪資，因此消費不足，所以在資本主義之下所生產的產品都無法消耗。唯一有意義的解決方案是大規模變更工廠和農場的所有權。一旦勞工懷抱生產的意圖，並且能夠接收他們勞力所得的所有價值，那麼他們就有能力可以購買更多東西，如此一來也就不會出現生產過剩的問題。從這個觀點來看，世界貨幣交換的技術細節，是與經濟蕭條毫不相關的麻煩事。社會主義者認為，解決經濟蕭條的唯一方法是利用它本身固有的矛盾，來推翻資本主義的體系。

但是社會主義者根本還沒有準備好要奪權。事實上，失業的影響已經削弱工會的力量、減損了他們的鬥志，並且縮小了罷工武器的威力。除了革命以外，社會主義者不曾對短期、局部的補救方案多做思考，所以即使在他們能夠參與政權的地方（例如德國和英國），社會主義者除了稅務改革以外，也提不出絲毫辦法。事實上，英國的工黨對於當前的經濟解決方案，所抱持的是強硬好戰的傳統態度。

新的經濟解決方案

有另一股社會思潮是，企圖在不可信賴的自由主義和馬克思主義之間，找出一條「中間路線」。和自由主義者一樣，找尋這條中間路線的人，也想要保留資本主義的資產關係。但是他們認爲自由主義的全球貨幣制度，以及自我調節的市場經濟，是一種毫無希望的落伍想法。和社會主義者一樣，他們也認爲問題的核心是消費不足，而且他們把國內救濟事業的優先順序，放在穩定國際貨幣之前。不論如何，他們的最終目標是維持現有的資產，而不是廢除現有的資產。他們最優先考慮的是復興國內的經濟，必要時會如第一次世界大戰期間率先使用的前例般，要求政府積極干預國內經濟。如果因爲資助充分就業津貼而導致的預算赤字，無法解除國際投機商人對國家貨幣的牽制，那麼就必須強制實施貨幣管制。必要時國家應該退出世界經濟體系，並且在封閉的國家經濟裡，發展出有規劃、有管理的繁榮經濟。

偏好「中間路線」的人並沒有形成學派，沒有公開承認的正統說法，也沒有可以追隨的領袖。本文中所謂的支持「中間路線」的人，是指那些形形色色既拒絕自由開放的資本主義，而又不贊同國際社會主義的歐洲人，他們對解決方案的探索，得出兩個1930年代大部分的改革者都同意的基本重點：繁榮的經濟必須有某種程度的規劃以及管理，而在考慮經濟蕭條的解決方案之時，必須把國家的繁榮放在國際的流動資產之前。在盎格魯撒克遜（Anglo-Saxon）的世界裡，最著名的「中間路線」思想家是英國的經濟學家凱因斯，我們在本章稍後，將完整地討論他在以消費者爲基礎的國家經濟管理上的重要革新。有些抱持不同意見的社會主義者，也以同樣強調計畫經濟與國家解決方案的看法來反應經濟蕭條。比利時的亨利・德・曼（Henri de Man）和法國的新社會主義者迪特（Marcel Déat），都支持在國內與中產階級合作、實務徹底的計畫經濟的觀點。經濟蕭條讓那些社會主義者轉變成「國家社會主義者」。

企業家們更加贊同的「中間路線」是統合主義。統合主義提議將經濟結構的各分支組織起來納入全國性的社團，並且授權這些全國性社團有權決定商品價格、調節產量以符合需求，以及處理勞資關係。有些統合主義者提議，讓勞工代表參與管理計畫機關的工作；根據理論，當各產業分支都能繁榮興盛時，「階級鬥爭」會因爲資方與勞方分享共同利益而消失。其他的統合主義者希望能將現有的卡特爾與托拉斯，提升爲國家機構，如此就可以利用有組織的企業，有效地將經濟翻轉成自我調節的狀態。雖然統合主義的觀念早在經濟蕭條發生之前就已經出現，但是歐洲的企業家對墨索里尼的統合主義實驗，還是深感興趣，在討論義大利的經濟蕭條時，我們會針對這部分進行更詳細的討論。

「回歸土地」的呼聲

由於經濟蕭條，使人再度想起之前用來解決社會問題的妙計。有些對經濟沒有概念的政論家和知識份子，提議「回歸土地」。歐洲的某些思想家早已覺察到城市生活如何地敗壞人心，因此在1929年以後，他們更加認為都市化不可行。這些思想家認為，唯有讓人民從土地或工作勞動中得到眞正的財富，而非透過交易或股票市場的投機買賣中賺取金錢，社會才能恢復安定與健全。這種懷舊的呼聲，使人們對現存的歐洲政權心生懷疑，雖然提倡回歸土地的人，對法西斯主義在某些國家奪取政權有所助益，但是一旦法西斯主義掌權之後，他們對於政府就不再有絲毫的影響力了。

這是當他們試圖掌控經濟蕭條時，知識份子對歐洲各國政府比較具影響力的觀點。

自由主義國家在經濟蕭條時期的政治

斯堪地那維亞半島的國家

因為是在沒有造成經濟停滯與獨裁統治的情況下因應經濟蕭條，所以在1930年代，只有斯堪地那維亞半島的國家贏得比較好的名聲。非常依賴外國貿易的斯堪地那維亞半島的經濟，在經濟蕭條時自然受到嚴重的影響，而且他們的失業率一度超過20%。但是因為他們的人民頗具同質性——擁有豐富的日常用品、漁業與鐵礦資源豐富；遠離國際衝突，而且國內政局穩定，所以略微緩和他們所面臨的困難。在往後的40年，改革派社會民主政黨在丹麥（1929年）、瑞典（1932年）與挪威（1935年）相繼上臺執政，有時還得到農民政黨與自由主義者的政黨聯盟的支持。斯堪地那維亞半島的社會民主黨是以根深柢固的公共社會服務傳統，與強而有力的合作社運動為基礎。

我們選擇以最大而且最繁榮的國家為例，1930年代時，瑞典的合作社擴充到約有一半的人民隸屬於某個消費者或生產者合作社聯盟的規模。他們並沒有將企業國有化，但是藉由大批買進、低價賣出，合作社擴大了他們的市場占有率，這個比率甚至占零售貿易的12%。雖然生產者合作社只控制2%的產量，但是擁護合作社運動的人卻認為，因為擔憂會刺激合作社進一步侵占他們的市場，所以私營製造商才會維持低價銷售。1930年代，早期的福利國家是以免費產檢、社會保險與花園城市的形式體現。雖然瑞典並未能倖免於高稅率以及酗酒率和離婚率日漸爬升的難題，但是瑞典的經濟卻比其他大部分國家更迅速地恢復到經濟蕭條以前的水準；與1900年時的收入相比，1939年時瑞典人的加薪幅度，遠超過任何其他的歐洲國家。

英國

因爲一些與經濟蕭條發生無關的理由，當經濟蕭條的危機到來之際，英國正由第二屆工黨政府（1929年5月至1931年8月）執政，但這並不表示政府有任何利用重新分配資產來補救經濟蕭條的企圖。英國首相麥克唐納與財政大臣斯諾登（Philip Snowden）是核心的改革派，他們反對立即強制實行集體化。而工黨雖然在1929年5月的選舉當中，首度躍居英國的最大黨，但是他們並未掌握絕對多數。[4]

然而，主要的問題是，短期內工黨的發言人對於古典的自由主義經濟沒有自由理性選擇的餘地。他們所有的經濟思維已經陷入遙遠的未來所要實行的社會主義，而不是在現有的體系之內思考當前的補救方法。此外，實施計畫經濟似乎是公然侮辱工黨那神聖不可侵犯的自由貿易理念，自由貿易不但是現有體系的支柱，也是他們邁向權力主義的階梯。

新就任的財政大臣是一個名副其實的無產階級，他們讓英國工黨與歐洲大陸上那些比較是知識份子的中產階級社會主義領袖有所區隔。在政治上，斯諾登隸屬於工黨的左派；在第一次世界大戰期間，他是一位和平主義者。但是織布工之子斯諾登同時也是個虔誠的清教徒，他保護自由貿易並且反對托利黨的貿易保護主義方案。他視自由貿易等同於爲窮人提供廉價的麵包。雖然完全不曾接受過任何經濟學的訓練，但是斯諾登相信政府主要的經濟格言應該是節儉與廉潔。因爲幼時一場自行車意外而殘廢的斯諾登，經過長久的努力，終於戰勝痛苦與貧困，爬升到工黨的高層地位。他那削瘦而熱情洋溢的臉龐，透露些許他對福音的熱情，而這種熱誠轉變成他在處理經濟事務時的美德。

1929年晚期，當經濟開始衰退之時，雖然大幅提升所得稅以平衡政府預算，但是斯諾登和內閣也爲大衆提供救業機會以及失業救濟金。然而，因爲失業使政府的開支增加而稅收減少，所以政府底帳的收支兩端之間已經出現無法逾越的鴻溝。既然自由黨投票反對進一步提高稅收，所以斯諾登不得不靠銷售公債來維持失業救濟金的發放。

1931年夏天，因爲銀行家和投資人對工黨政府失去信心，而導致倫敦爆發銀行業危機。他們對政府施壓，要求降低失業救濟金，以維持預算的平衡。當英國銀行（Bank of England）向巴黎和紐約借款，企圖遏止英鎊擠兌時，美國的投資公司摩根公司（J. P. Morgan and Company）的回覆是，除非工黨政府縮減它的開支，否則他們無法再貸款給英國銀行。

摩根在8月23日的答覆，使英國必須在可以改善國內生活水準的措施，與可以挽救英鎊的措施之間做出明確的選擇，挽救英鎊意味著刪減失業救濟。麥克唐納和斯諾登接受了傳統的判斷結論，並且準備削減10%的「賑濟品」。但是，大約有一半左右的內閣閣員拒絕合作，而第二屆，也是兩次大戰之間最後一屆的工黨政府就在8月24日辭職下臺。

起而代之的是國民政府（1931至1935年）。國民政府是一個由聯合主張以通貨緊縮來補救經濟蕭條危機的領導級人物所組成的無黨派政治聯盟。麥克唐納依然留任首相，但是現在他身旁站的是保守黨領袖鮑爾溫。自此以後，工黨就將「麥克紳士」（Gentleman Mac），以及依然留在內閣的斯諾登視爲叛徒。

儘管已經提高比價，但是投資人和投機商人仍然繼續賣英鎊買黃金。事實上，政府努力減少開支的結果，只是讓事態變得更糟糕。水兵在蘇格蘭的因弗戈登（Invergordon）示威抗議英國皇家艦隊的減薪行動，這場示威行動後來演變成歷史上的「因弗戈登兵變」（Invergordon Mutiny）。因爲英國艦隊的

圖10-1　1930年在英國失業的中產階級受害者。

「兵變」聽起來就好像直布羅陀下沉一樣，所以英鎊暴跌猶如一股無法遏止的洪流。1931年9月19日，國民政府取消英國的國際金本位制，不再允許個人用英鎊買黃金。此外，英鎊的國際交換價值也下探約三分之一左右。

國民政府如今完全退回保守主義的立場。1931年10月27日的選舉，托利黨贏得了超過60%的選票，是英國選舉史上得票數最高的多數派，人們迎來了直到1945年始終由保守黨占優勢的時代。

在世界市場上挽救英鎊的戰鬥已經失敗，人們預期國民政府會採取大膽的行動以刺激就業，但是政府並沒有這麼做。當然，因爲英鎊貶值的關係，所以英國商品在世界市場上一度變成低價商品。因爲成本較低以及1924年工黨的惠特利法案（Wheatley Act）和1930年代清除貧民窟的行動，刺激了住宅營建業。有數家非常先進的鋼鐵工廠，也是在這段時期建造的。然而，整體說來，國民政府遵循的是貿易保護主義的政策，並且削減生產量。1920年代的民意測驗中遭受如此嚴厲反對的保護性關稅，在近一個世紀以來，首度於和平時期變成一個政府的政策。根據1932年的進口關稅法案（Import Duties Act）的規定，除了皇家生產（「王室優惠權」）的產品，以及少數免稅的物品之外，所有的商品都必須課徵10%的關稅。爲了使物價上揚，允許工廠廠主以計畫生產來替代競爭。工黨政府曾經對過時而且分布廣泛的英國龐大煤工業實施這種權宜之計；在國民政府執政期間，這種限制競爭協議在其他衰微的傳統產業，如造船業與鋼鐵業，也已經相當普遍。

因此，在1934年以後，英國的經濟開始緩慢地復甦，他們比較依賴在貨幣貶值與實際實施卡特爾的協助下，逐步走回商業循環的軌道，而不是利用大幅提升購買力或就業率的方式。

在回顧歷史時，我們發現，當時的英國政黨結構無法提供傳統經濟蕭條補救法之外的其他選擇。那些少數可以提供其他理論性或實務性選擇的人卻是局外人。一位轉而支持工黨、家境富裕的33歲年輕人——摩茲利（Oswald Mosley）爵士，在1930年春天發表了一份引起左派份子注意的備忘錄，他在工黨內閣裡的官職低微，但是卻滿懷雄心壯志。

摩茲利認爲應該優先解決失業問題，然後以「生活薪資政策」爲中心來制訂其他政策。他認爲增加購買力、允許領取優厚的退休金提前退休，以及用力推升生產力，就可以解決失業問題。但是實行這些政策不但需要公共規劃和產量管理，而且也會使國家財政出現赤字。當然這些背離公認的政府常規的政策，會使投資人和投機商人深感震驚，因此英國的經濟必須與國際金融壓力隔離；換句話說，英國的經濟必須是國家性的經濟結構，而不是國際性的經濟結構。這些異端邪說讓年老而且正統的工黨領袖們如財政大臣斯諾登嚇呆了。1930年，工黨領袖拒絕摩茲利的提議，顯示這個世代的人沒有能力擺脫自由主義經濟學家的觀點。

最著名的局外人是凱因斯。在遭受經濟蕭條的打擊時，這位劍橋大學的經濟學家，只是剛開始琢磨推敲自己的新學說，他的新學說於1936年以《就業、利息和貨幣通論》（*The General Theory of Employment, Interest and Money*）爲名出版。凱因斯也把解決失業問題排在優先考慮的第一順位。但是和急躁的實用主義者摩茲利不同，凱因斯的主要貢獻是提供完整的新理論架構，駁斥傳統的補救方案。正統的看法是將失業問題視爲生產過剩的結果；根據這種觀點，提高薪資只會讓情況更加惡化。凱因斯則認爲，失業的程度是取決於需求量不足，應該利用提高金錢供應的方法，來增加需求量，利用公共工程來刺激生產，並且讓社會的財富分配更加平均。當然，這種政策需要兩方面配合：精確的資料與高度的政府介入。凱因斯是率先倡導計算需求總和的人，他認爲一旦知道了需求總和就可以左右需求總和。凱因斯所引起的衝擊注定要在第二次世界大戰的那一世代發揮勢不可擋的力量；但在經濟蕭條的時代裡，他所帶來的影響卻很微小。

還有其他的局外人建議，將英國全部或部分的生產力國有化。其中有些人，如牛津大學政治學教授與勞工運動歷史學家的科爾（G. D. H. Cole），屬於工黨的知識份子。但是，知識份子對工黨的領導階層或大部分是工會會員的一般黨員，所發揮的影響力很小。

簡單地說，在計畫經濟或國有化的主張背後，沒有任何有組織的政治力量作爲他們的後盾。工黨、自由黨與保守黨那些擁有這種力量的知識份子，從自己的觀點切入，卻盤算不出除了讓經濟自然復甦之外，可以用來處理經濟蕭條的方法。英國的經濟在1934年開始復甦。

法國

法國的經濟蕭條出現得比較晚。在經濟蕭條的前兩年，巴黎依然是那些有幸逃離德國和英國銀行體系的黃金避風港。法國的社會時事評論家曾經讚揚自己國家裡那些謹慎的小公司和無數獨立的農民，因爲他們避免了動態性經濟結構中的繁榮與蕭條。但是，在1932年時，法國的經濟也深陷不景氣的氛圍之中，而且他們的不景氣比其他任何地方持續更久。甚至直到1938年時，法國的生產量還無法回復到1929年時的水準。

圖10-2　在經濟蕭條的歲月裡，社會階級之間的界線非常明顯。圖中當地的男孩們看著兩位站在倫敦洛茲板球場（Lords cricket grounds）外的伊頓公學學生。當時是1937年，場內正在進行伊頓對哈洛的校際比賽。

經濟蕭條在法國所引起的變動不及世界上的其他地方，沒有投機商人擠兌法郎，沒有如1931年英國的英鎊貶值一般造成世界地位下滑的可怕事件，也沒有如德國般發生政權垮臺的事件；官方的失業數據不曾超過60萬人。但是，因爲並未反映很多法國家庭農場或者小工廠裡就業不足的情況，所以官方所公布的數據可能低於實際情形。不論如何，法國的經濟蕭條不是驟然發生的大劇變，而是一種比較緩慢、令人沮喪的衰敗。

有幾個狀況使法國的景氣比以前更差。法國輿論憤怒地反對政府採取干預法郎國際價值的措施；即使是就傳統的經濟學觀點，法郎的適時貶值也有助於刺激出口。但是法國的小存戶和投資人，卻因爲1924年到1928年的通貨膨脹受創甚深，所以他們奮力緊緊抱住龐卡赫的法郎不放。1936年時，大部分的法國政治家對於會觸及這個問題而引起公憤的行爲敬謝不敏。雖然經濟蕭條和通貨膨脹所造成的貨幣貶值完全不同，但是對輿論來說這兩者沒什麼兩樣。

比較冒險的經濟政策與政治可行性之間的距離，甚至比貨幣貶值更遠。創造工作機會或計畫經濟的方案，不可能取得大多數人的支持。大部分的法國社會主義者拒絕在現有的資產關係下，以計畫經濟作爲資本主義的唯一支柱，以及讓權力主義捲土重來。只有少數的社會主義者，對於恢復生產量的興趣，更甚於經濟的平均分配；他們認爲只有在實行關稅壁壘與貨幣管制，並與世界經濟隔離的國家架構下，才能順利運作計畫經濟。那些少數的社會主義者中，有些人退出社會黨，並且在1933年組成「新社會主義政黨」，該黨最出色的領袖是迪特。迪特和摩茲利一樣，一直遵循著國家社會主義者視爲異端邪說的道路直行。

企業家、工業家、高級公職人員與法律學教授之間的右派人士，極爲熱中統合主義，但是在1932年與1936年的選舉，都是由中間偏左派的人獲勝。雖然激進黨在選舉過後，漸漸往中間靠攏，尤其是經濟問題，但是激進黨黨員並不支持統合主義者以有組織企業來調節經濟的提議。和他們所代表的小農民與小店主一樣，激進黨黨員相信國家應該要採行節約和勤儉的個人經濟價值觀：不能入不敷出，並且把錢存在儲錢筒裡。因此，法國的第三共和是以縮減預算和通貨緊縮的政策，來處理經濟蕭條的問題。

政府的不穩定很容易就與經濟蕭條的影響混在一起。正如1920年代中葉的通貨膨脹一樣，經濟吃緊，讓法國的政黨體制陷入毫無條理的混亂局面。1932年的議會選舉，由與1924年的左翼聯盟（激進黨、社會黨與比較小的改革派政黨）類似的中左派政黨聯盟獲勝。激進黨與社會黨這兩個重量級的夥伴再度發現他們之間的分歧，因爲所面臨的經濟挑戰而更形擴大。在選舉期間，他們可以聯手有效地強調某些議題，如天主教會和軍國主義對共和國的威脅。但是1932年以後，當經濟蕭條的問題更加嚴重時，一些兩黨觀點分歧的議題，如提高稅收或調整外匯，已經浮上檯面成爲最重要的議程。

自1932年的選舉勝利中嶄露頭角的總理，是英勇的法國激進黨領袖赫禮歐。[5]赫禮歐突然置身於一個不利的情境，因爲他精通文學的背景與議會技巧，都沒能爲他預備足以應付這種情境的能力。同樣對溫和的左派政府心懷成見的法國投資人和投機商人，因爲預料法郎的國際價值將會下滑，所以拋售法郎購買黃金，這是一個自我實現的預言，法郎果眞在1933年以後貶值。不願意訴諸外匯管制的手段，所以赫禮歐少有作爲，但是他嘗試著平衡預算，並且利用繼續償還美國的戰爭借款，來維持信譽。他所採取的姿態，使他付出失去議會多數派支持的代價。在接下來的十四個月裡，繼赫禮歐之後，法國一共換了五個政府。與此同時，法國的經濟依然逐漸向下飄盪。

1934年，激進黨因爲經濟政策的歧見，而與他們的社會黨選舉夥伴分道揚鑣，激進黨與中間派的政治聯盟，是議會裡唯一可能掌握多數選票的聯盟。在這段時期裡，拉瓦爾（Pierre Laval）總理（1935年6月-1936年1月）活力充沛地施行通貨緊縮的措施。拉瓦爾是奧維根（Auvergne）南部山村的旅館主人之子，他曾經結合政治、商業和法律的實務經驗，靠著自己努力前進。在贏得第一個重要案件，爲一些被控告炸毀電線的工人辯護之後，拉瓦爾在選舉中獲勝，以社會黨黨員的身分，代表巴黎郊區的人民進入議會。但是，進入政界以後，他卻逐漸向中間派靠攏，並且因爲精明的投資而致富；據猜測，他的這些投資可能曾經因爲他的政治影響力而得到幫助。

拉瓦爾雖然擁有白手起家者的一流自信，但是並不具備任何經濟學的知識。由於決定在日漸衰頹的經濟中維持預算的平衡，所以拉瓦爾無情地刪減10%由國家給付的薪資，並且試圖調降私營企業所支付的薪資；爲了減輕領薪階級的壓力，他也嘗試調降租金與物價。雖然拉瓦爾的氣勢與活力值得極高的讚賞，但是他所施行的政策，成效卻遠遠不如預期。1935年因爲採用通貨緊縮的補救方案，所以當其他國家的景氣已經開始復甦之時，法國的經濟卻變得更加不景氣。他的施政方針也使選民在1936年的選舉一面倒地倒向左派。

1936年5月的選舉使人民陣線得以掌權，人民陣線是法國史上首次由左派份子包括共產黨在內所組成的選舉聯盟，其中當然也包括習慣合作的選舉盟友——激進黨和社會黨。因爲共產黨之所以參與改革派議會政治的創舉，主要是爲了史達林想要建立反希特勒同盟的渴望，而不是爲了經濟蕭條，所以我們將在後續提及1930年代反法西斯主義同盟的章節裡，對人民陣線有更完整的討論。[6]但是在思忖經濟蕭條時期的政治家時，必須將布盧姆（Léon Blum）總理（1936年6月-1937年6月）納入討論之列，因爲在所有的西歐議會領袖中，在中產階級民主政體的背景下，就屬他的找尋通貨緊縮的替代方案企圖最爲英勇大膽。與前任總理縮減薪資的作法相反，布盧姆試圖以增加人民普遍的購買力，來補救經濟蕭條所帶來的負面影響。

自1920年以來即已擔任法國社會黨領袖的布盧姆，於1936年6月時，在歡騰與恐慌交織的氣氛下成爲法國總理。伴隨人民陣線的選舉勝利而來的，是在1919年到1920年與1947年到1948年的罷工潮之間，規模最大的罷工行動，法國史上只有1968年的5月與6月的全面性罷工，規模超過這次的罷工行動。在回顧時我們知道，那些占據了房屋並且在屋內跳舞的工人與店員們，正在慶祝布盧姆的勝利。在壓抑了幾年對削減薪水的憤怒之後，罷工是基層民衆發洩怒氣的一種表現；他們並沒有協議要奪取資產。工會領袖努力將運動的方向導向傳統的薪資與工時的談判協商，但是，當時對那些已經因爲預見法國可能會誕生第一任社會主義猶太總理而心神不寧的保守派人士來說，這次的罷工行動看起來非常像是一場革命。

危機的氣氛幫助布盧姆迅速地完成重大的變革。彷彿布盧姆是他們在這場風暴中的避風港般，驚慌害怕的法國製造商協會（French manufacturers' association）轉身支持布盧姆。在他的官邸通宵開會，布盧姆召集了製造商協會和工會領袖，協議將薪資調高15%，並且迫使雇主承認勞工有參加工會的權利，雇主不能因爲勞工參加工會而將他辭退，而且工會也有權代表他的會員談判集體合約（collective contracts）。在接下來的幾天裡，布盧姆又推動議會通過除了最小型的商店以外，所有領薪員工的每週工時爲40小時，而且擁有兩週有薪休假的決議。最後，他增加了公共開支，包括軍備費用在內。

在其他方面，這種危機氣氛讓人民陣線時期的經濟生活更加困難。在1924年與1925年左翼聯盟的統治下，法國的存戶與投資人已經學會把左派政府與財政不穩定聯想在一起。雖然法郎貶值是可以刺激法國商品出口的完全正統經濟措施，但是他們卻堅持絕對反對法郎貶值。即使布盧姆曾經公開承諾不讓法郎貶值或者不強制實施外匯管制，並且嘗試不讓商業社群感到驚慌，卻已發生對法郎不利的大規模投機買賣。最後，在沉重的國際壓力之下，法國政府不得不讓法郎貶值。布盧姆因而在沒有得到任何早期主動貶值可能可以取得的貿易利益的情況下，失去國內中產階級的支持。

最後，布盧姆的政府終究無法成功地復興蕭條的法國經濟，部分必須歸因於爲了擴展就業市場而設計的每週40小時的工時制度，卻被僵化地解釋爲工廠每週只能營運40個小時。人們的薪資因爲社會因素而調升，並不是基於凱因斯學派所主張的增加購買力，所以通貨膨脹很快就降低了正在萎縮的需求的刺激能力。當布盧姆在1937年6月敗選時，法國的工業生產量依然低於1929年的水準。

威瑪德國

在英國，經濟蕭條讓英國工黨被排拒於政權之外，直到1945年爲止；此外，法國的第三共和也由於經濟蕭條而陷入自建國以來最衰弱也最分裂的困境。至於德國，經濟蕭條則讓整個威瑪共和國徹底垮臺。

威瑪共和國隨著主張社會主義的總理繆勒，一起跨入危機之中。繆勒從戰前就已經是工會的老領袖，自1928年起以大聯盟的領袖身分開始執政，大聯盟是由五個以上接受共和政體的政黨所組成的廣泛聯盟，所包含的政黨理念從溫和右派到溫和左派都有。現在的大聯盟聯合五個政黨，形成議會的多數派。只要於1914年到1917年間決裂的社會民主黨和共產黨繼續如此激烈地對立，就不可能形成協調一致的社會主義多數派；而在民族主義政黨拒絕接受共和政體，甚至部分「履行」凡爾賽和約的構想的情況下，也不可能組成一致的保守主義多數派。

只要主要的議題依然是外交政策以及共和政體的生死存亡，那麼大聯盟就可以在「履行」國際義務這頂大帽子之下，找到合作的理由。但是當核心議題變成經濟問題時，政黨之間的合作就沒有商量的餘地了。1929年末，急迫的經濟問題讓大聯盟的多數派四分五裂。

使大聯盟分裂的眞正問題是經濟蕭條替代方案的典型實例：到底是要爲了平衡預算而削減失業救濟金呢？還是要爲了提升購買力，而維持或者甚至調升失業救濟金？1929年末的經濟衰退，給予德國迅速且猛烈的一擊，失業救濟金基金很快就消耗殆盡。可有的選擇是挪用其他的政府資源（例如作爲普魯士農業救濟基金之用的農業救濟金）來維持失業救濟金，或者提高稅金、刪減失業救濟金。在上述的選擇中，前兩個方案在政治上是不可行的，興登堡總統對維持農業救濟金態度強硬，而德國人民也絕不會贊成政府提高稅金。當德國政府與紐約的迪倫・里德（Dillon Read）投資銀行接洽，商借貸款以解當前政府經費的燃眉之急時，銀行告訴他們，美國的領袖對於無法平衡預算的政府沒有信心。既然德國的經濟現況，使他們必須不顧一切地讓美國的債權人（這些人在紐約股市崩盤的餘波盪漾中，正在千方百計想要撤回資金）感到心安，所以政府決定利用削減失業救濟金來平衡預算。這個決定激怒了德國工會，他們強迫社會民主黨的衆議員收回他們對政府的支持。繆勒的政府於1930年3月27日辭職。可以說從那時開始，威瑪共和國的議會體制實際上已經名存實亡。從此以後，已經無法再以任何一種經濟蕭條的補救方案爲核心，來建立一個議會多數派的政黨聯盟：不論是赤字支出還是傳統的預算平衡都是如此。

接下來有將近三年的時間，德國政府是在沒有任何議會多數派的情況下執政。爲了應付緊急狀態，興登堡總統使用威瑪憲法所授予的權力（第48條），以頒布政令的方式來執政。在這段時期裡，大部分的時間（1930年3月-1932年5月），興登堡將他的權力授予布魯寧（Herinrich Brüning）總理。

布魯寧是一位天主教中央黨（Catholic Center Party）的政治家，曾經擔任德國天主教工會組織的執行祕書。他的行政經驗與擔任公職時的不凡表現，讓興登堡對他讚賞有加。兩年多的時間裡，這位冷酷而嚴格的行政官員，說服了年邁的陸軍元帥引用憲法第48條的規定，使他的行動合法化。

不曾懷疑過傳統經濟自由主義的有效性的布魯寧，爲了兩個連鎖政策而動用總統權力。首先，他企圖利用通貨緊縮來解決國內的經濟危機，爲了遏阻外國資本撤出德國，他採取強而有力的政府行動，以削減物價、薪資與政府經費。一連串的政令，將公務員的薪水削減12%到16%，兩次刪減失業救濟金，並且命令人民的薪資必須低於1927年1月1日的水準。雖然布魯寧試圖以降低租金和物價的命令，來補償上述命令所造成的影響，但是對政府來說，調降薪資當然要比調降物價來得容易。後來他被人民所厭惡，並稱呼他是「饑荒總理」。

布魯寧另一半的策略是在國外取得戲劇性的成功。既然除了債權人以外，通貨緊縮對所有的人來說都很痛苦，因此這位總理希望藉由成功運作兩次引人注目的外交對策，來減少群衆的不滿，並且暗中破壞勢力日漸壯大的民族主義競爭者。他計畫與奧地利（根據凡爾賽和約禁止與德國形成任何形式的政治聯合的國家）組成關稅同盟，而且他爲了讓德國享有軍備平等而展開遊說行動。

布魯寧的雙胞胎策略所產生的淨結果事與願違。政府那強而有力的通貨緊縮行動，只是讓德國的經濟更加衰退。失業人數往上飛騰，直到1932年時，已有600萬人失業。在國外，他那兩個譁衆取寵的活動也同樣挫敗。凡爾賽和約最後一道強而有力的防線——法國，反對奧德關稅同盟，認爲他們違反了凡爾賽和約。法國銀行以保留對維也納銀行的支援來施壓，因此促成1931年5月信貸銀行的倒閉，並引爆歐洲的銀行危機。[7]法國當然也不願意在歐洲即將召開裁軍會議之時，聽德國談論軍備平等的問題。

因爲沒有取得亮眼的外交成就，所以布魯寧越來越依賴總統的政令權，來執行不得民心的國內政策。此外，他希望能從總統制的政府回歸到議會制的政府。身爲堅定的反社會主義者，布魯寧發現爭取民族主義者（包括日益壯大的國家社會主義者）進入新的議會多數派，比試圖恢復包含社會民主黨在內的大聯盟更有希望。

因爲相信可以選出新的民族主義多數派，所以布魯寧在1930年9月解散已經處於休眠狀態的議會，並且舉行新的選舉。選舉結果甚至讓成立議會制政府的可能性更加渺茫。因爲經濟蕭條所產生的憤怒和挫折，已經強烈地極化了選民。納粹黨的成就最引人注目，他們從原本的12個席次躍升爲107個席次。以犧牲社會民主黨爲代價，共產黨也有所斬獲。除了布魯寧本身的天主教中央黨以外，所有抱持溫和與自由主義理念的政黨，在這場選戰中都慘遭滑鐵盧。最令人焦慮不安的是，納粹主義和共產主義對新的與年輕的選民，特別具有吸引力。布魯寧已經證實了威瑪憲法的無能，即使動用了總統的緊急權力，依然無法在國內或國外取得某種成就。

布魯寧本身是一位在公衆場合顯得呆板拘謹的人，他沒有能力吸引一群追隨者。英國的小說家伊塞伍德（Christopher Isherwood）就曾經描述這位總理出席公眾集會時的樣子：

> 他的姿態嚴厲而且帶有告誡的意味；他的眼睛在聚光燈下閃爍一絲情感。他的聲音顫抖，帶著枯燥乏味的學術激情。[8]

「每個星期，」伊塞伍德寫道，「都頒布新的緊急政令。布魯寧那令人厭煩的主教般的說教音調，向店主們宣布他的要求，但根本沒有人理會他的規定。」[9]1932年6月，當時83歲、很容易受到親近夥伴們的流言蜚語所影響的興登堡總統，突然收回他對布魯寧的支持，因爲總理想要調查傳說有詐欺行爲的農業救濟基金管理局的詐欺行爲，所以現在興登堡突然懷疑布魯寧懷藏危險的激進主義。

在總統身周的人事圈裡有密友的天主教貴族巴本（Baron Franz von Papen）成爲新總理。巴本迎合納粹黨支持者的努力，屬於下一章的內容範圍。不論如何，在巴本的統治下，威瑪共和國毫無疑問地變成一個不需矯稱立憲統治的權力主義國家。德國的議會制政府，早在希特勒掌權之前幾年，就已經因爲沒有能力處理經濟蕭條的問題而被消滅。

權力主義國家在經濟蕭條時期的政治

納粹德國

當希特勒於1933年1月在德國掌權之後，[10]新的納粹政權所採取的經濟政策與布魯寧的通貨緊縮政策截然不同。結果似乎像個奇蹟一樣。德國從1932年受經濟蕭條打擊最嚴重的國家，搖身一變成爲1938年令人生畏的經濟強國；失業人口從1932年的600萬人，下降到1936年的16萬4,000人。1936年以後，德國引進外國勞工以彌補本國勞工短缺的問題。

這項經濟「奇蹟」的出現，既不是藉助納粹知識份子回歸土地的謬論，也不是遵行傳統自由主義的解決妙計。基本上，德國採行的政策是由三個彼此相關的步驟所構成的：利用巨額的公共工程赤字經費來刺激就業；全面控制物價和薪資，執行通貨緊縮的政策；以及將德國經濟封鎖於世界銀行業與貨幣體系之外，使馬克與國際投機市場絕緣。曾於1923年和1924年時站在新自由主義的陣線，主張恢復德國貨幣地位的沙赫特，現在調整他的思維，變成管理經濟體制下主要的財政與經濟規劃家，管理經濟比較接近第一次世界大戰的經濟控制，與任何自由主義模式不同。

實施第一個步驟需要龐大的政府經費。既然在理論上凡爾賽和約禁止他們重整軍備，所以最出色的早期企劃是建設四線道的超級快速公路網——高速公路。在1935年開始重整軍備之後，德國的軍事經費在1938年躍升爲預算的60%，約占國民生產毛額的21%。[11]

在自由市場的情況下，這種全力重整軍備的行動，將觸發另一次的通貨膨脹。依循戰爭的前例，政府組織了所有的工業和農業部門，成立聯合企業、設定價格、透過勞工部（勞工信託人）的官員調整薪資，並且分配原料。企業主不再能夠任意爲個人的企業作決策，但是對很多人來說，爲了國家的秩序與繁榮，他們所付出的似乎只是一點小小的代價。此外，還有解散工會並由政府官員處理薪資糾紛的措施。

上述措施在自由主義經濟體系裡的一個重要的阻礙是，他們對國家貨幣的國際價值與國外貿易的預期性衝擊。納粹的解決方案是閉關自守，或者經濟自給自足。不論如何，因爲經濟蕭條的結果，貿易額已經急遽銳減，甚至在1938年時，主張閉關自守的強硬派黨人，還因爲出口已降至不及1928年的一半，以及進口只略高於1928年時的三分之一而沾沾自喜。[12]他們認爲德國的經濟應該以藉助農業自給自足，然後製造合成的代用品，取代德國本身無法生產的原料。

1936年，德國頒布了四年計畫（Four-Year Plan），是使德國的經濟市場與國際市場隔離的重大步驟。在經濟正在復甦的現在，希望能夠擴展國外貿易的沙赫特，已經失去對經濟政策的掌控力，目前的經濟政策掌握在四年計畫的領袖戈林（Hermann Göring）手中。德國政府開始生產數種非常昂貴的合成品：所消耗的成本七倍於天然橡膠的布納（Buna）以及合成石油。在戈林的工廠裡，也利用劣質的礦砂來生產成本昂貴的鋼。

對於正在苦苦掙扎的自由主義國家來說，1938年時德國經濟的衝勁，是讓他們感到恐懼與納悶的對象。和他們不同，德國已經充分就業，他們的經濟不但成長茁壯而且安定——以個人的自由爲代價。德國已經擊碎工會，並且將經濟單位組織編入卡特爾。雖然放棄了某些經濟決策的自由（包括會作出錯誤決策的多餘自由），但是與自由開放的資本主義一樣，農場和工廠的主人依然擁有自己的農場和工廠。不過，和自由開放的資本主義不同的是，德國的農場和工廠主人必須受到計畫經濟與管理經濟的控制，所以他們必須應付具控制地位的政府官員。某些觀察家有將德國的這種實驗和共產主義混爲一談的傾向，認爲他們是純粹極權主義的兩種形式，但是我們必須要牢記，在希特勒的德國裡，並沒有沒收農場和工廠主人的私人資產。

誰從德國的新活力裡獲益呢？在1938年時，德國領薪階級的實際購買力已經提升至1913年和1929年的水準，這兩年正是納粹黨執政之前德國經濟最繁榮的歲月。但是，因爲被奪走了罷工這項武器，所以德國勞工的消費力沒有辦法與成長驚人的國家生產量並駕齊驅。和1929年相較，薪資和薪水只占國家收入的一小部分；貿易和工業的盈收則占大部分。[13]即便如此，在威瑪德國的夢魘之後，德國大部分的領薪階級，都因爲充分就業與民族主義的激情，而心甘情願地安於目前的處境。

與大型企業相較，最熱情支持納粹的小農場主與中產階級的處境每下愈況。工廠主要的生產對象已經不再是消費品，而社會的存款也都傾注在政權所進行的大工程裡了。舉例來說，小存戶傾注了2億8,500萬馬克，作爲分期付款購買斐迪南．保時捷（Ferdinand Porsche）那設計出色的廉價「國民車」的頭期款，結果當1939年福斯公司（Volkswagens）開始啓動他們的汽車裝配線時，人們卻發現他們只想要從軍。但是大部分中產階級的德國人太過熱中於破壞社會主義，以及復興德國的霸業，以致於沒有人對此提出反對的意見。

大企業的領袖對於必須分擔這種昂貴企劃——如戈林的鐵工廠的成本，以及損失一些龐大的投機財富——頗有怨言。因爲那些企業的成長茁壯需要挹注國家的能量與存款，所以大規模的軍備重整企業，如克魯伯鋼鐵廠與法本化學公司，顯然是納粹的經濟奇蹟中最主要的獲益者。

但是影響納粹經濟體系最重要的決策，並不只是單從創造經濟奇蹟的角度出發，納粹政權對政治目的的考量優先於經濟效益。尋求閉關自守、自給自足的決策動機，大部分是因爲渴望克服在戰爭期間迫使德意志帝國走上不幸命運的物資短缺問題。但是這個決策卻迫使德國人民花錢購買昂貴的代用品，並且消費劣質商品（例如人工合成咖啡）。對閉關自守的幹勁，使得貪圖東歐的小麥與石油的納粹領袖，認爲透過擴張領土的方式，比依賴貿易來取得這些物資更具吸引力。德國人民終於爲那些政治目的付出了龐大的代價。

統合主義義大利

儘管義大利北部的現代工業面臨嚴重的問題，但是表面上經濟蕭條帶給義大利的變動，不像其他國家那樣劇烈。失業問題很容易隱藏在義大利那落後的南部和無數的小商店裡。在廣泛宣傳「進步」計畫，例如爲了安身立命而排乾彭甸沼澤（Pontine Marshes），以及因準時開車而聞名的火車的情況下，義大利似乎沒有社會不滿的問題。[14]據稱造成這種進步、效率和秩序安定的社會制度稱爲統合主義。既然在1930年代時，統合主義受到廣泛的讚揚與效法，所以我們不應該輕易地將它一筆帶過。

統合主義不是墨索里尼的構想。理論上起源於數個於19世紀晚期在意圖解決勞工苦難時所做的那些既不屬於自由主義，也不是馬克思主義的嘗試。天主教的社會思想家也做過這樣的嘗試。他們讓那些星羅棋布，很容易因爲煽動家的煽動，而激起人爲的階級結盟的城市世界，與自然群集如家庭、村莊或行會和諧融洽地生活與工作的有機體社會形成對照。教宗里奧十三世的教皇通諭《新事》（*Rerum Novarum*, 1891），申斥自由開放的資本主義沒有人情味的經濟聯合以及無情冷酷的剝削，提議將基督教的慈悲博愛應用於經濟層面，並且復興有機體的社會群集。

另一個理論根源是工團主義（syndicalism），工團主義是在南歐頗具勢力的革命性工會運動。工團主義基本的行動單位是依據工廠或村莊組織，而不是依照手藝或技術組織的聯合會或工會。當革命性的全面罷工那「偉大的日子」來臨之時，各個聯合會只需要奪取工廠或村莊，然後聯合起來推翻舊政權。從那以後，勞工就能主宰一切，聯合會將變成這個自由社會裡唯一的組織。

儘管他們之間有天壤之別，但是天主教的有機體社會思想，和革命性的工團主義之間，還是有些共同的要素。他們都不信任議會與選舉活動；他們都寧可選擇地方性的「自然」群體組織，也不願意支持中央集權的官僚主義國家。擁有這兩種傳統思想的人，可能會與反馬克思主義、反議會制的人合作，以重建社會秩序。

統合主義除了理論之外，也重視實用性。爲了聯合整個生產部門，以限制市場的自由競爭，所以在高度集中的工業裡廣泛運用卡特爾策略。雖然對大多數處於經濟繁榮時期的企業家口味來說太過官僚主義，但是大戰期間的經驗，卻顯示了用管理經濟來調整景氣不佳的扭曲經濟，或許可行。

根據上述資源，統合主義者提議重組其所屬聯合會或公司裡的各個工業、農業與商業分部。然後重組後的各個分部就可以管理自己的事務：分配資源、劃分市場、使生產合理化，並且以有計畫、有管理的經濟活動，來取代自由主義的自由市場。當然，主要的問題是誰來經營那些公司，以及公司所作的決策對誰比較有利。當墨索里尼於1922年上臺時，上述問題的答案並沒有立刻清楚地浮現。

墨索里尼的第一批同僚之一是前工團主義者羅索尼（Edmondo Rossoni），

羅索尼在跟隨墨索里尼之前，是世界國際勞工協會（International Workers of the World, IWW）新澤西州義大利僑民的組織幹部。羅索尼開始把統合主義當作更新版的工團主義：公司的勞工與經營者以提高生產力爲目標進行合作。如今對墨索里尼來說，提升產量而不是革命性地重新分配資產，似乎是解決貧窮的好辦法。企業家也同意這樣的作法，但是因爲羅索尼允諾讓積極的法西斯主義工會擁有指揮經濟管理的角色，所以墨索里尼在1928年時解除了羅索尼的權力時，他們也深感擔憂。

企業家和大地主提供墨索里尼大筆的資金，而這位元首也明白承諾由輪胎製造商皮瑞爾（Alberto Pirelli）領軍的工業家團體，在1922年3月以前，他有意在羅馬「於工廠內重建具體的紀律，而且不執行任何古怪偏僻的實驗」。[15] 在1920年代晚期，當他利用與義大利其他的傳統勢力聯盟，包括國王、軍隊與教區牧師，以求立穩腳跟時，墨索里尼企圖與工業和農業領袖建立同樣務實的工作關係的意圖，已經昭然若揭。雖然悄悄地把經濟影響力從法西斯主義理論家如羅索尼和國家機關手中，轉移到義大利的企業家協會——義大利工業總聯盟（General Confederation of Italian Industry, CGII），但是法西斯主義政權卻越來越少談到統合主義。

不過，在1929年以後，當義大利的商業開始蒙受苦難時，墨索里尼爲了影響民衆，而在紙上策劃了一個被稱爲「統合主義」的經濟組織體系。國家公司委員會（National Council of Corporations）於1930年成立，至1934年，「公司」已經組織並併入22個不同的產業與貿易分部。1939年，下議院被改造成公司議院（Chamber of Corporations），將信用盡失的自由主義體系所推選出來的公民代表，轉變爲「有機」經濟利益的發言人。雖然法西斯主義者自誇自擂地宣傳統合主義之下和諧的「自然」利益，但是事實上整個國家機器都是由義大利工業總聯盟所掌控。既然失去了罷工的權利，勞工們將永遠被排拒在這些組織之外。

說明在法西斯義大利中統合主義的實用性的歷史最悠久的紀念碑，是工業重建組織（Institute for Industrial Reconstruction, IRI）。當某些義大利的重要企業因爲經濟蕭條的情況惡化而瀕臨破產之際，工業重建組織於1933年1月成立，並借錢給那些企業周轉。到了1937年，工業重建組織變成常設機構，政府的貸款已經在義大利的鋼鐵業、重機械業、運輸業、電力業與電信業逐漸發展出控股權益。法西斯主義政權利用這種方法，以部分國有化的方式挽救了義大利已經無利可圖的經濟領域。但是，即使是在當時，官員們在所謂的統合主義組織裡所扮演的角色，依然無足輕重。有組織的企業繼續依據自己的主張，管理已經卡特爾化的經濟。人民的薪資依然偏低，而生產量也沒能大幅提升。法西斯主義讓義大利的企業家得以在沒有官僚政治的干預、沒有獨立工會的干擾，以及不需爲無利可圖的經濟領域負責的情形下，渡過經濟蕭條的難關。

蘇聯的「二次革命」

在1927年時，布哈林以爲現況感到滿意的小耕農的生產力爲基礎，所建立的緩慢、穩定的經濟成長政策，成果令人失望。[16]戰時共產主義的瓦解與內戰，以及將農場分割成小塊土地等等事件，都使俄國的生產量降低。俄國農民所生產的作物大多提供自己食用。這個世界上第一個社會主義國家的經濟，正處於停泊在2,500萬的小型家庭農場海上的危險之中。當俄國共產黨的領導階層擁有無上的權力，而且也不再有1920年代初期來自左派的反對聲浪之後，史達林在1927年12月把鬥爭的矛頭指向布哈林，並且採用左派那透過集體化農場所提取的利潤，來刺激工業成長的經濟政策。

史達林的第一個意圖只是要集體化富農的土地，規模比較大的農場主自己雇用有薪勞工，他們大約占俄國農場的14%。但是，他們的集體化政策受到人民的普遍反對。整個農村社區，包括最貧窮的農夫在內，都利用傳統的武器，如囤積莊稼及屠宰家畜予以反擊。爲了回應這意料之外的強烈抵抗，而且也因爲華爾街的股市崩盤，讓他相信「資本主義的安定」已經結束，所以史達林和他的政黨官僚急速加快執行計畫的行動。1930年3月，將近有一半左右的農民家庭——1,000萬戶——被迫進入集體農場。隨後，當農產品的產量筆直下墜時，史達林以俄國已經取得「令人頭暈目眩的成就」爲由，宣布暫時停止原本的集體化計畫，但是礙於情勢，只能繼續往前走。1934年，俄國已經有2,500萬個家庭農場被併入25萬個集體農場。不只是所收成的穀物產量遠低於1928年時的產量，而且屠宰家畜的情況四處可見，在歷經四分之一個世紀之後，於1950年代，蘇聯才又恢復1928年時的肉類產量。後來，史達林自己向英國首相邱吉爾坦承，在1932年與1933年這些人爲施加的饑荒歲月裡，約有1,000萬農民死亡，而且實際的死亡人數可能更高。[17]

作爲陪襯農場集體化的棋子，史達林展開第一個五年計畫（First Five-year Plan）以刺激蘇維埃的工業生產。從1928年10月開始，到1933年爲止的第一個五年計畫，是史達林一生之中最重要的內政決策。那是一場眞正的經濟革命，從那時起就將俄國封鎖隔絕於世界經濟之外，以努力「在一個國家裡」建立「社會主義」。既然只能剝奪滿懷怨懟的農民的財產，以取得砸下工業投資計

圖10-3　1930年土地集體化的第一個階段裡，一群富農（有能力雇用人手的農夫）正被逐出某個俄國農村。旗幟上寫的是「必須消滅富農階級」。

畫所需的財富，所以這項計畫造成相形之下比較開放的1920年代中期更加嚴厲的權力主義控制。蘇聯快速的工業成長與充分就業的情況，一度使資本主義的歐洲國家望塵莫及，但是他們所付出的代價卻是人民再度挨餓、數千萬人喪生，以及最後建立那無法以言語形容的殘暴體制——勞動營與政治清算。

1929年以後俄國的經濟變化，帶來了一場比1917年更徹底的革命。雖然有大群人民依然居住在農村裡，但是俄國人自古以來的農村生活方式已經徹底改觀。蘇聯正走在要在這個世代就變成一個都市化、工業化的國家的路上。以爲在開始實施這項五年計畫之前，俄國的國內沒有重要的工業，是不正確的看法；1929年時，俄國的國民生產毛額名列世界第五。但是，就在二十年後，他的國民生產毛額已經躍居世界第二，只略遜於美國。將徵用鄉村集體農場的土地而大量掠奪的財富，都投入建設工廠、水壩與新都市。從1928年到1937年，俄國的重工業生產量已經增加了三到六倍（根據以前的統計數據）。新都市如馬格尼托哥爾斯特（Magnitogorsk），在短短的幾年裡，就從杳無人煙之地，變成擁有25萬人口的都市。在前三個五年計畫裡（1928-1941年），蘇聯的發電量就從世界排名第十五位，往前推進到第三位。不論你是願意接受蘇聯總生產量平均每年成長20%的官方數據，或者是要接受西方比較謹愼的數據——每年成長14%，對深陷在經濟蕭條裡的其他國家而言，他們的成果確實驚人。

正因爲在他個人的領導下，政黨的官僚政治已經鞏固，所以才可能達成史達林的「偉大變革」。因爲伴隨強制集體化而來的社會混亂，而且在新工業裡也需要紀律，所以俄國甚至更需要鐵腕統治。不再允許工廠勞工換工作；利用宣傳以及頌讚爲新社會主義國家所做的犧牲，來讓低薪資、快速生產，以及在工業裡差異頗大的論件計酬制所帶來的痛苦變得香甜。頓涅茨盆地（Donetz Basin）的煤礦礦工斯達漢諾夫（Aleksei Stakhanov），在1935年開採的煤礦超出配額的1400%，變成其他勞工爭相仿效的模範。但是，政府付給「斯達漢諾夫」這些工人的只是表揚，而不是物質上的獎勵；而在五年計畫主導下的蘇維埃經濟，也和凱因斯主義路線的消費者經濟無關。

強制性集體化與工業化對其本身來說已經十分嚴酷，但是受到甚至更殘酷對待的是反抗的農民、不適合工業化的人，以及政治上的敵手。1930年代早期，西伯利亞的強制性勞動營人口，因爲這些人而更形膨脹。但是還沒到最悲慘的地步，最慘無人道的是發生於1936年到1938年的大清算，那是史達林個人的猜疑性格，再加上他想要獨自掌控決策力所造成的結果。

直到1934年爲止，政治壓迫的魔掌已經落在舊沙皇主義者，以及那些妨礙新作風的人身上。1934年12月1日，共產黨書記基洛夫（Sergei Kirov）在列寧格勒被暗殺，而官方則指控左派的反對份子與這次的行動有關。根據赫魯雪夫於1965年在去史達林化（de-Stalinization）的演說中所揭露的眞相顯示，史達林可能親自安排了基洛夫的死刑，以便鏟除對手。不論如何，在該次暗殺事件之後，接踵而來的是漫天飛舞的聲討與逮捕行動，實際上殘留下來的老布爾什維克領導階層，以及所有那些被懷疑支持他們的人都遭到殺害。在這次的大清算中，最令人驚訝的是一系列的審判表演，很多布爾什維克領袖在被槍殺之前，都供認各種叛國的罪行。左派反對份子的領袖加米涅夫與季維諾夫在1936年被審判；1937年審判其他16位著名的布爾什維克黨黨員，包括曾於1920年率軍挫敗波蘭的圖洽契夫斯基（Mikhail Tukhachevsky）元帥在內；1938年則審判另外21位布爾什維克黨黨員，包括布哈林在內。

在比較低的層次上，毫無節制的揭發與告密行動，瘋狂地瀰漫在政黨、政府機關與一般公民之間。高級軍官、外交官與其他似乎與外國人有聯繫（包括與外國共產黨員聯繫）的人，受到特別嚴厲的清算。可能有70萬名俄國人，包括很多黨員在內，在這次的大清算中死亡。兩百多萬人加入囚犯與流亡者的世界，小說家索忍尼辛（日後也成爲他們之中的一個）將之描述爲「古拉格」（Gulag）：「一個神祕而恐怖的國家……擁有它自己的社會制度、自己的成文法與不成文法、自己的人民、自己的習俗、自己的統治者以及臣民。」[18]

1930年代晚期，因爲清算而使蘇聯人的生活深受毒害，並且引起激烈的爭辯。當時有些富同情心的西方觀察家認爲，那些老布爾什維克黨員的供認，證明蘇維埃的實驗事實上是處於法西斯主義與資本主義勢力的抨擊之下，並且爲求自保而被迫放棄公正的規範標準。現今看來，如果不是經過嚴刑拷打，至少也是爲了挽救他們的妻子與兒女，他們才被迫招供。其他的西方觀察家則斷言，列寧的先鋒隊那以落後的無產階級名義行使獨裁政權的概念裡，早就存有專制統治的影子。還有一些歐美人，如肯南（George Kennan），則把這些清算歸咎於史達林本身的偏執狂。

在蘇聯國內已經爆發與史達林主義的統治有關，且最令人感興趣的爭論。赫魯雪夫在1956年的第二十屆黨代表大會上，揭開評論史達林這個潘朵拉的盒子。蘇聯的歷史學家邁德維耶夫（Roy Medvedev）認爲，史達林主義曲解了列寧那不完美但有希望的革命起點，史達林在建立政黨統治的原則時出現一些個人的過失，但是那些過失並不是不可避免的。索忍尼辛漸漸相信，列寧企圖在一個低度工業化的國家裡建立社會主義的嘗試，注定是個錯誤，而史達林只不過是「跟隨列寧的腳步」。[19]

不論上述的解釋是否適當，史達林主義的浴血統治，使得蘇維埃的經濟成就在1936年以後，就不再那麼亮麗耀眼。英國工黨的知識份子比阿特利斯（Beatrice）與韋伯曾於1935年時，提及蘇聯是「一個新的文明國家」。另一位西方的新聞記者，則稱1930年代是俄國的「鐵器時代」。[20]這個名詞有兩層含意：在重工業產量上的驚人成就，以及跌入野蠻落後的時代。

結　論

各國政府在處理經濟蕭條的挑戰時各有成就。權力主義政權擴展他們的工業勢力，並且在低薪資的情況下依然可以維持社會秩序。因爲試圖採行通貨緊縮的政策，而且陷入國內的社會衝突之中，所以自由主義的政權沉入前所未有的失業深淵裡，自由主義的政治與經濟政策的信用盡失。在倫敦、巴黎或共和柏林排隊等待分配救濟品的窮人眼中，不論是共產主義的俄國或法西斯主義的義大利，都是一片脆綠的牧草地。然而，在1930年代後期，當納粹德國躍居成爲歐洲大陸的工業與軍事強國時，衰落的自由主義和成長迅速的權力主義的對比，甚至留下更強烈的印象。

後來，英國的小說家福斯特（E. M. Forster）在他那以《民主的兩聲喝采》（*Two Cheers for Democracy*）爲名的散文集中，總結他在主要的自由主義國家所感受到的懷疑和厭倦的氣氛。自由主義國家失去欠缺物質和精神的經濟蕭條補救政策，而且也失去堅決反對獨裁者的意願。在1930年代時，法西斯主義似乎是未來的潮流。

圖10-4　1933年，希特勒在議會上宣誓，後方站立的是會議主席戈林。

第十一章

1930年代的權力主義與法西斯主義的擴展

爲「新人類、法西斯主義的人類、20世紀的人類」開路，以及「我們是決定未來命運的先鋒」。[1]一度，這些1930年代年輕的法西斯主義者的主張，似乎即將實現。雖然1920年代時，只有義大利這個政權，可以稱爲法西斯主義，但是在1930年代時，還加入了納粹德國，以及在受到法西斯主義影響的教權主義政權統治下的奧地利、葡萄牙，而1939年以後，西班牙也加入了法西斯主義的行列。朝權力主義政權發展的趨勢，在1930年代已經完全淹沒了整個東歐（捷克斯洛伐克除外）。1934年，曾經一度處於法西斯主義運動似乎可能會推翻法國共和政體的局勢，規模雖小但卻大肆聲張的法西斯主義運動，在英國、低地國家與斯堪地那維亞半島非常活躍。雖然並不是所有的運動或政權都採用義大利法西斯主義與德國納粹主義的獨裁統治、指導式經濟、反猶太主義以及放縱的力本論，但是1930年代時，那些國家或政權大部分的政治基調與風格，顯然都受到法西斯主義的成就所影響。

法西斯主義似乎是未來的一股浪潮；相較之下，自由主義政權似乎已經過時而且令人厭倦。奧地利的社會主義領袖包爾曾經抱怨自由主義的歐洲，是被那些「火車可以準時開動」[2]的法西斯主義國家那顯而易見的機器效能所「蠱惑」。

德國：國家社會主義掌權

納粹主義的復甦：1929至1932年

甚至在1929年的大破產之前，納粹黨就已經開始從1920年代的晦暗歲月裡，重新嶄露頭角。爭辯規定分多年償還賠款的楊格計畫（1928-1929年）所激起的激情，爲希特勒提供了自1923年魯爾被法國占領以來最好的舞臺，但是，眞正爲希特勒開啓一條康莊大道的，卻是1929年的經濟蕭條。1929年的經濟蕭條不但重新燃起人們對革命的恐懼，並且也暴露了威瑪共和國的軟弱無能。

正如我們已經了解的，1930年3月之後，日漸惡化的經濟使威瑪共和國根本不可能形成議會多數派。[3]1930年9月14日的議會選舉只是證實了選民已經有多麼激烈的極端化：納粹黨的席次從12席增加到107席，而德國共產黨則從54席增加爲77席，這種趨勢一直持續到1932年7月的議會選舉，當時納粹黨取代社會民主黨，成爲德國最大的政黨，一共贏得230個席次。

支持希特勒的大批選民在面對因爲經濟蕭條而混亂不堪的德國社會時，從希特勒的身上，找到些許希望。希特勒的支持者包括日漸沒落的小農場主、痛苦的店主、為減薪所苦的小公務員、憤怒的民族主義者，以及正在找尋強效藥，以便阻止德國輕率地變成一個四分五裂、無所寄託、混亂失序社會的驚恐保守派人士。

納粹在新教徒的農業區成就非凡。什列斯威—好斯敦（Schleswig-Holstein）是一個蓄養乳牛與肉牛的小型獨立農場區，也是納粹黨掌權以前，德國境內唯一一個希特勒的政黨能夠取得絕對多數選票的州。這裡的農民對威瑪政權心懷強烈的敵意，1925年的關稅不但沒能保護他們對抗從大英帝國進口的冷凍肉品，而且還使德國進口的穀物飼料變得比較昂貴。[4]1927年左右，當世界的農業開始出現不景氣時，因為沒錢償債而被沒收的農場和畜群的數量急遽攀升。農場主覺得他們是「利息奴隸」的受害者。因為他們這塊土地曾經在1866年的戰爭中被普魯士占領，所以什列斯威—好斯敦地區的農場主覺得對政府更加沒有信心，他們的生活方式似乎正在被社會民主黨領導下的普魯士那種毫無個性、邪惡的都市社會，以及最墮落的首都——柏林所吞沒。因為堅信他們那絕望地深陷威瑪共和國的現任政治領袖，無法有任何作為可以解決他們的困境，所以什列斯威—好斯敦的農場主們剛開始時先聚集到當地帶有強烈國家社會主義色彩的農民政黨，但是最後還是轉向支持國家社會主義黨。這個地區小型的獨立農場主出人意料地突然從支持中產階級的威瑪政黨，轉而支持納粹黨的情況相當特殊，非常值得我們深究。[5]在其他同樣因債務而發狂、憂心自己的生活方式正在日漸消逝，以及忿恨地反對勞工、工會和都市的新教徒小農場主之間，也可以發現類似的案例。

1932年7月，沒有哪個德國的選舉區投給納粹黨的選票低於20%。即便是社會民主黨政治機器的勢力已經穩固的都市也是如此。[6]雖然納粹黨確實是上層階級的好鄰居，但是弱勢的下層中產階級——零售商、工匠、低階公務員與那些處於獨立專業底層的人——是最容易成為納粹黨新黨員的人，在他們看來，威瑪共和國忽視了他們的權益。儘管勞工擁有自己的工會和福利法，但是在面臨經濟蕭條的時候，那些下層的中產階級依然感到孤立無援。馬克思主義政黨對那些固守自己地位的德國中產階級缺乏吸引力，而他們對上層階級的精英份子所懷抱的嫉妒和憤慨，更甚於欽佩。國家社會主義黨對付社會主義者以及大財閥的兩路攻擊，撥動了衣衫襤褸的小資產階級那根敏感的心弦。

在法拉達的小說《小人物怎麼辦》的結尾，人們並不清楚在被無情的百貨公司解雇之後，主角會轉向極左派還是極右派，但是當冷酷無情的資產家用手肘把他推往回家的人行道上時，就為這名新無產階級那種失業的痛苦感覺畫下句點。既然馬克思主義政黨只能號召那些準備好要接受勞動階級身分的人，所以納粹黨是唯一向所有絕望的社會階層張開手臂的抗議運動；因此，它的得票數在1928年時只有2.6%，但是在1930年9月就成長爲18.3%，然後在1932年7月再度提升到37.3%。

希特勒那強烈的反共產主義立場，與大批追隨他的德國農村及都市中產階級的選民，引起了德國精英份子的注意。起先，對很多上層階級的德國人來說，希特勒似乎是粗野而且令人討厭的，但是希特勒比任何人更嚴厲地反對馬克思主義，而且在展現了他的選舉魅力之後，德國的領袖們就急切地希望能利用希特勒的勢力，來鞏固自己的權力。

德國知識份子的領袖幫忙鋪設了這條道路，早在拿破崙戰爭時期，在區分侵略者的自由、平等與博愛的價值觀時，支持民族主義的教授們，就曾經試圖激起人民對德國文化的愛國驕傲。19世紀，反猶太主義和否定西方自由主義的知識份子更加普遍；20世紀初，文化悲觀主義的情緒，普遍瀰漫在德國的知識份子心裡，他們需要一個可以從那醜陋墮落的工業都市、軟弱的資產階級與無根的外國僑民手中，挽救德國人的血、土地和理想主義的救星。雖然在國家社會主義運動成長茁壯之時，只有少數的主要知識份子確實給予粗魯沒教養的納粹黨個人的支持，但是由於知識份子們的幫助，讓人民可以接受納粹黨所宣傳的主題。

企業領袖對希特勒的協助也有諸多爭議。舉例來說，強而有力的斯塔希爾瓦克的繼承人希思恩（Fritz Thyssen），就曾提供希特勒大筆的資金。1930年希特勒贏得選舉之後，人們對他更感興趣，有名望的大型企業集團如杜塞道夫工業集團（Düsseldorf Industry Club）就曾經邀請他演講，幫助希特勒建立値得人尊敬的形象，在這種場合裡，希特勒強調他的運動的反社會主義層面，並且否認他有些夥伴的反資本主義說辭。但是，若說德國的大企業對希特勒的成功貢獻卓著，則實情並非如此，希特勒主要的資金來源是銷售政黨集會時的門票。企業領袖提供比較安全的中間派議員及保守派領袖更多政治獻金，如巴本，但是在1933年1月，當他們理解可能會由傳統的保守派人士來統治政府時，他們做出接受希特勒加入政府的決定性選擇。

比較古老的民族主義運動，努力嘗試希望吸納希特勒加入他們的陣容，雖然他們比希特勒有錢，但是希特勒卻擁有龐大的民衆支持做靠山。希望能讓希特勒成爲自己的下屬而不是敵人的休根堡（Alfred Hugenberg），於1929年時曾企圖與希特勒攜手對抗楊格計畫。休根堡是克魯伯公司的前任董事，在1928年時擔任德國國家人民黨（German National People's Party, DNVP）的領袖。

布魯寧總理本身，也試圖取得希特勒的支持，因爲他的通貨緊縮經濟蕭條補救方案，讓他四處樹敵，所以需要希特勒的支持。布魯寧的經濟政策實在太過不得民心，以致於他無法利用現有的政黨組成任何議會的多數派。他必須藉助總統政令或者找出新的方法取得群衆支持，才能繼續執政。換句話說，只能用強制或哄騙的方式才能執行通貨緊縮的政策，而不論是採用強制或哄騙的方式，都非常需要希特勒那大批的支持者與他那令人震驚的軍隊。

在影響力上升的氣勢鼓舞之下，希特勒和他的擁護者盡一切所能增添可以造就他們繁榮興旺的危機氣氛，他們給人一種除了少數的德國共產黨之外無人能比的堅韌強硬，以及反馬克思主義的狂熱遠超過任何其他右派勢力的印象。褐衫軍〔brown-shirted SA，衝鋒隊員（Sturmabteilungen）〕召集群衆集會，驅散極左派份子的示威運動，並且搗毀他們的辦公室，在街道上與馬克思主義者展開激戰。艾倫（William Sheridan Allen）的《納粹奪權：一個德國小鎮的經歷》（*The Nazi Seizure of Power: The Experience of a Single German Town*, 1984）一書中的主要場景，一個小市鎮，在1930年到1933年之間，發生了不下37次的政治性街頭巷戰，其中有四次全面性的混戰。上述的數據並不包括發生在沒有出現暴力的阻止政治集會的行動次數，或者必須請求國家警力增援地區警力的次數。起初的混亂氣氛讓很多保守派的德國人，紛紛指責失業是導致社會混亂失序的根源，左派份子火上澆油地鼓動混亂，而威瑪共和國則無能制止。對這些人來說，希特勒以暴制暴的手法，讓他們得到使上述三方人馬就範的希望。

威瑪共和國的結束：總統制政府，1930至1933年

根據威瑪憲法的規定，隨著1930年3月27日，繆勒總理的多數派瓦解，議會制政府就已經停止正常運作。[7]有一段時期，人們還不清楚要如何取代停擺的議會制政府。

可能性之一是組成純粹的社會主義內閣。畢竟，在威瑪共和國的第三屆議會裡，社會民主黨依然是德國最大的政黨，他們在1928年的選舉裡，贏得了大約30%的得票率；連同德國共產黨，馬克思主義者已經取得40%的公民選票（與納粹黨的2.6%相比）。不過，這個可能性只是紙上談兵，因爲自1917年以來，社會民主主義黨和共產黨就已經嚴重分裂。此外，根據威瑪憲法的規定，在沒有議會多數派的情形下，少數派內閣在緊急情況時必須依賴總統直接頒布法令的權力來執政。而自從溫和的社會民主黨總統艾伯特於1925年辭世之

後，繼任總統是更加保守的興登堡。

第二個可能性是，藉助選舉重新組成具凝聚力的左派、中間派或者右派的議會多數派。事實上，在1930年到1933年間，德國民眾確實經歷過一股毫無節制的選舉潮：三次國會選舉（1930年9月、1932年7月，與1932年11月），以及一次兩階段總統大選（1932年3月），再加上多次的州政府選舉。雖然在1932年7月時，納粹黨取代社會民主黨成爲國會最大黨，而且溫和穩健的各黨派也已幾乎絕跡，但是因爲經濟蕭條政策與國家政策上的歧見，所以始終沒能浮現具一致性的議會多數派。就在這一段時間裡，很多德國人對選舉過程的理想破滅。

1930年3月以後，接踵而至的選擇過程是沒能取悅任何人的妥協。雖然不斷在頻繁舉行的選舉中找尋議會多數派，但是一任接一任獲得興登堡總統的個人信任，而主持總統制政府的保守派總理，請求總統依據第48條的規定簽署他們的政令。在1930年到1933年1月間，依次有三位總理利用這種方法執政：布魯寧（1930年3月-1932年7月）；巴本（1932年7月-12月）；以及施萊徹爾將軍（1932年12月-1933年1月）。這種情況顯然爲那位年邁而又易受影響的陸軍元帥帶來莫大的權力。從1930年到1933年之間的德國史，是一篇人人密謀策劃以便取得總統信任的故事，當然這篇故事有助於說明希特勒就職總理有多少的必然性，以及這一小撮人應擔負多大的直接責任。

正如我們所了解的，在他唯一的一次選舉努力——1930年9月14日的國會選舉——之後，布魯寧總理被迫以總統的支持爲靠山，而讓納粹黨有機會展現他們對民眾的吸引力。雖然社會民主黨並未試圖反對政府，他們對威瑪體制懷抱崇高但不利於己的忠誠立場，但是布魯寧的回憶錄讓我們清楚了解，他最希望的是吸納納粹黨的擁護者加入新的天主教—民族主義者（Catholic-nationalist）的議會多數派聯盟。[8]然而，雖擔憂未來的選舉，但是在總統的支持下，他依然繼續進行在國內實施通貨緊縮，以及不與國外妥協的雙胞胎計畫。雙胞胎計畫的全盤失敗，讓他只能完全依賴興登堡的友誼，但是那位老人家卻已經越來越容易受到少數親信的影響。1932年5月，這些親信說服興登堡以比較願意利用納粹運動來達成保守派目標的人來取代布魯寧。

於是興登堡隨即任命巴本擔任總理，巴本是一位天主教貴族，有良好的社會關係與極端保守的信念，他在幾乎得不到議會支持的情況下，組合了一個「男爵內閣」（ministry of barons，高級軍官與高級公務員）。巴本以兩項受到極右派支持的引人注目的法令，開始運作他的內閣。7月16日，他廢除布魯寧於4月時強加於納粹衝鋒隊的禁令，恢復希特勒掌控街道的可能性。在納

圖11-1　納粹黨的選舉海報：「婦女同胞們！數百萬的男性同胞沒有工作，數百萬的孩童沒有未來。救救德國的家庭吧！請投票支持希特勒！」

粹黨和左派示威行動之間接踵而至的爭鬥事件中，不過短短數週的時間，就有103人喪生，數百人受傷。[9]這場混亂讓巴本有藉口消滅民主主義左派份子最後僅存的堡壘。7月20日，巴本挾著總統的緊急權力，將由正當選舉產生的社會主義黨和中央黨政治聯盟的普魯士州政府趕出辦公室，並且將州警置於軍隊的控制之下。然後，在1932年7月31日，巴本舉行新的國會選舉。納粹黨的支持度從18%躍升為37%。

希特勒現在直接向興登堡總統要求官職，但是他們的會談很不愉快，興登堡在事後談到希特勒時說，「那名下士」性情古怪，最多只適合擔任郵政部長。[10]因為被興登堡這位老人的唐突無禮激怒，希特勒堅持如果不是擔任總理的職位，他便什麼也不做。巴本相信自己可以積極參加競選摧毀納粹黨，然後把他們的追隨者都拉進他自己的政治機器裡，從1932年11月6日的選舉結果看來，似乎證明他的策略確實可行。納粹黨因為經歷第一次的選舉失利（得票率從37%跌到33%），而感到筋疲力盡並且深陷債務的泥沼之中，但是，巴本依然無法組成可以展現他的努力的議會多數派。

此時，個人的陰謀策劃已經到達最具決定性的關鍵時刻。巴本打算利用總統的權力來暫緩選舉，並且提議公然反對威瑪憲法，組織一個非議會制的政權，但是興登堡的親密戰友施萊徹爾將軍卻說服總統相信，軍隊無法處理可能因此引發的國內動亂。施萊徹爾提議再試一次議會多數派的執政方式，他可以讓「左派」的納粹黨員施特拉塞（Gregor Strasser）以及他的追隨者脫離希特勒，並且擴展與左派工會幹事的關係以組成政治聯盟，這也許是在1916年到1918年的軍事政府統治時期，軍隊與工會合作的最後一次回響。[11]施萊徹爾於1932年12月2日，接替巴本就任總理一職，並且開始著手組織這個拜占庭式的政治聯盟。

義憤塡膺的巴本卻聯合施萊徹爾所有的政敵，重整了一個屬於他自己的政治聯盟。現在，自11月的選舉以來就憂心自己的時運明顯衰退，並且急於阻止施特拉塞背叛的希特勒，表達了與巴本合作而不打算單獨統治德國的意願。因爲對施萊徹爾將工會會員引進政府的努力感到心煩意亂，所以重要的企業鉅子們轉而支持巴本，當施萊徹爾的計畫因爲工會會員和溫和政黨的領袖們拒絕加入而破局時，巴本的新政治聯盟卻已經準備好要上路了。他提議讓希特勒擔任總理，巴本自己擔任副總理，而民族主義領袖休根堡則擔任財政部長，不過這個聯盟因爲成員之間充斥太多的不信任，所以除非面臨被施萊徹爾排斥的威脅，否則無法合作。

有人說服興登堡，巴本的計畫可能可以達到自1930年以來，各個繼任總理努力尋求但始終無法取得的成就。由希特勒－巴本－休根堡聯合組成的政治聯盟政府，有機會排除社會民主黨和共產黨取得議會多數派的機會，而且可以利用在可靠的保守派政治聯盟裡吸收他們的領袖的方式，來迫使納粹黨與他們保持一致的步調，並且廢除臨時拼湊出來的總統制政府。在1933年1月30日，興登堡接見了希特勒，並且任命「這名下士」出任德國政府的總理一職。

很多人都必須分擔將希特勒送上權力高峰的責任。讓他擁有壓倒性選舉實力的選民，賦予他基本的影響力，但是，1932年11月，當希特勒的選舉實力不但無法組成國會的絕對多數派，而且有開始式微的現象時，興登堡總統和圍繞在他身旁的陰謀家，爲了一己私利，努力籠絡納粹黨的街頭實力以及選舉勢力，因而挽救了希特勒的頹勢。企業家、軍官與其他的保守派人士，都樂於默認任何可以將馬克思主義者趕出政府機關的政治聯盟。

雖然在1932年11月時，至少有63%的選票投給了非納粹政黨，但是反對派人士依然無法贏得以人數取勝的議會多數派。溫和派的政黨寧可與納粹黨組成政黨聯盟，也不願意與馬克思主義者合作。因爲深信希特勒代表的是垂死的資本主義的最後一個階段，所以德國共產黨在1932年春天的反社會主義黨－中央黨普魯士州政府的請願，以及11月的柏林運輸勞工罷工事件裡，與納粹黨有實質上的合作。他們對社會民主黨懷抱極深的敵意，稱呼那些在危機時刻依然如常滿足於政治操作的敵人爲「社會法西斯主義者」，事實上，社會民主黨也的確是如此。雖然他們曾經利用大規模的罷工運動，阻撓過1920年的卡普暴動，但是他們並沒有耗費相同的努力，來反對如1932年7月巴本驅逐普魯士州政府這類明目張膽的不法行爲。

希特勒的奪權或登上權力高峰，並不是因爲德國歷史不得不然的宿命。他是憑藉龐大的選票暫時取得卓越的聲望，並且利用陰謀詭計謀得官職，而最後則在大多數一般非納粹黨公民的默許下上臺執政。

掌權後的革命：1933至1939年

讓希特勒擔任德國政府的總理意味著什麼呢？興登堡身旁的保守派政治家、高級軍官與高級官員認爲，利用希特勒的龐大追隨者，他們至少擺脫了臨時拼湊的總統制政府。但是，希特勒卻希望能利用這個官職來鞏固他那依然有限的勢力，日後證實希特勒的解讀是正確的。如果會發生納粹革命，那麼革命也將是在他已經成爲總理之後，而不是之前爆發。

希特勒努力加強人們共產黨的陰謀集團正在積極活動，只有納粹黨可以有效應付共產黨陰謀的印象。隨著1933年2月27日到28日夜晚發生在柏林的國會大廈縱火事件，希特勒的機會終於來臨。雖然沒過多久，人們就知道該次的縱火事件，是納粹黨雇用智能不足的荷蘭年輕共產黨黨員盧勃（Marinus van der Lubbe）放的火，[12]不過納粹黨黨員確實眞的相信即將發生一場共產黨革命。很多德國民衆也有這種歇斯底里的情緒，而且有更多人毫不反對大規模的逮捕行動，以及後來對共產黨領袖的公開審判。一項在2月28日頒布的政令，宣布暫時取消人民的言論與集會權利（事後證明其實是永久取消這項人民權利），以「作爲抵禦共產黨暴力行動的預防措施」。

在權勢集團內部，希特勒的支持者希望他提供一個可以打破自1930年以來，就纏住德國政治生活的選舉僵局的方法。但是即使握有所有國家資源的支配權，再加上衝鋒隊預先計畫好的暴力行動，希特勒所推薦的候選人，卻依然無法贏得絕對多數的選票。在1933年3月5日的選舉中，納粹黨奪下288個席次，接近總投票數的44%，天主教中央黨的地位依然穩固，而社會民主黨和共產黨則瓜分了將近三分之一的選票。選舉結果依然沒有讓任何一方取得毫無異議的絕對優勢。

於是希特勒提出授權法案，建議授權身爲總理的他在往後四年的執政期間，有自行頒布法令的權力。納粹黨、休根堡的民族黨，以及天主教中央黨囊括通過修憲門檻所需的三分之二的選票。只有12位衆議員已經被捕下獄的社會民主黨，投票反對這項提案；而這時共產黨的衆議員則已經全部被關在牢裡。1933年3月23日，以441票對92票的投票結果，通過這項讓希特勒不需要接受總統的簽署與議會的限制，就能逕行公布法令的法案。由於感受到德國的共產主義革命已經迫在眉睫，所以希特勒並未受到任何德國溫和主義者的大力反對，走過這個階段的希特勒已經掌握了所有的統治權。

緊接著的是德國歷史學家稱之爲「一體化」（Gleichschaltung）的過程，並沒有精確的英文字詞可以完全表達一體化這個字眼的涵義，但是這個字大致是「齊平」或「協調一致」的意思。一個步驟接著一個步驟，在接下來的四年裡，所有的公共機關與所有先前曾經享有龐大自治權的德國傳統組織——軍隊、教會、官僚政治兵團——都在威脅利誘的手段下一體化。

希特勒不曾用納粹憲章（Nazi charter）來取代威瑪憲法，然而他對德國的

圖11-2　納粹黨在1934年11月為了利用新的電影媒體，特地於紐倫堡舉行集會。這部由莉芬斯塔所拍攝的傑出紀錄片《意志的勝利》，企圖讓世界遺忘7月裡的那個「長刀之夜」，並希望讓人們感受到在「元首」背後所有德國人團結一致的假象。

公共秩序做了些決定性的變革。直到1933年7月14日爲止，各政黨不是被查禁（共產黨、社會主義者），就是被勸服解散（中央黨、民族主義者），他們宣布國家社會主義黨是德國唯一的合法政黨。利用官派州長（總督）來替代人民推選的州政府，並且廢除代表各州的德國上議院，以裁減聯邦各州的政治自治權，而這是甚至連俾斯麥都不敢輕舉妄動的舉措，因此，德國首度從聯邦體制的國家變成一個中央集權的國家。最後，在興登堡總統於1934年8月辭世之後，希特勒就接收了總統的遺缺，並且杜絕所有來自上述各方面的反對勢力。

種族法案（Racial laws）讓納粹黨可以遂行他們的反猶太主義。早在1933年4月，政府機關就已經將所有的「非亞利安人」（non-Aryan）公務員逐出機關外。影響最深遠的是1935年9月發布的紐倫堡政令（Nuremberg Decrees），該政令剝奪了猶太人的公民權，並且禁止猶太人與「亞利安人」通婚，此外也限定各專業中的猶太人限額。1938年11月，一名猶太人在巴黎暗殺了一位德國外交官之後，納粹黨採取了更殘暴的措施，意圖強迫猶太人販賣或放棄他們的資產，並且移居國外。11月9日夜晚——水晶之夜（或稱碎玻璃之夜），衝鋒隊在整個德國擊毀了7,500家猶太人的店面，燒毀兩百多家猶太教堂，並且殺害了91個人。除了拒絕理賠猶太人所蒙受的損失之外，德國的猶太人被處以10億馬克的罰金，而且還有2萬名猶太人被成群送往集中營。

希特勒也嘗試將教堂變成國家政策的工具，很多納粹黨支持者參與其中，而且沒能形成一個反對派核心的新教教會，特別容易受到納粹黨的影響。希特勒聯合各種國家贊助的馬丁路德教派教會，在政府的授意下之下，組成單一的德國福音派教會（German Evangelical Church）；而反對派領袖，如尼默勒（Martin Niemöller）牧師則身陷囹圄。團結統一而且由國外領導的天主教教會，比較不容易受納粹黨的控制，但是由於急切地想要保護德國境內的天主教學校體系，所以於1933年7月和德國簽署協定，禁止神父參與政治，並且讓納粹政權在任命主教時有發言權。

外交使節團與軍隊是最後一批被一體化的德國團體。當外交部長諾伊拉特（Baron Konstantin von Neurath）以65歲之齡於1938年2月回國時，他的職務就由納粹黨的忠貞份子里賓特洛甫（Joachim von Ribbentrop）接任，這表示納粹黨的勢力已經侵入傳統上由職業外交官所組成的外交使節團。與此同時，軍隊領袖——戰爭部長勃洛姆堡（Werner von Blomberg）將軍與總參謀長弗立契（Werner von Fritsch）將軍——也因爲捏造的不當性行爲的指控而被免職。

最後，正如我們已經了解的，在集權國家的指導下，德國的經濟因爲受到公共工程與重整軍備的刺激而極度活躍。[13]儘管納粹黨的宣傳迎合農夫和工匠

圖11-3　1938年11月9日到10日夜晚，納粹黨的烏合之衆暴跳如雷地縱火、破壞，並且殺害德國的猶太人。在圖中的柏林街景裡，行人正走過數千家被破壞的猶太人商店之一，因為事件過後留下滿地的碎玻璃，所以人們稱這個事件為「水晶之夜」。

的口味，但是在1939年時，德國已經擁有更多的大企業以及人口更稠密的都市，而小農場主和工匠的人數卻比1933年時少。

掌權後的革命並不是某些納粹理論家所期盼的「二次革命」。菲德（Gottfried Feder）希望能抑制大企業支持小企業；羅姆（Ernst Röhm）期待清除舊社會的精英份子，並且以新的納粹黨黨員來取代那些舊精英份子；他尤其希望能用以他的褐衫衝鋒隊爲基礎所建立的民衆軍隊，來取代傳統的軍官團。但是，在將德國的公共團體與納粹黨一體化的同時，希特勒也必須把政黨裡的異議份子和國家的實際權力資源化：大企業、官僚機構與軍隊帶向一體化，他利用謀殺的手法來達成這個目的。在1934年6月30日那個令人不寒而慄的「長刀之夜」（night of the long knives）裡，精選的小隊突然侵襲住家與公寓，並且據估計大約奪走了150到200條人命：羅姆和大部分的衝鋒隊領導階層、1932年曾經試圖阻擋希特勒登上權力寶座的施萊徹爾，以及想要從施萊徹爾手中接受內閣職位的激進派納粹黨黨員施特拉塞，都命喪當晚。此後，納粹黨內就不再有反對希特勒的聲音了。

希特勒也有效地消弭了來自一般公民的反對聲浪，這些反對的聲浪依然帶有共產黨的味道，而所受到的刑罰也相當嚴苛。不過最重要的是，希特勒不斷取得的經濟與策略性成就，足以平息一切批判。

1939年時，德國已經從一個被人蔑視的國家，變成歐洲人最恐懼的國家，但是希特勒的一體化，並沒有讓德國眞正變成一部運作順暢的戰爭機器。現在我們已經知道，在很多情況下，這個政權是藉助精心策劃的對抗行為來維持運作。納粹黨侵犯了政府職業文官的領域；軍隊對希特勒日漸壯大的私人武裝部隊黨衛軍（Schutzstaffel or SS）感到不滿等等事件。因此，一體化的頂點是透過戈培爾（Joseph Goebbels）的宣傳活動，以及越來越專制的警力，來製造一種團結有效能的表面印象。

教權主義的權力主義

1930年代的反自由主義浪潮，使信奉天主教的歐洲呈現一種特殊的風氣。在威瑪共和國裡溫和的立憲派政黨之中，天主教中央黨能在1930年到1933年間嚴重兩極化的選舉中，依然維持他的選民基礎，絕非偶然。無論如何，不曾接受過19世紀自由主義的個人主義（individualistic）與反教權主義宗旨的歐洲天主教徒，擁有自己的反自由主義政治策略，在1929年以後，天主教黨派的候選人依然如以往般堅定地採取這種策略。

19世紀晚期，天主教會曾經努力保護自己不受自由主義的影響：政教分離的觀念；每個人都主宰自己意志的個人主義主張；提倡實施免費的、公民與義務教育，並以非教徒取代神父擔任教師。最積極反對天主教原則的是法國的共和政體與君主立憲的義大利新政體，義大利在1870年時攻克羅馬與教皇國；法國在1880年代時實施世俗的普及教育，並且在1905年時採行政教分離的政策。

所以，天主教的社會與政治思想主流，依然對立憲派的自由主義與個人主義懷有敵意。即使是最終仍同意法國和義大利的天主教徒參與共和政體選舉政治的教宗里奧十三世，在《新事》（1891）通諭——天主教會第一份「論及勞工狀況」——的正式宣言中，也主張應該以等級制度來看待對社會權利與義務的基本觀點。根據里奧十三世的看法，在井然有序的等級制度社會中，各個階級都享有與其身分相稱的權利，也應該行使與其身分相稱的義務：勞工應該尊敬並服從他們的雇主；雇主應該尊重並且仁慈地對待勞工。有些更激進的天主教社會思想家，抨擊資本主義的冷酷無情以及漠視勞工權益。但是他們並不主張廢除私有財產。他們認為應該以道德重生來淨化人心，基督教僱主應如監護人般對待他們的僱員。

經濟蕭條再度興起天主教徒對自由、放縱、開放的資本主義的批評。在他的教皇通諭《四十年》（*Quadragesimo Anno*, 1931）[14]中，碧岳十一世（Pope Pius XI）根據「自然的法則，或者更確切地說，上帝的啓示」的觀點，描畫了經濟與社會體系的典範。財產是合法的，他如此主張，而「如同鳥兒會飛一般，人生來就是要勞動」。但是資本家掌握了「過多利益」，在「所謂曼徹斯特學派（Manchester School）的自由主義信條」之下，只留給勞工「僅僅足以維生」的利益。更糟糕的是，自由競爭已經使「少數人掌握了龐大的勢力，並且造成經濟壟斷的局面」。勞資雙方都必須服從社會的整體利益。自由競爭務必被限制，勞工必須得到足以「改善」無產階級生活條件的「合理薪資」，而資方只應該得到「生產收益的合理分攤」。

教宗承認，只有政府才能執行這項社會重建的工作，他認爲最合適的體制是統合主義。國家必須授予由同一行業或同一專業的勞資雙方代表所組成「聯合會或社團組織」實質壟斷的地位，然後由聯合會或社團組織來處理與共同利益有關的問題；並且應該禁止罷工與停工。這種制度的優點是「使各階級和睦合作，壓制社會主義者的組織與勢力」，並且保護「人類社會的和平與安寧……抵抗革命力量的入侵」。

遵行教宗碧岳十三世的社會經濟觀點的追隨者，堅持與希特勒的國家社會主義保持距離。他們拒絕納粹主義的無神論、追求一己私利的狂熱行動，以及絕對忠誠於國家的觀念。他們渴望建立一個有組織的社會，在那裡是由「自然」的團體會和諧地管理社會，而且也不會有極爲富有和極爲貧窮的人。但是，與納粹主義一樣，他們要求個人應服從社會整體利益，並視社會主義爲主要的敵人。他們幫忙鋪設了讓天主教國家人民願意接受權力主義政權的道路。

葡萄牙：薩拉查

在發生經濟蕭條之前，1926年的一場軍事政變，就推翻了才執政六年的葡萄牙共和國。軍事執政團（military junta）的財政部長薩拉查，在1930年代時以該政權的強人之姿出現。雖然他很樂於由將軍們執行總統的職務，但是身爲總理（1932-1969年）的他，實際上是以他自己的風格來管理葡萄牙。

薩拉查是一位天主教集成主義者（Catholic Integralist）。[15]他認爲團體的需求應該優先於個人的權利，並且渴望建立一個每個人都知道自己的地位，並且嚴守自己本分的等級制度社會。承認穩定社會秩序、對人類進步的可能性懷抱理性的懷疑，以及虔誠的信仰，是薩拉查政權的標記。

薩拉查曾經放棄神學院的學業專攻經濟學。身爲科英布拉大學（University of Coimba）保守派的年輕學生領袖，他從摩拉斯的法西斯行動運動中找到了自己的價值觀。1928年時進入政府任職，當時他是科英布拉大學的經濟學教授，奉命帶領新的軍事執政團脫離財政困境。薩拉查是一位嚴格傳統的經濟學家。對他來說，平衡的預算是神聖不可侵犯的信條。他利用刪減經費來使收支平衡，並且清償國家債務，但是也讓葡萄牙的經濟在落後近乎停滯的狀態裡，度過長達20年的歲月。在1934年時，葡萄牙的工業總產量值只有農業的五分之一。一直到1953年到1958年間，薩拉查才爲了積極促進工業發展而執行第一個開發計畫，但是伴隨開發計畫而來的是國外資金的需求，以及引發社會動亂的風險。

在政治上，薩拉查也採取類似的穩定策略。1933年的憲法保留了無黨派內閣與社團法人內閣（Chamber of Corporations），但是卻不允許反對黨的候選人存在，而且總理只需要對總統負責。禁止罷工；已婚女性不能出外工作。薩拉查的政權讓葡萄牙的政治處於昏睡狀態，直到1958年，一位反對黨候選人出馬競選總統爲止。1959年，薩拉查廢除了總統選舉。

1936年時，薩拉查政權有著些許法西斯主義的色彩。一場義不容辭的年輕人運動——身著綠衫的葡萄牙綠衫軍（Mocidade Portuguesa），號召所有7歲到14歲的年輕人參加運動。準軍事性的葡萄牙軍團（Portuguese Legion）採用羅馬軍團的禮儀。以維持秩序爲名的嚴格審查與嚴密的警察控制，限制了人民自由活動的權利。這個政權現在稱爲新國家（New State; Estado Novo）。

但是薩拉查的政權畢竟比法西斯主義保守。薩拉查本身是一名主張禁慾的單身漢，他盡量迴避公開露面的機會，而且也沒有動員熱情的群衆。在1933年與1934年時，他不動聲色地擊敗了企圖建立獨斷的法西斯主義政黨的國家工團主義運動（National Syndicalist movement）。薩拉查選擇穩定而不是冒險，安全而不是激進的策略。在謀求安全之計時，他甚至犧牲了經濟成長，以求保全集成主義天主教統合主義的價值觀與安定的社會。

天主教社會的奧地利：多爾富斯與舒西尼格

簽訂凡爾賽和約之後的奧地利，變成了一個腦積水的怪物。她的大腦袋瓜，是前哈布斯堡王朝的首都——有200萬世俗居民的維也納；而她那個與頭部不成比例的小身軀，是前哈布斯堡王朝的日耳曼地區，大約有400多萬的奧地利人居住其間，大部分是高山農場主。1919年起，幾乎每一位奧地利人都很渴望的一個與德國聯盟（Anschluβ）的解決方案，爲和平解決方案中屬奧地利部分的聖日耳曼條約（Treaty of sanit Germain）所禁止。只有在協約國的大筆貸款支持下，這個狹窄的新國界裡的經濟活動才能步上軌道，但是龐大的貸款卻迫使奧地利的國家預算處於銀根很緊的經濟狀態下。因此，處在這種背景下的議會制政治從來不曾在稚嫩的奧地利共和國（Austrian Republic）發揮作用，實在不足爲奇。

1920年代，奧地利的政局是兩股相互對立的力量陷入僵持狀態的情況。難以應付而且團結一致的社會民主黨，利用自己的準軍事武裝部隊（Schutzbund）構築堡壘盤據維也納。與共產黨決裂對他們勢力的影響，比大部分西方馬克思主義政黨來得小的奧地利社會民主黨（Austrian Social Democrats），在博學多聞的包爾領導下，依然勢力龐大而且毫不妥協。奧地利鬆散的聯邦架構，使社會民主黨在維也納擁有龐大的勢力，它在維也納精心設計了一個社會福利方案，包括如1,500戶的馬克思大院（Karl-Marx-Hof）般的大規模公共住宅計畫。處於反馬克思主義一方的是天主教社會黨（Christian Social Party），聯合了大部分奧地利其餘地區恐懼「紅色維也納」（Red Vienna）的天主教教徒。天主教社會黨是由嚴峻的神父，同時也是神學教授的斯裴爾（Ignaz Seipel）所領導，他讓外界的觀察家有一種他是屬於反改革（Counter-Reformation）運動的人物的印象。[16]同樣也站在反馬克思主義立場的是另一股準軍事力量——國民自衛軍（Home Guard; Heimwehr），這是一支在第一次世界大戰後不久，散漫地糾合當地民兵而組成的軍隊，以對抗革命並且防範附近繼任國的可能侵略爲職志。雖然在1923年到1927年間，大部分的時間斯裴爾神父都藉助反馬克思主義的新教徒與農民黨（Peasant Party）設法繼續執政，然而不論是社會民主黨或者天主教社會黨，都無法獲得超過45%的選票。最好的情況是，這兩個敵對的陣營只是彼此互相敵視；而最壞的情況則是他們決心鬥爭到底。在1927年7月15日那個黑色的星期五，示威行動已經超出維也納的掌控。司法大廈被燒燬，而在這次警方失控的報復行動中，有87人喪命。

1930年後，又因爲兩個外加的因素，而使這種前途毫無希望的情況更加嚴重惡化。風雨飄搖的奧地利經濟，特別容易受到經濟蕭條的影響。正如我們已經提到過的，維也納的大型銀行信貸銀行的倒閉，引爆了1931年夏天的歐洲銀行危機。此外，反馬克思主義的行動逐漸被從巴伐利亞向外蔓延，而且迅速壯大的納粹運動所吞沒。因爲議會陷入僵局，幾乎瀕臨分裂，所以出現某種形式的權力主義政權似乎勢不可免。因爲不依靠外援不可能解決問題，所以在奧地利境內的問題已經變成國際性的問題。納粹黨向希特勒求助；而天主教社會黨則轉而請求墨索里尼的支持。

多爾富斯（Engelbert Dollfuss）總理（1933-1934年）的天主教社會黨獨裁政府，結合了國內的天主教、統合主義權力主義，以及在義大利的支持下獨立於德國的外交政策。魯莽性格比身材短小（4呎11吋；約150公分）更難彌補的多爾富斯，認爲可以利用「以保衛奧地利獨立以及國家的統合組織爲共同基礎的單一政黨」來掌理政事。[17]

1933年3月，多爾富斯解散了陷入僵局的議會。然後他開始架構一個宣稱是世界上第一個以1931年的教皇通諭《四十年》爲基礎的新政權，只允許祖國陣線（Fatherland Front）這個政黨存在。多爾富斯削弱了維也納社會民主黨市政府的獨立性，並且限制社會主義者的報紙與組織，恢復1919年所廢除的死刑。國民自衛軍提供這個政權突擊隊，政府不干預反猶太主義，協議讓天主教教會在公共教育上扮演重要的角色。終於，在1934年5月頒布的新憲法，以一系列的合作議會取代「言過其實的議會主義」，不過合作議會裡大部分的成員都是政府指派的。

社會民主黨發現他們的活動受到越來越多的限制。最後，決心不重蹈德國社會民主黨在與希特勒鬥爭時陷入被動的覆轍，奧地利的左派份子開始採取行動。在國民自衛軍的部隊襲擊位於林茨（Linz）的社會民主黨總部，並且奪走一些武器之後，社會民主黨決定出動維也納的準軍事軍隊，並且開始發動全面性罷工。多爾富斯動用軍事力量回敬他們的行動，包括在1934年2月12日以大炮攻擊馬克思大院的公寓社區，當天有193名公民被殺，政府的軍隊則折損128名士兵，社會民主黨的報社與組織也在當時被查禁。

多爾富斯堅稱他的政權不是法西斯主義政權，爲了保衛自己以免被無神論與中央集權的德國獨裁政府吞沒，這個天主教社會黨的政權，甚至禁止納粹黨在奧地利境內活動。1934年3月，多爾富斯與墨索里尼及匈牙利權力主義首相戈姆勃斯洽商聯盟事宜，以便幫助他執行這項政策。當一幫納粹黨黨員於1934年7月25日暗殺了多爾富斯，並且企圖建立一個納粹政權時，阿爾卑斯山的義大利武裝機動部隊聚集在勃倫納山口（Brenner Pass），同時在多爾富斯的夥伴舒西尼格（Kurt Schuschnigg）的領導下，忠誠的國民自衛軍也重新控制了局勢。在多爾富斯與他的繼任者舒西尼格（1934-1938年）的領導之下誕生的奧地利，有很多方面與同一時期的納粹德國神似。他們之間最明顯的差異是，奧地利的政權支持兩國以分離的狀態繼續存在。支持教權主義的權力主義奧地利人，在法西斯主義墨索里尼的協助下，在1934年時所帶給希特勒的打擊，遠比1930年代任何一個自由主義國家所給他的打擊更加沈重。

西班牙：佛朗哥與長槍會

1936年時發生的反對西班牙共和國合法政府的軍事叛變，以及往後三年的內戰等情況，我們將在下冊的第十二章討論人民陣線時代時提及。但是如果沒有簡略了解佛朗哥的西班牙，那麼對於1930年代歐洲轉向權力主義的說明就不夠完整。

佛朗哥（Francisco Franco）將軍的獨裁政府（1939年～1975年），是兩次大戰之間唯一利用軍事力量奪權的權力主義政權。1936年7月，佛朗哥和他的追隨者從西班牙的屬地摩洛哥入侵西班牙。挾帶大部分職業軍人的支持，以及保守人士和大多數教會人士的默許，他們在西班牙四處燃起戰火，直到1939年終於擊潰共和政體的軍隊爲止。

因此，與希特勒和墨索里尼不同，佛朗哥並沒有利用他在西班牙的勢力，動員大規模的法西斯主義運動。由1923年到1930年的「獨裁者」之子里維拉所創立的法西斯主義作風團體——長槍會（Falange）對佛朗哥的成功貢獻不多，而且在新政權裡只擔任微不足道的角色。佛朗哥是一位講究實效的保守派職業軍官，激烈地反對共和政體的反軍國主義和反教權主義、初步的社會主義政策，以及爲加泰隆尼亞分離主義保留餘地的作風。他對共濟會會員（Freemasons）的敵意更甚於對猶太人的敵意。他所成立的新政權支持地主、企業家與神職人員，不過佛朗哥並不需要依賴這些人，因爲這些人都在依賴佛朗哥。和薩拉查一樣，佛朗哥安於現況，而不願冒險擴張，因此他的政權可以在第二次世界大戰時倖免於難。

東歐的法西斯主義

1930年代的東歐，法西斯主義已經具備成熟的條件。民族對立依然充斥各個國家。深感不滿的國家少數民族——波蘭走廊與捷克蘇臺德地區的日耳曼人、捷克斯洛伐克東部的斯洛伐克人、南斯拉夫西北部的克羅埃西亞人——自然轉而支持那些戰後和平解決方案的頭號敵人：希特勒和墨索里尼。受到國內分離運動的威脅，居統治地位的民族團體，環目四顧找尋通往國家統一的權力主義之路。

由於東歐經濟以農業爲主，1920年代晚期世界性農產品價格下滑，導致東歐政府和公民都面臨破產的窘境。銀行家和商人取消家庭農場的贖回權。因爲世界上沒有任何地方如東歐一般，銀行家和商人裡的猶太人所占比例如此之高，所以農村對城市及對「現代世界」的憤怒，很容易就迅速轉變成反猶太主義。10年前曾經被列寧的主張所吸引的那些渴望擁有土地的東歐農民，在目睹了史達林強制土地集體化的結果之後，正在找尋新的救星。

東歐的議會制政權對這些大災難束手無策。他們的農民政黨無法獨力阻止農產品價格下跌，而他們的自由主義政黨則狹隘地以城市的專業人員爲基礎。議會主義似乎是一種已經產生排斥反應的移植物。有些東歐人重新發現或多或少有些虛假的權力主義統治與種族純淨的「歷史」傳統的魅力。

凡此種種鼓勵法西斯主義的因素，因爲1930年代東歐列強地位的全然轉移而被強化。1920年代以法國的成就爲主流的各個層面——經濟、軍事與文化已被逐漸提升的義大利和德國的影響力所取代。1918年併吞俄國土地的各個繼任國，都在找尋比在馬奇諾防線（Maginot Line）後方挖掘壕溝的法國軍隊更加強盛的反蘇維埃堡壘。1933年德國的經濟繁榮，將東歐的貿易與金融中心轉離經濟蕭條的法國。

匈牙利與保加利亞

人們只是預料，戰後調解方案的主要損失國——匈牙利與保加利亞，會是最強而有力的反凡爾賽和約勢力。匈牙利也於1919年經歷了布爾什維克革命；匈牙利國內的銀行家與商人也有相當高的比例是農民怨恨的焦點——猶太人。曾經在1919年領導匈牙利的反革命勢力贏得勝利的霍爾蒂，繼續以「攝政王」的身分統治匈牙利，走過第二次世界大戰的風雨歲月，但是因爲任命戈勃姆斯將軍——墨索里尼和希特勒的仰慕者——擔任權力主義政權的總理（1932-1936年），所以1920年代上層階級的議會主義已經消逝無蹤。他加強與墨索里尼的連結，並且與多爾富斯締結盟約。一個公開的法西斯主義運動——箭十字（Arrow Cross），主張用更暴力的方式來解決問題，但是當1936年戈勃姆斯去世之時，匈牙利依然掌握在反革命的傳統主義者手中。

保加利亞的情形也是一樣，1934年以後，保加利亞國王鮑里斯三世（Boris III）實際實行權力主義統治，而且當時議會也已經解散多年。但是鮑里斯成功地阻止了更激進的右派運動，例如馬其頓人的民族主義恐怖組織——馬其頓內部革命組織（IMRO）。

羅馬尼亞

兩次大戰之間，東歐的法西斯主義最原始、最壯觀也最成功的驚人發展，在羅馬尼亞出現在一個「戰勝」國。這是由克德雷亞努（Corneliu Codreanu）領導的米迦勒天使長軍團（Legion of the Archangel Michael），和它的殘暴力小隊——鐵衛隊（Iron Guard）。

即使羅馬尼亞的版圖與勢力已經因爲凡爾賽和約而擴大了兩倍，但是依然沒能解決緊迫的國內問題。這個國家裡有五分之四的人民是農民，在極小塊的家族土地上深受農村大量人口過剩之苦。國內的商人與專業人員之流絕大部分是猶太人；布加勒斯特（Bucharest）的反猶太主義者宣稱，在銀行和商業公司裡工作的14,000名員工中，猶太人就占了11,000人。不管實情如何，負債的農民都認爲他們的債權人或者大地主的財團是猶太人。因爲俄國現在想要奪回他們從俄國手中取得的多瑙河河口（比薩拉比亞），所以羅馬尼亞的領土擴張政策已經讓國家暴露於新的危險之中。因此，雖然國內沒有馬克思主義者的威脅（在第一次世界大戰以後共產黨變成一個非常小的小黨，而在1937年時，社會主義者只囊括了0.8%的選票），但是來自國外的馬克思主義者的威脅卻非常實際。最後政府還是沒能提出有效的政治解決方案，可以解決上述的任何難題。1919年，當羅馬尼亞首度實施普選制度時，人們很自然地認爲某個農民政黨必然會成爲議會的多數派。但是事實上，戰前的精英份子正努力設法透過在第一次世界大戰後的16年間，曾經執政10年的自由黨來掌握政局。不過即使是農民黨執政的這幾年間，還是無法解決羅馬尼亞的問題。在這段期間裡，經濟蕭條已經開始影響農產品的價格。滿心抱怨的羅馬尼亞人爲了矯正經濟蕭條所帶來的影響，被迫在現存的政治體系以外找尋解決之道。

教師之子克德雷亞努，設法以一種不尋常的方式，來平息人民的不滿。他開始組織一群無法盼望能夠擁有充分的工作機會，而且深感孤獨的學生，他們主要的訴求是強迫限制猶太人大學生的限額。克德雷亞努運動其他主要的成員是心生不滿的小型家庭農場主，他們大部分來自於羅馬尼亞東北部最貧窮的地區〔摩爾達維亞（Moldavia）〕，那個地區的中產階級大部分是猶太人，而這是之前政治家們忽略之處。克德雷亞努將這兩個群體以宗教、反猶太主義、憎恨城市與拒絕自由主義現代社會爲中心結合在一起。克德雷亞努的軍團是所有法西斯主義運動中，表面上最具宗教色彩的軍團，由佩戴聖像的東正教教士領軍，唱著民謠、穿著傳統服裝到偏遠村莊去，以贏得農民的信任。克德雷亞努自己則穿著傳統的摩爾達維亞農民裝。

鐵衛隊是一支以小組爲單位所組成的宗教團體，隊員都曾經歃血宣誓要消滅貧困、盡一己義務，而且必要時將代表純羅馬尼亞人進行謀殺行動。克德雷亞努從暗殺當地的一名警官開始他的政黨活動。對鐵衛隊來說，政治謀殺實際上已經變成他們的生活方式，在1930年代裡，鐵衛隊就殺害了11位政府官員。

克德雷亞努的政黨並不只是從事一些偏激的活動。在1937年時贏得16%的選票，使他們躍居羅馬尼亞的第三大黨，僅遜於自由黨和農民黨。國王加羅爾二世選擇用自己的方法來打敗克德雷亞努軍團，而不是繼續與議會制政府合作。1938年時他暫時廢除憲法，強制施行權力主義統治，並且監禁軍團領袖。根據官方說法，克德雷亞努和其他人「在試圖越獄時被殺」。

但是國王的試驗失敗了，部分是因爲在1930年代時，羅馬尼亞的問題是無法可解的。比較直接的失敗原因是，羅馬尼亞這個國家的弱點是環繞四周的鄰國（俄國、保加利亞、匈牙利），這些國家在戰後的和平解決方案裡，都曾經割讓土地給羅馬尼亞。當希特勒和史達林的代表於1939年8月洽商東歐的新國界時，羅馬尼亞卻沒有可以依靠的勢力，來保衛她在1919年所擴張的國界。一年後，在希特勒擊敗波蘭與法國之後，俄國要求並接收的不單只是比薩拉比亞，還包括了從來不曾屬於俄國的羅馬尼亞領土。1940年9月，在德國與義大利的壓力下，羅馬尼亞不得不將大部分的外西凡尼亞割讓給匈牙利，並且恢復1913年時與保加利亞毗鄰的國界。羅馬尼亞總計失去三分之一的領土，而加羅爾國王也被迫退位。

安東尼斯庫（Ion Antonescu）將軍，是一位支持鐵衛隊的職業軍官，1940年9月以後，他在繼克德雷亞努之後擔任鐵衛隊隊長的欣瑪（Horia Sima）協助下，以「領導人」（羅馬尼亞語等同於元首之意）的身分執政，因此，鐵衛隊最終還是嘗到政治權力的滋味。因爲急於進行「二次革命」，所以鐵衛隊隊員大量謀殺猶太人，並且監禁前政治領袖，但是既然此時希特勒與安東尼斯庫認爲社會秩序比革命熱情更重要，所以「領導人」在1941年1月下令軍隊鎮壓鐵衛隊，雙方在布加勒斯特浴血奮戰三天。此後，安東尼斯庫就在沒有法西斯主義意識形態色彩的情況下，徹底進行軍事獨裁者的統治。

鐵衛隊是東歐唯一在德國沒有直接占領的情況下，實際上臺執政的法西斯主義運動，但是它掌握重權的時間只持續了四個月。在思忖東歐法西斯主義的危害以及它的失敗時，箇中原因似乎令人吃驚，社會結構可能要負部分的責任。在東歐，法西斯主義運動吸引了大批痛苦的農民，但是只有少數痛苦的中產階級加入他們的行列，而掌權的依然是舊有的精英份子，這是相形之下法西斯主義的成就似乎不夠亮眼的主要原因。即使是在1929年以前，東歐國家也已經有轉向權力主義統治或恢復君主政體的傾向。因此早在1930年代法西斯主義復興之前，保守派人士就已經開始擔當「拯救社會」的責任。東歐的法西斯主義運動出現得很晚，通常是更傳統的權力主義政權的競爭者或甚至是敵人。因此，直到最後，那些法西斯主義運動依然帶有反現行社會體制的色彩；專精於東歐農民法西斯主義研究的學者，如韋伯，則強調法西斯主義的革命特性。總之，東歐的法西斯主義運動始終保持少數派的地位。

西歐的法西斯主義少數派

憲政體制根深柢固的西歐，法西斯主義也是屬於少數派的運動。但是，即便如此，西歐法西斯主義依然感染並影響比較溫和的中間右派團體，使他們必須努力留住自己的支持者。

法國

法國是西歐法西斯主義運動最活躍的地方，基於一些理由，這是可以預料到的情形。首先，法國人早在1890年代，就已經意識到他們的國家正從17世紀世界上最強盛的國家，衰退到蕭條而且有時候甚至是不光彩的第三共和。在第一次世界大戰以前，那些將國家的沒落歸咎於資產階級的軟弱與左派勢力的人，就已經加入摩拉斯的法蘭西行動。[18]1918年法國模稜兩可的勝利，更加深了人民那種國勢已經沒落的感覺。法國只有藉助強大的盟友才能取得勝利，但是儘管如此，法國還是要付出人口減少的慘痛代價，這是一種永遠不可能一再付出的代價。其次，法國的中產階級遭受嚴重的通貨膨脹之苦，而法國正是一個以小型、獨立的業主為主的國家。最後，法國是一個具有悠久革命傳統的國家，法國工業勞工壓倒性地支持好戰的馬克思主義，對於富人以及很多名義上極為支持1789年的「大革命」，而且擁有小型、獨立事業的法國人來說，似乎是個威脅。在這些情況下，兩次大戰之間法國的政治生活，是以指望復興國家、恢復國內秩序、促進經濟穩定，以及權威運動為特色。當局勢對共和政體有利時，這些特色會變得相當不醒目，讓人難以覺察；但當事態惡化時，這些特色便會成為國家的隱憂。

1930年代的局勢，確實對法國的共和政體不利。事實證明，政府對於經濟蕭條的處理完全無能為力，而且當掙脫了凡爾賽和約的鎖鍊之後，德國對法國的威脅態勢甚至比1914年時更加挑釁。退役軍人指責共和政體在無用的交涉中浪費了士兵們在戰壕裡贏得的勝利，他們的怒火與飽受失業之苦，及那些因爲傳統的經濟蕭條補救方案而薪水或年金減少的人們的怒氣匯聚在一起。[19]最後，因爲1936年共產黨加入人民陣線的選舉聯盟，再加上伴隨人民陣線選舉勝利而來的自發性靜坐罷工，使法國保守派人士的心裡，掀起陣陣恐懼的浪潮。這些局勢的發展，讓很多人加入法國的法西斯主義。

聲稱號召將近100萬人，規模最龐大的新運動是火十字架（Croix de feu），[20]由擁護君主主義而且行將退役的陸軍上校羅克（François de La Rocque）領軍。規模更小但比較坦率直言的親法西斯主義者，是法國人民黨（Parti populaire français）的杜瓦（Jacques Doriot），他是前法國共產黨青年運動的領袖。當杜瓦於1934年，因爲過早擁護人民陣線的戰略而被共產黨開除黨籍時，他的政治理念就從極左派飛躍爲極右派。杜瓦極具個人魅力，他是對勞動階級耕耘很深的巴黎近郊的聖岱內斯（Saint-Denis）市市長，因此他能帶領這批追隨者加入反共產黨的權力主義民族主義的行列，同時也吸引了對相當謹慎的羅克理想幻滅的激動中產階級反動派。另一個源自於法國左派份子的法國法西斯主義運動，是反對抗法國社會黨正統財政政策的青年起義。迪特與其他改革派的社會主義者，在1932年時因爲渴望加入資產階級政府，而與法國社會黨決裂。當時在他的新社會主義運動中，迪特鼓吹的是民族主義的解決方案，而不是國際主義社會主義的經濟蕭條解決方案。此外，還出現了一些反猶太主義的團體以及右翼行動小組，如由香水製造商柯蒂（François Coty）資助，身著藍衫的團結法國（Solidarité françois）。所有這些運動都自稱爲聯盟，以清楚區分他們與「腐敗」的政黨之間的差異。

法國法西斯主義在兩次大戰之間的高潮在1934年2月6日晚上來臨，當時有一些右翼聯盟聯合舉行了一次大規模的反國會示威行動，直接的藉口是抗議在斯塔威斯基事件（Stavisky affair）中，某些衆議員所扮演的角色的一場道德運動。斯塔威斯基事件是猶太籍承辦人斯塔威斯基（Alexander Stavisky）涉及掩蓋舞弊案的案例，但是在這場運動的背後，隱藏著退役軍人、民族主義者、經濟蕭條的受害者，以及所有那些認爲1930年代法國的問題與不當的公權力有關的人，所壓抑的怒火。達拉第（Edouard Daladier）總理動員武裝警力將人群攔阻於議會大廈之外，在隨後的衝突中，有數千人受傷，16個人死亡，是1871年的巴黎公社與1944年的解放運動之間，巴黎最血腥殘忍的街頭巷戰。即使掌握了議會多數派的票，但是達拉第依然於次日辭職下臺。共和國的前任總統杜美爾（Doumergue），組成一個全國一致的無黨派內閣，內閣中的閣員包羅萬象，從中間左派的激進主義者到議會制的右派份子都有，而且還包括了超議會的人物，例如以第一次世界大戰的英雄貝當（Pétain）元帥擔任國防部長。因此，法西斯主義聯盟已經使政府從溫和左派執政轉變爲緊急狀態下的無黨派內閣。

不過，法國的法西斯主義者最終還是無法利用自己的謀略取得政權。雖然在1936年5月左派份子選舉獲勝，以及後續發生的罷工潮之後，他們的基調變得更加強烈耀眼，但是顯然始終處於守勢，而且當人民陣線政府在1936年6月查禁所有的準軍事部隊時，他們也無法（或不願意）採取行動。既然預定在1940年舉行的選舉因爲戰爭而中斷，所以不可能精確估算羅克和杜瓦在他們的行動小隊遭到鎮壓之後所建立的合法政黨，能夠爭取多少選票。所能說的只是，法國的法西斯主義對第三共和的無能和衰敗的抨擊，有助於在1940年6月戰敗之後鏟除共和政體及它的所有作品，而且也爲在停戰之後取代共和政體的法國政權，染上強烈的法西斯主義色彩。

爲何在1940年以前，法國的法西斯主義依然只是少數派的運動呢？這是由於民族主義者傳統的反德情緒，導致法國無法複製德國模式來復興國家，畢竟在名義上，法國是第一次世界大戰的戰勝國，而且後來經濟大災難對他們的悲慘打擊也不及德國。法國的光榮依然繫於1789年的革命傳統，而不是反對革命傳統的保守派人士。最後，法國法西斯主義運動的內部分裂以及缺乏傑出領袖的領導，使得內部協調更加困難。1934年2月6日的暴亂，對喚醒保衛共和政體的古老吶喊的協助，比德福雷事件以來的任何事件更加普及，直到1940年6月被德國占領爲止，法國的法西斯聯盟再也不曾攀上另一個活動高峰。

英國

兩次大戰之間，英國最重要的法西斯主義運動起源於經濟蕭條的挫折，除了德國和美國以外，經濟蕭條對英國的打擊比任何其他國家都悲慘。雖然失業率高達勞動力的20%，但是沒有一個政黨可以提供令人信服的解決之道。

工黨政府否決摩茲利爵士於1930年爲了刺激購買力所提出的大膽而且新穎的計畫，[21]使摩茲利相信工黨是一群無用的懦夫，「是在世界末日時會逃之夭夭的救世軍。」他於1931年3月成立新政黨，努力想要打破現存的政黨僵局，但是他所花費的心血只是讓自己確信對任何激進的改革來說，所有議會結盟都是無用的工具。新政黨在1931年9月的選舉中，並未獲得任何席次，而它原本吸收的工黨左派份子〔斯特雷奇（John Strachey）、比萬（Aneurin Bevan）〕，很快就因爲反對摩茲利的反蘇維埃立場，以及僱用暴力小隊來保護自己，以免受到心懷敵意的工黨黨員襲擊的作法，而退出新政黨。

1932年10月，摩茲利成立英國法西斯主義聯盟（British Union of Fascists, BUF）。如同他在工黨時的日子一樣，他的起始點是爲失業問題提出大膽而果斷的補救辦法，以此爲基礎，他提出其他更遠大的計畫。當然，對那些左派或右派的「老派現代議會主義者」來說，「生存的薪資政策」是不可行的。摩茲利建議建立一個「有能力勝任新任務」的「現代」政權，[22]在這個政權裡，由社團法人內閣負責管理經濟，而由各經濟利益代表所組成的議會，則只擁有諮詢的權力。國王會在與法西斯國家委員會商議之後任命首相；每五年須經公民投票批准首相的工作。摩利茲顚倒當前的經濟優先順序，認爲應該先處理國內的失業的問題，然後再考量穩定國際金融的問題，因此他抨擊「國際金融資金」，並且談論銀行國有化的問題。雖然他反對倫敦的國際資本主義者，但是卻希望能以他堅稱與勞工具有共同利益的「國家」資本主義爲基礎，來復興英國經濟，他認爲勞工與國家資本者雙方，都能因爲拋棄歐洲並在帝制的制度下發展帝國而得益。在帝制下發展帝國這一點，摩茲利所採取的行動類似於戰前親王室的右派份子，但是他所採用的是英國前所未見的政治技巧。英國法西斯主義聯盟的群衆集會，是以著黑衫的護衛隊以及泛光燈照耀下的黑色旗幟爲標幟。摩茲利堅持法西斯主義的「衝勁」與「現代」特質。

1934年，摩茲利的聲望達到顚峰，當時《每日郵報》（*Daily Mail*）發表了一篇以〈黑衫軍萬歲！〉（Hurrah for the Blackshirts!）爲標題的社論。[23]據估計，英國法西斯聯盟的會員多達兩萬人。但是，摩茲利最忠誠的群衆追隨者，是倫敦東區的無產階級，他對議會中工黨的蔑視，以及後來的反猶太主義，撥動了倫敦東區無產階級人民敏感的心弦。他的黑衫軍從襲擊工黨黨員，轉而痛毆那些戰前已經在倫敦東區安頓下來，但是沒有與他們同化的東歐猶太人。

他所使用的這些策略，在英國產生了廣泛的強烈反感。1936年時，托利黨政府宣布穿著制服的團體是非法團體，並且加強不利於遊行和集會的保安措施。但是，1934年英國法西斯主義聯盟的衰退，是源自於更基本的原因。1931年與1935年托利黨的選舉勝利，解除了大部分英國保守派人士的疑慮，他們認爲鮑爾溫可以提供充分的保護，即使他毫無作爲，但是英國依然享有適度的繁榮復興。英國並未經歷軍事失敗，而議會制政府與英國是個偉大民族的印象也密不可分。摩茲利的英國法西斯主義聯盟在希特勒掌權之前就已經成立，而日漸高張的反德情緒，則減弱了他們對英國中產階級的吸引力。1936年以後，在38歲時逐漸褪色的明星摩茲利，淪爲迫害倫敦東區猶太人的人，對才智過人而剛愎自用的他來說，這實在是一個嘲諷的下場。結果在兩次大戰之間，極右派份子所取得的成就，不如他們在之前的危機——從1910年到1914年的愛爾蘭自治（Irish Home Rule）戰爭——當中所獲得的成功。

英國的法西斯主義是一種有趣的現象，不單只是因爲摩茲利的地位（他是少數幾位在成爲法西斯主義者之前，就已聲名顯赫的歐洲法西斯主義領袖之一），也是因爲它的原始動力是經濟危機而不是文化失落或軍事失敗。最重要的是，英國的法西斯主義顯露出1930年代時，人們反對自由開放的議會主義與自由貿易的資本主義的活力，即使是在它們的發源地英國也是如此。雖然法西斯主義的英國法西斯主義聯盟顯然變成一個無足輕重的派別，但是傳統的政黨也微妙地偏離了自由主義的價值觀，他們接受保護性關稅、由國家調節的商業卡特爾，以及其他在十年前依然被詛咒的公共經濟管理制度。

低地國家與斯堪地那維亞半島

由兩個民族所組成的國家比利時，法蘭德斯人（Flemish）對講法語的華隆人（Walloon）的憤怒，顯然是兩次大戰之間，西歐地區最不穩定而且未獲解決的民族問題。對法蘭德斯的民族主義者來說，在1930年代時轉爲支持帶有法西斯主義色彩的反議會政府群衆運動，是很自然的現象，因爲對他們來說，比利時的各政黨（天主教黨、自由黨、社會黨）並沒有採取對他們有利的策略。1933年時，各種法蘭德斯運動聯合組成法蘭德斯民族聯盟（Vlaamsch Nationaal Verbond, VNV），由前校長克拉克（Staf de Clercq）領導，並且接受德國的部分資助。法蘭德斯民族聯盟在農村的法蘭德斯區擁有大批忠誠的追隨者；在1936年的選舉中，他們囊括了北方四省13%的選票，而於1939年時成長爲15%。它主要的競爭對手是一個熱情而且穿著制服的青年團體——維蒂諾斯（Verdinasos）或稱蒂諾斯〔Dinasos; Verbond van Dietsche Nationaalsolidaristen的縮寫，是一群說荷蘭語的民族互助主義者（National Solidarists）〕，他們的領袖是年輕的律師塞文（Joris Van Severen），對退役軍人與學生特別具有吸引力。塞文提倡再度聯合所有散居在現代荷蘭、比利時和盧森堡境內的法德蘭斯人（荷蘭人），擴大組成一個與17世紀時一樣強盛的荷蘭。

但是，在低地國家裡最成功的反議會群衆運動——或許是短時間內所有西歐土地上規模最大的運動——並不是基於民族主義者的憤怒。比利時的德哥萊爾（Léon Degrelle）的君主主義運動（Rexist movement）在1935年與1936年時，曾經增高立場多變的比利時人對議會政治的厭惡情緒，而且一度似乎有以新的群眾政黨之姿來取代舊政黨的趨勢。德哥萊爾出身比利時天主教青年運動（Belgian Catholic Youth Movement）的激進份子；他負責該運動所屬的《君主》〔Rex，按照基督君王（Chirstus Rex）之名命名〕出版社。1935年11月，德哥萊爾以29歲之齡獻身運動，希望能取代古板保守的天主教黨以及自由主義和社會主義政黨的領導階層的運動。承諾以「新掃帚」清掃一切，德哥萊爾解開一股對抗軟弱而且腐敗的議會主義的狂熱情緒，他的追隨者拿著掃帚在政黨總部前面遊行集會，而且高喊「君主勝利」（Rex vaincra）的口號。

這次運動是以不爲人知的方式動員民眾，對抗穩定的比利時議會政治。它的天主教精神、君主主義、統合派權力主義，大部分承襲於德哥萊爾以前的偶像——摩拉斯。他的追隨者是年輕人、以前不關心政治的人，以及一大群容易起來反對「巨額財政」、墮落的城市與馬克思主義〔「君主或莫斯科」（Rex or Moscow）是最重要的口號〕的農村與小市鎮人民。雖然已經走過經濟不景氣的年歲，但是經濟蕭條所帶來的災難，顯然是君主主義盛行的一個因素。墨索里尼祕密資助君主主義者，並且允許德哥萊爾利用義大利的無線電廣播電台向比利時廣播。

1936年5月的選舉，君主主義候選人贏得11.5%的總投票數（在202個席次中取得21個席次），農村法語區的得票率高達29%，但是德哥萊爾在比利時北部的法蘭德斯區也有一些追隨者。最後的攤牌時刻是1937年初的議會補缺選舉，當時德哥萊爾本人是候選人，他聲明如果他贏得勝利，就會舉行普遍選舉。現有的政黨以未來的首相瑞蘭德（Paul Van Zeeland）爲核心，聯合組成反對德哥萊爾的勢力。在天主教的比利時主教譴責君主主義「對國家和教會具有危險性」之後，德哥萊爾取得了20%的選票，而瑞蘭德則囊括80%的選票。選舉結果破解德哥萊爾的魔力，因爲這場運動的最大資本，就是選戰勝利後新政治型態的許諾，因此德哥萊爾不得不在攀登權力高峰的途中停頓下來。君主主義的鼎盛時期雖然爲時短暫，但是卻揭露了在經濟大蕭條以後的西歐，人們對議會政權那說不出來有多麼深重的挫折感。

在信奉新教的荷蘭裡，法西斯主義比德哥萊爾的天主教統整主義（Catholic Integralism）更偏向世俗，但是法西斯主義和統整主義都一樣具有權威、反馬克思主義、民族復興與「新人類」的主題。荷蘭法西斯主義最直接的刺激，是1931年在荷屬印度尼西亞（Dutch Indonesia）的塞文普羅文斯號（Seven Provinces）軍艦上的海軍叛變。在這次震撼社會與帝國秩序的事件中，獲益的是創立民族社會主義聯盟（National-Socialist League, NSB）的水利工程師穆塞特（Anton Adriaan Mussert）。在1935年的選舉中，穆塞特取得將近8%的選票，而在西南部的新教徒小型農業地區，他的得票率高達20%，民族社會主義聯盟成爲荷蘭第五大政黨。但是由於荷蘭的君主立憲政權穩定、經濟蕭條已經復甦，而且人們對納粹德國的恐懼也日益加深，所以穆塞特的運動受損，儘管高呼「穆塞特或莫斯科」的口號，但是他在1937年時的得票率依然下降。

雖然國內只有一些喧鬧不已的少數民族，但是即使是局勢相當穩定的斯堪地那維亞半島，也有法西斯主義運動。斯堪地那維亞半島上最引人注目的法西斯主義運動是奎斯林（Vidkun Quisling）所領導的挪威運動（Norwegian movement），在1940年德國占領挪威之後，奎斯林的姓就變成合作的同義詞了。奎斯林是一位職業軍官（與佛朗哥、摩茲利和匈牙利的戈姆勃斯一樣）。身爲挪威駐聖彼得堡的使館隨員，在參加於克里米亞的國際糧食賑濟時，他親眼目睹了布爾什維克革命以及革命之後所造成的結果。在加入農民黨進入挪威政界之後，奎斯林在1931年時出任國防部長，但是在動用軍隊鎮壓罷工行動的爭論裡，他失去了國防部長的職位。奎斯林於1933年5月成立民族聯盟。因爲挪威沒有敏感的民族問題，而且奎斯林無法激起人民從丹麥手中收復格陵蘭島與冰島的激情，所以他仍然只有少數的追隨者。此外，雖然挪威的社會黨曾經是1919年時斯堪地那維亞半島上唯一加入第三國際的社會主義政黨，但是1930年代的挪威左派份子依然沒有作出引爆革命的威脅。除了模糊的反馬克思主義，與對「盎格魯－猶太（Anglo-Jewish）金融資本家」的例行抨擊之外，奎斯林的法西斯主義的特殊標誌，是領袖對於喚起古挪威的宏偉與北歐民族團結的興味。這項運動的重要性，主要在於它聚集了一些在1940年以後，得以與納粹黨嘗試建立戰時合作的要素。

法西斯主義的吸引力

在經濟大蕭條最嚴重的時刻裡，墨索里尼依然是唯一掌權的法西斯主義者，民主政體的前自由黨首相勞合．喬治畏縮猶豫地站在英國國會裡，與法西斯主義領袖的「勇氣」與「積極的力量」形成對比。[24]在1930年代時，對歐洲自由主義傳統的類似質疑，逐漸擴大爲一種怒吼。

法西斯主義吸納了已經失靈的自由主義制度的難民。自由主義似乎無法滿足人民的生計與安全需求。在那些帶有意識形態的難民之中，有些人轉而信奉馬克思主義，但是要邁向馬克思主義，個人必須和無產階級打成一片，並且接受蘇聯是個模範的事實。因此，1930年代時馬克思主義的成長有其本身固有的限制。法西斯主義可以發洩人們的種種不滿；事實上，極度否認階級是法西斯主義主要的有利條件之一。對於飽受威脅的精英份子而言，法西斯主義的權威，可以讓他們在不需要經歷毀滅性競爭的情況下，立即終結階級鬥爭與管理經濟的制度。對絕望的下層中產階級來說，法西斯主義可以滿足他們的安全需求，並且有制伏有組織的勞工的機會。對失業者來說，法西斯主義可以提供他們工作。

當然，不能只是就經濟和社會利益方面來評價法西斯主義的吸引力。法西斯主義以人們還沒辦法完全的方式，滿足所有類型的心理需求，對某些人來說，是一種讓他們感到心安的歸屬感；對某些人來說，那是一種猶如親身體驗權威暴行所帶來的刺激感；對另外一些人來說，則是一種對抗無神論、唯物論的馬克思主義的防衛措施。[25]

事實上在1930年代時，權力主義政權似乎運作的比自由主義政權好。當然，在1945年法西斯主義大敗時，法西斯主義的吸引力也就自然消失無蹤了。法西斯主義的外部標誌變成一種不名譽的表徵。但是，這一切並未杜絕未來那些驚恐與沒有安全感的中產階級與上層階級出現類似舉措的可能性。

第十二章

人民陣線年代：1934至1939年

1933年時年輕的法國右派知識份子蓋林（Daniel Guérin）騎著腳踏車繞行德國，幫一份法國社會主義的報紙《*Le populaire*》蒐集撰寫文章的資料。之後，他以敬懼交織的心情，報導了所觀察到的群衆情緒：

> 騎腳踏車縱貫德國，就像騎車經過一座頹圮的荒城，而我將自己停靠在這荒涼之地上。勞工巨像、社會民主、共產黨、數百萬人的工會等等，都像是紙牌房屋一樣崩塌毀壞。他們的旗幟、報紙、海報、書籍等等，在城裡的廣場被成堆焚燒。共產黨員被關在集中營裡；巍峨的黨部飄揚著納粹旗幟。我恍如置身於諸神的晚年時期。[1]

在義大利、德國、奧地利等地的社會主義瓦解之後，法西斯主義者接著會在哪裡興起呢？歐洲民主主義、歐洲社會主義團體與其他商業團體，是否會因爲法西斯主義銳不可擋的興起，而一個一個地消滅呢？是否法西斯主義者的對手們憎惡彼此，更甚於恐懼法西斯主義呢？群衆探索這些問題解答的焦慮心情，締造了1930年代的人民陣線（Popular Front）時期。

人民陣線是馬克思主義者與民主主義者，爲對抗公共法西斯軍隊集結而成的聯盟。這個聯盟奠基於兩種假設：法西斯主義的威脅是如此緊迫，因此，阻止它的發展乃優先於其他一切；阻止法西斯主義發展的最佳途徑，便是在其四周建立起廣泛的政治聯盟，而非只是聯合自由主義或社會主義者的狹隘聯盟。爲取得共識，歐洲左翼不同派系成員便必須從觀點與戰術上作出較多的改變。馬克思主義者必須設法讓他們的社會計畫能放下對民主主義中產階級者的排拒感；民主主義者必須暫時放下對馬克思主義者的不信任。在1917到1923年間，馬克思主義者的陣營中，社會民主主義者與共產主義者必須忘卻過去長達15年間，彼此爲了西方革命失敗，而交相批判責難的過節。也因此這個聯盟的形成是如此棘手、緩慢與難以達成了。

在1920年代，人民陣線的形成是令人無法想像的，因爲在當時，社會革命是歐洲左派份子的最高議題。在稍後的冷戰時期，此聯盟也同樣變得讓人無法想像。人民陣線只可能存在於1930年代以及第二次世界大戰中維持抗爭的那幾年。這是因爲人民陣線其實是一種因希特勒與墨索里尼的占領所引起的不景氣與恐懼下的產物。然而，即便如此，人民陣線也只能在非法西斯歐洲（nonfascist Europe）的法國、西班牙與德國、義大利流放者之間成形。

對人民陣線的參與者而言，人民陣線是一種熱情獻身的經驗，如同身處「20世紀的1848年」[2]。這意味著自1917年以來一直處於分裂狀態下的左派的和解。此外，這也意味著法西斯潮流的形勢變化的可能，顯露出人們可以不用接受希特勒與墨索里尼所提議的握手合作的其他可能。對忠誠的革命者而言，人民陣線等於是出賣了其他軟弱的政黨聯盟者。而對保守者與許多受到驚嚇的民主黨員而言，人民陣線無疑是讓西方歐洲世界對共產黨敞開大門。這些爭論一直存在，並成爲1930年代到1950年代間，自由主義整體之下群衆生活與知識份子採取行動的中心。他們將熱情戰鬥的特質灌輸到這幾十年中，奮力影響民主主義者、馬克思主義者或法西斯主義者對世界的控制。

從「階級對抗」到人民陣線

在具有組織的政黨開始接受這種思維之前，人民陣線只不過是一種基層的熱情而已。它的第一個徵兆出現在1934年2月的法國。2月6日晚間，激烈的反國會聯盟與警察發生衝突，情況看起來就像是要推翻法國共和政體一樣。當晚，法國共產黨也正在進行遊行示威，抗議資產階級的共和政體——兩個團體雖然分開行動，但形式卻極爲類似。不過，在往後的幾天，形勢發生了重大的改變，共產黨的巴黎分部同意參加——雖然仍是分開進行的——一場反法西斯遊行；這場遊行是由非共產交易同盟與國會左派主要團體、社會主義者、激進黨派成員（小資產民主主義者，small-property democrats）所主導。當兩隊人馬於巴黎近郊萬森（Vincennes）的寬闊大道會合時，他們合成一隊，並高喊：「團結統一！團結統一！」連成一隊的遊行隊伍的前頭，乃由共產黨領袖托雷茲（Maurice Thorez）和社會主義領袖布盧姆（Léon Blum）與剛辭職的激進黨前任領袖達拉第（Edouard Daladier）攜手同行並進。數萬巴黎市民將2月12日視爲大和解日，與法國共和的另一個新的開始。

不過，在共產主義者、社會主義者與法國民主主義團體，以及其他非法西斯歐洲團體在克服多年來對彼此的敵視之前，要邁向和解仍必須經歷一段困難的歷程。

共產黨的策略「階級對抗」：1928至1934年

第6次共產國際大會（Sixth Comintern Congress, 1928）命令共產黨必須對革新派社會主義者（reformist socialists）採取強硬而不妥協的態度，因此共產黨必須作出極大的跳躍，才可能接受人民陣線聯盟。就像許多史達林的決策一樣，此次的決定仍然涵蓋著不少模糊地帶，這項決策也極可能是一種對外部失望的反應。自1924年之後的自由主義與資本主義的安定期間，在世界各國中規模日益縮減的共產黨，也開始接受與西方歐洲革新派左傾份子和海外民族主義解放運動者，與他們進行某種程度的合作，然而，這種戰術並沒有發生多大的效果。舉例而言，在英國，共產黨支持了1926年大罷工，但卻無法改善共產黨在當地的邊際地位，只激勵了保守主義者突破1927年以來與蘇聯在外交與貿易上的關係。更具危險的是與在中國攻擊西方資本主義租界的民族主義者——國民黨合作的慘敗。當1927年4月，民族主義者蔣介石將軍開始攻擊中國共產黨與他們的蘇聯指導者，並大規模屠殺共產黨員且將剩餘黨羽逐入內陸時，史達林受到極大的震撼。

史達林在海外的強硬路線，同時迎合了俄國內政的極左路線。當俄國人民因集體化與工業化的「二次革命」而生活窘迫時，允許海外的共產黨員修正方針以配合穩定資本主義，是不合邏輯的舉動。[3]有些史達林的批評家譴責他忽視了各區域的策略需求，迫使海外的共產黨在「無意義的模仿」[4]之下，變成「極左傾份子」。史達林似乎對海外的共產黨知之甚微，只關心俄國共產黨是否能合乎俄國需求的完美一致性。

共產第三國際的強硬態度，影響史達林於1927年12月時提出資本主義已經進入「第三時期」的主張，史達林認爲這是一段矛盾尖銳化與失序激烈化的時期。[5]1929年時的經濟蕭條強化了再次推翻資本主義的可能性。若果眞如此，勞工的力量就不應被調轉到反抗民主的方向上運用。根據共產第三國際的觀點，民主主義與法西斯主義不過是形式不同的單一實體而已，政府們致力於保護中產階級的財產，並挽救資本主義。史達林甚至特別指出，西方民主主義是蘇聯最危險的敵人。其中，唯有義大利是法西斯主義國家，至於英法則是巴黎和平體制（Paris peace system）的創造者，也是1919年與1920年武裝介入俄羅斯的促進者與資本主義穩定堡壘的領袖。有證據顯示，1920年代末期，史達林十分害怕英法再度利用軍事干涉俄羅斯。

共產第三國際認爲，不論是民主主義者或是法西斯主義者，在「第三時期」的工人基本路線應以「階級對抗」（class against class）的態度，加強階級鬥爭（class struggle），以結合勞工與所有中產階級對立。史達林將西歐社會民主主義者（Western European Social Democrats）對民主政治的努力，視爲一種對勞動階級的背叛行爲。他聲稱社會民主黨不僅支持資本主義，更哄騙工人們在應該進行革命的時期，採取非革命態度。1924年史達林寫道：「客觀而言，社會民主主義是法西斯主義的溫和派系……他們不但不對立，反而極爲相似。」[6]1928年之後，史達林再度重新轉回到這種立場，認爲社會民主主義者與改良貿易聯盟（reformist trade unions）是中產階級民主主義的主要支柱，也是推翻資本主義的基本障礙，兩者都必須摧毀。

舉例來說，在1928年的法國選舉中，共產黨員就與社會黨員爭奪原有的社會黨席次。在巴黎選區中，共產黨領袖德羅斯（Jacques Duclos）取代了社會黨領袖布盧姆自1920年起就保有的席位。法國社會黨員或許會抱怨「階級對抗」讓他們損失了22個席次〔包括馬克思之孫隆格特（Jean Longuet）的席位〕，某些社會黨員爲了與共產黨員爭勝，竟將選票投給了右派候選人。[7]法國共產黨詩人阿拉貢（Louis Aragon）在他所寫的詩〈紅色陣線〉（Red Front, 1931）中，以清晰的文學表現來描述「階級對抗」的政治策略：

向布盧姆開槍……

向受過社會民主訓練的熊開槍……[8]

在德國，希特勒聲望的提高，對史達林而言不啻是資本主義病急亂投醫的另一證據。史達林在1932年與1933年時，認爲德國共產黨的正確政策應是提高緊張情勢；擴張政黨對立；攻擊社會民主主義是「社會法西斯主義」，並倚靠下一波的局勢轉變以興革命。這種觀點並沒有因爲希特勒於1933年成功取得政權而動搖。史達林並沒有全盤錯誤。共產黨確實接管了納粹德國之外的小部分領域，只不過史達林並未預料到這樣的進程竟帶來了長達12年的苦痛與世界大戰。

對俄羅斯的國家利益而言，由誰領導德國相當重要。自1922年訂定拉巴洛條約（the Treaty of Rapallo）之後，修正的社會主義德國自然而然地變成俄羅斯的同盟國，和俄羅斯並肩對抗凡爾賽的勝利者們。因此，即使希特勒在德國得勢，史達林也從未棄絕俄德於1926年簽訂的中立友好條約。非但如此，史達林更於1933年更新此份條約，而這份條約便成爲蘇聯與希特勒達成的第一份外交協定。俄國幫助德國從事的祕密訓練與武器供應，一直持續到1934年。在看似互懷敵意的煙幕背後，這兩個國家持續維持著實質的互動關係。遲至1934年1月共產黨第十七次全國代表大會中，史達林仍然公開聲稱「法西斯主義並不是問題所在」，因爲蘇聯滿意於與義大利的「良好關係」，並仍然與巴黎和會（Paris peace settlement）爲敵。總書記馬雷斯科（Dimitri Manuilski）在大會中宣言：「摧毀社會民主國家是加速革命時機成長的基本要件。」[9]

共產國際策略的逆轉：1934年

1934年春末，情況有了轉變，幾個月來都顯示出事態變動的徵兆。1933年底，蘇聯外交官們對西方外交官表示，對於日本在中國東北九省的擴張，蘇聯極為關切，這代表史達林開始憂心雙線戰爭（two-front war）。1933年底與1934年初，蘇聯政府探詢法國是否可以提供蘇聯空軍技術支援；在1934年初，蘇聯亦開始尋求可行的國際聯盟。1934年6月，與民主主義者結成聯盟陣線已經成為法國共產黨的正式策略，這很顯然是得到莫斯科方面的正式認可。

史達林的重新評估具有決定性的影響力，他放棄在歐洲其餘地區進行革命，將保護蘇聯的目標優先於一切海外階級鬥爭。德國被視為蘇聯政府的頭號威脅，倘若此時蘇聯與德國發生戰爭，那麼民主國家就將是最合適的盟友了。此時蘇聯已不再需要鼓吹民主國家的可怕，而社會民主主義者與改良社會主義者也不再被標識為「社會法西斯主義者」。史達林的目標已經轉為尋找提供蘇聯實際軍事基地最可能的盟國，以幫助其對抗德國。

1934年9月，蘇聯加入了國際聯盟（League of Nations）；在1934年底，蘇聯外交部長李維諾夫（Maxim Litvinov）是「東方羅加諾」（eastern Locarno）的主要擁護者。「東方羅加諾」是一種對凡爾賽體系所規定德國東部邊境的多國保證制度，用以因應1925年德國西部邊境所建立的多國保證措施。當這個計畫遭到德國人與波蘭人的反對時，蘇聯乃決定與法國和捷克斯拉夫簽訂安全互保條約（mutual security treaties），在條約中，簽訂國承諾一旦盟國受到德國攻擊，對受攻擊的盟國必須提供協助。1935年於莫斯科所舉行的共產國際第七次世界代表大會，也正式訂定新的策略，代表們被告知，工人最主要的課題是聯合民主主義者進行防禦並反抗法西斯主義。

1935年5月簽訂《法蘇條約》（*Franco-Soviet Pact*）時，史達林親自下達了受人注目的對人民陣線的認可。法國外交部長拉瓦爾（Pierre Laval）自莫斯科返國，在得到授權的情況下，公開宣稱史達林「了解並完全支持」法國的國家安全政策。此舉贏得了法國軍隊對共產黨的盛讚。史達林的聲明讓大家注意到人民陣線是抵抗希特勒軍事聯盟的底線，而其他被西方左派聯盟所喚起的社會路線的夢想，則必須暫居第二優先順位。

基於人民陣線的軍事本質，史達林決定利用人民陣線盡其可能地擴展進入民主主義的核心。原本人民陣線僅包含社會主義者與共產主義者的少數聯盟團體，不過這一次「人民陣線」卻涵蓋了中產階級民主主義者（自由主義與激進團體），甚至那些意欲以實際行動反抗法西斯的保守派人士。[10]

自由主義者的反動

人民陣線的思維將西歐的民主主義者分化。英國的自由主義者，甚至勞工們並不贊同這樣的想法。而在歐洲大陸，許多過去政黨的自由主義者也不贊成與共產黨員結盟。熱烈回應這種想法的歐陸民主主義者，大多為激進黨派成員（Radical parties）。

兩次大戰間的歐洲意識中，激進黨派已經不再「激進」，他們的確曾在19世紀的普選、一般公民學校、教會與國家的分化、抑制職業軍隊等事務上激烈抗爭。精力充沛的反教權主義者（anticlericalism）在達成目標之後，仍然持續他們的激進態度。在天主教國家〔德雷福事件（Dreyfus Affair）時期的法國、喬利蒂（Giolitti）統治下的義大利與西班牙、1931年的西班牙共和國〕中，由於激進黨員擁有左派人士的敏銳判斷力，所以他們比英、德的新教自由主義者更能持久繁榮。在社會與經濟方面，激進派是少數獨立個體的守護者：包括商店經營者、家庭農場經營者、村莊律師與教師等。基本上他們反對馬克思的財產制，馬克思主義者希望以公共財產取代私有財產；而激進派則希望能讓個人擁有私有財產的機會。由於人民陣線對這些社會問題保持沈默，這些議題便激起激進派的傳統自由主義者走到最前線來對抗法西斯主義者。除了對抗墨索里尼、希特勒與其盟友之外，激進派成員也重整了他們固有的個人主義及其對自由理念表示守護的信念。

激進主義在義大利雖然衰亡，但法國與西班牙的激進黨員對法西斯黨的壯大，仍以他們用之反抗君王與教會的復甦呼求來回應。雖然赫禮歐（Edouard Herriot）與達拉第在所謂的「兩個愛德華的戰爭」中為法國激進黨的控制權而爭鬥，他們仍然同意將新法西斯聯盟視為舊敵的復生。這些舊敵包括：反革命運動（counterrevolution）、強而有力的神職人員與軍官，以及獨裁主義國家（autioritarian state）。更甚者，法國小資產擁有者在經濟恐慌中的遭遇，也增強了許多激進黨員主動願意接受有限制的積極社會改革，同樣的態度也發生在西班牙。在西班牙，既是新聞記者又是馬德里文學俱樂部（Madrid literary club, the Ataneo）主席的阿沙納（Manuel Azaňa），反對干預政治激進派與主張平民控制軍隊，成為人民陣線的首位領袖。民主主義者對共產黨所提出的擴大聯盟對抗法西斯的迅速回應，使社會問題不再顯得那麼重要。

社會主義者的反動

缺少了社會主義者，則共產黨與激進黨派的協議就顯得毫無意義，然而存在於社會主義者與共產主義者之間的衝突苦痛並不容易克服。在這兩者之間，存在著舊創與新傷：長久以來改良派與革命派的爭鬥、1914年將社會主義者帶進民族愛國主義者的怨恨、1919-1921年間因分裂而產生的對立，以及1928年後「階級對抗」的策略。

雖然共產黨員總是譴責社會黨員不夠積極參與革命，然而社會黨員則指責共產黨員將異質的、倒退的獨裁主義引進他們在西方推動的社會運動中。共產黨抨擊德國社會民主黨無疑是「社會法西斯主義」的最後一根稻草。奧地利社會民主黨員阿德勒（Friedrich Adler）是第二國際（社會黨員）的領袖，他譴責共產黨員將民主主義的消滅視爲達成社會主義與追隨「讓法西斯主義下地獄」策略的條件，因爲他們認爲「唯一能抵達社會主義天堂的路，就是這條地獄之徑」。[11]社會黨員也勉強同意包含少許社會變遷的公共計畫，他們希望能讓人民陣線對社會改革承諾感到放心，甚至能讓共產黨員主動願意和現存的社會黨領導階層合作。社會黨員對聯合陣線感到相當懷疑，因爲直到目前爲止，聯合陣線大多意味著從基層開始的結盟——以撤走追隨社會主義領導者的擁護者，或如警句所寫「拔光社會主義這隻鵝的毛」。最後，法西斯壯大的緊急狀況與來自基層對人民陣線的熱情，終於戰勝社會主義領導階層的猶豫之心。

人民陣線並沒有在民主歐洲的各地廣爲建立。一般來說，它多半成立於受到法西斯主義威脅嚴重的地方，例如德國與義大利流亡者團體，或是馬克思主義者的大型黨派與反教會干預政治的激進黨共存的地區，例如天主教的法國與西班牙。英國在1924年與1929-1931年間，經歷過悲慘的聯盟經驗之後，工黨（Labour）不僅反共產黨也反自由主義。少數主張人民陣線與小規模的共產黨結盟的左翼工黨知識份子發現，在貿易聯盟的高層人員與檔案中，都沒有出現任何人民陣線的追隨者。低地國家（Low Countries）與斯堪地那維亞半島強硬的社會民主黨派，對於與小規模的共產黨聯盟只顯示出極低的興趣。在瑞典，社會民主黨自1931年後便握有自主權，在挪威則自1935年起控有自主的力量。由於1935年反對極端信條派的捷克斯拉夫政府成立，導致唯一殘存於東歐的共產黨——捷克共產黨（Czech Communist Party）未能得到擁有全國性代理權的社會民主黨的接納。

人民陣線聯盟在捷克成功地建立了起來，他們釋放了政治家、民衆與知識份子的強烈熱情。人民陣線的支持者相信，那些本質上反法西斯主義者最終會發揮出他們原本應有的影響力。東歐的分裂之痛似乎已經癒合，而最終必會出現積極的行動，來抑制法西斯怪物的成長。

法國的人民陣線

在表現最突出的人民陣線實驗地區中，法國是一個合乎邏輯的地方。1934年2月6日的反國會示威，讓法國成爲法西斯的下一個目標。另一邊是法國社會黨與共產黨，它們是繼義大利、德國與奧地利的共產勢力被摧毀之後，西歐僅餘的兩個最大的馬克思黨派。部分法國中產階級，認爲法西斯主義走的不過是奢華與安全路線，法國政治傳統特色，讓其他中產階級的法國公民更偏愛人民陣線。法國曾於1793年打過一場由雅各賓（Jacobin）[12]領導的偉大的人民戰爭，反抗歐洲君主。而今，1936年，狹義的新雅各賓戰役再度出現，人民用積極的態度反抗新的反革命運動。雅各賓傳統讓法國市民在保衛共和政體自由權時，得以採取左傾或民族主義兩種路線。反教權主義也讓許多法國中產階級較能接受左傾思想。更直接的是，拉瓦爾在1935年[13]針對通貨緊縮的經濟恐慌所提出的粗糙解決法，更讓法國許多領取養老金者、退伍軍人、基層公務員轉向左派。在法國，馬克思黨團可以藉由強調國家主義、捍衛政黨自由與經濟復甦等，來贏得中產階級的支持。

即便如此，要組織人民陣線仍非易事。要讓社會黨與共產黨的領袖們忘卻長達15年相互殘殺與互揭瘡疤的仇恨並不容易，而兩大馬克思黨派也各有不同的優先考量。法國社會黨員冀求速效的社會改變，包括某些企業國有化以及更爲嚴密分級的稅制；而法國共產黨則希望能集結更多盟友，包括小資產激進份子（small-property Radicals）與天主教民主主義者（Catholic democrats）共同對抗納粹德國，以協助保衛蘇聯，即使這意味著限制人民陣線去保衛國家自由主義者反抗法西斯主義。最後，支持者逐漸對羅克上校（Colonel de La Rocque）保護法西斯主義的克羅瓦運動（protefascist Croix de feu）感到不安，因爲這項運動會影響其是否能在1936年法國大選中成爲最大黨的可能性。人民陣線聯盟決定在1935年6月14日的法國革命紀念日舉行一場遊行，在那場遊行中，社會黨、共產黨、激進黨領袖——布盧姆、托雷茲與達拉第，在超過百萬情緒歡騰的巴黎市民的遊行隊伍前頭，攜手同行於雅各賓的傳統之地——巴士底監獄前。

布盧姆政府的成立

1936年5月的選舉，對內戰中的法國而言意義深遠。人民陣線的候選人雖然在總得票數（57%，多於1932年的52%）中只贏得小幅成長，卻壓倒性地取得608席國會議員席次中的386席，比1932年增加了40個席次。只有少數的法國選民改變了他們的心意，二階段選舉制度單純地支持了最團結的聯盟。共產黨員與社會黨員不同於往昔，並未在此次選舉中相互較勁，而人民陣線在國會中擁有的力量，也因此而不自然地比原本所擁有的選舉實力擴增許多。在這種情況下，極可能導致社會對右派勢力過度恐懼、對左派勢力過度期待、對人民陣線成就過度失望等失衡狀態。

這次的選舉也促成了法國右派的重新排列組合。共產黨的席次從原先的11席增加到72席，是直至1945年解放前，共產黨在法國最大的成長。而激進黨在第一次世界大戰後成爲法國第一大黨，卻在本次選舉中失利，首度敗給共產黨。爲此，他們立刻著手再次思考對人民陣線的態度。

法國社會黨既成爲贏得選戰勝利聯盟中的第一大黨，其領袖布盧姆便順理成章地於1936年6月5日就任爲法國總理。布盧姆是第一位執掌法國政府的社會黨員與猶太人。

布盧姆是經營絲綢緞帶的巴黎富商之後，從政之前曾經從事過兩種工作，表現都極爲傑出。20世紀初，年方二十的布盧姆已經是一位出類拔萃的前衛文學評論家與作家。他也曾在法國最高行政法院——裁決市民與行政機關之間糾紛的單位——擔任法官近四分之一個世紀。和其他與他同一世代的知識份子一樣，德雷福事件影響布盧姆投入社會主義者的政治活動。然而布盧姆很難想像缺乏政治自由的社會主義。當1920年法國社會黨人的多數派加入了列寧的第三國際時，布盧姆則成爲帶領拒絕接受布爾什維克（Bolshevik）黨派的黨中央集權、祕密、清算等方針的少數派領袖。布盧姆所屬的政黨於1936年成爲法國第一大黨，而布盧姆便承繼焦萊斯（Jean Jaurès）的黨主席之職，領導法國民主派社會黨走過20世紀的前半世紀。

這位身材修長、言行自律、風度優雅的知識份子，成爲勞工階級的政黨領袖似乎有些違常。布盧姆以他的精確思考，用尖而細的聲音道出了正反兩方政黨的所有理論依據。這種精確思考的能力，曾經在他的前衛評論與從事法律訴訟的嚴厲分析中展現，他從未以焦萊斯的方式鼓動支持者的情緒。執政期間，人們對他毀譽參半。右派人士攻擊他是「狡猾的猶太教徒」，認爲他欠缺事業，統領著一群「過時的羅馬天主教徒」（Gallo-Roman）。[14]民族主義示威運動者在1936年2月的街頭運動中抨擊他，他更在七十多歲時被關進德國的集中營，在他所屬的左派中，他也被批評爲革命意志不夠。雖然如此，布盧姆仍然以其對人道主義的熱情獻身與對公眾事務做出困難抉擇時所採取的誠實開明的態度而贏得許多好評。

圖12-1　法國社會黨領袖布盧姆（右）與英國工黨領袖艾德禮攝於1939年5月倫敦下議院前。

1936年的選舉似乎承諾了歐洲事務的新導向。從1929年之後那一段缺乏民主主義者發揮的時間帶中，歐陸終於堅定轉向社會民主主義與議會政治實務結合。歐洲人莫不引領期盼這樣的民主國家，能爲他們開展一個更快樂而有活力的生活。

法國的新政

1936年6月到1937年6月是布盧姆充滿活力的一年，有人將這一年稱爲法國新政時期。不同於美國總統富蘭克林（Franklin D. Roosevelt），布盧姆既沒有壓倒性的選票支持也欠缺固定任期、強大的行政力量，以及從國際複雜局勢中得到的相對自由。

布盧姆在內戰的微妙時刻接掌了政權，當時瀰漫著一股歡欣希望與誇大恐懼的氣氛。逾兩百萬的法國勞工進行罷工或準備進行罷工，靜坐在工廠外的罷工潮如燎原之火散布開來，遠超過任何一個聯盟領袖可以控制的程度。如同流亡的蘇聯革命份子托洛斯基（Leon Trotsky）一樣，有些人相信法國革命已經開始。而另一邊的兩百萬法國人則與羅克（La Rocque）的「法國社會黨」（Parti social français）一樣，傾向於反議會。不論人民陣線的政策如何徹底審愼，即使是溫和保守派的新聞媒體，例如穩健派的報紙《時報》（*le Temps*），也將之稱爲「革命者」。

6月7日，布盧姆在總理府瑪蒂儂宮（the Matignon Palace）徹夜會見了聯盟的領袖們與受驚恐的企業家們，並裁定以非革命策略來解決罷工潮的問題。瑪蒂儂協議（Matignon Agreement）確認了勞資雙方代表進行談判、勞工組織工會的權利與加薪15%的結論。

大規模改變法國的社會制度並非人民陣線的任務之一。但是聯盟需要仰賴平息社會問題以建構更有力的反法西斯聯盟。布盧姆以他一貫謹慎的態度，提醒他的社會黨追隨者：人民陣線是「現行制度結構下的權力運作與……現行法規」，[15]而不是爲了追求激進改變的革命性「權力戰利品」。

不過，布盧姆爲首的人民陣線仍然嘗試提出三項主要議題：社會不平等、經濟恐慌以及法西斯的抬頭。人民陣線政府執政的最初幾週，制訂了大量的法條，締造了些許社會改革，也改變了數百萬法國人民的生活。這些法條就連後續的執政政府——即使是二次世界大戰時被德軍占領的期間——也不敢輕易廢除。其中最重要的是，除了小型家族企業之外，勞工每年享有爲期兩週的有給休假，此舉讓法國政府開始意識到休閒是基本的社會權利。每年8月，法國家庭大量移動到山野或海邊休假的情景是布盧姆的人道主義願景中，最讓人印象深刻的貢獻。布盧姆對勞資雙方關係的直接介入也遠多於他的前輩們。除了

圖12-2　1936年5、6月間法國大罷工。示威牌上寫著老闆是「竊賊」。

1936年6月的瑪蒂儂協議之外，他還在6月24日制訂了新法，促成勞資雙方的談判與大型企業中員工選舉勞工代表的權利。布盧姆並將三個較不重要的內閣職位任命女性擔任，成爲法國女性入閣的創舉。儘管範圍受到局限，人民陣線的社會改革仍然爲其成就了持久的貢獻。

對於經濟恐慌，布盧姆政府的因應措施就沒有那麼成功了。布盧姆以「通貨再膨脹」（reflation）來取代通貨緊縮（deflation），以及增強購買力以刺激經濟等政策，看起來比之前的「通貨緊縮」有希望得多。[16]不過，在實務操作上，這些補救措施全然無效，這是由於環境太過棘手，包括國家內部的阻力與政府本身猶疑不定的態度使然。每週工作40小時，對社會大衆而言的確相當吸引人，但卻會降低生產力。由於法國物價上漲得比生產量迅速，導致輸出量持續下跌，促使布盧姆考慮採取能刺激大量生產的政策——讓法郎貶值——因爲大衆對於貨幣的波動是最敏感的。當法國收支平衡惡化時，法國的投資者與投機者——不論在任何環境下都不是人民陣線的朋友——開始拋售法郎到國外去購買黃金與外幣。由於不想對交易市場施加壓力進行控制，布盧姆政府在諸多壓力中，被迫於無任何外貿利益的狀況下，在1936年9月讓法郎貶值。1938年時，生產量仍然低於1929年與1936年夏天，然而物價的漲幅則被增加的薪資所吸收。

與法西斯對抗是人民陣線存在的主要理由，然而現在卻成了民主陣線繼續存在的主要阻礙。布盧姆政府——比他的前輩們較無平衡預算承諾的壓力——乃展開重大的重整以對抗德國的威脅。左派政府強化軍事的作法，不論如何都會留給人們左派政權的保守刻板印象。在翻轉外交政策的好奇心之下，許多保守派人士開始將希特勒想成是反共產主義的堡壘，將抑制希特勒擴張的戰爭視爲「對史達林之戰」。他們認爲這些行動會讓俄國人因此有機會進入歐洲製造革命，如同1917年時一樣。法國內部對外交事務的歧見，讓每個可能成爲政策夥伴的盟友，均無法接受法國在某些重要事務上的觀點。

即使因集體化與清算而導致國力衰微，俄國仍是唯一看似眞實且能助其與德國抗衡的力量，甚至在1892-1917年的舊法俄同盟，也在布盧姆掌權之前開始復甦。1935年5月，拉瓦爾拜訪史達林並簽訂互保條約。這項條約在1936年2月於國會進行確認時，幾乎被激烈的反對意見推翻。布盧姆對此條約反應冷淡，主張軍隊應該反對這項條約。另一個對德國的可能抗衡力是法西斯義大利。1935年的衣索匹亞戰爭（Ethiopian War）[17]徹底摧毀了義大利與民主國家間的關係，雖然法國右派從未停止責難布盧姆不嘗試與墨索里尼重新接觸。東歐各國——曾於1920年代與法國一起對抗德國盟友——在潮流推進下，轉入更具經濟活力的德國經濟圈；事實上，在1936年3月德軍占領萊茵河地區（the Rhineland）之後，法國軍隊便已失去對任何同盟國伸出援手的能力了。在德軍占領萊茵河地區之後，比利時便在1936年夏天與法國終止了共禦條款（defensive arrangements），宣布中立。人民陣線的成立原本是爲了對抗希特勒在軍事與外交上的擴張，不過到後來，也只殘存一支情緒極爲不滿的軍隊與唯一的盟國——英國，而英國後來也被捲入對歐陸不干預的政治原則之中。

人民陣線的反法西斯立場在其成立初期，因西班牙內戰（Spainish Civil War）爆發而受到挑戰。持不同意見的西班牙將軍與西班牙摩洛哥軍隊（Spanish Moroccan Legion）在1938年7月18日發動反抗西班牙共和政府（Spanish republican government）的活動。自該年2月起，西班牙便由人民陣線執政，而布盧姆又正好非常渴求能有一個友邦政權。局勢非常明確，合法的西班牙政府尋求法國的武器支援以抗禦國內的軍事暴動，而法國又有一切的理由希望避免面臨第三國境的另一個法西斯政體。

幫助西班牙共和政府引起布盧姆那些溫和派同盟夥伴的激烈反對，包括激進黨、英國政府，因此布盧姆只好將對西班牙政府的幫助化明爲暗。然而在法國境內賦予法西斯同盟權力，也讓布盧姆擔心直接參與西班牙內戰，會讓法國捲入內戰的漩渦之中。

布盧姆採用更謹慎的策略，他試著停止運用外援去幫助西班牙國內的任何一方，期望西班牙共和政府可以由於德國與義大利阻撓幫助內鬨者而獲救。他與英國和其他歐洲國家組成不干涉委員會（Non-intervention Commission），圍堵所有對西班牙的武器輸出。然而，這樣的策略卻導致西班牙共和政體所得到的幫助（大多來自蘇聯）少於西班牙暴動者從德國與義大利得到的幫助。布盧姆所面對的是西班牙的總體戰爭與他在國內的弱勢地位。保守派譴責法國政府不干預對西班牙「紅派」（Reds）的暗中協助，他們預言內戰將會散播至法國，且左派將會要求法國對西班牙提供更多的協助。1937年3月16日在巴黎近郊，克里奇（Clichy）右翼同盟與共產黨示威份子之間所發生的衝突事件中，警察殺死了六名人民陣線的支持者，這個政權似乎在毀滅自己的孩子。人民陣線，這個以對抗法西斯主義爲目標而結成的團體，最後竟發現自己成了那些想與西班牙法西斯主義戰鬥者的踏腳石。

財政上的壓力，迫使布盧姆於1937年2月宣布「暫停一切」。布盧姆以說服的方式而非強迫的態度，說服法國的金融家與企業家，重新整頓黃金的自由市場，組成一個正統的財政顧問團，並宣布直到經濟復甦之前不再調漲薪資。當1937年春，實領薪資再度縮減、對西班牙不干預政策所造成的不滿情緒在人民陣線左派中高張，布盧姆陷入了之前在定義「權力運動」時曾被警告過的情境中。布盧姆曾經向法國社會黨員承諾，政府絕不會做出讓一般黨員感到不快的妥協政策（他曾許諾法國社會黨員，他的內閣政府將負起責任，絕不採用該黨所厭惡的妥協政治）。1937年6月，參議院拒絕賦予布盧姆所有的權力，以因應更加惡化的經濟狀況，此時布盧姆便乘機辭去職務。

從技術層面來說，法國人民陣線聯盟仍然掌控政府的運作，直到1938年11月。這段期間由作風溫和的激進黨領袖們主政，直到1938年春天，他們主政的內閣仍穿插一些布盧姆的內閣閣員。除了基本保守派的法國小資產多數派之外，社會黨的非妥協派相信「事在人爲」——如同他們的領袖皮佛特（Marceau Pivert）所說。狂熱的右翼份子爲作風謹慎的布盧姆創造出駭人聽聞的假想，將他描述成一個移民革命者，眞實的姓名是卡方克爾斯丁（Karfunkelstein）。在這些極端份子的夾縫中，布盧姆持續以極度謹慎的態度執政，總是寧可以說服的方式而非強迫的態度來勸說對他懷有敵意的商業人士。在法國新政時期的短暫期間，法國的分化比過去更爲嚴重，在這種體質不良的情況下，法國既難下決心消除經濟恐慌的問題，也難以對抗日漸擴張的納粹勢力。

西班牙：民主、革命與內戰

西班牙是歐洲唯一人民陣線聯盟握有權力的另一個國家。1936年2月，人民陣線贏得選舉，嘗試保護剛起步的第二共和對抗1936年7月發生的軍人暴動。

第二共和的產物

西班牙的第二共和（1931-1939年）並非革命產物，它只是剛好填補了一段空檔。利維拉將軍（General Primo de Rrivera, 1923-1930）的獨裁政府並未使君主政體更加鞏固。當1931年4月的地方自治選舉結果，顯示出人民對君主政治的廣大不滿之後，由於無法確信可以得到軍隊與警察的支持，阿豐索十三世（Alfonso XIII）選擇下臺，以避免捲入鬥爭的風險。

在這個空窗期，許多爭權者介入其中，其成員比起法國多樣化許多，這是由於西班牙本身就是一個同質性相當低的國家。在西班牙的最高社會階層，存在著牢不可破的貴族階級、一個極度保守的天主教統治集團、一支挫敗痛苦的軍隊（曾於1898年敗戰於美國，並於1921年又敗戰於摩洛哥）、首領支配制的古老政治傳統，以及自16世紀以來便持續關注衰退國勢的知識份子；在下層，則是既窮困又不識字的廣大群衆。大多數的西班牙人都務農。西班牙北部，小耕農占絕大多數，然而在西班牙南部（安達魯西亞，Andalusia）66.5%的土地竟握於不到2%的人手中。[18]不過，西班牙並非全是前工業化（preindustrial）的地區。它境內有兩個工業極為蓬勃的區域。其一是加泰隆尼亞（Catalonia），省內的工業城巴塞隆納（Barcelona）是西班牙經濟最繁榮的地區。北部的巴斯克（Basque）是最主要的煤鐵礦區。由於這兩個地區語言不同，而且在文化認同上也極為不同，因此工業發展只是使西班牙的種族整合問題更加惡化而已。

要找到能為如此多樣族群發聲的選舉多數派並不容易。不過，當阿豐索十三世於1931年下臺時，民主主義者與改良派社會主義者的聯盟，提供給西班牙一個師法威瑪憲法的議會規章（當時兩個國家都正疲於應付國內的經濟恐慌）。由所有成年男女選出的某個單一議會，掌控了「各個階層領域的工作者」的大部分權力。總統的職權受到審慎的限制，是對利維拉與阿豐索十三世的一種反抗反應。

共和政府的政治階段

短暫的西班牙共和政體共經歷了三種不同的政治階段。在1931年10月到1933年11月大選前的「紅色兩年」（red biennium），由反教會干政、反軍國主義者的阿沙納擔任首相。選舉結果，保守派占了40%的席次，而各種左傾派系（無政府主義者被勸告棄權）只取得20%的席位。於是在「黑色兩年」（black biennium, 1934-1936年）便由中右路線的聯合政府執政，而人民陣線聯盟則於1936年2月的選舉中贏得立法機關的掌控權。

在這些分立的政治階段中，大規模議會外的社會潮流趨勢，推動西班牙脫離政治家們的掌控向前邁進。隱匿於檯面下的群衆憤怒，終於劃破公衆生活的表象。反教會干政者在1931年5月燒毀、接管數百間教堂與修道院，之後又破壞了一些零星的教堂與修道院。[19]

自19世紀的80年代以來，人民以無政府主義形式表現的農民暴動，顯示出他們對國會改革的不信任就如同懷有深仇大恨一般激烈，這種情況在安達魯西亞的農場勞工中最為明顯，該地區的勞工占領農地並要求實施公有制。充滿驚懼的保守派企圖藉助獨裁主義者的解決方法控制混亂的想法日益增長。持平而論，在1931年後繼任的共和政府，沒有一個能充分掌控這些混亂的局面。

第一階段的共和政府（1931-1933年）對它的敵人而言是最重要的一個時期。阿沙納所代表的多數派，在19世紀歐洲末期屬於激進派，他們重視一般選舉與教育，將之視爲最重要的改革；將天主教會與專業公務員視爲民主主義最大威脅。阿沙納取消了耶穌會信徒的教條；大幅縮減宗教自由權，禁止宗教人士參與教育與商業；命令天主教會學校必須從1933學年度開始閉校；允許離婚，首開西班牙婦女參加選舉的先例。阿沙納逐步削減西班牙軍隊過剩的人員，將兵役期間調降爲一年，廢止軍官學校——代表西班牙的驕傲與歡樂的最年輕將領佛朗哥（Francisco Franco）便在此時迅速崛起，加泰隆尼亞得到極大尺度的省自治權。由於土地改革是最顯著的社會要求，因此阿沙納政府以法律迫使某些未耕的大片土地重新分配，不過由於法律的規定極爲複雜，因此只有40,000戶小耕農得到重新安置，還有許多人只能得到暫時的安置。[20]此時社會動亂仍然方興未艾，天主教徒與許多軍人聯合起來一同反抗共和政府。

西班牙共和政體主義者宣稱的「黑色兩年」是從1933年11月保守派贏得選舉之後開始。在將近兩年中，政府由中立派的共和主義者聯盟掌控，他們依靠「自治權力黨派聯盟」（Confederation of Autonomous Right Parties, CEDA）的多數黨，CEDA是一個新的天主教政黨，並爲西班牙境內的最大黨。年輕而充滿活力的CEDA領袖羅布爾斯（José Maria Gil Robles）拒絕承認共和政府的合法性，除了它「掌握此時的政權」以外。在1934年10月，某些CEDA代表被賦予參議員的職位時，阿斯圖里亞斯（Asturias）地區的煤礦工發動抗議這種對共和政府的威脅舉動，如同他們抗議經濟蕭條給予他們的苦難一般。西班牙摩洛哥外籍退伍軍人（Spanish Moroccan Foreign Legionnaires）在佛朗哥將軍的指揮下，血腥鎮壓阿斯圖里亞斯的抗爭。羅布爾斯的神職人員盟友，繼續破壞許多阿沙納的反教會干政與反軍國主義的法律，他們重新恢復死刑；取消加泰隆尼亞的自治，並停止州立學校的男女合校制。

從1934年末開始，西班牙政府就維持一種官方的「國家警戒狀態」，限制人民的自由權。爲此，數以千計的西班牙人被捕入獄，且有數千人開始考慮採取直接的抗爭行動。當1936年2月的大選越接近，就有越多西班牙人增強了他們對政府的敵意。每個陣營都在聲揚自己的恐怖遭遇：修女遭到礦工性侵犯；礦工遭到外籍軍團的酷刑。那些認爲革命運動已經在安達魯西亞無政府主義者的村莊、阿斯圖里亞斯礦區、分離主義者的加泰隆尼亞等地展開的人，紛紛將他們的支持投注到保守黨或佛朗哥的外籍軍團、利維拉的長槍黨（Falange）等勢力。那些人相信神職人員與反動份子，刻意刺激小耕農與礦工做出激烈的行動是爲了擊垮他們，爲人民陣線預備一個大票倉。

西班牙的人民陣線與法國人民陣線僅是外型相似而已，表面看來二者同樣是反法西斯的民主主義者、社會主義者與革命左派者的選舉聯盟。然而就其本質來說，它其實較符合大歐洲模式（larger European pattern）。爲適應西班牙的情況，人民陣線其實也經過若干改革，它所面對的是一個遠較北歐各國還要分裂的國內政黨環境，而各類左派份子的混合狀態又極爲獨特。共產黨在當時只是一個不重要的團體，僅有兩萬名黨員，在1936年的大選中也僅取得16個席次。西班牙左派的中心是無政府主義者與工團主義者。小耕農無政府主義的反傳統文化，有著自發性暴動的傳統，難以組織或以正式的黨團來掌控他們。最大的聯盟是工團主義者，他們是普遍性罷工策略的強烈信奉者，對議會的行動採取懷疑的態度。1936年，西班牙社會黨在出身無產階級的石匠拉爾果（Francisco Largo Caballero）的領導下，急速左傾，以趕上普通工會會員的腳步。比起法國，西班牙的人民陣線由民主主義者、附屬於社會黨、工團主義者，以及以對抗法西斯主義爲名，組織遍及全世界的無政府主義者所組成，規模極其龐大。

在人民陣線贏得1936年2月的大選（無政府主義者此次亦參與選舉）之後，阿沙納再度成爲總理，人民陣線對於反對派的行動抑制效果不彰。儘管如此，土地重劃在三個月之內安頓了11萬1千戶小耕農得到新的土地，小耕農不再爲地主工作，並有能力趁著西班牙有史以來最大規模的罷工潮奪取土地。[21]同年的春天，資深軍官開始著手計畫奪取政權。佛朗哥搭乘由英國擁護者所提供的專機自阿沙納放逐他的加納利群島（Canary Islands）飛抵摩洛哥。1936年7月18日，將軍們從西班牙摩洛哥發出攻擊信號，利用向墨索里尼借來的運輸機，開始將外籍軍團運過直布羅陀海峽（Strits of Gibraltar）抵達安達魯西亞。西班牙內戰於焉展開。

內戰

西班牙的反抗軍費時三年，犧牲超過五十萬人的生命，爲征服殘酷的西班牙政府而奮戰。[22]爭戰雙方的力量都不夠強大到足以快速結束戰爭，也不夠弱小到早些失去戰鬥力。反對派大多仰仗來自義大利與德國的軍隊、金錢、權力及人員的支援，與西班牙農業區廣大的中產及上流階級的支持。他們以安達魯西亞爲據點，順著葡萄牙邊境，到西班牙西北部的加里西亞（Galicia）開始戰爭。人民陣線的資本則包括西班牙的優勢空軍、海軍，外國自願兵團、來自蘇聯與墨西哥的支援，與上工業區、首都及東部海岸的強大支持。反對派能自給自足並發動強大的攻擊；人民陣線能生產許多產品並能依靠人民，但卻只能進出臨時成軍的軍事行動。

第一年，戰爭的焦點集中於首都馬德里。反對派以四個縱隊的強大可怖軍事武力向馬德里推進，並期待首都內支持者「第五縱隊」（fifth column）的響應。不過，一支臨時加入卻充滿熱情的人民陣線軍隊意外占領了馬德里，顯示出意志堅決的民兵在都市戰中可以發揮的力量。

反抗軍之後轉往法西斯歐洲尋求支援。英法不干涉委員會（Anglo-French Non-Intervention Commission）對西班牙政府取得外援的壓制甚於對反抗軍的牽制。在1936年12月到1937年4月間，義大利派遣10萬名軍隊（包括7萬名義大利軍人與3萬名北非殖民地軍人）赴抵西班牙。1936年11月，德國派遣兀鷹兵團（Condor Legion）空軍聯隊（約由六千人駕駛）與一些火砲與坦克襄助反抗軍。即便如此，反抗軍仍然無法操控馬德里。1937年3月，當義大利的一個坦克師被共和政府軍的空軍殲滅於瓜達拉哈拉（Guadalajara）時，歡欣鼓舞的西班牙共和主義者爲義大利自願軍（Corps of Voluntary Troops, CTV）另取新名爲：「何時離開？」（When are you leaving?）

組織人民陣線應付戰爭，促使他們必須在自發性與原則性二者之間作出選擇。對戰爭的熱情與需要，迫使共和政府迅速的偏向左派，不過，究竟哪一個左派團體可以符合他們的需求呢？是無政府工團主義者（anarcho-syndicalists）或是共產黨？曾對州自治權緊抓不放的加泰隆尼亞工團主義工人（syndicalist workers）奪取了工廠，以工會進行運作，並設置農業合作社（rural cooperatives）。工團主義者組成的馬克思主義統一工人黨（Partido Obrero de Unificación Marxista, Worker's Party of Marxist Unity, POUM）強調這是未來自由主義社會的起步。共產黨員引述自列寧的話，認爲這些都不過是「幼稚的左派運動」（infantile leftism），批評急躁的社會內部變革會破壞抵抗法西斯的基礎陣線，他們亦指責工會戰備物資的生產量少於之前的物主。

共產黨獲勝了，不只因爲戰爭物資在經濟上帶來的效益大於自由權，也由於蘇聯提供西班牙共和政府唯一且充足的外援。在1936年底，「不干涉原則」協議生效，港口關閉前，蘇聯派遣了400輛卡車、50架飛機、100輛坦克、400名飛機與坦克駕駛，以及爲數眾多的資深軍事顧問赴抵西班牙。當蘇聯的軍事顧問在西班牙發揮影響力時，西班牙共產黨終於結束其左派中微不足道的邊緣地位，首次搖身轉變爲一個強大的政黨，共產黨反對急進的社會改革，因而得到社會大眾的認同。舉例而言，在1937年8月，共和政府所轄地區重新恢復了公開的禮拜儀式。不過，更重要的事件則發生在1937年6月，[23]加泰隆尼亞受共產黨控制的警察逮捕了馬克思主義統一工人黨的領袖們，並關閉了他們的事務所。共產黨或許對西班牙人民陣線的紀律發生了些許影響，但卻也分化並削弱了它的群衆基礎。

戰爭開始一年之後，反抗軍將裝備較佳的部隊轉出馬德里，開始蠶食共和政府其他的重要據點。首先，他們朝北突破比斯開灣（Bay of Biscay），這引起了許多對礦業與銀行興趣濃厚的當地英國商人開始想要與佛朗哥進行商業交易。1938年末，他們又順著厄波羅河（Ebro River）到地中海岸，將共和政府的控制區一分爲二。最後，剩下的問題只是結束戰爭的步驟了。當上千名的難民由加泰隆尼亞湧入法國時，歐洲民主國家開始討論如何承認佛朗哥的政權。1939年2月，佛朗哥的政權獲得認可。在共和政府失去馬德里的3月28日，西班牙內戰宣告結束。

西班牙內戰是由情緒激昂的兩方所引起。人民陣線的努力成果，吸引了胸懷理想的知識份子，與全世界的左派人士。約有四萬人自世界各地加入西班牙共和政府參與內戰。對反抗軍而言，此次的戰爭一部分是延續15、16世紀貴族統治的卡斯提亞（Castile），再度征服加泰隆尼亞人與安達魯西亞人，統一國家戰爭的再現；一部分是善用西班牙軍團「死亡萬歲！」的精神，將殖民地的殖民戰爭方法運用到本土而已。從暴虐的層面來說，西班牙內戰成爲第二次世界大戰的預示。舉例而言，兀鷹兵團在1937年4月26日格爾尼卡（Guernica）市集日對巴斯克市場的轟炸；12位主教與將近13%的教區神職人員在內戰中慘遭殺害等。從成就面來說，西班牙內戰讓歐洲在面臨另一次更強烈的大戰之前，先燃起了大部分人民的熱情。

歐洲知識份子與人民陣線

經濟恐慌與法西斯的興起，促使歐洲知識份子的態度從1920年代的自我主張（self-expression）轉爲1930年代的社會參與（social activism）。有些知識份子被法西斯主義者所強調的同袍之愛與忠誠、行動，與「抵抗西方價值觀」以對抗墮落等承諾而吸引；而大多數的歐洲作家與藝術家，則支持人民陣線的熱情。即使是在1920年代時過著離世獨居的畫家們，也在畫作中呈現出反法西斯的宣傳意念，例如畢卡索的《格爾尼卡》（*Guernica*, 1937）。

自由主義在1930年代的徹底失敗，促使一些知識份子開始尋找新的價值觀。唯一合理的是英國詩人史班德（Stephen Spender）所倡導的「從自由主義出發」運動。史班德認為，鑑於自由主義者在其全盛時期的19世紀主張「積極份子會為政治公義獻身」，[24]而這個目標現在只能靠共產黨來繼續完成。他寄望從接受戰鬥與暫時的高壓政治來達成新的無階級社會，促使懷抱高超理想的先驅者，例如米爾（John Stuart Mill）等的理想可以被實現。史班德相信在這樣的社會下，藝術會更具創造性。未臻成熟的民主主義所培育的當代自由主義，只會製造出「缺乏品味的暴民規則」。史班德清楚引述托洛斯基在1923年發表的預言說：「人類的平均水準將會提升至亞里斯多德、歌德，或馬克思的高度。」[25]當知識份子們尋求個人自由權與藝術創造的最佳路線時，史班德在1930年代傾向與共產黨合作而不向保守黨靠攏。

其他人則成為眞正的改變信仰者。人們實在不應該如柯斯勒（Arthur Koestler）一樣，對無信仰者的自我批評太過認眞。柯斯勒之後將1930年代知識份子受到共產黨吸引的情況歸因於他們對師徒關係（disciple-master relationaship）的心理渴求，以及在封閉系統可以找到無解問題的答案的滿足感所致。[26]不過，紀律與自我犧牲的確吸引了一些敏感的年輕中產階級知識份子，他們拒絕接受前輩們在1920年代對抗個人主義遊戲時的高傲與任性的態度。舉例而言，年輕的法國哲學家尼贊（Paul Nizan）就認為共產黨是「秩序、責任與原則的骨架，在其中個人可以轉換叛逆的心情，避免自私自愛」。[27]

當然，人民陣線也將問題投給支持它的知識份子們。其中之一是，1930年代蘇聯的高壓統治與單調的內部一致，加深知識份子對清算審判的反動問題。藉著爭辯俄國經驗受到曲解，乃導因於建國的困難與四圍環繞的敵人，並非本身的體質不良，讓史班德能夠減輕對種種現象的質疑，另一個問題就是對暴力行為的辯解。不過，在經歷了1933年因為聽從德國左翼份子而遭受的災難之後，要拋棄戰後年代的和平主義就變得容易多了。當反對法西斯的運動在西班牙成型，參與一場正義的聖戰對許多知識份子而言就充滿了吸引力。

許多知識份子積極參與西班牙內戰，這是20世紀其他危機中所沒有的情形。格雷夫斯（Robert Graves）認為，西班牙內戰是自法國大革命之後從未有過的、讓英國知識份子產生如此分歧的外國議題。[28]不過，這裡所謂的分歧，其實是有所偏頗的狀況。1937年在英格蘭進行的民意調查顯示，只有五位英國知識份子支持反抗軍〔包括渥夫（Evelyn Waugh），與南非詩人坎培爾（Roy Campbell）〕，剩下的十六位〔包括艾略特（T. S. Eliot）、龐德（Ezra Pound）〕則採中立的態度，而大約有一百人左右支持西班牙共和政府。有些學者與作家在一股熱情下投筆從戎，親身參與西班牙內戰，這是在世界大戰中未曾見到的情況。第一次世界大戰是人性泯沒的盲目群衆戰爭；第二次世界大戰則是利用武器進行的長距離戰爭。至於西班牙內戰則像是個別的英雄人物所組成的戰爭，特別是共和政府的自願軍，他們抱存著參與戰爭是一種個人直接對抗法西斯的舉動的幻想。這些自願軍中包括了許多值得一提的人物：爲人民陣線駕駛飛機的法國小說家馬羅（André Malraux）；達爾文（Charles Darwin）的曾孫科弗德（John Cornford），他既是優秀的劍橋大學生，也是共產黨的組織幹部，在21歲生日前英年早逝於西班牙；劍橋科學家霍爾丹（J. B. S. Haldane）與其夫人剛開始時先投入當年才16歲的兒子服役的國際縱隊（International Brigade），最後還變成英國共產黨領袖。不論參與其中的是否爲共產黨員，在國際自願軍中的知識份子，總是在自發與原則、知識份子評論的吹毛求疵的差別，以及清楚的獻身行動之間掙扎擺盪。不過，其中有不少人感到失望。在馬羅的西班牙戰爭小說《人類的希望》（*Man's Hope*, 1937）中，自願軍原本擁有的「熱情幻想」，逐漸被漸增的機械化戰爭所腐蝕，他質疑不論哪一方獲勝，對於社會公義終無助益。最後，「政黨年代」終將來臨。

> 我最擔憂的是見到——在任何一場戰爭中，不論你是否願意，終將發現自己與敵人有多麼相似。[29]

人民陣線之後的歐洲左派

1939年之前，人民陣線已經宣告瓦解，在西班牙，人民陣線由於軍事暴動而獲好評；在法國，人民陣線聯盟則是從內部開始瓦解。讓社會黨與共產黨感到不安的激進黨於1936年贏得選舉，西班牙激進黨是第一個對法國人民陣線聯盟產生質疑的人民陣線盟友。法國共產黨在內閣中未占一席之位，只有虛擬的「群衆內閣」，嚴辭批評政府對西班牙的無作爲態度與在經濟上的失敗。至於因「權力運動」所造成的妥協與覺醒的社會黨，也遭遇日漸嚴重的內部分裂。當激進黨於1938年11月支持破壞罷工的手段時，人民陣線聯盟正式宣告瓦解。不過，在此之前，人民陣線早已失去它原有的精神了。

顯而易見的，當我們回顧這一切，人民陣線其實是一個不協調的聯盟。它的源起是爲了反法西斯，不過，它越反法西斯，就越引發激烈的爭論，充實軍備這個明顯的解決方案，便激烈地挑戰了左派傳統的反戰主義。人民陣線的另一個根基是經濟蕭條，而在此問題上，也沒有獲得更廣大、合意的解決方案，零星的改革對革命者而言，有不如無，但馬克思主義者卻承諾會致力於中產階級經營，並盡力達成大多數人民的希望。人民陣線分化了左派，使左派陷入長久以來落入的西方歐洲型態——民主主義與社會主義的窠臼中，永遠只能維持少數派的地位。不過，聯盟中卻有一個成員有顯著的成長與進步。在法國，共產黨強化馬克思主義者掌控工廠的工人，自19世紀開始還將掌控的範圍擴大到農民與知識份子。1936年之後，共產黨在法國選戰中支持率從未低於15%，這樣的支持率一直持續到1981年。共產黨的快速成長，引發了人民陣線中社會黨議員與民主黨議員的質疑與異議，儘管如此，共產黨仍然更加積極地開拓新成員領域。與馬克思的期待不同，在歐洲，共產黨員組成份子快速增加的成員不是工人，而是辦事員或低階文官。馬克思主義者原先鎖定的對象只涵蓋工人階級，然而結果竟出人意外地掌握了近三分之一的群眾。直到1980年代，馬克思主義者也在西方歐洲持續吸收新血，不過卻付出被歐洲政黨孤立的代價。在人民陣線之後，有能力在無產階級者與多數主義者之間發生影響力的政黨，也開始出現相互矛盾的說辭。

不論如何，這一切的發展都被第二次世界大戰所打斷。雖然人民陣線在被占領的歐洲的抗爭運動中曾一度復甦，不過，長遠看來，人民陣線所激起的問題並未發生任何功效。選舉多數派的左翼份子，包括民主主義者與社會改革者，在工業化歐洲是否更難施展身手？政治的未來是否操之於其他多數黨派？

近程來看，人民陣線遺留給保守派人士的是一種對不協調狀況的恐懼。許多歐洲人開始傾向法西斯而不再支持左派：「希特勒至少會比布盧姆好。」雖然保守派在傳統上支持國家榮譽與國家防禦，他們卻恐懼會因爲左派的反法西斯聖戰而被捲入「史達林戰爭」。

至於史達林，早在1938年就評斷出人民陣線不可能再爲蘇聯的安全提供任何保證，因此他也就不再提供德國西部邊境實質的軍事供應。清算行動（purge trails）在1936年與1937年達到巔峰，這是史達林不再信賴外部影響力的警訊。那些失蹤了的蘇聯領袖們，都是曾在西班牙參戰過的人。

自1938年起，希特勒取得更大的自主權。人民陣線使英法之間的關係趨於冷淡，也使蘇聯與英法兩國關係變得淡漠。剩餘的民主國家除了憂慮國家內部馬克思主義者的擴張之外，也憂心復甦的戰爭會迫使革命的發生。在那之後，幻想破滅的奧地利流亡者柯斯勒形容人民陣線是：「在鼓號聲中前行，從勝利到失敗。」[30]

圖12-3　墨索里尼與希特勒。攝於1937年。

第十三章

巴黎和約之毀：侵略主義與姑息主義，1933至1939年

巴黎和約在1929年時仍然相當完整，然而到了1939年就完全被廢棄了。這是由於它不具有自動執行的系統所致。德國的鄰近國家，企圖控制力量被削減且內部怨聲不斷的德國，然而，即使他們極力想維持對德國的掌控，卻無法如願長期維持此種局面。1939年9月3日第二次世界大戰爆發前夕，德國已在歐洲東部占領許多國家的領土，而且在豪奪了奧地利與部分的捷克斯洛伐克之後，德國的領土已經大幅超越1914年時的國境邊界線了。巴黎和約的崩毀有兩個互補互長的背景：其一是來自好戰德國日增的壓力；另外則是第一次世界大戰後，戰勝國的分裂與士氣的低落。

希特勒的初始行動

1933年1月30日，希特勒成爲德意志帝國總理時，德國的外交政策並未發生一夜劇變。當時，希特勒爲了在國內執行意識形態「一體化」（Gleivhschaltung）使國家內部趨於一致，而保留了對外閃電攻擊的實力。在當時，希特勒還只是個暴發戶，權力尙未確立。副總理巴本（Franz von Papen）企圖掌控政府，而興登堡（Marshal Hindenburg）也還續任總統。不論是官僚、軍隊、教會與職業外交官，都還維持著自有的獨立性，因此希特勒只能耐心地讓他們逐步歸入自己的掌控之下。

雖然外交部長諾伊拉特（Konstantin Von Neurath）在1933年2月向外國的外交官們保證，舊有官僚體系的人馬，例如他自己還留任在新政府體制中，就是「德國不會嘗試任何實驗性的外交政策」與「希特勒確實是理性的」的最佳證明。[1]但這並不表示大多數的德國人不想修改凡爾賽和約（Treaty of Versailles）。當希特勒在1938年與1939年像著魔了似地進行各種運動，企圖修改凡爾賽和約之際，傳統的官僚體系不但不加以制止，甚至還有許多人加入希特勒的陣線。前任的總理施德萊斯曼（Stresemann）與布魯寧（Brűning）也曾努力想要修改凡爾賽和約；軍隊已在蘇聯接受祕密軍事訓練與軍備製造，悄悄地爲戰爭做準備，德蘇兩國都拒絕承認1919年歐洲東部邊境劃分的合法性。然而，到了1933年，即使德國已經開始祕密重整軍備，法國軍隊仍然掌控著德國領土。此外，經濟蕭條對德國所造成的影響遠遠高過法國。

爲此，希特勒的初始行動極爲謹慎。直到其他協約國表明不願意把軍備降到與德國一樣的水準之後，希特勒才在1933年10月退出國聯（League of Nations）的裁軍會議（Disarmament Conference）。希特勒在1935年1月於原屬德國的薩爾區（Saar）所舉行的歸屬公民投票中承諾，[2]對法國沒有任何要求，如放棄亞爾薩斯—洛林（Alsace-Lorraine）。他並於1934年1月與波蘭簽訂互不侵犯條約，而波蘭是他在《我的奮鬥》（*Mein Kampf*）中誓言摧毀的國家。[3]直到1935年，希特勒都還與蘇聯續訂條約。到1936年，希特勒仍在公開演講中扮演厭惡戰爭到達極點的老兵角色。

在奧地利的挫敗

希特勒狂暴與急躁的性格，只有在早期對付他的出生地奧地利時顯現。在1918年之前，德國與奧地利日耳曼人的聯盟計畫（*Anschluß*, union），便因奧地利被歸併入跨國的哈布斯堡帝國而受到阻撓，現在帝國垮臺了，希特勒下定決心要將奧地利併入德意志帝國。達成此一目標的最大障礙是凡爾賽和約中的第八十條條款，以及以多爾富斯（Engelbert Dollfuss）為首的基督教社會權力主義者掌控的地區，此地區的人致力於建立奧地利人的獨立意識[4]。不過，希特勒認為西方民主國家並不喜歡多爾富斯，因為多爾富斯曾在1934年2月砲轟奧地利社會民主黨（Austrian Social Democrates），迫使他們降服，而且納粹

圖13-1　奧地利總理多爾富斯與他的內閣閣員。在納粹黨員於1934年7月謀殺了多爾富斯之後，舒西尼格（左後方）續任為總理，承其遺志堅持奧地利的獨立。

黨的奧地利分部也在那些期盼與復甦中的大德意志帝國（Greater Germany）合併的奧地利人中快速的成長。即便如此，希特勒似乎仍傾向於以間接的方式來遂行其目的。1934年5月，希特勒關閉了對奧地利的旅遊觀光路線，重創了奧地利的經濟；他同時也准許部長們公開發表談話，宣稱奧地利未來的命運就是成爲德國的一部分；此外，希特勒亦默許奧地利納粹黨所發動的政變，這些人讓希特勒錯以爲他們有來自奧地利軍隊的支持。就在1934年7月25日，一夥納粹黨人攻占了維也納的總理府與廣播電臺。在其後的混戰中，總理多爾富斯中彈身亡於辦公室的沙發中。

此次事件之後，讓希特勒在1930年代遭受最嚴重的對外挫折的不是西方的聯盟國，而是墨索里尼。墨索里尼對奧地利的獨立下了極大的賭注，因爲這關係著義大利能否在多瑙河流域發生影響力。因此，當義大利所支持的武裝衛隊（Heimwehr）幫助多爾富斯的繼任者舒西尼格（Kurt Schuschnigg）重新取回政權期間，墨索里尼部署了10萬重兵在伯倫納山口（Brenner Pass）隨時準備支援戰事。迫於情勢，希特勒只好否認在奧地利發動政變失敗的一方，接受奧地利與德國納粹黨分立的結果，如此一來，德奧的合併似乎變得遙遙無期了。

第一次違反凡爾賽和約

上臺之後不過短短兩年，希特勒便首次公開違反凡爾賽和約中的主要條款。1935年3月9日，他發表了第一個著名的「星期六驚人之舉」：宣布建立一支德國空軍。一個星期之後，他又宣布德國恢復徵兵制，以建立一支擁有36個師（約五十萬人）的軍隊。

由於協約國也並未完全遵守戰後裁軍的協定，因此對於希特勒的舉動，他們是以懷抱敵意但保持緘默的態度回應。其間，英國首相與法國總理在義大利的湖濱度假勝地施特萊沙（Stresa）會晤了墨索里尼。兩國所簽訂的「施特萊沙防線」（Stresa Front）協定中明定，必要時得利用武力來維持歐洲現存的政局。這個協定似乎成爲強有力的反希特勒聯盟的開端。不過，當時墨索里尼已經驅逐了衣索匹亞的非洲王室，並且，在施特萊沙之會的幾個月後，亦即1935年6月，英德又簽訂了一項海軍協定，透過此項協定，德國得以重建一支規模約爲英國海軍三分之一的海軍。很顯然的，沒有任何國家準備履行凡爾賽和約中所提的內容，透過施壓與談判，任何計畫都可能隨意遂行的途徑已經被打開了。

萊茵河地區的軍備重整：1936年3月

1936年3月7日，星期六早晨，希特勒派遣一支一萬名士兵的師直抵萊茵河地區，分派三支各一千人的營隊自杜塞道夫（Dűsseldorf）、科隆（Cologne）、梅因斯（Mainz）渡過萊茵河。此舉使萊茵河地區再度軍事化，並破除了凡爾賽和約設防在德國西部的安全防線。

凡爾賽和約中禁止德國在邊境的帶狀區域設置軍隊或任何軍事設施，此帶狀區域包括：萊茵河西岸與沿萊茵河東岸50公里（30英里）寬的帶狀區域。如此嚴格的對德主權的設兵限制有兩個目的：一為早期防範德國建立對抗法國的軍事措施；另一則是若發生德國攻擊法國在東方的盟國等狀況時，法國可以輕易進入德國備戰。萊茵河地區的再軍事化是30年代歐洲勢力由同盟國轉換到德國的關鍵。歐洲局勢因此順勢逐步導向第二次世界大戰。兩次世界大戰之間歐洲各國關係最易讓人接受的老套解釋，應是協約國（Allies）未能及時掌握阻擋希特勒發動攻擊的先機。

圖13-2　1936年3月7日，德國步兵部隊登上科隆的霍亨佐倫橋（Hohenzollern Bridge）橫渡萊茵河。與其他小分隊從梅因斯與杜塞道夫渡過萊茵河的類似舉動表明，希特勒已經違反凡爾賽和約中萊茵河左岸永為非軍事區的條款。

此時，協約國面臨兩種選擇：其一是承認德國在其邊境有自由調動軍隊的自主權。不過，如此一來無異是悄然放棄一項不尋常又過時的安全協定。然而，畢竟希特勒遣入萊茵河地區的少量軍隊，很顯然並沒有侵犯任何他國邊境的意圖，就如同《倫敦泰晤士報》所做的評論，德國只不過是「走進自己的後花園而已」。事實上，在之前的幾個月，英法兩國的外交官便已祕密就此一選擇進行討論。然而要去交涉彼此的讓步與單方面接受挑戰，兩者畢竟是極爲不同的問題。

另一方面，協約國擁有充分的理由可以採取立即的軍事措施對抗德國。依據凡爾賽和約第四十四條，以「任何方式」違反萊茵河地區的非軍事化舉動，都被視爲懷有「敵意」的行爲。1925年所簽訂的《羅加諾公約》（*Locarno Pact*）中，[5]德國再次確認這些條款，並承諾協約國在必要時有權以武力維護公約作爲「自衛的合法權力」。因此，法國擁有充足且合法的權力，單獨或與其他羅加諾公約簽署國一起採取制裁德國的行動。

此外，法國還有其他政治上的正當理由來對德國的行爲作出反應。這個理由是，萊茵河地區的再軍事化使法國原想將萊茵河地區變爲一個獨立區的計畫破局。法國在簽署了一份從未被實行過的英美共同防禦條約之後不久，就接受了一項妥協方案。一旦萊茵河地區的屏障潰決，德國軍隊得以進駐亞爾薩斯—洛林邊境，則1919年的安全協定便蕩然無存了。基於這種種考量，法國總理薩羅特（Albert Sarrault）於3月8日透過法國廣播電臺高聲疾呼：「我們絕不會讓史特拉斯堡（Strasbourg）[6]落入德國大砲的射程範圍之內。」於是，法國軍事參謀家們開始策劃進行奪取薩爾與盧森堡（Luxembourg），企圖以之作爲談判籌碼；此外，也籌算另一種方案：挺進萊茵河地區的軍事行動。

然而，最後法國卻僅向國聯遞交了一份抗議書，這是由於法國在軍事反擊上有其技術上的困難：法國軍隊經過重組之後，若要採取任何行動，就必須動員所有軍隊（包括後備軍人），否則就只能按兵不動，在這樣的結構下，法國無法進行小型而迅速的軍事行動。此外，即使沒有這些技術上的困難，也還有來自政治上的阻力，政治上的阻力或許更甚於軍事上的限制也未可知。1936年3月時值法國大選前夕，動員後備軍人無異是一種政治自殺行爲，1923年攻占魯爾區的經驗就是最好的前車之鑑。在經濟上，法國也處於經濟蕭條的谷底，嚴酷的財政預算限制了軍事行動的準備；經濟蕭條也重重打擊了士氣。自從1935年開始了「飢餓的年代」之後，士氣更加低落了。當時由於1917年與1918年下降的出生率，使年滿18歲能入伍的年輕人降至往常的一半，那是一個讓人們反省戰爭所帶來的資源浪費的年代。凡爾賽和約所架構的體系雖然用意是要阻止德國的軍事出擊，然而，在法國已經鮮少有人願意爲一支充其量僅具有象徵性意義的、在德國境內調動的軍隊而進行戰爭了。

至於英國，支持法國對抗德國的人數更是少之又少。自1919年以來，英國便一貫地反對法國採取更積極的安全防禦措施。英國的輿論仍然深受凱因斯（John Maynard Keynes）所寫的《和平之經濟後果》（*The Economic Consequences of the Peace*）影響，傾向認爲法國是一個好戰且非理性的國家，他們不斷釋放訊息警告法國，英國反對法國在1936年發動必要性的軍事行動。因此，雖然表面上不採取行動是巴黎作出的決定，然而事實上英國的反對態度讓此決定下得更快。

回顧過去，一直延續至今的老套說法認爲，1936年時錯失阻擋希特勒的良機，乃肇因於幾個錯誤的假設。第一個錯誤假設是，希特勒應會因一些極輕微的反對，命令進入萊茵河地區的德軍撤防，此一假設源於約爾（Alfred Jodl）將軍戰後於紐倫堡接受審訊時的自白。然而，從後來查獲的德國文件中卻顯示，當時德軍的分隊所受到的命令是抵抗而非撤退。第二個錯誤假設是，當希特勒遭受到第一個挫折時，境內反對希特勒的人便會乘機推翻他，然而，觀察稍後德國陷入危機時，德國人民所表現的愛國反應，此假設的正確性便不禁讓人感到相當懷疑了。法國立即反擊極可能導致大型的戰爭，如此一來，法國便會被貼上侵略者的標籤。攻占部分德國領土之後，哪些是法國有能力眞正落實去做的事？如若發動戰爭，來自協約國的反對壓力是否並不亞於面對德國的壓力呢？

種種合理的推測，都讓法國必須深思，動武去維持一個和約是否合宜，尤其是在這個和約的合法性正遭到某些政黨強烈質疑的時刻。從1936年萊茵河地區的危機處理中，我們不難學習到早期遏止侵略者改變現狀的重要性。以希特勒的性格與他之後所獲得的勝利來看，早期防禦實在勝於放任他肆意發展。萊茵河地區的危機需要從一個更廣的角度來謹愼思考，既要顧及維持凡爾賽和約的有效性，又要考慮1923年侵略魯爾區的先例，與未來將與希特勒共享的權力等等。不論如何，1936年「錯失良機」以外部武力推翻希特勒的議題，仍是一個未解的爭議。

義大利的轉變

雖然義大利與英法兩國在地中海有利益上的衝突，然而直到1935年，義大利的法西斯黨仍繼續維持相同的對德態度。1930年代之後，墨索里尼希望實現義大利的古老民族夢想，繼承哈布斯堡帝國，掌理多瑙河盆地與亞得里亞海（Adriatic Sea）周邊地區，這樣的野心使德國成爲義大利的頭號敵人。在1915年，年輕的墨索里尼身爲第一次世界大戰前的社會主義領袖，力促義大利加入反德戰爭。墨索里尼曾於1923年協助法國占領魯爾區。1925年，他亦擔任羅加諾公約的擔保人；1934年7月，當希特勒企圖占領奧地利，墨索里尼曾公開羞辱希特勒，這是兩次世界大戰之間唯一讓希特勒難堪的經驗。遲至1935年4月，墨索里尼仍是施特萊沙防線中反對德國重整軍備的主要人物。到了1936年3月，萊茵河地區的危機展開時，墨索里尼仍致力遏阻德國在該地區駐兵。

占領衣索匹亞

在非洲擴張勢力的夢想，是促使墨索里尼改變政策方向的主因。墨索里尼於1932年自任爲外交部長，撤換專業外交官，改以法西斯黨員任職，處理重要的外交政策。首先，他在歐洲主導了一個爆炸事件。1933年6月，墨索里尼倡議《四國條約》（Four-Power Pact），讓義大利能取得與英法德三國相同的平等地位，不過，這個條約並未發生任何效用。北方德國勢力不斷增長，強化了義大利在歐洲前途黯淡的懷疑。而1933年到1934年間，義大利法西斯對國內的統治也遭遇到內部質疑的危機。逐漸成熟的新生代未曾經歷1922年時的「英雄時期」，對他們而言，較諸十年前的君主立憲時期，在法西斯的統治下，他們所獲得的實在太少。經濟蕭條對義大利人在工作上與士氣上的影響，遠超過官方表面所呈現的資料。「統合主義」（Corporatism）也越來越清楚顯露出它不過是大企業補助的自律規範而已。如果沒有其他手段來確保社會團結與吸引年輕人，法西斯的最佳出路就是向外侵略了。

約在1933年底或1934年初，墨索里尼開始研究攻取衣索匹亞的可能性。對墨索里尼而言，選擇衣索匹亞作爲侵略的對象既合情也合理，衣索匹亞是一個位於東非義大利殖民地厄立特里亞（Eritrea）與義屬索馬利亞（Italian Somaliland）之間的內陸國，也是至今尚未被歐洲列強所控制的非洲主要國家之一；此外，由於它曾於1896年的阿多瓦戰役（Adowa）中擊敗義大利，許多義大利國家主義者必會樂於見到復仇成功的場面。1934年7月納粹黨在奧地利發動的政變，使墨索里尼相信他必須趕在另一場新的歐洲大戰爆發前迅速採取行動。1934年8月，派駐義大利的外國外交官們便已提出義大利開始軍事準備的報告。[7]

1934年12月，坐落於義屬索馬利亞與衣索匹亞之間，尚有爭議的國境邊界上的沙漠小鎮瓦爾瓦爾（Walwal），發生了一個小規模的衝突事件。這個事件給了墨索里尼一個發動侵略計畫的公然藉口。義大利與英法兩國間頻繁的外交往來讓墨索里尼相信，即使發動侵略行爲也不致遭到歐洲各國實際的干預。義大利的軍隊在1935年10月一舉入侵衣索匹亞，雖然衣索匹亞的軍隊力抗入侵者的強韌度超過義大利的預期，但最終仍不敵義大利的飛機與毒氣而戰敗。1936年5月，墨索里尼順利扶植了國王艾曼紐三世（King Victor Emmanuel III）登上衣索匹亞的皇位。

與西方國家的決裂

在占領衣索匹亞之後，墨索里尼似乎期望能鞏固他與英法之間的關係。然而，占領衣索匹亞的行動所引起的反應實在是太激烈了。當衣索匹亞皇帝塞拉西（Haile Selassie）於1935年10月出現在國際聯盟請求援助時，歐洲民主主義者將其視爲英雄的象徵，大家都遺忘了在1923年時，衣索匹亞之所以能成爲國聯的會員國，完全是由於義大利的堅持。因爲當時衣索匹亞仍然存在奴隸制度，因此英法都堅決反對衣索匹亞加入國聯。儘管在1935年時，高張的民主聲浪極力主張國聯制裁義大利，然而外交家們卻謹愼地建議國聯，不要失去可以一起對抗希特勒的盟友墨索里尼。最後，英法採取了一項不嚴厲卻也不算妥協的制裁方案，即英國外交部長霍爾爵士（Sir Samuel Hoare）所提的「雙線政策」（a double line of approach）。[8]爲了避免引起義大利的敵意而招致反抗，國聯並未對義施以石油禁運，雖然唯有此舉才能眞正牽制義大利對衣索匹亞的侵略行爲。國聯僅對義大利施以禁運武器與限制貸款，並停止輸入義大利商品等制裁，不過這也足以激起義大利人的愛國情緒，讓他們陷入憤怒的狀態了。

同時，外交官們也試著在暗中安排一項解決方案，這個方案計畫承認義大利在衣索匹亞的統治權，但並非完全寬恕義大利的侵略行爲。英法兩國外長霍爾爵士與拉瓦爾（Pierre Laval）於1935年12月草擬了一個計畫，期望能終結這些有關義大利侵略行動的爭議，不料此項計畫提前被洩漏，引發社會大衆的憤慨，尤其是英國，民衆反應之激烈讓霍爾甚至因此葬送了他的公共事務生涯。由於義大利寧願用武力而非協商的方法取得在衣索匹亞的優勢權，使墨索里尼與英法之間的嫌隙永遠無法得到冰釋。

1936年7月，當墨索里尼提供西班牙叛軍佛朗哥基本軍事支援以對抗西班牙共和政府時，義法英之間的嫌隙變得更深了。演變到最後，竟有7萬名義大利自願軍加入戰場支援佛朗哥。這次輪到法國人民被激怒了。因爲一旦西班牙被法西斯掌控，共和政體的法國就幾乎完全被懷有敵意的獨裁國家所包圍了。

1936年10月，墨索里尼派遣外交部長，也就是他的女婿齊亞諾（Count Galeazzo Ciano）去拜會希特勒，以鞏固新聯盟。1936年11月1日，墨索里尼又首次公開指出，要把羅馬—柏林此一「軸心」作爲新的歐盟中心。

聯盟的模式

墨索里尼在1935年與1936年間的轉舵，爲歐洲帶來了嚴重的後果，不但使法國陷入兩線戰爭，並造成歐洲勢力的結盟基礎，從利益結合轉變爲以意識形態爲基礎的結盟。由於墨索里尼重返反德陣營的可能性依然存在，因此直到1940年，以退讓妥協的態度吸引墨索里尼回陣營的迷思，仍然存於一些英法領導者的心中。事實上，自1935年開始，兩個反德陣營就已開始互別苗頭，競逐相抗。英法的保守主義者試圖與義大利聯手恢復「施特萊沙防線」，或甚至是墨索里尼的「四強理事會」。所謂的四強乃指歐洲反蘇聯聯盟，包括獨裁與共和國家，或許也包含德國。保守主義者希望能藉此讓歐洲各國自行解決歐洲事務。另一個陣營是以蘇聯爲首的聯盟，其目的僅在以強大的武力對德國施壓。

自1936年之後，英法兩國的領袖便在各個不同的時機搖擺於兩種不同的反希特勒聯盟之間。特別是英國，她在1938年4月與墨索里尼妥協，簽訂一項「君子協定」（Gentleman's Agreement），聲明願意尊重地中海與紅海的現狀，承認義大利在衣索匹亞建立的王朝。而另一個由拉瓦爾所主導，傾向蘇聯的陣營，1935年時短暫地在法國的人民陣線裡較占上風，但是1938年春天，法國人民陣線又重新對西班牙共和政府予以援助。然而，這兩個陣營由於在意識形態上差異過大，因此既無法合併也無法持久。與義大利結盟的一方看起來似乎支持法西斯主義，而靠向蘇聯的另一方則像是共產主義的支持者，兩個陣營不可能找到共識點結合爲一，雙方陣營在意識形態上完全不同。

對墨索里尼而言，他越來越向軸心國靠攏。雖然他告訴希特勒，在1943年之前義大利無法參戰，然而他卻在1939年5月與德國簽下了「鋼鐵協約」（Pact of Steel）。

希特勒的東歐計畫

希特勒於1935年與1936年的行動基本目標是，藉由重新武裝與重整軍備來茵河地區，重新恢復1919年之後所喪失的邊境主權。1938年與1939年的後續行動目標，則爲越過1919年所劃分的奧地利、斯伐洛克與波蘭的國境。這些懷有巨大野心的行動，讓第三帝國不僅重新回復到1914年第二帝國時的疆域，甚至超過德意志民族的居住疆界。到底是什麼因素，讓希特勒得以如此擴展領土呢？

優秀種族的生存空間

希特勒曾經說過，擴張德國領土是他生涯目標的全部。在他所寫的《我的奮鬥》（1925-1926年）中清楚設定了種族主義的觀念，而這種觀念將會影響

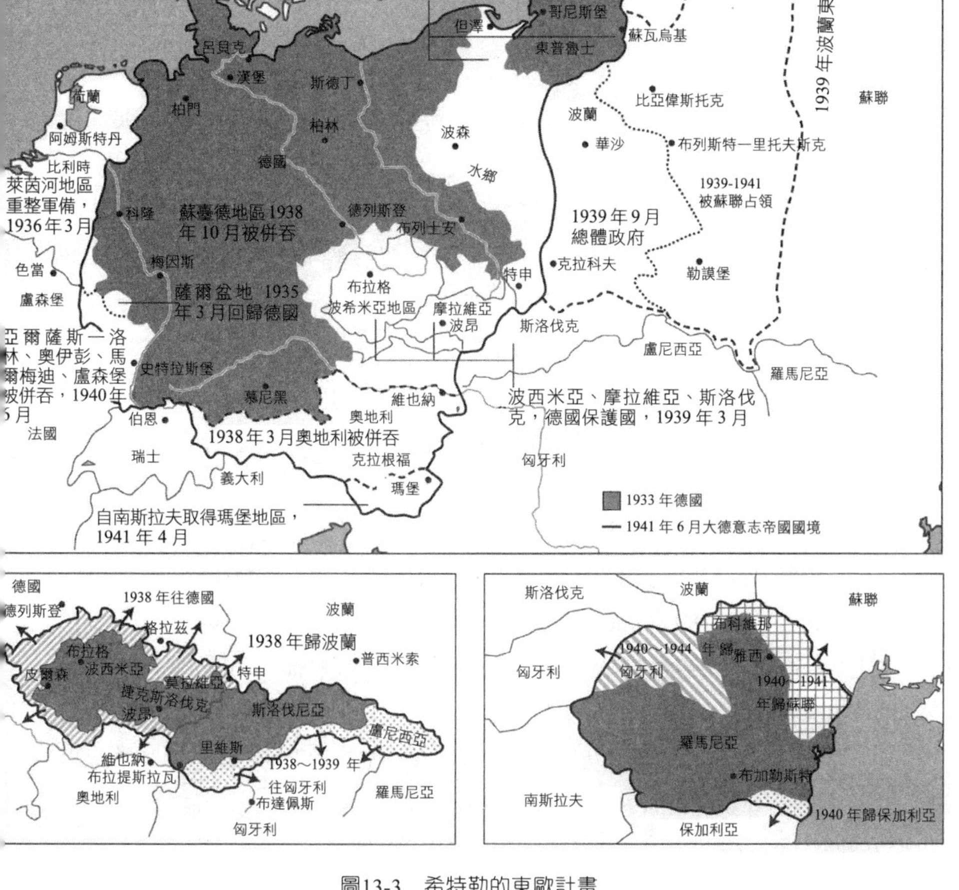

圖13-3　希特勒的東歐計畫

他的所有決策直到最後。希特勒從未打算只是回復到1914年的東部邊界，這樣的邊界目標是威瑪共和國的前任總理施德萊斯曼與布魯寧祕而未宣的目標。希特勒的野心計畫是聚集所有日耳曼人，[9]成爲一個單一民族國家，包括他的故鄉奧地利與其他前哈布斯堡皇朝統治的德意志人居住區。不僅如此，他更計畫從「劣等」的斯拉夫民族與東方民族手中奪取領土，以供給「優秀」的日耳曼民族充足的「生存空間」（living space，德文：Lebensraum）。希特勒宣布放棄──至少暫時放棄──第二帝國在西部的利益與對殖民地的統治。他希望第三帝國能與同爲日耳曼血統的英國建立友好關係，孤立法國，並在波蘭與烏克蘭建立一個大德意志的農業殖民地。

當然，《我的奮鬥》中所羅列的計畫並未完全實現。與英國的結盟被證實是不可能的任務，因此希特勒又重新開始征服西方與海外殖民地的侵略行動。然而在他的想法中，從未放棄優先考量東方生存空間的問題，這個想法左右了希特勒在1941年作出致命的抉擇──進攻俄羅斯，而非地中海。

經濟考量

另一種對希特勒於1938年與1939年的行動解讀是基於經濟考量的角度。直到1935年爲止，納粹黨解決了失業的窘境，此一輝煌的成就建立於龐大的公衆消費基礎之上。當然，對德國貨幣的流通嚴加控制，使其不受國際經濟波動的影響、以強制措施維持低工資的政策等，也有助於消除失業狀況。然而到了30年代的中期之後，所要面對的就是下一步該何去何從，不論是重新出現的通貨膨脹或是國內失序，都將導致主權的喪失，而只是持續進行上述的早期經濟策略，並不一定確保德國能避免面臨這兩樣災難。

1933年後的德國經濟「奇蹟」的創造者，當時的財政部長沙赫特（Hjalmar Schacht）認爲，在持續發展的國際競爭中，要保持德國經濟的眞空狀態是不可能的。他相信解決德國缺乏自然資源問題的唯一方法，便是恢復對外貿易，這樣的建議對於改善1936年的經濟確實能夠發揮效用。此時戈林（Reichsmarschall Hermann Göring）則極力提倡自給自足的經濟政策。戈林的想法正符合希特勒的觀點，因此在1936年9月，戈林被任命爲「四年計畫」（Four-Year Plan）的主持人，實施自給自足政策。這個政策使德國必須開採他們自己的低等級鐵礦，以及尋找石油與橡膠的昂貴替代品。在這種情況之下，德國似乎只能倚靠擴張領土才能繁榮經濟穩定社會了──計畫奪取東歐的石油與小麥──以征服者的榮耀假象來掩飾經濟窘境。不過，不論從哪一個事件來看，希特勒的選擇永遠都是槍枝而非奶油。

德奧合併：納粹目標初試

關於納粹目標的另一個解釋是，希特勒不過是個實用主義的能手，當機會出現，他便充分掌握。希特勒的良機出現於1938年，當時義大利攻打衣索匹亞，使希特勒在奧地利的問題上得以從義大利的掌控中掙脫，從此開啓了另一條攻擊奧地利的康莊大道。

1934年多爾富斯總理於一場失敗政變中被謀殺之後，他的盟友舒西尼格繼任爲總理。舒西尼格試圖在各個敵對勢力中求取平衡，以維持奧地利的獨立地位。一邊是斯塔勒姆勃格親王（Prince Ernst Rűdiger von Starhemberg）的國內民兵部隊，同時也是墨索里尼在奧地利的主要支持者；另一邊則是奧地利納粹黨，他們的聲勢暫時因1934年7月的失敗而稍加收斂。不過，隨著德國日益強大，加上許多奧地利人期望能從巴黎和約所束縛的小國規模掙脫，奧地利的納粹勢力便又迅速地增長了。當墨索里尼將注意力轉移到占領衣索匹亞，舒西尼格便只能在缺乏外援的情況下力戰奧地利納粹黨。1937年底，在鎮壓奧地利的非法納粹組織時，舒西尼格還試圖拉攏名聲較佳的納粹領袖之一——賽斯．英夸特（Arthur Seyss- Inquart）律師進入內閣，希望能藉此分化前德奧合併勢力（pro-Anschluβ forces）。

這些作爲，促成了1938年2月12日希特勒與舒西尼格在希特勒的別墅伯希特斯加登（Berchtesgaden）的著名會晤。根據舒西尼格所言，希特勒在那三小時的恫嚇談話中，讓他相信希特勒早已背著他暗中進行軍事準備了。的確，在那次會晤過後沒幾個星期，希特勒便決定派兵入侵奧地利，這個突如其來的決定，正可解釋希特勒是個掌握時機、隨時採取擴張領土行動的人。在伯希特斯加登，希特勒認爲自己已經透過間接的施壓，讓事情有了充分的進展：舒西尼格同意將贊成合併的賽斯．英夸特安插進入內閣，擔任內政部長以控制警察。

當舒西尼格在3月9日突然宣布要在3月13日舉行公民投票表決奧地利的獨立問題時，希特勒決定採取軍事行動，這是由於若投票結果多數奧地利人民表決維持獨立，則希特勒所期望的德奧合併就又要往後延宕之故。3月10日，希特勒下令要求軍隊準備入侵奧地利，3月11日晚間希特勒下令進軍奧地利。雖然當時舒西尼格已經同意取消公民投票，然而戈林卻假借賽斯．英夸特的名義，捏造請求德軍進駐協助「維持秩序」的謊言。同時，墨索里尼向德國表明對德奧合併沒有意見。希特勒在電話中對駐羅馬代表的談話，顯示出他緊張、興奮與放鬆的心情：

黑森的菲利浦親王：我剛從威尼斯宮回來。領袖以非常友好的態度接納整件事情，他要我向您表達問候之意。

希特勒：請轉告墨索里尼，我永遠不會忘記他的恩情。

黑森的菲利浦親王：是。

希特勒：永遠、永遠、永遠，不管發生什麼事……。當奧地利的事情解決之後，我會立刻追隨他，赴湯蹈火在所不辭，無論發生什麼事。

黑森的菲利浦親王：是，我的元首。

希特勒：聽著，我願意簽訂任何協定——我再也不怕萬一我們會發生軍事衝突的可怕局勢了。你告訴他，我對他感激之至，永遠永遠都不會忘記。

黑森的菲利浦親王：是，我的元首。

希特勒：我絕不會忘記，不論發生任何事，如果他有任何需要，或陷入任何危險，請他相信我會做他的後盾，不論發生什麼事，即使全世界都與他為敵。

黑森的菲利浦親王：是，我的元首。[10]

3月12日拂曉，德軍開進了奧地利。德軍在希特勒的故鄉林茨（Linz）與他青少年時期所住的城市維也納受到混亂而熱烈的歡迎。雖然德軍的坦克與卡車在通往維也納的高速公路發生故障，然而反對德軍入侵的一方，既沒有資源、也來不及組成軍隊對抗。其他國家認爲德奧合併受到大多數奧地利人的支持，這次的事件不過是威爾遜民族自決（Wilsonian self-determination）的延遲作業而已，沒有任何一個歐洲國家準備用武力來反對一個「既定事實」，更何況這又是件受到歡迎的事。希特勒已經把領土擴張到超過舊帝國的境界了。現在德國已經搖身一變，成爲擁有8,000萬人民的大國了。

捷克斯洛伐克與姑息政策：1938 年

德奧合併的成功，讓德國東部其他邊境成爲問題，不僅希特勒信心大增，住在捷克斯洛伐克與波蘭的德語民族也開始吵嚷著要求保護。歐洲在往後的18個月當中，一而再、再而三地面臨邊境危機，直到1939年9月3日第二次世界大戰爆發。

捷克斯洛伐克的不穩定局勢

德奧合併之後，從地圖來看，捷克斯洛伐克簡直就像一個把頭伸進獅口的人。原本可以靠著北部山脈的屏障防禦德國入侵，然而現在德國卻可以輕易從南方的奧地利進入捷克斯洛伐克，更糟的是，這個新興的國家還面臨許多民族問題。捷克斯洛伐克在法國的幫助下於1919年建國，對捷克人來說，這並不是值得歡欣慶賀的民族自決，而是一個小型的哈布斯堡王朝的翻版。圍繞在725萬捷克人身旁的是500萬斯洛伐克人，在他們當中，並不是所有的人都甘心與占優勢的捷克人統一成爲一個國家。此外還有75萬馬札兒人、50萬羅塞尼亞人與9萬波蘭人，各民族間都還保有語言與文化上的差異，另外，又有325萬德國人居住在德奧邊境的蘇臺德地區。來自蘇臺德地區的舒納勒（Georg von Schönerer）是泛德意志主義運動（pan-German movement）的創始者，這個運動對當時在維也納流浪的青年希特勒影響頗鉅。[11]雖然1920年所制訂的法律規定在學校或法院中可以使用少數民族的語言，只要當地的少數民族人數超過當地人口的20%，然而在學校中的公用語言與公共服務對少數民族所顯露的歧視，不斷累積許多憤怒的民情。讓情況變得更糟糕的是經濟蕭條在德語城鎮造成重創，那些城鎮的失業率高達25%，而德國人抱怨他們總是比捷克人先被裁員。捷克斯洛伐克似乎是東歐國家中民主化最成功的國家，然而經濟蕭條與民族主義運動的復甦，已經開始威脅到這個國家的存亡絕續了。鮮少有人會對貝奈斯（Eduard Beneš）總統與占優勢的捷克各黨堅決反對在各民族間進行公民投票的態度感到狐疑，因爲值此之際，任何讓步都可能打開造成國家重大分裂的閘門。

捷克斯洛伐克此時正像一堆易燃物，而希特勒則不斷在一旁搧風點火。他鼓勵漢萊茵（Konrad Henlein）領導的民族主義示威運動。漢萊茵是蘇臺德地區一所德語高中的體育教師，在當地因身爲德國民族意識的領袖發言人而嶄露頭角。德奧合併之後不久，希特勒便在伯希特斯加登接見漢萊茵，鼓勵他穩定且逐步增加對捷克政府提出要求，讓這些要求超乎捷克政府可以接受的程度。「我們必須貪得無饜，讓他們永遠無法滿足我們的需求。」[12]

姑息政策

捷克斯洛伐克日漸高張的緊張情勢，似乎讓德國有機可乘，現在，讓我們詳加觀察英法對此預期的反應。英法解決捷克問題的方式被認爲是「姑息政策」（appeasement）的最高潮。姑息政策的錯誤所帶給1930年代時值成年的領袖們的深刻印象，讓他們在1950年代與1960年代以相反的態度來應對國際危機。例如：1956年時，艾登（Anthony Eden）爲了蘇伊士運河的問題，力抗埃及；1965年時，美國的政策制訂者對抗越南共產黨等等。由於這是一個對西方所有領袖影響至深的負面學習，因此我們有必要對1930年代的姑息政策做更深入的探討。

大家都忽略了英法姑息主義者心中對希特勒的想法與作法所存有的同情之情。主張姑息政策的代表人物張伯倫（Neville Chamberlain），繼鮑爾溫之後，於1937年5月成爲英國首相與外交部長。張伯倫出身英國保守黨（Conservative Party）革新派，在伯明罕承接市政社會服務的家族傳統，他和他的父親都曾是該市的市長。1931年於衛生部長任內，他是保守黨爲政府的社會福利政策最強悍的發言人；他同時也是保守黨福利國（welfare-state Tories）的先驅。張伯倫與邱吉爾在黨內分庭抗禮，邱吉爾對於世界權位較感興趣，且同情佛朗哥與墨索里尼。張伯倫寫給其妹的信件是幫助我們了解其思維的最佳工具，那些信的字裡行間都充滿了對希特勒與納粹的極度厭惡，完全符合嚴厲的一神論改革者的形象。他說：「無數人民的命運都取決於一人之手，實在是太可怕了。更何況那人幾乎是個瘋子。」[13]

姑息政策不是隨波逐流的政策，也不是完全放任不理的政策。在英國，張伯倫是一個積極的外交政策家，身爲後威爾遜主義者（post-Wilsonian idealist），張伯倫並不信賴職業外交家。他認爲憑藉自己在協調勞資關係的成功經驗，他可以透過與對方面對面的接觸，將事情處理得更好。除了相信自己「高明的外交手腕」之外，張伯倫還傾向信賴其他業餘者的意見，例如擢用運輸業大亨欒希曼（Lord Runciman）擔任複雜微妙的外交任務等。

姑息政策由張伯倫積極籌劃，目的在找出德國的弱點，然後透過談判的方式，在狀況失控之前，將「危險一點一點解除」，[14]就如同1914年時一樣。在1938年之前，「姑息」還只是個不具爭議性的動詞，所代表的意義就是「減少摩擦與衝突」。在這種解釋之下，張伯倫所提倡的政策與法國所接受的政策有其合理性。只不過，當這個政策無法免除歐洲落入另一次世界大戰之後，姑息一詞乃轉變成另具意義的用語。

姑息政策奠基於許多假設性的想法，或許其中最基礎的奠石是，那些經歷過第一次世界大戰的倖存者堅信，歐洲無法再次承擔像那樣的血戰。每個法國鄉鎮都有一個紀念碑，碑上都是一長串的犧牲者名單；而每個英國村莊也無一能倖免地設有大戰紀念館，再小的村莊都能列出驚人的犧牲者名單。當1930年代的「飢餓年代」來臨時，肢體殘缺的傷兵們，就是提醒人們戰爭之殘酷的最明顯標誌。雪上加霜的是，許多以下一次戰爭為主題的科幻小說，其虛構的內容都充滿轟炸與毒氣攻擊的情節，它們預言下次的戰爭會造成數百萬人的死亡。在作家們恣意馳騁想像力的情節中，倫敦、巴黎都難逃步入格爾尼卡（Guernicas）災難的命運，甚至柏林也不例外。到了1930年代末期，政府也必須一再向人民保證絕不會遭遇那些虛構的轟炸，他們的安全無庸置疑。[15]而協約國方面，由於日漸增長的戰備自卑，讓民心對戰爭的期待也更加低落了。

此外，姑息政策也立基於幾個較不明確的推測。姑息主義者相信，納粹不過是一種肇因於凡爾賽和約的政治疾病，一旦最主要的刺激物被去除，高燒與腫脹的問題就可以得到解決。尤其是許多英國人認為，德國人在1919年受到傲慢好戰的法國人刺激所引發的種種不滿情緒，都是可理解的。雖然德國本身也是兇蠻的民族，然而直到1938年，他們所要求的現況改變，從表面上看起來都不過是為了統一東歐的德語民族而已。不過，最後那震驚全世界的暴行仍然發生了〔例如1938年11月所發生的「水晶之夜」（Kristallnacht）〕。姑息主義者以為希特勒會樂於以和平的談判方式而非用武力來解決問題，就算是引起問題，也會是有限度的。在這樣的假設下，張伯倫嘗試向希特勒說明，如果希特勒願意把姿態放低，他將能為德國爭取實質修改凡爾賽和約。

最後，最難讓人坦率直言的是，姑息主義是以維持國家內部秩序的角度來考量而出現的產物。最初，姑息主義者以為另一場戰爭將會引發如同1917年時的革命。他們再也無法承受因戰爭而引起的任何社會緊張了，而不論希特勒的態度或他所施行的制度多麼令人厭惡，至少他會是阻擋布爾什維克入侵中歐的屏障。張伯倫的兩個夥伴──哈里法克斯（Lord Halifax）與威爾遜爵士（Sir Horace Wilson），便曾在1938年當面讚揚希特勒對保護歐洲文明免受布爾什維克入侵的「卓越貢獻」。英國最具權威的保守派報紙《倫敦泰晤士報》主編道森（Geoffrey Dawson）也「深受影響」，他在傳記中提到：「納粹德國是抵禦共產主義散布到歐洲的屏障。」[16]前任總理鮑爾溫也說：「因此，若希特勒東進，我將不會感到難過。」[17]

這些假定最後演變出令人難以置信的結果──支持軍事行動與支持和平解決問題的西方民主主義者的兩個陣營，在1938年與1939年間連成一氣。支持軍事行動者讚嘆法國布盧姆的人民陣線，鼓吹更積極的與蘇聯合作，並傾向提供西班牙共和政府更多的援助。這些人所依憑的是歐洲左派人士傳統的和平原則。至於姑息主義的支持者則希望墨索里尼能脫離軸心國，對希特勒做出更多的讓步，以避免只會讓提倡革命左派份子獲益的戰事發生。他們將抑制希特勒的戰爭等視為「史達林戰爭」，憑恃的是對軍隊與帝國的傳統崇拜。混合兩種傳統外交政策的偏好，使英法兩個分立的國家，很難在對付希特勒的問題上取得共識。

為推動以諸多假設成立的姑息政策，甚至早在德奧合併之前，張伯倫就一改前任首相鮑爾溫的被動作風，改以積極的政策，期能與希特勒合作，在危機形成之前能預先覺察並解決衝突。他採取主動出擊的態度，而不坐候希特勒的行動。1937年11月，張伯倫派哈里法克斯與戈林一同去獵狐。戈林擁有許多頭銜，包括德國狩獵官。哈里法克斯的任務就是祕密向德國領袖們作出保證：

> 凡爾賽和約所引起的問題若不能有效地解決，將會引起許多麻煩——但澤、奧地利、捷克斯洛伐克。在處理這些問題時，我們不需要去考慮一定要維持現狀的問題。最重要的是我們得確保這些問題的處理方式，真的能避免更多麻煩發生才行。[18]

換句話說，只要能夠維持和平，英國政府已經準備好以談判的方式來解決德國東部邊境問題。

德奧合併之後的1938年春天，當捷克斯洛伐克陷入四面楚歌的狀況時，英國政府的態度仍然維持不變。法國總理布盧姆所主持的政府，在1924年與捷克斯洛伐克簽署了一份共同防禦條約，因此在1938年3月，布盧姆提議由英法共同發表聲明，保證維護捷克斯洛伐克的邊界不會改變。然而英國政府的態度仍然與1919年時相同，拒絕對萊茵河東岸做任何承諾。現任外交部長的哈里法克斯，對布盧姆的提議做出了這樣的回覆：「很顯然的，現在時機不對。而且我們的計畫不論是攻擊或防禦，都還不到進行的時候。」[19]在布盧姆於1938年4月再度下臺時，他的繼位者達拉第總理與外交部長龐納（Georges Bonnet）便放棄了原本的外交政策，轉而認同張伯倫。

捷克斯洛伐克日增的危機

嚴格來說，這些爭吵其實是捷克斯洛伐克政府與境內蘇臺德地區少數德語民族之間的國家內部糾紛。漢萊茵在1938年4月提出了一份冗長且充滿野心的要求項目清單，這份清單被稱為卡爾巴斯德綱領（Karlsbad Program）。根據這份綱領，漢萊茵要求國內德語區擁有自治權；賠償境內日耳曼少數民族自1918年以來所受到的苦難；賦予日耳曼人主張「日耳曼精神」的完全自由權。然而，捷克斯洛伐克政府反對將1920年所制訂的民族法規自由化到如此程度。

5月20日、21日的那個週末，充滿著可能引爆戰爭的恐怖氣氛，而這也顯示出捷克斯洛伐克境內的緊張情勢，有多麼容易牽動歐洲各國陷入衝突。捷克斯洛伐克政府聲稱德國在邊境聚兵挑釁，因此於5月20日調動軍隊加強邊防。此時，法俄都公開保證會履行對捷克斯洛伐克的共同防禦協定。法國並警告英國，倘若德國介入捷克斯洛伐克，則英國政府不應袖手旁觀，希特勒因此被迫公開否認對捷克斯洛伐克有任何侵略的企圖。

在這一波戰爭恐慌過去之後，各方面的情況都變得更加艱難了。希特勒似乎已經下定決心要以武力一雪從捷克人所受到的恥辱，不再理會用談判解決問題的可能性。他在5月30日發布軍事命令，只等「找到合適明顯的藉口，以及適當的政治理由」，[20]聲明「將在近期內以武力擊潰捷克斯洛伐克」的堅定意圖。捷克斯洛伐克總統貝奈斯並不屈服於德國的軍事武力。協約國方面，特別是張伯倫，不希望看到由於捷克斯洛伐克的不妥協態度，而導致歐洲再度陷入戰爭邊緣。駐柏林的某位資深英國外交官建議某位德國官員，如果德國政府能私底下說明對蘇臺德地區的期望，則英國政府會強迫捷克斯洛伐克接受所有的要求。[21]當捷克斯洛伐克對日耳曼少數民族的讓步速度趨緩，英國駐德大使漢德遜爵士（Sir Nevile Henderson）便於1938年7月決定，是給捷克人「旋緊螺絲」的時候了。[22]

緊張的情勢再度於1938年9月發生。當希特勒於9月12日於紐倫堡納粹黨代表大會發表了一場激烈的演說之後，蘇臺德地區便發生了暴動，因此捷克斯洛伐克政府對當地發布了戒嚴令。漢萊茵逃往德國，並組織自由團（Freikorps），準備對邊境發動攻擊，德國以軍事介入捷克斯洛伐克的企圖日漸增加。9月底，英法開始動員軍隊並疏散學童，戰事似乎一觸即發。

慕尼黑協定

眼見局勢緊張，張伯倫便採取更加積極的態度，希望能藉由對捷克斯洛伐克的施壓，給希特勒一個滿意的解決方案，進而避免戰爭的爆發。為此，69歲的張伯倫生平首度登上飛機，在短短十四天之內，三度飛往德國：第一次於9月15日前往希特勒的別墅伯希特斯加登；第二次於9月22日飛赴萊茵河畔的度假城鎮戈德斯堡（Godesberg）；第三次則是9月29日的慕尼黑之行。最後一次的會面，決定讓捷克斯伐洛克把蘇臺德地區立即轉讓給德國，以此攏絡希特勒。此次談判的內容就是著名的慕尼黑協定（The Munich Settlement）——實際上就是姑息政策的同義詞。

希特勒於9月15日在伯希特斯加登發表了一場激烈的演說，妄斷捷克斯伐洛克爲了反德而對蘇臺德地區的人民施加暴虐。而張伯倫堅信唯有進行邊境調整，才可能免除戰爭，因此接受了「蘇臺德地區分割原則」——這項讓步遠遠超出幾個月前漢萊茵所提出的自治提案，以及當時希特勒的公開要求。

因此，張伯倫與法國總理達拉第必須強迫貝奈斯總統接受割讓領土，這件事使英法在簽訂慕尼黑協定之後，永遠背負著罪惡感。貝奈斯總統直到9月21日下午5點才在英法威脅要放任捷克斯伐洛克滅亡之下屈服。以爲危機已過的張伯倫於9月22日飛抵戈德斯堡，向希特勒傳達這個消息。張伯倫仍然沒有意識到希特勒並不想以和平的方式解決任何事，即使完全照著他的意思所做的領土安排也無法改變。對於希特勒聽到消息的回應，張伯倫驚訝至極。希特勒說：「那已經不重要了。」他要求蘇臺德地區的轉讓必須在三天內完成，而且必須讓德軍一次完成進駐的動作。

張伯倫回到倫敦，確知調解任務已經失敗了。9月27日英國艦隊開始動員；而法國軍隊也首次抵達新完成的馬奇諾防線（Maginot Line）。人們開始挖戰壕，倫敦也開始發放防毒面具。在那幾天中，驚懼的歐洲人民都屏息靜聽

圖13-4　1938年9月30日張伯倫完成慕尼黑協定的簽署，回到倫敦。圖中張伯倫抵達漢斯頓機場，向群衆展示由希特勒簽署的協定書。

隨時可能投向所住城市的第一個炸彈的爆炸聲。

然而，在這緊要關頭，人們仍然努力持續進行談判。墨索里尼建議召開四強會議。[23]雖然後來希特勒抱怨自己是因爲被騙才會進軍布拉格，宣稱對於蘇臺德地區的轉讓問題，他所持的態度是願意協商一切細節而非採取武力解決。希特勒同意再度討論蘇臺德問題的信件於9月28日晚間8點30分送抵英國，當時張伯倫正在下議院發表演說，他報告說此次「可怕的」、「驚人的」狀況，是由於「我們完全不了解的、遙遠國度的人民之間的爭執所引起」。

9月29日，希特勒在慕尼黑幾乎完全達到他在戈德斯堡給張伯倫的最後通牒中的所有要求——蘇臺德地區轉讓給德國——此地區往昔從未歸屬過德國。蘇臺德地區日耳曼人超過50%的所有領土，都一次完全轉讓德國。而其他有大量日耳曼人居住的領土，也要舉行公民投票以決定其歸屬（事實上，這樣的投票從未舉行過）。在民族自覺的口號下，除了282萬5,000個日耳曼人之外，還有大約80萬個捷克人因此被迫變成德國人。希特勒同意尊重殘餘的捷克斯洛伐克的國家主權。張伯倫與達拉第在回程時，被興奮的群衆團團包圍。簡言之，慕尼黑協定成功了，1938年9月戰爭並未爆發。

長遠來看，慕尼黑協定完全沒有達到姑息政策所設定的任何目標，它完全無法保護殘剩的捷克斯洛伐克免於被吞噬的命運。波蘭與匈牙利紛紛提出各種

圖13-5　1939年3月15日，德軍進入布拉格。迎接德軍的是面帶愁容的群衆與少數向德軍致意的納粹份子。

要求，並奪取了捷克斯洛伐克境內住有波蘭人或匈牙利人的領土。斯洛伐克的動盪，重新燃起了希特勒利用時機分裂捷克的興趣，讓他終於在六個月後做出毀約的舉動。德軍在1939年3月15日開進布拉格，捷克地區變成「波希米亞—摩拉維亞保護國」（Protectorate of Bohemia-Moravia），而斯洛伐克地區則另外成立爲一個獨立國家。長遠來看，慕尼黑協定根本沒有發生防止戰爭發生的效用。而且，由於當時在處理捷克斯洛伐克問題時將蘇聯摒除在外，導致與原本可能成爲反希特勒聯盟一份子的蘇聯之間的隔閡。慕尼黑協定不論是道德精神上或實質上完全沒有守護者，一個也沒有。

選擇戰爭

1938年時，姑息政策還有另一個選擇 —— 以軍事武力來支持捷克斯洛伐克。根據1924年的條約，法國有義務援助捷克斯洛伐克，這是法國在東歐所建立的安全系統的一部分。而根據1935年的條約，當法國履行對捷克斯洛伐克的援助時，蘇聯亦有義務提供援助。倘若捷克斯洛伐克堅持不惜以武力保衛講德語的蘇臺德地區，那麼協約國便會將法蘇捲入一場範圍更廣的歐洲反德衝突之中。簡言之，如此一來，選項就剩下打一場由法國或英國與蘇聯爲主導的反德預防性戰爭（preventive war），以維護巴黎和約不遭破壞。

問題的核心是蘇聯的意向究竟爲何？史達林是否眞的願意幫助資本主義國家的英法，協防捷克斯洛伐克的安全？早在1938年3月17日，蘇聯的外交部長李維諾夫就已公開表示，蘇聯「已經準備好參與集體的行動」，以「遏止進一步侵略行動的發展」。同年9月2日，李維諾夫向國聯提出呼籲，希望能建立英法蘇三國聯盟，以保護捷克斯洛伐克。對蘇聯來說，發動軍事干預的最大問題是，蘇聯的軍隊與飛機必須穿過波蘭或羅馬尼亞的領土，才能到達捷克斯洛伐克。雖然波蘭堅決反對借道給蘇聯，但卻有跡象顯示，倘若國聯投票支持反德行動，羅馬尼亞政府願意讓蘇聯軍隊通過領土。然而，蘇聯的問題並不止於此，當時史達林正進行他的清算（purge trials），超過一半以上的軍官遭到撤換。根據後來曝光的俄羅斯檔案顯示，當時蘇聯的軍隊確實收到警戒命令，然而卻從未接收過支援捷克的命令。

可以確定的是，英法政府並不希望蘇聯參加這場預防性戰爭。在經歷爲期兩年的西班牙內戰之後，西方國家懷疑共產黨參與歐洲事務的居心已經到達最高點。在蘇聯於3月17日提出呼籲之後，哈里法克斯寫了封信給英國的駐法大使說：「我們不認爲那有什麼重大的價值。」[24]張伯倫認爲蘇聯「一半以上算是亞洲國家」，法國政府則是極度渴望能避免陷入履行條約義務的困境。對這兩個西方國家而言，幾乎所有的讓步都會落入「史達林戰爭」的陷阱之中。

第二次世界大戰之後，有許多人推測，如果在1938年能有其他的歐洲國家支援捷克斯洛伐克，則德國境內的反對黨很可能就會推翻希特勒，而這是非常可能發生的，倘若在1938年9月英法能展現更多的勇氣，那麼不但有機會不靠戰爭保住捷克斯伐洛克，希特勒也可能被國內的反對黨推翻，此外還可能避免因第二次世界大戰導致蘇聯勢力深入中歐的情形發生。許多德國將領也對1938年的預防性戰爭感到驚恐，因爲他們認爲至少得等到1943年才能充分做好作戰準備，參謀總長貝克將軍（Ludwig Beck）甚至由於捷克危機而辭職下臺。不過，由於其他的將領都沒有做出實際的行動，因此有關他們當時的意向，我們也只能從他們的戰後回憶錄中了解梗概。而且，即使我們接受了表面上他們在回憶錄中的說法，在當時那樣的一個國際性危機中，要糾集衆多德國軍官與政府官員聯合反抗希特勒的機會，仍然微乎其微。不論如何，可以確定的是，當時姑息主義者確實能興戰保護捷克斯洛伐克，而他們最後畢竟沒有這樣做。

也許在1938年9月以武力保護捷克斯洛伐克的結果，會造成西方列強與蘇聯的決裂，甚於造成德國的分裂。對戰爭的嫌惡之情，不僅在充滿恐懼的保守黨員中蔓延，也同樣廣布在傳統的和平主義左派人士當中。即便是法國前總理布盧姆，也承認自己在聽到慕尼黑協定順利簽署後，感到「如釋重負」。[25]大多數的歐洲人在1938年9月時，都支持姑息政策。

然而，姑息政策不論在保護殘剩的捷克斯洛伐克領土不被吞併，或是避免1930年代爆發戰爭的兩重目標上都失敗了，這是目前人盡皆知的事實。當時針對希特勒的所有猜測盡皆錯誤。當然，這並不是說姑息主義的基本目標——找出問題，嘗試以談判協商的方式，取代機械性地以武力解決一切對現狀的挑戰——的方式，不適用於其他時間的其他事件。

波蘭危機：陷入戰爭，1939 年

很快的，大家就恍悟波蘭是希特勒的下一個目標。1919年時所立的東部邊界之中，波蘭邊界問題最讓德國輿論界感到厭惡：波蘭走廊（Polish Corridor）分隔了東普魯士與其他的德國領土；直轄於國聯的自由城市但澤的多數居民都是日耳曼人；此外，波蘭還掌控著居住於富庶的西里西亞（Silesia）的日耳曼少數民族等，都是問題。1939年春，德國外交部長里賓特洛甫（Joachim von Ribbentrop）要求波蘭歸還但澤，並允諾德國興建一條穿越波蘭走廊的鐵公路，德國願意回饋波蘭某種形式的基本防禦，以助其對抗蘇聯。雖然希特勒擺盪於理性與暴力之間的形式作風，常讓人難以猜測他的眞意，不過，從當時的情況看來，希特勒似乎並不打算興起戰爭來進行疆界的些微調整。波蘭外長貝克（Colonel Josef Beck）已經做好心理準備，一旦希特勒提出要求，那麼他就要乘勢得利，如同在慕尼黑協定簽署不久，波蘭即乘勢奪取捷克斯洛伐克境內具有爭議的特青（Teschen）地區一樣。然而，貝克並不希望讓波蘭成為哪一個鄰強的保護國，他希望的是在德蘇兩強之間取得和平共處的平衡。

姑息政策的捐棄

這個決定性的改變來自於英法兩國。希特勒在1939年3月無視慕尼黑協定，割據了殘餘的捷克斯洛伐克領土，揚言要對波蘭進行攻擊。此舉讓張伯倫深感憤怒，並醒悟到事情的嚴重性。於是，張伯倫便在3月31日於下議院公開宣布，一旦波蘭的獨立地位遭到「明顯的威脅」，則英法將「盡一切力量」援助波蘭。英國終於下定決心承諾履行自1919年以來就不斷逃避的、應盡的大陸義務了。一年多前，面對較易解決的保衛捷克斯洛伐克問題時，英國政府拒絕履行這份承諾，而今卻許諾協防波蘭。此舉顯明，張伯倫親自捐棄了姑息政策。

在第二次世界大戰的發展進程中，英法對波蘭作出協防承諾，成為其間最具爭議的作法。依照慣例，西方民主國家從一開始便應如此，不過，這項履行承諾的舉動引發了合法性的爭議，因為德波邊境進行些微調整的舉動並非完全不合理。因希特勒背叛慕尼黑協定而被激怒的張伯倫，是否眞的會不計付出「談判也許能解決問題」的代價，也要防堵慕尼黑事件再度在波蘭發生？而張伯倫此舉是否會對此一新的歐洲危機投入新的強硬面貌？

是否張伯倫會以當初決意用談判解決問題的相同熱情，堅持戰爭勢不可免，而將歐洲帶入一場全面性的戰爭？是否這個協防承諾只是個「幌子」，[26]誘使波蘭堅不妥協來刺激希特勒，逼使他必須以原不想用的武力處理波蘭問題？

1939年錯失以談判來解決但澤問題的想法，取決於個人對希特勒意圖的直覺。不論在早期希特勒是如何願意以談判來解決問題，1939年5月底，希特勒最終還是決定「沒有流血就不會有勝利……要奪取波蘭是毫無疑問的，問題是發動攻擊的時機……戰爭勢在必行」。[27]當時希特勒所期望的應該只是區域性且短期的戰爭，為此，他必須想辦法讓波蘭從英法的保護中分離出來。希特勒公開宣稱，他所要求的僅是但澤與通行波蘭走廊的運輸權，希望能藉由這樣的聲明，讓波蘭內部出現拒絕妥協的團體，由此引發英法的憤怒。如此一來，他就可以單獨對付波蘭，不用發動全面性的戰爭。

希特勒仍然相信英法並不是眞的要協防波蘭，因為英軍尚未做好準備，而法國輿論普遍不願意「為但澤而死」。最重要的是，英法究竟能從何取得保衛波蘭的軍事武力？因此，當1939年緊張的氣氛籠罩但澤時，其他勢力——即蘇聯與義大利——便占有決定性的角色。

納粹—蘇維埃條約

英法對波蘭的協防保證若缺乏蘇聯的幫助，便無法有效實行。當然，法國可以攻擊德國西部，但在波蘭被擊敗前，法國僅有極短的時間可以協助防禦——假定法國內部已達成共識，同意在1939年發動攻擊的情況下。如果能與蘇聯結盟，便可以像1914年一樣，對希特勒進行兩面夾攻。然而英法兩國政府卻對這樣的戰略完全沒有興趣。除了原本對蘇維埃政權的基本厭惡之外，他們也懷疑史達林的動機（是否他打算將希特勒捲進西方戰爭中？），質疑他整頓軍團的能力。他們認為或許和史達林結盟反而更易引爆戰爭也未可知。英法蘇三國的代表，針對締結三國安全條約的可能性，協商了整個春天和夏天。而在1939年8月22日，傳來了一個令人震驚的消息，其威力就像個炸彈一樣猛烈：德國外長里賓特洛甫在莫斯科與蘇聯簽署了「納粹—蘇維埃條約」。

英法兩國的政府常被輿論譴責，認為他們太過執著於意識形態上的嫌惡感，而拋棄了可能成為反希特勒盟友的蘇聯，甚至因此而有蠱惑希特勒東進的嫌疑。1938年9月，處理捷克斯洛伐克的問題時，英法將蘇聯排除在外；1939年4月，他們又拒絕了蘇聯外長李維諾夫所提的三國締盟的提案；並且，他們甚至還派遣無足輕重的人物，以緩慢的速度到莫斯科與蘇聯商談格局更小的安全條約。

不過，困難確實存在。蘇聯軍隊不可能不跨越波蘭對希特勒發動攻擊；同樣地，它也必須取道羅馬尼亞去支援捷克斯洛伐克。而英法兩國又拒絕為蘇聯借道波蘭與羅馬尼亞的權利背書，而且，他們懷疑史達林會以此為藉口，「間接侵略」波羅的海三小國（拉脫維亞、愛沙尼亞、立陶宛）。實際上，納粹—蘇維埃條約的締成，實在是由於希特勒能給史達林西方民主國家所不能給的好處。

德蘇的接觸（最初幾年並不包括軍事條約的相關內容），使兩國之間的經濟交涉在1939年早春死灰復燃。德國的經濟協商代表於4月間透露給蘇聯一些清楚的暗示，而史達林則在5月3日撤換了贊成國聯（同時也是猶太人）的外交部長李維諾夫。希特勒決定在5月間，認眞查探蘇聯保持中立的可能性。

當德國外交官在1939年8月催促蘇聯做出決定時，兩國之間的協商進行得更加認眞了，也使蘇聯警覺到希特勒企圖侵略波蘭的野心。在這樣的認知下，史達林的選擇相當清楚：加入協約國的陣營意味著得爲波蘭而宣戰；與希特勒結盟意味著選擇保持中立。而且，希特勒允諾給予蘇聯擴張波羅的海地區、東波蘭與比薩拉比亞等地勢力的機會。1938年到1939年間，蘇聯在中國東北的滿州邊境與日本之間所發生的小規模衝突，讓希特勒的和解提議更受歡迎。簡言之，若與協約國結盟，就得打一場「無獲之戰」；而若與希特勒結盟，則可以「不戰而獲」。[28]

納粹—蘇維埃條約只是一個簡單的協定，約束簽約國若有其中一方捲入與他國的戰爭，則另一方應保持中立不予干涉。條約中的附加內容，想當然耳是有關瓜分東歐勢力範圍的祕密協議。「有關領土與政治的重新劃分」，蘇聯得到芬蘭，以及波羅的海三小國中的拉脫維亞、愛沙尼亞，立陶宛的大部分、三分之一的波蘭（東波蘭）、比薩拉比亞，以及1918年劃歸羅馬尼亞的多瑙河口東北部地區；而德國則得到波蘭與立陶宛的剩餘領土。

現在，希特勒開始加快他的侵略計畫了。確定不用再顧忌史達林之後，他只需要再取得英國的默許與墨索里尼的支持，便能安全進行侵略波蘭的短期戰爭。他向大英帝國提供保證，用以交換英國的中立。然而，張伯倫在8月25日卻近乎賣弄炫耀似地簽署了英波協約（Anglo-Polish guarantee）。1914年時，由於格雷爵士（Sir Edward Grey）未能讓德國確切明瞭，倘若比利時遭到侵略，則英國必將採取的行動的訊息，而導致嚴重錯誤的發生。這一次，爲了避免重蹈覆轍，張伯倫決定用雙重的方式傳達信息——公開聲明與私人信函——讓希特勒清楚明白，倘若他侵略波蘭，英國不惜一戰。另一方面，墨索里尼回覆希特勒，他只能保持中立，因爲義大利尚未準備好對外作戰的能力。希特勒暫時放棄了戰爭計畫，在之後的五天中，希特勒看似接受墨索里尼所提的調解方案，並順從張伯倫的期望，直接與波蘭談判，波蘭堅決拒絕重蹈慕尼黑的覆轍，而這是希特勒所不樂見的。希特勒認爲張伯倫的強硬態度不過是虛張聲勢而已，因此在9月1日他即下令揮軍進入波蘭。希特勒對英法畏戰程度的估算確實精準。英法直到9月3日才對德國宣戰，比德軍進犯波蘭足足遲了兩天。自此，歐洲人以消沉的心情被捲入第二次世界大戰，再不復見1914年時的熱情了。

第二次世界大戰的起因

有關第二次世界大戰之起因的爭議，較之第一次世界大戰少。1939年9月發生的大戰，一般都將之視爲希特勒之戰，肇因於一個人的野心，而非如同1914年時，由於外交、軍事與經濟三方面過度失控而引發世界大戰。

有關第二次世界大戰，史學家們都同意政府所宣傳的說法。1914年之後經過20年，協約國中的「修正主義」史學家，才開始徹底質疑協約國一直以來將戰爭禍源指向德國的說法。1914年的相關爭論，促使人們將關注焦點從個人或國家的「罪行」，轉而檢討協約國在外交、經濟競爭、人民民族主義與失控的軍事計畫等方面的問題。

1939年的25年後，在同盟國中，[29]關於第二次世界大戰只出現了一個「修正觀點」，而這個觀點也只在1990年代受到重視。此外，這個修正觀點其實也只是將爭議焦點集中於對領導者的人格特質與決策而已。翻開德國的檔案，不難看到更多記載希特勒執行的任務的證據，而德國戰後的倖存者與史學家，更樂於將一切責任推諸一人。大家都願意接受希特勒以狂暴的行動來滿足個人野心，是引發戰爭必不可少的「近因」。換句話說，沒有希特勒，就不會有戰爭。

另一個更宏觀的觀點認爲，兩次大戰都反映了一個光輝燦爛卻有缺點的人類文明。人類文明若非透過間歇的流血衝突，便無法解決其中的差異問題。1919年巴黎和會的解決方案，並不能改善歐洲（與全世界）的基本分配問題，使之成爲分立的主權國家，將國家利益置於一切權威之上。而國際聯盟與更公開透明的外交手段，亦無法比敵方陣營與1914年前就存在的祕密王朝外交，更有效地防止戰爭發生。我們只能說，國聯實在不太成功；甚至有人說，得等到有天出現一個全球政府來重劃各國領土，否則世界不可能永久和平。即便如此，這種假設所存在微乎其微的眞實性，仍然爲內戰與區域衝突留下了後路。

不論人們在凡爾賽如何努力讓世人認清國家抱負，或在歐洲傾全力宣揚民主，都無法阻止戰爭發生；非但如此，希特勒所散布的國家或種族意識反而深植於東歐邊境爭議之中。民主國家的民衆，對勝利與復仇所反應出的渴望興奮之情，與極權國家毫無二致。儘管自1919年到1939年間，爲營造一個穩定的歐洲所制訂的民族自決政策明顯失敗，這些相同的問題模式卻一直延續到1945年戰後的世界。

有些人認爲，經濟失敗是導致歐洲在1939年再度陷入戰爭的主要原因。很明顯的，1930年代的經濟蕭條，讓歐洲受到前所未有的重創，也因此讓希特勒有機會乘勢而起，而鄰國卻無餘力遏止他的擴張行為。馬克思主義者更強調：「對於一個成熟的資本體系而言，經濟蕭條是必然的結果。當國內的利潤率（profit rate）開始下滑，列強最終將以戰爭的方式去爭奪剩餘的世界。」然而，實行馬克思主義的國家（例如蘇聯與中國）之間也同樣發生戰爭，因此，這種對戰爭的解釋仍有待商榷。

或許所有人類結成的團體都無法長久免於戰禍。歐洲所帶給我們的新經驗，也許並不在於它於短短的三十年間便經歷了兩次幾近自我毀滅的戰爭經驗，而是自1914年起所廣傳的信念：戰爭是邪惡的，並且是可以避免的。

圖13-6　1941年，德軍裝甲部隊從東線出發。軍隊與軍備都以機動化的方式移動，以便跟上圖右的馬克二式坦克（Mark II tank）。在閃電行動中，裝甲部隊由斯圖卡式俯衝轟炸機支援，突破敵人防線，繼之以行動較緩的馬曳部隊鞏固戰果。

第十四章

希特勒的歐洲：占領、合作、反抗，1939至1942年

當對波蘭的戰爭演變成全面性的歐戰時，希特勒確實感到詫異，但並未過度驚慌。希特勒的第三帝國似乎已經掌握了當時摧毀第二帝國的問題的解決方法：如何避免在面臨雙線戰爭的情況下，擴張其歐洲領土。他的軍隊比波蘭軍隊優秀精良，占有絕對的優勢；至於東方唯一的顧慮——蘇聯，則已經準備好與他一同加入這場爭奪戰；西方的敵人，明顯地並沒有作戰意願。與1914年的前人不同，希特勒擁有掌控作戰時間的自由，他可以先進攻波蘭；然後若有必要，則利用空檔，將主要戰力轉往西方對付法國。1939年8月26日，他寫信給墨索里尼說：

對德國而言，能與俄羅斯結盟實在是件值得感謝的事。因為，如此一來，德軍便能在攻破波蘭之後，在東歐自由進出……。對於東部問題的處理，即便在西部可能遇到阻礙，我也絕不退縮。[1]

1939 年衝突的本質

希特勒所盤算的計畫若要成功，乃取決於速度。他與前人一樣，無法解決長期戰爭所帶來的戰資消耗問題。德國在採取自給自足的經濟政策之下，開發境內自有的低級鐵礦，並自行生產代用橡膠與石油，然而這僅能縮小供需差距。每當戰事擴大，德國便得仰賴瑞典供應鐵礦、羅馬尼亞與蘇聯供應石油，以及東方各國供應穀類食糧。靠著外交手段也許可以讓這些國家維持一段時間的物資供應，然而對長期戰而言，這種方法畢竟不完全可靠。

顧及德國很可能面臨另一場長期戰爭，德國的軍事後勤專家們認爲，應將國內所有的生產線轉爲製造戰備物資，然而這樣的計畫必須到1943年才能執行完成。因此，希特勒決定以閃電戰（Blitzkrieg, Lightning war）的方式作戰，如此一來，只要準備進行單次攻擊所需的充足物資與戰備，就能擊敗受驚的敵人，並能擄獲在該次攻擊時所耗損的物資與戰備。這種作戰的好處之一是，可以分擔掉一些德國人民的戰爭經濟壓力。希特勒解決德國經濟問題的方法並非從內部的根本問題著手，而只打算以短期效益來逃避問題。

德國自1939年便進入戰爭狀態，然而它只能應付速戰速決的小範圍戰爭。至於擴大戰爭，則根本尚未預備妥當。德國的軍械庫中沒有長程轟炸機；海軍只有57艘潛水艇，其中能進行遠洋航行的只有18艘。[2]1917年之後，德國不再重視增補原先最主要的海軍戰備，由此舉可以看出希特勒並沒有與英國作戰的計畫。雖然德國已經開始執行定量配給與薪資控制，不過，與1936年到1939年間相較，1939年到1940年間德國經濟並未投入更多的資源支持戰備生產。消費物品的生產持續進行，高速公路（並非全爲戰爭而建）也繼續建造，而且遲至1942年，德國仍然輸入大理石，用以打造希特勒誇張的柏林建設計畫。

相較之下，希特勒的敵人們則不論在人員或資源上，都比他占有優勢。波蘭、法國與英國，三國相加共有1億2,000萬人，而德國只有8,000萬人。此外，這三個國家還握有海權與世界戰備資源。儘管美國受到中立法案（Neutrality Acts）的限制，羅斯福的「現金交易」政策（只要交戰國能付出現金並自行載離，美國便願意出售物資）卻能讓英法從美國取得所有需要物資，使英法而不致如同1914年到1917年那樣窘迫。因此，只要把握兩種狀況，聯軍便足以取勝希特勒：首先，他們必須能戰勝最初的閃電攻擊；接著，以封鎖周邊外援的方式，逐漸癱瘓德國經濟，除此之外，聯軍別無他法。這是由於經濟蕭條，使聯軍無法建構強大的攻擊武力；此外，即使他們能組成一支精良的軍隊，國內輿論的壓力也會讓先發制人的攻擊策略無法順利進行。因此，戰勝的關鍵便取決於有效的防禦準備，以及應付長期抗戰的充足物資和心理預備。

在戰略情勢上，聯軍的問題並非戰備不良。法國海軍的規模遠遠超過德國；英法兩國的海軍聯合起來，可以完全掌控整個大西洋與地中海。英軍的重型轟炸機設計更是先進精良，而他們的輕型蚊式轟炸機（Mosquito bomber），由於速度極快，可以省卻防禦裝備迅速飛入柏林。至於陸地方面，法國的馬奇諾防線成功地封鎖了法國與比利時邊界、自瑞士到亞耳丁山區的萊茵河前線，而德國也確實從未直接跨越此防線。

不過，採取防衛戰卻使聯軍蒙受嚴重的損失。雖然英法擁有飛機與坦克的卓越設計原型，然而他們並未將最新的設計付諸大量生產，這是由於他們擔心一旦開戰延後，則預先儲備的武器可能會因設計過時而無法使用。此外，由於無法預知軸心國會從哪裡進攻，因此聯軍還必須監控所有前線；再者，死亡仍是影響士氣的最大陰影。希特勒曾經經歷過第一次世界大戰，他相信協約國的人民不會支持耗損龐大的長期戰爭，尤其是當他們經歷過幾次閃電戰之後，長期戰更不容易被接納。

與1914年人們對戰爭的天真熱情相較，1939年歐洲人是以深沉的目光來面對戰爭。即使是德國，當軍隊行經街頭，人們也是沉默以對。歐洲人都預期下一次的戰爭將會充斥大量的轟炸與毒氣，這在西班牙與衣索匹亞戰爭中開有先例。

心理戰對引起人民的戰爭恐慌頗有效果，在戰場上，閃電戰利用的就是驚嚇與恐怖的心理。例如，斯圖卡式轟炸機雖然速度緩慢且易受損，然而由於配備警報器，因此可以達到嚇阻陸地敵軍的功效。此外，德軍在敵營後方空降假人傘兵，也發揮了極大的效果；而讓突擊隊員穿上波蘭與荷蘭的軍服，讓人們相信眞有「第五縱隊」存在。至於國內的前線，雙方陣營都提高警覺掌控人民的想法，想辦法以宣傳影響敵方陣營的人民。

1939年所引發的戰爭恐慌，使人們相信科學與技術將會操控未來的戰爭。不過，這次戰爭一開始所使用的，其實是1918年時使用過的武器改良品。唯一最重要的全新武器是由英國人所創造的雷達，這讓英國在1940年時贏得空戰的勝利。從技術層面來說，閃電戰對技術的依賴就沒有長期戰那麼多了，因爲短期戰倚靠儲備的武器，而聯軍打算進行的長期戰則需要大量的物資與整體的戰爭經濟支持。反猶太人導致德國科學落後的可能性增加，雖然奧托·漢（Otto Hahn）是在1939年首位研發出鈾核裂變的柏林化學家，然而他的得力助手——優秀的女物理學家梅特內爾（Lise Meitner），與其他重要的猶太科學家都被迫逃離德國，轉而協助聯軍發展自動化武器。不過，德國在核物理學方面之所以停滯不前，其最主要的原因乃是政府決定發展導彈技術，而不重視核物理學之故。此項決定導致德國在終戰前由於缺乏燃料，無法利用工程師們所設計的全世界第一架噴射飛機——米塞施米特262式（Messerschmidt 262）支援戰場。

當戰爭於1939年開打，無人確知誰將是勝利的一方。但可以確定的是，這場戰爭將比上一場帶給歐洲人民更多的恐懼，造成更大的浩劫。

東線戰爭：1939 至 1940 年

波蘭的閃電戰

1939年9月希特勒對波蘭所發動的戰爭，讓歐洲人民首度見識到閃電戰的威力。充分的宣傳爲閃電戰先聲奪人。希特勒在宣傳中聲稱，德國人被迫苟活於「低人一等的文化價值之下」，忍受劇烈的痛苦。[3]該年8月底，希特勒甚至讓SS衛隊僞裝成波蘭軍人襲擊德國邊境，並留下一名身著波蘭軍裝的屍體，以作爲波蘭「曾經攻擊德國」的「證據」。而即使已經完成軍隊點召，希特勒仍然對外顯露出願意接受談判的可能性，也因此成功地讓英法對波蘭施壓，導致波蘭延遲了24小時發布總動員令。9月1日黎明拂曉，德軍正式入侵波蘭。

德軍的主要武力是裝甲部隊。當時德國並未派出所有63師的全部武力，僅用了6個師，便擊潰了波蘭40師的軍隊。一個裝甲師包含300輛坦克與以同樣速度前進的支援武力和戰備物資。先由斯圖卡式俯衝轟炸機破壞並摧毀敵方的防禦，繼之以坦克進行攻擊；等坦克開出一條道路之後，便由裝甲部隊占奪領土；最後，以配有裝備的常規部隊進駐新掠奪的領土加以控制。平坦遼闊的波蘭領土，是最適合進行迅速坦克戰的地方。

雖然英法立即給予波蘭空軍支援，且在戰爭開始之後的第16天派遣陸軍協助；然而直到9月8日，才只有少量的法國先遣部隊進駐薩爾。當一切看來大勢已去時，英法也取消了更進一步的支援與攻擊，在這種欠缺外力支援的情況下，波蘭的投降只是時間上的問題。儘管波蘭政府力挽狂瀾，將武力集中一處進行抵禦，首都華沙仍然在9月27日淪陷，波蘭在10月2日完全投降。

俄羅斯在東歐的斬獲：1939至1940年

德國在東歐如迅雷般的進攻速度，讓史達林與其他人一樣感到十分意外。德軍壓境所帶來的緊張，加上急於確認8月23日時所訂定[4]有關瓜分領土的祕密內容，讓史達林匆促地於9月17日派兵西進波蘭。最後，史達林奪得了上述德國更多的波蘭領土。雙方更進一步進行波蘭領土的瓜分是在里賓特洛甫二度造訪莫斯科時完成。此時，德蘇與1794年到1914年間時一樣，再度共有一條邊境線。[5]

史達林察覺到這是個強化蘇聯西部防線的好機會。他與拉脫維亞、愛沙尼亞、立陶宛簽訂了「互助條約」，並在三國的同意下，取得立陶宛的駐軍權〔立陶宛乘機再次併吞於1920年時被波蘭占領的維爾那（Vilna）〕。

之後，史達林要求芬蘭放棄芬蘭灣口（Gulf of Finland）的維堡（Vyborg）地區。維堡距離列寧格勒僅二十英里。當談判無效，蘇聯旋即棄置1932年與芬蘭簽訂的互不侵犯協定，1939年11月30日，在未有任何宣告之下，史達林逕自出兵芬蘭。這場被稱爲「冬戰」的戰爭，讓俄國人遭遇意想不到的挫折。當其他的未參戰國（包括墨索里尼，由於納粹—蘇維埃協定使義大利在巴爾幹半島權益受損，也因此讓墨索里尼感到恥辱）看到蘇聯的損失大過芬蘭時，都不禁替「勇敢的小芬蘭」鼓掌叫好。蘇聯的出師不利，讓西方國家更堅信蘇聯軍隊由於清算行動而實力大減。最後，蘇聯終於靠著集中兵力的作戰方式，於1940年3月12日迫使芬蘭放棄維堡。

1940年夏天，當希特勒專注於西線戰事時，史達林收復了1917年時失去的大部分領土；該年6月，史達林又強行占領波羅的海三國——拉脫維亞、愛沙尼亞、立陶宛，並於8月將三國納入蘇維埃共和國的一部。稍早前，史達林還曾於6月26日要求羅馬尼亞，將第一次世界大戰前曾屬俄國的比薩拉比亞與從未屬於俄國的布克維那（Bukovina）割讓給蘇聯。透過這些手段，蘇聯在多瑙河河口所奪得的領土已超過1917年時的損失，範圍涵蓋前沙皇於波蘭的大部分領土，並將蘇聯在芬蘭境內的邊界向前推進。[6]由於史達林的防禦力增強不少，因此極可能促使他提早與希特勒決裂，不過在此時，他仍然繼續忠於納粹—蘇維埃條約，繼續提供德國迫切需要的物資，特別是石油與糧食。

西線戰爭：1940 年

當希特勒於1939年10月6日向英法公開倡議和平時，儘管英法兩國國內有許多黨派支持妥協，張伯倫與達拉第仍對希特勒此舉置若罔聞。不過，無論如何，當時希特勒早已擬定了對西方國家的作戰計畫。原先預定在秋天發動的行動因故受阻，而出現了一段等待期，這段「假戰爭」（phony war）期間，讓英法軍隊失去了制敵先機。

在那段候戰期間，英法兩國政府針對可行的進攻步驟進行商議。他們認爲，不論從物資或從政治層面考慮，渡過萊茵河對德國發動攻擊都不可行（沒人願意看到巴黎與倫敦遭到轟炸），而消耗戰與包圍戰則似乎較對聯軍有利。因此，即使欠缺蘇聯與義大利（仍從英國進口煤炭，英國希望能藉此讓墨索里尼保持中立）的同盟，使包圍系統出現巨大的缺口，英法仍然不顧一切地築起對抗德國的圍牆，其他的計畫則針對希特勒的蘇維埃盟國而非希特勒本人。法國計畫打開巴爾幹戰場，並轟炸蘇聯的高加索油田。在蘇聯與芬蘭的「冬戰」期間，英法原本預備了一支聯合軍隊要幫助芬蘭，但後來芬蘭敗戰，這項計畫便改以「截斷運送瑞典鐵礦到德國挪威海岸線的夏季通道」爲目標。

1940年4月9日，希特勒發動第二次閃電戰攻擊，先發制人攻占了丹麥與挪威，使英法的計畫受到阻撓，丹麥僅有13人傷亡，費時數小時便淪陷了。然而在挪威，少數的德國傘兵與自海上出擊的德軍卻遭到挪威人激烈的抵抗。原先已在附近待命的英法聯軍，曾嘗試從挪威北部的那維克（Narvik）登陸，以協助擊退德軍，然而，5月10日德軍在西線大舉進攻的行動，卻使此一奮戰提前結束。

法國淪陷

德國從5月10日開始進攻法國與荷比盧三國。這個大膽而冒險的計畫，是由這場戰爭中堪稱最傑出的軍事策略家曼施坦因（Fritz Erich von Manstein）將軍所策劃。曼施坦因並未依循1914年希里芬（Schlieffen）計畫所定，將行進路線繞過比利時與荷蘭，而讓主要武力——十個裝甲師——進入林木茂密的亞耳丁山區，直驅法國防線中防禦力最弱、位於馬奇諾防線北端的色當。法國一直認爲該地地形太過崎嶇，不可能被用來作爲發動大規模進攻的地點。

英法原本預測德國會重演希里芬計畫的進攻模式，因此計畫調遣最現代化的軍隊，向北進入比利時與荷蘭，讓戰爭盡可能地遠離法國最北部的工業區。然而由於此舉將引發德國的攻擊，比荷兩國遲遲不願合作；直等到德國開始侵略比利時與荷蘭，這個複雜的行動計畫才得以實行。聯軍的調兵方式誠如法國史學家米歇爾（Henri Michel）的精采譬喻：「猶如一棵拖著樹根的大樹，不費吹灰之力就能推倒。」這也顯示出英法兩國對機械化戰爭的速率感，完全跟不上德國裝甲師的速度。英法希望能讓所有軍隊一起向北前行一百多英里，趕到德軍前面，殊不知德軍早已開始移動，且所需移動的路程比聯軍還短。

古德里安（Guderian）將軍的十個裝甲師如期越過亞耳丁山區。山路是如此的窄小崎嶇，所以當部隊最前方已經到達謬斯河（Meuse River）時，最後方的「尾巴」卻還在萊茵河東岸。緊接於後的另一次閃電戰又成功出擊。由於亞耳丁並未如同第一次世界大戰般受到遠程大砲的轟炸，因此，連續三天，法國都以爲同時並行開往比利時的常規部隊才是德國發動攻擊的主要戰力。古德里安將軍比原先計畫提前兩天，在5月13日橫越位於色當且防禦力最弱的謬斯，直驅英吉利海峽，嚴重威脅比利時境內聯軍的後援線。

曼施坦因計畫最危險的地方是，當橫越法國北部時，行動快速的裝甲部隊隊伍綿長，如果在行動較緩的常規部隊趕上支援之前便受到聯軍自北與南的攻擊，部隊便可能被攔腰截斷。而這也的確是聯軍總司令法國將軍甘末林（Maurice Gamelin），以及5月19日之後的接任者維甘德將軍（General Maxime Weygand）的計畫。當古德里安不顧總部下達的軍隊前後連結的命令，而使隊伍一度出現空隙時，德國總部一度非常緊張。

一般認爲，法國的失敗是由於5月13日之後未能即時截斷穿過法國北部的古德里安部隊。當時的馬恩河戰役，是個可以讓法國扭轉局勢的機會；而事實上也沒有任何理由可以讓人辯解希特勒戰勝法國是不可避免的結果。

一般也將法國的失敗歸因於缺乏充足的物資與低落的士氣。事實上，法國的94個師加上英國的10個師、荷蘭的8個師與比利時的22個師，聯軍並非絕無機會戰勝擁有134個師的德國。聯軍擁有砲彈的優勢，也擁有與德軍相同數量的坦克，其中還有一些設計比德國更先進的新式坦克。聯軍最危險的弱點是通訊設施（信息傳遞）、防空高射砲與進行近距離支援與偵查的飛機。聯軍領袖的主要問題在於只會墨守成規，第一次大戰的勝利經驗，讓聯軍——尤其是法國，習於將坦克插置於步兵隊伍之間，而非集中於裝甲部隊之中。因此他們會將一支英國裝甲部隊與四支法國裝甲部隊〔由法國坦克戰的主腦高爾（Colonel Charles de Gaulle）指揮〕零散地置入隊伍中，這樣的作法，讓他們永遠趕不上德軍坦克的速度。

另一個主要的問題是時間，聯軍從未適應新式戰爭的速率。缺乏適當的聯絡通訊設施，便無法有效計畫進攻的時間與地點，等聯絡妥當並結合好軍隊後，往往也失去了制敵先機。法國在應付境內的法國之戰時，其反應就像是夢遊症患者一樣遲鈍。法軍在第一次世界大戰中驍勇奮戰，傷亡無數，然而這一次，他們卻從未做好迎抗閃電戰的準備。

最後一個嚴重的問題是盟軍的無法統一。如同上述，荷蘭與比利時由於害怕招致德國攻擊，遲至德國入侵才首肯與聯軍結盟；而戈特（Lord Gort）所率領的英國遠征軍（The British Expeditionary Force）也因恐懼會在比利時遭到德軍包圍，只短暫追擊了古德里安的部隊，之後，便自海峽港口撤退，此舉讓法國人永誌難忘，無法寬宥。

在這種種情況之下，聯軍原先預計從南北夾擊德國裝甲部隊的計畫，最後只變成了幾場不對等的區域性攻擊。德軍在5月底抵達敦克爾克（Dunkirk）的英吉利海峽，阻絕了聯軍最精良的部隊與北方的聯繫。民間船隻英勇地在5月28日到6月3日之間協助英國海軍自敦克爾克撤走了20萬英軍與13萬法軍。雖然人員撤走了，然而他們卻不得不把裝備棄留岸邊。

在此之後，法國已經很難重組防線以制止德國自南部入侵法國中心了。法國總理雷諾（Paul Reynaud）與其他還想繼續奮戰的人，準備如有必要，便要在英國的幫助下，到北非另組流亡政府。不過，以第一次世界大戰中的英雄貝當（Marshal Pétain）爲中心，興起了一個和平運動的風潮，維甘德總司令也參與其中。他們認爲：如果法國無法適度維持某種程度的公民與軍事公權力，不僅會發生社會革命，也會讓法國人民遭遇前所未有的苦難；而英國早已在敦克爾克時背棄法國，讓人無法信賴。於是，當雷諾於6月16日接受停戰協議，貝當便成立了一個新的政府。雷諾所簽訂的停戰協議中規定：德國僅占有法國北部與海岸線；法國政府同意解散軍隊、明令國民不論在國內外均不得從事任何反德行動，以及法國必須與德國的占領軍「合作」。十年前仍是歐洲大陸最強大的法國，如今短短六週之內，力量就被削弱到只能投降的地步了。

不列顛戰役

法國的停戰使英軍陷入孤軍奮戰的窘境。不列顛群島的防衛僅靠當時自敦克爾克撤回的缺乏武器的遠征軍、只配備獵槍、倉卒成軍以保衛家園的退伍軍人、海軍，以及從未有過實戰經驗的皇家空軍等兵力維持。而與之對峙的是在英吉利海峽對岸的德軍80個師，與大西洋的德國潛艇部隊。在擊敗作戰預備度較好的法國之後，希特勒認爲英國遲早是囊中之物。

英國於5月10日以邱吉爾取代張伯倫出任首相。邱吉爾是一個才華洋溢且剛毅難測的人，由於他性格急躁，因此在承平之時仕途並不順遂。然而人們現在發現他的言辭與精神號召力，足以團結上下，帶領英國打一場崇高的戰爭。當法國要求停戰的消息傳來，邱吉爾便在6月18日揚聲誓言英國將會繼續奮戰：「若有必要，就算孤軍作戰，就算長年累月，我們也不妥協。」也因此，如果大英帝國能延續一千年，相信人們仍會認爲「那是他們最輝煌的時刻」。邱吉爾爲英國能孤軍奮戰而感到自豪，沾沾自喜於「成爲全歐洲所有自由國家中唯一優勝者的榮耀」，因爲「英國的孤軍奮戰讓全世界的人感到驚異」。邱吉爾的目標就是「勝利——不計一切代價的勝利……不論過程如何漫長，路途如何艱辛」，即使必須付上永無止境的「血汗、辛勞、淚水」的代價也在所不惜。[7]

事實上，英國在戰爭中最重要的損失不是別的，乃是英國的帝權與其在世界的地位。在邱吉爾（與希特勒）對戰爭方針的邏輯下，終戰的決定性角色竟轉向了歐洲境外新興的兩大強國——美國與蘇聯，從這個角度來看，邱吉爾其實是個失敗者。不過，無論如何，對邱吉爾本人更直接的評價仍在於肯定其果斷、氣魄，與動員英國發揮最大的戰鬥力，這樣的評價使他名列本世紀的偉人之一。邱吉爾的魄力讓他在1940年時深得民心。1940年12月獨立工黨（Independent Labour Party）提出和平談判的議案時，下議院以341票對4票壓倒性地否決了這項提案。英國人群情激昂士氣大振，決心迎抗希特勒的猛烈攻擊。

英國拒絕和談讓希特勒面臨幾項選擇。其一是對此西方最後一個頑抗者予以正面痛擊，而這也符合德國陸軍與空軍的期望；其二是間接的包圍策略：透過與佛朗哥和貝當合作，以直布羅陀掌控地中海西部與北非；或經由巴爾幹半島或義大利統治的利比亞，控制地中海東部與蘇伊士運河。不論希特勒選擇哪一種包圍策略，都能使英國喪失帝權、石油與軍隊的士氣。回想起來，由海軍上將雷德爾（Erich Raeder）與德國海軍支持的包圍戰略，似乎是希特勒直接取得西歐霸權的最佳機會。希特勒的第三個選項是，回歸到「生存空間」的理念，採取東進策略，向東擴張領土。不過，除了希特勒之外，沒有人會去認眞考慮這個選項。雖然中東歐的石油與糧食對長期戰而言不可或缺，然而在尚未降服英國之前，此舉只會使德軍腹背受敵，陷入雙線戰爭的險境。

希特勒在1940年的5、6月間贏得令人驚愕的勝利，讓他暫時不再考慮下一步的作戰方向。1940年的夏季與秋季，他將那些選項懸置不決。不過，剛開始時，他的行動仍是以第一選項爲依據進行。

與英國正面交戰必須面對強大的英國海軍，此時，取得制空優勢是德軍最基本的必備條件。事實上，在空軍司令戈林的鼓動下，希特勒似已相信只要靠著空襲便能擊敗英國，因此，當德國海軍在英吉利海峽準備登陸時，納粹空軍早已開始進行不列顛戰役了。制空權的爭奪競賽，最後演變成激烈的空戰，德軍在照明彈與戰鬥機的掩護下，順利從法國的小型航空站攻入英格蘭東南部。倘若當時德軍繼續依照原定計畫轟炸英國機場，必能順利取得制空權。不過，1940年9月7日，德軍卻轉向倫敦進行轟炸，這種轉向肇因於某個德國飛行員於8月24日違令轟炸倫敦所引起。8月25日，英國反擊，對德國城市進行夜間轟炸。之後，希特勒與戈林便讓報復的快感恣意任行，放棄了原先穩健的作戰策略。

自9月7日到11月2日之間，倫敦每夜都遭轟炸。儘管有15,000名倫敦市民在轟炸中喪生，超過千間建築物——包括衆議院在內，都在1941年5月10日被炸毀，倫敦市民仍無怨尤地夜宿地下室或地鐵站，堅毅地忍受著一切的痛苦。所幸，在11月之前，英國無恙地度過了一個關鍵時刻。靠著雷達、優秀的通訊設備、精銳的噴火式與颶風式戰鬥機，以及地利之便，英國皇家空軍得以痛擊德軍。而當倫敦遭受轟炸時，英國的飛機製造廠也提高了產量。1940年9月17日，希特勒因冬日將近而延緩進攻計畫——事實上是爲了其他利益。不過，由於轟炸一直持續到1941年，因此英國渾然不知他們已經安然度過恐被侵略的危機。其實在當時，希特勒早已改變了他的想法。

1940年10月與11月，希特勒開始操弄他的第二個選項——掌控地中海。他拜會了佛朗哥與貝當，這兩人都想保持中立，不過貝當的維琪政府[8]由於邱吉爾的首次行動（7月3日英國轟炸法國的地中海艦隊，法國損失海軍一千兩百多人，使地中海不再受德國控制）而對戰事感到疲累並怨恨，因此亟欲與德國在一個新的大陸體系下合作。可惜的是，法國維琪政府所提的和平條件雖然優渥，然而此刻的希特勒一心只想爲1918年所受的恥辱雪恥。不久之後，史達林在1940年6月的行動震驚了希特勒，讓他開始考慮將德軍轉向東進的可能性。

東線戰爭：1941 至 1942 年

1940年12月18日，希特勒發布準備入侵蘇聯的「巴巴羅薩行動」（Operation Barbarossa），這個決定被認爲是戰爭的轉捩點與希特勒的致命錯誤。希特勒自動跳入雙線戰爭，堅信一定能盡速擊潰蘇聯，甚至比降服英國更快。很顯然地，希特勒希望共產政權會在壓力之下崩潰瓦解，如此一來，他就可以順利取得長期戰爭所需的石油和糧食。

巴爾幹半島的閃電戰

在進攻蘇聯之前，德軍又成功出擊了一次閃電戰。這次的戰場在巴爾幹半

圖14-1　1940年10月德軍對倫敦進行閃電攻擊期間，倫敦市民夜宿地鐵站的情景。

島。墨索里尼在法國戰役接近尾聲時才參戰（1940年6月10日），宣稱是爲了維護主權獨立，而在1940年10月入侵希臘。然而，希臘人不僅將義大利人逐回阿爾巴尼亞，並在翌年3月讓英軍進駐希臘本土。失去巴爾幹半島的夥伴將導致侵蘇計畫受阻，於是希特勒不得不派軍前往支援墨索里尼。此外，原先已同意支持希特勒與墨索里尼的南斯拉夫政府在軍事政變中被推翻，新政府擬加入聯軍陣營，於是德軍於1941年4月6日大舉揮軍南歐，攻占了南斯拉夫與希臘。5月20日，德軍並大膽地以傘兵部隊奪取了克里特島。

此時，德國還提供伊拉克的阿拉伯民族獨立主義叛亂者武器。英國曾於託管伊拉克期間，在該地重建軍事基地。由於德國利用法國維琪政權在敘利亞的殖民地支持伊拉克叛軍，感到些許緊張的英國不得不於1941年6月，在「自由法國」（Free French）軍隊的支援下攻占敘利亞。此外，希特勒還派遣隆美爾（Erwin Rommel）將軍的坦克部隊進入利比亞，以支援義大利。假使1941年夏天希特勒將戰線延長至地中海東部，大英帝國便可能在蘇伊士運河被一截爲二。不過，希特勒並沒有這麼做，他仍然執著於「巴巴羅薩行動」。

攻擊蘇聯

1941年6月22日凌晨，希特勒以最大規模的戰力——175個師——進攻蘇聯。[9]這也是希特勒畢生所發動最大的一次軍事行動。

剛開始時，希特勒似乎賭上了速決蘇聯的計畫。在開戰後的最初幾個月，蘇聯確實前途黯淡。此時的局勢不同於1914年，德國無須分神他顧西方戰線；西方目前僅剩英國仍然與希特勒奮戰，而英國已將全副精力投注於捍衛本土與保衛通往印度的生命線；此外，蘇聯也尚未做好戰爭的準備。如同1956年赫魯雪夫（Khrushchev）所指，史達林爲避免刺激希特勒，幾乎完全棄守邊境上的防禦，或許他還懷抱空望（如同1938年的張伯倫一樣），以爲希特勒會滿足於1940年時占領到的波蘭大部領土。不論史達林所持的理由爲何，他都小心翼翼地信守納粹—蘇維埃條約，直到開戰前都還按時無誤地運送糧食與石油給德國，不僅如此，史達林更枉顧他國對他發出的德國即將攻擊蘇聯的警告。

德軍在6月22日的侵略行動，讓毫無預備的蘇聯軍隊陷入一片混亂。蘇軍司令部零零散散地失去一個又一個的陣地，而非完整地自某些陣線撤防。更糟的是有些地區，特別是烏克蘭，那兒的居民甚至將德軍視爲解放者般的歡迎。此時蘇聯國內反抗集體化運動的農村叛亂才過十年，裁撤半數以上軍官的清算行動也才經過四年多而已，史達林本人甚至已有兩週未曾透過廣播發表談話。

圖14-2　1941年7月，當德軍進犯莫斯科，蘇聯政府動員所有人民起而反抗。圖中的莫斯科婦女們正在挖掘反坦克的壕溝。

當剩下的政府官員撤離莫斯科時，史達林堅持死守首都。在反史達林的修正主義1950年代期間，朱可夫（Marshal Georgi Zhukov）聲稱，史達林當時便已預料蘇聯會敗戰。1941年11月，希特勒的軍隊深入俄國領土甚於當年拿破崙的進犯：北達列寧格勒近郊、中抵莫斯科近郊、南至頓河（Don River）。

然而希特勒並未如願實現其速戰速決的計畫。閃電戰的策略是讓規模小且先天不良的德軍能攻克蘇聯於一役，避免陷入消耗龐大的長期戰。1941年11月，雖然德軍已經深入俄國遼闊的腹地內陸，但卻仍然無法對蘇聯予以致命痛擊。由於德軍欠缺冬季的禦寒裝備，稍有較大的行動都可能招致危險，時間、空間、氣候，以及蘇聯豐富的物饒都讓史達林處於優勢。

1941年11月底，蘇聯開始進行反攻，收復頓河邊的羅斯托夫（Rostov）。這是一次極為振奮人心的勝利，因為自1939年9月開戰以來，從未有人能讓德軍作出如此大的撤退。接著，朱可夫將軍也自莫斯科開始反擊。許多德國指揮官希望能將顫抖的士兵從前線撤回，以避嚴冬，然而希特勒拒絕接受任何的撤退行動，為此，他裁撤了一名陸軍元帥、35個軍團與師團指揮官。德國士兵堅守崗位的毅力，強化了希特勒對將領們勸告的輕蔑之心，也讓他更堅定地否決所有戰略上的撤退建議。[10]

蘇聯在開戰後第一個冬天得以倖免敗戰，其情形與不列顛戰役相同。閃電戰宣告失敗，俄國人讓希特勒不得不與擁有強大資源的對手進入長期戰爭。不過，直到戰爭結束前，德軍對蘇聯所造成的威脅從未中止。德國在夏天又發動了兩次攻擊，爾後俄國則在冬天收復失土。1942年夏天，德國發動了一場大規模的戰爭，此次攻擊目標鎖定蘇聯南部，深入程度甚至超越1941年。德軍深入俄國領土，下達史達林格勒（Stalingard）的伏爾加河（Volga River），直逼裏海（Caspian Sea）。1942年底，德軍占領的俄國領土之廣，超過歷史上所有其他的侵略者。

希特勒的「新秩序」

1942年底，希特勒藉著占領與結盟，將他的領土連結成一個歐洲大陸史無前例的大帝國。他所直接占領的土地，西自法國的大西洋岸、低地國家、挪威西部到列寧格勒，直逼莫斯科、伏爾加河流域、深入高加索山區，直逼裏海；北起挪威、丹麥，南到巴爾幹半島的希臘與克里特島。同時，德軍亦幫助利比亞的義大利人，企圖侵占蘇伊士運河。

在德國直接掌控的領土之外，環繞四圍的都是多少與納粹德國有合作或結盟的國家。義大利於1936年11月與德國結盟，放棄多瑙河流域，將興趣移轉到衣索匹亞，並於1940年6月10日參戰。米克拉斯賀西上將（Admiral Miklós Horthy）統治匈牙利，對1939年到1940年間從鄰國奪得的土地感到滿意，這些土地於1918年時曾割讓給捷克斯洛伐克、南斯拉夫、羅馬尼亞。羅馬尼亞在安東尼斯庫（Ion Antonescu）將軍的領導下，爲了塡補外西凡尼亞（Transylvania）被割給匈牙利的損失，希望能藉由加入希特勒的陣營，發動對蘇聯的攻擊。此外，原先居住於捷克斯洛伐克與南斯拉夫境內的斯洛伐克、克羅埃西亞兩民族，亦趁此機會獨立。孟納亥姆（Marshal Karl Gustav Mannerheim）所領導的芬蘭得到德國的幫助，得以抵抗蘇聯可能發動的攻擊。在西歐，法國貝當的維琪政權，以首都維琪爲中心，掌控占法國三分之一領土的南部「非占領區」，以及法屬非洲的大部分，並保持與德合作且中立的角色。至於西班牙，儘管佛朗哥曾於1940年拒絕幫助德國貫通直布羅陀海峽，其對希特勒的態度仍然極爲友善。瑞典雖是中立國，但每年都提供德國一千萬噸的瑞典鐵砂，以供作戰之用。直到1942年底，歐洲大陸上僅餘瑞士（與兩邊定有互惠約定）與葡萄牙（在教理上支持德國，但與英國則有經濟往來）是完全中立的國家。

一種「新秩序」開始在歐洲成型。這種新秩序最低限度，是指一個被消費國家的共同市場所環繞的大德意志帝國所建立的強大經濟單位，以取代英法在歐洲的經濟影響力。此外，在「新秩序」中，德國西部邊境將恢復到1914年時的邊界線（主要靠著重新併吞法國的亞爾薩斯—洛林）；而東部邊境將擴張至遠超乎原有疆界的地區（包括奧地利、波希米亞—摩拉維亞，與波蘭的一部分）。由於武力強盛，德國的實業家也如願豪奪了東歐、巴爾幹、原屬法國的巴爾幹礦業公司、捷克史可達軍工廠，以及羅馬尼亞的石油。德國的農人被安置到波蘭與法國北部棄置的農田耕種，而最終目標是將德國農人遷移至俄羅斯。至於猶太人的公司企業與藝術收藏等，則全部收歸國有、一切充公。

「新秩序」的極限意義，是要達成希特勒在深夜桌邊所做荒誕的狂人之夢：藉由計畫的成功進行與公然的種族優越感，實現德國的傳統理想「中歐國」（Mitteleuropa）擴張東部領土，將德國帶入另一個新的巔峰。這位「元首」並談到要併吞低地國或犧牲法國以復興布列塔尼（Brittany）與勃艮第（Burgundy）以實現夢想等話題。至於蘇聯，希特勒說：「這片俄羅斯荒漠，我們將殖民於斯……我們將徹底去除他們亞洲草原民族的特質，將他們歐洲化……我們只有一個責任：那就是以德國移民將這個國家德國化，將當地的原住民視爲紅番。」[11]

納粹的戰爭經濟

1942年初，希特勒的歐洲便因爲閃電戰與長期戰的轉換，而開始出現經濟上的影響。納粹的經濟在1930年代末期，便已投注極多的國家預算於軍事與戰略用途，比例之高，已超乎其他國家於承平之時的預算比例。[12]閃電戰是利用集中的資源，進行短、快、狠的攻擊，並將掠奪而來的資源用以塡補閃電戰中的損耗，因此，進行閃電戰略並不需要從國民經濟中取得支助。在1942年初，德國爲戰爭所進行的動員程度，遠不如英國；德國民生消費品的生產量僅比承平時降低了3%。即使到了1942年4月，大多數的德國軍工廠都還維持一日一班制。

不過，1941年12月所發生的兩件事，迫使德國不得不於1942年初進行更有系統的作戰動員：一是蘇德戰爭陷入膠著；一是美國的參戰。德國軍備部長托特（Fritz Todt）於1942年春天開始將生產資源集中化，以便進行更有效率的戰爭資源分配。後來，托特因飛機墜毀身亡，比他更爲出名的後繼者施佩爾（Albert Speer）在1942年春到1944年7月間，提高了軍備生產量達三倍之多。

圖14-3　希特勒的歐洲，1942

到此時，德國人民除了警覺到聯軍的轟炸更加頻繁之外，同時也感到生活更加貧困艱苦，即便如此，德國的國民經濟仍未如同英國那樣全力投入戰爭。舉例而言，相較於英國對婦女的作戰動員，納粹並不贊同動員婦女作戰。

提升戰事層級的結果，讓納粹不得不暴露出其眞正的面目。原先對自小耕農與小店家（權益長期受侵害最嚴重者）的保護承諾，已被拋到九霄雲外。在施佩爾的「中央計畫委員會」（Central Planning Committee）主導之下，以大企業與卡特爾經營者爲主的委員們，將戰爭資源與勞動力配置到最大且最有效率的工廠之中。自此之後，工業、農業、零售業等均操控於少數人之手，而占領區的政策也就日益蒙上種族意識的色彩了。

占領區的政策

「新秩序」中所提的責任分配，乃是依據納粹理論中「日耳曼是優等民族」而來；其他種族，尤其是猶太人、斯拉夫人和地中海地區的人民都是劣等民族，唯有從劣等民族手中掠奪資源，才能讓希特勒自給自足地進行長期戰爭。德國龐大的財政開銷，事實上都是以「占領費用」爲藉口，從占領國予取予求。舉例而言，在戰爭期間，法國每年支付給德國的費用高達年稅收的58%。此外，德國也大肆搜括占領區的各種戰爭所需原料，他們將占領區內的雕像或教堂的鐘熔解爲碎片，以供做武器的原料；並且徵用大量的糧食，占領區的人民很明顯地比德國人吃得要少很多。

德國對待波蘭的方式，尤其顯露出人種上的差異如何左右占領區政策的執行。依據1939年10月26日的政令，所有18歲到60歲的波蘭人，不分男女都要參加「強迫性公共勞動」，到1942年爲止，被強制送到德國的農場、礦山、大型建築工地做苦工的波蘭人數超過100萬。當他們的土地被分配給德國農人時，在德國的波蘭人只能過著勉強糊口的日子，穿著繡有紫色P字的衣服以玆區別，被隔絕於德國社會之外。報紙不斷告誡德國人：「要將分配到他們農場或工廠的波蘭人視爲『低等人』，絕不要忘記日耳曼民族永遠是最優等的人種！」[13]若有波蘭男子與日耳曼婦女發生性關係，將會被處以死刑。

1941年6月之後，俄羅斯的戰俘便成爲德國重勞動人口的主要來源。不過，在德國政府強加的過重勞動與饑饉之下，500萬的戰俘死了400萬，這迫使德國不得不開始從西方的占領區遞補工人——1942年時，遞補的工人大部分強徵自低地國家與法國。戰爭晚期，德國的外籍勞工中以法國人占最多數。

在種族偏見與機會的混合因素之下，占領區人民所遭受的待遇差別甚巨，德國對斯拉夫人的態度尤爲嚴酷。雖然德國以恢復家庭農場制的作法獲得烏克蘭人的支持，然而後來對糧食供應的索求無度與殖民等措施，又讓它喪失民心。[14]此外，德國亦無視於法國人民亟欲結束與德國長期的衝突關係，拒絕與此「雜種」民族合作，對一直以來提供協助的法國人作風之嚴酷，不亞於對其他西歐占領區人民；至於北歐占領區人民，例如荷蘭人、挪威人、波希米亞—摩拉維亞的工人與農人、丹麥生產乳類製品地區的農人等，在占領初期所過的日子就比較輕鬆了。然而，1942年之後，德國加緊了對所有占領區的控制。許多歐洲人不僅得忍受戰敗的屈辱、失去親人的悲痛，更在食衣住各方面都嚴重短缺，處境十分艱難。

黨衛軍

與當時西方的印象相背，納粹這個戰爭機器並非那麼巨大且完美。在希特勒的獨裁之下，各行政機構與黨派肆行權力與權勢鬥爭。在這些相互較勁的派系中，警察組織與恐怖組織的權力越來越大，其中居領導地位的是身著黑衫的準軍事組織——希姆萊（Heinrich Himmler）的黨衛軍（SS, Schutzstaffel）。這個組織後來演變成一個實際的「國中之國」。黨衛軍的活動範圍並不只局限於集中營，它還招募前線士兵組成軍團，稱爲「武裝黨衛軍」（Waffen-SS）。由於其中有些黨衛軍領袖仍然受到納粹早期反資本主義的影響，他們甚至與德國商人展開競爭，在俄羅斯設置公司企業。嗜血的黨衛軍似乎已成爲納粹系統在壓力之下的極致表現，當黨衛軍的勢力越發成長（特別是在東部戰區），其種族信條便越加超越一切的軍事需求或經濟獲利。

屠殺猶太人

再沒有任何比希特勒在歐洲大量屠殺猶太人——包括男人、女人、小孩，極盡所能地意欲消滅歐洲的猶太文化、種族的行爲，更令人髮指的事了。

從在維也納的學生時代開始，希特勒就認爲猶太人是對德國人具有威脅性的存在。由於他覺得威脅性來自種族因素，因此，早期以宗教觀點出發的反猶太份子所主張的，以改變或同化猶太人來解決問題的轉變方式，便完全無法滿足他的想法。在希特勒看來，最危險的就是那群同化最深的猶太人，因此，一開始希特勒的反猶太人計畫應該就是屠殺一途。不過，希特勒在納粹的唆使下所進行的猶太人屠殺行動也僅限於1930年代，其間還有一段中止期（例如1936年爲了奧運而中止）。這個計畫的最初目標似乎是將猶太人自德國社會中隔絕。[15]將猶太人與德國社會隔離的狀態於1941年9月達到頂點，當時猶太人被要求在外衣上繡黃色的星記以茲識別。

納粹的狂熱份子在當時已經逐步進行新的反猶太人計畫：驅逐。1938年德奧的合併，為這個計畫帶來實行的契機。一個名叫伊茨曼（Adolf Eichmann）的年輕黨衛軍官，因設計出販賣移民證給富裕的奧地利猶太人的計畫而聲名大噪，伊茨曼還將部分獲利用於支付驅逐其他猶太人的費用上。戰爭爆發之後，納粹開始將德國猶太人運往新占領的領土，有些受到優遇的猶太人，例如退役軍人，便被安置到接近布拉格的「猶太人示範區」特萊西恩施塔特（Theresienstadt）集中營。不過，隨著戰事的擴大，能夠安置猶太人的地區也漸漸減少，原本可供利用的馬達加斯加已經不再屬於德國，而富裕的中立國，如美國，也明顯表露出不願敞開大門接受成千上萬歐洲猶太人的態度。不論如何，到1941年底，那些中立國也紛紛加入戰爭了。

希特勒對蘇聯的侵略是另一個屠殺猶太人的轉捩點，這讓他想到另一個可以對付他所討厭的百萬猶太人的地點。在俄羅斯前線，納粹已經進行過「反布爾什維克」的戰爭實驗，並學到許多大量屠殺的技術。特遣部隊（Einsatzgruppen）與德國的攻擊部隊一起前行，受命清除共產黨員與猶太人。當大量的射殺行動顯不出效率，且影響了德國正規軍的士氣時，這個特遣部隊設計出一種可以把氣體灌進汽車引擎的排氣裝置。更精練的是齊克隆B毒氣（Zyklon-B gus），這是一種希特勒在1939年用以毒殺精神異常者使之安樂死的工具，不過後來竟被用來對付「劣等」的斯拉夫囚犯，最後更用來對付猶太人。

約在1941年秋天時，大屠殺終於超越了極限。原先因軍事操作而偶發的猶太人殺害事件，現在成為失去人性的常態：以工業方法有系統地滅絕猶太人。根據某種揣測，這種殘酷的手段，是地方上的狂熱份子為了討希特勒歡心而發明了殺人工廠，來解決人口擁擠與奪自蘇聯的新領土供應問題的產物。另一個更為大家所熟悉的解釋是，下達開始進行此「最終解決辦法」的是希特勒本人。不過，這個觀點難以得到證明，因為在納粹殘留的檔案中並沒有希特勒下此命令的任何書面證據。

一般相信大屠殺發生於1941年12月左右，這個時間點讓我們得以澄清原先只是偶發地殺害猶太人，最後卻變成滅種屠殺的直接動機。與其說演變出大屠殺的契機是由於在東方取得廣大的領土，或由於無法處理大量的斯拉夫與猶太難民，還不如說是由於希特勒對無法在冬天之前降服蘇聯，以及「猶太人的」美國加入戰場使戰爭擴大為世界性衝突，所引發的希特勒的狂怒所致。檔案中清楚顯示，希特勒將寶貴的資源從進行戰爭移轉到屠殺猶太人的計畫中，其主導整件事的重要地位不言而喻。許多支持此一龐大且駭人聽聞的計畫的德國官員，與其他國家的通敵者爲數不少，許多旁觀者都知道希特勒正在進行什麼事情。

1942年春天，建於原波蘭領土內、用以屠殺大量人口的集中營完工。這個集中營位於一個不具民族一致性的地區，但卻在黨衛軍的控制下，也就是知名的「波蘭總督府（Gouvernement General）」。

最大型的屠殺中心，是距波蘭的克雷考（Cracow）西方約三十公里處的奧斯維茲（Auschwitz）集中營與工廠。營中包括許多部門：有克魯伯鋼鐵（Krupp steel）、法本化學廠（I. G. Farben chemicals）、簡陋的宿舍、以假蓮蓬頭釋放齊克隆B毒氣的殺人室、焚化廠等。每當火車載滿被驅逐出境的人抵達屠殺中心時，還能工作的人便被抓去強迫從事極粗重的勞動，直到數月後因過勞死亡爲止；至於其他老弱婦孺則被帶到「淋浴室」毒殺。許多父親們不知情地將十幾歲的兒子們交給他們的母親或祖父母，以爲孩子可以因此而少受一些苦，卻沒想到從此天人永隔。

當東線的屠殺到達一定的工業人口比例時，納粹的首領們開始將屠殺轉向到西歐的占領區。黨衛軍副首領海德里希（Reinhard Heydrich）發出警告說，若有任何「疏漏」，困境下的「天擇」生物反應將會孕育出「新的復興猶太人的胚種細胞」。[16]黨衛軍官伊茨曼組織起一個交通網，將西歐猶太人運送到奧斯維茲與原波蘭領土境內的屠殺中心。這個系統在猶太人已被集中完成的地區運作最爲順利，例如維琪法國的拘留營或阿姆斯特丹。在東歐，猶太人被一群一群地控制在少量的狀況下，送往法定的猶太人居留區，那兒表面上看來是一個給人永久居住的社區（滅種屠殺是絕對保密的事），其實卻是前往屠殺中心的中繼站。猶太人社區的領袖們面臨極大的兩難，有時候他們甚至被捲入必須挑出受難者的苦境之中。

偶爾也會發生一些年輕好鬥的猶太青年奮起反抗的狀況。最令人讚揚的例子發生於1943年4月19日，那是猶太人過逾越節的第一天，當時納粹在華沙開始進行第三次大規模圍捕猶太人的行動，沒想到竟在行動中遭到意料之外的武裝抵抗。在該次衝突中，納粹在每個所經之處沿街放火、投炸彈，約有七百個黨衛軍傷亡，而掘壕防守、使用汽油彈與自製手榴彈反抗的猶太人約有五萬人被殺害。黨衛軍將領施特魯姆（Jürgen Stroop）於5月16日炸毀華沙大教堂，結束了這場衝突抗爭，然後以電報告知希姆萊：「華沙的猶太人居留區已不存在。」[17]

即使西方的合作國家，例如維琪法國，在1943年中期便已減少對德國的支持，而匈牙利也在1944年夏天企圖阻止這樣的暴行，然而，將猶太人驅逐到滅種集中營的行動一直持續到戰爭末期。傳到西方的有關大屠殺消息充滿矛盾衝突，連猶太人組織都表示難以置信。不過，德國再也得不到有效的外援了，舉例來說，各附庸國便拒絕協助德國以軍事力量破壞通往奧斯維茲的鐵路。

在過去的歷史中的確曾出現過民族狂熱期，而納粹，包括其他的團體或族群——如吉普賽人，也曾陷入短暫且幾乎被消滅的危機之中。然而，那一切都不像納粹如此有組織、有方法地屠殺猶太人，以致幾近滅種的殘酷無道。直到1945年，猶太人被殺害了近五百萬人，占戰前歐洲猶太人口的三分之二。

合作

意識形態的合作

希特勒的新秩序，可以藉由與歐洲占領區的非日耳曼民族國家的合作來達成。在以意識形態進行合作的希特勒盟友中，最引人注意的莫過於那些支持法西斯主義的人：親法西斯主義的知識份子與戰前法西斯集團的領袖們。對某些知識份子而言，例如法國小說家羅歇爾（Pierre Drieu La Rochelle）與布拉施拉茨（Robert Brasillach）便認爲，法國國內「衰落」的民主政權的失敗，已無力負擔建立一個「強大的」、充滿活力的新歐洲這種重責大任。有些非德國人的戰前法西斯領袖們，強烈希望自己能在新歐洲中占有領導地位。不過，對於其他人來說，民族主義仍然十分重要，甚至還有一些人繼續在德國占領區進行反抗。

這些意識形態上的合作者空有其名而毫無實權，這是由於希特勒在剛開始時就把他們限制在不重要的地位。希特勒總是比較喜歡與占領區既有的領袖合作，而不喜歡將權力賦予地方上的法西斯領袖，因爲希特勒認爲他們極可能因此提出許多要求，並且也不相信他們會永遠都聽命於他。因此，希特勒寧願與貝當合作，而不與法國的法西斯主義者（他們其中有些人後來參與了反德抗爭）合作；寧願選擇匈牙利的霍爾蒂（Admiral Horthy）合作，而不選擇箭十字（Arrow-Cross）的首領薩拉西（Ferenc Szálsy）——剛於1944年10月崛起，當時俄羅斯人大舉入侵匈牙利；或與曾於1941年擊潰法西斯鐵衛隊（Iron Guard）的羅馬尼亞將軍安東尼斯庫合作。至於荷蘭法西斯首領穆塞特（Anton Adriaan Mussert）則只在1942年得到一個名義上的領袖封號；挪威法西斯主義者的奎斯林（Vidkun Quisling）在1940年4月時被德國軍事指揮官們撇在一旁，到了1942年2月甚至已經變成如影子般的存在了。

自從1941年6月22日希特勒侵略蘇聯之後，意識形態上與希特勒結盟的國家就更受到鼓舞了。從那時候開始，反共產主義變成了希特勒最有用的宣傳利器。他的宣傳部長戈培爾（Joseph Goebbels）辯稱，無論在希特勒的占領下，歐洲會讓人覺得多不舒服，情況都不會比被俄羅斯人統治更糟。這種觀點讓希特勒似乎成了歐洲抵禦布爾什維克的最後堡壘，當時盟軍們愚頑地堅持從西邊入侵歐洲，簡直是在幫助史達林。最後，參與對蘇戰爭的只有50萬名編入武裝黨衛軍的非德國人的自願外國軍人。至於東歐人——如波羅的海地區與克羅埃西亞地區的人民占了「爲民族獨立而戰」所組成的軍隊的大部分，其他還包括5萬名荷蘭人、4萬名比利時人（又分爲法蘭達人與法語瓦隆人）、2萬名法國人、6,000名丹麥人，以及6,000名挪威人。[18]在這些自願軍的背後尚有對戰事涉入不多的幾百萬歐洲人，他們仍然在某些觀點上有共識：對新歐洲懷有某種程度的調適心情，認爲相較於讓聯軍獲勝而把蘇聯引進歐洲，還不如接受希特勒的強制和平，這樣或許他們的苦難會早點結束。

爲民族與經濟利益而合作

對新歐洲而言，利益與意識形態同樣具有吸引力，1918年時受到冷落的國家，終於有機會可以一起重劃歐洲的版圖了。匈牙利重新從羅馬尼亞手中收回外西凡尼亞，並得到原屬捷克斯洛伐克與南斯拉夫的邊境地區；霍爾蒂派兵幫助德國占領俄羅斯；羅馬尼亞以30個師的兵力侵略俄羅斯，希望能奪取多瑙河東部與克里米亞地區，以彌補割給匈牙利的失土。而1918年未能獨立的兩個民族——斯洛伐克與克羅埃西亞，則將他們的怨氣發洩在原先的統治者捷克人與塞爾維亞人身上。斯洛伐克民族領袖欣卡（Andrej Hinka）神父拒絕聽從凡爾賽的指揮；而他的繼任者蒂蘇（Monsignor Joseph Tiso）領導著一個獨立的斯洛伐克（斯洛伐克人民黨是極忠誠的天主教徒）。自1929年便在義大利的流放地領導克羅埃西亞解放運動（烏斯塔沙，Ustasha）的佩維里（Ante Pavelić）領導獨立的克羅埃西亞，並提供烏斯塔沙的恐怖份子們對付塞爾維亞人、猶太人與吉普賽人的方法。[19]

希特勒統治下的歐洲，同時也兼顧經濟與民族利益。有些德國境外的企業家獲得利潤豐厚的戰爭物資訂單，尤其是在1943年之後，當施佩爾修改了從國外引進勞工的策略，把歐洲占領區當作物資來源時，他們的獲利更高。例如新法國的鋁工業，在法國變成德國占領區之後，其生產量比戰前更多（雖然大多數的法國工業都較式微）。此外，這些企業家並因此得以從貿易聯盟運動中脫身。他們其中有些人還夢想戰後歐洲可以建立一個卡特爾聯盟，以對抗新興強大的美洲。舉例來說，既是法國維琪政府的工業生產部長，又是汽車鉅子雷諾（Louis Renault）姪子的法國企業家雷希德尤斯（François Lehideux），便試圖計畫一個戰後法德義汽車製造大廠，期望能支配世界市場，與「美洲集團」一爭高下。

有些農場的經營在世界面臨極度糧食短缺時欣欣向榮，特別是高產量的酪農地區，如諾曼第、丹麥與波希米亞—摩拉維亞局部。由於政府的配給幾乎無法養活人民，因此供應雞蛋、乳酪等食物的龐大黑市於焉產生，其物資的交易價格幾乎與黃金的交易價格相等。

消極的默認

與德合作的廣大群眾基礎，究其實不過是一種大家消極的默認而已。對某些國家的人民而言，他們實在是別無選擇，例如波蘭人與烏克蘭人。由於德國在占領區所施行的統治手段太過嚴酷，因此，任何想要在希特勒的新歐洲裡自主性地找尋一塊淨土的想法，都會立即被摧毀。至於其他可以過比較正常生活的國家人民，則面臨曖昧的抉擇。

所有國家中，法國的選擇最具不確定性。也因此，法國要與誰合作或不與誰合作，便成爲最耐人尋味的問題了。1940年6月之後，法國便分裂成兩派，一邊是貝當所領導的法國維琪政府，傾向與德國合作；另一邊則是由戴高樂將軍（General Charles de Gaulle）領導，設於倫敦的自由法國。除了法國之外，其他占領區的國家幾乎沒有選擇上的困難。流亡倫敦的荷蘭女王威廉明娜（Queen Wilhelmina）與荷蘭政府，仍保有大多數國民的支持；同樣流亡至倫敦的挪威內閣首長們，在哈康七世（King Haakon VII）國王的帶領下，情況與荷蘭相同；比利時的內閣也暫遷倫敦，但國王利奧波德三世（King Leopold III）卻宣布自己與軍隊都同樣失去自由，並且終止所有政府的職務；丹麥政府仍留原處，高齡70的老國王克里斯琴十世（King Christian X）是一個爲人正直、深得民心的領導者，每天都騎馬巡視哥本哈根市內的街道。不論這些占領區的國家政府所在位置爲何，基本上他們都維持著兩種樣貌：維持統一而合法的權威；拒絕在德國占領下制訂任何法律，將他們的活動限制在最小範圍的行政事務處理上。

圖14-4　法國維琪政府領袖貝當於1940年10月24日派遣他的官員，在已被占領的法國中部都市蒙特瓦爾與希特勒會晤

法國的合法政府不僅面臨分裂的問題而已，維琪政府並企圖以組合式的極權政府來取代第三共和政府。在分裂的表面下，充滿著人民陣線時期那種戰前社會衝突的強烈情緒，人們強烈質疑第三共和政府應對戰爭的失利負責。此外，許多法國人渴望能避開如第一次世界大戰時的流血不幸。在年老的貝當第一次世界大戰凡爾登戰役（Battle of Verdun）中的英雄領導之下，法國維琪政府希望能達到一種妥協式的和平，並在希特勒的新歐洲中取得一席之位。而那些在兩次大戰中失勢的保守派領袖們，即便德國占領著法國北部，他們仍企圖「復興民族」。他們廢除了國會與工會、通過反猶太人法律、禮遇天主教會，並實際建立一個由大企業操作的合作經濟體系。對法國保守派而言，德國摧毀了第三共和政府，讓他們得到機會去扭轉他們所認爲的「倒退」了五十年的民主。

大多數的法國人相信貝當，將他視爲民族英雄，認爲他可以帶領法國人走出戰爭的陰影。相較之下，戴高樂將軍的自由法國似乎只會將人民帶入另一場戰爭之中（爲了協助保障英國的利益），而且在1941年6月之後，戴高樂還間接幫助了史達林與他在法國的共產黨員部屬。不論如何至少在1942年間，法國的準則是以貫徹實行「貿易正常」爲目標。這算是一種與希特勒的合作嗎？在員當政府裡擔任郵差或教師，是一種支持德國的行爲嗎？在戰後，解放運動中的叛國審判認爲，所謂的「合作」便是特意去幫助占領勢力的行爲，大至占有決策地位者，小至僅僅負一點幫助德國人的責任均屬之，在這種認定基準下，戰後約有38,000名法國人因通敵罪名入獄；1,600人被判死刑；5萬人被褫奪選舉權。[20]不過，那些默認希特勒行爲的人所形成的氛圍，其實是一種更加積極的共謀行爲，這種行爲助長了希特勒新歐洲的合法化。選擇參與新歐洲、成爲其中的一員的法國維琪政府，以其實際的與德合作行動，毀壞了國民大部分的日常生活。

隨著希特勒獲勝可能性的漸減，許多歐洲人重新燃起聯軍可能獲勝的希望。不過，還是有許多人仍然恐懼西方的另一次戰爭會引發史達林入侵歐洲的後果。在這種邏輯思考之下，直到1944年，許多不明確支持法西斯主義的歐洲人，都仍然希望能在一個妥協的和平情況下度日。

反抗

納粹的統治，讓希特勒在歐洲的敵對國家面臨棘手的問題：應該要忍辱屈服，或是採取行動來反抗這個不義的政權？採取反抗行動，會面臨實行面與倫理面的問題。採取哪種行動才能對抗這種無限期且範圍遼闊的暴政呢？個人又應負何種責任、採取何種行動反抗此一邪惡勢力呢？倘若所有合法的抗爭方式都無效，是否能採取平時被認爲是犯罪的手段（包括殺人），而這樣的行動又是否能在道德標準上被合理化呢？

以下是幾個迫使歐洲人默許希特勒行爲最易了解且最普遍的理由。首先，希特勒在占領區的暴行，剛開始時並沒有完全顯露出來，尤其是西歐、波希米亞－摩拉維亞與斯堪地那維亞等地，德國的統治手段尚稱溫和。其次，直到戰爭出現轉機，許多歐洲人已經不抱存希望能成功反抗希特勒。再者，由於納粹的暴行是前所未聞的，因此許多猶太人甚至還來不及覺察自己的命運便已送命。最後，即便歐洲人已經知道希特勒的殘暴行徑，他們也未能迅速地作出強烈反應，以高道德標準之名，出師討伐此凶暴的惡行。是否納粹黨員也以相同的標準來評判自己攻擊威瑪政府的正當性？而狂熱的反抗行動，最終是否會演變爲只是以無政府的混亂局面取代納粹暴政呢？

最重要的是，所有反抗行動都很危險。從事反抗行動不但意味著將自己的家人、鄰居暴露於遭受納粹報復的危險之中，同時也意味著必須冒生命危險，或忍受恐怖的嚴刑拷打。一個從事反抗運動者，必須犧牲個人的舒適享受、日常生活、安全，甚至必須拋棄一般的倫理規範，這就是為何實際參與反抗行動的人數如此稀少的緣故，也是參與反抗行動大多是外部者的原因。他們大多是年輕、單身無牽掛者、別無選擇的軍人、民族主義者與革命主義者的巷戰老手等。

儘管有種種的理由，反抗活動仍然在歐洲的納粹占領區，甚至德國境內發生了。積極的反抗份子指的是會做出公然挑釁政權、招致處罰的人，而非那些僅對政府的作為表示不滿、雖持異見卻選擇沉默，或僅用消極的怠工以表示反對的人們。公然的反抗行動涵蓋範圍甚廣，從撰寫或散發傳單、在牆壁上塗寫反政府標語，到為盟軍蒐集情資、掩護政府的敵人，甚至包括徹底的破壞行動與暗殺。從事這些反抗行動的人，都已下定決心打破法律限制，毫不畏懼身涉險境。

由於人數少且孤立，又時常受到警覺心高且殘酷冷血的執政當局鎮壓，歐洲的反抗份子極少能發動重大直接的軍事行動，然而他們的英勇作為仍然引起世界的關注。在希特勒所建立的新歐洲中同歷患難的男男女女，建立起一種特殊的兄弟情誼，這種情感常能將意見相左的人聚合在一起，例如教士們與共產黨員。這些反抗群眾中的知識份子，不僅規劃了一個戰後歐洲的藍圖，更建立了一個倫理架構來合理化個人責任與反抗暴政的行為。

德國境外的反抗活動

歐洲反抗希特勒的行動，不論在時間與地點上都各有不同。戰爭初期，雖然占領區的人民生活缺乏希望，但也沒有發生令人難以忍受的暴政（波蘭除外）。早期反抗活動的領袖大多是保守黨員、民主主義者或軍官，例如自由法國的領袖戴高樂將軍，他們對於反抗行動的想法僅限於為盟國蒐集情資，並祕密儲備武力以靜候盟軍登陸之時予以協助。只要納粹－蘇維埃條約不失效，則擁有歐洲最大地下組織的歐洲共產黨員對希特勒的態度，就會傾向和平共處甚於反抗鬥爭。共產國際下達指示，命令歐洲工人不得參與這場「帝國主義戰爭」，更確切地說，共產黨認為不論是希特勒，或是希特勒的合作者，都是邪惡的。在1928年到1934年間，主張「階級對抗」無可妥協的年代，他們甚至認為希特勒與希特勒的敵人——倫敦與其盟友都屬同類，無論哪一方獲勝，工人都無法從中獲利。1941年初，共產黨在占領區巴黎所散發的傳單還寫著：「不要霍亂，不要鼠疫！」意為：「不要貝當，也不要戴高樂；不要希特勒，也不要邱吉爾；終結帝國主義戰爭；法國人不爲資本主義賣命；法國蘇維埃掌權；和平萬歲。」[21]歐洲工人力促希望能與德國工人和中立的蘇聯建立良好的聯繫，以盡速促成和平。這種處境，從開始到最後都讓許多歐洲共產黨員感到極度不安。不過，後來他們仍自豪地指出，有些工人並未遵從共產國際的命令，例如法國的煤礦工人便在1941年5月逕行罷工。

1941年6月22日德國入侵蘇聯，讓歐洲的反抗運動出現轉機。當時歐洲共產黨的地下組織迅速改變跑道，以輕鬆而熱情的態度加入反希特勒的直接行動。在德國占領區中，突然增加了許多破壞活動與暗殺行動。由於組織完善、成員精良，使共產黨員所帶領的反抗活動，無論是在裝備或精神號召上，都比其他的反抗團體更能吸引積極活躍份子參與。歐洲的反希特勒活動，儼然成爲另一新的人民陣線——爲民族解放而奮鬥的反法西斯主義者聯盟。許多人的心情就如同法國共產黨詩人阿拉貢（Louis Aragon）以得到解放的感覺所寫下的：「我的黨幫我找回了法國國旗。」[22]

第二個轉機出現的時間雖不明確，卻具有重要意義。1942年底至1943年初，德國敗象漸露，同時，德國人也開始在占領區大肆掠奪該地人民的財物。德國的這種作法，對西歐來說，是個特別令人注目的轉變，因爲直到那時爲

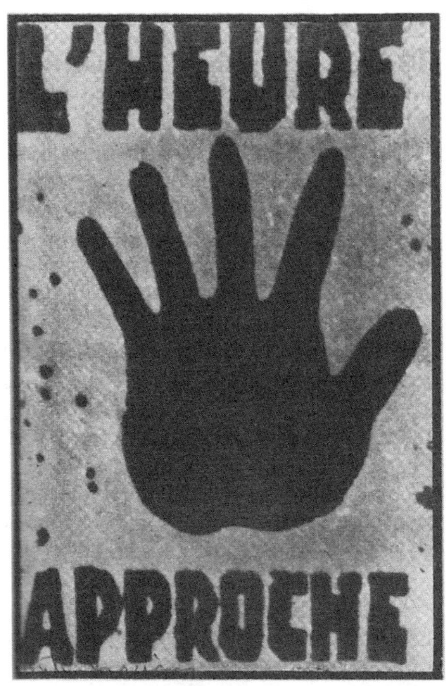

圖14-5　「末日已到」。這是一張攻擊開始日前不久貼在比利時街上的海報，感覺粗暴但卻能震撼人心。

止，西歐人所受到的大多是自尊上的損傷，人身的具體迫害較少。此時法國的年輕人開始被強行徵調入德國位於法國、比利時、荷蘭的工廠勞動，食物配給也減少了。將大批猶太人運往焚屍場的暴行，自1942年夏天開始展開。西歐天主教會發行了首份抨擊占領區政府暴政的刊物，此時，法國的馬基（Maquis）[23]反抗運動在當地也發揮不了太大的效果。除此之外，由於波蘭地勢平坦，不像法國集團出現了：反抗份子在偏僻的地區紮營，裡面住著逃避勞動徵召或被驅逐出境的人，這群反抗份子在養精蓄銳準備支援盟軍的期間，生活所需全靠地方人民供給。1943年初，隨著反抗運動逐漸得到社會廣泛支持的同時，人們也逐漸增加了戰勝的希望。歐洲反抗運動至此終於建立起廣大的群眾基礎。

當然，反抗行動在整個歐洲占領區的反應並不一致。反抗行動所能發揮的效果，取決於時機與人們對敵人的仇恨程度。對那些生活較不受到壓迫的地區，如丹麥、波希米亞—摩拉維亞，以及處於半占領狀態的法國而言，由於生活較安定舒適，因此默許認同德國的作法較易獲得支持。而另一種極端的例子如波蘭，則由於德國的手段太過嚴酷，讓他們甚至面臨滅種危機，無暇他顧，導致中央丘陵或阿爾卑斯山及南斯拉夫山地一樣，能夠提供反抗份子藏身之所，因此反抗活動無法蓬勃發展。換句話說，最適合反抗勢力發展的地方，必須兼具兩個條件：一是人民尚懷有希望之處；一是能提供反抗軍安全營壘之所。

反抗份子的合法地位，隨著各國政府的認定態度不同而各有所異。那些得到本國絕大多數人民認同並與英國合作的流亡政府，對其國內的反抗勢力多能給予合法的地位，流亡倫敦的荷蘭與挪威政府便是最佳的例子。相較之下，法國由於存在兩個敵對的合法政府，因此反抗勢力極難找到一條出路，取得合法的地位。幾乎所有的法國人都極度渴望能從德國的暴虐占領中得到解放，然而直到1944年6月盟軍發動攻擊，再加上事實證明盟軍確有能力將德國人迅速自法境內驅逐，並能避免1914年到1918年期間雙方對峙的戰況之後，大多數的法國人才開始相信戴高樂將軍的武裝解放路線，比貝當的談判妥協方式更有希望帶領法國走出困境。戰後的一些數字統計讓我們得知，在此轉變發生之前，約僅有2%的法國人冒險參加積極的反抗運動；而最多大約也只有10%的法國人會閱讀反抗運動的地下刊物。事實上，還有相當多人直到最後都狂熱地支持貝當政府。[24]

德國境內的反抗運動

在德國境內進行反抗運動，所面臨的是更為特殊的危險與限制。在占領區從事反抗運動可以訴諸民族主義，如同訴諸人道主義與個人的切身利益一樣理由冠冕堂皇。相較之下，在德國境內發動反抗運動，就像在扯自己國家的後腿一樣，極難得到認同。這種情況在大戰爆發之後更是如此。在希特勒成功的鼓舞之下所激起的群眾熱忱，強化了德國原有的強烈政治民族傳統。公眾輿論毫不留情地抨擊德國境內的反抗份子，甚於批評占領區的警察或黨衛軍。

德國境內的反抗份子還分為彼此歧見甚深的左派與右派。他們缺乏民族解放的一致目標，因此難以結合。此外，他們也欠缺有力、普遍的自由傳統。左派擁有大批潛在的支持者，但卻無力滲入軍隊與官僚體系；而以保守黨為首的右派雖有機會滲入軍隊與官僚體系，但卻缺乏群眾基礎。

直到1933年3月，大多數的德國人仍然投票反對希特勒的領導，其中有些人到最後都堅守反希特勒的立場。左派成員——社會民主黨員、共產黨員與工團主義者，共組了最強而有力的反對派。不過，德國左派錯失了在1932年與1933年時可以團結合作的最後機會。社會民主黨員與工團主義者仍堅持以合法手段對付不走正道的敵手；而共產黨員則堅信希特勒摧毀威瑪共和國，只會使德國陷入類似「紅色十月」（Red October）的狀況。兩邊陣營都將對方視為與己原則相背的敵人。德國左派掌控的機構在納粹政府建立之後的數週內便遭到停業的命運，領導人或被逮捕，或被迫轉入地下活動，或流亡國外；任何企圖重建社會主義政黨或工會組織的人，都難逃入獄或死亡的命運。許多德國人，包括少數工人，都因迷眩於納粹政府在經濟與國際上的成就而「納粹化」（Nazified）了。後來，社會民主黨員與共產黨員發動了幾次重要的反抗運動，如「紅色樂隊」（Red Orchestra），不過，其成員在1942年8月便遭逮捕。納粹政府長期掌控著德國左派的一舉一動。1933年後，為了對付勢力漸長的左派反對黨，納粹政府開始將不計其數的德國人送進集中營。

教會是德國境內潛藏的第二大反抗勢力。雖然德國新教徒由於太分散也太受路德教派效忠國家的傳統觀念影響，無法結成統一的反對黨，然而納粹政府仍不敢掉以輕心，建立了一個新的「德國基督徒」教會——基督救世軍（SA of Jesus Christ），在新教教會中形成一個反對派勢力互相牽制。基督救世軍由尼默勒牧師（Pastor Martin Niemöller）領導，他是第一次世界大戰中德國U型潛艇艦長，也是威瑪共和國的反對派。天主教會於1933年與希特勒締約，同意廢除中央黨（Center Party），並以教會停止從事政治活動為交換條件，延續教區學校與組織的運作。1939年，羅馬教皇與德國神職統治團體均公開反對政府的特殊論調，包括好戰的世俗主義、種族主義、安樂死政策等。[25]儘管許多基督教徒英勇地進行反抗行動，教會仍然傾向於在希特勒政權下運作自己的權力，而不想推翻政權。

在戰爭開始之前，有些保守派人士以宗教與人道觀點來反對納粹政權。大體而言，他們大多以閉門私下抒發不滿，或成立祕密討論團體等方式進行反抗。例如毛奇伯爵（Count Helmut von Moltke）的克萊稍集團（Kreisau Circle）便是一例。這個組織規畫了一個統一的、沒有國際爭端的新歐洲藍圖，他們假設這個藍圖將在其他團體把希特勒消滅之後實現。而希特勒可能敗戰的跡象，也激勵軍隊與政府中的反對派投入更多的反抗行動。

這些反抗行動在1938年達到高潮，當時希特勒似乎打算把尚未做好準備的德國人投入對俄與西歐的戰爭。在希特勒企圖發動戰爭之時，軍隊與政府機構中的反對派曾策劃推翻希特勒，1938年8月辭職的總參謀長貝克將軍，便是由於反對希特勒的野心之舉而毅然求去。不過，戰後某些德國軍官與高級文官卻認爲，間接破壞推翻希特勒計畫的，其實是張伯倫在慕尼黑會議中對希特勒採取的讓步行動。當戰爭在對德更有利的時機1939年9月間——爆發之後，愛國主義的力量更加限制了軍隊與政府中的反抗活動。保守派的反對勢力由於堅持強人領導與獨裁主義，欠缺群衆基礎，因此他們的反抗活動只能說是一種1920年代反威瑪共和國運動的延續。對保守勢力的反抗運動者而言，其主要障礙是活動範圍太狹隘、欠缺群衆基礎，而唯一能達成其目的——即建立一個獨裁而沒有希特勒的強大德國的手段：政變或暗殺，卻又是他們所不能接受的方式。

當1943年德國敗象漸露，而歐洲也開始感受到布爾什維克化的威脅時，保守派的反抗者終於放下了他們的堅持。1943年3月由保守派反抗勢力所策劃的暗殺行動失敗後，施桃芬貝格伯爵（Colonel Count Klaus Schenk von Stauffenberg）又在1944年7月20日於接近蘇聯前線的拉斯滕堡（Rastenburg），希特勒預定做簡報的總部設置炸彈。不過，希特勒僅被炸彈震懾了一下，雙耳暫時失去聽力而已。除此之外，共謀關閉集中營、廢除黨衛軍、尋求與西方達成部分和平協議的反抗份子們，有些被槍決，有些被掛在肉鉤上處死。最後，德國還是得靠著外國的軍事力量，才推翻了希特勒與他的追隨者。

反抗運動對軍事行動的影響

歐洲反抗運動對大戰的軍事結果，只發生了一些外圍的影響力。反抗運動在東歐的影響力或許大於西歐。在蘇聯戰場中，德軍後方的游擊隊造成其運輸上的嚴重干擾，迫使德國必須自前線調回一些軍隊鎮壓。

南斯拉夫擁有歐洲戰鬥力最強的反抗軍隊，當南斯拉夫在1941年4月被德軍占領時，它的軍隊並未解散，這些軍隊潛入山林，伺機行動，德國從未能掌控地形崎嶇的南斯拉夫山地。不過，當雙方僵持不下陷入對峙僵局時，米克海洛維奇將軍（General Draža Mihailović）的「切特尼克」（Chetniks）便傾向與德軍達成實際的停戰協定。不過，當共產黨加入戰爭，以布羅茲〔Josip Broz，以鐵托（Tito）之名廣爲人知〕爲首的克羅埃西亞共產黨，改採更加積極的態度進行反抗行動。南斯拉夫的例子說明了兩種可行的反抗行動策略：一是速戰速決，不過這要冒遭到報復態度進行與劇烈短痛的風險；一是謹慎守成，靜候盟軍的支援。曾以跳傘方式深入戰區的英國觀察家在與鐵托會面之後，以積極報導其奉行的實踐主義，期能勸動盟軍將對米克海洛維奇的財政與物資支援，改爲支援鐵托。最後，鐵托共消滅了10個德軍師團，並在戰後想當然耳地成爲南斯拉夫的領袖。相較於兩次大戰間的時期，南斯拉夫在第二次世界大戰之後，民族分裂的情形減少許多，鐵托結合了共產主義與民族主義，建立了一種新的領導方式來統治南斯拉夫。

至於西歐，反抗運動也未能對軍事戰果發揮明顯的影響力。西歐從事反抗運動者確曾向盟國提供德軍駐紮位置的情報，並於1944年6月6日諾曼第登陸日，幫助盟軍拖延了德軍的調度行動，然而，不論如何，西歐反抗運動的最重要意義，仍在於它對人們知識與心靈更新的刺激與啓發，而非對戰事的貢獻。

反抗運動對知識份子的影響

反抗行動不僅意味著行爲上的反抗，也同時意味著思想上的反抗。經濟蕭條、法西斯主義、戰爭——25年之內，歐洲人的第二次自相殘殺——這一切都需要人們針對歐洲經驗加以嚴厲的批判，並深思推翻希特勒之後，歐洲人要如何重建一個新的歐洲。

> 在經歷過抗爭，經歷過希特勒掌控下的經濟、社會與政治革命之後……我們要的是哪一種共和國？哪一種民主制度呢？[26]

雖然從事反抗運動的成員來自各地，並且背景複雜——從天主教徒到共產黨員皆有之，不過，身處歐洲空前的自我毀滅境況，與因從事祕密寫作與演講而涉入的險境，讓這些同病相憐的份子連結在一起。1941年6月蘇聯陷入戰爭之後，敵人凶殘的本性更讓反抗份子與左派緊密連結。從事反抗運動的知識份子們，幾乎都對戰前的歐洲持否定的態度。事實上，確實也沒有任何人想把歐洲恢復到兩次大戰間的狀況，並為此做任何努力。因應戰爭所造成的全面性危機，需要的是深刻的改變，而這些知識份子們早已做好準備要迎接政治、社會、經濟上的新轉變。多數的反抗運動思想家主張恢復議會民主政治，不過這必須在肅清兩次大戰間議會制度的失誤與腐敗的條件下方可成行。此外，他們也要求政府提供更公平公開的受教、就業、受勳機會；他們反對自由調節市場（self-regulating market），批判不景氣的現況。不過，相異於戰前左派反抗運動的經濟學家，他們接受在混合經濟中併入某種程度的計畫與國家干預（有關戰時的人民期許，將在下一章中詳細論述）。

反抗運動的另一個重要的創舉是，引發歐洲教會的騷動。雖然並無任何基督教派完全投入反抗運動，卻有許多年輕教士與牧師，放棄爭取單純的教會自治權，而投入積極的社會與政治活動中。教會之前順從當世政權與社會經濟的問題，此次也遭受到前所未有的挑戰。天主教的重要創舉是「工人教士」（worker-priests）的出現。這些工人教士們脫下法衣，換上工作服，直接參與勞動工作，這種試驗始於被送往製造德國軍需品的法國工人中的牧師們，也因此，他們更貼近維琪政府的基礎與反抗運動份子。不論哪一種情形，他們都主張與中產階級的傳統神職人員之間應該做清楚的決裂。

至於是否要採取違法手段來反對不義的政權，則是教士與牧師們所要面對的嚴重道德難題，每一條教規都要求他們效忠國家。龐豪弗爾牧師（Pastor Dietrich Bonhoeffer）是一位年輕的德國新教徒，也是神學院的教授，他所提有關基督教道德問題的見解或許是開戰以來，最讓人印象深刻的思維。龐豪弗爾是瑞士神學家巴斯（Karl Barth）的追隨者，巴斯曾批評現代自由主義神學過度以人為中心，且過於樂觀，而納粹政權的一切作為，更讓巴斯猛烈抨擊較溫和、自由的「社會福音」（social Gospel）神學。巴斯呼籲大眾重新重視人類罪性的嚴重性，並警覺地質疑人類社會進步的真實性。不過，龐弗豪爾並不因追隨巴斯的思想而認為基督徒應遺世獨立，反而主張基督徒應如同基督的追隨者一樣，獻身參與社會事務。龐豪弗爾堅決主張唯有保衛國家，才能引發人們的集體悔改、更新德國教會並褪去他們虔誠的表象與財產。由於與1944年7月20日發動暗殺行動的德國反抗份子有所聯繫，龐豪弗爾成為該次事件中被處決的四位牧師中的一位。

反抗運動的主要世俗倫理乃源自於存在主義。存在主義的代表人物是法國哲學家沙特（Jean-Paul Sartre），他曾於1930年代迴避獻身政治。在德國現象學者胡塞爾（Edmund Husserl）與海德格（Martin Heidegger）的影響下，沙特潛心鑽研哲學的本質與知識。陷入戰爭迫使沙特意識到，除非個人能為世界國家負起積極的責任，否則便無人能夠得到自由，連哲學家也不例外，而且，個人的生死存亡便將掌握在他人的手中。不過，像沙特這種既不相信上帝也不認同不變的道德律、不相信宿命的人，又能採取何種行動以積極地負起社會責任呢？沙特在自己早期所發展的存在哲學中，發現了一種行爲哲學，他認爲個體的存在是一種唯一的必然，藉由對事物的自由抉擇，可確立一個人的存在事實。「你可以選擇向東也可以選擇向西；若你不做任何選擇，便失去一切可能性。」有良好信念的人會接受選擇的責任，將自己投身於環境之中，依據自己對世界的「計畫」採取行動，清楚知道「他的行動關乎全體人類」；至於那些缺乏信念的人，他們會無視自己的責任與自由，總是將世界的狀況歸咎他人。不過，在現實生活中，後者所做出的抉擇其實並不少於前者。[27]

一種簡化的存在主義——無視沙特哲學中的複雜性與精緻性——在戰爭後期變成從事反抗運動的知識份子的一種風潮，事實上，身爲反抗份子，沙特早已體驗到這種選擇的痛苦掙扎。個人的行爲後果，會導致當事者陷入恐怖的嚴刑拷問的情境中，而且，「一句可以滿足十個人的話，可能會讓一百個人感到不滿。這種絕對孤獨中的絕對責任，不正是自由的眞義嗎？」[28]依據沙特的說法，反抗運動是一個「無聲共和國」（Republic of Silence），在這樣的一個孤獨國度中，自由的男男女女，將自己與他人的生命奉獻於道德選擇後、深思熟慮的行動之中。

圖14-6　攻擊開始日：1944年6月6日美軍涉越浪潮，在德軍猛烈的機關槍掃射彈幕中登陸諾曼第。

第十五章

從熱戰到冷戰：1942至1949年

1942年到1943年間的冬季，希特勒失去了軍事主動權。在這個轉折點之後，即使納粹的戰爭機器仍有能力發動猛烈迅速的短暫攻擊，希特勒仍然不得不承認盟國取得主動權所帶來的影響，而不再和之前一樣以大膽的行動來驚嚇全世界了，當然，此時離終戰尚遠。盟國內部正爲如何迫使希特勒無條件投降進行激烈的爭論。在1945年5月7日德國無條件投降之前，這場令人痛苦的大戰已經持續進行了兩年多。不過，1943年時，盟軍已經取得主導戰役發生的時間與地點的控制權，憑此優勢，盟軍以豐富的資源逐步擊垮德意志第三帝國。

盟國自昔日的歐洲列強手中取得了軍事主導權，這些昔日的歐洲強國以現代國家興起之後，便一直掌控著歐洲事務。即使是在第一次世界大戰中，他們其中的一方也只仰賴一部分的外援，便戰勝了另一方。1939年歐洲再度發生衝突事件，並旋即轉變爲世界大戰，此次戰爭包含了日本（1940年9月加入軸心國）、蘇聯（1941年6月參戰）、美國（1941年12月參戰）。第二次世界大戰需要的龐大資源，超乎傳統歐洲列強5,000萬人口所能提供的範圍，只有國力超強、工業化、人口超過兩億、由單一政權統治所有資源的國家，才足以負荷這些戰爭所需的資源。希特勒的歐洲堪稱此類國家的第一位，而美國與蘇聯則是唯二能抵抗希特勒的新興強國。在戰爭的過程中，有關歐洲未來的決定權竟從柏林、倫敦、巴黎，轉爲另外兩個新興的首都：華盛頓與莫斯科。歐洲大陸內部最後的內戰，所付出的代價是世界霸權從此轉入美蘇之手。

西方的美國霸權

1940年時，美國的軍事力量仍然遠落後於歐洲，其軍隊規模甚至小於比利時，然而，在節制的軍事表象之下，美國其實蘊含著龐大的經濟潛力。1941年12月美國參戰時，歐洲的戰爭已經持續了兩年多，美國憑藉其生產力與人力資源，讓它能在西歐盟友中占有支配地位。

美國之所以能稱霸，其中之一的因素是經濟力。這次，美國比第一次世界大戰期間更迅速地成爲盟軍抗德的軍火庫。當歐洲產能因戰爭遭到破壞時，美國的生產力在盟軍需求的刺激下，成長了四倍之多。反希特勒的歐洲國家爲能自美國輸入大量軍用物資，不得不再次出清所積蓄的黃金、外匯，以及海外投資。儘管羅斯福總統（Franklin Roosevelt）在美國參戰之前，便努力幫助這些反希特勒的歐洲國家，希望他們能避免重蹈1914-1918年的覆轍，再度面臨世界性的經濟危機，然而畢竟勢不可擋。1941年3月，美國通過了「租借法案」

（Lend-Lease Act），根據這項法案，羅斯福以換得軍事基地使用權的方式，將戰爭物資借予友好國家。直到戰爭結束，美國以此種方式提供給反希特勒聯盟的戰爭物資共約有430億美元。然而這些幫助畢竟只能解一時之渴，歐洲為戰爭散盡所有資財，而戰後，又讓美國取代歐洲成為西方世界生產中心。

美國取得霸權的另一要素是戰略。當時盟軍的戰略家決定不與德國和解，決心迫使希特勒無條件投降。早在1941年8月時，羅斯福便與英國首相邱吉爾於紐芬蘭島外海的奧古斯特號軍艦（Augusta）會晤，之後，發表《大西洋憲章》（*the Atlantic Charter*），明示這場大戰的終極目標乃是：「不為自己國家爭取領土，而為謀求人民能自決其政府形式，創造自由且安全的居住世界而戰。」而惟有「完全推翻納粹暴政」才能實現此一目標。《大西洋憲章》的原則激勵了反希特勒的歐洲各國在近四分之一世紀的歲月裡，繼續為第二次全面性戰爭奮鬥。不過，倘若盟軍不在「希特勒的歐洲堡壘」（Hilter's Fortress Europe）之內另闢第二戰場直搗柏林，則要達成此一目標實不可能。此項行動需要盟軍（美蘇除外）集中全部火力方能實現。

策劃第二戰場

1941年12月7日，日本突襲珍珠港（Pearl Harbor），將美國捲入戰爭。事件發生後，邱吉爾立即趕赴華盛頓，與羅斯福研商作戰計畫。此次會晤於1941年12月到1942年1月進行，代號「阿卡狄亞」（Arcadia），是未來漫長而多次進行的首長會談的開端，各國首長藉由這些私人會晤，試圖以共同戰略來協調彼此的利益。美英兩國的軍事計畫家們也一同參與「首長聯席會議委員會」（Combined Chiefs of Staff Committee）。最初，邱吉爾這位戰爭經驗豐富的領袖，在會議中暢所欲言，為所欲為，而羅斯福對其「歐洲優先」的戰略亦表示同意，依據這個戰略，盟軍將先集中火力擊潰希特勒，然後才對付日本。1942年元旦，又有24個國家（包括蘇聯與中國）加入盟軍，並發表《聯合國家宣言》（*United Nations Declaration*）贊成《大西洋憲章》的原則，承諾以「全部資源」去「攻克敵人獲得全面性的勝戰」。自此，盟軍欲迫使敵人無條件投降與痛擊「歐洲堡壘」的決心便更加確定了。

不過，發動攻擊的時間與地點仍有待商榷，而這也成為往後三年英美在戰爭期間最主要的議論。在這段期間中，影響戰爭的優勢政府逐漸從邱吉爾為首的倫敦，轉移到羅斯福領導的華盛頓首府。雖然兩國對於一些基本的觀點態度一致——歐洲優先、開闢第二戰場，然而英美兩國不同的戰略概念，卻也反映出不同的國家經驗與國力的強弱。

邱吉爾注重「希特勒歐洲」周邊的弱點。英法兩國曾於1939年到1940年冬季「假戰爭」期間，耗時靜候斯堪地那維亞半島與巴爾幹半島門戶洞開，而不跨越萊茵河對德國發動正面攻擊。當法國在戰爭中出局，邱吉爾以其多年的帝國經驗，敏銳地意識到英國在地中海的利益。那些曾目睹第一次世界大戰西線戰場與1940年各戰役的人，不願再輕率發動任何可能言之過早的正面作戰的想法是可以理解的。美國戰爭部長史汀生（Henry Stimson）在1943年的日記中寫著：「英國人仍被帕森代爾（Passchendaele）與敦克爾克的陰影所籠罩。」[1] 這些因素影響邱吉爾執著優先保障地中海（1942年11月埃及與蘇伊士運河曾受到緊急的威脅，此時，盟軍立刻自北非登陸壓制解除危機），以及利用南歐路線進行攻擊的戰略。

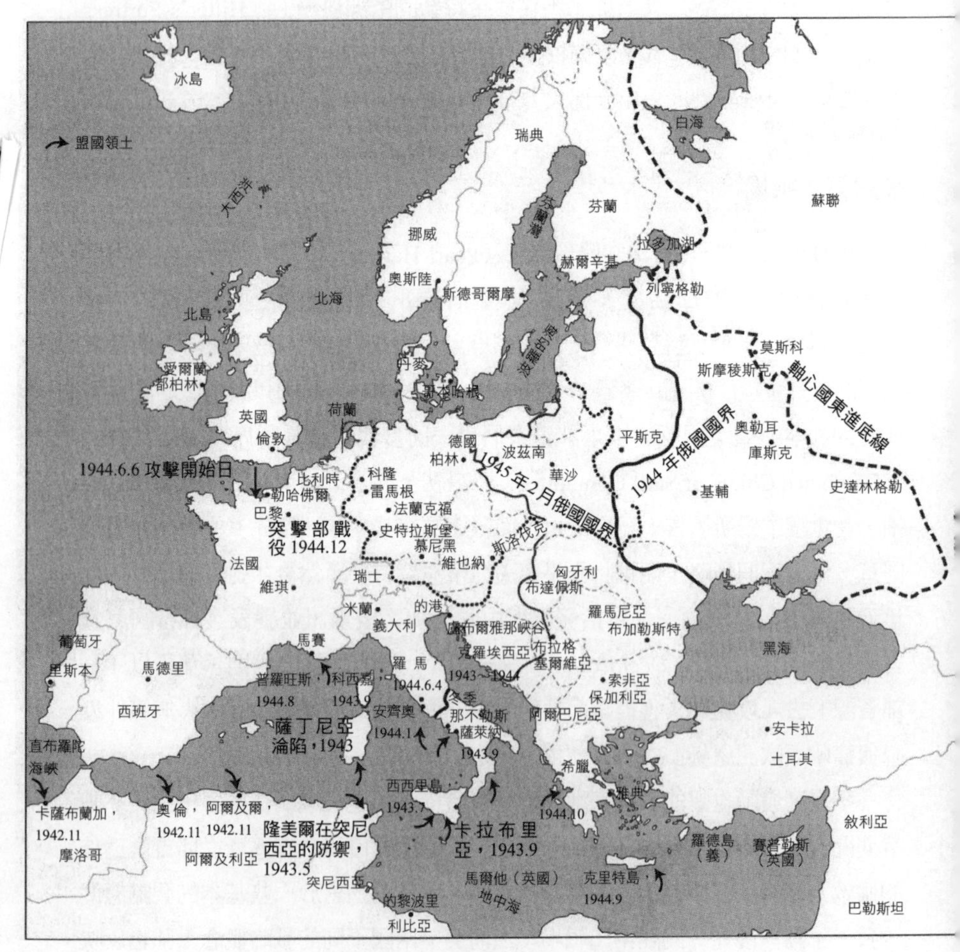

圖15-1　軸心國的挫敗，1942-1945年

有些人認爲熱中歷史與歐洲權力政治操作的邱吉爾，從一開始便試圖將戰略導向政治意涵，想藉由轉移英美戰場到一個適當的位置，讓蘇聯得以掌控東歐。直到1943年後期，邱吉爾憂心蘇聯敗戰與其內部發生分裂，甚於歐洲被蘇聯征服的威脅。不論如何，邱吉爾對開闢第二戰場可能帶來對戰後英國勢力的影響的高度警覺，是無庸置疑的。

至於美國人的注意力則集中於對德國的正面交戰。儘管某些英國評論家將之視爲一種不成熟的粗魯行爲，美國人卻認爲這是蓄積一場銳不可擋的戰役所需軍力的戰爭技術。美國外交政策的「現實主義」評論家，如肯南（George Kennan）便主張美國的決策當局應拒絕每一個包含政治意涵的戰略，他們相信美國必能以「純粹的」軍事決定與策略，凌駕所有歐洲的政治勢力。由於美國人懷疑邱吉爾在地中海與南歐的登陸計畫背後，潛藏著帝國主義的動機，因此傾向匯聚龐大的力量，在海峽沿岸盡早與敵軍進行正面交戰。實際上，美國人眞正的想法是再次以巨大的軍事痛擊來淨化腐敗的歐洲，同時維持美國的威爾遜願景——避免爲「不道德的」政治計謀玷汙了理想。有了這種清楚的決定之後，美國開始希望把歐洲的和平保證，交付給未來將要成立的聯合國負責。

西歐第二戰場的概念隨美國物資優勢的增長，順應美國軍事戰略構想而逐漸成形，蘇聯對此一進程的緩慢感到厭倦而不斷催逼。這是由於自1941年6月到1944年6月6日英美聯軍終於自諾曼第登陸期間，蘇聯獨自與德軍奮戰，史達林急欲從中獲得解脫之故。不斷受到德軍猛烈攻擊的史達林，要求盟軍必須在西歐開闢第二戰場。盟軍的首務確實是保障蘇聯能不敗戰，並在敗戰威脅稍減之後，設法讓懷抱疑心與怨恨的史達林相信，登陸計畫正在進行且會在近期內成功達成。

開闢第二戰場：北非與義大利

1942年初，一直處於動盪中的蘇聯，迫切需要盟軍在西歐另闢一個轉移德國目標的戰場。美國提議，當蘇聯的狀況危急時，盟軍應排除萬難，不顧一切危險，發動橫渡海峽之戰，這樣的提議符合了邱吉爾的戰略——以探針刺入敵人的弱點。於是，英美盟軍發動了首次戰役：「火炬行動」（Operation TORCH），此次行動讓盟軍成功登陸北非，打開了地中海之門。

直到1942年底，德國與義大利都能維持將盟軍阻於地中海之外的強勢。在地中海的西口矗立著兩個堅決維護希特勒的中立國：佛朗哥的西班牙與位於摩洛哥的法國維琪政府，這兩個國家堅守著直布羅陀海峽。至於地中海東口則有傑出優秀的隆美爾將軍，他自1941年以來便駐防當地，增援義大利與利比亞，曾經二度將戰線向東推進到距離蘇伊士運河不到100英里之處。儘管如此，1942年11月8日夜晚，一支美國軍隊在少數英軍的協助之下，仍然成功地從法屬摩洛哥與阿爾及利亞境內的三處地方登陸。雖然法國維琪政府的軍隊裝備粗劣，但仍盡力抵抗，希望能保住北非，免受盟國與軸心國的爭奪之擾，然而終究不敵盟軍的攻擊，失去了兩處殖民地。之後，在那些已經準備好重回戰場的法國人堅持下，盟軍繼續向東挺進突尼西亞，從突尼西亞可以自後方對隆美爾進行攻擊。自此，盟軍確保了地中海的通道，進入南歐之門也於焉敞開。

由於「火炬行動」被視為是一個對潛在友好中立國的襲擊而遭受抨擊，然而它的收益確實不小。對美國而言，能夠及早進行一些醒目且成功的行動，有其心理上的重要意義。北非的法國維琪政府雖中立卻薄弱，對於缺乏經驗的美軍而言，那是一個可以迅速有效成功達成任務的地區。「火炬行動」的最大敗筆是，它延宕了爭取在摩洛哥與阿爾及利亞與法國的合作，增加了軸心國增援突尼西亞的時間，讓北非有機會喘息，也導致盟軍直到1943年5月才終於取得北非的控制權。

擊敗隆美爾的非洲兵團（Afrikakorps）之後，盟軍所面臨的主要問題便成為：已經集結進入北非的盟軍，下一步應如何進行？不論邱吉爾如何努力說服史達林，他都堅決認為「火炬行動」並未達到任何解除東部戰場壓力的效果。1942年8月在克里姆林宮的晚宴中，邱吉爾仍試圖說服史達林相信周邊戰略的重要性，他在桌巾上畫了一隻鱷魚，並指著鱷魚的「軟腹」，希望史達林能夠了解這種戰略的意義。「火炬行動」之後，邱吉爾便建議盟軍北進，攻打下一個薄弱的環結——義大利，直搗軸心國的「下腹」。[2]

1943年1月，在卡薩布蘭加會議（Casablanca Conference）中，羅斯福終於同意接受邱吉爾的意見。表面上，卡薩布蘭加會議昭告了一個響亮的宣言，那就是盟軍只願意接受軸心國的無條件投降，然而，私底下，英美盟軍的軍事計畫家卻更加謹慎、步步為營。德國攻擊盟軍補給船隻的戰績節節上升，並在1943年春天達到最巔峰。1943年3月，僅僅一個月中，盟軍被擊沉於北大西洋中的船艦便有一百多萬噸之多，這個數量是同一時間內盟國船艦製造廠所能製造的船艦總數的兩倍左右。也因此，英國亟欲調集充足的人員與物力，以炸開一條進入歐洲的通道。英國的種種行動顯示，一場1942年時人們所無法想見的龐大行動即將展開。要在1943年進行這一切行動的唯一方法，便是將橫渡海峽、開闢第二戰場的計畫向後延宕一年，先行進攻義大利。盟軍的這項決定，再度使史達林感到失望無比。

1943年7月10日，美軍和英軍從西西里島登陸。戰役開始時，盟軍在義大利大有展獲。7月25日，墨索里尼被前參謀部長巴多里奧元帥（Marshal Pietro Badoglio）發動的武裝政變所推翻，此次政變的幕後支持者是義大利國王與「法西斯最高委員會」（Fascist Grand Council）中的某些成員，他們寧願向盟國投降，也不願讓義大利變成戰場。不過，在盟軍還來不及進入處於空窗狀態的義大利進行安排之前，德國便已派軍進入義大利，以輕型飛機救出墨索里尼並占領了義大利。直到9月2日之前，盟軍都無法自西西里島登陸義大利，最後，在自由法國與波蘭軍隊的協助之下，盟軍終能在德軍嚴密的防守地區緩慢突進。這場義大利之戰，最後的結果只是延長了義大利飽受戰爭不幸之苦的時間，並不如預期的，爲盟軍打開一條通往中歐的捷徑。

「攻擊開始日」與突擊德國

讓人引領企盼的第二戰場，終於在1944年6月6日的攻擊開始日，盟軍登陸諾曼第，於西歐正式展開。即使開戰的時間點如此遲延，登陸部隊要從英吉利海峽登上設防嚴密的海岸，仍需冒著極大的危險。除了小心避開防守嚴密的海岸地區之外，盟軍還得力於反間諜活動的幫助——包括假造的信號、假裝在英國部署軍隊，誤導德軍錯估登陸地點是平坦的法國北部平原。僞造的情報讓希特勒深信諾曼第登陸是一種聲東擊西的計謀，因此他調度了坦克師到法國北部等待盟軍，計畫在盟軍剛上岸最易受到攻擊的時刻，進行第一時間的反攻，而在那段期間中，盟軍則利用舊船隻與混凝土潛水箱建造了三個人工港口。接下來的計畫便是充分利用美國的生產力進行戰爭。攻擊開始日之後的第一個一百天之內，便有220萬個男丁、45萬部車輛與400萬噸軍需品，自人工港口與徹博爾格港（6月27日占領）運送上陸。即便如此，當盟軍突破諾曼第山區的重重阻礙進入法國西部平原時，時序也已是8月初了。

在對德國心臟區進行最後攻擊時，美國的生產力與戰略構思顯然占有極大的優勢。當時邱吉爾希望義大利境內的盟軍，採取經阿爾卑斯山脈東部的山谷〔南斯拉夫的盧布爾雅那谷（Ljubljana Gap）〕的路線，進入歐洲中部；然而美國卻堅決主張要將軍隊撤出義大利，以便能在1944年8月15日從法國南部進行輔助登陸，這項措施反映出美國對諾曼第盟軍的不信任感，以及對邱吉爾爲保護英國在東歐勢力範圍所提計畫的敵意。華盛頓政府擔心這樣的企圖，會導致戰後占領期間的延長與政治上的混亂狀況。

在攻擊開始日之後，美國艾森豪將軍（Dwight D. Eisenhower）便負責統領指揮所有的盟軍——包括美國、英國與法國軍隊。艾森豪主張從外部進攻，

圖15-2 1943年9月，受驚憔悴的墨索里尼與提供救援的德國突擊隊員。墨索里尼於7月份被艾曼紐國王與巴多里奧元帥推翻並囚禁。之後，他在德軍的保護下於義大利北部成立「義大利社會共和國」（Italian Social Republic at Salò），1945年4月被游擊隊逮捕處決。

並謹愼倚靠已經建立的補給線，而不傾向採取英國高級指揮官蒙哥馬利將軍（General Bernard Law Montgomery）與美國的巴頓將軍（George S. Patton）的大膽建議：集中火力深入德國境內發動攻擊。自英國的觀點來看，艾森豪所進行的是「利用大象的體重優勢去壓垮障礙物的戰略」。[3]艾森豪與美國參謀長馬歇爾（George C. Marshall）非常反對邱吉爾所提，希望盟軍比蘇聯更早攻占柏林與布拉格的提案，依據美國的觀點，這種提案無異是將原本單純的軍事行動，注入了政治因素。艾森豪對馬歇爾說：「除非首長聯席會議委員會下達命令，否則我不會進行任何我覺得不明智、僅有政治獲利的軍事行動。」顯然，艾森豪並沒有接獲這樣的命令，因爲馬歇爾寫下了這一段話：「就我個人而言……我絕不願意讓美國人只因爲單純的政治目的而冒生命的危險。」[4]

盟軍的進攻因突出部之役（Battle of Bulge）而受到拖延，但德國卻在1944年聖誕節期間，向西大舉進攻盧森堡與比利時。當惡劣的天候限制了盟軍，無法發揮空中優勢時，瞬時德國看似極有可能將戰線推回英吉利海峽。之後，直到1945年3月7日，德國的「突出部」（Bulge）方才受到壓制。當時，德國守軍企圖炸毀雷馬根（Remagen）鐵橋，所幸美軍英勇地強行渡過鐵橋，才保住了盟軍橫渡萊茵河的通道。

圖15-3　盟軍轟炸曼海姆（Mannheim）之後，一個受到極度驚嚇的德國家庭，在國民軍的協助下慢步前行。

東方的蘇聯霸權

當美國以新興的領導者身分領導英美同盟時，蘇聯也逐漸成爲戰後歐洲的另一個超級強國。回顧歷史，在1941年時，這樣的趨勢並不明顯。雖然蘇聯在1930年代時的經濟成長予人印象深刻，不過，其實行農村集體化運動時所付出的社會代價，與對國家內部領袖們的清算行動，更令人難以釋懷。史達林選擇對希特勒採取中立態度與1939年到1940年間冬戰芬蘭的挫敗，在在強化了世人認爲蘇聯可能分裂瓦解的想法。希特勒相信1941年6月時，若發動對蘇侵略行動，將會促使蘇聯分裂，西方的觀察家們也同樣擔心這樣的結果眞的會發生。倫敦的共同情報委員會（Joint Intelligence Committee）預估希特勒極可能在六週內攻下莫斯科。[5]

蘇聯的倖存

在希特勒突擊蘇聯之後，緊接著在蘇聯境內所發生的，是此次戰爭中規模最大的幾場戰役。舉例來說，1941年底蘇聯調集了300萬人保衛莫斯科，之後又在1943年7月的庫爾斯克—歐瑞爾戰役（Battle of Kursk-Orel）中，派遣6,000輛坦克與德軍奮戰。就某種意義來說，第二次世界大戰中的蘇聯所扮演的角色，便如同第一次世界大戰中的法國一樣：在自己的領土內獨自忍受世界大戰中最艱苦的戰役，傷亡最重（約有2,600萬人死亡）；戰後，主張要在歐洲大陸居領導地位。蘇聯理所當然地，將東部戰線視爲第二次世界大戰的主要舞臺。

1942年底，蘇聯終於能在史達林格勒扭轉局勢。德軍於1942年11月進攻至史達林格勒市內的小巷道中，史達林格勒是伏爾加河下游的主要城市之一，並且是通往富藏石油的高加索地區的門戶。倘若德軍攻占了史達林格勒，便能掌握蘇聯一半的石油與小麥，所幸，指揮官下令要求蘇聯軍隊在即將來臨的冬季掩護下，進行對德軍的包圍反擊戰，以堅守住市內的巷道與民房。此時，由於希特勒拒絕讓德軍做任何戰略上的撤退，導致德軍第六兵團（共22個師——其士兵人數因傷亡而自50萬人減至8萬人）於1943年2月2日，包括擔任指揮官的陸軍元帥保羅斯（Field Marshal Friedrich Paulus）都被俘入獄，這是歷史上德國元帥在戰役中被俘的首例。同一期間內，蘇軍亦在東部戰線北端的波羅的海設法打通了一條通往列寧格勒的補給線，雖然這條補給線並不十分穩定安全，但在此之前，列寧格勒已被德軍嚴密包圍，與外界隔絕長達872天之久，創下現代都市受圍最久的紀錄。[6]

1943年春天，德軍繼續在幾個戰線上向前推進，然而到了1943年7月，蘇聯軍隊已有能力在庫爾斯克—歐瑞爾的坦克大戰中贏得第一個夏季的勝戰，蘇德戰爭的嚴酷對峙期漸近尾聲。自1943年夏天起，蘇聯開始不懈地將戰線向前推進到1939年時波蘭的國境線。從那裡，蘇軍終能進入歐洲的中部核心。此時，西方盟軍亦自法國海岸登上歐洲大陸。1945年，隨著德國與日本的勢力削弱，蘇聯首次在其國土的東西海路上，無須顧忌兩邊強國的環伺。

讓蘇聯取得這種地位的因素是什麼？蘇聯又是如何從戰亂中倖存下來的？三項蘇聯的主要成就値得注目：工業的整頓、群衆的支持，與新的軍事人才的出現。蘇聯得以倖存，除了仰賴自國境內資源的生產甚於西方的援助之外，也得助於希特勒所犯下的錯誤。

蘇聯最大的難處是，境內最具生產力的地區幾乎被德軍占領而無法利用。蘇聯境內40%的人口與約75%的生產中心都位於德軍占領的西部地區，因此蘇聯乃將剩下的所有人口東遷，並在東部烏拉爾（Urals）新的工業中心建立1,360座工廠。最後，蘇聯的經濟終於在新式設備與日漸普遍的都市工業發展下逐漸成長壯大。

至於蘇聯爲數衆多的人民，則只有在政府當局能將他們團結起來，並激發他們願意爲任何一個盟國做最大犧牲時，才會成爲一種資產。史達林利用蘇聯人民深厚的民族情感，達成了這個目標。他在德軍進逼到莫斯科近郊時，仍舉行布爾什維克革命的週年紀念遊行，在遊行中大聲求告包括沙俄時期的「偉大祖先們」以感動民衆；在史達林的辦公室內，掛著曾經戰勝拿破崙的俄國先烈們的肖像，例如蘇沃洛（Alexander Suvorov）與庫圖佐夫（Mikhail Kutuzov）。[7]1938年時，電影導演愛森斯坦（Sergei Eisenstein）與作曲家普羅高菲夫（Sergei Prokofiev）曾參與創作了一部精采的影片《亞歷山大·涅夫斯基》（*Alexander Nevsky*），描述13世紀俄國人力抗條頓騎士（Teutonic knights）的經過。正如後來蘇聯作家們所說，對俄國人而言，反希特勒戰爭與其說是一場保衛共產主義祖國之戰，還不如說是一場偉大的愛國之戰。

德國占領軍的殘暴行爲，抑止了蘇聯人民與德軍合作的可能傾向。在占領區內，德軍並不以求取支持的態度讓俄國農民甘願提供糧食，卻以威脅恐嚇的方式，揚言要移入德國農民以取代俄國農民，大肆豪奪農民的庫存，其結果，讓德軍遭受到十年前曾抵制蘇聯集體化政策的農民的消極反抗。1941年末，德軍以強取豪奪的方式搜括而得的糧食，甚至比1941年初因納粹—蘇維埃條約所得的更少。[8]有些反對蘇維埃的俄國人希望能與德國合作，企圖以蘇聯戰犯建立一支反共產主義的軍隊，然而他們並未自納粹方面得到許多獨立自主，因爲在納粹的眼中，他們全都是斯拉夫劣等民族。

不論對史達林政權所持態度爲何，廣大的蘇聯人民幾乎全部挺身奮起，決心保衛家園。從人民忍受在列寧格勒一年半的恐怖圍困，可以窺知蘇聯人民的團結，當時由於飢餓與疾病，使列寧格勒的人口自400萬減少到250萬。除此之外，在半數以上的軍官遭到清算的短短數年間，蘇聯便出現了一批優秀的新生代軍官，這也讓人看到此一政權在壓力之下求生存的能力。舉例來說，1941年守衛莫斯科的朱可夫，便在三年內由上校晉升爲元帥。

來自外部的援助，也幫助蘇聯倖免敗戰，並能扭轉局勢躍升爲強國。當希特勒於1941年發動「巴巴羅薩行動」時，身處大不列顛「最黑暗的時刻」艱辛奮戰的邱吉爾，立刻捨棄他一貫反共產主義的傳統觀念，在數小時之內便與蘇聯結爲盟國。1941年11月之後，蘇聯亦被列入美國「租借法案」中的一員，不過，這些外援似乎都只是史達林成功的邊緣因素而已。西方盟國只能經由兩條路徑供給蘇聯物援，而這兩條路徑都受到德軍嚴密的控制：其一是經伊朗運送物資；其二是以船運的方式，經北極圈內的挪威海域，將物資運到蘇聯北部的莫曼斯克港（Murmansk）與阿爾漢格爾港（Archangel）。不過，後者的海路因季節性結冰，於1942年暫時停止使用，後來又因受到德國空軍與潛艇的攻擊，再度於1943年停用。雖然西方奧援的物資比蘇聯所求的數量多出許多，[9]不過，這些物資之所以能充分發生效用，其實多賴蘇聯內部在過去三年中，獨自對抗希特勒所培植的力量所致。此外，這一切也有助於將日本阻絕於滿州界線之外。

希特勒的錯誤戰略成爲另一個對蘇聯勝戰的外部助力，希特勒決定進犯蘇聯，似乎是個過火的致命性行動。不論如何，對德國而言，一旦發動戰爭，東部戰場必須盡速獲得成功，否則就會陷入對擁有龐大資源的蘇聯較有利的長期戰爭的局勢。希特勒研判蘇聯會在壓力下瓦解，這是一種對蘇聯意識形態的曲解。此外，德軍在1941年春天先進攻南斯拉夫、希臘與克里特島之後，才於1941年6月22日對蘇聯發動攻擊，爲時過晚，減弱了對蘇聯致命一擊的效果。倖存的德軍將領抱怨希特勒寧願與蘇聯在面積遼闊的戰場對戰，也不願意直接痛擊莫斯科，是個錯誤。其後又因爲希特勒在1941年7月中旬將軍隊自莫斯科戰線，轉到富藏石油與穀物的南方，讓朱可夫有機會於11月時建立莫斯科的防禦組織，導致德軍終於陷入冬季裝備短缺的窘境。

一般認爲希特勒在防禦戰略上所犯的錯誤，可能比攻擊戰略上犯的錯誤更大。不過，希特勒在1941年11月不顧某些將領們的建議，堅決否決任何戰略上的撤退，或許是正確的，但是，在1942年11月他未能讓軍隊及時撤出史達林格勒，卻導致他損失了整個兵團。1943年他以同樣的堅持，拒絕縮短防線，極可能幫助了蘇聯向西突進到他們最後的目標。然而，即使是希特勒最明顯的錯誤，其實都不足以成爲蘇聯成功的最重要理由。一旦蘇聯成功度過了德軍攻擊下的第一個冬天，蘇聯的領袖們就有機會靜待德軍出錯，而當戰爭進入消耗戰，即使是最小的錯誤，德軍都可能因此潰敗。

蘇聯的西進

1944年6月，盟軍終於突破希特勒歐洲的西部邊緣順利登陸時，蘇聯軍隊已自1943年7月開始逐步向西前進了一年。在1943年到1944年的冬季期間，蘇聯已經重新奪回了他們於1939年時擁有的大部分領土。1944年初，蘇聯再度向前，將戰線推進到1914年兩次大戰間與波羅的海三國及波蘭的國境。接著，自1944年8月到11月間，蘇軍轉向南部，突進位於羅馬尼亞與匈牙利境內的多瑙河谷，這樣的進展是自拿破崙戰爭之後，蘇聯軍隊西進最遠的一次。1945年1

月，蘇聯軍隊重返波蘭。當盟軍領袖們於1945年2月在雅爾達召開會議時，西方盟軍仍與德軍對峙於萊茵河地區的另一邊，而蘇聯軍隊則已前行到距離柏林不到一百公里的地方了。至此，戰後的安置便由盟軍各國軍隊的所在位置來決定。

三巨頭與歐洲的未來

在第二次世界大戰剛開始的那幾年，反希特勒聯盟的主要任務是營救英國與蘇聯。對美國而言，戰後歐洲確切的型態問題既遙遠也不切實際。羅斯福總統與國務卿赫爾（Cordell Hull）迴避過早的政治承諾，他們擔心這些承諾會讓人回想到第一次世界大戰時那些令人不快的祕密協定。美國領袖們希望能盡量延長將戰時外交設定在「軍事」議題上的時間，讓他們所做的一切決定看起來不像受政治影響的樣子。

在此範圍之內，盟軍公開簽署的「政治」條約都受到美國領袖們的限制，只能發表簡單的原則聲明，例如1941年8月14日所發表的《大西洋憲章》；憲章中僅保證在戰後將規劃一個新的國際組織——聯合國（the United Nations），在合作的氣氛中處理戰後的政治問題。這一次，美國決心貫徹威爾遜當年未能完成的任務。

蘇聯外交部長莫洛托夫（V. M. Molotov）曾企圖讓美英這兩個新的同盟國認可蘇聯1941年時的國界（1939年與1940年間曾在希特勒的幫助下取得）。然而由於美國的堅持，他也不得不在1942年5月放棄這樣的想法，接受單純的軍事同盟關係。第一次戰時主要盟國領導人會議，於1943年1月在摩洛哥的卡薩布蘭加召開，[10]會議的討論內容僅限於當時的軍事決策，以及確認軸心國必須無條件投降的原則。同時，歐洲的未來將繼續在戰場上以非正式的方式逐漸成型。

匯集政治議題

時序邁入1943年夏天之後，正進行的軍事戰役中所含有的政治議題，再也無法拖延不去討論了，此時蘇聯軍隊已經開始向西推進。軸心國的成員——義大利，也在反墨索里尼者與英美領袖進行祕密談判之下，以非無條件投降的狀態退出戰場了，這次的祕密談判，蘇聯並未參與。此外，德國的另一盟國羅馬尼亞，也向西方盟國發出和解訊息。至於蘇聯方面，由於西方盟國遲遲未能開闢第二戰場，而通往莫曼斯克的盟國護航艦隊問題亦未獲解決，此外，還有爲倫敦的波蘭流亡政府訂定戰後計畫等種種問題懸而未決，讓史達林對西方盟國充滿懷疑。在這樣的狀況之下，盟國間的政治會議再也無法往後拖延了。

1943年10月，美英蘇三國外交部長在莫斯科進行會晤——這是第二次世界大戰主要盟國的首次政治會談。[11]會談的結果，制訂了一個令人仍感不安的妥協方案，其內容包括處理簡單事務的一般性原則，以及未來的國界與領土等複雜問題的處理方向。赫爾國務卿指導會議必須以高度原則基準來進行討論，其中最爲人關切的問題則以《共同安全宣言》（*Declaration of General Security*）來進行規範，一切戰後問題將由聯合國（United Nations Organization）來裁奪解決。具體的事項則包括：各國外交部長重申迫使希特勒無條件投降的決心、軍事占領德國、徹底清除納粹軍官、徹底解散德國陸海空三軍軍隊等。此外，各國外交部長並成立一個長期工作小組——歐洲顧問委員會（European Advisory Commission）——以具體草擬戰後安置計畫。蘇聯在主要的政策問題尙未安排妥當之前，便參與了戰後計畫的擬定。情況就如赫爾國務卿所見，此一會議的成功，證明了先前迴避那些棘手的問題——亦即戰後歐洲疆界問題與中歐和西歐的領土問題——確有其優點。

德黑蘭會議：1943年11月

在尙未得到史達林的同意之前，這些議題無法解決是理所當然的，英美領袖們希望史達林能更投入聯合國的戰後安置問題。此外，史達林需要英美清楚確認開闢第二戰場的承諾；而英美則需要史達林再度確認願意同盟到底的決心，包括對日戰爭。羅斯福似乎認爲自己比外交官們更能吸引史達林願意攜手合作，因此興致勃勃地提議舉行三國領袖的私人會晤，羅斯福建議了多個折衷的會晤地點，甚至包括白令海峽上的戰艦。最後，史達林同意在距離蘇聯不遠處的伊朗首都德黑蘭會晤英美領袖，因爲在那裡，蘇聯軍隊可以協助維持嚴密的安全保護。

1943年11月底，史達林、邱吉爾與羅斯福便在德黑蘭的蘇聯大使館那座四周環繞圍牆的大型花園中，舉行了爲期三天的會談。之前，戰時盟國領袖從未在戰爭期間爲了討論戰略與世界未來，飛越大半個地球進行會面的前例。對史達林而言，這次的會面是他個人除了1907年參加流亡倫敦的俄羅斯社會主義者代表大會，與1945年7月的波茨坦會議之外，唯一一次離開蘇聯的遠行。

在漫長的晚宴中，三國領袖相互較勁，豪爽地談論歐洲的未來，邱吉爾和史達林以明顯的食物偏好相互嘲弄對方。由於蘇聯軍隊與英美聯軍在當時都距離德國領土尚遠，因此，在晚宴輕鬆的氣氛中，三人很輕易地便達成嚴懲納粹的共識。當史達林表示要在戰後處決5萬至10萬納粹黨員時，並沒有人表示反對意見，即使是後來致力於統一德國以抑制蘇聯擴張的邱吉爾，在當時也同聲附和分割德國的想法。不過，在那裡我們仍可看到些許三巨頭對未來的意見分歧。羅斯福發現在某些議題上，史達林的想法較邱吉爾更貼近自己的想法，例如未來對歐洲海外帝權的支配問題。至於波蘭問題，雖然當時蘇聯軍隊尚未抵達波蘭境內，然而波蘭問題卻已經變得太過敏感而不宜觸及，羅斯福拒絕討論波蘭問題，他告訴史達林，未來將有六、七百萬的波裔美國人會參與1944年的美國總統大選，暗示此一問題之敏感；而邱吉爾則認可1940年的波蘇邊界，他認爲戰後的獨立波蘭所損失的領土，可以自西邊的德國取得。三個對手圍繞餐桌前，邱吉爾在桌巾上畫圖，說明如何將波蘭國境西移，如同閱兵場上的一場「向左靠攏」的大型演習一般。

回顧過去，三巨頭的那些對談，在某位冷戰觀察家的耳中聽起來，就像是「在歐洲身上揮刀動斧」一般。[12]美國人仍然希望將赫爾所稱「紛爭無窮的潘朵拉的盒子」，保留到蘇聯願意全力投入聯合國的快樂時光時再開啓。然而史達林的回應卻是：「目前我們還沒有意願說出蘇聯的任何要求，不過等到時間一到，我們就會說了。」[13]

最初，史達林似乎對軍事計畫較爲關切。西方盟國於1942年便承諾要開闢西邊的第二戰場，然而直到1943年仍未付諸實行。由於邱吉爾比以往更憂心正面進攻法國所需付出的代價，因此傾向於採行東邊的地中海計畫：打通黑海，支援南斯拉夫；或派遣一支軍隊，北經亞得里亞海北端的盧布爾雅那峽谷進入多瑙河谷，「順著多瑙河伸展盟軍的右臂」。[14]然而羅斯福與史達林否決了邱吉爾的滔滔雄辯。對西歐的進攻〔代稱「霸王行動」（OVERLORD）〕經過多次的延期，最後終於在1944年5月1日確定實行了。

這項決定——德黑蘭會議的主要具體結果——意味著蘇聯軍隊與西方軍隊將沿著中線將歐洲分割爲東西兩部分，從後來的冷戰觀點看來，這無異是「史達林的最大勝利」[15]：在歐洲的軍事劃分中，英美勢力被隔絕於巴爾幹諸國與東歐之外。1943年底，由於蘇聯尚未奪回1941年時的邊界，因此那些長期的影響還未明顯地顯露出來。邱吉爾從未否認英吉利海峽可能成爲戰爭的西部主要舞臺，因爲那裡是德軍能從已占領的荷蘭對倫敦發射新一代火箭炸彈——V2s進行迅速增援的地點。此外，英美聯軍也認爲地勢險峻的巴爾幹地區不是一條容易進攻東歐的路線，馬歇爾將軍後來曾嘶聲咆哮地指稱巴爾幹地區：「那柔軟的下腹長著堅硬的鋼毛。」[16]尤其，羅斯福縮減了可能讓美國涉入戰後歐洲軍事責任的計畫，因此，德黑蘭會議之後，很明顯地，全東歐與巴爾幹諸國的解放工作都將由蘇聯負責。

蘇聯在巴爾幹的行動

德黑蘭會議後翌年，蘇聯便開始行動。蘇軍於1944年2月穿越舊波蘭國界。當英美盟軍於1944年6月6日於法國海岸登陸時，史達林亦遵守諾言，按照原定計畫在華沙發動攻擊，以防止德國調遣軍隊增援西邊戰場。之後，雖然華沙市民爲獲得自由開始進行反抗德國占領軍的活動，然而蘇聯軍隊仍然自1944年8月起，在華沙短暫駐留了五個月。隨後蘇聯揮軍南下，羅馬尼亞（於1944年8月23日投降）與保加利亞（於1944年8月26日投降）相繼投降，進入巴爾幹半島的通道由此開啓。1944年9月與10月間，蘇軍攻下了多瑙河谷盆地，直搗匈牙利首都布達佩斯。1944年11月，蘇軍所占領的巴爾幹邊界，已經遠遠超出沙俄時期的夢想。

邱吉爾下定決心，要牽制史達林遵守未來巴爾幹各國勢力範圍的協定，必要時甚至不管美國是否同意。1944年10月9日，邱吉爾親自飛抵莫斯科與史達林會晤。在希特勒已然受到東西方軍隊夾擊的情況之下，此次會談的過程既簡單也直接，晚餐之後，邱吉爾對史達林說：「讓我們安排一下巴爾幹的事吧！」於是，在邱吉爾的提議下，兩人豪邁地劃分彼此的勢力範圍：羅馬尼亞與保加利亞劃歸蘇聯；希臘劃歸英國；而南斯拉夫與匈牙利則兩國「均分」。史達林很快地便同意了這樣的劃分法，並用藍色鉛筆在邱吉爾的小紙片上做了一個大記號。

雅爾達會議：1945年2月

理所當然地，欠缺羅斯福的同意，無論何事都不可能正式成立。因此，三巨頭再次於1945年2月在蘇聯黑海度假勝地，前沙皇尼古拉二世（Tsar Nicholas II）的利瓦的亞宮（Livadia Palace）進行會談。於此勝利時刻即將來臨之際，此次的雅爾達會議更像是在慶祝盟國間更緊密和諧的合作關係，如同「多年來不斷祈禱與談論的新一天的黎明時刻」。[17]不過，到了1950年代冷戰氣氛進入高度緊張期時，人們普遍認爲，由於羅斯福輕率的談判態度與身體不適（會議結束兩個月後去世），或嚴重的失職行爲，[18]在此次的雅爾達會議中，竟將東歐與中歐拱手讓給史達林，因此雅爾達會議可說是「蘇聯外交成功的最高潮，美國姑息政策的最低潮」。[19]

根據一份嚴謹的調查報告顯示，盟軍早已勾勒出戰後歐洲勢力劃分的藍圖。當三巨頭在雅爾達會晤之時，英美盟軍尚在萊茵河西岸，才剛從與德國的「突出部之役」中恢復軍力；然而此時，蘇聯軍隊卻已進攻到距離柏林不到一百英里之處。不過無論如何，只要能增強德國東邊主要鄰國的力量，這場摧毀德國之戰便不易失敗。

另一個問題是，1945年2月時，羅斯福對史達林所能提供的援助相對減少許多，然而對史達林的要求增加了，美國的軍事領袖們希望蘇聯能「盡早」協助他們對抗日本。[20]爾後，當兩顆原子彈迫使日本在德國投降之後三個月也投降時，人們著實難以回想雅爾達會議時，日本還是那麼難以對付的敵手。那時，美國的軍事計畫家預估另一個攻擊開始日——登陸日本本島——至少將會折損100萬名士兵。因此，羅斯福同意以擴大蘇聯在遠東的勢力——應允蘇聯戰後擁有庫頁島（Sakhalin）與千島群島（Kurile Islands）；共享戰後韓國的影響勢力範圍；支持蘇聯與中國談判並取得兩個不凍港與滿州的鐵路權——換取蘇聯協助對抗日本，與允許美國在西伯利亞設置美軍基地。

成立聯合國，是美國在雅爾達會議中的首要之務。羅斯福深知美國輿論絕

圖15-4　三巨頭——由右至左為邱吉爾、羅斯福與史達林——攝於1945年2月雅爾達利瓦的亞宮天井。羅斯福於兩個月後去世。

不可能允許他在德國敗戰之後，還將美軍留置歐洲，不論留置時間長或短。因此，他接受國務卿赫爾的看法，爲避免戰後可能因任何爭端導致三國成爲對峙陣營，先將三國導入一個戰後的國際性組織——聯合國。羅斯福希望透過聯合國，可以協助歐洲在不仰賴美軍的情況下，以自我約束的和平方式，成爲一個無勢力範圍區隔的開放世界，讓美國企業可以自由經營進出。對參與雅爾達會議的美國官員而言，大英帝國對此計畫的威脅較蘇聯更爲直接。他們擔心英國想在歐洲建立勢力範圍的企圖，會讓蘇聯起而效之。如此一來，將導致一場「美國無法獲勝的戰爭」。[21]大英帝國與法蘭西帝國既然是羅斯福所設想未來自由世界的巨大障礙，於是他轉而與史達林暢談廢除亞洲的舊歐洲帝國統治問題。

羅斯福與美國代表們在聯合國的相關細節上所耗費的精力，多於解決德國與波蘭的問題，他們所設計的方案，受到友好人士與美國官員們的高度重視。在此設計之下，聯合國擁有否決權，可以否決任何違反三國中某一方意願的任何行動，而且此一程序的進行還需得到美國國會的認可，史達林與邱吉爾對此欣然同意。雖然史達林對其他有關聯合國的設計並不感興趣，然而在波蘭問題得到妥協、蘇聯的烏克蘭與白俄羅斯被列入聯合國會員國之後，他也就接受了有關聯合國的其他部分的設計方案；至於邱吉爾則在得到允諾——聯合國對前殖民地託管制度的監督，將不適用於「英國領土分割」部分——之後，他也同意接受聯合國其他部分的設計。

盟軍對於立即要面對的德國與東歐的處理方式，尚未有十分明確的結論。三國領袖亦開始出現意見分歧。三巨頭重申德國必須無條件投降、解除軍事武裝、掃除納粹份子。各國占領區的勢力範圍已完成劃分，在邱吉爾的堅持之下，法國也分到了一個地區，這是由於邱吉爾預見若非如此，歐洲將只剩英國獨力面對蘇聯。至於德國究竟應被分割或視爲一個整體來管理呢？由於邱吉爾對歐洲分裂的後果感到困惑，因此便將此一問題暫時擱置，此外，三國領袖在戰後的賠償問題上也未能達成共識。羅斯福支持史達林的提議，要德國賠償200億美元與提供強制性勞工；這一切都可自占領區取得，而蘇聯將獲得總賠償的半數，邱吉爾認爲這樣的提案太過嚴苛。最後，這些未決議案在往後引起了許多困擾。

在雅爾達會議中，三國領袖之所以對東歐問題妥協，乃是由於希望能藉此調和兩個矛盾的會議目標：戰後讓歐洲各國能以眞正的民主制度建立國家，同時還能維持與蘇聯的友好關係。唯有這兩個基本的矛盾能消除，協議方能順利達成。蘇聯企圖在已被蘇軍占領的波蘭建立由蘇聯扶植的政府，而英美兩國的領袖則要求史達林，重建的波蘭新政府必須包含一些代表西方的波蘭人，並允諾其未來可以參與競選活動。至於東歐其他地區則由三強聯合管理委員會（three-power Allied control commissions）監督，協助其建立新政府。然而，英美聯盟的成員最後還是發現，在缺乏西方軍隊的介入下，這些委員會所能發揮的威權便如曇花一現，稍縱即逝。

三國領袖在雅爾達受到的盛宴款待以及勝利即將到來的興奮之情，暫時掩蓋了三國間潛伏的衝突與分歧。三個月後，也就是1945年4月30日，當希特勒自殺身亡，而其殘餘部隊也在同年5月7日宣布投降時，反希特勒聯盟也就不再有存在的必要了。1945年7月，英美蘇三國領袖在風景宜人的波茨坦（Potsdam）進行最後一次會晤，波茨坦位於柏林近郊，而柏林正是三國合力擊敗的國家德國的首都所在地。

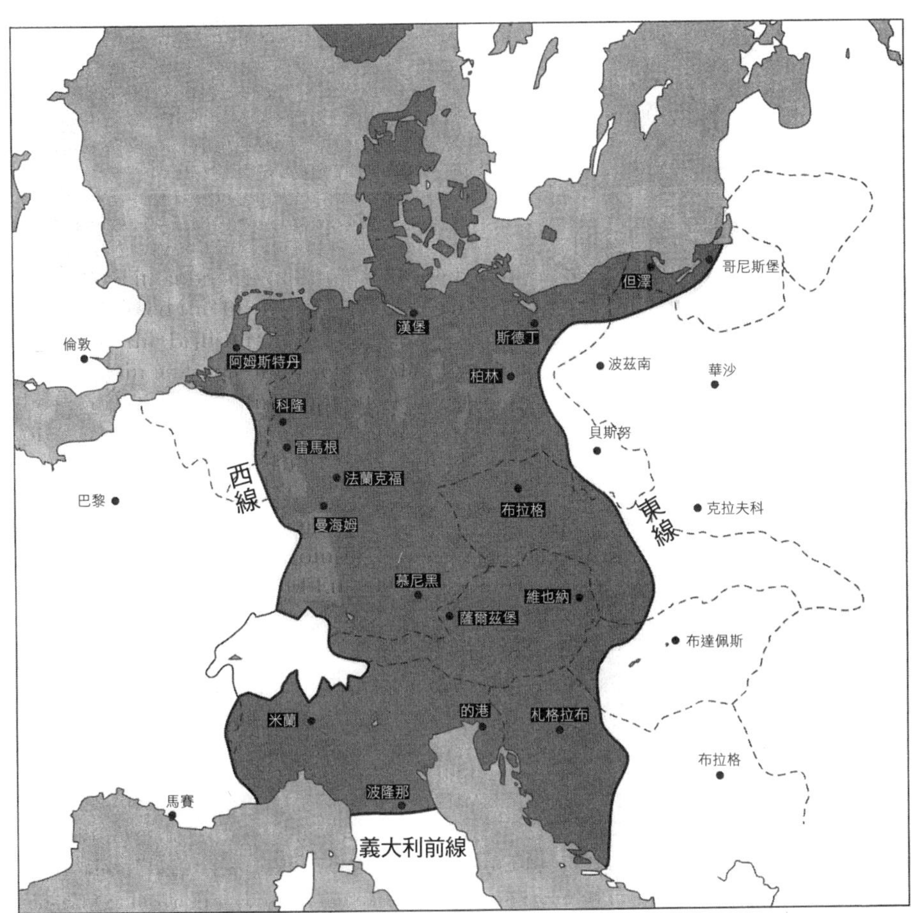

圖15-5　1945年2月雅爾達會議時的東線與西線

波茨坦會議：1945年7月

雅爾達會議之後，局勢發生了許多變化。羅斯福總統於4月12日病逝，沒沒無聞且欠缺經驗的副總統——前密蘇里州參議員杜魯門（Harry S. Truman）繼位爲美國總統，代表美國參加7月17日召開的波茨坦會議（Potsdam Conference）。會議期間英國進行普選，邱吉爾被贏得選戰的工黨領袖艾德里（Clement Attlee）取代，往昔德黑蘭與雅爾達會議中的歡愉情景，再也無法炒熱此次會議的氣氛。爲了讓軍事進程的討論更加順利協調，盡速決定歐洲未來的相關議題已是刻不容緩。德國與其附庸國家都已投降，而這些國家都需要盟軍接手管理。

此外，局勢又出現了另一個重大的轉折。在波茨坦會議召開前一天，三顆試驗性原子彈中的第一顆便在阿拉莫戈多（Alamagordo）的新墨西哥沙漠（New Maxico desert）試爆成功。杜魯門隨即收到通知：

圖15-6　盟美國與蘇聯軍官和紅軍女孩在晚餐後共舞。這頓晚餐是為慶祝美蘇兩軍於1945年4月25日在德國托爾高（Torgau）會合。蘇聯的横幅旗上把「美國」拼成「Amerikan」。

> 測試的成功超乎所有人的預估……在短時間內出現了半徑20英里閃電似的亮光，其亮度相當於數個正午的太陽，所形成的巨大火球持續了數秒。這個火球迅速呈蕈菇狀向空中直衝約一萬英尺高，然後才逐漸黯淡下來。爆炸的亮光在阿爾伯克基（Albuquerque）、聖塔菲（Santa Fe）、銀城（Silver City）、埃爾帕索（El Paso）與其他遠達180英里的地方都清晰可見。爆炸聲在某些地方可以傳得與亮光一樣遠，平均值大約是100英里左右。只有一些門窗被震碎，雖然其中有一處被震毀門窗的地方遠在125英里之外……基斯特考斯克博士（Dr. Kistiakowsky）……伸開雙臂抱住奧本海莫博士（Dr. Oppenheimer）興奮地叫喊著……像是開啓了一個新的時代般雀躍。[22]

剩下的兩顆原子彈現在已經可以投擲到日本了。英國參謀長立刻看穿了其中的暗示：「我們已經不再需要蘇聯參與對日戰爭了……而且我們現在手中已握有籌碼，可以平衡與蘇聯之間的差距了。」[23]

是否阿拉莫戈多的核爆試驗眞如美國新左派（New Left）史學家阿波羅維茲（Gar Alperovitz）所說，讓杜魯門在接下來的波茨坦會議中態度強硬？這個問題變成了熱門的爭議焦點。無論如何，身處極端不同制度中的兩個領袖，要在討論戰後歐洲的政治、社會、經濟結構的過程中找到共同的基礎，至爲困難。波茨坦協定大多僅止於重申過去已達成的共識：德國必須廢除軍備、去納粹化，以及將納粹份子送交國際戰犯法庭（International War Crimes Trubunal）。至於積極的新協議，則以曖昧的措辭勉強達成，不過，這些曖昧措辭日後便成爲各自表述的狀況。

美蘇兩國都已感覺到對方已經違背過去的協定，例如杜魯門已不支持對羅斯福於雅爾達會議中所支持的賠償協定。根據新的協議，蘇聯僅能自當時畫得的占領區取得賠償，除此之外，僅能自西方地區獲取25%的「非必要性」基本設備——這種常規性牽制，必然會導致不同的解釋。相對於美國，蘇聯在波蘭政府中只增加了兩名支持西方的波蘭人部長，而此時的波蘭政府已不再只是「臨時政府」而已。總而言之，美蘇雙方都做了許多對對方背信的行爲。

如今，這兩個勝戰的超級強國，彷彿站在戰後歐洲廢墟瓦礫兩端的強人，彼此冷眼對峙。

冷戰之源起

在戰後，有許多緊急的問題必須在1945年夏天處理。無法透過協定解決的問題，便以「既定事實」處理，利用戰時同盟的情誼解決紛爭的時代已經過去。盟國的注意力開始自擊敗希特勒的技術性事務，轉移到如何公然將戰勝國安排進入政治事務中。誰將成爲解放地區的總統、州長、市長？那些地區應建立哪種形式的政府？誰該擁有哪些地區？應由誰來做這一切的決策？是否每個盟國都有權將自己的制度強加於用鮮血奪得之地？倘若解放地區的人民亦有權參與這些事務，則應如何得知他們的想法呢？

在這一切問題的底部，潛藏著一個無人敢問的問題，那就是：美蘇兩國對戰後歐洲的目標是否彼此矛盾、互不相容？對雙方而言，他們所提的和平計畫都看似合理，毫無疑問地，只有觀念錯誤的盟國才會提出任何反駁意見。當然，歐洲只是世界舞臺的一部分，不過它卻是中心部分，而現在世界強國都想在其上謀取自己的利益。美蘇兩國之間的關係將決定歐洲的未來。

蘇聯的和平目標

史達林在1945年時對歐洲的目標是問題的重點。蘇聯顯然已經扭轉了它的國際地位，接下來蘇聯領袖將如何運用他所擁有的權力呢？冷戰期間，許多美國人認爲史達林的目的不會改變且永不滿足。從這個觀點來看，史達林於1945年所接受的一切限制，其實都是在對手的脅迫之下不得已的妥協，毫無疑問地，史達林的野心在冷戰期間更爲增強了。不過，有個好例子可以說明起初史達林的野心目標是有限的，並且以防禦目的爲主：1945年時，蘇聯政府的優先考量在於國家安全，而非擴展共產黨勢力。

沒有人阻止蘇聯收回過去的失土：1905年對日本、1918年對德國，1919年、1920年間對戰勝國。史達林需索的西邊疆界尚未達到1914年到1917年間沙皇向盟軍要求的疆界領域。當年沙俄除了意圖併吞達達尼爾海峽（Dardanelles）之外，還想占有波蘭。蘇聯的西部邊境仍然維持與1914年相同的狀況（例如與羅馬尼亞交接的大部分邊境），而某些地區，蘇聯的邊界則遠較戰前向西擴展許多（波羅的海的麥莫爾、加里西亞、羅馬尼亞，與喀爾巴阡山區的布克維那）。遠東方面，史達林大致恢復了1905年戰敗日本前的邊界。大體而言，史達林已經洗去了在對馬海峽、布列斯特－利托夫斯克與凡爾賽的恥辱，重新恢復沙俄巔峰時期的領土。[24]

史達林致力發展與周邊國家的友好關係，其中有些國家曾在1941年後與德國攜手攻擊蘇聯，例如羅馬尼亞、匈牙利與芬蘭；而其他鄰國如波蘭，則是幾世紀以來他國侵略蘇聯的必經之路。此刻，羅馬尼亞與芬蘭被迫放棄領土，而波蘭也得全境向西挪移；至於捷克斯洛伐克則喪失了它的極東邊境——喀爾巴阡山的羅塞尼亞（Trans-Carpathian Ruthenia）。史達林強調，最重要的是必須有「友好的」政府來統治這些鄰國。

這些國境安排引發了一個問題，那就是蘇聯若要重新取回沙皇時期的疆域，便必須消滅一些在1918年與1919年間新成立的獨立國家。其中最爲人注目的是波羅的海沿岸的立陶宛、拉脫維亞與愛沙尼亞三國。此外，還有另一個重要的問題就是，史達林意欲在蘇聯邊界建立的「友好」政府本質究竟爲何？這些政府能否自由選舉、實行多元制度、與西方進行貿易旅遊的往來，並同時兼顧史達林的「友好」要求？或者他們得要變成共產國家才能算是「友好」呢？

除了這些與蘇聯直接比鄰的國家之外，史達林似乎已經接受了1944年10月9日與邱吉爾在晚餐之後所議定的勢力範圍。[25]關於希臘，他允許英國以聽取共產黨與親西方團體雙方意願的方式調停希臘內戰；而有關西歐的部分，直到1947年爲止，史達林仍然命令當地的共產黨員，必須在民主選舉中獲得支持的人民陣線之下進行活動；此外，他亦接受蔣中正爲中國的合法統治者。對於那些他無法直接控制的外國共產黨，史達林始終懷抱疑猜，他似乎從未對他們下達任何發動革命的命令。

美國的和平目標

大多數的美國人都以爲，美國並不想在戰後歐洲謀取任何自身的利益，只希望歐洲能在沒有超級強國的干預之下，聽其自然地成立和平的自治政府。在這種思維之下，戰後十個月內，美國的軍隊人數便從350萬人縮減至50萬人。不過，從美國的一些聲明與行動中，不難看出她對歐洲或甚至全世界都另有設想：希望能建立一個無障礙的投資貿易世界，一個開放而多元的世界——如同美國人的情感偏好一樣——可以助長美國的經濟滲透力。這些目標與美國早年在中國實施的門戶開放政策（Open Door policies）極爲類似，如今，美國想把這種模式擴及全世界。然而，史達林的閉關自守卻像是阻礙實現這些目標的魔咒。

相較於英法等西方民主國家，美國對歐洲的和平目標如同一種虛假的安慰劑，這些目標牽涉到殖民地的衝突問題。羅斯福曾在雅爾達與其他公開場合直言，他個人極為樂見以託管的方式取代歐亞地區的殖民制度。在那個時期，舉例來說，駐中國的美國官員與流亡的越南領袖胡志明（Ho Chi Minh）交誼匪淺，也因此，法國指稱美國不過是想要取代法國在印度支那的經濟優勢的說法，其實並不違反邏輯。

美國與西歐盟國對於恢復歐洲經濟的看法也不一致。戰後的英法政府認為缺乏政府的廣泛控制，歐洲經濟很難恢復到戰前的水準；相對之下，美國卻在1947年建議英國政府取消貨幣控制，將英鎊投入國際自由貿易市場，並以此作

圖15-7　20世紀的俄羅斯

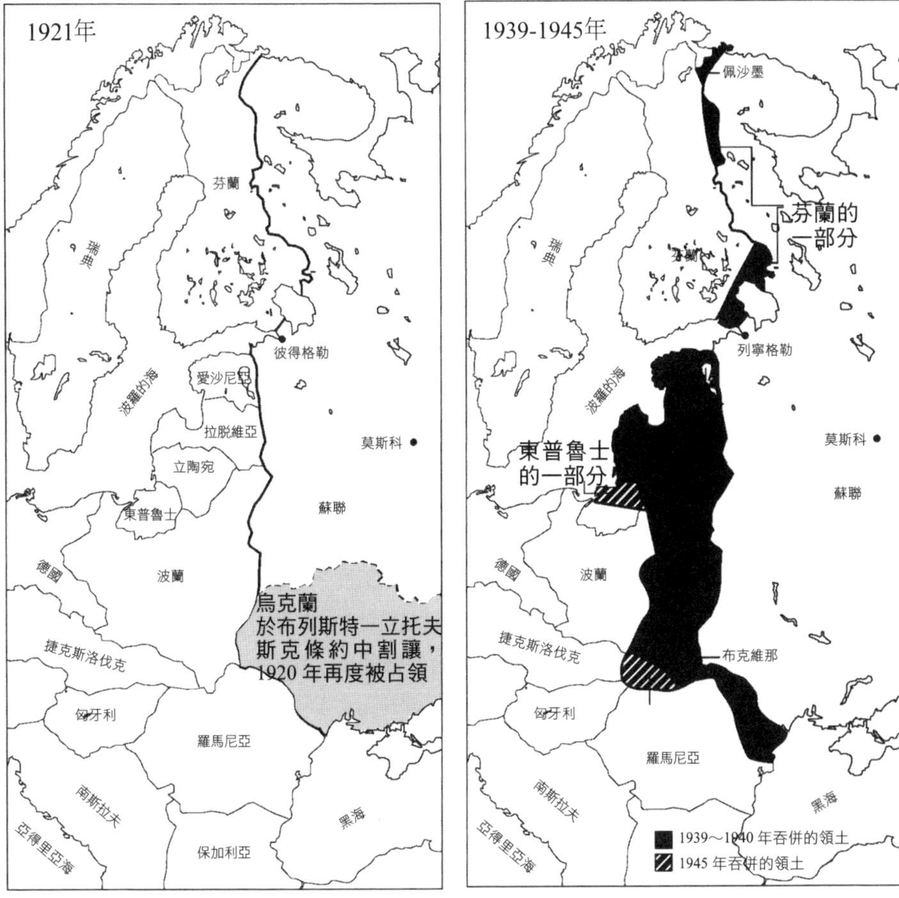

爲美國貸款給英國的條件。然而，現在大家普遍認爲這項措施行之過早。當英鎊重現自由貨幣市場，便以極快的速度貶值，儘管英國盡力將消費品（包括食品）的進口量減至最少，1949年9月時，英鎊的幣值還是從4.03美元下跌到2.80美元。恢復經濟所需的大量食物與原料必須從美國進口，因此原本稀少的美元便在歐洲貨幣市場大幅升值。當時，美國人到歐洲觀光或美國公司到歐洲購置分公司的所需費用都極爲低廉。美元在歐洲的強勢地位一直持續到1960年代，隨著歐洲經濟逐漸復甦，美國在歐洲長期的消費支出轉爲赤字，這樣的情況才終止。

美國與西歐各民主國家的利益衝突顯示，1945年之後，美國的和平目標是至少要達到建立開放的世界經濟的目的，並且在此經濟體系中，讓美元成爲最強勢的貨幣，而美國企業可以最不受限地自由運作。美國的實力足以震懾昔日的強權，讓自己遂行目的。不過，蘇聯也擁有強大的力量，足以建立專屬的勢力範圍，將美國的投資者、貿易商與旅客拒於門外。

對立的起因

經濟衝突與共產主義和資本主義在意識形態上的矛盾牴觸是一致的。倘若蘇聯的影響力僅限於其獨裁專制的統治權威，則人們可能會預期美蘇之間的摩擦只會如同20世紀初，美英蘇與中國之間爲了門戶開放政策所產生的衝突一樣。然而意識形態上的相互猜忌，卻使美蘇之間的利益衝突轉爲情感上的不合，雙方都逐漸相信，對方企圖摧毀自己的一切生活方式。自1945年之後，蘇聯領導人便日漸頻繁地警告人民，由美國所領導的資本主義勢力正虎視眈眈地包圍他們；而美國人也越來越相信，以蘇聯爲首的共產陣營企圖以顛覆破壞的行動，推翻他們在世界各地所建立起來的自由制度。包圍與顛覆——這對孿生妖怪，在雙方似乎能證實自己的假設並非虛擬時，便眞正成爲一種存在實體了。舉例而言，蘇聯在1947年觀察到美國重整軍備，再加上美國原本所建立的全世界的軍事基地與聯盟，便更確信了蘇聯已被資本主義包圍的想法。這種日益膨脹、自我實現式的揣想，極易重蹈1917年意識形態衝突的覆轍。在這種狀況下，冷戰便如同革命對抗圍堵的漫長歷史的另一章，讓人彷彿重新回到列寧與威爾遜時代。

至於到底是誰、在哪裡鳴放了冷戰的第一聲槍響呢？這個問題的答案就像是冷戰本身的定義般多樣難決。從蘇聯的角度來看，資本主義列強在1919年與1920年間，便顯現出要以軍事力量摧毀蘇維埃政權的決心。[26]戰爭期間，史達林對西方的猜疑從未稍減，當西方盟軍在1943年7月與義大利祕密進行談判，並將蘇聯排除在外之時，史達林假意回應說，每一個解放軍隊都有權隨自己的心意處理各種事務；而當1944年8月，羅馬尼亞與保加利亞投降時，史達林也用同樣的方法回應。然而到後來，他終究對西方盟國介入蘇聯鄰國政權運作感到憤慨難平。1945年5月，杜魯門總統突然拒絕再以租借法案提供蘇聯援助，甚至臨時召回早已備妥將駛向蘇聯的船隻。而在波茨坦會議中，針對德國賠償問題，杜魯門總統的態度是雅爾達會議之後，美國對蘇聯態度最強硬的一次。

不過，從美國的角度來看，史達林意欲將紅軍解放的國家強加予共產政權的跡象，在1945年2月雅爾達會議召開之前便極爲明顯了：史達林以親自點選的共產黨盧布林委員會（Communist Lublin Committee）組成波蘭新政府，並

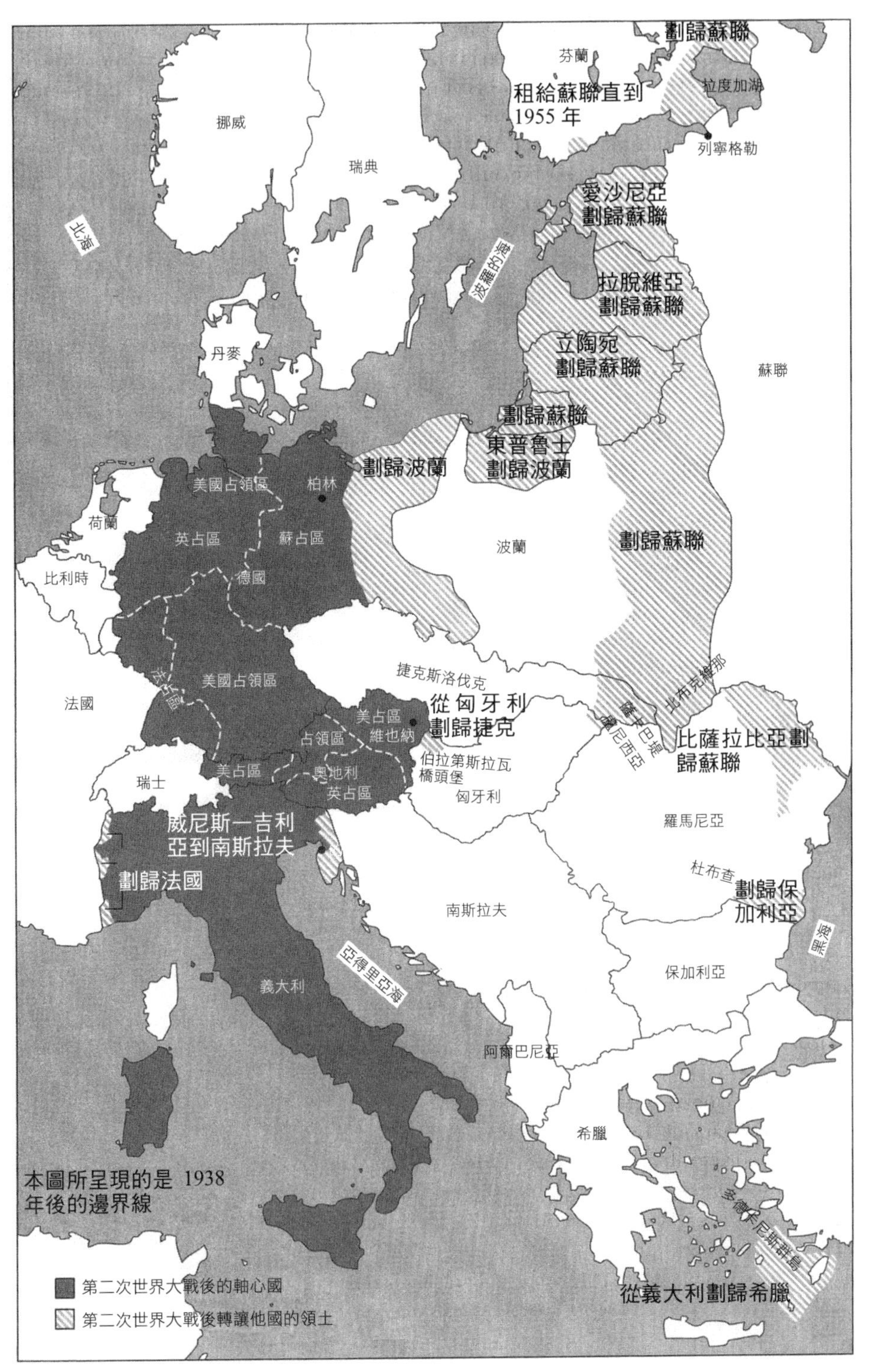

圖15-8　第二次世界大戰後領土調整（1945年）

片面認可其合法性。此外還有更多警訊讓人覺得，共產黨將在戰後煽動紅軍占領區以外的人民起兵叛亂。第一個例子便是發生在1944年4月4日埃及亞歷山卓（Alexandria）的希臘海軍兵變事件；其次是1944年12月發生在雅典的暴動。這些事件讓一些西歐人與美國人覺得，共產黨的目的並非僅在維護蘇聯自身的安全，而是要在歐洲與全世界興起革命改變世局。由此可知，早於1945年5月7日德國於理姆斯（Reims）投降之前，美蘇雙方便在種種猜忌之下無法信任彼此了。

冷戰的首要戰場

波蘭

戰後，再沒有比波蘭的未來更能引起盟國間相互不信任與抱怨的問題了。波蘭問題是個細察蘇聯與西方盟國間的利益衝突，如何造成彼此相互懷疑與對立的絕佳範例。

波蘭的疆界是問題之一。這個爭議可以追溯到巴黎和會中有關重建波蘭的部分。當時的專家們以語言族群爲基礎做粗略的劃分，於1919年建議波蘇以寇松線（Curzon Line）爲界。然而1920年波蘇戰後，協約國同意將波蘭國界向東擴張至寇松線東方150英里處，涵蓋了許多烏克蘭人與白俄羅斯人的居住地區。[27]史達林一直在等待他第一個可以修正波蘇邊界的機會，然而史達林想達成的邊界目標，在許多外界人士看來，是違反民族自決原則的舉動。這樣的機會終於來臨了。1939年8月，德蘇簽訂納粹—蘇維埃條約，在祕密條款中，希特勒同意了蘇聯在東歐的邊界目標。

當德國於1939年9月擊敗波蘭時，史達林迅速將軍隊移駐東部，直逼寇松線。之後，當史達林改弦易弩開始與希特勒作戰時，他企圖說服英美兩個新的盟國，承認他在1939年取得的領土，然而，只要戰爭持續進行，英美便拒絕確認波蘇的確定國界。事實上，寇松線無論從民族或是歷史角度來看，都不合理；而且，從西方世界的觀點來看，他們寧願讓波蘭國土西移，也不願見到波蘭完全消失。因此，在1943年11月德黑蘭會議中，邱吉爾與羅斯福讓史達林相信，將波蘭領土自寇松線西移至奧德河（Oder）與尼斯河（Neisse），其中包括一些德國西部的領土，是合理的討論基礎。[28]

在領土問題背後還潛藏著政治問題：應該由哪個勢力來統治波蘭？西方盟軍將流亡倫敦的波蘭政府視爲未來合法的波蘭新政府。倫敦波蘭政府與其領袖西科爾斯將軍（Gernal Wladyslaw Sikorski），是與波蘭中產階級政治領袖們一起逃亡西方的波蘭軍隊殘部，他們與波蘭境內的反抗勢力有良好的聯繫。此外，由安德斯將軍（General Wladyslaw Anders）所率領的一支波蘭軍隊，還曾先後在中東與義大利協助英軍作戰。倫敦的波蘭流亡政府（與波蘭境內許多人相同）堅決不願放棄任何1921年確定的國土，甚至有些波蘭流亡政府的官員，還希望利用德蘇兩國因戰事疲於奔命之際擴展領土。流亡政府的人與波蘭軍隊相同，懷有反蘇情結。1939年，當蘇聯在希特勒的幫助下占領波蘭東部領土之後，反蘇情緒更爲增強。因此，西科爾斯將軍與波蘭流亡政府對戰時聯盟而言，既是助力也是潛在阻力。

史達林把倫敦的波蘭流亡政府視爲敵人與擴張主義者，認爲他們是1920年時與蘇軍作戰的那群波蘭領袖們的後繼者。史達林發現他可以利用卡廷大屠殺（Katyn Massacre）爲藉口，與波蘭流亡政府斷絕關係。1943年4月，德國公開發表，說他們在蘇聯境內靠近斯摩稜斯克的卡廷森林（Katyn Forest）中發現一萬名波蘭軍官的屍體，聲稱這是在1940年遭到蘇聯處決的軍官屍骸。倫敦的波蘭流亡政府於是要求進行國際調查。史達林極爲震怒，他不斷提說倫敦波蘭流亡政府在爲納粹工作，並拒絕再與西科爾斯進行任何聯繫。[29]

另外，在波蘭境內還有一支獨立的武裝部隊——國家軍（the Home Army），這是一個由前波蘭軍隊的軍官們所率領的反抗組織，他們效忠倫敦波蘭流亡政府，得到英國的支持。當1944年8月底蘇軍接近華沙時，國家軍奮起反抗德軍，期待能得到蘇軍的支援。然而蘇軍並未進入華沙協助波蘭的國家軍作戰，反而停駐在維斯杜拉河（Vistula River）對岸的華沙市外，波蘭國家軍只能孤軍奮戰。再者，由於蘇聯拒絕讓飛機於防線後方著陸，導致西方對波蘭的物資援助受阻，經過63天的苦戰，最後一支波蘭國家軍終告潰散。西方人確信史達林蓄意讓德國幫他掃除未來控制波蘭的最大阻力。不過，也有一些證據顯示，蘇軍當時正集中火力進攻匈牙利，似乎無暇他顧。無論如何，最後波蘭還是在紅軍的操控下，由盧布林政府獨掌控政權。1945年1月赴雅爾達之前，史達林便已對盧布林委員會予以正式的外交認可。

雅爾達會議中，盟國希望能用在領土問題上的妥協，交換蘇聯在政治議題上的讓步。盟國承認波蘭東部的寇松線邊界，並同意讓波蘭「管理」西至德國奧德河—尼斯河的部分領土，以彌補波蘭的國土損失，這一切將在日後予以確認。在這種領土妥協之下，盟國要求蘇聯讓盧布林委員會擴大規模，以納入一些倫敦波蘭流亡政府的代表；此外，要在波蘭進行自由選舉。無庸置疑地，史達林對盟國堅持如此優遇倫敦的波蘭人深感憤恨，因爲對史達林來說，那些波蘭人無異是1919年到1921年之間波蘭擴張主義者的代表。更令史達林不滿的是，杜魯門總統全然無視雅爾達協議所主張的、建立一個「新的」波蘭政府，而傾向於「重組」舊波蘭政府。

史達林僅在波蘭新政府中安置了兩名倫敦波蘭流亡政府的成員；而且，在1947年1月，自由選舉的承諾終於要兌現之前，所有雇員超過50人以上的波蘭企業都已收歸國有；除此之外，史達林還利用警力打壓中產階級黨派。在史達林證實西方盟國有意於波蘭建立一個反蘇聯的緩衝政府之前，他隨心所欲地在波蘭肆意妄爲。

德國

1945年時，德國是歐洲另一個冷戰衝突的主要競技場。爲了擊敗德國，美蘇聯盟得以成形；1945年4月25日，美蘇軍隊首次在德國易北河畔的托爾高（Torgau）會師；如今，德國的未來再次考驗並破壞了美蘇聯盟的關係。

盟軍決定，惟有德國無條件投降才停止作戰，同時，也預先確定了一些有關德國未來的事務。這次，不同於1918年時的處理方式，盟軍決定戰後德國將完全由戰勝國占領，並由戰勝國而非德國當地官員進行對德管理與統治。然而，有關占領德國的發展方向，仍有兩項決定有待商榷：一是占領政策應以懲罰爲目標，或以恢復爲目標？另一個是德國應被分割或是以一個整體來管理呢？有關占領區域、賠款、與盟國合作的組織等等，都有賴上述兩個問題定案之後方能規劃。

1945年時，所有希特勒的敵人都期望防止德國軍事擴張主義的復活。史達林表示，俄國無法負擔每一代都得和德國交戰的重荷，盟國們對於這樣的說法欣然同意。然而對於如何阻止德國再度發展軍事擴張，卻引發許多爭議。戰爭初期，西方國家已經擬定了一些分割德國的計畫。羅斯福總統的財政部長摩根索（Henry Morgenthau）建議將德國分割爲六小塊區域，讓德國變成僅有初級農業經濟的國家。邱吉爾則提議將普魯士從德國分出來，建立一個以維也納爲中心的新的天主教南德。然而，當戰爭結束之後，爲了與蘇聯抗衡，英國又改變態度，反對分割中歐。雅爾達會議時，邱吉爾堅決反對羅斯福與史達林的分割計畫。雅爾達會議最後做出了曖昧模糊的決議：德國將以未定的方式進行分割，但會由一個統一的「盟國管理委員會」（Allied Control Commission）來協調四個占領區的政策（包含法國）。

事實上，盟國間在對德問題上懷有歧見。德國從未被正式分割；而所有的

圖15-9　德國官員在美國士兵的強迫下視看猶太婦女屍體。這些猶太婦女是在1945年4月間，300英里長涉中不堪飢餓而死。許多德國人認為這是盟軍未達宣傳目的，所捏造的德軍暴行。

對德條款也從未達成協議。不過，各個占領區的統治國卻以他們各自的方式，完成了實際的「分割」動作。

經濟目標的分歧，迅速導致各占領區走向無法協調的歧徑。盟國仍然同意解散德國軍隊與軍備生產；並計畫藉由新的教育方案與人員的整肅，將德國去納粹化，然而他們在對德國未來的經濟仍存有歧見。英美希望德國能盡速恢復正常的生產力；蘇法則想藉由攫取更多德國的資產與勞動力，幫助自己重建遭戰禍毀壞的家園。

美國占領區（American zone）的經濟顧問主席胡佛（Calvin B. Hoover）早在1945年12月便指出，德國工業一日不復甦，美國便得繼續長期供應德國與歐洲的需求。其他美國的地方官員也觀察到，經濟混亂會助長共產黨勢力的擴張。因此，美國占領當局乃積極發展德國出口工業，以協助德國盡速達到經濟自給，並能因此幫助歐洲重建，抵禦共產主義的侵襲。至於摩根索所提議的戰爭懲罰計畫，對於亟需餵養與庇護的歐洲而言，實爲不妥。與此同時，蘇聯在其德國的占領區內摧毀德國工業系統，並分解德國境內最大的易北河東岸的莊園群。西方占領當局發現，他們被蓄意地阻絕於蘇聯占領區之外，完全無法得知其內部的情況。

賠償問題讓盟國與蘇聯之間發生了最直接的摩擦。雅爾達會議結果同意，向德國索取一切戰爭損害賠償。羅斯福總統接受史達林的提議，並以之爲討論基礎：德國應賠償盟國200億美元，其中半數歸蘇聯所有。史達林希望藉由兩種方式徵收這些賠償：分取德國餘存的工業工廠與暴斂德國剩存的產品。在1945年7月的波茨坦會議中，杜魯門總統駁回了雅爾達的會議決議，讓蘇聯僅能從西方占領區分取25%的「非必要性」工業設備，並且只能自蘇聯占領區收取現有的產品。蘇聯當然不會接受這樣的條件。西方占領區中所謂「非必要性」工業工廠的定義，取決於對德國產品認知的個人主觀標準。蘇聯領袖們認爲他們所提出的過分要求是合理的，因爲此項決議早已在雅爾達會議中通過；此外，德國大部分的資產都分布於西部，僅從蘇聯分到的東部占領區根本無法取得多少利益；而且，蘇聯在陸地戰爭中損失最重，理應得到豐厚的賠償。當然，蘇聯也可以選擇接受美國援助重建家園，然而這又會使蘇聯受到政治束縛。另一方面，美國人則認爲蘇聯的作法，根本只是在剝削德國，讓德國人民苟存於被人任意妄爲的世界之中。爲此，克雷將軍（General Lucius Clay）於1946年5月封鎖了美國區，以免蘇聯進一步從該地區榨取戰爭賠償。

之後，一切有關德國問題的討論，都由於賠償問題與對德經濟未來目標無法協調而宣告破局。爲此，盟國進行了幾次會議，包括1947年3月至4月間的莫斯科會議、同年11月到12月的倫敦會議，但最終都無法在對德和平問題上達成協議。會議進行期間，各國仍然在其占領區內各行其是。1947年初，美英將兩國占領區合併爲一個新的經濟單位（雙區，Bizonia），並設定以1936年的生產水準爲恢復德國的目標；此外，當地的德國人代表也被賦予更多責任。針對英美這些措施，史達林的反擊是：在占領區內成立經濟委員會與德國人民統一和平代表大會（German Peoples' Congress for Unity and a Just Peace），開始恢復德國人民的政治生活。1948年2月，西方占領區的三國同意著手制訂獨立憲法，並恢復德國西部的政權，針對這項作法，史達林於1948年3月20日退出盟國控管委員會，以表示其反對的立場。四國的不和，連最後「四國聯合占領」的矯飾之舉也無法掩飾而告終結。

接著，美蘇又在1948年夏天發生了直接的對抗狀況。最直接的原因仍是德國經濟政策問題，這個問題同時也是影響雙方對德未來目標的關鍵。1948年6月，西方盟國在德國西部占領區的聯合經濟單位發行了新貨幣，新貨幣在柏林的流通率遠高於東部蘇聯占領區的貨幣。雖然柏林由四國分區管控，卻深處蘇聯占領區內，爲此，史達林陷入兩難的抉擇：應允許柏林成爲復興中的西德經濟前哨，或應完全封鎖柏林？史達林選擇了後者。他將西方盟國通往柏林的交通路徑完全關閉，西方盟國爲因應這樣的狀況，便以空運方式突破陸路的封鎖。接下來的324天中，數以百計的飛機自德國西部占領區運送民生必需品飛往柏林，每日的平均載運量高達8,000噸。克雷將軍談到這場新展開的東西衝突的氣氛時說：

> 一旦柏林淪陷，西德便會成為下一個目標……，如果我們現在抽身而退，那麼我們在歐洲的地位便會受到威脅。倘若美國現在不明白這一點，不知道這次是個機會，那麼機會終不再來，而共產主義將更為猖獗。[30]

雖然成功的空運策略迫使蘇聯讓步，然而柏林危機卻加速了兩個德國的形成。蘇聯與西方盟國都高喊著要統一德國，但卻都堅持必須依照己方的意思進行。雙方既無法遂行所願，於是他們便在各自的占領區內建立堡壘，將東西兩邊阻隔開來。西部占領區於1949年9月建立「德意志聯邦共和國」（Federal Republic of Germany），成爲一個獨立自主的國家。東部亦於同年10月建立「德意志民主共和國」（German Democratic Republic）。

分裂爲兩大陣營的世界：1947 至 1949 年

早在1946年3月時，前英國首相邱吉爾便以他的能言善道之才，對歐洲正展開的東西衝突做了如下的譬喻與描述：

> 自波羅的海的斯德丁（Stettin）到亞得里亞海的港（Trieste），重重鐵幕已然降下，落在歐洲大陸之上。[31]

被排拒於蘇聯鄰國（波蘭、羅馬尼亞、保加利亞）與那些倚靠共產黨運動而取得獨立的國家（南斯拉夫、阿爾巴尼亞）之外，讓西方觀察家深感不安。美國已經將政策方向轉為和平時期的政策，如同羅斯福在1944年10月以電報對史達林所說的基本假定：「無論在軍事上或政治上，毫無疑問，這確實是一場全球性的戰爭，但美國並不想參與其中。」[32]史達林知道自己沒有同樣立場去分辯對義大利與日本的占領政策，因此以另一個全然不同的前提回應說：

> 這場戰爭不同於以往；不論是誰占領了哪一塊土地，都會將自己的社會體系強加其上。每個人都盡其可能地要將自己的體系向外擴張，這是毫無例外的。[33]

當西方無力以武力來解決東歐問題時，蘇聯控制下的南歐卻在此時變得更不穩定。從1945年到1947年間，東西雙方陣營所爭奪的三個重點，其中之一是伊朗，其餘兩個是通往黑海的主要國家：希臘與土耳其。這些地區發生了許多衝突，致使美國制訂了新的政策，內容包括軍事聯盟與全球性武裝干預的新政策。此項新的政策是為了貫徹美國的戰後理想——建立「一個世界」，一個美國貿易與影響力容易進行的全球性門戶開放的世界的目標。

自1941年起，蘇聯與英國軍隊便進駐伊朗，以協助抵禦德國的勢力。1946年，蘇聯支持伊朗北部邊境的少數民族——庫德（Kurds）與亞塞拜然（Azerbaijanis）——發起獨立運動，蘇聯並要求能分享伊朗的石油權。伊朗政府在英國與聯合國的協助之下，鎮壓平息了這些暴動。事後，伊朗取消了正與蘇聯議定中的石油合約。當時史達林決定不再進逼這個問題。

土耳其控制著黑海到地中海的通路。蘇聯向土耳其施壓，要求修改蒙特勒公約（Treaty of Montreux, 1936）中有關戰時禁止戰艦進入海峽的規定，希望藉此讓蘇聯的軍隊得以此路徑進入黑海。在英國的支持之下，土耳其再度拒絕了蘇聯的這項要求。

英國對於戰爭期間因反抗運動所發生的希臘內戰涉入甚深。當時希臘王室政府與共產黨之間發生了極為激烈的衝突，雖然史達林曾在戰事之初給予希臘共產黨極少的支持（為了回饋1944年10月與邱吉爾之間彼此對方心意相互了解的情誼），然而希臘的近鄰——南斯拉夫共產黨，卻在此時開始提供希臘共產黨大量的協助。

1947年春天，在遍及全球的承諾與資源減少的狀況下疲於奔命的英國，將肩承的所有國際責任移轉給美國。同年3月12日，杜魯門總統對國會發表美國外交政策的新原則，要求國會通過緊急預算，撥款援助土耳其與希臘，他說：

我相信美國的政策必會支持那些以微小武力與外力抵抗侵略者的自由人民。[34]

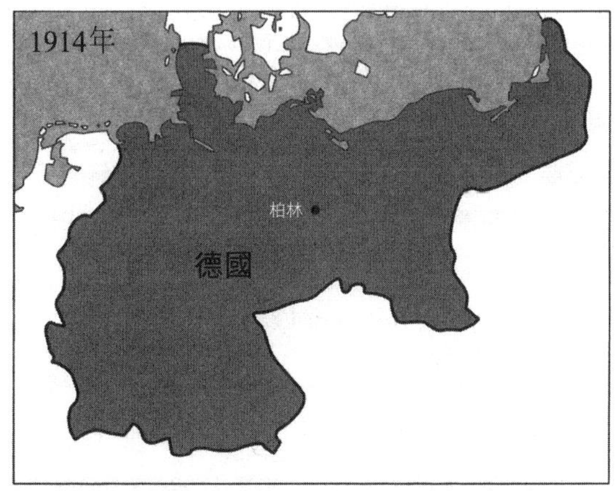

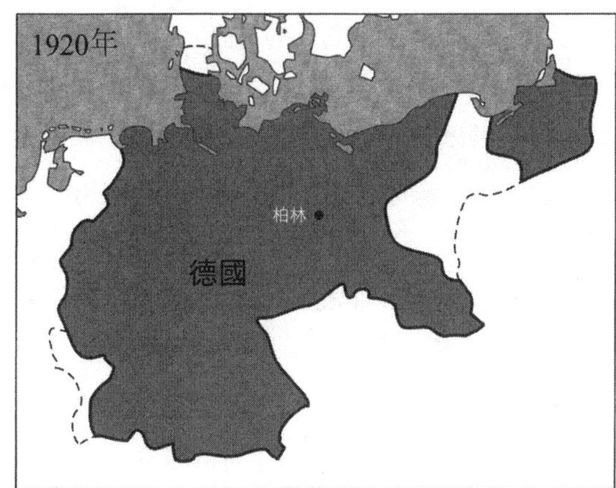

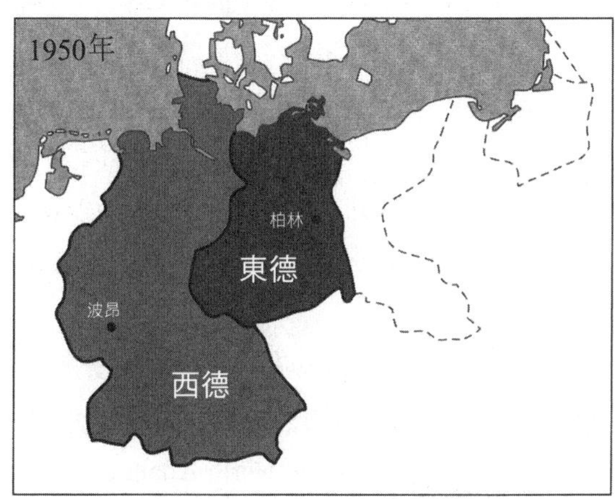

圖15-10　二次大戰之後的德國

雖然國會投票通過的資金，只提供給希臘與土耳其作爲援助之用，然而杜魯門主義者（Truman Doctrine）卻公開宣稱，美國將介入並協助全世界受到共產主義威脅的所有地區。

爲了這些新的問題，美國以馬歇爾計畫（Marshall Plan）作爲經濟上的因應措施。這項計畫是美國國務卿馬歇爾於1947年6月在哈佛大學的演講中所提出，以終結對歐洲經濟援助爲目標的計畫。基於這項計畫，美國只願提供資金與援助給那些願意聯合起來將資金發揮最大功效的歐洲各國——包括東西歐。美國此舉的目的在於「使世界經濟恢復正常運作，以便營造出自由企業制度得以存在的政治社會條件」。

蘇聯卻認爲馬歇爾計畫的目的，是要將接受援助的歐洲各國，納入美國的經濟範圍之中。當捷克斯洛伐克同意加入馬歇爾計畫，而波蘭與匈牙利亦表示對計畫感興趣時，蘇聯即刻插手制止他們。在往後的四年間，美國提供了120億美元支持歐洲復興計畫（European Recovery Program），而這所有的金援都流向西歐。蘇聯的反應加深了東西歐對壘的局面。

1947年的世界情況，讓史達林見到蘇聯的抱負因南方各國的牽制而受到阻撓；此外，在共產黨的監督下，由他所統領的多黨政權，雖有西邊友好鄰邦支持，[35]卻無法保證「鐵幕」的安全。某些東歐國家想參與馬歇爾計畫，顯示西方經濟的確具有吸引力，而且，多黨體制極可能導致共產黨於選戰中失利。因此，1947年底到1948年初，史達林在東歐雷厲風行，在他勢力影響所及之處，都以共產黨一黨專制取代多黨制的政權。

1948年2月，共產黨篡奪了捷克斯洛伐克的政權。這或許是史達林對共產黨可能會在即將到來的選舉中失利，所預先做的防禦措施。然而，較諸其他單次行動，「布拉格政變」（Prague coup）更使西方人確信，史達林擴張國土的野心，永遠無法滿足。1938年，西方國家在慕尼黑所做的背信行爲，對於那些仍然記得這件事的人而言，捷克斯洛伐克的獨立是個痛處。1945年到1948年間，捷克斯洛伐克總統貝奈斯在外交政策上擺脫蘇聯的控制，反抗內部政治體系，賦予國民自由與選舉權的成功經驗，喚起了西方世界戒愼恐懼的樂觀心情。而當史達林破壞了貝奈斯這種權宜的妥協之策時，大多數的西方人都確信，跟史達林是永不可能談妥協的。

1948年夏天匈牙利完全赤化，1948年6月蘇聯的封鎖柏林，讓西方國家確定了他們的警覺無誤。於是，西方國家乃開始以軍事聯盟對抗蘇聯。由12個國家所組成的北大西洋公約組織（The North Atlantic Treaty Organization, 1949）矗立西歐，對抗蘇聯的200個師團。之後，蘇聯也成立了華沙公約組織

（Warsaw Pact, 1955）與北大西洋公約組織相抗衡。兩聯盟中的眞正強權，都將對方視爲不共戴天的仇敵。分裂爲二的歐洲，似乎即將成爲這兩大強權的戰場。

圖15-11　1946年4月華沙街景。

第十六章

毀壞與重建：1945至1953年

1945年的歐洲，景象一片殘涼，慘狀更甚於1918年。與第一次世界大戰相較，進展迅速的二次大戰雖然軍隊傷亡較輕，但一般平民所經歷的卻是更深更重的災難。戰略轟炸與現代化軍隊將城市變成了主要戰場。在1940年6月與1941年9月的兩場不列顛戰役中，英國平民的死傷遠勝於士兵的傷亡。[1]1945年2月13日的德雷斯頓（Dresden）轟炸造成超過三萬五千名德國人死亡，是歐洲戰爭中單次死傷最慘烈的一次戰役。[2]蘇聯的傷亡人數可能是所有參戰國中最多的，估計約有一千七百萬名平民與九百萬名士兵死於戰爭。總結起來，在1939年到1945年間，歐洲約有兩千六百萬名非軍事人員在戰爭中，因轟炸、炮火攻擊、疾病、營養失調、過度勞動與種族屠殺而死亡。

1945年9月，美國外交官肯南曾路經芬蘭的維堡（Vyborg）。維堡自1939年之後，曾經遭受兩度戰火蹂躪。

> 據我所知，維堡曾是芬蘭的一個現代都市……只是居住的地方少了點……然而現在，當火車駛進月臺，清晨中，我下了車，卻發現自己置身於廢墟瓦礫之間。忽然天空下起了大雨，我想到那曾經極為現代化、美輪美奐的百貨公司門前避雨，卻發現它已經被戰火摧毀了。漫步維堡街頭的全程中，一個人影也見不到。站在門口時，來自身後的怪聲嚇了我一跳，猛然回首，才發現有隻山羊也在那裡避雨。剎那間，山羊與我，似乎成了曾經一度繁華的現代都市的唯一客旅。[3]

從倫敦市中心到史達林格勒，類似的景象在歐洲四處可見。

整個1947年，歐洲都處於糧食缺乏的窘境之中。飽受戰火凌虐的土地僅能提供極少的糧食，農地的產量僅略多於1946年收成的一半；牲畜被宰殺殆盡；化肥用盡，更糟的是，1946年到1947年間的冬季是五十年來最冷的一個嚴冬。饑荒的問題在東歐尤其嚴重，根據報導，大戰剛結束時，維也納醫院醫師們的供餐內容是：「無糖咖啡、清湯、麵包。總熱量少於五百大卡。」[4]比起1942年的納粹政府，1946年的法國政府每天只能多配給巴黎市民三片薄片麵包。[5]

由於生產與銷售的狀況極為混亂，因此無法讓那些想工作的人得到有幫助的工作。在歐洲許多地區，黑市交易遠比正當勞動能賺得更多金錢；以物易物比用貨幣交易獲益更多。格拉斯（Günter Grass）的小說《錫鼓》（*The Tin Drum*, 1959）中，那個矮小的主人翁便用母親的紅寶石項鍊，換了「一個眞皮的公事包與十二箱好彩香菸，眞是走運了」。他的老闆是個墓碑雕刻師，一塊用格林治艾姆貝殼灰製的墓碑，價格是五袋花生。

通貨膨脹的失控，與第一次世界大戰結束後的狀況相同，人民對存款失去信心，原本依賴存款度日的中產階級因此陷入貧困。法國最具聲望的文學獎項——龔固爾獎（Goncourt Prize）的獎金為5,000法郎。1903年剛設立此獎項時，這筆獎金的價值相當於1,000美元；然而到了1953年，5,000法郎的價值竟只剩下14.29美元。

政治與道德規範的脫序，加深了社會的混亂。某些曾經從事反抗運動的成員——包括一小批忠實的追隨者，開始對曾與納粹合作的人進行報復。那些無家可歸的年輕人，在他們到目前為止的短暫人生中，除了暴力之外一無所知。這群人便在頹圮的都市中集結成黨。不論是身處西方或蘇聯控制區的人民，不確定的未來讓他們完全失去了鬥志。

最感絕望的歐洲人，莫過於將近1,100萬貧困的流浪者——包括難民或戰時流民。這些失根的人，在各種救濟機構中人滿為患，其中包括了獲得釋放的戰犯、集中營倖存的猶太人、蘇聯軍隊進攻前便已逃跑的、自歐洲各地被強制徵召到德國工廠的勞工。聯合國救濟與重新安置機構（United Nations Relief and Rehabilitation Agency, UNRRA）費時十餘年，才將第二次世界大戰五年間

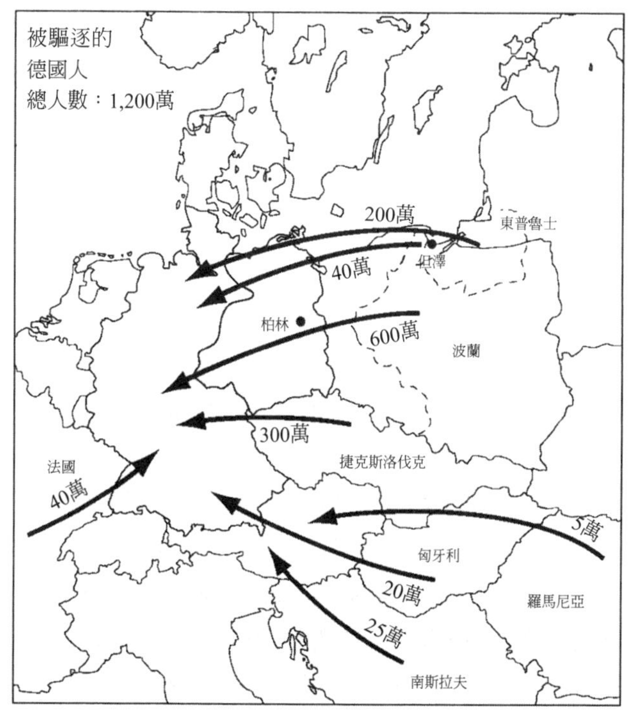

圖16-1　將德國人自中歐驅逐（1945-1947）

流亡的難民遣返家園，協助他們重新回國定居。歐洲最後一個難民營，直到1960年代初才關閉。

戰爭期間，人口的大幅遷移流動，增加了流離失所的人數。不同於1919年巴黎和會時的情況，這一次戰勝國不再試圖以民族的居住範圍劃分國界，改採以各國邊界為基準，確立各個民族的居住領域。戰後，約有2,000萬名歐洲人被驅逐出有爭議的邊境地區：1,200萬名德國人自蘇臺德區、西里西亞、奧德－尼斯河以東預定劃歸波蘭等地區驅逐出境；650萬名蘇聯人被移往蘇聯與西邊鄰國波蘭、捷克斯洛伐克之間的新邊境地區定居。[6]其結果就如同湯恩比（Arnold Toynbee）所寫：「消除了千年來德國、波蘭、立陶宛以占領與殖民所建立的種族影響力，重新恢復了西元1200年時的景況。」[7]

重建工作

在大多數歐洲人的基本生活必需品得到保障之前，龐大的重建工作是絕對必須的。重建並不只意味著恢復到1939年或1933年時的景況水準而已。1930年代的經濟蕭條對歐洲所造成的損害不亞於戰爭，經濟蕭條讓人們對自我調節的自由市場、自由放任政策、積極不干預政策與主權國家相互競爭所造成的國際亂象產生質疑。即便情況並非如此，戰爭所引發的崩潰與極度的混亂，也迫使戰時政府繼續走向不確定的未來。基於信念與需要，解放之後的歐洲開始以新的社會主義或混合經濟併行公共福利的方向重建家園。

新領袖與新政黨

歐洲的舊領導階層，由於新成員與新黨派的加入而逐漸轉變。清除希特勒的黨羽及合作者之後，一切便重新恢復正常，政治亦走向較無意識形態的戰爭。據說自解放之後，法國便有近12萬5,000個通敵案件受到特別法庭的審判；超過1,600人被處決，數千人入獄。即使是早已廢除死刑的荷蘭、丹麥與挪威，也對數十名主要通敵者執行死刑，其中包括荷蘭與挪威的法西斯領袖穆塞特與奎斯林。有些西歐國家比法國監禁了更多的通敵罪犯：每一萬人中，挪威有60人；比利時是55人；荷蘭是50人；而法國僅12人。戰前與希特勒有聯繫的西歐領袖們都不再得勢，甚至那些帶領盟國走向勝利的戰前領袖們，在解放之後也無法保證可以繼續維持其領導地位。不屈不撓的邱吉爾在1945年7月26日的選戰失利中下野——當時他正在波茨坦與杜魯門及史達林開會。

塡補領導空缺的是新生代的反抗運動領袖、新政黨，以及強勁的社會黨與共產黨左派。與人們的期待相悖，反抗運動團體中所出現的領導人才並不多。解放後仍然在國家中扮演重要角色的反抗運動領袖僅有兩位：法國的戴高樂將軍與南斯拉夫的鐵托。由戴高樂將軍所領導的自由法國臨時政府，一直維持到1946年1月方才結束，在1958年阿爾及利亞戰爭的危機中，他又重新擔任法國第五共和總統，上臺執政直到1969年。約瑟普．布羅茲，別名鐵托，原是金屬工出身，戰時領導南斯拉夫共產黨從事反抗運動，戰後，他理所當然地成爲南斯拉夫的統治者，直到1980年去世爲止。至於其他地區從事地下反抗運動更爲成功的領袖，就未必能在戰後的政治舞臺中占有一席之位了。而其他反抗組織的領袖，如知識份子等，則樂於回到自己所選擇的領域中生活。反抗運動在1945年時所締造的聲勢，對社會的影響，較諸由它產生的領袖更爲深遠。它將天主教徒、共產黨員、社會主義者與自由主義者，以反納粹的基本信念結合成一體，締造了一個擁有社會公平與自由、脫離戰爭威脅的新歐洲。

戰後歐洲大陸最重要的新政黨爲革新的天主教黨派團體，通稱爲基督教民主黨（Christian Democrats）。戰爭與法西斯經驗深刻地改變了天主教義，上一代那些接納任何同盟，包括法西斯主義者、反無神論的共產黨員等觀念，已經不再受到認同，新一代的革新天主教的抗爭經驗豐富者，思想更爲前衛。他們不但將傳統的溫和專制主義（paternalism）與經濟社會激進主義的反抗勢力相結合，某些新的天主教領袖更積極推動教會擺脫對資本主義過度認同的態度。戰後的基督教民主黨領袖是歐洲統一運動的先鋒，某方面來說，他們是超越國界的眞正國際主義者；然而從另一方面來看，他們也像蘇聯一樣危險。

基督教民主黨是一個以宗教而非階級爲基礎的政黨。1945年後，它在歐洲那些信仰基督教的地區贏得極高的選票，他們吸引了工人與中產階級教徒的選票，許多保守派人士爲了讓自己有另一個選擇，也將選票投給他們。在法國與義大利（1946年），婦女選票也大幅提升了基督教民主黨的得票率。而德國則由於共產黨掌控著舊的基督教區，因此演變出一種特殊情況。雖然信仰新教的普魯士曾經統治舊德國，然而戰後西德的政治，卻由信奉天主教的萊茵河地區與巴伐利亞掌控。

在阿登納（Konrad Adenauer）的領導下，基督教民主黨自1949年到1969年間都掌有西德政權。[8]阿登納曾於1920年代出任科隆市長，也曾被希特勒拘禁。義大利在加斯佩里的領導下，自1945年11月到1993年4月爲止，都由義大利天主教民主黨執政，並且直到1981年都由其黨魁出任總理。至於法國的天主教左派（Mouvement républicain populaire, MRP）也曾於1946年急速躍升爲法

圖16-2　約瑟普．布羅茲（Josip Broz）。以鐵托將軍（Marshal Tito）之名廣為人知。他是戰後歐洲重建時期，少數幾位還能在國內保有權勢的反抗運動領袖之一。圖中為1944年時任黨魁的鐵托。戰後他續任實行共產主義的獨立國家南斯拉夫的總統，直到1980年去世為止。

國最大黨，直到1950年代初。

戰後歐洲另一組占有統治地位的政黨，是由馬克思主義左派發展而來的社會黨與共產黨，他們在反抗運動中所扮演的重要角色，爲新成立且成員廣泛的左派組合人民陣線鋪路。1941年6月德國入侵蘇聯之後，共產黨員在反抗運動上獲得了令人注目的成功，這得歸功於他們在從事祕密活動上的充分準備，並願意在民族解放前放棄革命的理想之故。義大利共產黨是西方規模最大的共產黨，自1943年的一萬名地下黨員到1944年的四十萬黨員，從而發展到1947年的兩百萬黨員。至於法國共產黨則曾在1945年一度成爲國內最大黨，其得票率直到1958年爲止，從未低於25%。然而在西德與英國，改良主義左派就比共產黨強大許多。在德國的西部占領區，共產黨於1949年的選舉中僅獲得5.7%的選票；1956年時，甚至被阿登納查禁爲不合法的組織。至於英國，工黨持續堅持與左派聯合的政治路線。東歐由於有蘇聯的支持，共產黨的發展蓬勃活躍。在多數被解放的歐洲國家中，社會主義者仍然是政黨的主要領導者，不過他們常被激烈的競爭對手強行劃分爲左派與右派。

儘管馬克思主義有復甦的跡象，然而1945年的西歐已不同於1918年到1920

年時，處於社會革命邊緣的處境。或許最迫切的革命動力已在第一次世界大戰後的歐洲耗盡，例如：推翻舊的君主世襲制度運動、東歐的民族獨立運動，與絕望的農民占地運動等。不論如何，人們對社會變革的期待的確十分明顯，反抗運動以地下運動為起點，逐漸步向社會革命與奪取政權的目標。德軍撤退後，義大利北部、法國南部山區與布魯塞爾，便出現了大罷工。不過，南斯拉夫與阿爾巴尼亞在沒有蘇聯軍隊與盟軍入境的情況下，由反抗運動直接領導了社會革命的進行。

戰後初期最主要的爭議，是1945年蘇聯對革命運動所持的反對態度，所有證據都顯示，史達林重視蘇聯的維安甚於社會革命。很顯然的，在他的命令下，西歐共產黨反抗軍擱置了他們的軍力，直到1947年為止，所有西歐共產黨都參與改良主義政府的運作；並且，在蘇軍的占領之下，東歐共產黨與各改良黨派都一起在民族陣線（National Fronts）中共事。當然，西方聯盟也已經做好準備，一旦共產黨發動社會革命，便會將之予以殲滅（如同英國在1944年處理希臘內戰時一樣），不過這種嚴重的挑釁從未真正發生。在該年的停戰紀念日，並未發生任何由士兵、水兵或工人團體所發起的風波事件。

經濟恢復與社會改變

1945年時，歐洲人面臨著令人氣餒的重建難題。人們很容易就會沮喪地認為，他們在未來幾十年中都將無法回復到正常的生活水準，而且，1914年之前那些寧靜安適的日子也將永不再來。直到1953年，當某位美國記者報導歐洲已開始顯露出「死灰復燃」[9]的跡象時，還讓許多人感到訝異。直到1950年代中期，人們方才明顯感受到，歐洲確已進入了一個空前的經濟起飛與社會改革時期。

經過1930年代的苦難之後，少數的歐洲人只希望能夠回復到戰前的經濟與社會水準便心滿意足。戰爭讓社會這塊黏土變得容易塑造，也讓國家與社會得以重新塑形。幾乎沒有任何人相信自由市場可以在承平之時，將經濟狀況管理得既公平且有效率，大多數的人都認為，某種程度的政府主導與計畫是絕對必須的經濟管理；而且，幾乎所有的政府現在都接受將國家建設成福利國家的概念，認為讓人民在國內享受健康、居住、教育、工作與基本生活所需的收入等，是國家的基本責任。現在許多歐洲婦女享有選舉權（葡萄牙與瑞士境內的某些州除外），有些國家還設想得更深遠。西蒙波娃（Simone de Beauvior）的《第二性》（*The Second Sex*, 1947）為世界開啓了一個新的視野。書中她探討性別角色與性別一致性，認爲這兩種概念是一種社會解釋（social constructions），激發人們得以想像婦女也能享有更大權利與獨立的空間。

歐洲的經濟動力論（economic dynamism）歷經第二次世界大戰仍然殘存。的確，原屬歐洲的拉丁美洲、非洲、太平洋地區的許多市場與資源，現在都落入美國之手。歐洲商人發現，僅靠歐洲大陸殘餘的經濟力量，幾乎無法在未來與西方巨人的美國競爭。在東歐，對蘇賠款、轉換舊制進入蘇聯的貿易集團等，在在加重了東歐人民的負擔。不過，戰爭所造成的嚴重破壞，提供了那些以新技術重建歐洲的商人們發展的機會，因爲深具經驗與技術的人員仍存，同時還有廉價且有工作效率的勞工。此外，歐洲逐漸上升的出生率，不僅反映人們對經濟復甦的希望，同時也能刺激消費。

美國的馬歇爾計畫大幅加速西歐經濟的復甦。1947年到1954年的七年內，「歐洲復興計畫」（European Recovery Program）提供16個加入計畫的國家共130億美元的金援，其中，西德居民每人分得29美元；義大利每人33美元；法國每人72美元；英國每人77美元；奧地利每人104美元。在美國的要求下，這些援助款項均由國際性機構——歐洲經濟合作組織（Organization for European Economic Cooperation, OEEC）——負責統籌分配，這些金錢將集中用於歐洲發展。這個機構鼓勵在開放的世界市場之下，以歐洲全境爲基礎考量的合理計畫，而這也正是美國所冀望達到的目標。美國提供金援的最直接目的，乃是希望盡速促成歐洲的經濟發展。因爲他們相信，令人民感到絕望的貧困環境，將會導致社會革命，助長共產主義的擴張。馬歇爾計畫明顯地在爭取美國利益，不過它同時也滿足了西歐的需求，促使西歐經濟能在1950年代初期便能再創榮景。

即使是那些馬歇爾計畫的批評者，也無法否認這項計畫對歐洲經濟恢復所發生的功效。直接投資暫陷混亂卻極有發展潛力的區域，會比投資那些同樣混亂，卻不具有發展前途的地區有益。「馬歇爾計畫之所以能成功，乃是由於歐洲人以技術、技能和基本資源，將美援的1美元增值爲6美元所致。」[10]

評論家們攻擊馬歇爾，認爲此一計畫的實施終將導致歐洲經濟更從屬於美國經濟。然而，這種從屬關係，不過是那些更爲深遠強大的力量發生效用的結果而已。當歐洲經濟處於衰敗期，各國亟需進口食品、加工產品（大多來自美國）、燃料等，便會發生美元短缺的情況。歐洲人必須支付大量美元以輸入生活必需品，然而對美輸出所得的利潤卻相對很少。究其原因，乃是由於歐洲人手中握有的美元嚴重不足，再加上英鎊、法郎、馬克等對美元的匯率過高所致。長遠來看，馬歇爾計畫無疑刺激了生產，並協助歐洲走向經濟獨立；然而自短程看，它卻加深了歐洲美元短缺的問題。歐洲經濟越繁榮，仰賴自美國的輸入便越加增。

無論1930年代的經濟大蕭條或法西斯主義自給自足的管制經濟，針對通貨價值的懸殊差距，都仰賴實施貿易控制、以物易物，以及通貨控制來因應問題。戰後，在歐洲自由主義經濟學家的支持下，美國決心建立一個國際自由市場，取代過去的封閉經濟與保護政策。1944年7月，布雷頓森林協定（The Bretton Woods Agreement）召開，建立了此種體制的基礎，44個參與國都保證在戰後實行自由貿易，並願意按照固定匯率自由兌換彼此的貨幣。國際貨幣基金組織（International Monetary Fund, IMF）[11]的任務便是消除國際貨幣兌換過程中所發生的各類短期失調，並維持匯率的長期穩定狀態。管理匯率的目的乃在重拾19世紀實施金本位（gold standard）時期的商業自由狀態，以期避免由於戰爭而嚴重受到破壞的世界經濟，發生經濟循環波動的危險。

雖然布雷頓森林體系（Bretton Woods System）並沒有建立官方儲備貨幣，美元卻仍在世界貨幣體系中發揮舉足輕重的作用，使美國普通平民的生活水準甚至比歐洲的國王優渥。當時美國人可以輕易地購置原本價值昂貴的古銀器與古藝術品；美國公司也能輕易購買歐洲企業作爲子公司，這一切都對歐洲經濟獨立造成威脅。美國的強大經濟力，讓歐洲各國政府在抵制美國的政策上，顯得更爲軟弱無能——例如，德國的重新武裝；抵制英鎊；將法郎、馬克、里拉一再貶值，以維持經濟開放等問題皆是。

蘇聯拒絕加入布雷頓森林體系，並且如前章所提及的，當蘇聯的附屬國顯示出對馬歇爾計畫感到興趣時，史達林立刻於1947年雷厲風行地在各國實施共黨專制統治，讓東歐與蘇聯的經濟關係更加緊密結合，在這種情形下，東歐經濟遲至1960年代才漸顯繁榮。歐洲的重建工作，便在這種東西各自不同的環境下，形成了極大的差異。

英國的工黨政府：1945 至 1951 年

雖然英國並未遭到德軍占領，也未曾發生反抗運動或經歷武力解放，但固執的工黨政府仍然嚴密控管英國左派份子，然而，它的狀況卻與歐洲大陸同樣糟糕；甚至在兩次大戰間狀況最佳的那幾年中，英國都有超過10%的勞工找不到合適的工作，近兩百萬家庭陷入經濟困境。1945年7月，英國公民史無前例地將多數選票投給工黨，反對回復到戰前的情況。於是正當邱吉爾如火如荼地處理戰事之時，前倫敦經濟學院教授艾德里，取而代之成爲英國首相。由此可知，英國人民拒絕處於當時現況的堅持有多麼強烈。

貝弗里奇報告書：「充分就業」

持續不降的失業率，已經成爲20世紀英國的恥辱。「自由社會中的充分就業」是貝弗里奇爵士（Sir William Beveridge）[12]於1943年2月所提，有關戰後社會安全籌備的報告標題。1945年到1951年間，工黨政府將此設爲工作重點。即使是貝弗里奇這樣的經濟學家都認爲「無計畫的市場經濟」無法「穩定生產所需物量」，因此必須加以改進。依據兩次世界大戰間的經驗，當國家以振奮民心爲目標持續進行建設時，不但可以滿足大量的需求，同時也能降低失業率。基於這種理論，貝弗里奇（凱因斯的追隨者）建議，國家應負起輔導人民就業的責任，即使在承平之時亦同。

工黨政府爲此首度將充分就業的目標納入職責範圍。針對國內政策，首先政府開始著手預估私人投資可能達到的程度水準；其次透過擴大公共事業來填補就業缺口，即使無法平衡預算也在所不惜。至於國際經濟政策方面，工黨與保守黨在處理經濟蕭條時所採行的政策方針便全然不同。工黨不再以過去透過平衡預算、縮減社會服務開支等方式，安撫國際銀行家或抑制貨幣投資者。他們所持的福利國家政策，是將焦點集中於輔導人民充分就業，爲達此一目的，英國工黨政府不惜在國際貨幣市場採取任何手段（包括資金控制、貨幣貶值等）。

依據貝弗里奇的觀點，即使不靠戰時經濟的強制性與集權控制，充分就業的理想仍然能在「自由社會」中得到保障。工黨的黨員中，屬於工會的黨員比知識份子左派更能全盤接受這樣的觀點，他們認爲這種觀點「有效……且能滿足群體生活的需要」，而且不需要「社會化產物……社會主義的需求尚未被證明」。[13]他們相信，只要國家掌控經濟的某部分，便能對其餘部分發揮有效的槓桿效應。

因此，工黨政府針對煤礦工業與某些基本日用品（例如鋼鐵與運輸）實施有限度的國有化，並加入了少許服務性事業（公共餐廳、酒館）等。不過，在英國仍約有80%的工業依舊掌握在私人手中。雖然兩次大戰間，保守黨政府已對煤炭、鋼鐵等工業進行調整，不過就其範圍而言，工黨的有限國有化是相對幅度較小的一種嘗試。

不列顛福利國

工黨最徹底的革新，在於依據普遍原則而非個人需要，爲英國人民提供最基本的社會服務。這意味著公共福利不再是一直以來所給人的、帶有慈善事業意味的措施。1948年之後，英國國家健康服務部（National Health Sevice）便提供每個公民免費醫療服務。雖然衛生部長比萬（Aneurin Bevan）並不想以國家支付醫師薪資的體制，來取代私人醫療活動，然而直到1950年爲止，英國民衆接受國家健康服務部的醫師治療者達95%。至於社會保障方面的制度，早在勞合．喬治時期便已存在，此制度主要在針對有需要的家庭施以援手。不列顛福利國的基礎主要建立於某些重要改革之上，例如：1944年英國教育法案（English Education Act）規定實施普及教育，讓每位國民接受到中學爲止的義務教育。雖然如此，小學畢業後的專業分科考試，仍然會決定他們進入理科或文科中學以及就讀學校，階級差距仍將永遠存在。又如：1943年城鄉計畫法案（Town and Country Planning Act）讓政府擁有保留綠色空間的權限，防止人民以住家不足爲由進行土地炒作。

執行新計畫所需的支出，部分來自於高收入國民的所得稅與遺產稅。1938年至1949年間，英國政府自人民手中徵得的稅收增加了四倍之多；1938年納稅後淨所得超過6,000英鎊（約當時三萬美元）者約有7,000人；然而到了1947年與1948年，卻只剩下70人達到這樣的收入水準。[14]

在當時，只有極爲富裕的英國人才能在納稅之後還能維持舒適的生活，一般的商人很快地便學會了量入爲出的節約生活。此外，此時貴族們開始開放自己的祖傳莊園，以賺取觀光費用，旅遊者每次付出2先令便能入園參觀，漸漸地，這也成爲戰後英國爲人熟知的流行生活。

經濟失調

英國在戰後最初幾年可以說是危機重重，當然，這不僅導因於工黨的社會政策，最主要還是由於英國在世界上的國家地位轉變所致。這個小型島國之所以能在19世紀取得經濟霸主之位，主要應歸功於其煤炭、紡織、造船、金融等方面的暫時優勢。不過，甚至早在1914年之前，其他的國家便已趕上英國，或利用先進的技術超越了英國的成就。第一次世界大戰，英國損失了19世紀在海外累積的大部分投資的資產；第二次世界大戰又使剩餘的資產更加縮水。1945年之後，英國便一直處於與其國際帳戶中的赤字奮戰的窘況。由於當時英國必須仰賴國外進口許多食品、燃料與原料，但又無法自海外投資中獲取大量收入，因此，只要經濟稍不景氣或消費者購買力稍微提高，便會導致進口量大於出口量。

在這種狀況之下，英國只能靠人民努力工作生產並減少消費，國家才得以生存，甚至於連麵包這種基本的食品，在英國也實行了許多年的定量供應。直到1954年為止，英國人還不能自由購買牛油與糖。1947年秋天，當歐威爾這位知名小說家在蘇格蘭的朱拉島（Jura）撰寫小說《1984》時，曾寫了封信給朋友，信中提到由於煤炭不足，他正為「寒風刺骨」的嚴冬準備木柴、泥炭作為取暖之用。[15]當時英國的官方政策被稱為「節約政策」，曾經經歷過那段歲月的英國人都認為，這與當時某些公務員的形象與財政部長克里普斯爵士（Sir Stafford Cripps）的陰鬱性格有關。出身上層中產階級家庭的克里普斯屬工黨的知識份子左派。

由於某些不必要的負擔，而使英國的戰後重建工作更形複雜。1946年到1947年間破紀錄的嚴冬，讓政府不得不動用珍貴的外匯進口更多的煤炭。《將煤炭送到新堡》（*Carry Coals to Newcastle*）小說中呈現出當時眞實的社會情況。由於大多數的工黨領袖不願自印度與中東以外的英國海外領地中撤防，因此龐大的軍費只能以削減生產性投資來維持（1950年韓戰爆發之後尤為如此）。最後，當美國強迫英國在1947年時讓英鎊重回國際自由兌換市場時，貿易赤字與嚴重的投機活動，導致英鎊在1949年的貶值。英鎊貶值雖然有助於英國出口商能以較便宜的價格出售商品，然而卻讓進口價格更加昂貴，進口上的支出是讓英國繼續附屬於美國經濟陰影下的原因之一。

當所面對的敵人是希特勒時，英國人民慷慨激昂、樂於犧牲奉獻；然而面對不易看見的敵人如經濟失調時，人們便難以如此做出犧牲。1949年著名的碼頭工人罷工事件，便使工黨政府陷入尷尬場面，必須站在資方立場，反對工會的要求。工黨的激進派——由個性坦率直言、絕不妥協的威爾斯人比萬領首，反對政府於1950年恢復對部分醫療項目（配鏡與假牙）的收費政策，與增加防禦經費的政策。比萬說：「這種做法，會使英國永遠只能被拖在美國的外交車輪後疲於奔命。」[16]

對立的保守黨也毫不留情地攻擊工黨，他們斷言工業國有化的做法是錯誤的方向。舉例而言，一向出口煤炭的英國，怎會在1946年到1947年的冬天，必須進口煤炭？然而，戰前便已聲名狼藉且毫無效率可言的英國煤炭工業，讓人心知肚明，即使是保守黨也無法解決1945年之後英國的經濟問題。不過，不論如何，當保守黨於1951年10月贏得大選之後，也僅將鋼鐵工業與公路運輸業（工黨國有化中唯一盈利的工業部門）重新恢復民營，至於煤炭工業與鐵路運輸業則仍歸國有。雖然1957年之後有更多的醫療項目開始收費，然而社會福利開支仍維持原狀。英國保守黨政府接受了福利國的主要部分，並另行添加了一些提高生產率的計畫。

法蘭西的第四共和

解放後的法國，更不想如同英國那樣，再度回到1930年代那種令人不安的社會狀況中。1945年10月的公民投票中，法國以二十比一的壓倒性民意，反對恢復戰前的第三共和。這是由於第三共和政府無論在整頓經濟蕭條，或抑制希特勒的侵略各方面，都顯得軟弱無力。新的第四共和（1946-1958）必須能滿足解放之後人民的期待：它必須是個議會制共和國；必須能夠再度肯定法國解放的價值，以防備與德國合作的維琪政府；而且必須比第三共和政府更有效率，更能提高國民的社會生活水準。即使法國在被占領期間，並未留下任何戰爭廢墟，也未在抗敵中發生嚴重的社會分歧；然而，自由、效率與社會福利三者之間仍不易達成協調。如何締造第四共和，較諸在法國解放陣線的各派系中產生一位共和領袖，其問題更加複雜。

尋找領導者

法國解放運動中最傑出的領導者非戴高樂將軍莫屬。穩重傑出、態度莊重的戴高樂將軍，自1940年6月起便致力恢復偉大的法蘭西民族精神。身為倫敦自由法國的領袖，他堅信，偉大的法蘭西只是由於暫時的失敗與賣國的維琪政權，才自動放棄合法的獨立地位（雖然表面仍屬合法），致使國家蒙羞。起初，幾乎只有他一個人相信這樣的想法。戰爭爆發前，法國國內無人支持坦克部隊的作戰方式，然而後來證明那才是正確的。即使到了1940年6月身處倫敦，他仍然堅信自己的信念無誤。後來，各個反抗勢力逐一承認了戴高樂的領導地位。由於當時英美僅將他視為一個低級軍官而非以法國代表多予尊重，因此他與英美之間的拉鋸頗為艱辛。

幸運再加上手腕，以及不屈不撓的堅定性格，讓戴高樂在所有解放運動領袖中脫穎而出。雖然他可以不理會那些美國有興趣扶持的第三共和權位者（如赫禮歐），但他卻無法忽視某些馬基部隊的夢想，挺身掌控馬基部隊協助解放的法國政權，因此，戴高樂派遣高級文官任共和國特派員，進入德國與維琪政府撤出的城市，比馬基游擊隊與美軍早一步接管了那些地區。而同時，他也保

圖16-3　自由法國領袖戴高樂將軍。1944年8月26日，德軍投降撤出巴黎駐防地後，戴高樂行經愛麗榭田園大道（Champs-Elysées）的情景。他隨後因派系鬥爭而下臺，並於1958年重新建立第五共和並出任總理，直到1969年為止。

證法國行政部門的中央集權制。

戴高樂所享有的精神象徵崇高無比，法國歷史上唯有拿破崙能與之比擬。1945年他擔任法國臨時政府主席，當時議會正爲新的共和國草擬憲章。不過，由於厭惡黨派之爭與文官干預軍事，戴高樂於1946年1月辭去臨時政府總理之職。在這種情況下，制憲會議所產生的第四共和幾乎與第三共和無異，議會便在這樣的體制下，以自己的方法與軟弱的行政機構進行抗衡。戴高樂有時亦會聲明表示，希望能以強勢的行政機關取代多黨議會的體制。

反抗力量的戰士們在新的共和國內也扮演了一個小角色。專業知識與政治經驗，對保障維琪政府能否順利過渡到第四共和，是不可或缺的要素。因此，除了那些「明顯」的通敵者之外，法國的官僚大體上都還保持完整的體制。許多反抗勢力中的成員，或由於缺乏政治經驗，或對政治沒有興趣，都已被排除於官僚體制之外。

由此，第四共和仍然由三政黨共同締結而成，並依照傳統的官僚制度運作。第三共和時期的馬克思主義政黨——共產黨與社會黨，與西歐天主教的基督教民主黨在法國的變身——法國基督教民主黨，繼續與從事反抗運動時一樣結盟。此三黨平等分享政治表決權，以三方聯合方式治理國家，直到1947年爲止。

法國第四共和的政體結合了三政黨的偏好。議會體制與第三共和時大致相同，不過，第四共和在眾議院中所扮演的角色更重。政黨表決權比以前影響力更大。在這個時期，總統所能發揮的，大多只是儀式上的功能；至於內閣總理雖有解散議會的權力，但傳統上並不行使，充其量也只能針對聯合政府所提的內閣行使同意權而已，在議會中並沒有任何影響力。多黨制無法容許戰後法國人所期待的強人領袖存在。因此短短12年之內，政府內閣與政治勢力聯盟便輪番更替達26次之多。那些可能成為內閣總理的人，有時必須耗費數週來拼揍出一個內閣，而在這段被拉長的「危機期」，法國國內便處於無效能政府的狀態。

國有化與計畫

早在第四共和的憲法制訂之前，三黨便已著手締造一個混合經濟與福利國家的法國。國有化在法國比在英國實行得更加深入。當時，法國已將鐵路實行公有化（與所有歐洲大陸國家相同）；航空業、軍工業、電力、天然氣等部門也已在人民陣線年代部分收歸國有。雷諾汽車的創辦人雷諾因在德國生產坦克而遭到審判，在等候判決期間，雷諾汽車便被共和政府收歸國有；由於雷諾尚未候及判決便已身故，因此所屬的汽車公司完全被國家所掌控。後來由於「清算」退燒，其他幾間在占領時期也為德國工作的大企業，僥倖免於國有化的命運。1946年之後，法國也就不再推行任何國有化的政策，直到1981年社會黨執政為止。

對占有多數人口的平民與小經營者而言，第四共和比第三共和擴大許多社會福利服務的範圍。社會安全制度在1931年完成後，如今更擴及到公職人員的免費醫療。由於出生率過低，法國對於家庭的經濟補助更多於其他大多數的西方國家。

戰後法國採用計畫經濟作為主要經濟改革方式。與英國的情況相同，法國經濟也屬於混合的狀態，大部分的生產力掌握於民間企業，而國家乃利用國有化的手段發揮對他們的影響力。依據行政法令，法國成立了新的計畫機構——國民經濟計畫委員會（Commissariat du Plan）。此機構的設立，意味著未來將會轉移更多的事務給非經選舉產生的專業人士；同時，此舉也反映出議會已無力處理複雜的經濟問題。在莫內（Jean Monnet）的領導下，國民經濟計畫委員會制訂了一個讓法國具有現代化生產能力的大型計畫，他們希望能藉此計畫提升因經濟蕭條與德國的掠奪，長年受到忽視導致萎縮的生產力。僅恢復戰前的生產水準並不能滿足莫內的雄心壯志，也無法使專家顧問們滿意。他們立志要使法國經濟恢復活力並具效率。除了掌控政府管轄部分的經濟之外，委員會還藉由短期目標的確立，對全國經濟提出「指示」（非強迫性）。此外，委員會並負責提供準確的經濟預測、禁止虛假投資、鼓勵民間投資急需產業。例如汽車業與化工業。依照莫內的信條：「生產力並不是一種狀況，而是一種心情。」[17]商人們被允許在一定的範圍內與政府合作，避免國家與人民相互爭利的情況發生。此外，他們也被允許與政府專家和貿易席會代表一同參與經濟計畫。第一個五年計畫（1947-1952年）結束時，法國國民的生產總值，較戰前的1938年時成長14%。

法國的三方聯合陣線在「冷戰」中崩潰，溫和保守派贏得1951年的大選國；共產黨於1947年5月被迫退出聯合政府，從此，第四共和便和第三共和一樣，由中間派聯盟主持。然而，國家福利與計畫經濟，從此成爲法國人民經濟生活中的永久特色。當民間的私人經濟開始繁榮，經濟計畫機構所提出的「指示」，就更單純的只是指示而已。此時，法國政府仍然繼續鼓勵發展工業。

戰後的義大利

義大利所面臨的問題是，它必須在特殊情境下復興經濟。由於長期成爲戰場，又是有爭議的戰爭發源處，義大利所遭到的戰爭破壞，遠比任何西方國家嚴重——除了德國以外（1943-1945年）。此外，義大利也是戰敗國，1947年的和平條約並未得到多數義大利人的認同。早在1943年7月巴多里奧元帥與國王艾曼紐三世便已取代墨索里尼政權，轉而支持盟國。和平條約剝奪了義大利在非洲與愛琴海所建立的帝權，並把阜姆（Fiume）與其腹地轉予南斯拉夫。[18]

政治權力之爭

戰後，義大利的新政權反對法西斯主義是想當然耳的，然而，歧見極深的兩大反法西斯黨派對於權力都各有主張。同盟國勢力龐大的南部地區，由前法西斯黨員巴多里奧統理臨時政府，許多法西斯黨派因此重新竄起，要求復辟回歸君主立憲；而北部地區，共產黨雄厚的武裝反抗勢力與當地的解放委員會，早在1945年春天盟軍抵達前，便控制了整個廣大的地區。現在他們要求以社會革命與更新世界觀來建造義大利。

在戰後短短數月間，局勢便迅速明朗化——義大利的反抗勢力，在戰後義大利國內幾乎已經沒有發言的地位，較諸其他西歐各國的反抗勢力，其地位更加低落。義大利之所以缺乏革命動力，唯一的解釋應是英美盟軍政府鼓勵現存社會黨派的發展。許多反抗力量的領袖們都欠缺政治經驗，戰後他們只想重回原本的生活。更重要的是，1944年時陶里亞蒂（Palmiro Togliatti）自流亡的莫斯科返國，他是義大利共產黨的重要領導人，回到義大利後，陶里亞蒂在共產黨的命令之下，與南方臨時政府合作，甚至與巴多里奧合作。戰爭結束時，大多數的解放委員會都遵照臨時政府的命令，放棄了他們手中所握有的武力。

義大利於1946年6月進行了第一次的戰後選舉，其結果與法國相同，產生了一個三黨共治的制憲會議：天主教民主黨獲得207個席次；社會黨獲得115個席次；共產黨則獲得104個席次。這三黨共同草擬了一部憲法，此部憲法與1919年到1922年時採行的憲法極爲類似，其中最主要的改變包括上議院（正式職位）選舉制、婦女選舉權與解散皇家議會。1946年6月，54%的選民投票反對君主政權，自此之後，義大利便成爲一個共和政體的國家。

戰後義大利的兩巨頭爲共黨領袖陶里亞蒂與天主教民主黨的新領袖加斯佩里——曾於戰爭中任梵蒂岡圖書館館長以掩飾身分，並曾公開反對墨索里尼。1945年時，義大利共產黨的勢力比1919年到1922年間更爲壯大，除了身居反法西斯勢力的領導地位，握有反法西斯工會的掌控權等，也讓義大利共產黨成爲戰後蘇聯占領區以外，歐洲勢力最大的共產黨，擁有約兩百萬名黨員。直到1980年代爲止，都得到三分之一到四分之一選民的支持。當共產黨於1947年冷戰初期開始反對政府時，[19]加斯佩里展現了他在戰後義大利的領導優勢。

1948年4月，依據新憲法所舉行的首次議會選舉中，加斯佩里領導的天主教民主黨獲得壓倒性的勝利。天主教民主黨也因此成爲義大利現代議會史上，第一個在議會中成爲唯一多數黨的黨派。在這個信奉天主教的國家中，信仰較男性更虔誠的婦女們獲得選舉權，對加斯佩里不無助益。除此之外，加斯佩里亦獲得了美國與義大利教會在經濟政治上的支持。直到1993年爲止，他所帶領的天主教民主黨一直都是聯合政府中的最大黨。

重建

戰後義大利在天主教民主黨的帶領下進行經濟復興。他們所承諾的自由企業經濟受到社會父權主義（paternalism）與統合主義（corporatism）的強烈影響而變色。經歷了可怕的通貨膨脹與黑市交易之後，義大利政府於1947年藉由參與「馬歇爾計畫」取得來自美國的經濟支援。義大利政府也因此能將國家經濟從戰時的管制狀態解放，穩定維持在一個較自由的經濟環境之中。到了1957年，勞工的收入已經遠超出1938年的水準，此外，增加的福利也與工資增加的幅度等同。在義大利，勞工家庭的收入只有59%來自工資，其餘的收入皆得自各種社會福利補助，義大利是西歐國家中提供福利補助最多的國家。[20]一般來說，當法西斯主義者處理清償債務的問題時，公務人員與擁有儲蓄的中產階級，會由於通貨膨脹而成為最大的受害者（里拉被平抑於戰前十五分之的價格）。然而對一個法西斯主義剛垮臺的國家而言，他們除了相信加斯佩里之外已經別無選擇了。

與所有西歐的福利國家相同，加斯佩里執政時也讓私人企業與國營事業同時並存。在義大利，國家扮演著重要的角色，這部分是由於它所承繼的法西斯主義的經濟制度所致。義大利是個較其他福利國家更為開放的「新社團主義」（neocorporatist）國家。製造商協會（Confindustria）在國家善意支持的保護傘下，人事既未發生異動，也仍持續保有其在經濟管控中的重要地位。1930年代另一個國營企業——工業復興協會（Institute for Industrial Reconstruction, IRI）——仍掌控冶金、化工、輪船製造、航空等行業的絕大部分，不過這些行業的經營權仍留給了商人。在1960年代初期，有五分之二的投資活動是透過IRI與國家石油公司進行，只有飛雅特汽車公司（FIAT）是義大利主要企業中，唯一的純粹私人企業。另一方面，解放運動中所成立的工人工廠委員會，已不再發揮任何功能。

戰後義大利的主要經濟難題為，南方經濟後退與農民渴求獲得農地等問題。在另一波南方搶占農地的浪潮中，加斯佩里購買了許多南方未開墾的莊園，並分配出約175萬英畝，約有85,000戶農家因此能安居樂業。當然，這樣的數字還遠低於預期達成的目標。至於發生在義大利的另一個重要的社會變化——數百萬的南部義大利人移居北部工業城市與其他的西歐國家——則遲至1960年代才達到高潮。

兩個德國

當德國確定被分割時，德國人只能冀望在接下來的日子裡，他們可以活得比動物好一點。曾經一度繁榮的城市，現在成為荒煙蔓草；在最大的城市中，有三分之二的住家變成瓦礫。第一批進入柏林的通訊記者們，被埋在瓦礫塵土中的屍體所發出的陣陣惡臭嚇壞了，原本的市街面貌幾乎全不可辨。

> 柏林幾乎什麼也沒剩下，既沒有了住家，也沒有了商店、交通運輸或政府辦公大樓。只有一些斷牆殘垣……。現在的柏林只能說是個被堆積成山的土石垃圾圍繞的地方而已。[21]

數百萬難民使德國境內人數暴增，他們或棲居在屋頂已被掀去的地下室，或露宿高速公路上；人們靠著以物易物與黑市交易的方式取得生活用品，一個美國大兵隨意丟給德國女友的香菸，竟使她以此交換物品養活全家人。只有「怪誕」這個詞語足以形容戰後那幾年德國人的慘況，一如格拉斯的小說，《錫鼓》中那個殘廢卻有洞見，身形矮小的主角一樣。

分裂的國家

東西兩陣營都緊握住半邊的德國作爲「冷戰」籌碼，這讓德國一直處於戰事一觸即發的邊緣。東西雙方都各自在所控制的領域內，進行於己有利的各項發展，也因此更加速導致德國內部的混亂與分裂。

舊德國官員從一開始便被納入新國家與市政府之中。1947年春天的莫斯克會議之後，法國便放棄反對西德建立中間派政府的堅持，於是1947年5月，英美占領區成立了中間派德國經濟委員會（German Economic Council）；蘇聯爲此也於1948年3月18日（革命一百週年紀念日）在東德召開「人民代表大會」（People's Congress）與之對抗，會中倡議建立一個統一的社會主義德國。蘇聯開始封鎖柏林之後，西方盟國於1948年9月召開西德立憲會議。遵循德意志聯邦共和國（西德）憲法（1949年5月制訂），第一個西德政府正式於1949年9月開始運作（仍受西方盟國的指導監督）；而東邊則依據另一次「人民代表大會」於1949年3月通過的憲法，也在1949年10月建立德意志民主共和國（東德）。

兩個對立的德國同時並存的局面於焉展開。兩國的國內政治將受到「冷戰」影響而趨向兩極，是可以預見的。雖然由蘇聯所推動合併的社會民主共產運動〔Social Democratic Communist movement（社會主義聯合黨，Socialist Unity Party, SED）〕，在蘇聯占領區內的自由選舉中並未取得過半數的選票，[22]然而在新成立的東德政府單一選舉（single-list election）中，卻拔得頭籌。雖然社會民主黨人數較多，然而規模較小的共產黨卻能在社會聯合黨中掌控領導地位與政治運作。東德是一個一黨專制的國家，其國家權力均由蘇軍20個師團與共產黨領袖烏布利希（Walter Ulbricht）——曾參與莫斯科戰役——所掌控，自1945年到1971年間，烏布利希任黨書記，掌控整個東德。

西德於1949年到1969年整整20年間，都在阿登納與其繼任者所領導的基督教民主黨的主政下，以新首都波昂爲中心進行國家運作。自從基督教民主黨於1949年的大選中獲勝後，西方盟國已經很難再操控阿登納了；而1957年基督教民主黨也成爲國內最大黨。[23]分裂爲二的德國爲基督教民主黨製造了一個人爲的有利情勢，不過，威瑪共和時期的最大黨——社會民主黨，在天主教西德中仍然是人數最多的黨。在東德，社會民主黨被迫併入社會主義聯合黨，而他們原本在自己的大本營——被占領的舊都柏林——中所擁有的所有公職，也被盡數剝奪。

西德的「經濟奇蹟」

在基督教民主黨的領導下，西德在短短不到十年間，從戰後廢墟一躍而成爲西歐最富裕的國家。經濟復興的第一步，是從1948年6月20日的貨幣改革開始，在那個週日，每一個西德人民都得到40個德國馬克（Deutschmark），用來兌換手邊的40個帝國馬克（Reichsmark）。[24]從這個新的開始之後，西德在儲蓄、買賣、投資等方面的經濟活動再度活絡，囤積品進入市場，黑市萎縮。西德人開始了他們戰後的「經濟奇蹟」。

西德經濟復甦的實現，歸功於阿登納的經濟部長艾哈德（Ludwig Erhard）與其繼任者。他們應用了比英法等福利國家更多的市場導向政策。英法以自由主義的經濟政策，無法解決1930年代經濟大蕭條的問題，因此1945年之後便改採國家部分干預的混合式經濟。在納粹的經濟管控之下，經歷了12年的經濟短缺與挫折，使西德選擇解除大部分的經濟控制，釋放經濟競爭力並鼓勵私人企業，艾哈德將之稱爲「社會市場經濟」；某位時事評論家將之解釋爲「有社會良心的經濟自由企業」。[25]這個系統以獎勵爲核心，除了鼓勵重建家園之外，各種稅收都用於獎勵經營者的再投資與勞工超時工作，而最終極的鼓勵乃是人人都有機會成爲富人。20年過後，有16,000個德國人表示他們的年收入超過100萬德國馬克。[26]「社會市場經濟」所具有的「社會良心」，體現於提供勞工福利保險的俾斯麥主義（Bismarckian）傳統而非工資的給付方式。爲了讓經濟迅速起飛，也爲了積極打造未來遠景，西德勞工承受了許多負面效應，例如低工資與改革之初的高失業率。

西德的經濟奇蹟要歸功於多種混合的因素：努力且守法的公民在重建家園的激勵下受到鼓舞；西方盟國放棄對德經濟的限制，並解散屬於西方盟國的大型財團；來自東歐的1,200萬難民提供了廉價的勞力，成爲西德的助力而非負擔；無須投資資金擴充軍備或進行殖民戰爭。此外，讓人感到意外的是，1951年到1953年間，韓戰還刺激了德國機器的輸出。只有極少數人會將西德的成功單獨歸功於自由市場政策或社會市場經濟——包括經濟發展計畫、廣泛的社會保險與公共投資。不過，西德的經濟成功確實開啓了1950年代全西歐逐漸回歸「自由放任主義」經濟政策之門。

與此同時，東德在1950年代陷入長期的貧窮，這是由於蘇聯當時在這塊舊德國的農業區強徵了估計約700億馬克的戰後賠款（西方盟國在1945年之後，從西德徵得的賠款金額的200倍）所致，這塊地區的面積約僅相當於美國俄亥俄州的大小。在1960年代，東德的工業也幾乎沒有成長的跡象，許多東德的年輕技師逃往西德發展。

不論是烏布利希或阿登納政府都受憲法約束，意即他們都不可能永久執政，不過他們實際執政的年數都比希特勒長久。雖然僅有少部分的德國人可以接受兩邊分治的德國，然而談到統一，不論是哪一種統一形式，似乎都得看最後究竟東西雙方哪一邊獲勝，方能下定論。

蘇聯的重建與正統

蘇聯是除了德國之外，面臨最艱鉅經濟重建問題的交戰國。至少有2,500萬的人民死於戰爭，而整個蘇聯西部地區——戰前最高度發展的地區——也被戰火與焦土政策戰略所摧毀。史達林下定決心，不但要使蘇聯恢復戰前的經濟水準，更要建立一個與蘇聯戰後獲得的新的國際地位相稱的工業基礎。此時蘇聯擁有歐陸最強的軍事力量，並居「友好」國家的領袖地位。

爲了達成目標，蘇聯可以有兩個選擇。一是求助西方盟國以復興經濟，不過這對史達林想保有政策自由的心情而言，代價不菲。史達林無論如何都無法釋懷1945年時美國突然終止租借法案的約定，而蘇聯欲自德西占領區索取賠償的爭議仍然未決，因此蘇聯的選項便只剩下回歸到1930年代時，自人民勞動中榨取發展資金的政策。自東歐人民與德國戰犯榨取重建資金並不困難，然而除此之外，重建復興仍然得靠蘇聯人民願意再次束緊腰帶度日才行。1946年到1950年間，住宅極度不足，以致新婚夫婦必須與親戚多年同住一間房間；當日用品的生產量被限制在最低時，蘇聯領袖們投入建設首都的費用比1928年五年計畫之後的13年間超出許多。政府的重建成就可以說是建立於壓榨每一個蘇聯勞工（不分男女）身上每一塊戈比的剩餘價值之上。由於蘇聯男人大多在戰爭或內戰中死亡，女性占醫師人口中的74%、農業勞動者中的56%，此外，她們還分擔大部分工友與清潔隊的工作。[27]蘇聯以獨樹一格的方式建立了符合其世界強國地位的工業基礎，然而其背後支撐此種榮景的力量，卻是擠在小房間中，以最低生活條件度日的所有人民。

以強制榨取內部資源進行的國家重建，同時意味著在境內實施嚴格的政治控制。不同的重建方式加深了東西歐的歧異。接下來，我們將分述東西歐之不同，以俾讀者更加深入了解。

圖16-4　冷戰局勢陷入緊張時刻。圖中為1960年9月23日在全國聯合大會（United Nations General Assembly）中高聲疾呼的蘇聯共產黨總書記赫魯雪夫。當時蘇聯在領域上空擊落了一架美國偵察機，而聯合國正介入剛果內戰。赫魯雪夫要求立即終結殖民帝國，並以三頭政治取代聯合國祕書長，以此象徵蘇維埃社會主義共和國聯盟是一群不與西方結盟的國家。

第十七章

從史達林到赫魯雪夫的蘇聯集團

蘇聯：從經濟蕭條到去史達林化

人們曾經預期戰爭結束後，可以在蘇聯那封鎖嚴密的社會裡，打開一條讓他們呼吸外界空氣的縫隙，但是事實卻正好相反。某些意識形態確實隨著大西洋戰爭（Great Patriotic War）而鬆綁。在戰時物資短缺的時代裡，很多蘇聯都市已經與西方世界有所接觸，他們暴露於已經復興的宗教，也暴露於小型私營農場再現的景況之中，而且在西方國家的占領區裡，他們甚至在非共產黨統治的狀況下生活了許多年。戰後，蘇維埃政權感到這些戰時的鬆綁是對正統思想的威脅，再加上蘇維埃戰俘的釋回（有些人不願意被釋回釋放），以及同化自波蘭、捷克斯洛伐克、羅馬尼亞與波羅的海諸國的新人民的需求，使國內問題變得更加複雜。

史達林的重建策略也需要藉助加強人民的正統思想。大戰剛結束時（1946-1948年間），他主要的助理官員是日丹諾夫（Andrei Zhdanov）——戰爭圍城時期列寧格勒的領袖；他在反對沙皇的成就，勝於擔任蘇維埃國家服務的新生代政黨公務員，胸襟特別狹窄。日丹諾夫在1946年說過，政權的政治需要，凌駕於文學和科學的表現之上。

藝術淪爲一種麻木不仁的順從。偉大製片人愛森斯坦的《亞歷山大．涅夫斯基》曾於1938年以後燃起俄國人的愛國精神，後來，他因爲在《恐怖的伊凡》（*Ivan the Terrible*）中明目張膽地描寫暴君的道德頹喪，而惹上麻煩。1930年代晚期時，被說服從美國加州返回俄國的作曲家普羅高菲夫，發現他的作品因政治評論而受阻。很多作家默不作聲。詩人巴斯特納克（Boris Pasternak）靠翻譯維生。至於政治干預科學最著名的例子，是李森科（Trofim Lysenko）在生物學上所發揮的力量。李森科是一位確信後天的特性可以遺傳的農學家，他的信念與史達林認爲改變環境可能可以改變人類的信念相符，李森科在蘇聯生物學上的優勢地位，使蘇聯的遺傳科學足足癱瘓近一個世紀之久。

即便在冷戰以前國際關係就已經出現清楚的雛形，蘇維埃的勞動營裡依然充滿了實際或潛在的異議者。勞動營裡有被釋放的戰俘，其中有些人是從希特勒的勞動營直接被送到史達林的勞動營裡；有史達林在納粹黨挺進之前，即已預防性驅離的民族團體，例如窩瓦河的日耳曼人，以及其他與侵略者勾結的人，例如克里米亞半島的韃靼人；有因爲戰時坦言不諱而遭禁錮的俄國年輕人。在戰前曾經接受過數學家訓練的軍隊統帥索忍尼辛（Aleksandr Solzhenitsyn），在戰爭結束時，因爲曾經在寫給朋友的信裡批評史達林而在

圖17-1　1953年3月6日，史達林的繼任者並列在其靈柩之前：從左到右分別是莫洛托夫、伏羅希洛夫、貝利亞、馬林可夫、布爾加寧、赫魯雪夫、卡崗諾維奇與米高揚。

德國被捕。前往接受十四年牢獄生活的途中，他經過了莫斯科地鐵的一道長電梯，當電梯往上升時，望著那些不認識的陌生人，索忍尼辛下定決心成為一位作家，要告訴他的同胞們有關另一個國度——囚犯的世界——的事，一個即便是在蘇維埃高奏凱歌的時刻，仍舊發展快速的世界。[1]不過，在索忍尼辛的名字傳遍蘇聯所有城市之前，冷戰期間的環境變得更加苛刻了。

冷戰日漸高張的緊張局勢，使蘇維埃政權更加緊張。因為全力重整軍備，所以蘇聯（USSR）工業重建的負擔依然非常沉重。已經不敷使用的資源被投注去進行龐大的軍事研究和製造原子彈（於1949年試射）、熱核（thermonuclear bomb，於1953年試射）、高性能的MIG-15噴射戰鬥機（1949年時服役），以及足以發射世界第一枚太空衛星的史潑尼克號（Sputnik, 1957）強力火箭研發計畫。史達林堅持西方有侵蘇意圖的信念，只是凸顯了他偏執狂般的猜疑、對支配權力的渴望，以及對無限的警方控制力的喜好而已。在史達林執政的最後幾年裡，蘇聯人民是活在預期戰爭發生的陰影與嚴酷的壓制之下。

祕密警察的首領貝利亞（Lavrenti Beria），是史達林遂行所願的得力助手。1953年1月，當九名猶太醫師因為被控謀殺蘇聯軍官而被捕時，似乎可以聞到新的清算即將發生的味道，一場更公開的反猶太主義的清算。但是，在擴大「醫師陰謀」的影響之前，史達林卻於1953年3月5日死於中風。權勢超過歷代沙皇的史達林被葬在克里姆林宮宮牆內的大陵墓裡，躺在列寧身旁；出殯時有數十人踏著沉重的腳步，懷著悲傷的心情陪他走過人生最後的一段路程。

1945 至 1953 年的東歐：成為蘇維埃附庸的繼任國

1945年以後，對易北河東方歐洲人的生活最具影響力的現實是蘇俄的出現。有200個師的蘇聯軍隊占領了東歐，而且人們根本無法動搖蘇聯政權的決心。1919年東歐的和平解決方案，希望能藉助滿足各民族建立屬於自己的獨立國家的心願，來填補因為三個多民族的大帝國——奧匈帝國、鄂圖曼帝國與俄羅斯帝國——的滅亡所出現的空隙。但是，實際上那些繼任國還是深感不滿，他們的人民種族分歧，政治體系與國界充滿紛爭，經濟封閉而且落後。已經復興的德國，在經濟大蕭條時建立了自己的經濟優勢，並在第二次世界大戰時鞏固了所擁有的一切。

大戰使俄國取代了德國在東歐的地位。各個強國多少違反些許和約的規定，在本國軍隊解放的地區，發展建立自己的體系。但是不論西方同盟國有多麼想要取得對東歐事務的發言權，他們並未實際占有這個區域，而且他們也不想要以讓蘇聯在他們已經解放的地區（如義大利或日本）擁有發言權來作為交換條件。西方的同盟國並不準備在軍事上或精神上挑戰蘇維埃世界。1945年時，人們還不清楚為了順應他們的經濟和政治體系，蘇聯所能容許的那些「友善」國家與他們的國界之間的距離。

最後，除了奧地利以外，共產黨政權嚴格控制所有蘇聯軍隊於1944至1945年間曾經入侵的國家：波蘭、捷克斯洛伐克、匈牙利、羅馬尼亞、保加利亞、南斯拉夫[2]、阿爾巴尼亞和東德（1949年以後改名為德意志民主共和國）。這些地區共有9,000萬人口——幾近蘇聯總人口數的一半，完全依附在蘇聯的經濟、政治和軍事體系之下。蘇聯稱那些國家為人民民主國（Peoples' Democracies），但是心懷敵意的西方國家則稱之為附庸國。

民族陣線政權：1945至1947年

起初史達林並沒有建立由共產黨一黨專政的政權，直到1947年末或1948年初，他仍然允許非共產黨員和當地的共產黨員共同執政。其他後希特勒時期（post-Hitlerian）東歐的群眾政黨——社會民主黨與平均地權政黨或農民政黨——在民族陣線裡擁有相當大的行動自由。

沒有人預料到東歐會回復到二次世界大戰之間的情況，很少人期待社會狀況恢復舊觀。繼任國初期的議會體制，幾乎都轉變成各種形式的獨裁政府，議會政治沒能在繼任國中開花結果。由於與納粹黨合作，因此所有的國家與大部分的統治階層都聲名狼藉。東歐依然是古老的農業地區，大多數是就業不足的農村，依然在人們渴望擁有土地的狀況下動盪不安。繼任國內的公司大多是外資企業，而且，因戰火而元氣大傷的大規模商業與工業，較適合國有化，較不適合自由市場經濟。自由市場經濟不曾在這個地區順暢運作，東歐甚至比西歐更樂於拋棄在二次大戰之間已經信譽盡失的自由市場經濟制度。

不過，與1918年到1920年時相較，1945年的東歐並沒有來自基層民衆的革命大浪。除了不在蘇聯掌控之下的南斯拉夫和阿爾巴尼亞之外，俄國的解放人士並沒有藉由宣稱爲革命人民要求主權的自發性組成的蘇維埃或勞工與農民代表會舉行集會。史達林也無意激起這類行動，他感興趣的是掌控俄國的西進政策，而不單只是恢復1917年時的領土，他們以有利於掌控的方式，來疏通當地的騷動。

土地的重新分配，是東歐的民族陣線政權最具革命性的行動。或許可以用羅馬尼亞爲例。屬於農民陣線（Plowman's Front）的平均地權主義領袖格羅查（Petru Groza），在羅馬尼亞投降後不久，就在共產黨的支持下迫使麥克國王（King Michael）任命他擔任首相。根據1945年3月23日通過的法案，國家將徵收所有面積超過50公頃（110英畝）的土地，以及那些面積超過10公頃而且已經休耕七年的土地和通敵者的土地；這項法案通過時，德國還沒有戰敗。將近80萬戶農民分到平均約3英畝的土地。雖然羅馬尼亞在1919年與1920年時所實施的農業改革，牽涉到更多的土地（超過100萬戶農民分配到平均約9英畝的土地），但是在1945年所採行的這個措施，似乎是小農場主的勝利。整個東歐，從波蘭到保加利亞，約有300萬戶農民因爲類似的徵收行動，分配到大約600萬英畝的土地。

以讓人聯想到1917年時列寧的土地策略的方式，民族陣線政權承繼了平均地權論者的政策，並且得到很多農民的支持。但是，對共產黨來說，急劇地完成第一次世界大戰後的土地改革，並非沒有危險性。他們的土地分配政策，在農產量偏低的地區，創造了許多效率不彰的小地主，爲數衆多的小地主會激烈地抗拒任何朝集體化邁進的政策，而且也爲共產黨主要的競爭敵手——平均地權主義政黨——留下發展的肥沃土地。主張平均地權論的政黨，對小地主可以安全地長期擁有土地的承諾，比共產黨更具說服力。

其他東歐民族陣線重要的國內政策是，重要經濟領域的國有化。民族陣線裡的地區共產黨支持社會民主黨盟友的舊方案，因爲在轉而依賴德國之前，東歐主要的工業和礦產必須仰賴法國和英國，此外，東歐境內本地的中產階級規模本來就比較小，所以對東歐的鋼、煤與大銀行和保險公司國有化的反對聲浪不大。

即使是東歐唯一的工業化國家，而且境內也擁有大批本地中產階級的捷克斯洛伐克，在政府要將重要的經濟領域國有化時，也沒有遭遇什麼困難。捷克斯洛伐克有發展完善的工會運動，以及強而有力的馬克思主義政黨。此外，國內很多大工業家是外國人或者是通敵賣國的捷克人，他們在蘇聯軍隊進駐之前早已逃之夭夭。初期以共產主義和社會主義勞工為主的臨時政府，安排政府官員管理上述資產，因此，在捷克斯洛伐克的前慕尼黑統治者於國家被解放之後回國以前，大部分的國有化實際上都已經開始展開。1945年10月的總統政令，將所有與國家利益切身相關的經濟領域（礦業、金屬業、電力業、軍備事業、銀行業與保險公司），以及所有擁有超過120名到500名員工的公司，依據所涉及的企業種類，劃歸國有。正如西歐的情況一樣，在這個階段裡，捷克共產黨的興趣是維持廣結的政治盟友，因此捷克社會民主黨比捷克共產黨更加渴望進行全面性的國有化。民族陣線把四分之三的捷克工業國有化，這些工業所雇用勞工的約占捷克工業勞工的三分之二；[3]不過，規模較小的企業與大部分的商業依然掌握在私人手中。雖然政府承諾要給予補償，但是當1948年共產黨掌權時，卻依然沒有支付補償金。接著，共產黨就將所有員工人數超過50名的公司收歸國有。

民族陣線的農業與工業政策，都建立在地區性的民族主義之上。因為大部分的斯拉夫農民，長久以來始終忍耐日耳曼與馬札兒地主和債權人的無理要求，所以東歐的土地改革特別具有民族主義的色彩。雖然羅馬尼亞的馬札兒人地主降格為小地主，但是東歐最後一批日耳曼大地主，現在都因為他們祖國的敗戰而被掃蕩盡淨。在支持渴望擁有土地者與民族主義者緊密結合的狀況下，共產黨為自己贏得了一些朋友。長年擔任黨書記（1956-1970年）的波蘭共產黨黨員葛慕卡（Wladslav Gomulka），於1945年時讓波蘭人在日耳曼人已經撤離的奧得河與奈塞河東方地區上安頓下來。波蘭與其他各地的共產黨，利用這種方式贏得為「對抗『優秀民族』的斯拉夫人和羅馬尼亞人復仇」的美名。[4]

最後，人民陣線因為戰後高張的反法西斯主義與反德情緒而獲益。在那些於1945年曾將數百萬名日耳曼人趕離家鄉的人，如波蘭人與捷克人；與那些認為納粹的暴虐無道遠勝於蘇維埃政權的統治的人心中，是他們需要俄國人，而不是俄國人需要他們。戰後的清算行動為新的政治精英份子開啓一條大道，尤其是那些先前曾經是獨裁政體與君主政體的國家，如匈牙利、羅馬尼亞和保加利亞。這些國家的領袖與主要的企業家都曾經與納粹黨合作。雖然在解放運動之後，東歐的民族陣線政權所處死的通敵者，未必多於西歐政權，[5]但在蘇聯所占領的東歐，由共產黨黨員遞補領導階級職位空缺的速度，確實比西歐快速。

民族陣線政權是建立在經歷過戰爭與占領時期的漫漫長夜之後，人民要求改變與更新的國內壓力之上。鑑於在兩次大戰之間，繼任國實行民主制度的失敗，所以東歐人對恢復1920年代時的議會政治興趣缺缺，與西歐人興高采烈地恢復自己那完善的自由主義制度的狀況截然不同。

蘇聯的控制程度

事實上，史達林並沒有一視同仁地對待所有的東歐國家。蘇聯的控制大部分是針對與其國界接壤的國家：波蘭、羅馬尼亞與保加利亞。鎖住德國的鑰匙——波蘭，顯然是他們所要控制的第一順位。我們已經看到，早在1943年，史達林就與倫敦的波蘭流亡政府決裂，並且在莫斯科籌組一個共產主義的臨時流亡政府。在雅爾達會議與波茨坦會議裡，西方的同盟國曾經說服史達林，讓兩位倫敦波蘭流亡政府的人士加入新政府，其中包括農民領袖米科拉伊奇克（Mikolajczyk）。當1947年1月波蘭終能舉行選舉之時，大部分的工業都已經國有化，而且反對黨也受到警方與共產黨的爲難。繼共產黨在這些選戰中獲得勝利之後，米科拉伊奇克於1947年10月流亡國外，自此，波蘭政府實質上已經變成蘇聯的附庸政府。1949年到1956年間擔任波蘭軍隊總司令的洛克索夫斯基（Konstantin Rokossovsky）元帥是一位俄國軍官。

蘇聯也下定決心貫徹對羅馬尼亞的控制，因爲羅馬尼亞不但是緊鄰他們國境的重要國家，而且也是1941年以武力侵略烏克蘭的國家。雖然年輕的麥克國王在1944年時，曾經倉卒地改變他的立場（並且因此獲得俄國的勝利勳章），但是他不得不從平均地權論者與共產黨政治聯盟組成的民族民主陣線（National Democratic Front）中選擇戰後的第一任首相。一年半以後，在1946年11月舉行的第一次選舉，反對黨的騷擾（如同在羅馬尼亞，反對黨始終騷擾選情）備受注意。雖然蘇聯奪走了羅馬尼亞的東方與北方領土，但是羅馬尼亞也在蘇聯的指示下從匈牙利手中收復外西凡尼亞，他們一直都需要蘇聯的支持。

保加利亞的情況最簡單。這個國家是由小農場主組成，在語言、宗教與文化上與俄國類似，甚至在沙俄時代，保加利亞就與俄國有很強烈的情感聯結。1945年11月那場相對來說比較自由的選舉中，共產黨與平均地權論者籌組的政治聯盟——祖國陣線（Fatherland Front），以壓倒性的勝利取代了君主政體

（已經是一個順從的軸心國附庸國家）。

在這段「二元」時期裡，蘇聯對比較不具戰略重要性的國家，如捷克斯洛伐克和匈牙利的控制，依然比較鬆散。捷克斯洛伐克是每個東歐通例中的例外。捷克斯洛伐克是位於東歐這個農業海洋裡的一個工業島，是個擁有大量中產階級與工業勞動階級的東歐國家，也是兩次大戰之間具有政治民主經驗的國家；捷克斯洛伐克是唯一甚至在第二次世界大戰以前，就擁有大規模本土共產黨的東歐國家；也是唯一由戰前的領袖再度重掌政權的國家。在這段「二元」時期裡，戰前的民主主義領袖——貝奈斯總統和外交部長馬薩里克（Jan Masaryk）是企圖一面與蘇聯保持密切的外交關係，一面利用國內的政治自由主義來執政的社會民主政體。

早在1943年的12月，貝奈斯總統——當時流亡於倫敦——便曾訪問莫斯科，與史達林締結同盟條約與戰後合作協定。貝奈斯告訴史達林，戰後捷克斯洛伐克政府的重要議題，都將「以蘇聯政府馬首是膽」。[6]貝奈斯那與蘇聯密切合作的深思熟慮但頗具爭議性的選擇，是基於他對戰後德國復興的擔憂——因爲英國與法國在1938年時無法提供捷克斯洛伐克協助，所以他不再對英國與法國懷抱幻想——以及現實地解讀戰後東歐可能出現的權力關係。

雖然後來蘇聯在東歐的勢力之龐大，遠遠過1943年時貝奈斯（或者任何其他人）的想像，但是剛開始時他的盤算似乎是可行的。在蘇聯解放布拉格之後，他們允諾恢復戰前捷克斯洛伐克共和國的所有政黨，並且依然任命貝奈斯擔任總統。爲了酬謝蘇聯將國家東部頂端的領土（他們的羅塞尼亞人說烏克蘭方言）轉讓給捷克斯洛伐克，貝奈斯堅決保證，如果未來德國打算收復幾乎所有的日耳曼人都已經被他驅逐出去的蘇臺德地區，他們將會出兵抵抗。1945年年底，蘇聯的軍隊撤離捷克斯洛伐克。在1946年5月的自由選舉中，建立在牢固的戰前基礎上的共產黨，贏得了38%的選票。在由社會主義者及貝奈斯的自由主義追隨者組成的聯合內閣中，他們的領袖——哥特瓦爾德（Klement Gottwald）是首相的當然人選。貝奈斯的政權是一個嘗試，希望了解相當開放、多元（pluralistic）的政權，是否可能自願與蘇聯合作，成爲蘇聯「友善」但非共產主義的鄰國。

匈牙利是一個境內絕大多數人民都務農的國家，在海軍上將賀西（Horthy）與軸心國合作的政策下，匈牙利的上層階級都深受牽連。當然，1945年11月的自由選舉——在匈牙利充滿動亂的歷史上最自由的一次——中，由農民組成的小地主黨（Smallholders' Party）贏得絕對多數的選票並不足爲奇，而小地主黨的領袖泰爾迪（Zoltán Tildy）成爲新匈牙利共和國的總理。共產黨囊括了17%的選票。當時蘇聯似乎並沒有努力想將匈牙利納入旗下。

那些大部分由當地的共產黨與其他政黨，在蘇聯軍隊的監視下共同執政的東歐二元政權，可以永遠長存嗎？史達林可以容許友善但多元的非共產主義鄰國嗎？在大戰剛結束不久，滿是瓦解與混亂的歲月裡，混合式的政權可以克服那些在兩次大戰之間，他們的前輩除了利用某種形式的獨裁統治以外，否則無法因應的問題嗎？

這些問題很快就變成學術性的問題。從1947年的夏天到1948年年初，史達林把所有蘇聯士兵可達之處，都納入共產黨一黨專制的控制之下。

蘇聯在東歐的鎮壓行動

蘇聯採取鎮壓行動的第一個預兆是全面抨擊整個東歐的共產黨敵手——擁有大批追隨者的改良派農民政黨。1947年7月，羅馬尼亞國家農民黨（National Peasant）與國家自由黨（National Liberal）被解散，而農民黨的領袖梅紐（Iuliu Maniu）則被判終生監禁。就在同一個月裡，保加利亞的改良派農民黨領袖柏科夫（Nikolaj Petkov）被送上審判臺並且處死。在匈牙利那充滿威脅恫嚇的1947年8月的選舉中，小地主黨的多數派得票數下降。1947年10月，波蘭的改良派農民黨領袖米科拉伊奇克逃往國外。1947年9月，在波蘭的祕密會議中，東歐共產黨和蘇聯同意成立一個國際性的指導組織——共產黨情報局，以接續已於1943年爲史達林解散的共產國際。日丹諾夫向會議代表解釋，成立共產黨情報局的目的是爲了迎戰世界分裂爲兩個對立「集團」的新局勢。最後一個步驟是更換政權——羅馬尼亞的麥克國王於1947年12月底正式退位。共產黨於1948年2月取得捷克斯洛伐克的政權。從1947年夏天到1948年初的六個月裡，所有的民族陣線，或者說所有的二元政權，都已經被一黨專政的共產黨政權取代。

雖然事實已經夠明朗化了，但是他們所懷的意圖卻更難解釋。對於那些相信史達林始終意圖染指東歐的人來說，1945年到1947年這段時間只不過是準備期。但是事實似乎是在遭逢兩大壓力時，他才採取鎮壓手段，他需要利用東歐的財富來進行重建工作，以及除非採用直接管理的方式，否則他擔心會失去對東歐的控制。從這個觀點來看，事情的轉捩點是1947年6月宣布的馬歇爾計畫。捷克、波蘭與匈牙利對馬歇爾計畫的興趣，是混合式政權可能會被正在復甦的西歐經濟打動的警訊。

1948年2月接管捷克這件事，很清楚地讓人聯想到，史達林開始擔心自己在戰後東歐的地位下降的問題。1948年初，捷克政府的非共產黨成員提議全體總辭並且舉行新的選舉，但是在這次的新選舉中，共產黨不可能如1946年般再度贏得38%的選票。貝奈斯總統在1948年2月21日接受內閣總辭；共產黨和工會以占領布拉格的政府重要機關，並且阻止重新舉行選舉作爲回應。就某種意義來說，1948年2月布拉格的政變，是先發制人以防止捷克斯洛伐克滑回西方勢力範圍的行動。但是，在那以後，共產黨就強迫貝奈斯組成由哥特瓦爾德領導的共產黨政府。3月10日，外交部長馬薩里克被人發現死在外交部中庭，死因顯然是自殺，[7]而當貝奈斯於9月死亡時，由共產黨一黨專政政權在執政路上就再也沒有任何障礙了。捷克政變的消息舉世震驚，不但讓西方各國相信史達林不會容忍任何讓共產黨無法徹底控制邊境鄰國的阻礙，同時也引起歐洲人對其他地區共產黨可能發動政變的恐懼。

人民民主國

東歐的新共產主義政權稱爲人民民主國（Peoples' Democracies），以便與更「先進」的蘇聯社會主義國家區分。他們的憲法具有議會制度的形式，並且保障一般的自由權。但是實際上，是由共產黨和保安警察掌握大權。在1940年代晚期與1950年代初期，一連串的清算行動，使地區共產黨都納入蘇維埃的直接掌控之下。有些戰前的地區共產黨領袖〔其中最著名的是匈牙利的拉伊克（László Rajk）〕，以及共產黨的猶太黨員，如匈牙利的波克（Anna Pauker）、捷克的斯蘭斯基（Rudolph Slanský），和其他十位捷克斯洛伐克的共產黨猶太領袖，在審訊表演之後都被處死，並且以蘇聯的信仰者代替他們的位置。只有已經自我解放，並與蘇聯國界沒有接壤的南斯拉夫得以倖免於難。儘管史達林想要先控制南斯拉夫再消滅它，但是在1948年以後，南斯拉夫依然得以維持與蘇聯集團分離的國家共產主義政權。

東歐的附庸國必須供應蘇聯重建的經濟需求，因此在1948年以後各國不得不忽視農民的激烈抗議，強制實施小農場集體化。在1948年開始展開的一連串五年計畫下，過剩的勞力轉而投入工廠生產；已經中斷先前與西方的貿易關係。舉例來說，捷克貿易額中蘇聯所占的比例，從1947年的6%，提升爲1950年的27.5%，然後再躍升爲1956年的34.5%。1947年時，東歐的整個市場裡有將近一半是蘇聯的輸出品，並且供應蘇聯三分之一以上的進口。在共產主義集團國家的國家貿易機關之間的商業條約之下，蘇聯以低價買進輸入蘇聯的工業產品，但是人民民主國卻要以高於世界市場的價格買進從蘇聯進口的原料。這些不利的貿易條件，無異是強迫附庸國捐助蘇聯重建的經費，據估計，總數約達200億美元。蘇聯的予取予求延緩了東歐的復原，並使東歐在西歐已經恢復繁榮景象很久之後，依然還是個前景慘淡而且痛苦的地區。

強制集體化

1947年以後，一個接一個的東歐國家，以高壓政治取代勸說的方式，努力把家庭農場轉換爲集體式農場。在與蘇聯最親密的附庸國家保加利亞境內，更加如火如荼地展開集體化的過程。保加利亞在一年內就將37萬個農場集體化。1952年年底，保加利亞國內有52%的耕地已經集體化。雖然波蘭、匈牙利與羅馬尼亞的集體化過程比較緩慢，但是最終的目標是非常清楚的。

雖然激烈的程度不如1929年到1931年間在蘇聯展開的集體化行動，但是土地集體化確實需要動用到武力，而且也會因爲引起人民極度痛苦而遭到反抗。在剛開始的公然反抗之後，農民們採取只熱心照料授權各戶家庭自用的一英畝大小的土地，而忽視集體化農地的傳統策略。如同在蘇聯的情況一樣，在整個戰後時期裡，農產品產量低，造成以農立國的東歐政權的大失敗。舉例來說，據估計在波蘭的集體式農場裡，有超過一半的農產品產量是來自於農民私有的一小片土地。

因爲無法從農業取得多餘的財富，所以必須降低消費量才能幫助工業成長。在1949年以後，所有人民民主國所採用的五年計畫，都將主要的重點放在高成本的商品，導致消費商品生產量不足。如同上文所述，各國與蘇聯之間簽訂了不利於己的貿易條件，致使人民的生活更加捉襟見肘。當然，不論採用哪一種社會制度，以農業占優勢的東歐，在經濟成長上仍然比西歐落後。儘管如此，蘇聯的經濟附庸國，仍然汲汲努力，不但想從無情戰火的破壞中恢復國力，而且還想要勝過西歐，也因此，東歐人民便只能過著難以承受的單調而且辛苦的生活。

蘇聯的權力鬥爭：1953 至 1957 年

1953年史達林的去世，讓蘇聯落入「集體領導」手中。不過，這不是依循憲法原則而產生的結果，而是因爲沒有哪位史達林的同志可以立即控制其他同志所造成。在集體領導的外表下，他們到目前爲止只有靠著篡奪和處死，才能在繼任執掌政權的體系裡爭奪權力。

駐警隊長貝利亞擁戴曾經擔任史達林的私人祕書——出身中產階級的政黨官員馬林可夫（Georgi Malenkov），在貝利亞的支持下擔任總理的馬林可夫設定了一個新的進程。他增加了消費商品的可得性，這是自戰爭以來首次提升消費商品可得性的措施，他也提倡與西方和平共存。但是主張採取強硬路線的人反對共存，他們相信堅強的共產黨黨員在經歷了原子彈交戰後，可以活得比軟弱的資本主義消費者好，並且質疑馬林可夫認爲資本主義可能不會滅亡的推論。

貝利亞是「集體領導」中第一位垮臺的成員。他偏好專制獨斷的警力，於是所有其他的人聯合起來反對他，他們祕密計畫於1953年6月逮捕他，並且盡快將他處死。貝利亞是他自己發起的清算行動中最後一位犧牲者。最後，全力排除同僚，並於1957年以主要領袖的身分出線的是赫魯雪夫（Nikita Khrushchev）。

和大多數承繼史達林的人不同，赫魯雪夫眞正出身於貧戶，純粹是靠自己的性格、智慧與意志力量打出一片天地。由於父親原本是烏克蘭煤礦區頓巴斯（Dobass）的農民，後來轉任礦工，所以年少的赫魯雪夫一直到二十多歲爲止還目不識丁；他的第一任妻子死於1921年時的饑荒。從一個冶金工人，到成爲礦區監督的赫魯雪夫，一直到1938年才在烏克蘭共產黨（Ukrainian Communist Party）裡發跡，當時他44歲，是當地的政黨領袖。在納粹占領與解放運動期間，負責烏克蘭地區事務的赫魯雪夫，比大部分蘇維埃領袖更親近一般士兵和公民；他喜歡與一般人爭辯，並不亞於與政府領袖的辯論。英國的新聞記者克蘭克蕭（Edward Crankshaw）記得他「願意讓自己的靴子沾滿泥漿」，與站在田中央的農民爭論什麼方法最適合栽種馬鈴薯。[8]在聯合國大會發表演說時，他曾經脫下鞋子並且用它敲擊講臺，以強調他的演說內容。

1953年以後，接任史達林的舊職成爲黨書記，赫魯雪夫首度支持保守派人士對抗馬林可夫的增加消費商品及與西方和平共存的提議。當馬林可夫於1955年辭職之後，赫魯雪夫接手利用那位已經被攆走的總理的政策。1956年2月，他採取了令人吃驚的主動出擊，在第二十屆黨代表大會的祕密會議裡，以指責史達林的罪行來對抗主張採取強硬路線的人。

「去史達林化」與「解凍時期」：1956至1964年

1956年，赫魯雪夫在祕密會議裡的反史達林言論，可能是自列寧在1917年4月抵達列寧格勒芬蘭車站時向群眾發表的演說以來，俄國最具影響力的一篇言論。雖然每個人都零零碎碎地知道史達林的清算與放逐行動（赫魯雪夫全程參與）的殘酷，但是他們的徹底掃蕩，加上赫魯雪夫對史達林不利的新指控——在1941年面對德國侵略時的無能，使整個事件更加完整地暴露出來。這篇演講的內容很快就外洩，在整個蘇聯激起不安與懷疑的社會氣氛。在史達林家鄉喬治亞，有些學生在他的支持下舉行示威遊行；有些改革派人士開始振奮精神；大部分的蘇聯公民只是希望擁有比較好的生活。這篇演說震撼蘇聯在東歐的附庸政權與外國共產黨之間的權威。

1956年在匈牙利反叛之後，[9]赫魯雪夫的同僚試圖拉他下臺。他們在統治機關——黨中央委員會的主席團（史達林時代的政治局）——掌握了多數派。赫魯雪夫越級主席團的領袖，直接訴諸與他交好黨派的各省領袖所組成的中央委員會全體會員，在1957年6月贏得多數派選票。此外，他還將他稱爲「反黨派」的人，[10]下放到鄉間擔任無足輕重的職務。這些人沒有被處決，代表著一種進步。赫魯雪夫現在登上了蘇聯統治者的寶座。1958年8月，他將黨書記的職務與總理（內閣主席）的權勢都掌握在自己手中。

既然赫魯雪夫也曾經忠實地執行史達林在烏克蘭的清算行動，爲何他還可以利用告發史達林來動搖整個蘇聯呢？他承認自己受到史達林的影響；他曾經爲史達林的辭世痛哭流涕。[11]他輕易地將所有的暴行歸咎於聲名狼藉的貝利亞。促成這篇演說的可能動機之一，是爲了標示一個新的開始。大部分的學者認爲，赫魯雪夫試圖藉由指責史達林對他們的禍害，來敗壞那些保守派同僚的名聲，並藉此鞏固他的勢力。赫魯雪夫確實沒有民主的觀念，他的目標只是利用淨化因史達林主義而偏軌的列寧主義來「建立社會主義」。但是他似乎眞誠地相信，爲了蘇聯的經濟表現和國際聲望，較不專制的統治是必須的。

自史達林登基掌權以來，蘇聯社會的巨大轉變，意味著獨裁者的幻想已不再是控制蘇聯社會的最佳辦法。1920年時蘇聯只有20%的都市人，但是在1950年代晚期時，有一半的蘇聯公民居住在都市裡；曾經大多是文盲農民的蘇聯公民，現在卻包含了大量受過教育的工程師、科學家與技師的精英份子，他們雖然忠於政府，但卻要求更多的專業領域與個人滿足。爲了讓新蘇聯這個超大強國能夠順利運作，史達林的繼任者必須讓那些黨、政、軍的新精英份子自願合作。相較於農民和冶金工人，政府更難用恫嚇的方式來激發核能科學家和導彈技師的創造力。基於信念、投機主義與周遭情勢的考量，赫魯雪夫選擇「解凍」人們在蘇聯國內的生活。

這位新的蘇聯統治者把史達林從列寧的陵墓遷葬到克里姆林宮宮牆，並且除去街道、機關與都市裡史達林的名字及塑像，強調他與史達林主義斷絕關係。史達林格勒重新改名爲伏戈格勒（Volgograd）。在去史達林化（de-stalinization）的行動中，最受歡迎的措施是赫魯雪夫能夠容忍知識份子擁有有限的自由。不過，由於蘇維埃領袖們不習慣被批評，而且依然不確定如何界定可容許的界線，所以「解凍」並不平均。一方面，這位新任的第一書記了解已經不可能回到高壓統治的時代；另一方面，這位自修自學的農民領袖不相信知識份子，擔憂他們的爭論所帶來的影響，並且認爲他們的藝術實驗只適合「用來蓋尿壺」，[12]不過他選擇直接並親自應付那些知識份子，而不是讓警察去敲知識份子的家門。

新自由的另一個象徵是道丁塞夫（Vladimir Dudintsev）《不要單獨靠近麵包》（*Not by Bread Alone*, 1957）的出版。這是一本相當沉悶的道德故事書，描述一位理想主義發明家在官僚手中遭受到的挫敗。道丁塞夫的書引起了廣大的回響，但並不是因爲書中呈現的任何文學特性，而是因爲它是如此坦率地提及進步是奠基於自由的個人而非政黨的看法。更具歷史價値的是索忍尼辛的《集中營一日記》（*One Day in the Life of Ivan Denisovich*, 1962），這是第一部公開描述史達林戰俘營的文學作品。只是稍稍打開瓶蓋，便讓赫魯雪夫因爲這本書所引起的知識份子騷動而驚駭喪膽，並且企圖再次關上瓶蓋。把1917年的革命描寫成俄國災難的巴斯特納克的小說《齊瓦哥醫生》（*Dr. Zhivago*, 1957），只能在國外出版，而且巴斯特納克也收到警告，如果他親自到斯德哥爾摩領取諾貝爾獎，那他就不能再回到蘇聯。

因爲不願意或者無法單靠武力來管理國內的精英份子，赫魯雪夫有時必須親自去勸服那些知識份子。他所使用的手段之一是，承諾讓人民的生活比較不那麼陰鬱沉悶。1957年時，他以據稱是比較彈性的地區計畫辦事處，來取代中央集權的計畫經濟制度，希望能以此度過管理瓶頸（但不久又再度恢復中央管理的方式）。1961年7月的新政綱試圖突破承諾，讓鋼鐵業、農產品與其他基本日用品各層面超越美國，並於1980年時完成蘇聯的「共產主義變革」。這位蘇聯領袖向他的公民保證，他們可以盼望在1980年時擁有自己的公寓，「甚至新婚夫婦也能擁有自己的家」。

農業是赫魯雪夫的專長（在史達林去世前不久，他曾經負責管理蘇維埃的農業），他一直在爲集體式農場的產量問題找尋補救之道。由於清楚了解蘇維埃的農業始終不曾恢復1928年時未進行農場集體化之前的水準，[13]因此他在一個接一個的大型農場補救方案上投注龐大的資金，其中一個方案是大量採用美國的混種玉米作爲動物飼料；他依據處女地計畫（Virgin Lands Project），讓士兵和學生去開墾9,000萬英畝的中亞大草原，以便耕種小麥。

另一個管理蘇維埃精英份子的方法是利用國際聲望的影響力。在史達林去世後不久，蘇維埃的領袖們就曾經試圖與南斯拉夫重修舊好，而且也在1955年於日內瓦召開的冷戰時期第一次高峰會中，與艾森豪總統會面。但是一旦權力穩固之後，赫魯雪夫就語帶威脅地猛烈抨擊西方世界。在1958年到1961年間，柏林是蘇維埃在歐洲的施壓焦點。藉由反覆騷擾西方與柏林之間的交通，並且威脅要將蘇維埃在柏林的占領權單方面轉讓給東德，赫魯雪夫試圖強迫西方的占領勢力撤出柏林市。當這項嘗試失敗之後，赫魯雪夫於1961年8月下令建造柏林圍牆（Berlin Wall）。赫魯雪夫是繼1927年史達林在中國找尋第三世界的民族主義領袖失敗以來，第一位與敘利亞、印度及非洲的幾內亞建立親密關係的蘇維埃領袖。1962年，他開始在古巴建造導彈發射基地。[14]他那大膽進取的外交政策與農業實驗，都是基於他在1956年11月對西方所提出的警告：「我們將會埋葬你們」的絕對信念。

東歐：解凍時期與叛亂：1953 至 1956 年

農場、工廠與企業的集體化、低薪資、消費商品的匱乏與品質低劣、一黨專制的統治，以及知識份子的審查制度，讓在蘇維埃統治下的東歐人生活在嚴峻單調的環境裡。由於沒有可以與之匹敵的政黨，而且剝奪任何少數民族和其他人的發言權，致使共產主義附庸國的政府淪爲莫斯科的應聲蟲。1953年史達林的離世以及繼任者的實驗，在東歐引起了爆炸性的反應。

史達林去世以後，人民民主國內很快就爆發首次嚴重的動亂。不斷努力壓榨東歐勞工，要求要有更高的生產力，激起人民對政府的經濟制度與民族主義的憤怒。在勞工的士氣與生產力極低的捷克斯洛伐克，政府在1953年5月將人民的存款充公，企圖強迫人民更加努力工作，結果造成勞工拿著貝奈斯和馬薩里克的照片，在皮耳森（Pilsen）舉行大規模的示威遊行。最嚴重的騷亂發生在東柏林。1953年6月16日，政府宣布建築業勞工的新規範，導致從6月17日開始的罷工演變成一次眞正的叛亂行動，最後是以25條人命以及後來大約有600人被處死的代價，平息了這次的叛亂。

因爲上述事件的警訊，也爲了附和蘇聯境內由史達林的繼任者馬林可夫所宣布的提高消費商品的承諾，大部分的人民民主國宣布朝放鬆壓制邁進的新方針。匈牙利總理那基（Imre Nagy, 1953-1955）所採行的策略，是蘇維埃集團中最寬鬆，也是最能適應國家情況的社會主義政策。那基宣布停止土地集體化的措施，並且解散某些集體式農場，因此，在1953年年底時，匈牙利境內仍約有70%的農地掌握在私人手中。此外，那基也在消費商品上投注比較多的資源。他放寬警察的控制力，使布達佩斯成爲東歐衆首都中言論最自由的地方。那基主張匈牙利必須找到屬於自己的社會主義道路，「按照我們的布料剪裁我們的大衣」。但是當那基的偶像馬林可夫在蘇聯垮臺以後，由匈牙利黨書記拉柯西（Mátyás Rákosi）領軍的敵對勢力，就把那基趕離總理的職位。

赫魯雪夫在1956年發表的去史達林演說，在東歐激起的反應甚至更具威脅性。波蘭和匈牙利的共產黨知識份子帶頭探索在社會主義的體制內，可以讓他們的政權更加開放，以及更加具民族性的方法。在波蘭，曾經支持史達林主義的詩人瓦茲克（Wazyk）組織了扭曲循環俱樂部（Crooked Circle Club），這個俱樂部很快就開始散布一種自由主義、民族主義的信息。他在1956年8月發表的〈成人之詩〉（Poem for Adults）要求：

> 清楚的實情，
> 自由主義的麵包，
> 與華麗的理由。[15]

1956年7月，勞工們在波蘭的波茲南舉行一場示威遊行，他們高舉寫著「麵包與自由」的旗幟，波蘭政府無法依賴警察和軍隊的武力來鎮壓這場示威行動。蘇維埃政權同意召回葛慕卡。葛慕卡自1947年以來就因爲提倡波蘭走自己的社會主義道路，而不再受寵。在很多波蘭人稱之爲「十月之春」（spring in October）的時期裡，葛慕卡中止了土地集體化措施，建立比較溫和地朝教會靠攏的方針（波蘭是東歐最多天主教徒的國家），並且樹立自己是責無旁貸的保證人的形象。一直到1970年爲止，葛慕卡政權都以自己的方式——農民與天主教徒的方式——忠於俄國盟友與社會主義。

波蘭和平地走過去史達林化的路程；但是匈牙利的去史達林化卻造成暴動，並且引發嚴厲的鎮壓行動。布達佩斯共產黨的知識份子組成斐多斐俱樂部（Petöfi Circle）來傳播他們的信息，斐多斐俱樂部是以1848年革命時的一位詩人的名字來命名。爲了爭取更好的生活條件，布達佩斯的煉鋼工人率先發起示威運動。當政府當局贊同波蘭的葛慕卡新計畫，而於1956年10月23日表態禁止示威遊行時，有20萬名抗議人士，其中大部分是學生，齊聚布達佩斯吟頌斐多斐的詩句，「我們永遠不再是奴隸」。這天夜裡，他們召回那基重掌總理職位。

圖17-2　1956年，布達佩斯的群衆傾覆史達林的大銅像。

原本或許可以讓事態朝與波蘭的妥協方案類似的方向發展，但是槍支已經走火，而且示威行動也已經失控。人們扯下布達佩斯的蘇聯國旗，推倒史達林的塑像，叛亂行動延燒到鄉村的集體農場，而革命家與勞工代表會則取得某些地區的控制權。10月29日，匈牙利政府宣布蘇聯軍隊正在撤軍。1956年10月30日，那基宣布恢復多政黨體制，由共產黨、社會民主黨與小地主黨組成的聯合政府，「就和1945年一樣」，隔天，他宣布匈牙利退出華沙公約保持中立。但是，蘇維埃領袖不願意接受失去匈牙利的事實，試圖將國際焦點轉移到蘇伊士危機（Suez crisis）以掩蓋這項事實，他們的撤軍只是爲了準備再度以軍事武力征服匈牙利。從11月4日開始，一支配備2,500輛坦克車的蘇聯軍隊橫掃匈牙利境內，砲轟布達佩斯市內數千棟建築物，至少殺害4,000名匈牙利人。[16]據估計約有20萬名（占總人口數2%）的難民逃到西歐。在科達爾（János Kádár）的領導下，受到重創的匈牙利再度回到共產黨的穩固統治之中。隨後他們處死那基和其他匈牙利「新進程」的領袖們。

匈牙利在1956年11月所遭遇的苦難，清楚地揭露出，蘇聯雖然允許她的附庸國家略微偏軌，例如波蘭，但是必須保留由蘇聯來控制社會主義集團的本質。匈牙利的經驗也顯示，人們指望美國能夠干預鐵幕之後所發生的事件這個希望全然落空。不論人民民主國內發生何種變革，都是得自內部的發展演變的結果。

赫魯雪夫的垮臺：1964 年

直到戈巴契夫（Gorbachev）上臺爲止，赫魯雪夫都是最引人注目的史達林繼任者，但是他那震懾世界的冒險精神、喜愛打聽別人隱私，以及自然發散的親切感，也讓他走上失敗的不歸途。

他無法兌現的承諾不勝枚舉。冷戰和昂貴的太空與軍備計畫，延緩了大量挹注消費商品的計畫。雖然在1961年4月時，藉由把第一位太空人——蓋加林（Yuri Gagarin）送入太空環繞地球，而維持蘇聯在太空界穩坐第一把交椅的地位，[17]但是赫魯雪夫卻反對爲蘇聯公民大量生產私人汽車——「那些裝上輪子的扶手椅」——套用他的說法。不過他大部分的農業計畫結果都事與願違。他的處女地計畫，將中亞那片廣闊的土地變成黃塵滾滾的盆地，到目前爲止，北部所種植的美國種玉米還無法收成。1963年的收成不佳，讓事實變得更清楚，儘管他對農場經營極富熱情，而且也投入大量資金，但是依然無法恢復1914年以前俄國的農業盈餘。

身爲世界革命最後一位浪漫的「虔誠信徒」，[18]赫魯雪夫採取冒險的外交行動，讓自己置身於極危險的境地，並讓比較務實的同僚失去對他的信賴。使他深陷困境的是在1962年時放棄古巴之舉，以及與德國和中國的關係逐漸惡化。此外，去史達林化與勉強容忍藝術表現的行動，依然無法滿足知識份子，赫魯雪夫的權威開始動搖。

赫魯雪夫於1957年時用來鞏固權力的極端手法，讓他有讓人責難的弱點。史達林的暴政不可能再現。我們已經了解赫魯雪夫如何應付1957年6月「反政黨團體」所提出的挑戰——他動員了中央委員會裡外省的共產黨領袖們，來對抗主席團內部的小團體。而勝利之後，他只是削弱敵手的勢力，並不將之殺害。

因此，即使不是民主政體，也因爲他所建立的是一種共同權力的形式，所以允許克里姆林宮裡出現政治活動。和史達林不曾獨自統治整個國家一樣，史達林的繼任者甚至需要更努力地平息或控制來自各種意識形態陣營，及各機關利害關係的聲浪，其範圍從軍隊與安全委員會（KGB）到集體農場的農場幹事。西方後史達林時代的「克里姆林宮事務專家」嘗試用在檢閱通過列寧博物館的閱兵大典時，衆位蘇聯領袖的站立順序，來預言克里姆林宮內的敵手與可能的繼承者。

1964年，赫魯雪夫的很多偉大計畫都面臨失敗，再加上他喜好與人對質的行事風格，使主張採取強硬路線的人與技術專員共同組成了一個政治聯盟，對抗他的「唯意志論」與他那些「如野兔腦袋般的詭計」。新成立的政治聯盟掌握了主席團的多數派，在1964年10月時悄悄地奪去了他的權力。後來他竟然在俄國的鄉村享受退休生活，接見訪客，並且撰寫回憶錄。他的回憶錄最後在西方出版，內容描述自己讓蘇維埃的政治體系漂離專制暴力的功績。然而，即使新的蘇維埃統治者的選擇方式已經較少涉及謀殺，蘇聯共產黨的承續問題仍然極其複雜且難以預料。在沒有任何書面規定的情況下，掌權者必須擁有雄厚的實力，才能壓倒由高階黨員與警官所組成的權勢集團——黨派幹部[19]——他們不曾了解任何政治現實，只知道管理一黨專政的獨裁政府。在這種束縛之下，赫魯雪夫的繼任者實在無法發揮創造力來處理蘇聯的問題。

第十八章

冷戰中的歐洲：處於超級強國之間，1947至1961年

1947年與1948年時，美蘇已然完全放下了假裝維持戰時盟友關係的嘗試。共產主義國家與資本主義國家之間的嚴重對立，形成了一種新的衝突型態：冷戰。雙方所擁有的核子武器都足以徹底擊潰對方，[1]使人無法想像戰爭一旦爆發的結果；此外，雙方對自己所持的意識形態的堅持，也使和平無望。在畏懼彼此核武力量的保護傘下，雙方用盡一切手段相互較勁，甚至幾乎造成毀滅彼此的戰爭。

儘管兩國之間並沒有進行實際的軍隊戰鬥，然而冷戰衝突所帶來的痛苦並不亞於熱戰，它的戰場幾乎涵蓋全世界，甚至超過第二次世界大戰。冷戰的技術包括經濟滲透、理性勸說與破壞宣傳等，如同以政治或軍事等傳統方式一樣，充分發揮作戰的影響力。雙方都向對方的盟國提供經濟與軍事支援。蘇聯支持西方世界的民族分裂主義活動與殖民地的獨立運動；美國則鼓勵鐵幕內的異議份子，並支持世界各地的反共政權。雙方並激烈爭奪亞洲與非洲地區新成立國家的控制權。其結果是造成這些國家內部發生連續不斷的政變、游擊衝突與內戰。這些活動或多或少都受到美國或蘇聯的公開支持。這一切都孕育著一個可能性，那就是兩國可能發生直接的衝突，而毫無疑問的，一旦衝突發生，便是核戰的爆發。

蕈狀雲下的歐洲

當兩大強國重複循環彼此的競爭時，歐洲人只能無力地忍辱旁觀。拱手讓出幾世紀以來對世界的統治霸權之後，歐洲人發現他們的命運現在掌握在「暴發戶國家」手中。戰後15年左右，兩個遠方國家之間的戰爭可能影響自己國家存亡的陰影，深深困擾著每個歐洲人。如同瑞士劇作家佛雷斯克（Max Frisch）所撰《中國牆》（*The Chinese Wall*, 1946）中某個角色的臺詞：

> 只要群王念頭一閃，一個緊張的神經崩潰、一個神經質的碰觸、一個因為他們的瘋狂而燃起的攻擊，或因消化不良而引起的情緒煩躁——一切便可能發生了！一切！一朵黃色或褐色如蘑菇般，或像一朵骯髒花椰菜的煙雲將滾滾翻燒天際——接下來一切將歸於死寂，一種具有放射性的寂靜。[2]

在1950年代，歐洲人要達成扭轉命運、重新奪回一切控制權的希望極微。東歐人似乎被迫處於蘇聯永無止境的控制之下。而西歐對美國的依賴雖不直接卻更爲可畏，因爲，除非美國施加干預，否則只要蘇聯出兵200個師，便能輕取西歐。不過，美國的干預又含有「巨大報復」的意味。美國國務卿杜勒斯（John Foster Dulles, 1952-1959）便以保護歐洲免受蘇聯侵犯爲由，堂而皇之地消滅歐洲的核子武器。[3]對此，湯恩比將之稱爲「無抗議的消滅行動」，這讓歐洲人感受到威脅，多數歐洲人對這種狀況的反應是無限荒誕或深切的悲觀感受。

歐威爾在英國戰後惡劣的生活環境下染上結核病，意志沮喪消沉。1947年12月，他在寫給友人的書信中表達了內心的疑惑——到底値不値得對當前的危機感到憂心？

這場愚蠢的戰爭相信會在十幾二十年後爆發，而不論發生任何事，這國家都將自地圖上消失。唯一的希望就是到一個被認為沒有投擲炸彈價值的地方，去建立一個家，養一些家畜。

一年之後，他又寫說希望他的幼子能成爲一個農場主人。「想當然耳，在原子彈爆炸之後，那應該是唯一倖存的工作。」[4]弗蘭納（Janet Flanner）也在1946年10月自巴黎寫說：「歐洲已被縮小了，蘇聯與美國的勢力不斷擴大，歐洲正緩緩進入一個新的冰河時期。」[5]

當美英法三國在1949年5月結束對柏林的封鎖之後，柏林仍處於被三國控制的局面。冷戰戰線曾被定著於歐洲約有一世代的時間。蘇聯想自西歐謀取更多利益的想法（假設蘇聯眞的想要更多柏林之外的領土），唯有冒著美國施以猛烈報復的危險發動軍事攻擊方可實現。然而，如同面對東柏林、波蘭、匈牙利所發生的叛亂事件時，所採取的壓抑克制態度一樣，美國並不想擾亂東歐的現況。由於美蘇雙方深知任何改變歐洲局勢的行動都得付出相當的代價，因此歐洲乃維持在一種不穩定的安定狀態之中。

1949年之後，冷戰的熱門戰場轉向亞洲。在韓戰（1950至1953年）中，美軍與共產黨中國軍隊以傳統武器進行戰爭。不過，雙方都不敢擴大戰場的範圍。雖然距離遙遠，韓戰仍然對歐洲造成深刻的影響。除了有一小支歐洲軍隊加入聯合國部隊支援韓國戰場以外，韓戰同時也刺激了歐洲經濟的成長；此外，讓德國也因此能在新的西方反共聯盟監督之下重整軍備。不過，這並不能減輕歐洲人擔心戰爭會再度席捲歐洲大陸的恐懼。

西歐：國內外的冷戰政治

共產黨的孤立

1945年之後的冷戰，摧毀了統治自由歐洲的反法西斯聯盟。在歐洲大陸上，由共產黨、社會黨與反法西斯主義的天主教徒所組成的反法西斯聯盟，曾是1945年之後掌管歐洲政權的基礎黨團，不過它卻在共產黨員與反共產黨者的鬥爭中未能倖存。1947年春天，西歐各地的共產黨團都改投反對陣營，自此，西歐國家便由中間派或保守派政權把持。

比利時率先走向這種趨勢。1947年3月時，天主教徒與共產黨員已無法聯合統管國事。當時，反共社會主義者斯巴克（Paul-Henri Spaak）在比利時建立了第一個社會黨與天主教徒的聯合內閣，將共產黨排除在外。自此，斯巴克掌控了比利時的政治與下個新世代的歐洲統一運動。

法國共產黨於1947年5月5日自法國政府中分離出來，顯示了國內外的緊張局勢如何迫使共產黨陷入孤立的狀態，共產黨員越來越難取得參與重建工作的機會。「團結、工作、奮鬥！」曾是法國共產黨在戰後重建期間的口號。然而，在選擇合法加入非革命的政府組織之後，法國共產黨被迫應允分擔政府嚴酷的重建政策，這些政策包括限制工資、通貨膨脹、拒絕罷工、重勞動等。1947年春天，巴黎國營雷諾汽車工廠的罷工行動，讓法國共產黨領袖意識到，他們的左派立場岌岌可危，如今是他們回歸純粹反對路線的時刻了。

法國共產黨領袖可以預期，假使他們更深入參與政府運作，必然得不償失。支持政府採行的嚴厲經濟政策，使工人對他們的支持度日漸降低。而雖然共產黨在1949年時，仍是法國最大黨，其他兩個解放黨——社會黨與左派天主教徒（MRP）——已經聯合起來要抵制共產黨，取得總理或任何與軍事、警務相關部會首長之職。

外國的壓力也有其影響力。戰後最初幾年，法國政府仰賴蘇聯的支持進行對德制裁政策，保持德國的分裂狀態與非工業化社會。1947年春天，法國從英美占領區取得煤炭，並取得對德國薩爾區的控制權與蘇聯分享，用以作爲對蘇聯的回報，彌補蘇聯被排擠於西方占領區之外的損失。在重建最初幾年的艱苦歲月中，法國確實需要美國的經濟支援，而美國也不諱言他們對共產黨勢力會在法國擴大的憂慮。1947年春天，莫內與戰前的法國人民陣線領袖布盧姆（剛自德國戰俘集中營返國）同赴華盛頓，爲法國重建請求支援。他們爭取到免除償還積欠美國的戰爭債款（避免1920年代戰爭債務問題的重演）；亦獲得美方提供戰爭剩餘物資的承諾，並借得56億美元的重建資金。雖然布盧姆與莫內聲明他們並未接受任何政治條件，不過，對法國政治領袖而言，那其實是不言而喻的：「美國不會借錢給一個社會共產主義政權。」[6]

1947年5月5日，法國共產黨官員們想藉由投票贊成政府所反對的增加薪資一案，與政府進行角力抗衡。社會黨員的總理拉瑪迪埃（Premier Paul Ramadier），便趁此要求共產黨官員辭職離開。

幾乎在同時，類似的壓力也讓義大利共產黨發生分裂。不過，以南尼（Pietro Nenni）爲首的義大利社會黨員，不願與共產黨關係破裂的決心比法國堅定。然而接下來一連串社會主義黨派的分裂，導致加斯佩里所帶領的基督教民主黨取得政權，他們排除共產黨，接受美國的經濟支援。加斯佩里曾於1947年1月訪美，並受到必須將共產黨自聯盟內閣中排除的強大壓力；1947年5月，他成功地結合基督教民主黨、反共社會黨與中間派，組成了一個政治聯盟。1948年4月，義大利舉行戰後第一次立法選舉，在得到美國、教會與其他認爲他是除共產黨之外義大利的唯一選擇這些選民的支持下，加斯佩里在選戰中贏得壓倒性的勝利。

這些分裂的狀況，強烈影響了法國與義大利的馬克思主義工會，導致他們在1947年底分裂爲共產黨派與反共產黨派。運用美國勞工運動的祕密資金成立的法國非共產黨工會（Forve ouvière），吸收了法國工會聯盟15%的成員；共黨領導的法國總工會（Confédération générale du travail, CGT）吸收了法國工會聯盟40%的成員；天主教聯盟吸收了法國工會聯盟20%的成員。1950年代，美國拒絕與義大利企業簽訂任何產銷合約，因爲當時大多數的義大利工人都支持共產黨所領導的工會（Confederazione Generale Italiana del Lavoro, CGIL）。從他們的角度來看，1947年底與1948年法義所發生的違法罷工行動證明，共黨聯盟已經不命令工人支援重建工作了。

在英國，冷戰所引起的分裂也自然地以一種不同的形式發生。英國境內的共產主義一直處於邊緣地位，而戰爭也並未造成國土被占領、聯盟、解放等狀況，即便如此，工黨仍然因冷戰期間的國家防禦政策分歧而發生了內部的分裂。由工黨代表大會（Trades Union Congress）支持的工黨政府中的多數黨，希望英國能繼續在國際舞臺上發揮軍事影響力。韓戰爆發之後，英國組成了一小支武力參與其中；而首相艾德里也提出一個耗資50億英鎊的三年備戰計畫。1951年4月，衛生部長貝文（Aneurin Bevan）與他的一些追隨者——包括威爾森（Harold Wilson）——都辭去政府職務，指責英國正被拖在「美國外交車輪的後方」，要被捲入「美國的競爭性資本主義的無政府狀態」，而這種軍備競賽會降低英國人民的生活水準。[7]黨團分裂的結果，讓工黨政府在1951年10月大選中敗選，英國轉由保守黨執政。

歐洲左派的分裂

不論是在英國或歐洲大陸，局勢發展的結果都是造成歐洲左派的分裂。西歐共產黨再度回復到1930年代早期受到敵視與孤立的狀態。除了少數追隨共產黨的知識份子，或如南尼與其擁護者般的社會主義者之外，西歐的非共產黨派都刻意與共產黨保持距離。法國內政部長默克（Jules Moch）是一個社會主義者，曾於1947年到1948年間鎮壓了法國的罷工行動。法國社會黨的資深領袖布盧姆，將法國共產黨稱爲「外國的民族主義政黨」，他的繼任者莫利特（Guy Mollet）聲稱法國共產黨並非左派政黨，而是東方政黨。1954年莫利特贊成德國建軍時辯稱：

> 我們必須答應他們，不只因為自從戰爭之後蘇聯已經擁有數百萬的軍隊，也因為近十年中，俄國剝奪了許多人民的自由權，更因為今日所有的問題都肇因於俄國的擴張主義。[8]

在法國與義大利，共產黨依舊能強烈控制許多勞工們的情感，讓他們確信，在資本主義體系下，勞工永遠是被放逐者。因此，共產黨在選戰中的得票率從未低於20%；同時，法國與義大利的社會主義黨派又開始增加低層公職人員與教師的限制，在這樣的分裂下，左派根本沒有機會勝選。與法義兩國內的訴求誇張的馬克思主義社會黨員相較，西德社會民主黨則爲贏得多數選票而在迎合多數選民的需求上努力，一點一點地爭取勞工們的認同。1959年時，曾是世界上最具影響力的馬克思主義政黨——民主社會黨，在巴特戈德斯貝格（Bad Godesberg）舉行年度黨代表大會，會中聲明放棄馬克思教條。不過，復興與繁榮蓋過了這項聲明的魅力。不論是偏離或守正，西歐左派在冷戰期間都普遍地失去權勢。

冷戰的分裂也使西歐知識份子陷入痛苦的兩難困境。這些西歐知識份子曾經參與人民陣線、西班牙內戰，也曾聯合成爲左派代表發揮其影響力。1950年代，有關對蘇聯態度的爭論，在巴黎引起各界的熱烈討論。在巴黎，知識份子們深受反希特勒運動與馬克思主義影響，吸引了許多公衆的注意力。1950年時，從希特勒集中營倖存的某位人士出版了一本攻擊史達林集中營[9]的書之後，這個議題也被加入討論之列。史達林是否是一個會讓歐洲知識份子聯合起來反抗的新暴君？小說家卡謬（Albert Camus）在經過一番深刻的靈性探索後，決定將最後的忠誠獻給西方，因為蘇聯並不允許個人自由。

存在主義哲學家沙特則是另一邊陣營的重要發言人。一旦認定當時蘇聯確實存在許多蔽害，沙特便無法與美國同站一邊。沙特對歐洲的中產階級懷抱過多的敵意，也太受到自己的存在主義的影響，因此無法以最終目標來做出抉擇。除了短暫的禍害之外，蘇聯許諾沙特的是一個美好的未來。沙特並未加入共產黨，在支持共產黨理想的同時，他亦保持著個人的自由。托洛斯基將這些外圍的知識份子稱為「旅伴」（fellow travelers），而這個用詞現在已經演變成特指沙特或志趣相同的人的代稱。

冷戰使某些知識份子放棄1930年代和1940年代的所有政治理念。定居法國愛爾蘭劇作家貝克特（Smauel Beekett）所寫的《等待果陀》（*Waiting for Godot*, 1952）引起極大的迴響。劇中描寫兩個流浪漢以滑稽與頑固的態度，面對空蕩的宇宙。對貝克特這種悲觀的人文主義者而言，冷戰世界完全是荒謬無稽的，人們充其量只能偶爾從其中學會一些堅忍不拔的精神而已。

中間派與保守派政府

1950年代，西歐政府大多由中間派或保守派政黨把持。在義大利執政的是加斯佩里與其基督教民主黨的追隨者；在德國則為阿登納；在英國是邱吉爾、艾登（Anthony Eden）與麥克米倫（Harold Macmillan）；在法國，當第四共和於1950年代末期垮臺之後，戴高樂重掌政權，強化了總統的職權。

戰後，基督教民主黨掌握了義大利的政權。由於基督教民主黨在1948年後，便無法在選戰中贏得多數席次，因此義大利政府便持續由各個壽命短暫的聯合政府輪流執政。1954年加斯佩里去世後的多年間，義大利是由五個政府相繼上臺執政，延續中間偏右的基督教民主黨與自由黨聯盟的政治策略，拒絕南尼等左派社會黨員提出的「向左開放」的策略。在匈牙利於1956年反叛共產黨之後，南尼也與共產黨疏離。基本上來說，義大利人較關心的是經濟成長，以及他們與南斯拉夫、奧地利的邊界爭議問題，至於其他的事務則態度冷淡。基督教民主黨由於在選舉中得到教會的支持而得以鞏固地位。1959年，義大利成為歐洲國家中，第一個允許美國在其境內設置中程彈道導彈（IRBMs）基地的國家。

在1950年代，德國的阿登納雖然年事已高，卻越發強韌有力。以他為首的基督教民主黨在每次選戰中得票率都節節上升，最後終能在1957年9月贏得壓倒性的得票率。西德在自由企業經濟制度下所達到的經濟繁榮，極為引人注目，全國因此瀰漫著一種自我滿足的氣氛。冷戰壓力致使德國比預期更早回到國際舞臺。韓戰爆發之後，西方盟國允許德國加入北大西洋公約組織；並於1959年允許德國重整軍備。

歐洲其他原本備受輕視的國家——如西班牙與葡萄牙，也在1950年代搖身變為西方反共產聯盟中受人尊敬的一員。戰爭末期，美國、英國與法國曾經公開要求佛朗哥下臺。1953年時，為了能在西班牙領土上建立軍事基地，美國擴大了對西班牙的經濟支援，以作為交換條件。雖然無法加入北大西洋公約組織，但西班牙在1955年被允許加入聯合國。在佛朗哥的帶領下，法西斯政黨長槍黨從未壯大，西班牙政權在一群由務實的技師、君主主義者與天主教商人（多為主業會成員）——以領導經濟迅速成長為職志者的統治下，長槍黨的地位幾乎不復存在。

葡萄牙的薩拉查所受到的待遇較佛朗哥為佳，這是由於薩拉查本人並未參與1926年反葡萄牙共和國的軍事政變；並且第二次世界大戰時，他還曾提供亞速爾群島（Azores）作為盟軍的軍事基地。雖然1945年5月傳出希特勒的死訊之後，葡萄牙曾於里斯本降半旗表示哀悼，不過它卻是1949年北大西洋公約組織的發起會員國之一。葡萄牙於1950年代放棄了經濟穩定政策，向美國貸款著手發展經濟，這種舉措預示了葡萄牙靜止不動的階級統治制度的結束。雖然薩拉查於1968年（時年79歲）便因故而致傷殘，然而他的獨裁政權仍在單一候選人選舉（single-candidate elections）與嚴格控管媒體的狀況下屹立不搖，直到1974年為止。

自1951年10月勝選之後，英國保守黨便持續執政到1964年柴契爾夫人（Margaret Thatcher）下臺為止。[10]這是英國史上保守黨執政最久的一段期間。可以確定的是，它並不是個極端保守的政黨。英國保守黨在邱吉爾與他的後繼者〔艾登、麥克米倫（1957-1963年）、道格拉斯．霍姆爵士（Sir Alec Douglas-Home, 1963-1964）〕的領導下承接福利國家的主要架構。1957年時，英國政府將公路交通與鋼鐵工業民營化；並在醫療服務中再徵收額外的稅金。不過，整體來說，保守黨——特別是麥克米倫——都率直地接受了工黨於1945年到1951年間所建立的混合經濟體系。

法國保守派於1951年的選舉中展現出堅強實力之後，第四共和的政權便又轉回中間派的掌握之中。比內（Antoine Pinay）——於1952年任總理，也是首位在戰後法國政府中居領導地位的保守派人士——以他堅定的態度，消除了法國投資者的疑慮，如同1926年的普恩加萊一樣。比內在其任內減輕了通貨膨脹，並重建了更爲穩定的法郎，以此爲基礎打造戰後法國繁榮的經濟。雖然1956年的選舉讓法國社會黨員（SFIO）取得戰略位置，然而他們仍然無法不靠聯盟來進行統治與管理。拒絕了共產黨的支持之後，社會黨員莫利特透過強力執行對阿爾及利亞的戰爭，以之爲權宜之計滿足中間派與右派的訴求，成爲第四共和中統治期最長的政府（16個月，1956年2月到1957年7月）。

殖民戰爭

第二次世界大戰之後，主要的歐洲殖民帝國都遭到瓦解的命運。到1962年時，只剩下葡萄牙仍然在爲直接統治海外領地而戰鬥。回顧過去，1935年到1936年間義大利占領衣索匹亞，應是歐洲人最後一次公然奪取海外領地的行爲，且只維持了短暫的期間。

接近第二次世界大戰時，有些地區已經開始發生激烈的獨立運動。受到英國統治的印度便是其中之一。在印度，從事律師工作的甘地（Mohandas K. Gandhi）於1919年到1920年間，建立了非暴力之不合作運動的完善體系，迫使英國當局必須選擇要採取讓步行動或執行英國公衆輿論所無法接受的高度鎮壓。雖然凡爾賽和約是透過託管制度永續殖民權，然而巴黎和會所建立的民族自決理想，卻助長了殖民地的民族獨立運動。[11]

雖然德國的殖民地被盟軍以託管方式接收，然而在兩次世界大戰之間，其他擁有殖民地的國家，藉由對當地自治政府些許讓步與訴諸武力的手段，在掌控殖民政權方面並未遇到太大的困難。伊拉克在英國的託管下，是兩次大戰之間唯一獨立成功的殖民地（1932年）。而新興的法西斯主義則再度刺激了強國的殖民興趣，希特勒要求歸還德國殖民地，墨索里尼則以占領衣索匹亞爲伊多瓦（Adowa）之辱復仇。而在第二次世界大戰期間，殖民地對英國與自由法國而言更形重要，因爲他們可以利用那些領土建立軍事基地。英法明顯希望能在戰後繼續保有他們的殖民帝國，或許他們會願意釋放更多統治權力給當地政府，但卻仍想將其管制於他們的帝國體制之中。

不過，歐洲的殖民帝國在1945年到1960年間幾乎全部瓦解。戰爭期間，歐洲各國的失色表現，讓他們喪失了所有支配殖民地的合法性；而且英法在大戰中的重大虧損，也讓他們無力恢復往昔的殖民地威權。戰後，美國傾向於讓殖民地採行民族自決；而且1948年之後，共產中國也支持並鼓勵反殖民革命。第三世界浮現的新生代領袖精熟游擊戰術、支持民族主義政治，並成功地利用了群衆的高度期待、人口膨脹與人們對土地的渴求的心情，進行統治。人們普遍認爲，兩次大戰期間國聯託管的A級託管區（Class A Mandates）現在被允許獨立是理所當然的。在這樣的情況下，雖然1945年5月時仍有一些法國的後衛部隊在敘利亞與黎巴嫩作戰，然而中東終於出現了主權獨立的國家。至於非洲與太平洋地區的B級與C級託管地，則在聯合國的監督之下轉爲另一種託管制度，最多只再實施15年左右的殖民管理。大戰期間，英國已經覺察到他們無法再掌控印度，乃於1946年允許印度獨立；而印度教徒（Hindus）與穆斯林教徒（Muslims）在一段恐怖爭權暴力衝突之後，印度與巴基斯坦兩個新的國家終於在1947年誕生。經多場戰役，荷蘭在1948年失去印尼。總而言之，在1815年到1940年間，沒有任何歐洲國家因殖民地暴動而失去領地；而1945年之後，也沒有任何歐洲國家能以武力保住殖民地。

冷戰，讓每個殖民地抗爭迅速地擴大爲超級強國相互較勁的競技場。往昔歐洲國家能悄然鎮壓殖民地獨立運動而不受注目的時代已然過去。當蘇聯與共產中國宣言，信仰共產主義是各民族走向獨立的唯一途徑時，美國開始轉向支持歐洲國家，保護其海外的領地。

再沒有哪個歐洲國家比法國更致力於恢復其殖民帝國統治了。正由於有殖民地的幫助，戴高樂才得以解放祖國。而殖民帝國的存在，對於法國復興的重要性更勝於昔。因此，第二次世界大戰後，法國便不停地發動一場又一場徒勞無功的殖民地戰爭：首先是在印度支那與越共的戰役（1954-1961年）；其次是在阿爾及利亞與民族主義者組成的民族解放陣線（Front de Libération Nationale, FLN）的戰役（1954-1961年）。在法國終於敗戰於奠邊府（Dien Bein Phu）之前，美國還曾供應80%的戰資作爲支援。1954年法國撤離之後，美國便取代法國，成爲印度支那非共產地區的主要保護者，保護越南共和國（Republic of South Vietnam）與寮國（Laos）。法國這次的戰敗只牽涉到職業軍人，然而那些從印度支那回國的軍官們，對第四共和政府未能提供援助感到憤恨不平；而美國取代了法國原本在印度支那的地位也讓他們感到不滿。此外，他們也很想利用他們新發現的游擊戰術，不僅想要將之應用在未來的殖民戰爭，也想要用來對付國內的反對勢力。

這群法國軍人是爲鎮壓阿爾及利亞的民族獨立運動而應召入伍，在這樣的情況下，法國人民首次與軍隊共同承擔明明握有現代武器，卻敗給只能匿身巖洞與村民同情支持的游擊隊員的恥辱。當法國的暴行開始被揭露出來，1950年代末期的法國內部產生了令人感到痛苦的分裂狀況，破壞人民平靜的生活。非議這場殘酷而毫無結果的戰爭的評論家們，與那些著眼於法國之所以興戰，乃是爲保衛西方文明而與共產主義的阿拉伯野蠻人對抗的人之間，出現巨大的歧見。軍官與殖民地的移民者擔心政府猶豫不決的態度會讓阿爾及利亞的主權拱手讓與民族解放陣線，乃於1958年5月投身干預的行列。當時，移民群衆蜂擁進入阿爾及爾的政府總部，而決心付出一切維護法屬阿爾及利亞的軍官們，則接掌了法國在當地的行政權。接著，他們不但占領了科西嘉島還威脅要派遣傘兵部隊進入巴黎，此時，原本退休的戴高樂宣布他已準備好要再次拯救共和國。由於當時法國政府已經無力命令軍隊或警察來鎮壓暴動，因此第四共和決定在沒有流血犧牲的狀況下，加重戴高樂的總統職權，由他建立一個較傾向權力主義的第五共和。如此一來，發生於西歐的一場冷戰革命，便蒙上了一層民族主義與保守主義的色彩。

英國也同樣投注了他們日漸減少的資源去發動殖民戰爭。1950年代，英國因反對伊朗實行石油國有化而發動戰爭。此外，英國也企圖調解希臘與土耳其在賽普勒斯（Cyprus）所發生的內戰衝突。他們曾經成功鎮壓了由中國人在馬來西亞所發起的暴動，不過最後卻促成了馬來西亞的獨立。

1950年代最引人注目的歐洲軍事行動，即是1956年的蘇伊士戰爭（Suez Campaign）。英法兩國攻進了1918年奧圖曼帝國瓦解後所留下的政權空巢區。兩次大戰間，由於英國託管巴勒斯坦與伊拉克、法國託管敘利亞與黎巴嫩，阻撓了阿拉伯人的民族獨立運動。爲此，阿拉伯人對英法的怨恨之情，在二次大戰間逐漸加溫。不過，爆發戰爭的眞正導因是1948年猶太人在原屬巴勒斯坦領土上建國，這件事使憤怒的新生代阿拉伯中產階級領袖——如埃及的納塞爾上校（Colonel Gamal Abdel Nasser）決定捨棄中東那腐敗的前西方君主政體，轉而尋求蘇聯的支持。埃及與敘利亞在1955年時接受蘇聯的武器支援。之後，當美國拒絕提供資金協助埃及修建尼羅河的阿斯旺（Aswan）水壩時，納塞爾上校便乘機將蘇伊士運河收歸國有。英法和以色列三國共同策劃了一項聯合閃電軍事行動，欲奪取蘇伊士運河與開羅，但由於行動時間過長，當蘇聯出言威脅介入時，美國便對艾登、莫利特和以色列總理古里安（David Ben-Gurion）施壓，要求三國撤出軍隊並接受聯合國的調解。

蘇伊士運河之戰首開先例，讓大衆意識到聯合美蘇之力可以抑制危機。不過，這次戰爭也顯示出，無論這兩個超級強國是爭吵不和或各安己命，歐洲人的威望與獨立性所受到的輕蔑都是一樣的。蘇伊士戰爭的恥辱警示某些歐洲人（例如戴高樂），他們必須從美國人手中奪回掌控自己命運的權力；而其他的歐洲人則意識到，歷史久遠的歐洲國家唯有整合彼此的軍事力量，才有可能達到想完成的目標。

西歐：整合運動

1945年時，整合歐洲的想法如潮水般蔓延開來。推動這股潮流前進的助力有兩個：一是歐洲各國承諾永不再因國家間的競爭而發動戰爭的誓言；另一則是歐洲各國警覺到單一的歐洲強國，已不具備在超級強國所控制的世界舞臺上自由競爭的能力了。

歐洲可以有兩種選擇。其一是投入某一方超級強國的羽翼之下尋求自保，免受另一方強國的侵擾。另一選項則是結合歐洲各國之力，成爲一個大的團體，一個整合的歐洲——以自己的力量，組織一個新的強權。1945年之後，歐洲對這兩種選擇都做了嘗試。

歐洲大陸各地區的同質性不高，就如同他們與拉丁基督教世界之間天差地遠一樣。現代歐洲中的各個民族國家，在國界確定之後，又經歷了不少戰爭。其後，有些國家傾向與各獨立國家結盟爲同一體系；而其他對現況感到滿意的國家，則傾向建立國際性組織以維持現況。有關歐洲聯盟與仲裁會議的提案是由路易十四王朝末期（1713年）的神父皮埃爾（Abbé de Saint- Pierre）所提出。其後經過了沙皇亞歷山大的神聖同盟（Holy Alliance），再由法國領袖赫禮歐與白里安提出歐洲聯合國的構想。第一次世界大戰之後，歐洲商人建議將歐洲經濟組織起來，以因應與美國之間的競爭。思想左傾的歐洲人——包括烏托邦理想者聖西門（Saint Siman）到馬克思民族主義者（Marxist internationalist），都希望藉由革命，以勞工統一世界取代充滿戰爭的王朝統治或壟斷性組織。在所有關於整合歐洲的設想中，最接近現實的是那些以占領征服爲基礎的計畫：拿破崙一世的征服歐洲行動，曾讓法國革命憲法傳遍歐洲；希特勒的歐洲經濟領域（European Economic Sphere, Groβwirtschaftsraum）組織，讓當時歐洲經濟足以與美蘇抗衡。

1945年的解放行動，使得歐洲整合的想法成爲風潮且具可行性：整體的破壞讓一切變得可能。從事反對運動的歐洲左傾份子充滿希望地高聲提倡：「歐洲聯盟，實行民主，歡迎所有歐洲人加入——包括英國與蘇聯。」[12]在德國所發生的反希特勒保守運動，也是一種期望藉由與英美單方面達成和平協議，進行與蘇聯對抗的活動。他們提倡的是「利用基督教與德國的優勢，進行歐洲的統一計畫，以防止布爾什維克主義侵入歐洲」。[13]

歐洲整合的推手

當歐洲在1940年代開始邁向統合之時，冷戰對峙的情勢已經變得更加激烈，這種局勢，導政反布爾什維克的動機，與期望結束歐洲自相殘殺局面的民情，交相混合在一起。許多新歐洲的創造者來自於信仰天主教的萊茵河地區，那是個位處德法邊境、幾世紀以來都面臨德國人與法國人自相殘殺的地方。法國的代表是舒曼（Robert Schuman），曾於1948年後的四年中出任十次外交部長。舒曼出身於邊境家庭，生活在懸掛法德兩國國旗的環境之中，對於兩國自相殘殺的慘烈戰爭感受至深。他曾於第一次世界大戰中任德國軍官；1919年後又任重歸法國的亞爾薩斯省議員；他也是成立於1945年的法國基督教民主黨（French Christian Democratic Party, MRP）的創始人之一。事實上，在舒曼與其同僚彼多爾特（George Bidault）任內——第四共和的前八年——法國基督教民主黨掌控了法國外交部及其他20個部會。

萊茵河地區下游的德國境內代表人物是阿登納。阿登納是1920年代的科隆市長，信仰天主教。他反對基督教社會民主普魯士（Protestant Social Democratic Prussia），曾於1920年代初期，爲萊茵河地區的自治付出心力。納粹政權曾將他逐出行政部門並拘留了一段時期。1949年起，阿登納出任德國基督教民主黨（German Christian Democrat）領袖與西德第一任總理，當時他已做好心理準備決定聽從舒曼的指揮，如同義大利基督教民主黨（Italian Christian Democrat）領袖加斯佩里一樣。這些建造歐洲聯盟的基督教民主黨員中，還包括一些反共產主義的社會主義者，他們所抱持的傳統國際主義思想，由於畏懼蘇聯不斷的擴張而發生變化。比利時的社會黨領袖斯巴克——1947年後的比利時首相——曾提到他將「創造歐洲經濟與政治聯盟」視爲「付出最多心力、意志與支持」的工作。[14]斯巴克是歐洲經濟合作組織（OEEC）——接受馬歇爾計畫支援的組織——首屆主席，他稍後並於北大西洋公約組織（NATO）中任祕書長一職。英國工黨政府的外交大臣貝文支持在不將英國納入歐洲領域的前提下，與非共產主義的歐洲國家合作。

西歐的實業家與高級官員亦有不少歐洲聯合運動的支持者。他們深感各自獨立的歐洲國家所能提供的經濟、技術與社會發展的範圍太過狹隘，因此法國實業家莫內便極力想要促成一個聯合的歐洲經濟體，使其規模可以擴大到如同美國一般。

歐洲整合的壓力

經濟合理化與對冷戰的驚懼，爲西歐的整合運動提供了及時的動力。「歐洲人，讓我們懷抱謙虛的態度。這是史達林所害怕的，也是讓我們走向右派路線的馬歇爾（將軍）的大膽期待。」斯巴克曾如此寫道。[15]美國政府承諾給予歐洲有效的協助，以防止情況回到1930年代時的封閉經濟國家主義。它要求將馬歇爾計畫的資金集中於一個多國合成的組織——歐洲經濟合作組織，而不將資金給予單獨的國家。

1948年時，史達林的行動刺激了西歐軍事聯盟的形成。1948年2月捷克的政變與同年夏天的封鎖柏林舉動，讓許多西歐人確信，蘇聯在戰後將會成爲比德國更強的超級強國。突然之間，英吉利海峽與世界最強的陸軍之間竟不復存在任何屏障，足以保護歐洲免受蘇聯侵害。如戴高樂於1947年所說，蘇聯軍隊「與法國近在咫尺，只有自行車賽兩天的路程」。1940年代晚期，西歐人對蘇聯軍隊可能會開進西歐的恐懼心情，並非筆墨足以形容。

對此，西歐人的第一個反應是建立傳統的軍事同盟。英法已於1947年3月4日締結了敦克爾克條約（Treaty of Dunkirk）：確立了英國自第一次世界大戰以後便一直拒絕接受的對歐洲大陸的責任。這個條約直接而明確地反對德國的復興。在捷克發生政變之後，英法立刻於1948年3月17日聯合布魯塞爾條約（Treaty of Brussels）的荷比盧三國，[16]組成一個一般性防衛系統（common defense system），直接因應蘇聯的威脅。

單憑西歐各國之力，實在無法與擁有世界最強的軍隊、兩百個師軍力的蘇聯相對抗。當時，美國正開始轉變她的戰後復原計畫。1948年6月，華盛頓方面的參議院決議出現了重大轉變，[17]這項決議案由范登堡（Arthur Vandenberg）所倡議。范登堡是密西根州的共和黨員，原是孤立主義的信奉者。此項議案鼓吹美國與世界各國進行聯合防禦措施，此議案不但有別於1918年到1919年間和1945年到1946年間美國迅速從歐洲撤離的政策，也偏離了戰前共和黨的政治孤立主義。

防禦性整合：北大西洋公約組織的建立

在美國兩政黨的支持之下，英國外交大臣貝文以布魯塞爾條約爲基礎，建立並主持五國協同防禦指揮部。第二次世界大戰中最傑出的英國陸軍元帥蒙哥馬利，於1948年夏天在巴黎郊外的楓丹白露宮設置協同防禦指揮部的指揮中心。與此同時，貝文與斯巴克並致力於擴大協同防禦的範圍以對抗蘇聯。他們努力的成果是——促成北大西洋公約組織（North Atlantic Treaty Organization, NATO）在1949年4月4日的誕生。

北大西洋公約組織的意義，遠深於傳統的歐洲軍事同盟，這是美國首次在和平時期，於海外地區承諾建立長期的軍事夥伴關係。美國同意與公約組織各國維持長達二十年的同盟關係，包括加拿大和其他十個歐洲國家。公約中決議，只要有「其中一國」受到攻擊，就等於是「全體」受到攻擊。爲了把軍隊置於同一個體系之下，公約國家的軍隊比以往各個軍事同盟時期當中，彼此的聯結更加緊密。這些公約國之所以結盟，不僅爲了保衛領土，也爲了「維護自由、公衆命運與人類文明」，更爲了北大西洋地區的緊密團結。1950年底，歐洲最高盟軍統帥的美國將軍艾森豪也在巴黎設立了他的國際指揮中心。

歐洲整合難題

聯合西方民主國家共同防禦外敵時，會面臨兩個棘手的問題。首先，哪些國家屬於「自由世界」（如同這個詞彙隨後被用來形容它時一樣）？半法西斯主義的葡萄牙在北大西洋公約組織建立時便已是其中一員；[18]希臘與土耳其在1951年10月加入；西德是否應被納入？而各自擁有君主政體的歐洲國家，又應在這個超級組織裡面涉入多深呢？

自1949年5月德意志聯邦共和國成立，到1954年10月西德加入北大西洋公約組織爲止，西德在反蘇聯盟中究竟扮演何種角色的問題，一直干擾著西歐的外交政策；而超級強權的問題仍然纏繞難解。如果德國重整軍備，是否德國軍官便可在公約組織之內，指揮法國、荷蘭或英國的軍隊呢？到底應該以國家爲單位組織歐洲軍人，或是將德、法、英、義、比、荷等國的軍隊合而爲一再進行編整呢？

這兩點是法國最敏感的問題，不論德國以何種方式重整軍備，極大多數的法國人所抱持的應該都是反對態度。不過歐洲聯盟中的成員勸說法國，既然德國最終將以某些方式重整軍備，還不如現在便將德國軍人全數納入歐洲軍隊之中反而安全。1950年6月韓戰爆發，美國積極施壓，希望西德重整軍備，而導致此一問題的處理變得更爲急迫。爲了防止分裂的德國重新建軍，法國總理普利文（René Pleven）提議建立一個眞正超越國度的軍隊——歐洲防禦共同體（European Defense Community, EDC）。雖然普利文的提案在1951年與1952年間得到其他歐洲國家的支持，法國國會卻在1954年6月投票否決了此項議案。之後，法國看見了他們最不願見到的結果——不僅德國重新武裝，分裂中的德國也在希特勒死後十年間重新建軍。雖因身爲北大西洋公約組織的一員而受到限制不能發展核子、生化與化學武器，西德仍以自己的方法於1955年在西方盟國中傲慢地發展建立其重要的地位。

圖18-1　1950年代冷戰時期的歐洲

1955年5月7日在巴黎召開的軍事會議，是德國軍官首次參加的聯盟軍事會議。當天恰巧正是十年前德國於理姆斯（Reims）的投降日。穿著文官制服的德國軍事代表團主席斯裴蒂爾將軍（General Hans Speidel），曾是1941年到1943年間法國被占領區的德國高級將領。一切看起來就像弗蘭納（Janet Flanner）所寫的：「這是戰後最詭異的一週，因爲這一切在戰後結束了的現象，又再度重新出現。」[19]

另一個有待解決的難題是，新歐洲的超國家聯盟究竟是何種性質？是否歐洲應以繼續維持各國獨立的狀態進行合作，或新歐洲建立的機構有權干預各國防禦、外交與財政的決策？北大西洋公約組織的國際性地位，只能在高級指揮階級發揮功效；而1954年歐洲防禦共同體的計畫失敗又顯示，西歐各國無意放棄擁有國家軍事主權。雖然如此，許多歐洲人仍然熱烈支持締造一個超國家政治機構，以作爲新西歐聯盟的基礎。

政治整合的嘗試：歐洲理事會

1949年5月在法國史特拉斯堡舉行的歐洲理事會（Council of Europe）——類似某種形式的歐洲議會——是建立歐洲共同政治機構的首次嘗試。在某些支持統一的地區，他們將歐洲理事會視爲未來歐洲合眾國（United States of Europe）立法機關的分支機構。不過，英國在工黨與保守黨政府的主政之下，制止這項嘗試，並阻撓1950年代與1960年代之間所出現的任何超國家獨立組織。1945年到1951年間執政的英國工黨政府，就像北歐社會主義政府一樣，對天主教與專業政論者所提的歐洲大陸整合運動存疑。此外，英國工黨與保守黨領袖們也認爲，任何將英國主權併入新歐洲的作法，都與英國身爲聯邦領袖的特殊地位毫不相容。與保守黨相較，雖然英國工黨的帝國意識較爲淡薄，但卻非常依賴與加拿大和紐西蘭的優惠貿易協定——讓英國能以低廉的價格購得糧食。英國工黨是個極具島國民族性格的政黨，代表英國工黨參加歐洲理事會的威特利（William Whiteley），之前從未有離開英格蘭島的經驗。

因此，歐洲理事會並未如首屆主席斯巴克與其他人所希望的，順利跨出歐洲政治整合的步伐。由於與會成員並非由歐洲人民直選選出，而是依據各會員國的規模大小比例（冰島、盧森堡各三名代表；法德義英各十八名代表），由各國國會派遣代表出席會議，因此歐洲理事會所代表的是各國政府而非一般選民。這次理事會的主要成就是歐洲人權會議（European Convention on Human Rights, 1950）與歐洲人權法庭（European Court of Human Rights）的設立與實行。雖然理事會最後總共涵括了41個國家的國會議員，然而每年在史特拉斯堡所舉辦的年會所給人的印象，總是美食饗宴與晦澀難解的政治語言，甚於其所能發揮的政治力量。如同英國政治學家皮克爾斯（Wilfrid Pickles）所觀察到的，歐洲理事會之於眞正的議會，就如同人們在假日到布萊頓所發生的婚外情之於婚姻一樣：「它提供了一些歡娛，卻不帶來任何壓力。」[20]

歐洲整合的議會路線因歐洲理事會的流產而受阻；歐洲軍隊的整合計畫也因歐洲防禦共同體的失敗而受限。因此，歐洲整合之路不得不另覓他徑，而且必須在排除英國的狀況下進行。自頂端所進行的政治整合的崇高設計，如同烏托邦一般，理想崇高卻難以達成。然而，以經濟爲基礎的超國家機構雖然功效有限，卻紮穩根基並逐漸成長。贊成大歐洲整合的熱情支持者樂觀地期待著，當跨國性的決策能在以經濟問題爲前提的設限下進行，則這些決策或許能將影響力擴及政治競技場，而促成其他一般性機構的建立與發展。

經濟整合：歐洲煤鋼共同體與共同市場

馬歇爾計畫促成了多國歐洲經濟共同體（OEEC）在1947年誕生，發揮其支配基金的功能。不過，這個組織只是顧問性質，並不能對它的會員國下達任何政策指令。舒曼計畫（Schuman Plan）是朝向建立超國家經濟機構所邁開的第一步。法國外交部長舒曼於1950年提議：「將法德兩國所有的煤鋼產品，全部納入一個共同高層管理機構之下統一管理。」在這種形式下，法國與德國之間的戰爭，變得「不僅無法想像，更是完全不可能發生」。舒曼的大膽倡議，促成了1951年歐洲煤鋼共同體（European Coal and Steel Community, ECSC）的成立。

不論是在提倡完全整合或是統合部門限制方面，舒曼計畫都徹底偏離了其他歐洲統合運動。如此一來，舒曼計畫便巧妙地迴避了聯邦主義者（federalists）與聯合主義者（unionists）爭議的問題。它所主張的經濟計畫功能是一種新的嘗試，並未除去現存國家原有的特權，也不涉入任何軍事控制或政治選擇的敏感領域。在政治關係上，舒曼計畫爲那些亟欲超越固有國家主義的歐洲人提供了一個令人注目的獲利途徑；在經濟關係上，舒曼計畫能承諾以最具效率、超越國境的煤鋼礦藏的開採，取代原先因國家目標而受限的煤鋼礦藏的少量開發。對法國而言，這項計畫讓他們得到取得魯爾煤礦的途徑，並在某種程度上，得以用國際性的控制掌控他們所畏懼的德國必然的經濟復興。對德國而言，這項計畫讓他們能利用洛林的鐵砂；而藉由歐洲煤鋼的國際性管理機構，也能讓他們逃離盟軍占領政權的經濟干預（仍然努力希望將德國「非卡特爾化」）。

歐洲煤鋼共同體最引人注目的新奇之處是它的最高行政機構——高級公署機構（High Authority）。這個由九位技術專家管理的行政委員會，[21]負責管理六個會員國——法德義荷比盧的煤鋼資源。由於它並不受選舉約束，在任期內沒有人能解散它，因此高級公署機構中的成員對會員國政府充分享有獨立自主的裁量權。它可以制訂並調整煤鋼的售價、徵收服務費以支付機構的運作經費（類似某種稅制）；並有權以單純的技術性標準，評估最有效率的資源運用方式，以鼓勵或抑制投資。在這種局限的部門運作過程裡，高級公署機構其實已將名副其實的超國家決策訂定方式帶入歐洲制度中了。

歐洲煤鋼共同體是一個成功的經驗，它與戰後經濟繁榮同在1953年起步，且毫無疑問地鼓勵了戰後的經濟。歐洲煤鋼共同體因刺激經濟有功而獲得好評，而這種經濟刺激在經濟蕭條的景況下，要達成並不容易。共同體獲得的早期成功，也解除了商人與勞工的疑慮。當1954年法國國會正為歐洲防禦共同體的問題爭議不斷時，興盛的歐洲煤鋼共同體指引出了一條不同的統合之路：從部門對部門的經濟整合，發展到政治領域與社會政策領域的整合。

歐洲煤鋼共同體替歐洲共同市場奠定了根基。共同市場的成員與煤鋼共同體的成員相同：法、德、義、荷、比，盧；就是眾所周知的「六國」。這個組織的經濟整合概念，是得自歐洲煤鋼組織部門整合的成功經驗。而促成此一組織成立的直接刺激，乃是1956年蘇伊士危機讓歐洲人蒙受的恥辱。羅馬條約（Treaties of Rome, March 25, 1957）將六國統合為兩個機構：歐洲原子能總署（European Atomic Energy Agency, Euratom）與歐洲經濟共同體（European Economic Community, EEC），後者便是大家所熟知的共同市場（Common Market）。這兩個機構在1958年1月1日正式啟動，為歐洲統合開展了一個新的紀元。

共同市場是西歐世界中單純的自由貿易地區，其規模與人口數約可與美國比擬（1億7,500萬人），在共同市場的範圍之內，貨物、資金與勞工可以自由流通。在後續的十二至十五年中，六國之間的關稅幾乎為零。由於六個會員國無法在不破壞共同市場貿易的狀況下，以不同於他國的方式進行工資調整或社會安全政策，或維持農場價格，因此，預期的人口外流效應也促使歐洲經濟共同體進一步協調六國的經濟與社會政策。換句話說，歐洲經濟共同體並不僅只是一個自由貿易地區而已，這是它與1959年由英、荷、挪威、瑞典、瑞士、奧地利、葡萄牙（也就是所謂的「外圍七國」）所建立的歐洲自由貿易聯盟（European Free Trade Association, EFTA）不同的地方。

協調六國的社會與經濟政策的功能，明確顯示出超國家權威的成型，且原

圖18-2　共同市場與1961年的經濟互助委員會（COMECON）

本屬於各國的獨立主權也被移交給歐洲經濟共同體掌控。歐洲經濟共同體的影響力不如歐洲煤鋼共同體深遠。共同體的最高管理機構——歐洲經濟共同體執行委員會（EEC Executive）——與歐洲煤鋼共同體的高級公署機構類似，由各國文官組成，將共同體的整體利益置於自己國家利益之前。不過，所有政策由經濟共同體部長理事會（EEC Council of Ministers）制訂，此理事會爲會員國發言，並一致同意遵守「在所有重要的事務中，每個會員國都享有否決權」的規定。

共同市場已穩固紮根並蓬勃發展。對於1960年代歐洲經濟的空前繁榮，共同市場貢獻良多，而且各國亦從中獲益不少，所有任務都提前完成。1968年，共同市場內最後一個內部關稅被取消了，這是共同市場成立十年之後的事，比原先預定的十二年到十五年提早許多。六國貿易額呈直線上升的態勢：例如，法德在共同市場成立後的前九年，兩國之間的貿易總額提升了40%。許多來自六國落後地區，例如義大利南方的勞工，可以自由進入法德工作。此外，一批熱情的國際文官們投身布魯塞爾，協助建立一個新的官僚體制。這種合作關係減輕了六國之間的敵意，因此當北大西洋公約組織的軍隊於1960年中期利用法國領土受訓時，幾乎沒有引起任何他國的注意。就在共同市場開始運作滿十年時，觀察家們終於能將西歐視爲一個「新興國家」來討論了。[22]

蘇聯在東歐的還擊

針對西歐的整合運動，蘇聯也以東歐的超國家組織作爲還擊。相對於西歐的馬歇爾計畫與歐洲經濟共同體的是東歐的經濟互助委員會（Council for Mutual Economic Assistance, 簡稱經互會，也就是衆所熟知的COMECON），成立於1949年1月。經互會身負組織與促進蘇聯附屬國與蘇聯之間的貿易功能，大多數進行的是以物易物的交易方式（在欠缺市場價格的情況下）。這個組織建立了統一的鐵路規格標準與電極板網柵的規格；修築「友好」輸油管，將蘇聯石油運往中歐。然而，不同於西歐的共同市場，東歐的經互會會員國中還包括了一個強勢的鄰國，因此它主要是以緊縛中歐經濟用以支援蘇聯重建爲優先目標。

在1955年5月，德國加入北大西洋公約組織之後的五天後，七個蘇聯附庸國與蘇聯簽訂了一個爲期二十五年的共同防禦條約——華沙公約。蘇聯對華沙公約的控制權，遠比美國對北大西洋公約組織的控制權完整，這可以從1956年對匈牙利與1968年對捷克斯洛伐克，蘇聯利用華沙公約無保留地施行軍事壓制清楚看見。

從此，歐洲大陸便分裂爲兩個對立陣營的軍事聯盟。兩邊陣營都不敢輕易挑釁對方的勢力範圍。華沙公約簽訂的同一週，蘇聯終於首肯與奧地利締結討論已久的和平條約，條約簽訂後，蘇聯與西方盟國的軍隊撤出奧地利，奧地利自此成爲介於兩個集團之間的中立國。

奧地利條約於1955年簽訂，雙方對於穩定局勢的需求甚於經濟上的獲利，當時蘇聯也與西德交換使節。同樣的，1956年時，美國也並未出手干預匈牙利的事務，雙方都希望以宣傳活動擾亂對方。西方世界的自由歐洲廣播（The West's Radio Free Europe），以放空話與散布蘇聯使人不快的作爲，宣傳蘇聯掌控下的東歐情勢。東方世界則將德國期望的統一問題懸置，用以交換中立化的中歐，如同1957年波蘭外長所推動的拉帕基計畫（Rapacki Plan）一樣。這項計畫受到英格蘭貝文派與部分歐洲大陸左派的支持，不過，在北大西洋公約組織仍未廢除之前，要實行幾乎是無法想像的，而當然，廢除北大西洋公約組織也是該項計畫的目的之一。

雙方都希望堅固自己的領域，美國利用經濟與文化來與西歐的共產主義對抗；西德對共產黨採取全面防止的措施。如我們所見，1950年代末期，赫魯雪夫便曾經嘗試整合柏林四強的「飛地」（enclave），嘗試失敗後，赫魯雪夫便在1961年8月築起了柏林圍牆。隔著圍牆，雙方對彼此怒目相視，陷入軍事僵局：蘇聯擁有陸戰軍隊的優勢，而西方則以核武軍力與之抗衡。

西方在經濟上的成長，超越了東歐的經濟互助委員會與華沙公約。眼看著西柏林充滿光線、明亮的咖啡廳，以及塞滿賓士轎車與福斯汽車的庫爾菲爾斯滕大道，在圍牆的另一邊過著單調乏味生活的東柏林居民，絕不可能讓自己的苦日子永遠持續下去。

圖18-3　羅馬街道的塞車景象反映出西歐消費社會的歡娛與挫敗。

第十九章

新歐洲西方的消費社會與大眾文化，1953至1973年

第一次世界大戰後，歐洲人努力希望重回1914年的榮景，回到那個人們擁有財產的「美好時代」。在1920年代最後那幾年的繁榮時光中，歐洲產品的生產數量並未超出1914年很多；1930年代的經濟大蕭條期間，數量更是大不如前。1938年時，只有德國與蘇聯的生產數量超過他們在1914年的產量。

第二次世界大戰後，西歐經濟不僅回復到長期企盼的1914年的水準，甚至遠超過他們原先期待的水準。1953年左右，大部分的西歐國家都已完成了戰後的恢復工作，而1940年代末期的嚴酷歲月也逐漸成為模糊的回憶，取而代之的是人民的輕鬆心情，讓西歐經濟持續成長。舉例而言，1960年代中期，義大利、德國、荷蘭的生產量都是1914年的三倍。雖然經濟發展的速度有時會緩慢下來（如1966年到1967年間英格蘭與德國曾有短暫的「衰退」期），然而歐洲從未曾經歷如此持久且未受經濟蕭條或財務危機干擾的經濟成長期。不過，義大利南部、巴爾幹半島、西班牙等地方仍然十分貧窮，而東歐的經濟也遙遙落後於西歐。除此之外，全歐洲，例如北歐，幾乎是一個不知道貧窮為何物的地區。1914年的圖像——對某些過往「美好時光」的懷舊心情——對1960年代的歐洲人來說，幾乎已經是毫無相關了，人們的財產從未如此豐富且普及。

到了1970年代初期，長達四分之一個世紀期間，繁榮的經濟未受打擾，實在是個奇蹟，這種現象是1930年代的景氣循環專家所受的經濟訓練無法解釋的。戰後的重建工作，勢必會在某段期間內刺激歐洲經濟的發展，然而，經濟的成長在重建的即時刺激過後，還持續了很長一段時間，這是過去歷史經驗中有關繁榮與破產未曾出現過的情況，實在讓人出乎意料。到底是什麼動力支持這種長期的經濟成長呢？

法、義、英三國的國家計畫者，與凱因斯派的經濟學家們所主張的信用經濟，在德國被運用得較少，德國的「社會市場經濟」除了國家經濟干預之外，還有其他的解釋。不過，即使是在1966年到1967年間，德國國家經濟發展速度減緩的「衰退」期，德國政府仍然增加了公共投資。各國政府保持高就業率的決心與努力，在維持經濟繁榮上助益不小。

持續精進的技術改良也功不可沒，在20世紀，技術革新從構想到實際的消費應用之間的發展速度增進許多，第二次世界大戰後，因技術革新而造成的刺激，使這個現象更為顯著。在18世紀，蒸汽機從第一張設計圖到第一架機器的完成，花費了一個世紀以上的時間；相較之下，核能從理論的發展到實際發電的運用，只花了短短一個世代的時間，類似的情形，在電器領域中亦然。雖然愛迪生（Thomas Edison）在1884年便發明了第一個收音機的眞空管，然而直到1920年代無線電眞空管都還未能成為量產的產品；相較之下，半導體

（1948）與合成電路（1958）一出現，便立即被應用到無線電與電腦製品之中。[1]廣泛的技術教育與消費期待，加速了發明物的應用，也促成了新產品的產生。

最具決定性的改變乃是人們在態度上的轉變。經歷了1914年到1950年早期長期的經濟不景氣，歐洲又恢復了少許18世紀晚期到19世紀初期，工業革命之後的活力，政府與商人開始重視經濟成長甚於穩定的生活保障。消費者爭相購買電視機、冰箱、汽車等，並且只使用幾年便汰舊換新，形成了固定的景氣市場。

其結果便如同舒恩菲爾德（Andrew Schonfield）——1960年代西歐極爲成功的「新資本主義」（neocapitalism）的捍衛者——所說的「超級成長」。[2]超級成長並非僅是歐洲戰前經濟的擴大版，也不雷同於1920年代末期的狀態。它建立在兩個自立支撐的動力之上，即高度大眾消費，與持續進行的國家福利和計畫政策。首先，這種經濟的超級成長是隨著顯著的階級衰退而來，不過，在1968年時，學生與工人反抗又顯露出另一種新的消費社會適應的不滿。

消費社會

英國的定量配給——西歐戰時控制的最後殘跡——在1954年結束。[3]直到那時爲止，所有18歲以下的英國少年少女都不知道自由購物是何物。結束了十五年衣食短缺的生活之後，人們終於再度體驗到自由購物的樂趣，在年輕人的認知中，存錢與花錢是同時存在的概念。英國在戰後成爲福利國家，沒有人會因爲失業或年老而挨餓，也沒有人會沒錢看病，因此，與他們的長輩不同，年輕工作者開始花費他們所賺來的錢，這樣的消費型態在歐洲極爲普遍。

1950年代早期，美國社會人類學者威利（Lawrence Wylie）與他的家人曾在一個偏僻的法國南部鄉村居住了一年，他發現村民的生活謹慎小心，並且相當節省。他們不相信國家也不相信鄰居，相當適應戰時與革命的生活，拒絕將他們極少的存款花費在炫目的消費上。人們對戰爭可能再起感到悲觀，因此他們不願做任何長期的投資。

> 種植滿園的杏樹好讓蘇聯和美國把她當作戰場？謝了，我可沒那麼笨。[4]

1961年，威利一家再度造訪那座村落，他們發現村子裡嬉鬧的孩子與打扮明亮的年輕婦女人數，超過了披著黑色方巾的老婦人們；男人們現在也開始計畫借款添購牽引機。經濟的成長與政治穩定，讓他們有了希望，而家庭主婦們也開始嘗試使用洗衣機。

經濟的需求功能已經被轉變了，當戰後重建的工作完成之後，人們的購買力並未因此而衰退。這是因爲福利國家的政策使人們可以減少未雨綢繆的預算；因爲計畫經濟似乎能降低經濟蕭條的風險；因爲年輕族群花費越來越多；更因爲持續上升的出生率又製造了更多年輕人等種種因素所致。二十年的充分就業與加薪，讓人們對消費能力更具信心。

這種自信的顯著象徵之一是普遍的分期付款購物與信用卡消費方式。從前，儉樸的技工與胼手胝足的小耕農們將這種消費方式視爲洪水猛獸，當時他們爲了原料或種子，不得不向放債者借款，而這些債款極可能讓他們失去抵押物，蒙受無法彌補的損失；相較之下，戰後西歐的消費者們則欣然接受新的付款方式，享受及時購買電視機或電器製品的樂趣。舉例而言，在英國，1957年以分期付款的購物總價值超過4億英鎊；1965年甚至又增加了三倍之多。[5]

消費者最夢寐以求的商品是電視機與汽車。英國的電視機消費數量最爲精準，因爲英國的每一架收音機與電視機都要求要有牌照，雖然1947年登記賣出的收音機有1,100萬架，但電視卻只賣出14,500臺。僅二十年後，也就是1965年，英國民衆便購買了1,300萬架電視。[6]曾經是富裕的運動選手們的玩具——汽車，兩次大戰之間已經在西歐的中產階級市場普及了。然而消費經濟直到1960年代才眞正落實，下層的中產階級與技術勞工終能從腳踏車升格到以摩托車代步，之後，以廉價汽車代步的人口也逐漸增多。簡易且大量生產的雪鐵龍2CV〔Citroën 2CV, deux chevaux，或稱兩馬力（two horse-power）〕是現代福特T 型汽車的類似車款，它的高性能前輪驅動系統與低控傳動被裝在早期笨拙的車體內，讓數百萬的法國人擁有了第一部屬於自己的汽車。其他逐漸趕上美國汽車密度的西歐國家還包括瑞典、西德與英國。[7]

電冰箱、洗衣機與菸酒等，也占消費需求的極高比例。食物，這種曾經在窮人的支出中占壓倒性比例的開銷，首次於西歐的個人消費比例中降到50%以下。1920年代，人們最主要的公共消遣——電影，因爲人們更加喜愛電視，便也沒落了。

在所有的歐洲國家中，生產總數與國家總資產都戲劇性地成長了。1967年時與美國的3,146美元相較，歐洲國家每人收入爲：瑞典人爲2,480美元；法國爲2,046美元；西德爲2,010美元。不過這些數字仍然無法讓我們得知1950年代到1960年代長期的西歐經濟繁榮，究竟如何對社會發生影響。關於這個問題，我們必須更細察財富分配的情形與社會流動的狀況，才能得到解答。

財富分配

如上所述，新財富都是在西歐創造而得。相對來說，讓基礎工業快速發展的空間並不大，此時，基礎工業已不如19世紀初期工業革命（Industrial Revolution）時那樣，擁有許多機會的榮景了。幾乎在歐洲所有的地方，鐵路、飛機、煤礦等都屬於國家的財產，而主要的鋼鐵公司則維持民營，除了西德與後工黨時期的英國之外。1951年到1964年間，英國的工黨政府再度將鋼鐵工業收歸國有。許多大型汽車製造業（雷諾；福斯，到1956年爲止）等都屬國營企業。

歐洲有些大型工業製造集團，只能眼看著自己的家族企業落入經營者與技術者之手。第二次大戰後，倖免於盟軍的控制與瓦解的德國克魯伯金屬與軍備公司，原本在西德已經恢復了強大的經濟實力，不過卻在1969年遭遇財務困難，而由國家指派的股東代表接手經營。其他的歐洲家族企業，例如飛雅特汽車公司，也在競爭之下被強迫併入大型集團之中。當然，許多工業王國也成功地通過了這一波歐洲經濟繁榮的考驗，例如艾涅里（Giovanni Agnelli）與商業機械大王奧里威蒂（Arrigo Olivetti）便是。或許無法與前述的大型家族企業鉅子擁有的財富相提並論，不過，許多新歐洲企業的頂尖經理人與技術者都成了富裕的人。

一般來說，戰後消費社會中的新興百萬富翁們，都不是日常用品企業的老闆們，也不是大型公司的經理人；他們大多是野心勃勃的創業家，從事不動產、家用電器、大衆傳播媒體與娛樂事業等行業。其中最受注目的一些新富人，都活躍於西德相對開放的市場經濟中。斯普林格（Axel Springer）崛起戰爭末期，他從父親那間位於漢堡、已成廢墟的小印刷店開始，逐步實現他的想法：販售廣播節目表的影印單。在適度的企業利潤與盟軍占領當局的許可之下，斯普林格繼續建立了一個報業與通俗雜誌王國，成爲1960年代世界第五大企業。他所創辦的《畫報》（*Bildzeitung*）是一份週日的通俗攝影報紙，發行量居歐洲所有報紙之冠。

另一個特例是格倫第希（Max Grundig），戰前他是一個收音機推銷員。1945年，在紐倫堡近郊菲爾特（Fürth）的一座老舊庭院中，格倫第希與7個助手利用一輛手推車的零件，組裝了第一架格倫第希收音機。由於舊的收音機常被徵收充公，而新的收音機又尚未開始配給，於是這種簡易且可以自行組裝的收音機便引起了大衆爭相購買。二十年後，格倫第希擁有了德國最大的電視機工廠、歐洲最大的收音機工廠，與全世界最大的電影錄音帶（sound- track）工廠。

除此之外，還有些人則是從事與成功的流行歌手——如披頭四——的相關行業而致富。而偶然致富的機遇也可藉由與政府合作而得，例如達塞爾特（Marcel Dassault's）便是由於成功地爲法國航空設計並建造民用飛機，以及爲戴高樂將軍設計核戰攻擊武力的幻象戰鬥轟炸機而致富。

事實上，人們掌握了比以前更多的、可掌理的財富。雖然戰後物價不斷上漲，然而在1950年代到1960年代之間，西歐的平均薪資漲幅仍大於物價的漲幅。即使是經濟成效落後於歐洲大陸的英國，在1950年到1961年之間，人民的平均週薪也超過原先的一倍以上，而零售商品價格的平均漲幅則只有50%。[8]逐漸增加的社會福利如免費醫療、教育與交通津貼等，也爲廣大的勞工群提供某種程度的安全感與加倍安穩舒適的生活。在西歐大陸，勞工家庭的收入有36%得自於國家社會福利機構的各項津貼，而義大利的津貼比例更高達51%。[9]曾經任職於英國約克郡（York）社會機構的朗特里（Seebohm Rowntree）在戰後不久便發現，約克郡只有3%的人民眞正需要援助，[10]而且都是老年人，因爲他們無法像年輕人一般適應戰後英國社會。戰時與戰後所設立的國家福利機構，造就了這種明確的差異。

最後，一塊傳統的貧窮地區也開始被捲入經濟洪流之中。1973年夏季期間，巴黎某間博物館展出米諾特（Minot）村的近代歷史紀錄。米諾特村位於勃艮第（Burgundy），長期以來都維持著最原始的農村生活型態，「可以說是一個處於新石器時代末期的村莊。」第二次世界大戰之後，消費社會的生活型態如同潮水般湧入村民的生活，打破了他們一直以來所維持的生活型態。

> 1949年，米諾特製造了最後一個馬轡頭；1968年，馬兒們最後一次走過專屬牠們的馬道；1952年老水磨坊關閉；1960年代，洗衣機取代了洗衣房——也打破了婦女們的社群。當人類學家在1968年進入米諾特村莊時，他們覺得自己恍如進入亞馬遜叢林的原始部落一樣，然而到了1973年，米諾特村卻已走入了歷史，成為博物館的展示品。[11]

讓那些停留在前工業時代的歐洲各角落發生轉變的主要契機是，年輕男人們自西班牙、葡萄牙、南義大利與土耳其等地，向北歐工廠的遷徙行動。1960年代約有近600萬的南義大利人遷移到義大利北部的工業城市。1967年時，瑞典約有37%的勞工來自外國，雖然這些勞工大都從事於最低階的體力勞動工作，並且與英國的東印地安人、法國的阿爾及利亞人、德國的土耳其人發生摩擦，然而這些「無產階級」中的某些人仍能帶著存款與技術，在結束外國勞動生活後，回到自己的國家開始過中產階級的生活，從事汽車技工或修理電視等等。

在富庶的西歐，令人注目的財富仍然集中於少數人之手，這種情形或許比戰時與重建期實行強迫平等主義時更甚。1971年英國遺產稅的數字顯示，金字塔頂端1.2%的人口（約61,000人）所擁有的財富，占全國財富的21.44%；而前四分之一的富人所擁有的財富則占財富總額的四分之三。[12]這種差異在西德更甚，前1.7%的富人所擁有的財富占全體財富的35%。由於獨立財富的累積速度比固定薪資（如工人的工資或領薪階級）快，因此這種貧富懸殊的情況極可能在1960年代更加嚴重。

社會流動

在首富與赤貧之間，西歐人民也向世界證明了他們社會的極大同質性與西歐社會流動的容易度。20世紀時較不以外觀修飾區隔社會階層差異的傾向，在戰後更爲強化，人們偏好穿著較不正式的服裝——特別是年輕族群；便宜的制式衣著與有車階級的普及等，都增強了這種傾向的形成。曾有低層中產階級的歐洲民衆在接受訪問時表示，雖然在職場上他只是個小角色，然而當他坐上自己的四輪轎車時，就覺得自己搖身變爲受人尊敬的人。[13]

促成這種社會平等主義的最主要力量是教育機會的增加，以及休閒生活的發展。義務初等教育在19世紀末期便已建立，然而直到第二次世界大戰之後，人民接受中等教育與大學教育之路仍然十分狹窄。在歐洲根深柢固的傳統中，中等教育奠基於古典，以嚴格訓練文學表達能力爲目標；這種教育僅提供給上層階級的男孩與少數出身貧寒但卻有文學天分的男孩。戰後社會出現兩種互補的潮流導向：高等教育的更民主化（包括女性）與科學、機械及貿易領域的更專業化，這兩個導向所產生的第一個結果是中學入學人數大量增加。法國於1933年廢除中學學費，英國亦於1947年跟進，這是英國史上首次將全民的義務教育擴及15歲的創舉；1967年，法國也將義務教育的年齡提高到16歲，教育經費比例成爲西歐國家增幅最大的支出項目。有關教育經費的投資，英國從1938年的2.8%，提高到1965年的5.4%；而法國則由1952年的2%，提高到1965年的4.6%。

不過，在人滿爲患的中等學校中，到底要給學生哪些教育呢？如今學校中學生資質與背景差異變大，因此西歐政府乃以課程分化的方式作爲標準處理方式因應：對資賦優異者施以「古典」（classical）與「現代」（modern）

教育；對天資普通者施以職業教育。在法國，要求嚴格的傳統中學由較不強調階級的中學增補。不過，很明顯的，不同的學校仍然享有不同的聲譽與威望，而學生的出身背景也對入學有極大的影響力。進入不同的學校，往往會決定就讀該校男女學生未來人生的社會階層，因此入學考試的壓力變得極大。英國的「十一歲競試」（eleven-plus）是令人生畏的難關，此競試會決定學生升入職業「中等現代」（secondary modern）學校，或是更有聲望的「文法」（grammar）學校。進入職業中等現代學校就讀的學生，在未來的社會地位的發展上，極可能受到限制。一個人的未來，在11歲時就被決定，實在太早也不公平，因此1964年英國工黨重新取回執政權之後便開始逐步廢除「十一歲競試」，並給予學生在資賦發展更完整時，能擁有更自由地轉換學校就讀的機會。不過，即使有了這些修正，很明顯的，西歐的中等學校仍是年輕族群體驗嚴酷的社會壓力的競技場。

大量的學校教育經驗顯示，來自上層階級、父母受過教育與充分教養的孩子，較來自勞工或農民家庭的孩子表現傑出。當學校教育對要求技術的就業環境而言越形重要時，事實上，能夠超越他們父母的社會地位、出身貧窮的人並不多。1968年法國一份有關高級經理人的研究顯示，這些人當中有40%生於巴黎，有四分之三的人（均為男性）出身於貿易或專業的高層人士的家庭，只有10%來自普通家庭。至於超過三分之一的人的祖父母來自普通家庭的事實則顯示，改善社會地位的窄路，至少需要兩代人的努力。[14]

西歐大學入學人數也急速攀升，英國的大學自1935年的16所增加到1965年的52所；大學入學人數也自5萬人增至168,000人；法國的大學入學人數在1950年後的15年之間增加了三倍；西德則接近三倍；義大利則為兩倍以上。西歐國家20歲到24歲的年輕人，在1965年時有8%到15%進入大學就讀；相較之下，1950年時在此年齡層就讀大學的人口僅有3%到5%而已。[15]在大學學費幾乎是免費（除了生活費之外）的狀況下，可以預期人數將會繼續成長。由於高級技術是促進經濟繁榮的利器，因此政府也願意資助人民接受高等教育。中產階級與勞工階級或小耕農的年輕人之間教育不平等的情形，在入學申請時更加明顯。不過，大學學歷比中等學歷更能成為專業職業領域的進身之階，的確是不爭的事實。

在社會發展中，休閒生活的普及較之教育普及更為實際而平等。1930年代，休閒生活成為工作者的權利，[16]戰後經濟繁榮時期，休閒旅遊的重要發展更確立了這項權利。有給休假成為受薪階級的基本權利之後，單純想逃開平日的生活，讓自己置身山野或海濱的人急劇增加。最熱中海外旅遊的西歐國家西德，有五分之一的國民每年都會安排一次海外旅遊。1966年時，有550萬的德國人單獨到義大利觀光，接待觀光客成爲一大商機，觀光業成爲西班牙、義大利與希臘最大宗的外匯收入來源。地中海沿岸的狹長地區逐漸成爲飯店、別墅、露營地等企業投資的熱門地區。儘管如此，大多數的旅客在旅程或度假村中，仍然刻意維護著自己的民族與階級環境，得到高度成功的法國企業——地中海俱樂部（Club Méditerranée）——便在全世界建造了超過45座仿大溪地村莊，讓那些想要暫時脫離中產階級秩序的人們，可以在度假村中過一種刻意營造的樸實生活，使用串珠錢幣享受一段短暫、沒有社會矯作與階級壓力的快樂時光。

消費社會的政治：1953 至 1968 年

「意識形態的終結」

「富庶的社會封住了人們的怒火」——這是1957年法國政治學家雷蒙・阿宏（Raymond Aron）的觀察所得。[17]與解放時代的重建熱情和冷戰所引起的分裂情緒相比，經濟繁榮的1950年代末期，似乎是歐洲意識形態轉爲冷靜的時期，社會學家將之稱爲「意識形態的終結」。[18]

人們可以辯稱，經濟繁榮與更多受薪階級得到物質上的滿足，只能暫時性地減少社會衝突，就某層面來說，這是對的。即使是在本世紀的轉捩點，德國經濟學家松巴特（Werner Sombart）仍嘗試以經濟富裕的歸因來解釋意識形態社會主義在美國的失敗，他說：「以烤牛肉與蘋果派爲立足點的社會主義烏托邦，不論哪一種形式，都將走向滅亡的命運。」[19]而馬克思主義者在面對這些爭議時並沒有遇到太大的困難，他們簡單地以「經濟蕭條與貧富差距將日益嚴重」的預言來因應這些爭議。

經濟繁榮並不如某些人所預期地如曇花一現般快速結束，事實上，從不僅只維持一段短暫的期間，1950年代末期到1960年代初期這種經濟榮景持續不斷地改變了社會、經濟與政治環境，也讓「意識形態的終結」成爲永久持續的狀態。重要的結構轉變之一是，在全體工作者之中，白領工作者比藍領工作者的人數成長快速，事實上，這種進程在1890年代的先進工業國家中便已經展開。工廠的勞工人數在達到人口的三分之一時便停止成長，並不如馬克思所預言的，成長爲社會中的多數人口；相較之下，從事文書與服務業的人口卻開始迅速成長。實際上，在1950年代的先進工業國家中，白領工作者的人數應已超過藍領工作者的人數了，「無產階級」的地位已經被「受薪階級」所取代。[20]在白領工作者與中產階級的抱負較爲相近的理論下，有些法國企業開始在1970年代早期，實際嘗試把工人的薪資以月薪制取代週薪制，以加速此發展。

另一個「意識形態終結」觀點的構成要素，是人們新生的自信——認爲計畫經濟與福利國家制度已經成功的克服了貿易循環。直到1945年，經濟蕭條以及失業窘境就像戰爭一樣，讓人們對歐洲體系失去了信心。如果戰後的經濟計畫者們能以生產量與收入雙方面的穩定成長，取代大繁榮之後的不景氣現象，則無產階級勞工們在經濟繁榮期間無法釋懷的不安亦可以被克服。西歐福利國家自1945年起維持了二十年經濟景氣、國民充分就業的狀況，使這次的經濟繁榮看起來不像只是曇花一現的插曲而已。

「意識形態終結」的最終決定因素是早期信念的信用破產。在經濟大蕭條時期，自由放任主義已經失去人民的信賴，以致歐洲商人極少互相談論各自公司的價格標準。各階層的天主教派與種族意識主義者（雖然不是民族主義）也由於法西斯主義的失敗而失去民心。左派方面，由於史達林主義者的粗暴行爲讓馬克思主義失去了一些吸引力。在莫斯科開始進行去史達林化之前，許多西方的史達林同情者對卡謬的問題：「你是否認爲蘇聯正在實踐革命『事業』？」也無法立即回應。[21]1956年後，去史達林化促使這種批判性的再評估過程加速發生，而蘇聯對匈牙利（1956年）與捷克斯洛伐克（1968年）的干預，更加速了人們以這種批判性眼光的重新評估問題。由於對部分國有化的期待落空，使西歐人對集產主義（collectivism）的質疑在西歐節節升高。爲大型的國有企業工作，就好像爲大型的私人企業工作一樣，在某方面來說相當無趣——低工資、缺乏前景。不過，倘若集產主義不需爲個人謀求更多的自由權利，它至少應該能提高產量，而當1960年代西歐的經濟持續成長速率超越蘇聯時，使集產主義者連提高產量的承諾都落空了。

共識政治

在「意識形態終結」的年代裡，主要的政治特徵是，爲支撐經濟成長所出現的，包含實用主義、公共事務專業管理等方面的廣泛共識。西歐的左派與右派都同意混合經濟、福利國家與實用主義計畫的優點。即使蘇聯所用的主要方法與西方不同，不過最後也得到相同的結果：富庶的經濟。

在實踐方面，西歐的共識政治（consensus politics）是由保守的有權者在1950年代與1960年代所倡議。在這個意義層面下，「意識形態的終結」年代乃是建立在冷戰時期西歐保守人士的勝利之上。德國繼續由阿登納（1949-1963）統治，依循著其經濟部長——同時也是德國經濟「奇蹟」的設計者——艾哈德（Ludwing Erhard, 1963-1966）的步調繼續帶領德國。英國執政最長的托利政府（Tory government），自1951年到1964年間，都由邱吉爾與他的後繼者主政。至於義大利則由基督教民主黨加斯佩里的繼承者執政。西歐的法國這幾年間實質上改變了政治體系，在戴高樂將軍（1958-1969年）的主政下轉變成為強有力的政府。

在「意識形態終結」的年代裡，政府的改變比反對派少。西歐左派變得更傾向於漸進主義與實用主義；在某些情況下，它還會與中間派分享權力。西歐社會主義者在1950年代之後便較少論及國有化，而較常談及計畫經濟成長的技術、管理經濟中勞工參與決策、如何讓自動化技術與滿意工作達成一致，以及在福利國家中的休閒體制等等。

最引人注目的是西德社會民主黨（German Social Democratic Party, SPD）的轉變。西德的社會民主黨是西歐第一個（成立於1869年），也是直到1933年爲止最大的馬克思主義政黨；它還是馬克思與恩格斯（Engel）死後，最正統的馬克思社會民主主義的繼承者。1959年於巴特戈德斯貝格召開的年度代表大會上，西德社民黨重申馬克思主義爲黨的主要指引，宣稱：「德國社會民主黨在過去只是勞工階級的政黨，而現在，它是全體國民的政黨。」這個綱領所描繪的民主社會主義是一種以「基督教倫理、人道主義與古典哲學」爲根基的價值觀；一種實用的政治目標，是爲了「建立一種生活方式」，而非進行革命。新的德國社民黨反對將經濟力量大量集中於私人或國家之手，因此，他們極少談到國有化，而較常提到共享、分散決定權。爲達經濟繁榮而「盡其可能地競爭，盡其需要地計畫」是該黨的座右銘。如同英國工黨與瑞典的社會黨，巴特戈德斯貝格會議之後的新德國社民黨吸引了大多數的選民，然而其中工廠的勞工僅占了一小部分。[22]

在實踐上，巴特戈德斯貝格計畫（the Bad Godesberg program）意指以新生代的社民黨領袖取代舊的威瑪時期的社民黨殘餘黨員。永不服輸的舒馬赫（Kurt Schumacher）直到1953年去世爲止，是威瑪社會主義黨最後的典型人物代表；他曾在第一次世界大戰中於希特勒的集中營失去一條腿與一隻胳臂，英勇的事蹟常爲人稱道。新的主要領袖是布蘭特（Willy Brandt），當希特勒開始掌權時，學生時期的布蘭特曾離開德國到挪威（在那裡，他以易卜生的戲劇人物爲模範，爲自己取名布蘭特）與瑞典住了幾年，1957年，他被選爲西柏林的市長。布蘭特並非以政策或信念贏得支持，而是以年輕與活力獲得青睞。

1966年，也就是巴特戈德斯貝格大會七年後，布蘭特領導德國社民黨已有兩年的時間，衰微的基督教民主黨加入社民黨，成爲「大聯盟」政府，由布蘭特出任外交部長。這是德國基督教民主黨在1948年之後首度與其他政黨分享政治權力，而布蘭特則成爲1930年之後德國首位社民黨部長。

英國工黨自成立以來便一直處於改革狀態。1960年激進的威爾斯人比萬——或稱爲工黨的牛虻——去世，而黨首艾德里又被倡議以專家管理混合經濟的學者蓋茨克爾（Hugh Gaitskell）取代之後，英國工黨也步入了一個更著重實用主義的時期。在福利國家托利主義（Toryism）派的保守黨財政大臣巴特勒（R. A. Butler, 1951-1955），與蓋茨克爾所主張的混合經濟之間的區別極小，爲此感到困惑的英國人便將這兩黨的經濟計畫簡單地統稱爲「巴特克爾主義」（Burskellism）。當蓋茨克爾突然去世，牛津大學的經濟學教授哈洛德．威爾遜（Harold Wilson）在托利政府執政13年之後，帶領工黨於1964年重拾政權，他將鋼鐵工業再度收歸國有，並普及中等教育。不過，戰後二度執政的工黨政府（1964-1970）的主要綱領，乃轉趨於以科學與技術進一步推動經濟的成長。

在義大利，獨立的社會黨領袖南尼在1948年及1949年與義大利共產黨合作的決心，導致了義大利社會黨的分裂，不過此舉也讓社會黨在1960年代發展到居中央政府的核心位置。當執政的基督教民主黨提出「對左派開放」的建議，意欲擴展聯盟時，南尼派的社會主義者們也曾參與政府運作一段時間（1963-1968）。

西歐共產黨發現，由年老的領袖與黨員組成的體質，導致了黨被孤立於其餘左派團體之外，並且勢力衰弱到第二次世界大戰以來最低點。當戴高樂於1958年6月取得政權時，法國共產黨在公民選舉中的得票率僅剩19%，是1936年以來最低的一次。許多同情共產黨的西歐知識份子，自蘇聯侵略匈牙利與1956年去史達林化運動明朗化之後，便失去了對共產黨的熱心。貝奧薇爾（Simone de Beauvior）於1957年的得獎小說《達官貴人》（*Les Mandarins*）中，所描述的冷戰時期知識份子們的熱情與投入，在1965年時似乎已成過去。歐洲的新領袖們不再迷信貝奧薇爾或沙特這些知識份子，轉而相信務實的專家——開朗年輕的技術人員——這些人專門設計歐洲的高速火車與核能裝置。未來看似充滿一片繼續成長與穩定的遠景。

「新歐洲」的大衆文化與高級文化

大衆文化

年輕人與現金拮据的領薪者們，爲1960年代新興的全球性大衆文化提供了廣大的市場。這種大衆文化藉由電視、廉價的電晶體收音機、電影與便宜的國際旅遊等途徑傳播，內容隨性、休閒，予人一種感官上的快感。它的表現方式大都受到美國模式的影響：爵士樂、搖滾樂、休閒的服裝、西方電影等等。這種大衆文化在歐洲廣受歡迎，即使政府不鼓勵這種文化的東歐地區亦同。它終結了過去傳統的民謠文化〔除了少數個人創作的懷舊（民謠）歌曲〕，進一步創造了歐洲年輕人的同質性，同時加深了年輕人與長輩之間的代溝。

1960年代最爲人稱道的大衆文化，是來自英國港都利物浦的年輕四重唱歌手——披頭四（The Beatles）。他們那具有感染力、放鬆的熱情以及高水準的錄音技術與宣傳，使披頭四成爲1960年代全世界最知名的人物。他們所製作的歌曲與電影並不具有明顯的反極權主義、反軍事主義、反階級統治的訊息；他們適度地嘲弄懷有地位意識的中產階級，鼓勵人們使用影響意識知覺的毒品，宣揚一種表面看似無憂無慮的快樂主義式的生活方式。

値得注意的是，披頭四出身自勞工階級背景，家鄉是遠離傳統文化都會的鄉下城市，他們的表演藝術與傳統高級文化全然無關。英國史學家霍普斯鮑姆（H. Eric Hobsbawm）認爲，披頭四的出現讓英國文化降爲了工人層級。[23]事實上，披頭四所代表的英國文化，遠不如它所代表的青年與安逸的國際性文化給人印象深刻。令人疑惑的是，在過去從未有任何表演者可以如此全面性地打破國界。披頭四在漢堡的夜間俱樂部獲得首次的成功，他們拍攝的電影被配成幾十種語言；此外，他們還在世界各地巡迴演唱，唱片行銷全球。英國政府授與披頭四大英帝國爵位，承認其輸出價値。他們喚醒人們注意到不合時宜的民族文化、對中產階級的依從與禮儀等。

當然，披頭四僅是最爲人稱道的國際現象的例子。那些嘗試從西方旅客手中購買藍布牛仔褲的俄國年輕人，顯示出年輕人與休閒生活的國際性文化，遠比官僚政治與國家文化的建立更有力量。

藝術

在歐洲，極權主義與戰爭對藝術創作造成了極巨大的傷害。1933年之後，流亡藝術家們對新世界的奔放思想，隨著1945年美國的繁榮，藝術市場自巴黎移轉到紐約。當希特勒與史達林的統治讓歐洲藝術黯然失色時，美國藝術的發展卻越顯蓬勃。種種狀況再加上美國流行音樂與電影對世界影響逐漸加深，讓歐洲文化第一次蒙上美國文化的色彩，走在美國文化之後。許多歐洲人擔心這種文化侵略會日益嚴重，因而開始採取一些措施，例如電影的配額制等，來限制美國文化進入歐洲。

第二次世界大戰之後，歐洲藝術家們並未進行另一場基礎美學革命，他們如同20世紀剛開始時一樣，繼續將重心放在敞開自我之上。藝術史學家高姆布里奇（E.H.Gombrich）認為，「再也沒有比第一次世界大戰前所開始的藝術革命更成功的藝術革命了。」[24]那次革命讓藝術家從傳統手法中走出來，能自由使用各種可能的方法表現自我，表現主題、技術與材料的多樣化，讓人們很難說出哪位藝術家是戰後藝術的代表典型。重要的是，人們已經不再如同1914年時一樣，對實驗性的藝術表現感到震驚或憤怒，而能普遍接受並相信藝術若要成功，在某方面是需要藝術家能以原創風格呈現自我。即使是對現代藝術有基本支持度的高姆布里奇，也好奇這種「必須創新」的藝術義務，是否會成為20世紀後半的另一個新的一致性。

不論如何，歐洲藝術家們還是找到了個人的特色。戰爭的恐怖喚出了藝術表現，助長了有關公共主題的具像畫（figurative painting）與雕塑的復甦。雕刻家摩爾（Henry Moore）僅以鑿孔圓形雕塑表現人體，卻能引發人們對1941年閃電戰時蜷縮於避難所的倫敦市民的強烈聯想。戰後有些歐洲巨匠與雕塑家以極端個人化的方式重新開始具像藝術（figurative art），以表現出他們煩亂的心境，而這些藝術表現大多偏向於私人情感的表露。

克魯索瓦斯基（Balthazar Klossowski, 1908-2001）在畫作上的簽名為巴爾蒂斯（Balthus），他以個人的神祕內在風景視覺作畫，畫中遙遠處總有性感的少女朦朧出現。愛爾蘭畫家培根（Francis Bacon, 1909-1992）將畫像或老舊的照片改造，表現人類的寂寞與恐懼。瑞士畫家同時也是雕刻家的賈克梅第（Alberto Giacometti）回到1930年代末期，以抽象作品到肖像畫等方式來表現人類的各種形態；戰後，他創造了許多令人難忘的細瘦且孤獨的人物作品。英國畫家魯頌．佛洛伊德創作了關係親密卻讓人感覺不安的人物畫像與肖像。最為大眾所接受的是德國畫家凱佛（Anselm Kieffer）諷刺納粹主義、戰爭與戰後荒蕪的描繪。

類似的幻滅圖像也出現在小說中。法國小說家中的「新小說」（new novel）派，如格里特（Alain Robbe-Grillet）與薩拉特（Natalie Sarraute），將創作焦點集中於具體細節的描述上，文中不做任何有關情節、人物特質發展或

圖19-1　雕刻家賈克梅第與他的作品，1964。

觀察者個性的清楚交代；傳統的小說在英國、義大利與德國仍舊活躍；德國的戰後寫實者依舊寫諷刺社會的小說：柏爾（Heinrich Böll）以《仕女群像》（*Group portrait with Lady, 1973*）獲得諾貝爾獎，《仕女群像》中描述一位20世紀年輕婦女的一生，記錄科隆50年的歷史。

雖然電視的嚴重入侵，影響了電影在大眾娛樂中的地位，然而在1960年代，電影仍然是藝術表現的一種生氣蓬勃的方式，比繪畫更能感動觀眾。在1960年代，巴黎與羅馬是試驗性電影的中心，當時最具刺激性的電影作品，是那些揭露空虛都會生活內容的電影，包括戈達爾（Jean-Luc Godard）、安東尼奧尼（Michelangelo Antonioni）與維斯康蒂（Luchino Visconti）所拍攝對墮落的沉思探索系列；瑞典導演柏格曼（Ingmar Bergman）的黑色心理劇；以及西班牙導演巴內爾（Luis Buñuel）天主教佛洛伊德學說（Catholic-Freudian）的諷喻電影。

作曲家們繼續尋求新的樂音，以完成他們在音調與合聲方面的解放。最重要的戰後作品與戰前前輩們的作品，在種類上並無任何不同，不過戰後的作曲家發現了新的音域。在兩次大戰之間由瓦儒塞（Edgard Varèse）所開始的電子音樂，藉由電腦與電子樂器——如慕格合成樂器（Moog synthesizer）——的應用，擴展了新的音域。另一種新趨勢是運用無聲與「即興」音樂的選擇，由演奏者根據作曲家的大致指示，進行即興演奏。「具象」（contrete）音樂聚焦於單獨的聲音，傳達1960年代印象的片段。法國人博雷茨（Pierre Boulez）是無音調樂曲的最著名代表者，不過，如同其他藝術領域一樣，無音調樂曲也有許多容納多樣性表現的空間。德國人奧夫（Carl Orff）將聖樂簡化，使其高度儀式化，僅以少數的和聲形式來表現催眠式複奏。1960年末期，德國人斯托克豪森（Karlheinz Stockhausen）與義大利人諾諾（Luigi Nono）運用電子音樂與無調音樂，表現他們的左派政治立場。

人們最爲接近的藝術非建築莫屬。戰後的重建與擴張，爲建築藝術帶來極大的空間。戰後的建築師們大多延續了第一次世界大戰前後的主要建築理念，義大利建築師內爾維（Pier Luigi Nervi）仍然使用混凝土建造宏偉而形式自由的建築；羅埃（Ludwig Mies van der Rohe）與其他的鮑豪斯流派者（Bauhaus）持續打造功能性建築；至於科巴西亞（Le Corbasier）則在法國南部的住宅計畫中，融入自己的建築社會功能思想。

宗教復興

對納粹主義的道德反感，讓教會自戰爭中再度復興，並得以鞏固。雖然在過去兩個世紀中，許多高級文化被轉變成唯物主義或不可知論，然而我們仍可在其中找到宗教復興的蛛絲馬跡。

言行謹慎出身高貴的教廷管理者碧岳十二世（Pope Pius XII, 1939-1958）的去世，讓戰時與戰後的宗教復興潮流達到最高點。新任的真福若望二十三世（John XXIII, 1958-1963）與碧岳十二世相反，他出身農家，性格活潑、身體強壯，散發出一股人性的溫暖。真福若望二十三世在其短暫的任期間，經歷許多戰後的革新（機構與組織的現代化）；他在梵蒂岡召開了繼1870年之後首次的世界天主教大會，並迅速以「梵蒂岡二世」（Vatican II）聞名於世（1962-1965年）。大會允許在民眾慶典中可以不使用拉丁文而使用當地語言；允許天主教徒可以與其他的基督徒們來往；賦予教會執事會更多的權力。真福若望二十三世最重要的兩封通諭——「慈母與導師」（Mater et Magistra, 1961）與「和平於地」（Pacem in Terris, 1963）——強調社會公義的需要、讓工作者參與更多和他們有關的事務決策，並呼籲終結國際間的衝突。

保祿六世（Pope Paul VI, 1963-1978）承繼了真福若望二十三世的改革。雖然保祿六世對於1960年代的自由論者的作爲感到震撼，他仍能以謹慎的態度，盡力發揮教皇最大的功能。不過，在出生控制、教士獨身、婦女擔任聖職等問題上，保祿六世仍然是一位守舊的傳統者，這讓他與荷蘭天主教會的教士們及其他渴望改革者之間的溝通困難重重。保祿六世是1809年之後首位搭乘飛機離開義大利的教皇，他不辭辛勞、不顧疾病，盡己可能地飛往世界各地力倡社會公義與和平。保祿六世任內增加了第三世界教士在天主教會的職務，並積極尋求與基督教領袖接觸。雖然他極爲反對馬克思主義，然而他也終結了上一輩東歐教士們對之絕不妥協的態度，與實行馬克思主義人民共和國達成某種暫定協議（modus vivendi）。

第二次世界大戰讓許多基督教神學家，對人類的邪惡與原罪產生深切的關注。19世紀末期，富裕而自由的新教教會只關心自己的私利，而不反抗納粹主義，導致失去了人們的信賴，淪爲一種人類道德發展上單純的宗教信仰。

爲此，基督教乃朝向兩個可能的方向發展。對瑞士神學家巴斯（Karl Barth）而言，他認爲「人可以用理智拯救自己」的自由主義信仰觀是危險的，將導致人們在不知不覺間，相信自己所創造出來的宗教信仰，不論他們所需要的是何宗教。巴斯反對活躍的基要主義，因爲它一再主張大主教揭示從神而來的啓示的權力，以及人類的無能，認爲人必須倚靠上帝的恩典才能拯救自己，巴斯的思想曾讓知識份子與道德領袖以基督教的立場對抗希特勒。1944年被納粹處死的潘霍華（Dietrich Bonhoeffer），便是他德國學生中最具影響力的一位。

基督教發展的另一個路線，如同19世紀的自由主義異於該年代自由的新教主義一樣，他們強調人的理性，不滿足於只停留在個人對「歷史上的耶穌」的敬虔信仰觀，進一步要求針對道德進行討論。布爾特曼（Rudolf Bultmann）等神學家曾經爭辯認爲，聖經是以舊時文化的措辭寫成，讓人無法用現代文化來理解；現代基督徒必須從古舊的聖經神話中，汲取可以應用於現代生活中的內在意義，以因應現代生活中的各種狀況。然而，對某些人而言，如英國神學家羅賓遜（John Robison）便認爲，如果敬虔的主日學語言必須轉換成適合現代生活的詞藻，無異是「上帝之死」（God was dead）的表徵。

天主教與基督教彼此相近，天主教以普遍擴張爲主，而基督教則重新省思聖餐與儀式的重要性，而雙方的公開禮拜活動則都得到復興。

科學成就

歐洲的科學僅能以緩慢的速度，自經濟大蕭條、戰爭，以及對美國的「頭腦輸出」的狀況中逐漸恢復。西歐跨國性的科學成就，直到1960年代才顯示出一些成效。歐洲核能研究中心（The European Center for Nuclear Research, CERN）在瑞士建立了全世界最具威力的核加速器（nuclear accelerators）；而歐洲發射工具發展組織（European Launch Development Organization, ELDO）則發展了重型衛星發射器（heavy rocket-kaunching device, Ariane），並在1995

年時取得全球半數以上的市場占有率。不過，西歐的大學並不全都具有優良的現代化研究設施，此外，它們用於純科學研究的經費所占的國家收入比例也遠較美蘇少。雖然史達林的干預爲語言學與遺傳學的研究帶來破壞，然而蘇聯在實用科學技術、原子能與火箭技術方面的成功，仍然深受注目，而且蘇聯在物理學與化學方面的成功也令人讚賞。

物理學持續在本世紀初期迅速發展，成果輝煌，不過，改變最多的則是生物學與生物化學的研究。有關組成細胞基本結構的研究，與生命遺傳物質的生化結構研究，開展了人們對生命體作更深入分析的可能性，也引發了控制或改變人類性格研究的倫理問題。1962年諾貝爾醫學與生物學獎的得主，爲劍橋大學的克里克爵士（Sir Francis Crick）與美國的沃森（James Watson），他們解析出去氧核醣核酸（DNA）的結構——去氧核醣核酸是基因物質中的基本蛋白質成分。

至於社會科學與哲學，由於這兩個領域不像自然科學的研究那樣需要耗費龐大的資金，因此成爲第二次世界大戰後歐洲研究成果最輝煌的領域。由於戰後立刻經歷了意識形態的衰落，因此只有極少數的歐洲學者投注心血鑽研哲學或社會學系統。邏輯實證哲學家——維特根斯坦（Ludwig Wittgenstein）與羅素（Bertrand Russell）的追隨者——如牛津大學的哲學家艾爾（A. J. Ayer），便捨棄了泛論的方式來研究倫理學與形而上學的問題，改以數學研究的精確方式思考獨立的邏輯問題；雖然並沒有那麼刻意，同樣的研究方向也發生在社會科學研究中。受到美國實用主義的影響日深，歐洲學術界對此領域問題的觀察，精細化的傾向日益加深，不過，此時期並未出現任何重要人物，足以取代上一世代支配社會學思維的巨匠，如：馬克思、韋伯與佛洛伊德。

社會科學中最新且最具影響力的是結構主義，法國人類學家里維—史特勞斯（Claude Lévi-Strauss）曾對之作出最複雜的解釋。里維—史特勞斯曾於1930年代在巴西執教，並於1940年代從維琪法國流亡至紐約，期間，眼見巴西印第安族在進步到「文明社會」之前便消失了，讓里維—史特勞斯感到十分震撼，原本就對文明社會的優勢感到質疑的里維—史特勞斯，開始致力研究原始民族在進化過程中的基本要素。在分析了食物、烹調與吸菸等細目之後，里維—史特勞斯認爲他已能發現並記錄有限且具體的人類思想基本結構的邏輯歷程：配對、相反與同類。他的研究興趣著重於思想結構而非思想史，所嘗試的研究重心是「破解密碼而非追尋家譜」。[25]在《未開化的心智》（*The Savage Mind*, 1962）一書中，他談到在那些固守不變的社會中，人們的思想邏輯過程與那些變化中或發展中的社會同樣複雜，同樣有依據。在他最聞名的著作《憂鬱的熱帶》（*Tristes Tropiques*, 1955）中，里維—史特勞斯深入探討了文化間的衝突，提出他對西方文明的相關合法性的質疑，並認爲發現內在邏輯結構的密碼比追溯歷史更能了解人類思想的本質。

當美式大衆文化支配了大衆的注意力，第二次世界大戰後的高級文化也同時被專家們分開解讀爲更加神祕的領域。

1960年代，英國科學家斯諾（C. P. Snow）與文學評論家利維斯（F. W. Leavis）之間曾經有過一段激烈的爭辯。斯諾認爲世界上存在著兩種文化，一是科學文化；一是文學文化，這兩種文化的最基本形式在討論中屬於較高層級的問題。事實上，世界上存在許多文化，其中有些甚至是受過教育的人也很難領會的。由此可見，歐洲人不僅失去了文化的優勢保證，甚至失去了對全文化的洞見能力。

消費社會中的不滿：1968 年與 1968 年之後

1950年代末期到1960年代初期對於後意識形態穩定的預測，在1967年到1968年間變得極爲虛幻。在那幾年之中，西歐的大學、工廠與街頭都陷入一片混亂。在過去，學生與工人經常進行抗議，抗議者對現存社會的全面厭棄，以及他們對左派政黨與聯盟所建立的、狹隘的工作日議程的蔑視心情，讓1967年到1968年成爲一段特別的時期。

學生的不滿

最先開始進行抗議的是大學與中學的學生。由於經濟繁榮與新的社會津貼使入學人數急速膨脹，但學校卻尚未做好因應的措施，義大利、德國與法國的學生們在1967年到1968年間，在校園中靜坐爭取基本問題的解決，而非抗議不充分的教學設備。他們譴責消費主義的空虛、即將步入的社會的一致性。在資本主義下，他們得肩負著無意義的工作，以及與美國共謀發動越戰的歐洲國家。歐洲學生與美日學生同步發生的抗爭行動，證明了全球普及的年輕人文化的浮現，不過歐洲學生比美國學生更嚴肅地看待社會理論。受到毛澤東文化大革命與拉丁美洲人革命者如格瓦拉（Che Guebara）的啓發，他們希望能找到比歐洲或蘇聯的傳統馬克思主義更具自發性、反等級制度的理想理念。

由於「孤獨的年輕人」是一種全球普遍的現象，只單純探討歐洲情況並不精確。美國人類學家米德（Margaret Mead）針對技術的迅速變化做了一種概念性的一般化解釋。[26]她認為在穩定的社會中，年輕人相信他們的人生會和父母的人生類似，換句話說，父母的經驗對年輕人而言是一種有價值的傳承。然而現在，生活的條件在幾年中產生了超乎意想的變化，一切都變得不同了。現代是一個將汽車納入公共生活的時代，飛機從玩具變成了節省時間的交通工具。短短兩個世代的時間，核能成為實際可用的能源；數年之內太空旅行成為人們可以想像的夢想。米德相信，1960年代的年輕人已經不再認為長輩可以教導他們什麼了。[27]

學生們在社會中的地位模糊不清，雖然尚未進入社會，但他們卻已經成為野蠻競爭、職業導向的學校壓力下的實驗品；雖然輕蔑唯物主義，卻也看見自己的未來取決於成功地通過考試，當然，歐洲學生的確有抗爭的理由。經濟繁榮的1960年代，歐洲大學的入學人數成長極為迅速，學校卻不能為畢業生提供出路，也未能提供充分的師資與設備，導致學生的批評愈發尖銳嚴厲。

學生們的不滿，在西歐消費社會中情況極為嚴重。1960年代末期的大學生除了經濟繁榮富裕之外，其餘全然無知。早些年的經濟大蕭條與戰爭，讓他們看見了父母親的窘態，而在冷戰的最後階段，更讓他們證明了父母親的無能，使他們失去對親代的信賴。納粹主義的倫理責任問題與粗糙的唯物主義，加深了德國人民兩代之間的鴻溝。在1967年到1971年間發生於學校與學生之間的拉鋸戰，導致德國大學中許多特權組織的運作癱瘓。義大利的學校超收了近十倍的學生，在設備不足與對工業社會不滿的情況下，他們與警察發生鬥毆，並以恐怖行動進行挑釁。

最引人注目的學生抗議行動發生於1968年的法國，此項行動始於少數學生抗議大學角色，認為大學不應只是技術專家的選擇者與製造者；或「資產階級事務入門」的導引；或一輛為保持文化遺產而加速追趕「新工業革命」[28]的舊馬車。學生們為自己出於自發而非受教條驅使的行動感到自豪，這個團體將此次運動命名為「三月二十二日運動」。那一天，他們在法國巴黎近郊南特爾大學的新校園中，展開對大學當局的抗爭，領導者是來自德國的留學生柯恩—本第特（Daniel Cohn-Bendit）。1968年5月11日夜間，學生們在巴黎索朋尼大學（Paris Sorbonne campus）進行示威活動，警察的過當處置，讓學生們首度贏得群眾支持。示威活動中計有367個人受傷，460人被捕。在得到普遍的公眾同情和鼓勵之後，學生們開始在工廠中尋求聯盟，5月14日便有些工人開始罷工，不過他們的訴求乃以乏味的工作內容與通貨膨脹為主——與學生訴求極為不同。5月底，在法國有1,000萬人參與罷工，這是自1936年5月以來最大的一次自發性抗爭運動，共產主義或社會主義聯盟的領導者完全沒有參與其中。

圖19-2　1968年5月，學生們在巴黎與鎮暴警察迎面對立。雖然學生們的抗議行動（暫時與罷工的工人結盟）導致國家幾乎無法運作，保守派候選人戴高樂仍然於6月大選中贏得絕大多數選票的支持。

當法國開始因天然氣與糧食不足而陷入窘境時，人們以爲自5月29日便失去蹤影的戴高樂將軍即將結束執政，不過後來證明他在當時其實是爲了確認駐防法軍的忠誠，而祕密前往西德。然而，戴高樂並不需要靠軍隊來消弭暴動，因爲消費導向以及訴求增加薪資的工人族群，已經逐漸從批判社會基本問題的學生抗議族群分離出來了；當大多數工人最後在6月初接受了大幅調薪的調解之後，學生們便被孤立了。6月23日的選舉，讓戴高樂坐享自驚懼憤怒的法國人民的反作用力所帶來的漁翁之利。這些法國人民從雖不完美但還寬裕的生活，突然落入汽車停止運轉、糧食不足與不合的年輕生活型態的惡夢中，這一切讓他們既驚恐又憤怒。在這種情況下，法國史上首次由一個單一政黨——戴高樂主義者——得到絕大多數的國會席次。

「五月巴黎」事件的直接影響是，在那之後，法國的內部狀況得以穩固。當時，大多數的工人似乎都只是要求加薪，而大多數法國人民要求的也僅是安定的生活。不過這也披露了高技術消費社會的脆弱，戴高樂的形象於是受到嚴重的打擊，一年之後，79歲高齡的他提議了一項並非十分重要的憲法議案遭到議會否決，之後便黯然下臺了。

工人的不滿

上文讓我們看到由於學生的不滿與政府對抗議行動鎮壓，在法國引起的產業界的動盪，這種狀況在義大利更為嚴重。1969年時的「狂熱之秋」（hot autumn），是自1920年9月工廠被占領的事件以來，發生於義大利最大規模的罷工潮。全國半數以上、超過一百萬的工人，以各種不同的形式進行罷工、破壞、占領工廠。這種動盪甚至延燒到當時都還很被動的服務業與白領工作者之中。

如同法國一樣，由於抗議工作速度、無趣的生產線工作、管理控制的束縛、不斷上升的生活費用等，讓技工們也開始在義大利進行抗爭動。1969年7月，他們抵制在米蘭的倍耐力輪胎公司（Pirelli tire factory）所進行的聯盟談判合約，因為那樣的合約讓他們感覺受到輕蔑。不循傳統方式建立聯盟領導，而以建立工人委員會進行的抗爭行動，吸引了年輕、剛來自南方及容易在不熟悉的產業環境中情緒激動的無技術工人。新的運動如Lotta continua（不斷抗爭），造成比傳統工會或共產黨更大的風潮，工人們除了要求更平等的薪資報酬以外，也要求由工人自行控制產量。在某段時期，局勢似有激進的學生與年輕工人之間即將結盟的趨勢，義大利社會將受到更大的震撼。1969年秋末，傳統聯盟的領袖再度表明，聯盟與大多數的工人接受新的國家合約，並願意依循薪資慣例與工時：義大利全國工人每週工作40小時；加薪18.3%，以及薪資指數應反映生活費用——即著名的史卡拉流動指數（scala mobile）。這個工薪資動態指數在1975年達到百分之百時，穩固地抑制了物價的上漲，創造了歐洲最高的通貨膨脹率與1970年代的旋轉門式（revolving- door）政府。

1968年到1969年的工人運動，最值得注目的是其對傳統聯盟與工會領袖的摒棄，與其熱烈的抱負。他們訴求由工人自行掌控——自我管理（autogestion）。這是由於國家與管理部門，對他們最重要的兩個不安全感訴求——包括失業與通貨膨脹——皆不予回應所致。最為人稱道的工人自理的良例是法國貝桑松（Besançon）的利普鐘錶工廠（Lip watch factory），該工廠在1973年因赤字面臨倒閉的命運，工人們自行接管工廠運作整整一年，拒絕為了經濟效益犧牲任何一名員工。

工人們對調節薪資與物價的努力，增強了勞資關係的緊張，國會機構也對於這樣的狀況深感棘手。英國保守黨首相奚斯（Edward Heath, 1970-1974）在1972年11月試圖凍結薪資與物價，引發了自1926年以來首次全國性的煤礦工人罷工，勞工的緊張情緒在1973年更為惡化。在英國首次基層公務人員罷工與另一次的礦工延長罷工之後，奚斯於1974年失去了多數選票。即使是1939年內戰結束之後社會氣氛便沉寂如墓園的西班牙，也在1960年代末期經歷了逐漸增加的語言民族獨立運動、勞工動盪與知識份子的異議。

農村也和都市一樣出現了緊張的氣氛，經濟計畫家們鼓勵以機械化的農業企業取代傳統且不完整的小耕農制，爲此，法國的農業人口首次降到工人的三分之一，義大利也出現相同的現象。雖然生產方式的改善導致產量過剩，但農民仍在通貨膨脹的情形下，在支出與收入之間疲於奔命。當共產黨在法國與義大利組織衰落的小群農民小有成績之時（只是一時之效，但卻導致將共產主義陷入技術落後的長期危機），某些市場導向的法國農民訴諸直接行動來解決問題。1960年代末期，農人們以生產過剩、賣不出去的農作物封堵高速公路，並且在幾項重大場合中占領政府辦公室。1973年爆發石油危機之前，歐洲經濟已經陷入緊繃狀態並開始衰退。相關內容將在第二十二章詳加討論。

新男女平等主義與婦女解放運動

第二次世界大戰結束後，除了葡萄牙與瑞士的某些地區之外，西歐婦女都已經擁有選舉權，然而在消費社會中，婦女的不滿卻無法得到憲法平等的保障。更甚者，在1968年的抗議期間，思想前衛的婦女意識到「當男人們談論革命時，我們竟然在廚房煮飯」。婦女解放運動——來自美國的辭藻——終於在1970年代早期在西歐廣泛地傳布開來。

新男女平權主義包含三種議題，而工作條件仍然是其中最重要的一個議題。有愈來愈多的家庭主婦——包括中產階級婦女，發現她們需要第二份薪水以支撐家庭；某些專業與較高層級的職位，仍然不對婦女開放；不過，如今婦女已經擁有同工同酬的平等待遇。當婦女們要求避孕與墮胎的權利時，生產的問題現在也比往昔更能被公開討論，換句話說，最後某些婦女以新的坦率態度得到性解放。對較前衛的婦女而言，傳統的反對團體與這些議題是無關的，她們認爲：倘若家庭仍然維持家長制，人們如何能完美地廢棄資本主義呢？這些激進的婦女們開始進行屬於她們自己的運動，並出版期刊，例如輕蔑性的《肋排》（*Spare Rib*）雜誌——創刊於1972年倫敦的一個婦女團體，以一頁男性特寫爲特色。

即使是在天主教國家，婦女們的抗議與請願，也讓她們在義大利爭取到離婚權（1970年；1974年得到公民投票的支持，除了積極的教士活動以外），法國（1975年）與義大利（1978年）並同意其擁有墮胎權。愛爾蘭是歐洲唯一仍然堅決禁止墮胎的國家。

落入恐怖主義

1968年時，大家都強烈相信激烈的社會變革即將到來，而這種想法在1970年代逐漸褪色，大多數的激進份子必須接受世界並不會那麼迅速地轉變，其中有些激進份子在遭受到挫折之後，行爲變得更加激烈了。在德國發生了教授之子貝德爾（Andreas Badder）與新聞記者麥恩霍夫（Ulrike Meinhof），帶領一群志同道合的中產階級年輕人搶劫銀行並以炸彈攻擊的事件；1972年時，這群人被判終身監禁，他們的行爲引發了行動更激烈的後繼者——紅色軍團（Red Army Faction）的興起。1970年到1978年間，貝德爾、麥恩霍夫與紅色軍團共計殺害28人、造成93人受傷、擄走162個人質、搶劫35家銀行共500萬馬克。[29]1977年10月，史萊爾（Hanns- Martin Schleyer）綁架案震驚了全世界，史萊爾是任職於賓士汽車的高級主管，他同時也是德國雇主聯盟（German employer's association）主席。這個事件讓劫機、謀殺史萊爾、貝德爾與其他監獄中的受刑人自殺（或謀殺）等恐怖行動達到最高點，摧毀了激進行動予人的魅力，紅色軍團雖然仍然存留，但卻只能吸引那些對一切懷抱不滿的年輕人了。

1970年代之後義大利的紅色軍旅（Red Brigades）以痛毆、槍擊膝蓋、綁架資本主義的領導者來打擊資本主義，這種恐怖行動的巔峰是1978年3月發生在羅馬的義大利前任總理莫羅（Aldo Moro）綁架案，莫羅在被綁55天後遇害。雖然在接下來的兩年中有數十人被殺，然而紅色軍旅在莫羅被殺後，亦受到孤立與分裂的命運。之後，在內部告密者的協助下，義大利警方終於在1980年攻破並瓦解了紅色軍旅。

這些在1968年時被誤用的熱情，不但引發了全球性的譴責之聲，同時也引起了1970年代末期的爭論從靈性的問題轉向內心世界的探討，包括藝術實驗、迷幻藥、社區居民與「綠色」生態激進組織等問題的思考。姑且不論這一切事件與轉變對世界所造成的影響爲何，1973年畢竟發生了一場驚人的巨變，那一年的石油危機，爲西歐的經濟成長與繁榮畫下句點，隨之而來的是更多的社會不滿。

圖19-3　西德總理布朗德發布東進政策的重要時刻。圖為1970年12月時，布朗德總理屈膝跪在華沙納粹猶太罹難者紀念碑前的景象，此時西德才剛與波蘭重建外交關係不久。

第二十章

冷戰緩和：獨立的萌芽，1962至1975年

1962年以後，歐洲的冷戰戰場再度陷入僵局。柏林圍牆本身（1961年）正在衝擊自己的結構，預示圍牆兩邊的人們終究已經學會接受這道鐵幕。雖然如同1968年蘇聯在捷克斯洛伐克所展現的決心一樣，兩邊政府都堅守自己的地盤，但並沒有人想進一步跨越圍牆的樊籬。1960年代末，人們對蘇聯向西進軍的恐懼已經不再像以前一樣緊迫。從1960年代晚期到大約1975年左右，緩和——傳統的法國外交術語，用來指稱緊張局勢的舒緩——成為世界政治學的關鍵詞。歐洲人開始可以比較輕鬆一點地呼吸與生活。

伴隨局勢放鬆而來的是，圍牆兩邊集團內逐漸升起的獨立呼聲。由於中國和蘇聯的爭執，使得共產主義集團一分為二。在蘇維埃統領的範圍裡，東歐共產黨謹慎地擴展他們的活動空間，但是在擁有更多共同組織的西方集團裡，美國卻發現自己很難恣意妄為。在經濟條件上，歐洲共同體的財富已經足以與美國匹敵，而且對東歐具有吸引力。這種在越南戰爭以來的緊張情勢之下誕生的「萬能的金錢」，於1971年和1973年時貶值，而且1945年時在美國的命令下，於布列敦森林（Bretton Woods）協定中規定的固定匯率制度，也已經瓦解。歐洲共同體朝創造自己的貨幣制度踏出第一步。蘇聯在1960年代取得與美國勢均力敵的核子成就，使人們對美國為了防衛歐洲而發動核子戰爭的意願產生懷疑，於是法國決定按照自己的想法，採用獨立的國防政策。1973年，當東德與西德都加入聯合國時，第二次世界大戰的戰勝國與戰敗國之間的界線變得更加模糊。上述種種情況與其他戰後所呈現的特殊局勢逐漸消失之後，戰後時代即將宣告結束。

冷戰：從解凍到緩和

歷史轉折點的標示，多多少少總會涉及某些人為因素，但是冷戰時期最激烈的時刻——古巴飛彈危機——的出現，確實終結了一個舊時代，並且開啟了一個新紀元。1962年10月，美國的偵察機發現蘇聯在古巴裝設的彈道飛彈，與美國佛羅里達州的距離，就好像美國設在土耳其的飛彈與蘇聯國境的距離一樣近。與韓戰（Korean War）不同，事實上也與自1948年柏林空運事件（Berlin Airlift）以來，任何冷戰的對峙情況迥異，古巴危機讓這兩個擁有核子武器的強國，在未透過任何國家中介的情形下，直接以武裝部隊彼此對抗。如果一方判斷另一方可能會率先攻擊，那麼其中任何一方的過度反應都可能會引發核子戰爭。

儘管有溝通含糊、時間壓力與國力疲倦等因素存在，蘇聯總書記赫魯雪夫與美國總統甘迺迪（Kennedy），依然設法傳達他們不希望利用開戰來解決問題的信息，並且努力控制己方的強硬派支持者不要反應過度。在顧問們的建議之下，甘迺迪延緩空襲古巴飛彈道基地的計畫，對古巴進行有限度的還擊——進行海上封鎖。基於美國同意只要移除飛彈就不侵略古巴的正面回應，赫魯雪夫讓16艘原訂駛往古巴的俄國船艦只在大洋中巡迴。俄國放棄在古巴展現積極的軍事行動，但是也不堅持要求美國以撤離土耳其的飛彈爲交換條件；美國同意以門羅主義（Monroe Doctrine）的特例，接受共產主義古巴的繼續存在。雙方都宣稱他們在沒有開戰的情況下贏得實質上的勝利。

古巴危機提醒兩大超級強國，共同維護現狀以及有利的戰後地位，比突然引發一場致命性的決戰對他們更爲有利。當美國和蘇聯基於不同的動機，而於1956年10月迫使英國、法國與以色列人放棄他們對蘇伊士運河的占領時，我們可以清楚地看出他們的這項覺醒。隔年，共產黨領袖們重提馬林可夫那段與西方「和平共存」的舊話。有12個國家的共產黨代表參加1957年11月於莫斯科舉行的布爾什維克革命40週年紀念大會，會中他們宣布：

> 目前和平的力量已經足夠強大，我們或許真的可以避免戰爭的發生……參加這次會議的共產黨和勞工黨宣布，「社會主義與資本主義」這兩種制度和平共存的列寧主義原則……是社會主義國家外交政策的穩固基礎，也是各民族之間維持和平與友誼的可靠支柱。[1]

從1958年到1961年間，赫魯雪夫在柏林、黎巴嫩與東南亞所面對的挑戰來看，美蘇兩國似乎已經失去了共同的利益。走過瀕臨開戰邊緣的古巴危機之後，緊張的局勢有了比1957年的解凍時期更具實質性的緩和態勢。

1963年夏天，甘迺迪和赫魯雪夫簽署了一項部分禁止核試驗條約（partial nuclear Test Ban Treaty），停止祕密進行的核武試爆行動；在克里姆林宮與白宮之間安裝「熱線」電話，以避免因爲溝通不良而使雙方未來的對抗更加複雜化。對歐洲人來說，最重要的是蘇聯取消要求四強撤出柏林的最後期限，並且將柏林轉換爲自由市。當然，在1968年8月，當蘇聯以武力鎮壓捷克斯洛伐克的杜布切克（Dubcek）政權時，還是激起了人們的震驚與義憤。雖然這項行動證實俄國維持勢力範圍的決心，但是在四大占領強國於1971年達成解決柏林通道權問題的新協議之後，並沒有明顯的跡象顯示蘇聯有占領鐵幕西方領土的企圖。

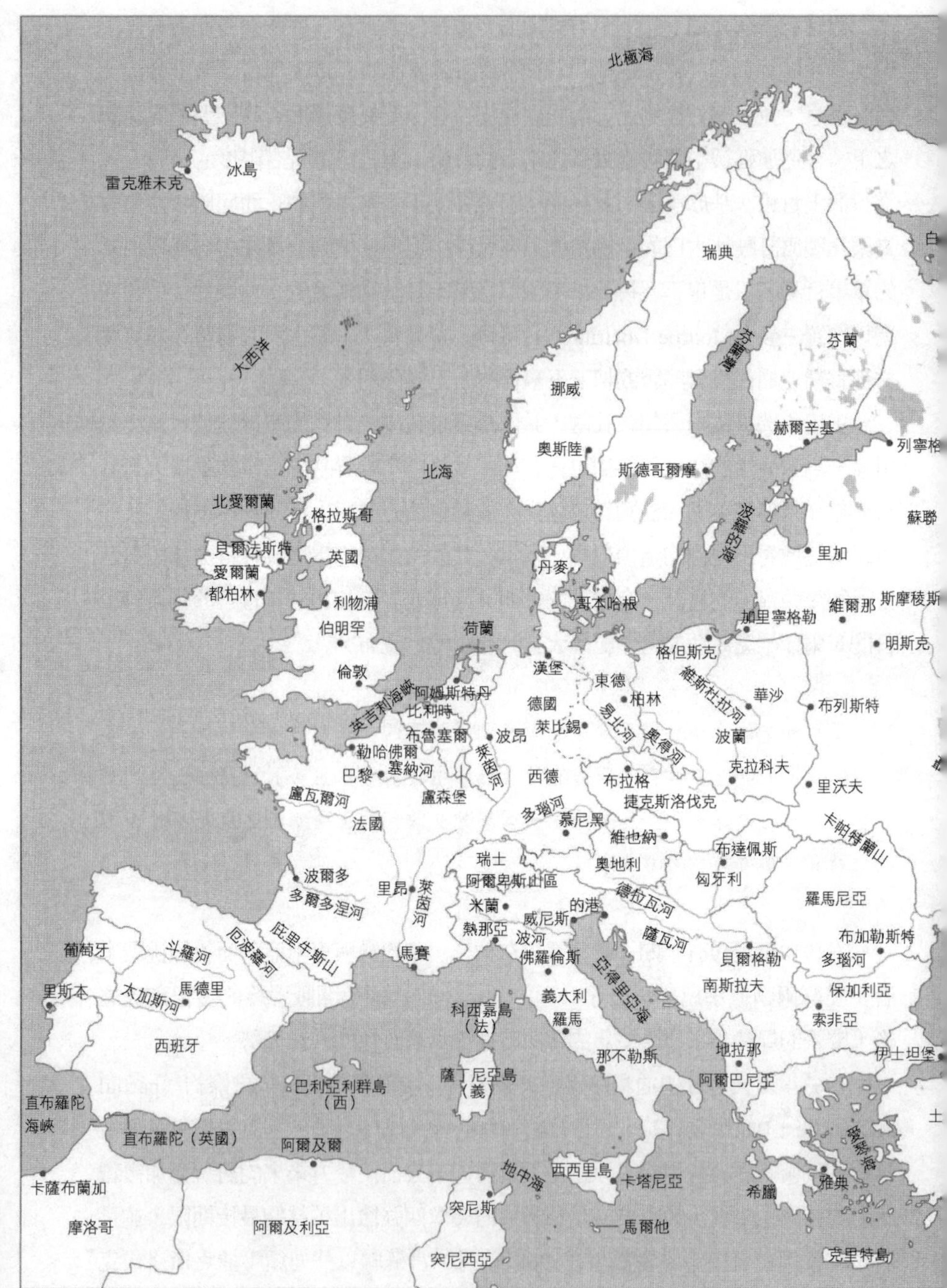

圖20-1　冷戰歐洲，1985年

如今，超級強國們加速談判協商的腳步。根據推測，自兩國於1933年恢復外交關係以後，美國與蘇聯之間所簽署的105個條約之中，約有58份協定是在1969年至1975年之間簽訂的。[2]有兩份戰略武器限制公約（Strategic Arms Limitation Treaties, SALT，將於下文討論）旨在限制遠程核子武器。在歐洲各國之間也進行了裁軍會談，並且簽訂接受1945年以武力劃定的領土疆界的協議，雙方都渴望能在東歐集團裡進行更多的西方貿易與投資活動。最具戲劇性的緩和象徵是1975年7月17日，蘇聯與美國太空船的空中駁接，那是對1945年4月美蘇戰士在德國托爾高握手言和的長遠回響。歐洲人相信他們現在可以在比較不具威脅性的世界裡略微伸展長期受限制的手腳。

共產主義世界裡的多元中心主義

中蘇決裂

在共產主義世界裡最引人注目的紛爭是中蘇決裂。中國共產黨在未藉助蘇聯的力量之下，於1948年時贏得他們的勝利，而且他們的領導人也沒有忘懷史達林於1927年撤回援助的慘痛記憶。[3]直到1950年代晚期為止，由於經濟困難與冷戰，中蘇對雙方的摩擦均隱忍未發，毛澤東甚至親自簽署1957年11月的莫斯科和平共存宣言（Moscow Declaration of Peaceful Coexistence）。然而，當中國於1958年開始進行他們的「大躍進」，並且建立農村公社，而且與臺灣的中國國民黨展開更積極的軍事對抗時，不聽蘇聯勸告的中國共產黨，開始闡述異於蘇聯共產黨的毛澤東共產主義信條（Maoist Communist doctrine）。

毛澤東反對和平共存的空想，以及認為他們的模式適用於中國經驗的想法。他提出主動抨擊帝國主義的政策，在他的政策裡，改良派社會主義者或是第三世界的資產階級民族主義國家，與強大的資產階級國家一樣，都是危險的敵人——換句話說，他們要回歸1928年到1934年以「階級對抗階級」的政策。毛澤東也爭辯說，1948年已經在中國贏得勝利的農民共產主義（peasant communism），與蘇聯的工業模式一樣有效，而且事實上更適合未來的革命情勢，因此俄國不再是其他共產黨的楷模。毛澤東甚至指責蘇聯是「經濟主義」——讓本國經濟成長的優先順位，凌駕於促進世界革命之上。

橫亙在中國與蘇俄的教義歧見背後的，是實務上、領土上以及甚至是民族主義上的對立。毛澤東希望蘇維埃停止對第三世界資產階級民族主義國家（如1962年與中國發生邊境戰爭的印度）提供協助，並將所有的經濟盈餘用來滿足中國的需求。渴望重申舊中國對中亞的影響力，毛澤東譴責俄國在19世紀向東方擴張領土時，曾經侵占中國的土地。毛澤東終於利用可以自主選擇中國的革命模式來展現民族的驕傲，並且開始想要取代蘇聯成為第三世界共產主義運動的領袖。

中蘇雙方彼此意見不和，1960年7月，蘇聯撤離所有派駐在中國的1,390位技師，並且暫時中止對中國的經濟援助。1960年與1961年時，赫魯雪夫所採取的強硬路線包括繼續恢復核武試驗在內，不過主要的意圖是威脅中國並挫其銳氣，直到1962年年底為止，中蘇兩國都只有間接的衝突。中國譴責南斯拉夫；而蘇聯卻是針對阿爾巴尼亞——中國在歐洲唯一的盟國——做回覆。但是，1962年10月與11月，俄國在古巴危機與中印邊界戰爭（China-India border war）中失利，在中印邊界戰爭進行時，蘇聯始終提供印度武力裝備，自此之後，蘇聯和中國就公開彼此攻擊。因為對1963年7月的禁止核試驗條約意見不一，所以中斷兩國之間的所有連繫。中國指責俄國簽署這份「向美國帝國主義投降的協定」；而赫魯雪夫則控訴中國「瘋狂地」想要挑起一場只有中國人民才能存活的核子戰爭。1969年，中蘇兩國的軍隊在他們那漫長邊境上的兩處地方發生衝突：東北九省北部的黑龍江與烏蘇里江沿岸，以及中亞的新疆邊界一帶，其中一次遭遇戰付出了八百多人傷亡的代價。謠傳蘇聯計畫轟炸中國的核子研究中心，中國曾經在1964年於該中心測試他們的第一枚原子彈。

中蘇決裂讓世界上所有的共產主義政黨之間出現裂痕，雖然這些分裂出來的小派別團體，讓義大利與法國國內一些年輕積極的共產黨黨員轉向，但是歐洲的毛澤東主義者極為少數，只有一個歐洲國家——阿爾巴尼亞——完全投入毛澤東主義的陣營。對歐洲來說，中蘇決裂更重要的意義是，它間接支持了東歐的社會運動朝向民族共產主義邁進。

東歐的民族共產主義

就在赫魯雪夫於1956年6月告發史達林之後不久，義大利的共產黨領袖陶里亞蒂（Palmiro Togliatti）就提出將世界共產主義變成「多元中心」的建議：

> 蘇維埃的模式無法也不應該再強制繼續運作……整個體系變成多元中心的制度，而且我們甚至也不能說共產主義運動本身只有一個指南。[4]

1956年6月，為了努力與鐵托和解，赫魯雪夫不得不公開接受「社會主義的發展具有多樣性」的觀點，但是蘇聯在1956年11月出手干預匈牙利的行為，卻顯示蘇聯集團容許偏離的範圍有限。1957年11月的莫斯科宣言，不斷提到蘇聯是「社會主義陣營」的領袖。

1960年代在中國攻擊蘇聯右派領導階級的推波助瀾之下，東歐又重新出現了走向民族獨立式的共產主義的趨勢。1956年時有兩個結局迥然不同的實例，其中一個範圍較局限也較和平（波蘭），另一個則失去控制而且遭到鎮壓（匈牙利）。在1960年代時也同樣有兩個國家重蹈覆轍，捷克斯洛伐克企圖在社會主義經濟架構之下，快速地朝政治與知識自由的方向移動，結果招致1968年8月21日蘇維埃殘忍的侵略行動；但是與捷克斯洛伐克相反，羅馬尼亞遵循的是政治獨裁結合經濟獨立的進程，結果他們所取得的成功遠非捷克斯洛伐克所能及。

事實上，羅馬尼亞在經濟上的偏離程度出人意表。1962年時，東歐的經濟組織——經濟互助委員會——實施勞動分工的制度，如此一來，有些共產主義國家可以生產製成品，而有些國家則負責供應原料。身爲擁有大量石油資源的主要農業國，羅馬尼亞已經預見自己將會因爲勞動分工的計畫而陷入長期經濟落後的不幸境地，因此在1963年2月召開的經濟互助委員會會議上，羅馬尼亞拒絕接受以「社會主義勞動分工」爲名義而要求的犧牲，亦即放棄生產本國內可能可以與較工業化的捷克斯洛伐克及東德一爭高下的產品。

1964年，羅馬尼亞的領袖公開聲明，所有的共產主義國家都是獨立自主的，不應該插手干預他國的事務，藉此向蘇聯提出警告，要求蘇聯允許羅馬尼亞按照自己的方式來發展本國的經濟；同年，羅馬尼亞向法國與美國尋求經濟與技術援助。此後，在羅馬尼亞的努力經營下，她與西方的貿易占本國國外貿易額的第三位，並且繼續追求外交政策的部分獨立。

但是，羅馬尼亞的民族共產主義並不涉及政治自由。黨書記喬治烏—德治（Gheorghe Gheorghiu-Dej, 1944-1965）是東歐最嚴謹的史達林主義者之一；在與中國爭執的這件事上，他完全與蘇聯站在同一陣線。他的繼任者西奧賽斯古（Nicolae Ceausescu, 1965-1989）更進一步實施同樣的區別對待政策，在東歐的領袖之間留下長壽政權的紀錄。在國內，他實施東歐最嚴格的一人獨裁政權；在國外，他在蘇聯所能容忍的限度內，盡量爭取獨立的外交政策。憑恃著羅馬尼亞是唯一無須依賴蘇聯供應石油的東歐國家這項優勢，他拒絕接受經濟互助委員會對羅馬尼亞的經濟計畫。雖然名義上是華沙公約的一員，但是他卻拒絕參與聯合行動，如1968年占領捷克斯洛伐克行動，並於1984年8月婉拒蘇聯在其領土上裝設飛彈。1969年和1970年，西奧賽斯古成爲第一位與美國總統尼克森（Richard Nixon）進行國家級互訪的東歐領袖。雖然否定歐洲共產主義的政治多元論，但是他與鐵托一樣贊同主張殊途同歸的歐洲共產主義理論。他展現略微脫離蘇聯控制的些許獨立性的能力，讓羅馬尼亞人的民族情感深感滿足，而這是其他單調的獨裁國家所無法滿足他們的人民的地方。

到1970年時，人們已有一段很長的時間無法將共產國家視爲單一的共產主義集團。自1963年起，共產主義世界至少已經劃分爲兩個集團：蘇聯與中國。1960年代晚期，各式各樣的東歐共產主義政權已經逐漸成形，在波蘭與南斯拉夫境內，約有85%的耕地掌握在私營家庭農場手中。歷任的波蘭領袖，都必須與波蘭人的根基——天主教——達成協議。波蘭、南斯拉夫與羅馬尼亞都接受美國的經濟援助，阿爾巴尼亞屬於中國陣營。經過1956年的事件之後，已經了解蘇聯對異議的容忍限度的匈牙利，在科達爾的「匈牙利共產主義」領導下，對西方文學和商品的欣賞更甚於蘇聯的文學作品與商品，我們將在下一章對這部分有更深入的討論。1968年蘇聯入侵捷克斯洛伐克的行動證明，即使無法達到經濟統一，她也會使用武力來保持自己的政治優勢。不過，蘇聯能因任何目的而採取激烈手段觸怒其外國追隨者的次數，其實相當有限。

1970年代初期，東歐共產主義政權所面臨的挑戰是找尋確保經濟富裕的方法。爲此，他們甚至不惜忽略東西方的文化差異、思想分歧及精神所造成的問題，而與西方進行交易。

戴高樂主義與西方的「第三勢力」

當法國終於從與阿爾及利亞的八年苦戰——除了葡萄牙在安哥拉與莫三比克的戰爭之外，這是最後一場大規模的歐洲殖民戰爭——之中抬起頭來時，法國總統戴高樂終於可以拋開一切束縛回歸其他的議題。自1940年法國沒落以來，戴高樂日漸消退的激情如今已經轉爲恢復國家昔日光彩的雄心壯志，戴高樂了解，必須用偉大的新事業，來激勵蒙羞的法國軍隊以及已經四分五裂的人民。戴高樂對於冷戰時期的結盟強加於歐洲的約束感到羞惱，他意識到中等地位的國家擁有在日漸鬆散的集團之間與之內巧妙周旋的新機會，但是超級強國卻沒有這種機會。利用技巧熟練的巧妙操縱，中等國家所能發揮的力量，遠遠超過她的實際力量。

戴高樂的第一個步驟是賦予法國軍隊一項激勵人心的新任務，即發展自己國家的核子武器，讓他的軍官團得以擺脫近二十年的殖民戰爭的影響。

在西歐國家中，只有英國和法國在戰後曾經試圖組織現代化的核子武裝部隊。英國在1951年10月測試她們的第一枚原子彈，而在1957年3月測試第一枚核子彈，但是對一個經濟成長率落後於歐洲大陸經濟成長率的國家來說，這樣的負擔極爲沉重。1957年時，英國政府不再吹噓自己擁有獨立的軍事資源，而接受美國在境內裝設飛彈。英國的防禦力量主要用來維持與美國之間的均勢，但是英國仍然必須與美國政策結盟；實際上，英國的確無法利用自己的防禦武力來對抗美國。

雖然不完全是自己選擇的結果，不過法國走的是另一條截然不同的路。這是由於美國認爲法國不如英國可靠，因此拒絕提供法國政府技術性的防禦資訊。在蘇伊士危機之後，法國的第四共和增加了獨立的核子研究，在1958年戴高樂重掌政權之後，更加速了這項計畫的進行。法國的第一枚原子彈在1960年於撒哈拉沙漠引爆，而第一枚熱核武器則於1968年在法屬太平洋群島（French pacific islands）上引爆。

戴高樂認爲除非法國擁有唯一的下達命令權力，否則像法國這樣一個值得驕傲的國家，不應該花費大把精力建立一支大軍隊。英國的軍事力量與美國的政策息息相關；所有北大西洋公約組織的軍隊都接受聯合司令部的指揮，而最後的指揮權則掌握在美國將軍——歐洲軍事聯盟的最高指揮官手中。許多觀察家認爲，戴高樂拒絕接受這種現狀的態勢，看起來似乎是一種已經過時的民族主義。不過，他這種另闢蹊徑的作法，也同樣撥動了法國以外很多歐洲人的心弦。

圖20-2　新歐洲兩位偉大的老人家。前西德總理愛德諾（Konrad Adenauer）與法國總理戴高樂，於1966年攝於巴黎。

早在1959年從北大西洋公約組織撤出戰鬥機中隊與法國地中海艦隊時，戴高樂就開始讓法國的武裝部隊脫離北大西洋公約組織聯合指揮系統的控制。他在1963年6月時，將大西洋與英吉利海峽的艦隊撤出大西洋公約組織，並且在1966年時，拒絕參與北大西洋公約組織的聯合軍事行動〔雖然他聲明法國依然是大西洋聯盟（Atlantic Alliance）的一份子〕。1966年，北大西洋公約組織的總部從巴黎附近，遷移到布魯塞爾附近。

正當美國還因爲這次北大西洋公約組織中所出現的首次背叛行爲而感到頭暈目眩時，戴高樂竟然給予共產主義中國外交上的認可（1964年），並到莫斯科進行隆重的國事訪問（1966年），訪問期間他還向俄國提出「緩和、諒解與合作」的建議。雖然對戴高樂的「從大西洋到烏拉山地區（Urals）……歐洲人的歐洲」的夢想置之不理，蘇聯領導人布里茲涅夫（Leonid Brezhnev）仍熱切地採納了戴高樂的科學與技術合作提案。儘管戴高樂所描述的地理含意有些模糊，而且他對蘇聯能放鬆對東歐的掌控權的期望，似乎也是一種妄想，但是戴高樂是自第二次世界大戰以來，第一位展現歐洲能自行其路的重要歐洲政治家。

戴高樂也努力與第三世界發展獨立的外交關係。在這段時期裡，法國的對外援助超過美國，這成了他在拉丁美洲進行巡迴訪問時（1964年），拿來大肆宣揚的話題。1966年，他在柬埔寨譴責美國在越南的軍事介入。因爲被法裔加拿大人民的熱情感動，他高聲吶喊：「自由的魁北克萬歲！」（1967年）觸怒渥太華的加拿大聯邦政府，很多美國人推斷，戴高樂已經開始展開反美國的鬥爭。

戴高樂的反美形象因爲他抨擊「英語式法語」（franglais，無形中隨著美國的流行時尚融入法語的美國詞語）而更加鮮明，他努力限制法國經濟結構裡美國公司的勢力，並且正如下文我們將要討論到的，他採取行動削弱美元的國際角色。戴高樂在美國所激起的憤怒，比第二次世界大戰以來任何一位蘇聯以外的歐洲領袖還多，有時報社甚至會刊登憤怒的美國人將高級的勃艮第葡萄酒倒到排水溝裡的照片。

事後冷靜思考時，我們可以將戴高樂視爲歐洲傳統中強調均勢的現實政治裡，一位技術精湛的玩家，而期待以結盟來表達友誼更甚於一己私利的美國人通常會誤解這項歐洲傳統。對敏銳地覺察到整個歷史上國家興衰趨勢的戴高樂來說，決心抗拒衰退的國家，必須在各方面持續不斷努力，才能爲本國爭取利益，對他來說，結盟只是另一種國家利益的表達方式。戴高樂總是堅稱，爭取法國利益的一個要素是西方團結，而且事實上他所採取的策略，也的確將美國對西歐的防禦保護視為理所當然之事，戴高樂極力聲明他的政策方向只是在表面上威脅西方國家。在1961年的柏林危機與1962年的古巴危機時，他比其他任何西歐的政治家都更堅定地支持甘迺迪，而且在1968年蘇聯占領捷克斯洛伐克的事件上，他再度與美國站在同一陣線。他總是堅稱法國沒有脫離北大西洋公約組織，他們只是退出聯合軍事司令部，但是，當蘇聯不再具有攻擊性時，他相信可以在逐漸衰敗的冷戰同盟體系之中開拓空間，為法國爭取最大的利益。雖然他的高瞻遠矚所看見的是遙遠的未來，不論如何，他畢竟將法國人民團結了起來，從民族主義者到共產主義者都能團結一致，而新的法國自信也讓法國人度過了十年自19世紀以來便未曾經歷的繁榮安定的美麗歲月。有些同情法國的美國人，如國務卿季辛吉（Henry Kissinger）便認為，戴高樂為鞏固西方勢力所做的付出，比任何其他附庸國還多。

當然，並不是所有的歐洲人都欣賞戴高樂的作法。歐洲共同體裡面有一些小國家對於戴高樂從1963年與德國簽訂意味終結歷史上的民族仇恨的條約起，為了努力將共同市場（Common Market）變成法德共管，而與德國總理愛德諾建立親密的合作關係感到憤怒。因此，當戴高樂於1963年與1967年二次投票反對英國加入共同市場時，人們對戴高樂更加不滿。

頭腦不如戴高樂複雜的政治家，可能已經發現在共同市場裡將歐洲的地位提升為第三霸權的理想方法，但是戴高樂卻將自己的意志與智慧投注於雙重政策，而在他努力塑造未來時，這個雙重政策本身固有的矛盾可能會變成致命的弱點。戴高樂希望在獨立的歐洲建立獨立的法國，但是他堅持歐洲必須是歐洲人的祖國——一個傳統的民族國家聯邦——而不是一些居民說著「世界語或沃拉普克語（譯註：一種人造語言）」的那種毫無個性的新實體。戴高樂的這個主張，可能會使歐洲失去眞正成為「第三勢力」的良機。

共同市場的轉向

戴高樂很快就找到機會，提出現在的歐洲整合運動（European integration movement）應該何去何從的問題。一方面因為在初期的經濟配置中曾經取得燦爛的成就，[5]所以要鋪設歐洲共同市場，使它的超國家要素（如共同的農業要素）變成眞正的政治聯盟種子的可能性。這不但是經歷過歐洲整合運動那段英勇年代的上代人，如莫內的希望，也是一群日漸強大的超國家官員們，如哈爾斯坦（Walter Hallstein）的希望，哈爾斯坦是共同市場委員會成立後任期十年（1958至1967年）的首屆主席。哈爾斯坦喜歡說羅馬條約（Treaty of Rome, 1958）是「憲法文件」、是「歐洲憲法的第一章」。[6]從這個觀點來看，共同市場不單只是應該增添新的功能，而且也應該招納新的會員。舉例來說，共同市場應該擁有課稅權，而且擴大接納英國及其他對歐洲整合的看法已經改觀的歐洲自由貿易協定（European Free Trade Association, EFTA）的會員國。

另一方面是加強國家之間更爲有限的合作的觀念，戴高樂顯然也抱持著這種觀點，但卻絕不是唯一一位懷抱這種觀念的政治家。雖然戴高樂很顯然地對超國家組織相當反感，但是他並不想要解散共同市場或其他的歐洲機構，他想要利用共同市場來達成自己的目標：再度建立一個由法國領導的強盛歐洲。直到共同市場同意通過法國所提的計畫爲止，戴高樂始終利用法國的表決權來阻攔各項決議，藉此促使共同市場朝有利於法國權益的方向前進。共同市場的會員國被迫做出令他們感到不悅的選擇，若非聽命於法國就得一事無成。

身爲六國中主要的農業生產國，法國堅決要求共同市場必須購買法國多餘的農產品；法國希望共同市場大部分的海外發展基金，都能夠直接挹注到法屬非洲。因爲大英國協（Commnwealth）的英國進口農產品會對法國的農產品造成威脅，同時也因爲他感到英國與美國的政策聯繫太過密切，所以法國投票否決英國加入共同市場。當哈爾斯坦企圖利用徵收關稅並且直接發放農產津貼，來提高共同市場的預算獨立性時，戴高樂卻讓整部共同市場機器停止運轉長達七個月的時間，從1965年7月到1966年1月。在簽訂賦予各會員國對重要的國家利益問題有否決權的「盧森堡協議」（Luxembourg compromise）之後，1966年1月共同市場的各組織機構再度開始運作。共同市場無法依照預定計畫過渡到超國家的下個階段，因爲在超國家階段裡，委員會將有權在多數會員國的支持下採取主動行動。戴高樂阻止了這個過渡行動，不過或許有些其他的會員國因此而暗暗地鬆了一口氣。

不過，由於共同市場不但活力十足且爲會員國帶來諸多利益，因此很難加以破壞——但是破壞共同市場也並不是戴高樂的意圖。雖然如今共同市場已朝向各個會員國之間更具一致性的制度發展，然而其勢力與合法性仍然不斷成長。在接下來的二十年中，並不是由另一位如哈爾斯坦般滿懷歐洲主義熱誠的國際官員來領導委員會，此外，共同市場的委員會不但沒有變成歐洲政治聯盟的執行機構，反而變成一個負責規劃及管理的機構。至於政治權力則落回會員國代表的手中。由常設代表委員會（Council of Permanent Representatives，首字字母縮寫是COREPER在布魯塞爾使用普遍）負責處理日常工作。各部會首長——尤其是外交部長與農業部長——經常與他們的共同市場同僚在部長會議中碰面。最後，在1969年之後，各國政府的領袖也開始召開會議，並於1973年以後正式將他們每年召開三次的會議變成歐洲理事會。

在這條新的聯邦主義軌道上，共同市場依然紮根於西歐人的日常生活之中。在1967年時，三個歐洲組織——共同市場、歐洲煤鋼共同體與歐洲原子能組織（Euratom）——合併成單一的歐洲共同體（European Community, EC）。在1968年時，歐洲共同體除了提前取消最後一項內部關稅之外，還取得司法權與課稅權。位於盧森堡的歐洲共同體法院（Court of Justice）訂定很多判例法，有越來越多的案例顯示歐洲共同體的法律優於各會員國國內的法律。舉例來說，雖然有些體罰學生的方式並未違反英國的法律，但是歐洲共同體法院卻認定，這種體罰行爲違反了歐洲共同體的人權法規（Human Rights Code）。1975年以後，歐洲共同體有了自己的收入，部分來自於外來關稅，部分是來自於所有會員國所繳納的1%增值稅。1979年時所創立的歐洲貨幣體系（英國和丹麥除外）並不是歐洲主義者夢寐以求的單一貨幣，而是一種抑制會員國之間的貨幣波動的機制。最後，在1979年以後，不再由會員國的議會遴選歐洲議會（European Parliament），而直接由會員國的公民投票選出歐洲議會。雖然歐洲議會的基本權力是否決預算，而它也確實曾在1979年和1982年時行使過這項權力，但是歐洲議會的主要功能還是充當歐洲的發聲筒，以及協助跨國的政黨團體，如同以共同市場委員會爲中心所建立的跨國工會及企業家協會一般，以歐洲議會爲中心成長發展，但是在實務上很少因爲國家經濟圈的擴大，而「僭越」與煤鋼有關的第一條超國家法規，工業依然大多屬於國家性的產業。主要的例外是初步的太空研究與重要的核能研究，如英法合作製造的協和式超音速噴射客機與德法英西四國合作製造的空中巴士等，以及一些規模比較小的混汞工業，例如德國和比利時的攝影底片業。

現在歐洲共同體已經轉向沿著聯邦路線前進，因此在戴高樂退場之後，歐洲共同體就可能會採取進一步的地域行動。1973年終於准許英國加入歐洲共同體，英國疏遠她與美國的「特殊關係」，並且將重點從大英國協轉到歐洲。雖然這項行動使英國人民出現分裂（工黨持反對的意見），但是在1975年的公民投票中，這項行動依然再度獲得肯定；經濟與英國息息相關的愛爾蘭和丹麥，也在同一時間加入歐洲共同體。當希臘於1981年1月1日也成爲歐洲共同體的一員之後，歐洲共同體的會員國已經從六個增加爲十個；西班牙與葡萄牙在1986年1月1日加入。但是地域擴張也意味著歐洲共同體內部的異質性更高，使西歐更難合併成一個名副其實的歐洲合眾國。

歐洲共同體在1970年代時成爲工業強權之一，它是世界上規模最龐大的貿易單位。它的某些產品對美國的工業霸權地位造成極大的威脅，舉例來說：汽車業。在1970年代初期正當流行巔峰時，單是福斯公司出廠的「金龜車」就占美國新車購買率的10%。現在歐洲的鋼鐵產量也已經超越美國的水準了：

	1959年	1971年[7]
美國	9,300萬噸	1億4,100萬噸
歐洲（六國加上英國）	8,800萬噸	1億4,700萬噸

歐洲的工業成長不單只是數量上的成長，重建因戰爭而損毀的工廠，讓西歐工業得以挾最新的技術重整旗鼓，如連續鑄鋼法這種工序的使用率，歐洲公司遠比美國公司普遍。西歐已經憑著自己的實力形成一股重要的經濟勢力，他們擁有具備1億7,500萬名高技術人員的工業化地區，他們在經濟上所占的份量，已經足以與超級強國一較長短。

美國與歐洲的經濟競爭

歐洲和美國之間的關係雖然已經改變，但是要克服1945年所養成的思維習慣還需要時間。當時美國的生產力占全世界的一半。在整個1950年代，歐洲的經濟都在努力對抗長期的「美元荒」。當急需在美元區購買糧食、煤與機器時，歐洲人卻只能仰賴國外援助、美國人的國外旅遊，以及少量進口到美國的歐洲商品來取得美元。爲了防止本國貨幣的相對價值大幅下跌，西歐政府必須限制進口並且控制人民使用美元的機會。直到1955年，精明如雷蒙．阿宏般的觀察家依然相信，美國和歐洲之間的經濟差距正持續擴大。[8]

1960年代，一切都改變了，美國對歐洲最後的直接援助——軍事援助——已經於1956年時終止。美國開始向新興的歐洲巨人購買更多的產品，在1970年年底，美國與歐洲的貿易逆差已經提高到每年超過100億美元。1945年，美國人曾經把歐洲看成是需要他們伸出援手的窮親戚，而歐洲人也向美國的繁華與進步看齊，美國人與歐洲人都以爲歐洲經濟的復甦對彼此有利，但是到了1960年代，他們開始視對方爲競爭對手。

美國和西歐之間的經濟衝突以三類議題爲中心：貿易競爭、跨國公司（大部分依然是美國公司）的勢力，以及身居主要國際貨幣地位的美元的穩定度。

1963年的「雞肉大戰」，是現今美歐之間衆多貿易戰中的第一場小衝突。因爲農產品是歐洲共同體最成功的共同計畫，所以人們早就預見引發美歐之間第一場小衝突的主角將是農產品。歐洲共同體把四分之三的預算撥歸農業使用，而且發展出一種可以將農產品價格適當維持於世界價格之上的農產品價格支援制度，基於這項制度，歐洲共同體制訂進口稅制度，將原產地爲非歐洲共同體國家的農產品價格，提高到歐洲共同體的農產品價格水準，然後將這筆收入作爲歐洲共同體的農民補助金之用。1963年，當歐洲共同體規定家禽肉品也要實施這項制度時，美國的農民因此失去有利可圖的市場。美國向西歐施壓，希望能恢復美國家禽肉品的進口，雖然美國所施加的壓力強度足以讓西歐各國感到惱怒，但是卻還不足以達成他們的目的。1963年到1970年間，歐洲共同體的家禽肉品進口量衰減了43%，而在1982年時，歐洲共同體已經從世界最大的家禽肉品進口地，搖身一變成爲世界最大的家禽肉品出口地。

歐洲共同體的農產品價格支援制度，必然會產生龐大的盈餘。仔細考慮已經積蓄下來了的奶油「山」與葡萄酒「湖」，歐洲共同體的官員策劃制訂了一種出口津貼制度，並且將偏高的歐洲共同體價格與偏低的世界價格之間的差額回饋給農民，這項策劃使得1970年代晚期時，歐洲的農產輸出品成爲世界市場上的主要競爭對手。利用不同的機制來支持農產品輸出的美國，極力反對歐洲共同體以這種方式針對第三世界的農產品輸出，與美國進行削價競爭。

雖然在1957年到1962年之間，隨著大部分非洲地區的完全獨立，歐洲已經失去了最後的正式帝權，然而這種非正式的最高統治權卻讓歐洲共同體享有特權，得以進出許多舊時的殖民地區。事實上，隨著歐洲的援助、貿易與投資在舊時的殖民地復甦，人們發現居住在西非國家的歐洲僑民，甚至比殖民時期還多，例如塞內加爾與象牙海岸的法國僑民。只要世界貿易繼續擴展，則歐洲共同體與其會員國的舊殖民地——尤其是法國在非洲的舊殖民地——的投資優惠及貿易協定，並不會與美國發生嚴重的衝突。至於1973年以後世界市場縮減後的情勢，則另當別論。[9]

歐洲共同體與第三世界之間最引人注目的協議，是1975年由歐洲共同體與46個非洲、加勒比海與太平洋地區的舊殖民地締結的洛梅協定（Lomé Convention）（並且直到2000年爲止始終定期更新）。2000年之時，洛梅協定的簽約國已經增加到71個國家。洛梅協定的簽約國可以將他們的產品免稅輸出到共同市場，而且不需要以相應輸入歐洲商品來作爲交換條件。歐洲共同體和前殖民地國家於1963年簽訂的更具新殖民主義色彩的雅溫德公約（Yaoundé Convention）相比，洛梅協定在這一點確實有所改進。洛梅協定最具新意的條文之一是設立平準基金（stabilization fund），以維持第三世界某些未加工產品（咖啡、糖、可可）價格的穩定，之前這些產品價格的波動，已經嚴重影響生產單一產品國家的經濟發展。這是歐洲對於已開發國家和低開發世界之間所謂「南北對話」（North-South dialogue）的主要貢獻。但是，從美國的觀點來看，這卻是美國貿易的新殖民主義障礙，並因此成為歐美經濟衝突的另一個來源。

美國在共同市場會員國裡的投資問題比較麻煩，隨著歐洲市場的繁榮興旺，美國公司為了逃避對外關稅，而在歐洲共同體的六個會員國內成立分公司。1965年，根據布魯塞爾歐洲共同體執行委員會（EC Commission）的估計，美國的分公司或子公司占歐洲電子計算機生產量的80%；占汽車生產量的24%；占合成橡膠生產量的15%；以及占石油化學製品的10%。[10]美國的海外公司將成為控制西歐經濟命脈的共同市場景氣繁榮的主要受惠者的警訊，由法國新聞記者塞爾文—史克伯（Jean-Jacques Servan-Schreiber）的作品《美國的挑戰》（*The American Challenge*, 1967）[11]成為法國出版史上最暢銷的書籍一事中，可略見一二。

歐洲美國子公司與貨幣問題關係密切，自1945年起，實際上美元就幾乎等同於黃金，成為國家銀行系統特有的儲備貨幣，這與1914年以前單純的金本位制不同，金匯兌本位制（gold exchange standard）意指因為美元「幾乎和黃金一樣可靠」，所以歐洲的國家銀行並不需要把美元兌換成黃金。1960年左右，當貿易平衡改變時，歐洲的銀行業和公司開始積聚大量的美元儲備金，如果當時所有的美元儲備金都在諾克斯堡（Fort Knox）換成黃金，那麼美國就沒有能力繼續傾注大量的資金在軍事費用、觀光費用以及商業投資上。就某種意義來說，人們高估了美元的價值，雖然金匯兌本位制讓美國公司得以更自由地在歐洲投資，但是如果歐洲人將所持有的美元立即兌換成黃金，那麼情況恐怕就會改觀。

戴高樂首先讓大衆注意到美元被過分高估的現象，而反對美元在歐洲享有特權的也是戴高樂。1965年初，他提議恢復單純的金本位制，為了證明自己的觀點正確，法國政府將好幾億的美元兌換成黃金。當美國的黃金儲備量開始縮減之際，布列敦森林協定中專門負責外匯事務的主要管理機構——國際貨幣基金會（International Monetary Fund），於1969年時曾經以創造新的儲備基金——稱為特別提款權（Special Drawing Rights）的帳面儲備金（paper reserve），以及雖然美國政府的黃金官方匯率依然維持在每盎司黃金35美元的價格，但是個人可以以浮動匯率來購買黃金等措施，來紓解美元的壓力。

最後在1971年5月初洶湧而至的美元投機浪潮，讓布列敦森林的協定固定匯率制度走入歷史。[12]瑞士的銀行家們〔所謂的「蘇黎士的地精」（gnomes of

Zurich）〕、美國的投機商人，以及產油量豐富的阿拉伯國家大量拋售美元，向大衆揭露必須依據事實而不是依靠它在戰後的神祕感來看待美元。事實上，在1970年時，美國的年度貿易逆差已經高達106億8,000萬美元，而且還有繼續往上攀升的趨勢。美國政府在國外投注龐大資金，尤其是越戰。此外，美國的通貨膨脹再加上低利率，促使美國的投機商人將資金轉往利率比較高的德國，1970年，有60億美元是從美國轉移到德國。1969年開始成長的歐洲美元（Eurodollars），在1971年即已高達500億美元，使得美元更加不穩定。歐洲美元是歐洲人或在歐洲經商的美國公司所持的美元帳戶。他們以會增加歐洲的美元持有率並且增添大量投機買賣的方式，把錢借給其他的歐洲人或美國分公司；當美元於1971年5月開始疲軟之際，持有歐洲美元的人就急著將美元兌換成德國的馬克。最後一項事實是，美國的黃金與外匯儲備逐漸縮減，1971年5月，美國的黃金儲備量已經跌到只剩下110億美元，當時單只是西德便持有200億美元。因此如果每一位持有美元的西德人都要求立刻將美元兌換成黃金，美國便會發生技術性破產。

1971年5月5日，大部分的歐洲中央銀行因爲對大量擁入的搶購人潮無計可施，所以都停止外匯交易。尼克森總統嘗試說服歐洲以負擔更多北大西洋公約組織的防禦費用、降低歐洲共同體的關稅，以及購買更多美國商品來解決這個問題。8月時，美國單方面鬆開美金與黃金之間的連結，然後在12月時美元貶值8.57%；接下來的1973年2月，美元第二次貶值10%。

此後，貨幣的匯率就是浮動的。在貨幣議題上，美元波動性與美國的單邊主義，刺激了歐洲人早在歐洲共同市場時期就已經存在的建立自己的貨幣制度的興趣。1972年的第一項協議是聯結歐洲各國的貨幣，所允許的波動幅度不超過2.25%〔因爲是依據各種歐洲貨幣的高峰與低谷所描繪出來的扭動曲線，所以又稱爲「蛇洞內浮動匯率制」（the snake）〕，但是正如我們在第二十二章中的討論一般，這項協議沒能平安度過1970年代的金融亂流。事實證明，在1979年將共同市場會員國的貨幣聯合納入歐洲貨幣體系（European Monetary System, EMS）的嚴謹作法比較持久。實際上，歐洲貨幣體系承諾歐洲貨幣的波動不超過基準値的2.25%，歐洲貨幣體系的基準値是與最穩定的德國馬克之間固定的相對關係。歐洲貨幣體系的會員國開始讓自己習慣依據馬克來固定自己的貨幣價格（即使是必須採用會減緩經濟活動的高利率），這個過程持續進行，終於在2002年產生了單一的歐洲貨幣。

1970年代，西歐與美國都有能力使對方的經濟嚴重受損，不過他們都曾經謹愼地彼此了解，雙方都認爲自己的經濟繁榮必須仰賴全球的經濟繁榮，然而，他們卻又以十年前根本夢想不到的方式彼此互相排斥推擠。1972年時，共同市場宣判美國的大陸罐頭公司（United States Continental Can Company）在歐洲的壟斷行爲有罪；而美國也向關稅暨貿易總協定（General Agreement on Trade and Tariffs, GATT）提出控訴，反對會損及美國農產品輸出的歐洲農業津貼。此時的世界已經不像1945年以後的世界般，那麼清楚地劃分爲兩極，西歐現在已經取得足夠的經濟實力，可以自行其道。

競爭對手對緩和的看法

國防與軍事戰略是在實現優先順序與展望時，若與戰後歐美利益一致的假設有衝突時，利益一致的假設必須退讓的另一個領域。古巴的飛彈危機讓某些意見不合浮上檯面，因爲蘇聯處於軍事弱勢，所以赫魯雪夫已經展現他希望避免戰爭的深切渴望。與此同時，在這個瀕臨戰爭的恐怖時刻裡，歐洲人了解到，雖然這兩大超級強國的權力賭博可能會賠上歐洲人的生命，但是歐洲人卻沒有發言的權利。甘迺迪總統曾經派遣特使到歐洲各國的首都，「通知」盟國領袖他的決定，而不是與他們「磋商」他的決定。雖然所有的歐洲盟國都公開支持美國的決定，而且沒有人比戴高樂更加堅決地表達支持美國的立場，但是對於美國沒有與他們商議這件可能會將西歐捲入核子戰爭之中的事，甚至連北大西洋公約組織的理事會都深表不滿。

因爲投注於本國國防的資源不多，所以歐洲人對西方戰略事務擁有發言權的要求，似乎不夠正當，但是，貢獻大小不一也是問題的一部分。西歐對抗蘇維埃攻擊的防禦力量是美國軍隊的「絆索」（tripwire）分隊，即使隸屬於北大西洋公約組織聯軍的一部分，但是它本身的力量太小，不足以牽制華沙公約的軍隊，不過卻已經足以調動美國的核子武力。

只要美國的核子武力還能維持明顯的優勢，就少有歐洲人會懷疑當蘇聯軍隊向西歐進攻時，美國不會回敬蘇聯一場核子武器攻擊。根據美國「大規模報復」的政策，俄國應該會變成戰場。不過在1960年代時，人們開始懷疑上述的論點。在古巴一役失利之後，蘇聯投注龐大的軍備費用壯大軍械庫，現在蘇聯已經擁有數量幾可與美國媲美的飛彈、軍機與潛艇。因爲蘇維埃已經擁有更多的能力可以直接報復美國的城市，所以美國人開始另謀出路。甘迺迪的國防部長麥克納瑪拉（Robert McNamara, 1961-1968年）以「漸進威懾」（graduated deterrence）的策略取代「大規模報復」。根據這項新策略，美國將以逐漸升級的方式部署軍隊，以對抗蘇維埃的擴張。雖然這項新戰略讓兩大超級強國有比較多的機會，可以在還沒引發核子大屠殺之前停戰，但是在歐洲人的眼裡，卻因爲如此一來可能會使歐洲大陸再度淪爲戰場，所以這項戰略對他們極爲不利。1970年代，當戰場級的核子作戰武器進入兩大超級強國的軍械庫時，歐洲的前景就更加令人感到氣餒了。季辛吉認爲，很多歐洲人以爲「漸進威懾」的策略是「美國越來越使用核子武力的徵兆」。[13]

戴高樂將軍是第一位坦率表達這些疑慮的歐洲領袖，但卻不是最後一位。這也是他堅持要爲法國建造獨立的核子武力的基本理由。美國企圖利用各種途徑來加強西方防禦力量的協調，但是成效不彰，其中的一條途徑是滿足西歐對核武決策有比較多發言權的渴望。在1963年3月時，美國提出多邊核子武力（Multilateral Nuclear Force, MLF）的建議，多邊核子武力是由北大西洋公約組織的船員駕駛，並配備美國北極星飛彈的水面艦隊。雖然因爲英國仰賴美國的飛彈技術，所以接受這項提議，但是法國卻堅決反對多邊核子武力的計畫，以致於這項計畫於1964年宣告流產。其他的方法是持續對北大西洋公約組織的歐洲會員國施壓，要求他們加強常規武裝部隊。但是即使面對美國縮減歐洲「絆索」軍隊的威脅——曼斯菲爾德（Mike Mansfield）參議員在年度軍備撥款修正案中的提議，[14]在東西方之間的緊張局勢似乎處於緩和狀態的情況下，依然無法勸服西歐國家在常規軍備上投注更多資源。

戰略武器限制公約（SALT）[15]讓緩和時期邁向另一個超乎甘迺迪和赫魯雪夫在1963年簽訂禁止核試驗條約時所能想像的重要階段。1960年代時的裁軍會談耗費了數年的光陰，對於核彈彈頭的數量限制卻未能達成協議，美國要求每年進行九次的實地檢查，但是蘇聯只接受進行三次檢查。雖然先進的太空技術已經比較容易偵測到導彈的發射器，但是美國於1960年代晚期引進在單一導彈上安裝多個彈頭〔多目標彈頭重返大氣層載具（Multiple Independently Targetable Reentry Vehicles, MIRVs）〕的技術革新，使得人們幾乎不可能確認彈頭的數目。後來因爲同意把談判的焦點放在導彈發射器上，戰略武器限制談判才有了突破。由尼克森總統與布里茲涅夫書記於1972年6月在莫斯科簽署的第一階段戰略武器限制公約（SALT I treaty），由於美國擁有多彈頭裝備，因此允許蘇聯的導彈發射器可以比美國多40%；第一階段戰略武器限制公約進一步限制雙方反彈道飛彈防禦系統（antiballistic missile defense systems）的發展範圍。當該公約於1977年屆滿之時，這兩大超級強國依然繼續遵守公約的規定，雙方都不希望承擔阻礙不可抗拒緩和進程的指責。當卡特（Carter）總統和布里茲涅夫書記於1979年在維也納草簽第二階段戰略武器限制公約時，俄國已經有了多目標彈頭重返大氣層載具的裝備，雖然美國參議院並沒有正式認可第二階段的戰略武器限制公約，但仍實行該公約。這項公約還額外涵蓋運輸系統，如遠程轟炸機與核子潛艇的限制，兩國的限制相同，各國只能擁有1,200具的多目標彈頭重返大氣層載具。根據這些協議，兩大超級強國公開承認並且接受兩國的核子武器勢均力敵。

由於戰略武器限制公約可以讓他們遠離自1945年以來始終在腦海中盤旋的戰爭憂慮，因此受到西歐人的普遍歡迎。然而，因爲兩大超級強國依然繼續凌駕歐洲處理世界事務，所以歐洲人是帶著滿面愁容地樂見美蘇簽訂這項公約。「戰略武器限制公約只是一場缺乏歐洲人參與的東西方的交易。」[16]另一方面，緩和的進展也鼓勵歐洲人靠自己的力量向前行。美國的核武保護看起來越來越不可靠；而具毀滅性的兩大超級強國越少與他們商議，西歐領袖就越受戴高樂將軍的吸引，走上他所開拓的道路。

戴高樂將軍對兩大集團體系的抨擊，主要是言語批評而不是實際行動。戴高樂的追隨者中，最活躍的西歐政治家是西德的社會民主黨總理布蘭特（1969-1974年），他在處於冰凍狀態的中歐邊界做了些明顯的改變。

西德社會民主黨政府的存在，是戰後的世界已經對向某些新事物讓步的徵兆。自戰爭以來，西德始終是由基督教民主黨掌權，但是在1969年10月的選舉時，因爲少數的中間派自由民主黨員（Free Democrats）決定轉而支持布蘭特的社會民主黨，而使基督教民主黨黯然下臺。雖然自由民主黨支持自由放任的國內經濟政策，但是他們也願意與社會民主黨合作，以紓解他們與共產主義鄰國之間的緊張關係。布蘭特就任總理，是德國的社會民主黨自謬勒總理（1928至1930年）以來，首次在德國執政。從1969年到1982年間，是由社會民主黨與自由民主黨組成政治聯盟執掌西德政權。

1969年時，58歲的布蘭特置身於一個非常有力的位置，可以用「新掃把」掃盡一切。從1933年到1945年間，他曾經加入挪威與瑞典的反抗希特勒地下組織，也就在那裡，他對斯堪地那維亞半島上那務實的福利國家社會民主制度印象深刻。1957年以後，身爲西柏林的年輕市長，布蘭特爲自己打造富有創造力而且精力充沛的形象。1964年，他成爲德國社會民主黨的領袖，並且讓德國社會民主黨變爲務實的群衆政黨。[17]1969年10月以後，身爲擁有壓倒性優勢的政治聯盟爲後盾的總理，布蘭特比1928年時的謬勒享有更多轉寰的餘地，當然，他的自由民主黨夥伴會阻檔任何重大的社會變革，但是布蘭特優先考慮實行的是他的東進政策（東方政策）：拆除橫亙於中歐的圍牆。爲了執行這項任務，他不但排除了抨擊他在資本主義的架構下工作的學生與激進的左派份子，也排除了基督教民主黨員對他的攻擊——這些黨員對於任何違反愛德諾那些有關禁止與德來往的政策，都深感震驚，無法接受。

因爲蘇聯握有改變東歐關係的鑰匙，所以布蘭特第一個重大突破便發生在莫斯科，無論如何，蘇聯正有求於布蘭特。1970年8月簽訂的莫斯科條約（Moscow Treaty）讓他們彼此承認現有的國界。對西德來說這相當於宣布放棄如今已經屬於波蘭的奧德尼斯河（Oder-Neisse River）以東的失土，以及捷克的蘇臺德地區這塊前德國領土，雖然蘇臺德地區是希特勒在慕尼黑得到的，但是有些德國的民族主義者依然主張擁有這個地區的所有權。他們所跨出的這一大步，使採取的行動與捷克斯洛伐克和波蘭之間後續所簽訂的條約一樣，幾乎都是虎頭蛇尾。不論如何，正如布蘭特於1970年12月時所採取的行動一樣，當德國總理可以在華沙的紀念碑前，向因納粹的野蠻行爲而受害的猶太人獻祭花圈，新的時代已經漸露曙光。1973年初，他同意捷克政府取消1938年的慕尼黑和解方案，並因此放棄德國對蘇臺德地區的所有權，雖然在1945年時有很多說德語的人民被逐離該地區。

與東德的談判更加困難重重。當布蘭特於1970年3月於埃爾福特（Erfurt）首度會見東德總理史托夫（Willi Stoph）時，東德的民衆高呼布蘭特的名字並且蜂擁向前；東德民衆這種熱情的表露，讓主張東德具有合法地位的人相當尴尬。由於擔憂西方接觸會發生人民腐敗的不良影響，而在九年前建造柏林圍牆的東德領袖，開始重新考慮緩和的問題。烏布利希（Walter Ulbricht）於1971年時以77歲之齡退休之後，兩國的聯絡管道似乎再度開放，呆板的烏布利希是東德社會主義統一黨（East German Socialist Unity Party, SED）的第一書記。如今愛德諾和烏布利希這兩位冷戰時分屬兩個德國的強硬領袖，都已經下臺。

雖然烏布利希的繼任者何內克（Erich Honecker）是一位對與西方接觸同樣深感憂慮的資深政黨官員，但是兩國關係的進展還是以原先完全難以想像的方式進行。1972年的聖誕節，在歷經十一年的隔絕之後，東西德首度舉行跨越邊境的活動。很多分隔兩地的家族得以重聚，據估計約有五十萬名西德人獲准造訪東德三十天，不過東德人還是不被允許到西德旅行。1973年6月，在雙方互相給予外交承認之後，兩個德國同時獲准進入聯合國，這是自1925年的羅加諾公約以來，歐洲的國家關係中最戲劇化的談判轉變。

現在西歐與東歐國家之間展開更全面性的談判之路已經開通，戰略武器限制公約是超級強國之間對歐洲具有嚴重但間接影響的一項協議。緊接在第一階段戰略武器限制公約之後所展開的是，一連串歐洲國家主動參與的多邊談判：於1972年11月在芬蘭赫爾辛基召開的歐洲安全暨合作會議（Conference on Security and Cooperation in Europe, CSCE），共有35個國家與會；1973年10月於維也納展開相互均衡裁軍行動（Mutual and Balanced Force Reductions, MBFR）的11強國會談。

在維也納進行的裁軍會談（相互均衡裁軍行動）希望能夠縮短中歐的戰爭導火線。俄國在中歐地區享有壓倒性優勢，且逐漸增加強勢的正規軍備。[18]由於蘇聯顯然越來越輕易就能利用正規軍隊西進，因此，在陸戰失利時，西方國家必須盡速將它的戰術性核子武器逐步升級爲戰略性的核子武器。儘管西歐希望透過談判對蘇俄具有決定性優勢的領域如坦克車進行不均等的裁軍，但是俄國卻堅持應該嚴格依據比例裁軍，以便保有自己的優勢。裁軍會談一直拖拖拉拉地延遲到1980年代，在初期的緩和衝動已經消逝很久之後方才成行。

相較之下，赫爾辛基宣言（Helsinki Conference, 1972-1975）可算是緩和時期的巔峰時刻。1975年8月1日由35個參與國——32個歐洲國家加上加拿大，以及兩大超級強國——所簽訂的最終議定書（Final Act），承認所有現有的歐洲國家邊界，以及北大西洋公約組織和華沙公約的軍事同盟。雙方同意在進行重要的軍事演習時，必須通知對方；簽約國也要求加強與兩大集團之間的貿易與文化交流，並同意在各自的國境之內保證人民的人權與政治自由。蘇聯很勉強地接受了這部分的規定，事實上，在往後的十年裡，蘇聯政府費力鎮壓俄國異議人士，要求在國內實行赫爾辛基最終議定書的努力，以及在附庸國內的類似運動，如捷克的七七憲章運動（Czech Charter 77 movement）。但是這不過是蘇聯爲了讓西方承認她在東歐的霸權所付出的代價。

經過更嚴密的觀察，我們不難發現，布蘭特的東進政策與赫爾辛基宣言的最終議定書，事實上是以維持德國的現狀爲基礎的和平解決方案，當然，這是自第二次世界大戰結束以來，已經遷延了很長一段時間，終於得到的解決方案。實際上，兩大集團都接受目前所劃定的歐洲國界。此時，人爲的邊境正因爲日益頻仍的貿易和文化交流而逐漸模糊。西方希望能利用比較自由的接觸，來鬆動蘇維埃那塊龐然大石；而布里茲涅夫則需要不帶任何文化汙染的西歐技術、投資資本與農產品。

東歐集團向西歐與美國的經濟滲透敞開大門之舉，是1970年代一次沉默的革命，北大西洋公約組織國家對蘇聯的輸出量在這10年的時間裡暴增了六倍。[19] 1975年10月，福特（Ford）總統與蘇聯締結一項穀物輸出協議，使美國成爲俄國主要的穀物進口國。義大利政府協助建造並管理蘇聯的飛雅特汽車工廠，後來俄國人爲了紀念已故的義大利共產黨領袖陶里亞蒂，便將該市鎮更名爲陶里亞蒂，而飛雅特汽車工廠便位於該市。法國熱心地在蘇聯境內開闢電子技術市場，例如彩色電視製程。東歐向西歐商借大筆款項，以資助先進設備、糧食與消費商品的進口。東歐集團的外債總額從1975年的190億美元躍升爲1981年時的620億美元左右，最大的債權國是西德，而最大的債務國則是波蘭，單只波蘭一個國家就積欠西方銀行280億美元的債款。

儘管歐洲人和美國人都希望「緩和」能以某種未知的方式舒緩核子戰爭的威脅，但是「緩和」所造成的實際影響卻反而凸顯了西歐和美國之間的分歧。在史達林主義的陰影下，西方各國曾經相互依偎，彼此共利共生，但由於立即發生戰爭的可能性已經降低，雙方對於國防和軍事議題上的歧見就開始浮現；不僅如此，經濟議題上的歧見甚至更加激烈。「緩和」的結果之一，就是將西方諸盟國的注意焦點，從軍事議題轉移到經濟領域。在東歐與蘇聯進行貿易投資的可能性，讓西歐與美國之間的經濟競爭更加白熱化，這使「戰後美國與歐洲經濟利益互爲補用」的觀點更難找到立足之地。在景氣大好之時便已清楚浮現的摩擦，隨著在1973年石油危機的不景氣時期，雙方的摩擦甚至更加嚴重。

圖20-3　1964年11月10日，在布爾什維克革命週年紀念日時，蘇聯於莫斯科進行軍事力量的年度展示。閱兵時，洲際彈道飛彈（ICBMs）在第一書記布里茲涅夫與其他肅立在列寧墓（中央偏右比較低的方形建物）的蘇維埃領導人面前通過紅場。

第二十一章

布里茲涅夫時代的蘇聯集團

1964年，擔任蘇聯共產黨第一書記的赫魯雪夫，被名義上的繼承人布里茲涅夫所領導的宮廷政變驅逐下臺。新任黨書記是一位冷漠無情的官員，曾經接受過嚴格的工程師技術訓練，喜愛開快車及狩獵。

人們習慣上強調熱情奔放、毫無禁忌的赫魯雪夫，與自滿的布里茲涅夫之間的對比——尤其布里茲涅夫後來因爲生病而幾乎無法行動，這場病讓他於1982年辭世。雖然他們的行事作風迥然不同，但卻都面臨類似的問題，並且同樣透過中央的政黨指導來處理這些問題。兩人都必須在聯合的權力架構下運作。

剛開始時，布里茲涅夫只是一位黨書記，後來才逐漸建立自己的優勢地位，並於1977年成爲元首（最高蘇維埃的主席團主席）以及武裝部隊的統帥，當時他的軍階是元帥。布里茲涅夫是第一位結合最高黨部（史達林時代掌握實權的職位），以及迄今爲止大部分元首的正式職位的蘇聯領袖。但是反觀赫魯雪夫「從前線開始領導」，採用「重要的政策決斷，並且當他認爲必要時，便會越過他的同僚執行決策」；布里茲涅夫的作法則是「從中間開始領導。如果遵循第一個進程，當你就任時就可以行使更多的權力，但是在位的期間可能會比較短，因爲當局勢惡化時……再去找尋集體責任的保障爲時已晚。」[1]也因此，布里茲涅夫雖然在位十八年，是除史達林之外，任期最長的蘇聯統治者，然而他卻未能解決嚴重的問題。

人們無法將布里茲涅夫時代的停滯全部歸咎於領導人。聯合統治使內部特權階級圈——黨政領導幹部牢牢地掌握蘇聯的政府與管理部門，黨政領導幹部可以滿足那些只知道蘇聯統治（在1917年時布里茲涅夫只有11歲），以及那些擁有既得利益的人。黨政領導幹部們年事已高，1930年代，當史達林的清算行動掃除了資深幹部時，這些當時還非常年輕的人迅速承擔了重責大任，在赫魯雪夫的帶領下取得了生活的保障，而後在布里茲涅夫的領導下，他們的職務也有了保障。[2]1970年代，他們已經變成70歲的老頑固，只願意接受最不痛苦的改革。

蘇維埃的問題

蘇聯長期以來始終存在消費商品的質與量都不足的問題。擁有包括勞斯萊斯（Rolls-Royce）、賓士（Mercedes）、瑪莎拉蒂（Citroën-Maserati）與凱迪拉克（Cadillac）等高級房車的黨書記布里茲涅夫覺得，在建立共產主義的同時，也不能延遲兌現赫魯雪夫的純粹主義承諾。在第二十三屆黨代表大會（1966年3月到4月）上，蘇聯史上首次宣布支持消費商品產量的提升速度，應該高於生產力的基本投資。

爲了達到上述目標，布里茲涅夫轉而求助西方的技術和資本，列寧也曾經做過相同的努力。在1966年時，布里茲涅夫與西方公司簽訂重要的合約，其中包括預期可於1970年代，讓蘇維埃的汽車輸出量躍升三倍的大型汽車工廠的義大利飛雅特公司簽訂的合約在內。

爲了生產更多的槍支與奶油，蘇聯必須維持1960年代的經濟步調。藉助每年6%的成長率，以及世界首度成功航行太空的創舉，赫魯雪夫宣稱要迎頭趕上西方的大話似乎已經略具可信度。1917年，蘇聯的鋼產量勝過美國。[3]但是，此後蘇維埃的生產量卻停滯不前。當蘇維埃的工業臻於成熟時，只有增加勞工的效率或者在技術上有所突破，才能使工業有進一步的成長。儘管曾經思考過利伯曼主義（Libermanism）[4]——一種集中領導式的經濟——的可行性，然而這個主義其實對提升勞工效率和技術突破兩者的動機都不高。集中計畫經濟使蘇聯的經濟因爲重重障礙與無效率而更加困難，管理者要求的是勞工完成配額的生產量，而不是尋找有效率或創新的方法；規劃者依然執著於昔日的工業動力：煤與鋼。蘇聯境內不但能量嚴重短缺，而且欠缺電腦設備；社會上普遍盛行的犬儒主義、貪汙賄賂與酒癮問題，使蘇聯所面對的困境更加複雜。有個特別受歡迎的蘇聯笑話這麼說：「我們假裝工作，然後他們假裝付錢給我們。」在1980年代，除了兩個領域有成長以外，蘇聯的總輸出量實際上已經出現衰退的現象：伏特加酒與石油，但是因爲迅速陷入經濟窘境，所以蘇聯的經濟管理人很快就耗盡石油的儲備量[5]。所有其他各類型產品的實際產量都已縮減。

生態災難伴隨經濟不景氣而來，在歷經數十年毫不在乎的工業與農業汙染之後，蘇聯人民的健康逐漸開始走下坡。事實上，在1970年代，蘇聯人民的預期壽命從66歲縮短爲63歲。舉例來說，因爲執行在鹹海四周種植需要引水灌溉的棉花的大型計畫，而引發世界上規模最大的生態大災難：海水乾涸以及地下水汙染，使人民罹患多種疾病並且產下畸形兒，分離主義的情緒遍布哈薩克（Kazakhs）與烏茲別克（Uzbeks）一帶。

早期的蘇聯人民或許願意再度堅忍地束緊他們的褲腰帶，但是赫魯雪夫點燃了他們擁有比較好的生活條件以及比較自由的社會的希望。已經有三代的蘇聯人民犧牲個人的自由，來換取公平分配盈餘的承諾，但是當他們了解自己眞正面對的是物資不但缺乏而且品質低劣的茫然未來時，高階官員的富裕生活就更加令人難以忍受。犬儒主義與貪汙賄賂在共產黨黨員順從的表面下，廣泛地蔓延開來。這種現象更加添了一種文化危機——失去信賴，對經濟與生態的信賴。

在蘇聯的非俄羅斯地區，反對破壞生態、物資缺乏與殘暴壓制知識份子的言論，很容易就被轉譯成民族主義的用語。在非俄羅斯地區，尤其是比較貧困的中亞地區，人民相信所有蘇聯的俄國人都享有特權。應該更重視自己的語言與宗教的觀念越來越普及，駁斥蘇維埃以打造「新蘇維埃人」的名義來統一這個多民族帝國的要求。早在1978年時，法國學者德安寇斯（Hélène Carrère d'Encausse）就曾經預言，蘇聯將「無法擺脫民族僵局」。[6]雖然在1991年時我們見證了蘇聯的瓦解，但是她的預測在當時看起來是相當魯莽大膽的。

和赫魯雪夫一樣，布里茲涅夫拴緊了文化的螺絲，但是這麼做只是讓知識份子的騷動更快沸騰而已。年輕人們私下聽著西方的流行音樂，並且穿著牛仔褲。政府向人民發布西方世界有多麼墮落腐敗的警告，只是讓人民對西方世界更感興趣而已；甚至更難用嚴密的知識控制，來掌控人民的科學、高科技以及藝術創作。1965年，有兩位作家——西尼亞夫斯基（Andrei Sinyavsky）與丹尼爾（Yuli Daniel），因爲在國外出版他們的作品而接受審判的事件，讓人們了解「解凍時期」已成過去，自此之後，主流的知識份子也加入了抗議者的行列。暗地裡撰寫的著作，亦即所謂的地下刊物，以手寫稿或粗糙的打字本等方式廣泛流傳，內容包羅萬象，從詩作到政治學著作都有。[7]當然，與史達林時代相比，這也算是一種進步。在史達林時代，異議份子必須把自己的詩作和文字藏在腦海裡，根本不可能將之宣諸於世。[8]

1970年代最值得讚揚的兩位異議人士，分別擁護截然不同的價值觀。曾經指導蘇維埃成功執行原子能方案的物理學家沙卡洛夫（Andrei Sakharov），1970年時在一封於地下出版圈廣泛流傳的信函中警告布里茲涅夫，如果沒有自由的觀念交流，以及民主的發問方式，蘇維埃的科學、生產力與生活條件，都將更落後於西方世界。[9]

當他繼續支持讓那些被史達林流放的少數民族回國，繼續反對貝加爾湖的汙染，並且繼續堅稱「既然資本主義和社會主義不論如何都將合流，那麼核子戰爭就是一件不可思議的事情」時，他和比他更加直言不諱的妻子——柏妮（Elena Bonner）在家中被逮捕，並被隔離在高爾基的省城裡。相較於赫魯雪夫的西方主義（Westernism），小說家索忍尼辛提倡回歸他認爲是傳統蘇聯價值觀的人類責任、社區團結與精神上的禁欲主義。因爲他不信任西方的唯物主義（materialism）與個人主義（individualism），所以1974年在西方出版揭發史達林集中營的作品《古拉格群島》（*The Gulag Archipelago*）之後，被迫流亡西方，對索忍尼辛來說是非常殘酷的懲罰。

蘇維埃的領袖頑強地回應那些批評，尤其是那些採用出版的形式，或者非法私運到西方並在西方出版的作品。著名的異議人士，如代表希望收復戰前領土的葛里戈林柯（Pyotr Grigorenko）將軍，以及梅德維傑夫（Roy Medvedev）的兄弟——生物學家柔爾斯（Zhores），是被監禁於精神病院，而不是如史達林時代般，被囚禁在生不如死的西伯利亞勞動營裡，或許也是一種進步。但是在布里茲涅夫領導下的蘇聯，依然無法解決如何讓他的人民擁有豐衣足食的生活，以及如何能一面箝制人民的思想，卻又能讓他們學習最高超的技術等問題。

混亂的東歐：從捷克斯洛伐克的春天到布里茲涅夫的政策，1968至1985年

東歐的不滿

雖然布里茲涅夫時代東歐人的表達方式，與1968年的巴黎或米蘭學生不同，但是他們心中一樣塞滿了不平之氣。與蘇聯一樣，東歐的知識份子和學生開始伸手爭取西方人享受已久的基本表達權；深感挫折的民族主義者也加入騷動的行列。次等的生活條件激怒了大部分的人民，他們很容易就將這些歸咎於他們的蘇聯主人。為了津貼戰後的重建工作，多年來蘇聯不斷地剝奪附庸國的經濟。

但是，到了1970年代，經濟平衡已經轉移。東歐將產品出口到蘇聯，再進口蘇聯的原料——尤其是石油。事實上，在布里茲涅夫時代結束時，東歐人的生活水準比大部分蘇維埃都市人民的生活水準高，平均每八名或九名東德或捷克人中，就有一人擁有汽車；與之相較，平均每46名蘇聯公民中，只有1人擁有汽車。[10]但是，當蘇維埃嘗試利用提高石油價格來逆轉經濟衰退的狀況時，卻正好讓東歐將物價上漲的結果歸咎於莫斯科。那些在1970年代時，對西方的進口與貸款採半開放制度的東歐附庸國，為了報復以及因應在石油衝擊之後膨脹的西方物價，[11]也提高了他們的消費商品價格。在中央集權式的計畫經濟裡，使已經提升的生活水準向後倒退，很容易讓政治領袖受到責難；事實上，這些東歐領袖所遭受的責難甚至比西方國家的領袖還多。

1968年捷克斯洛伐克的春天

自1956年以來，東歐的共產主義政權所面對最直接的挑戰，發生於1968年的捷克，這是結合多重壓力所造成的結果：民族主義、渴望更自由的表達權，以及要求更好的工作條件。

捷克斯洛伐克的哥特瓦爾德政權（1948-1953年）與他的繼任者——捷克斯洛伐克共產黨第一書記諾瓦特尼（Antonín Novotný, 1953-1968），曾經是除了烏布利希的東德之外，最可信賴的史達林主義者。諾瓦特尼的政權在1956年的動亂之中倖存下來，而且在隨後展開的去史達林行動中，也只做了微小的調整，例如在1963年時，讓某些在1951年與1952年的政黨清算中倖存的受害者恢復原職。但是，1967年末，在面對兩個棘手的基層民眾運動時，諾瓦特尼卻失去了貫徹命令的能力：斯洛伐克人渴望擁有更多的自治權；以及年輕的知識份子和官員大聲疾呼要求更多的自我表達。

引人注目的是，對諾瓦特尼的史達林主義最有力的反對是來自於高層——年輕一代的技術技師、國家行政官員，以及政權本身培養出來的知識份子。捷克斯洛伐克危機（Czechoslovak crisis）反映的是所有的人民民主國以及蘇聯本身共同的問題。曾經創造這個新共產主義政權的政黨產業工人，大部分是教育程度不高的人，他們因爲在1940年代時的祕密反抗與戰後革命的經歷而變得堅強，不過如今他們培養出來的是比較不了解鬥爭，而且所受的訓練比較適合1960年代的技術進展與管理經濟成長的新生代領導人。這群在1960年代時達到法定年齡的年輕科學家、農學家與經濟學家，想要以務實的方式更自由地駕馭他們的技能。[12]他們得到下層勞工的支持，這些勞工們對配額、規範、分級嚴苛的計件工作薪資標準，以及冷漠的官方當局感到十分憤慨。大部分上述團體想要的是改革，而不是徹底摧毀捷克斯洛伐克境內的社會主義體系。捷克共產黨的中央委員會多數派在1968年1月時，解除諾瓦特尼黨書記的職務，並且以年輕的斯洛伐克自治權代言人杜布切克接替他的職位。[13]

杜布切克的腦海裡沒有西方自由主義的概念，他想要一面繼續執行一黨專政，一面讓政黨更加國家化、更符合眾望，並且更具反應性。他也沒有任何解散社會主義經濟架構的意圖，他只想要證明捷克共產黨「有能力不依靠官僚政治與警力來執政」。捷克共產黨的新綱領（1968年4月5日）宣布了「捷克斯洛伐克通往社會主義的道路」，反映迅速增長的民族優越感。

> 我們讓自己埋頭建構新的社會主義社會模式，一種極度民主並且適合捷克斯洛伐克的模式。[14]

圖21-1　1968年8月22日的布拉格。有一位學生站在蘇聯坦克車上揮舞著捷克斯洛伐克國旗。

捷克的共黨政府並未允許境內有合法的反對黨存在。新綱領授權在1945年到1948年間的民族陣線裡，曾經與共產黨合作的政黨可以「表達不同的意見」：社會民主黨與前任總統貝奈斯所屬的政黨——社會主義民族黨。就這一點來看，「捷克斯洛伐克的春天」部分回歸戰後自願與蘇聯配合的多元論政權。此外，杜布切克也試圖在工作組織與決策權力下放上開闢新天地。他鼓勵工會、青年團與其他基層民眾的組織，在中央集權式的管理部門，扮演積極主動的角色。

杜布切克的問題是，在兩股正在興起的潮流之間帶領捷克斯洛伐克繼續前進。自由辯論與討論的浪潮在這群具有活潑快活傳統的人民之間高張，他們理智上的好奇心已經被壓抑了二十年之久。1968年6月25日廢除審查制度以後，捷克人的想像力就不再受到遏制，輕率的改革家帶著多政黨體制、國家中立（退出華沙公約），以及藝術實驗的建議進入印刷品的版面，所有的進展都超前講求務實的共產黨黨員杜布切克的預期。另一股潮流是，捷克斯洛伐克鄰國境內所敲起的警鐘越來越響，尤其是提心吊膽地觀看這種壞影響殃及他們的人民的東德與波蘭。

蘇聯共產黨黨書記布里茲涅夫企圖對杜布切克施壓，很明顯地，他所期望的是沿著1956年葛慕卡的路線所作的妥協，而非重蹈1956年匈牙利的覆轍。雖然蘇聯軍隊已經在1945年時撤離捷克斯洛伐克，但是有些部隊在1968年6月時爲了華沙公約的「軍事演習」，曾經暫時進駐捷克斯洛伐克。最後，杜布切克決定，從9月召開的、公開的黨代表大會著手，這種作法似乎太過危險。1968年8月21日，在一次順利組織的空降作戰中，蘇聯（擁有來自東德、波蘭、匈牙利與保加利亞的軍隊支援）動員50萬名士兵與數千輛坦克車進入捷克斯洛伐克。俄國人證明以軍事力量解決捷克對布里茲涅夫信條（Brezhnev doctrine），也就是必須限制在社會主義國家的民族獨立運動的挑戰是正當的，因爲在這些國家中，任何對某個社會主義政權的威脅，就等於是對所有社會主義政權的威脅。

雖然捷克並沒有發生任何武裝抵抗（因此免除了一場與1956年的匈牙利一樣的災難），但是他們幾乎全體一致地以消極抵抗來迎接入侵的士兵。因爲蘇聯士兵只是預料捷克斯洛伐克境內可能有西德的反共產主義活動，所以他們對於要如何應付「衆多穿著藍色牛仔褲的捷克年輕人，以密集的隊形在道路上靜坐，嘲弄並向著靴子鑲邊的軍隊吹口哨」，[15]或者在前面把風並且對在工廠裡祕密召開的黨代表大會三緘其口等情形，完全沒有頭緒。杜布切克首先被捕，但是在意志堅強的老將軍史沃波達（Ludvík Svoboda）總統拒絕合作，而且沒有一位捷克通敵者願意如1956年匈牙利的科達爾般挺身而出以後，布里茲涅夫決定讓杜布切克在嚴密的控制下，繼續掌理捷克斯洛伐克，接踵而至的是逐漸繃緊鎮壓手段的微妙過程。杜布切克在1969年9月被免職，並且於1970年時與其他大約500名黨員一起被開除黨籍。審判一直持續到1972年。俄國顯然寧願選擇民心背離但依順的東歐共產主義政權，也不願選擇頗孚衆望但是主張民族主義的共產主義政權。

世界上九十個共產黨之中，除了五個參與其中的共產黨之外，只有七個共產黨支持俄國採取軍事行動摧毀杜布切克的政權。大部分西歐的共產黨都公開譴責蘇聯的這項行動。與1956年時一樣，他們對外國共產黨的抗議，與贊同共產黨綱領的非共產黨知識份子的批評置之不理。但是，這次蘇聯在捷克斯洛伐克所採取的行動，卻引起國內異議人士的注意。1930年代，史達林任內的外交部長的孫子李維諾夫（Pavel Litvinov）以及其他一些人，因爲在莫斯科紅場（Moscow Red Square）舉行示威行動而被捕。蘇聯政權在處理異議作家與科學家時，所面臨的問題越來越棘手。

波蘭：動盪與團結工聯

就在1970年的聖誕節前夕，政府宣布大幅調漲糧食價格，引爆了波蘭自1956年以來最嚴重的動亂。已經在1956年向自由化妥協的葛慕卡總理，在接下來的十四年裡，實施了越來越高壓的統治措施，他甚至恢復反猶太主義，以分散人民對他的不滿情緒（在1968至1970年間有2萬名猶太人移居國外，幾乎沒有人留在波蘭）。1970年聖誕節的物價調漲行動，在格但斯克（Gdansk，戰前的但澤）列寧造船場（Lenin shipyard）引發了一場示威遊行，格但斯克的示威行動蔓延到什杰青〔Szczecin，前斯德丁（Stettin）〕與其他波羅的海港市。因爲想要利用武力平息這場造反行動而導致300人喪命，但卻徒勞無功之後，吉瑞克（Edward Gierek）取代葛慕卡成爲黨書記。吉瑞克調降糧食價格，取消不得人心的薪資獎勵制度，並從西方輸入更多的消費商品。

然而，不論是胡蘿蔔或者棍棒，都無法維持安定的局勢。吉瑞克的胡蘿蔔是消費商品，其中大部分輸入自西方世界。1970年代中葉，人民實際收入的調升「比波蘭史上任何一個時期都要快速，而且幅度也大」。[16]但是在波蘭沒有任何主要輸出品輸往西方的情況下，只能用向西方借款的方式來支撐這種因輸入消費品所導致的繁榮景象。1970年代晚期，波蘭的出口稅裡，有三分之一是用來支付西方銀行的利息。因爲早先的放寬政策使波蘭大部分的農地都歸農場主掌控，所以政府努力增加農場生產量的想法，只是激起波蘭農場主的反抗而已。而當政府努力強迫更多農民畜養家畜時，他們反而將家畜宰殺，使得肉品更加缺乏。1980年7月1日，肉品價格調漲，引爆了新一波的示威行動。

發生於1980年7月和8月的大罷工潮，是波蘭史上最令人振奮也是最恐怖的時期之一。因爲士兵和警察與人民親善，所以政府沒有力量對抗數百萬的罷工人潮；色彩強烈的波蘭民族認同象徵——波蘭天主教教堂，也全力支持他們。示威群衆完全控制了某些工作場所，例如格但斯克的造船場，他們在那裡提出社會主義的新洞見，認爲由勞工直接控制工作權，可以表達個人自由與民族獨立。因此，正如「捷克斯洛伐克的春天」一樣，波蘭的勞工們在精明的造船廠電氣技師華勒沙（Lech Walesa）的領導下，展開一場不只是針對公共秩序，而且也針對官方意識形態的挑戰。

雙方都走在鋼索上，華勒沙並不想激起蘇聯的武裝干預，而蘇聯則希望波蘭政權可以自行解決國內問題。1980年8月31日，罷工者的領袖與政府的交涉者達成協議，同意讓工會——團結工聯（Solidarity）——變成共產主義國家所承認的第一個擁有自治權的勞工組織；而勞工們則同意承認共產黨的統治角

圖21-2　1980年8月，華勒沙在波蘭的格但斯克造船場，向他那些造船廠勞工夥伴們發表演說。這些示威運動最後變成團結工聯運動。

色，和波蘭現有的國際協定（例如經濟互助委員會與華沙公約）。在長達十五個月的時間裡，雙方在非常不穩定的情況下，用盡辦法企圖謀取更多的有利條件，一直到國防部長雅魯澤爾斯基（Wojciech Jaruzelsky）爲了避免蘇聯的鎭壓行動，而下令波蘭軍隊鎭壓工會運動，並且在1981年12月13日宣布戒嚴法爲止。保守派的民族主義者雅魯澤爾斯基將軍，壓制了華勒沙的自由派民族主義。雖然戒嚴法已經在1983年7月放寬，而群衆的注意力也已經轉向政府與西方債權人和教會（一位親團結工聯而且頗孚衆望的神父，在1984年底被警察殺害）之間的紛爭，然而團結工聯依舊是地下組織的主要力量。即使蘇聯沒有出手干預，但是事實很清楚，波蘭的勞工們只是在刺刀的威脅下才束手就範，因此他們的社會主義模範的可信度就更低了。

匈牙利：科達爾的「菜燉牛肉共產主義」

1956年受創最深的附庸國政權匈牙利，在黨主席科達爾的領導下，漸漸成爲小型私人企業和知識份子享有最多自由的東歐國家。1968年以後所實施的「新經濟機制」，允許企業可以在有限的物價範圍內自己作規劃並且作抉擇。雖然匈牙利的農業在1956年以後已經完全集體化，但是農民還是可以銷售部分自己生產的農產品，私營零售業四處林立。然而1970年代是一段艱苦的歲月，匈牙利無法以充足的輸出品，來補償他們對蘇聯的石油和西方昂貴輸入品的依賴，尤其是對西德。西歐的經濟衰退與通貨膨脹，以及蘇聯的石油價格調漲，都使匈牙利人必須勒緊腰帶過生活，在1979年中，匈牙利不得不做出三十年來調幅最大的物價調漲決策。即便如此，政府依然沒有遭到明顯的反對抗爭，與1956年時的痛苦相較，人們寧願選擇科達爾主義。1982年，匈牙利再度展開經濟自由化，允許勞工成立私人的「勞工社群」，由國家企業提供勞工社群特殊的商品與服務。中央集權式的計畫經濟變成只是一種指示，企業可以在一般的指導方針下，自行決定大部分的生產問題。但由於大部分的生產業都是由龐大的國家壟斷企業來控制支配，所以這種經濟去中央集權化的影響有限。然而，科達爾的「菜燉牛肉共產主義」（Goulash Communism），卻相當美味地揉和了豐富的消費商品與人們對政府的順從。

德意志民主共和國：工業力量與無所不在的警察

1971年以後，何內克（Erich Honecker）和以前的烏布利希一樣，以專制獨裁的方式統治東德，並且輔以東部集團最高的生活水準——東德的工業力量號稱位居世界第十位——以及無所不在的祕密警察網。在政權垮臺以後，人們揭露著名的史塔西〔STASI，東德國家安全局（Staatssicherheitsdienst）〕握有德意志民主共和國1600萬居民共600萬份檔案。東德國家安全局配置10萬名職員（雖然比較沒那麼殘忍），規模遠勝納粹的蓋世太保（Nazi Gestapo），事後證實東德國家安全局掌握的17萬告密者，包括配偶、朋友與持不同意見的知識份子和忠實的黨員。但是，柏林圍牆無法阻擋西德電視對東德產生的影響，也不能圈禁深感不滿的東德人。受到西方自由與繁榮的吸引，數千名東德人曾經試圖攀登柏林圍牆，或者隔絕農村邊界的充電柵欄；有許許多多的人在企圖脫逃時被殺害。

羅馬尼亞、南斯拉夫、保加利亞：暴政與民族主義

在羅馬尼亞，統治者的奇想取代了共產主義的正統思想。1965年到1989年間擔任黨書記的西奧賽斯古，在1979年時因爲羅馬尼亞油田已然耗盡，以致於

必須輸入蘇聯的石油，也因此，西奧賽斯古失去了一些他在經濟互助委員會與華沙公約中的獨立自主性。[17]雖然他以爲難匈牙利人和日耳曼人等少數民族，來滿足羅馬尼亞的民族主義者，但卻讓他的人民遭遇更加誇張的嚴格管制。他在1980年代實施的誇張措施，包括夷平古老的村莊，強迫村民住進稱爲「農工綜合社區」的棚屋裡；爲了要替目的不明的新式高樓開闢道路，而鏟平整個首都布加勒斯特附近地區；在多瑙河口生態脆弱的沼澤地建造了一個新港市。由於建造這些造價高卻無用的怪異建築物需要外匯，所以他將大部分的國產糧食賣到國外。他禁止所有形式的節育措施；蓄意引發的糧食、藥物與能源短缺——低於華氏45度的低溫以下，公寓才能開暖氣取暖——已經遠遠超過正當的紀律要求。儘管如此，這位領導人似乎還想繼續虐待他的人民，在所有的東歐人之中，西奧賽斯古統治下的羅馬尼亞人是最飢餓也是最不健康的人。

老鐵托的個人奇想更加表現在他的奢侈淫逸、迷戀軍服與達爾馬西亞（Dalmatian）海岸的豪華皇宮等種種荒誕行爲之上。他認爲只有利用自己個人的威望，才能統一並且建立一個由「六個共和國、五個民族、四種語言、三種宗教、兩種字母系統與一個鐵托」所組成的南斯拉夫。1970年代，當克羅埃西亞的民族主義者要求更多的自治權時，鐵托猛烈襲擊當地的知識份子與大學。爲了替有秩序的權力繼承預做準備，鐵托在1974年時提出一份新憲法，主張讓聯邦國家擁有更多的獨立自主權，首次承認回教徒是一個民族，並且設立一個循環式的集體總統制，讓所有的民族都有機會代表參與。不過，在民族情感高張與經濟衰退的環境下，這份新憲法十分不切實際。

當最後一位第二次世界大戰的重要領袖、20世紀在位最久的東歐統治者鐵托於1980年辭世時，他那處境尷尬的國家必須同時面對經濟衰退的壓力，與境內已然復甦的民族主義。但是由勞工經營管理的工廠——南斯拉夫共產社會的特色——在發生工人怠工之時，卻無法作出削減成本的困難抉擇。雖然在1985年到1991年間，南斯拉夫努力設法在美國銷售一種小型車款——優歌（Yugo），然而產量降低，致使政府更難利用出口商品來平衡進口商品，償還西方貸款。因爲生活水準下降，各地區相互爭奪權益，削弱了人民對聯邦國家的忠誠度。北部比較繁榮的共和國，尤其是斯洛維尼亞和克羅埃西亞，感到他們正用自己強盛經濟力在貼補比較貧窮的南部地區。在總統米洛塞維奇（Slobodan Miloševic）的煽動下，居統治地位的塞爾維亞共和國（Republic of Serbia）被大塞爾維亞民族主義者（Greater Serbian Nationalism）推翻。曾是共產黨官員的米洛塞維奇於1989年6月28日在科索沃（Kosovo）——這個神聖的地區因塞爾維亞人曾在六百年前於此地取得甚具歷史意義的勝利，現在卻被僱強的阿爾巴尼亞人占據，因此局勢特別緊張——對塞爾維亞少數民族發表演說時，發現自己具有煽動群衆的演講天份。因此共產主義和南斯拉夫聯邦主義已經不再能夠打動大多數南斯拉夫人的心，所以米洛塞維奇就挑起人民對大塞爾維亞的期望，來刺激南斯拉夫人民。

雖然保加利亞是最馴服也是最不麻煩的附庸國，然而長期統治保加利亞的吉夫寇夫（Todor Zhivkov, 1954-1989），依舊玩弄民族主義以維持政權的團結統一——另一種後共產主義政治的不祥預兆。1980年代，保加利亞曾經試圖強迫境內的土耳其少數民族放棄他們的姓氏，改用斯拉夫姓氏。

布里茲涅夫的遺產：不景氣與導彈

布里茲涅夫的賭博——結合高科技的發展與知識份子的順從——需要利用富裕的生活或國際聲望來收買人民的緘默。正如我們所見，布里茲涅夫採用的方式並非以豐富人民生活品質爲主，蘇聯人民經歷的是經濟的不景氣與被破壞的環境。

布里茲涅夫所採行的是積極的外交政策，他的外交政策確實有些許成就。在第一階段戰略武器限制公約（SALT I, 1972）中，尼克森、季辛吉與美國參議院，都接受蘇聯可以享有一般標準的軍事力量；這項重要的讓步在第二階段戰略武器限制公約（1979年）中由卡特予以確認。[18]這位曾在捷克斯洛伐克（1968年）實行過布里茲涅夫信條的蘇聯領袖，似乎只打算要再次使用布里茲涅夫信條來維持東歐的凍結狀態。1970年代晚期，他甚至更進一步發動新的軍事競賽（他宣稱是由美國開始的）。

1977年，他開始更新以西歐爲目標的蘇聯中程彈道導彈，改用新式的3000哩SS-20s型導彈，範圍擴及歐洲大陸的任何地點。這些配備多彈頭的彈道導彈，使西方人開始恐懼，當蘇聯建立與西方勢均力敵的洲際武器力量時，會先在歐洲上演核子戰爭的戲碼。同時蘇聯也持續插手干預第三世界的動亂，蘇聯已經在非洲角（Horn of Africa）以及透過古巴仲裁才剛獨立的安哥拉，建立了新的影響力。1979年的聖誕節，蘇聯派軍進入已經由親蘇聯政黨掌控的阿富汗。美國爲了因應蘇聯這一連串的行動，先是在卡特總統的帶領下加緊軍事發展的腳步，然後在雷根（Reagan）總統任內更加努力發展軍備。

1979年12月，北大西洋公約組織委員會要求，倘若美蘇無法履行雙方的限武協定，就必須在西歐部署美國的中程導彈。這項計畫要求在西德部署108枚潘興II型導彈（Pershing II missile）發射器，以取代已經過時的潘興IA型發射器。此外，還要在柏林、西德、義大利、比利時和荷蘭部署464枚地面發射式的巡弋飛彈。雖然西德的社會民主黨總理舒密特（Helmut Schmidt）已經作出初步的提議，也幾乎受到各國政府普遍支持，但在歐洲的土地上看見附著短引信的大型武器，仍讓許多歐洲人感到心神不寧。當歐洲部署第一批洲際彈道飛彈（ICBMs）時，某些地區的裁軍運動變得比較積極，一如他們在1950年代曾經採用過的裁軍策略一樣——這種情形在柏林、低地諸國與德國境內比較普遍，至於法國和義大利境內則遠遜於上述國家的表現。1983年4月1日，抗議民眾在預定部署巡弋飛彈的英國格林漢康蒙（Greenham Common），以及兩個英國核子武器研究機構之間，牽手拉起一條14英里長的人鏈，提醒人們不要忘記1950年代的教訓。在西德舉行的運動非常與眾不同，西德的民眾認爲自己在1950年代時並未捲入這種問題。西德那些擁護東西雙方凍結核子武器的人，把他們的示威運動延伸到東德（他們的政府當局無疑希望可以鼓勵西方單方面解除武裝），他們發現東德人也願意擁護雙方凍結武力，於是舉行了一場或許是自大戰以來東德和西德首度合作的聯合示威行動。

然而，這些行動並沒有阻止第一批導彈於1983年年底抵達西德、柏林與西西里島。當時第二階段戰略武器限制公約（1979年）所規定的部署新巡弋飛彈的限制條文已經屆滿，緊接著，俄國在東德部署了更多的導彈。在這段期間，雖然沒有人能夠睡得安穩，但是抗議的聲浪卻逐漸消失。歐洲人和美國人在防禦策略上始終衝突不斷，但是在1980年代，因爲牽涉到經濟競爭與備戰行動的意見不一，所以歐美之間的衝突不但更加嚴重，而且往上提升到政府層次。在緊張關係緩和的時期裡，對於如何回應蘇聯的議題，已經取得以經濟領域爲主的共識。支持增加與蘇聯的貿易交流的人（歐洲人與美國人）認爲，這樣的貿易關係可以加速催生成熟的蘇聯；但是反對者（尤其是美國總統雷根）則堅稱與蘇聯貿易只會增強蘇聯製造戰爭的力量。這項爭辯在1981年時，讓歐美之間迸發最激烈的爭執，爭執的焦點是鋪設從蘇聯到西歐的天然瓦斯管的提議，極度需求能源的西歐提議向蘇聯購買天然瓦斯，但美國政府試圖阻止這項管路鋪設工程。當美國政府下令歐洲美國子公司阻止重要管路零件的裝運時，歐洲人以美國干預他們國內經濟事務的觀點來看待美國的這項行動，並且提出抗議。他們指出，美國一方面試圖阻礙歐洲與蘇聯的貿易，一方面又把穀物賣給蘇聯。事實上，歐洲最堅定可靠的保守派人士——英國首相柴契爾（Margaret Thatcher）與德國總理柯爾（Helmut Kohl）——是爲此最感憤怒的人，由此可見歐洲和美國之間對於如何與蘇聯相處的觀念分歧之大。

1980年，緩和政策似乎已經失效。即使有少數歐洲人預料蘇聯會採取更多正規的侵略行動，但是兩大超級強國依然在把歐洲一分為二的圍牆兩邊彼此對抗，他們只要動一隻手指便可摧毀全世界。當雷根與布里茲涅夫開始增加國防預算時，沒有人會預料到，在不到十年的時間裡冷戰就會結束。

身體衰弱的布里茲涅夫於1982年11月去世，享年76歲。蘇聯面臨自史達林去世以來第三度的繼承危機，內部的領導階層表示，他們已經學會如何引領人民平順地走過這段過渡時期，但他們並不一定會選出最有幹勁的領導人。已經68歲的安德洛波夫（Yuri Andropov, 1982至1984年的黨書記），雖然難以代表年輕一代，而他曾任蘇聯祕密警察（KGB）首長的經歷，也讓人無法期待蘇聯國內的情況會變得和緩放鬆，不過，蘇聯祕密警察比任何人都了解蘇聯的經濟和社會問題的嚴重程度。很多比較年輕的蘇聯領導人都渴望進行重大的改革，因此，安德洛波夫開始著手處理貪汙賄賂、酒癮以及經濟封鎖等問題。當他在1984年2月去世時，主席團並沒有推舉安德洛波夫舉薦的年輕改革家戈巴契夫（Mikhail Gorbachev），反而選任布里茲涅夫年老的密友契里年科（Konstantin Chernenko）擔任第一書記。不曾改革而且在72歲時已經體弱多病的契里年科，讓蘇聯的領導階層處於休眠狀態之中達十三個月之久。1985年3月契里年科去世，終於為戈巴契夫開闢了一條道路，不過，這位新就任的第一書記的同僚們，並不知道他們即將遭受什麼樣的待遇。

圖21-3　1983年4月1日，反核運動人士在格林漢康蒙排成一條長達14英里的人鏈，反對在英國部署美國導彈。

第二十二章

西歐：後工業化的社會與「停滯膨脹」，1973至1989年

1973年的石油危機，讓西歐表面上看似前景無限的戰後經濟奇蹟突然陷入停頓。10月17日，石油輸出國的卡特爾——石油輸出國家組織（OPEC）[1]——將石油價格調漲了70%；石油輸出國家組織阿拉伯地區的會員國，調漲的幅度甚至更高。爲了盡情懲罰六日戰爭（Six-Day War, 1973年10月）時以色列的支持者，石油輸出國家組織完全斷絕美國和荷蘭——允許美國越過領土裝運補給品到以色列的歐洲國家——的石油輸出路線，雖然這項禁運行動爲時相當短暫，但是石油的價格依然持續攀升。1979年時，石油價格已經高達每桶30美元，是1973年時石油價格的十倍。1979年1月，當伊朗爆發革命推翻舊王朝，而停止該國的石油輸出時，石油價格又往上攀升到每桶34美元。但是，在1983年3月時，由於資源保護、可替代能源的開發與卡特爾內部的分裂等種種因素的影響，使石油輸出國家組織的掌控力有些鬆弛，迫使油價下跌到每桶29美元，自此，油價不斷下跌，直到1988年時，油價已經跌到每桶15美元的價格。

沉重的經濟壓力：石油、工作、貿易

在戰後的一片景氣繁榮中，西歐經濟已經越來越依賴輸入的石油，石油取代煤成爲西歐最主要的能源。石油在西歐的能源需求中所占的比例，從1955年

圖22-1　在1973年的石油危機時，英國的汽車駕駛人「排隊等候」供應量有限的「汽油」。依照這個擁擠的加油站所張貼的標示，當時油價已經攀升到每加侖超過7美元。

的五分之一，增加爲1972年的五分之三。由於石油的成本是煤的十倍價格，因此每一件需要用到能源的事情都變得更加昂貴，領薪階級努力爭取較高的收入，以應付高價的食品與燃料費帳單。不過，因爲消費者的購買力下降，致使許多勞工面臨被解雇的命運。失業救濟的成本暴增，但國家稅收卻開始減少。西歐的經濟開始走下坡。

在西歐多多少少解決了當前石油缺乏的恐慌之後，隱藏在能源危機背後，更深層的結構性問題卻開始浮現。西歐的黃昏工業已經失去他們早期在技術上的優越條件。日本的製造商以及新崛起的臺灣、南韓、巴西及墨西哥等地的新企業家，在本國建設新工廠，支付較低的薪資給勞工。由於西歐勞工不但薪資較高，且享有多種社會福利，因此當西歐的投資基金正於海外尋求較高的利潤時，便很難以新投資與那些國家競爭。此外，因爲太恐懼目前正在折磨充分就業的福利國家的通貨膨脹惡運臨頭，西歐政府不得不盡力刺激國內投資。不但是創造戰後歐洲經濟繁榮的所有落日工業，如汽車業與鋼鐵業，都因爲亞洲與拉丁美洲競爭敵手打出的低價位而被趕出世界市場，而且，新技術工業，如電腦業和電子業的歐洲投資也不盡理想。世界的生產力似乎已經在進行大挪移。歐洲面臨工業體系解體——「反工業化」（de-industrialization）的窘境。1960年代的信心如今已經變成「歐洲悲觀主義」（Europessimism）。

第二次世界大戰以後，歐洲曾經歷過輕微的經濟衰退，其中以1958到1959年和1966到1967年這兩次經濟衰退最爲明顯。但是發生於1970年代的經濟衰退，不論是強度或者持續時間，都足以冠上蕭條之名。西歐對於自戰後重建以來，始終能將失業率控制在2%到3%的成就深感自豪，人民也相信他們的國家永遠都能保障他們充分就業。在經歷了1979年的第二次石油危機，以及沒落的「煙囪」工業普遍停工之後，西歐整體的失業率就從勞動力的4.2%，躍升爲1983年時的10.3%；1984年，相較之下經濟體系較健全的西德，失業率高達9.1%；長期體質不良的英國，失業率是12.6%；努力掙扎的西班牙是17.5%。青年人的失業率特別高。1983年的西歐，25歲以下的年輕人中有四分之一的人沒有工作；荷蘭、西班牙與義大利則有三分之一的年輕人找不到工作。1983年時西歐的家庭自戰後經濟再度繁榮以來，首次出現實際購買力下降的情形。

不過，新的經濟蕭條不再是重複1930年代經濟不景氣的模樣。這次並沒有出現如1929年般的「崩盤」，而且福利國家也極力避免不景氣對人民造成悲慘的影響。這次的經濟蕭條既沒有經濟大蕭條時讓人感到羞恥的「失業救濟金」，也沒有施粥場。不過，與此同時，西歐勞工所享有的優渥薪資與津貼，卻讓西歐的產品成爲世界市場上的昂貴商品。

兩次經濟蕭條的另一個差異是通貨膨脹。1930年代時物價已經下跌；但是在1970年代時，物價卻以令人憂心的速度往上飆升。事實上，適度的通貨膨脹是戰後經濟成長型態的一部分。即便是在1973年以前，每當西歐的經濟規劃家試圖在充分就業的條件下刺激經濟成長時，通貨膨脹的壓力就會增高。而1973年以後令人訝異的是，即使就業率和生產量下滑，通貨膨脹的情況依然持續向上攀升，一則是因為石油價格上揚，油價上漲也會影響所有產品的能源成本，包括糧食在內；另一個原因則是福利國家制度。即使是在就業率下降的情況下，社會利益（social benefits）依然可以維持消費者的購買力。1975年時，英國的通貨膨脹高達令人怵目驚心的程度——17%。義大利的通貨膨脹在1980年時高達頗具爆炸性的24%，而在1982年年底時依然維持17%的通貨膨脹。按照這種速度，每四年物價就會翻升兩倍。

對人們來說，經濟停滯與通貨膨脹結合在一起是一種新的體驗。人們很快就為這種新經驗創造了「停滯膨脹」（stagflation）這個名詞。西歐政府習慣採取積極主動的措施來恢復繁榮的經濟，但是在「停滯膨脹」的情況下，凱因斯學派（Keynesian）利用赤字開支來刺激購買力的要訣，就無法有效發揮作用。凱因斯的赤字開支策略，不但不能提高就業率，反而會使通貨膨脹增高並且危及國外的銷售額。另一方面，降低通貨膨脹的傳統節約策略，卻有加重經濟停滯的傾向。在已經相信凱因斯可以克服失業與商業循環的問題之後，如今人們驀然發現，竟無人——不論是保守派或社會主義學家——知道如何因應當前困境時，眞是令人感到洩氣。

「後工業化」社會？

1973年以後，顯然地，長期的經濟失調，再加上1967至1968年的社會採取新的抗議作風，[2]導致有些西歐人相信自己已經進入了「後工業化」（pos-tindustrial）[3]的時代——製造業不再必然是通往工作或財富之路，而服務業、通訊業、媒體與娛樂業所提供的利潤反而較高的時代。在這個正在發展的新時代裡，儘管新領域的企業家和明星藝人們可以致富，但是部分驕傲的資深技術性勞動階級，卻注定要與部分的中產階級一起沒落；教育程度不佳以及沒有一技之長的人，似乎永遠不可能找到有意義的工作。當工作永遠需要更多的技術性技能時，教育的社會篩選機制（society's selection mechanism）角色就變得越來越明顯，學校迎接受到優惠的少數人登上通往專業成就的階梯，並且將其他人貶謫到越來越固定不變的下層階級。在「後工業化」的時代裡，不合群的學生、不重要的少數民族，以及永遠被排斥在外的「非工人的非階級」（non-class of non-workers），[4]將取代傳統勞動階級的地位——現在已經縮減與同化——變成麻煩製造者。因此，未來的社會衝突所需解決的生產相關問題（薪資與工時），將會比消費和生活品質的相關問題（環境、健康、對媒體的控制、女性的身分地位）少。

當問題只是石油短缺時，並不難找到補救方案。英國和挪威在北海海底發現大油田，1970年代，英國與挪威都已經變成石油的淨輸出國；荷蘭也在那裡發現豐富的天然瓦斯。法國在核電的發展上居於領先的地位，法國利用核能發電的比例從1977年的8.4%，提升到1990年時的75%。所有的歐洲國家都與阿拉伯的石油輸出國培養良好的關係。

要恢復生產力，必須實施更多激烈以及不曾嘗試過的措施。西歐必須犧牲戰後維持社會與政治安定的重要基石——充分就業與福利政策，來提升生產的競爭力嗎？將黃昏工業全數關閉，並且重新訓練勞工學習某些新技術可行嗎？誰可以事先告訴我們學習哪種新技術是正確的投資？有誰能支付如此大規模的經濟調整，以及隨之而來的社會混亂所花費的代價？面對各方面的挑戰，不論是左派或者是右派的歐洲領袖們，都在一團混亂之中一面實施節約措施，一面等待美國景氣復甦，讓大家能因此水漲船高從而渡過難關。

移民與新右派

1973年以後，經濟衰退使西歐對移民的態度轉趨強硬。在經濟繁榮的年代裡，大部分的西歐政府與企業家都曾經熱切地鼓吹廉價勞工移民，去做現在他們本國的勞工輕蔑不做的奴僕工作。在1975年時，西歐有10%的勞動力是外國人：其中西德是9%，法國是11%，而瑞士則超過25%。[5]

以前西歐曾經敞開大門迎接移民潮。大部分的移民來自信奉天主教的南歐（值得注意的例外是1880年代來自俄國的猶太難民，與1930年代來自中歐的猶太難民）。第二次世界大戰之後，日漸增多的移民，為各國注入迥異的風俗習慣與宗教信仰。德國吸引了土耳其人；對之前的北非和西非與安地列斯群島（Antilles）的殖民地居民來說，法國就像是一塊磁鐵；英國收留印度人、巴基斯坦人與來自大英國協的西印度群島居民；而荷蘭的移民則大多是先前的印尼與蘇利南殖民地的人民，以及土耳其人和摩洛哥人。

在1973年經濟開始走下坡以前，各國就已經出現反移民的暴力行為。首次敲響的重要警鐘是1958年9月，數百名英國勞動階級的年輕人與西印度群島的移民，在倫敦貧民區的諾丁山（Notting Hill）發生衝突。根據長久以來的英國傳統，於1948年制訂的法令規定，來自大英國協的移民在「祖國」享有所有的公民權。然而，二次世界大戰之後，移民英國的不是預期中的加拿大人或澳大利亞人，而是牙買加人與爲了逃離因國家獨立而發生的暴動的印度人和巴基斯坦人。當美國在1952年縮減移民限額時，有更多的牙買加人移居英國。另一批移民潮包括逃離1968年剛獨立的肯亞，以及1972年時的阿敏（Idi Amin）統治下的烏干達的印度商人。1962年到1973年間，保守黨與工黨政府通過一連串的移民法案，英國政府將移民資格從來自大英國協的人民，縮小爲領有工作許可證而且具有英國血統的人——事實上這是一種種族標準，但即使是這樣的政策，還是無法滿足每一個人。保守黨的叛徒鮑威爾（Enoch Powell）在1968年以後，乘著反移民情緒的巨浪，警告政府除非把外國僑民遣送回國，否則將讓他們「血流成河」。

在1973年各國經濟開始拮据之後，西歐的民族主義者就譴責移民者與他們競爭工作、讓他們擔負過度緊繃的社會保險制度，而且拒絕同化接受移民國的文化。在1973到1974年間，大部分的西歐國家都採取限制移民的措施，但是，這種措施並未減少國內的外國人口。公民的家人和政治難民依然可以合法進入他們的國家，此外，尚有數千人偷渡入境。沒有一個西歐國家願意驅逐那些已經在他們的國家定居的外國人。[6]

根據推測，那些暫時停留的「候鳥」會變成定居下來的少數民族。很多西歐人首度必須面對與和他們截然不同的鄰居的不同文化及宗教信仰，並且學習與他們和睦相處。德國境內有波蘭人，英國境內有愛爾蘭人，不過，在德國境內有永久定居的土耳其外籍勞工，而在日漸沒落的英國英格蘭中部市鎮裡，則住著巴基斯坦人和西印度群島的鄰居，這些現象，迫使這些國家必須去因應種族衝突、學習在多樣文化中生活，甚至，必須採取比較異質化的國家認同形象。較習慣移民的法國，必須學習如何讓他們主張社會同化的傳統，轉而適應長期與數千名回教徒一起生活。是否允許新來的移民取得公民權變成一項議題，法國和英國是如此，而西德則一直到1990年代爲止還沒有這個問題。瑞典和荷蘭進行讓定居的外國人擁有地區選舉權的嘗試。

雖然官方努力培養種族之間的彼此諒解，但是摩擦依然不斷增加。仇視外國人的人要求政府對移民採取強烈的手段，甚至不惜將他們驅逐出境。其中一種反移民行動是「光頭仔」（skinheads）：由一夥拙劣地模仿法西斯主義作風的勞動階級年輕人，偶發的暴力行動。比較持久而且比較具有影響力的是極右派的政黨，這些政黨欣然掌握著反移民者的怒火。

當然，極右派的政黨早就已經存在。在1943年以前，利用各個國家特有的本土議題與追隨者，西歐已經零星地出現一些極右派的政黨。在查禁新納粹主義的德意志聯邦共和國裡，有幾個親納粹主義的政黨，那些政黨大部分是以從東部失土被驅逐出境的人——正在減少的追隨者——爲基礎。其中最重要的是1969年攀上高峰（受到左翼學生行動主義的刺激）的國家民主黨（National Democratic Party, NPD），他們在1969年贏得大約4%的選票。墨索里尼的繼任者面對的是沒有合法限制的義大利，在回應1969年的「狂熱之秋」時，他們的義大利社會運動（Movimento Sociale Italiano, MSI）曾於1972年得獲最佳的選舉成績（8.7%的得票率），其勢力大多集中在落後的南部地區。在法國，反阿爾及利亞人的情緒，因爲歷經八年苦戰之後，阿爾及利亞竟然於1962年獨立，再加上1968年的動亂而更加激烈。一個新法西斯主義團體——新秩序（Ordre nouveau）——激起人們的反阿爾及利亞情緒，並在1973年煽起移民與抱持民族主義的年輕人發生街頭巷戰的戰火。即使是寬容的荷蘭，當摩鹿加群島（Moluccan）的行動主義者於1975年劫持一列火車時，他們也發現自己的耐心受到考驗，警方在處理這次事件的行動中有三個人喪生。

1973年以後的局勢與往昔不同的是，西歐的極右派成長壯大並且趨於匯集：各國的極右派都以移民及他們聲稱的移民所造成的傷害〔失業、文化稀釋（cultural dilution）、小型犯罪〕爲焦點。1974年，在英國某些英格蘭中部的市鎮中，民族陣線的得票率高達15%至20%。法國由潘恩（Jean-marie Le Pen）所領導的民族陣線則挾帶著幾乎是專門反移民的政綱，成爲1980年代西歐最成功的極右派政黨。法國的民族陣線在1983年所取得的選票占全國選票的10%，1988年更取得14%的選票。在南部的城市，例如有很多來自法屬阿爾及利亞的難民必須面對阿爾及利亞移民的馬賽，潘恩的得票率超過20%。1989年以後，當新一波的難民潮從瓦解的共產主義東歐湧入時，德國和奧地利的極右派贏得他們最大的成功。關於上述情勢，我們將於第二十三章再進行詳細的討論。

極右派政黨的成功，引發人們對法西斯主義復甦的恐懼。然而，與1930年代的法西斯主義不同，1973年以後西歐的極右派政黨，只是抨擊西歐的保守派人士與革新份子全然接受的民主憲政與福利資本主義。他們的宣傳活動大多只局限於一個有效的議題——移民，而其選舉結果也遠遠不如1930年代時的水準。不過，他們展現出自擊敗希特勒與墨索里尼以來，排他性的民族主義與種族歧視，首度不再是競選活動中的禁忌。甚至主流的政治對話也有略微偏向他們的主張的情形。

壓力下的福利國家

自第二次世界大戰結束之後，福利國家已經成為西歐公共政策與衆不同的標誌。福利國家根源於社會天主教義（Catholicism）以及社會主義，並且適合中產階級與勞動階級的利益、鄉村和都市的人民，所以受到從右派到左派人士的廣泛支持。但是，在經濟拮据的狀況裡，福利國家的運作比經濟成長的社會困難。社會計畫的成本日漸提高，但是可以用來支付這些社會計畫的資金卻逐漸縮減。不只是有更多的人需要協助，而且通貨膨脹也正在把社會計畫的成本推得更高，尤其是那些和義大利一樣，取決於自動化的生活成本指數的國家。根據經濟合作暨發展組織（Organization for Economic Cooperation and Development, OECD）的數據，在1960年到1981年間，西歐國家主要的社會支出從占總輸出商品與服務的14.5%，升高為26.3%，而西德、瑞典、荷蘭與比利時則超過30%。[7]降低這些成本的壓力來自幾個方面：納稅人在這樣的負擔下開始喧鬧；出口商抱怨勞動成本讓他們的商品無法銷售到國外；降低政府支出通常是取得國際貨幣基金會或外國債權人的貨幣支援貸款（currency-support loans）的必要條件等。

北歐：保守主義復興

整體來說，當歐洲經濟危機初現時，在北歐掌權的是改良派社會民主政黨或勞工政黨。他們沒有令人憂心的共產主義競爭對手，因此得以依據根深柢固的政治立場來運作穩固的福利國家體系。但是在1973年以後，他們不得不採取至少一項令人頭痛的措施：減少社會計畫、增加稅收，或者任由通貨膨脹自行發展。雖然這些1970年代和1980年代的新保守派多數是要修整社會計畫，而不是要廢除社會計畫，但這是三十年來，他們首度公然挑戰福利國家的共識行動。

斯堪地那維亞半島

首次遭到震撼的是斯堪地那維亞半島一直引以自豪的社會民主政體的古老體制。雖然經常與小農場主政黨組成政治聯盟，但是自1932年以來，瑞典始終是由社會民主黨執政，並無間斷。北歐人的福利制度是西歐最具包容性的制度。與英國實施的捐助方案（contributory schemes）不同，英國由勞資雙方分享貢獻，而北歐的福利制度則完全是由國家稅收資助。和西德的制度不同，北歐的福利制度包含所有的公民，而不單只限於「勞工」。像瑞典這樣的國家，本身沒有石油資源，而且必須與其他汽車、飛機與工業機械製造商競爭，所以特別難以抵禦1973年開始的那種結構性危機。面對稅額增加與就業率降低的情況，導致1974年時，大部分的瑞典選民四十二年來首度選擇反對社會民主黨。雖然並未徹底地重新調整瑞典的社會政策，然而緊接著上臺的中間派政府卻施行了節約措施。儘管已經削減了成本，但是由於社會計畫的費用所占的比例仍持續升高，瑞典的社會支出在1980年時高達國內生產毛額的29.8%，成爲當時西歐社會支出比例最高的國家（丹麥居次，爲26.8%）。[8]1982年10月時，由帕姆（Olof Palme）帶領的社會民主黨重新上臺執政，但是在他接班的時候卻也不得不全神貫注於社會計畫的修整。

丹麥的選民對於反對高稅收政策方面出現更戲劇性的反應。在社會民主黨的領導下，歷經五十年平穩的歲月之後，在1974年的選舉裡，以好戰的納稅人的反抗爲基礎而崛起的新政黨——「進步黨」（Progress Party），一躍成爲丹麥的第二大黨。進步黨提議積極取消福利政策，並大幅調降政府的開支與稅收。然而，他們的政黨領袖葛利斯柔伯（Mogens Glistrup）因爲逃漏稅而入獄，打斷了進步黨快速成長的機會，反而是丹麥的保守黨在1980年代初期，成功地組合了一個新的政黨聯盟，並且對社會計畫作了更溫和的調整。

西德

西德社會民主黨主政的時間之所以比較久，部分是因爲擁有可大量輸出汽車、機器與工程技術到產油量豐富的阿拉伯國家的強大工業基礎，也因此，西德得以較晚發生經濟蕭條的情況。1974年布蘭特因爲洩露國家機密而步下政壇之後，在精明而且甚得民心的舒密特領導下，西德的社會民主黨實施了溫和的節約政策。舒密特所遭遇的麻煩是社會民主黨的內部問題，社會民主黨的一般黨員，對於失業率攀升至自1930年代初期以來未曾有過的高峰，以及一度景氣大好的魯爾工業區陷入蕭條狀態有所怨言。除此之外，1979年以後，當舒密特支持美國在西歐部署新導彈時，黨外年輕的激進份子起身抗議。還有一些其他的麻煩則是來自於中間派政黨聯盟夥伴——自由民主黨（Free Democrats）。自由民主黨反對赤字開支，在1982年10月時，他們因爲赤字開支的問題而推翻政府，這是德意志聯邦共和國史上首度發生政府在二次選舉期間失去議會多數派的支持。於是西德社會民主黨（1969-1982年）的長期統治宣告結束。

基督教民主黨（Christian Democrats）在新領袖——身形魁梧而情感淡漠的柯爾的領導下，重掌西德政權。柯爾大幅削減西德的社會計畫，按實值計算撫恤金減少5%到6%，失業救濟金的跌幅也大致相同；產婦的休假津貼從每個月268美元刪減爲182美元，並要求償還國家學生貸款。但是柯爾與愛德諾和歐哈德（Ludwig Erhard）一樣，原則上並未挑戰社會計畫的合法性。令人嘆爲觀止，如同連續劇劇情般進展的是「東進政策」。雖然保守的基督教民主黨在十年前就曾經稱布蘭特的東歐解決方案是叛國的行爲，但是柯爾卻繼續尋求與東德進行貿易與文化交流的機會。

英國：柴契爾的自由市場運動

北歐最亮眼的保守派領袖顯然是熱情而且大膽的柴契爾，在長達十一年的首相任期（1979至1990年）裡，她曾經試圖讓英國不再了無生氣地依賴「保母國家」（nanny state）。身爲局外人（她是食品雜貨商之女，曾經接受過工業藥劑師的訓練）以及只能空談反對大政府的人，當時的柴契爾夫人並沒有機會參政；一直到1975年時，她才贏得保守黨的掌控權。1979年，雖然已經執政六年的時間，但是工黨政府對停滯膨脹的問題依然束手無策，在此情況之下，她領導保守黨黨員再度重掌政權。她削減稅金；使石油業、廣播業、電信業與汽車業裡的國家股份私有化；猛砍教育、社會計畫與藝術的補助金；並且停止發放習慣上對體質衰弱的產業如鋼鐵業和煤礦業的補助金。當勢力強大的煤礦礦工工會試圖利用罷工讓她垮臺時，和她的前輩所採取的行動一樣，柴契爾夫人把握機會立法大幅削減工會的權力，讓工會必須與會員磋商之後，才有權決定提高資金與採取行動。儘管她幸運地發現北海的油田，但是她所帶來的經濟冷水浴依然傷害了很多受害者，失業率從5%攀升到將近14%，創下自1930年代以來的新高紀錄。

即便如此，「鐵娘子」還是贏得了1983年的選舉，並且在1987年再度勝選，成爲20世紀在位最久的英國首相。她與知識份子的距離比勞工遠，勞工們喜歡她，因爲她的經濟計畫讓住在公共住房的居民，有能力可以買下自己的公寓。此時英國的通貨膨脹從10%跌到5%，受雇者的購買力已經恢復。她那進取冒險的精神，終於讓英國的生產力止跌回升；而且就她那不妥協的自由市場辭令來看，她對英國福利政策的削減相當審慎。舉例來說，她並沒有採行1951年保守黨的作法，讓鋼鐵業變成私營企業，當然，她之所以沒有這麼做，或許也是因爲沒有人願意收購即將衰亡的產業。最重要的是，柴契爾夫人以戰爭還擊1982年阿根廷占領福克蘭群島的行動，大快人心。

柴契爾夫人之所以能夠成功的主要理由是，自第二次大戰結束後的三十四年間，統治英國長達十七年的英國工黨已經瀕臨沉船邊緣。1983年時，工黨只取得38%的勞動階級選票，是自1930年代以來表現最差的一次；在1970年代的危機中所承擔的責任，讓工黨四分五裂。當工黨在1974年的選舉中重掌政權時，前經濟學教授，同時也是一位虔誠的凱因斯主義者的工黨左派份子哈洛德．威爾遜首相，從前任的保守黨首相希斯（1970-1974年）手上接下的燙手山芋是嚴重的通貨膨脹。在威爾遜的領導下，通貨膨脹的轉速更加失控，竟然高達17%這個現代的英國人前所未聞的數據。他的繼任者卡拉漢（James Callaghan, 1976-1979年）嘗試實施「收入政策」（incomes policy）：即政府嚴格地限制調漲薪資以及工會的談判權力，這些努力雖然讓通貨膨脹降到10%，但是卻也讓工黨一分為二。激進的工會份子於1979年重新奪回控制權，但是他們的領袖富特（Michael Foot）卻疏遠議會與改良派人士，擁護英國單方面的核武裁軍政策。讓英國左派政黨情勢更加險惡的是，出現了一個中間偏左派的新改良主義政黨——社會民主黨，社會民主黨大部分是由議會的工黨黨員組成，並且與舊的自由黨黨員結盟，她的出現，分裂了左派勢力的選票。也因此，柴契爾夫人不需要得到超過半數的選票，就可以與分裂的反對黨對抗，而

圖22-2　1979年3月，保守黨領袖柴契爾夫人的競選活動。

且，事實上，她在1979年勝選時，所獲得的選票也不曾超過44%。

柴契爾夫人的當選，表示新的世代已經進入英國的政界，新世代的人們既不了解1930年代的歲月，也不曾經歷過世界大戰。這個世代意味著戰後保守黨接受福利國家的政策，而工黨則接受資本主義的經濟政策，兩黨政策日趨一致的時期的結束。柴契爾夫人沒有錯過讓她自己的政黨脫離自狄斯累利以來，大部分托利黨黨員所接受的家長主義式（parternalist）社會協助的機會，家長主義式的社會協助讓「愛哭」的托利黨左派份子變得懦弱膽小。工黨在富特的領導下，以強硬的意識形態來回應。柴契爾是歐洲眾領袖中，在氣質和觀念上，與美國總統雷根最相近的人。但是，柴契爾夫人與雷根總統在俄國的瓦斯管路鋪設事件，[9]以及美國在沒有與她商量的情況下，就侵略大英國協的會員國格瑞納達等問題上的爭執顯示，即使是深厚的私人友誼，也不足以蓋過美國和歐洲之間的利益衝突。這個新世代的人甚至不記得戰時結盟的情誼。

地中海沿岸地區的歐洲：左派掌權但是進行改革

那些國內有強大的共產主義政黨的國家，對1973年開始浮現的危機產生截然不同的政治反應，除了芬蘭以外，這些國家都位於歐洲的地中海沿岸。因為這些國家的左派政黨都已經從保守派人士手中奪得政權，所以他們必須面對1973年開始浮現的危機。對南歐的左派份子來說，經濟的緊張局勢可以轉換為他們的選舉利益。不過，此時西歐的左派份子則將焦點放在進行改革上。

蘇維埃模式的沒落

如同1930年代一般，雖然局勢已經與人民陣線時代的情勢迥異，但是地中海沿岸世界裡強大的共產主義政黨，卻依然渴望組織政治同盟。兩個時代之間最引人注目的差異是，蘇維埃模式在西歐共產黨的心裡已經信譽盡失。所有的人都清楚地觀察到蘇聯政府差勁的經濟表現，而先前贊同蘇維埃模式的歐美人，也因為蘇維埃笨拙地扼殺那些異議人士而感到憤怒。布里茲涅夫營造出來的精神科病房雖然比史達林的集中營略遜一籌，卻讓人更加看清蘇維埃政權的眞面目。對很多人來說，這一切的轉折點是1968年8月俄國以軍事武力對捷克斯洛伐克施行暴虐壓制，在那之後，1970年代西歐的共產主義政黨，便開始實驗屬於他們自己的杜布切克「戴著人臉的共產主義」歐洲版：歐洲共產主義。

1970年代的歐洲共產主義（他們大部分的人並不喜歡這個字眼）企圖調和他們對西歐共產主義勝利的希望，以及西歐人民的生活特性。對他們來說，在悠久的政治自由與經濟多元論（pluralism）傳統的高工業地區實施蘇維埃模式，不但不適當，而且還是阻礙他們成功的絆腳石。

歐洲共產主義與貝林格

歐洲共產主義的主要發言人是貝林格（Enrico Berlinguer），他是義大利共產黨的總書記（1972至1984年），也是一位禁慾主義的知識份子。貝林格對於西歐應該從另一條路徑進入共產主義的看法，部分是受到義大利經驗的塑造，部分是因爲對當代的觀察所形成的。他敏銳地察覺1920年義大利左派份子的「最多數主義」（maximalism）開闢了一條通往墨索里尼理念的道路。與很多歐洲的左派份子一樣，貝林格也深受1973年9月智利阿連德（Allende）政府被推翻的影響，阿連德政府曾經試圖以36.7%的選民爲基礎，進行激進的經濟變革。貝林格也相信可行的西方共產主義需要建立民主制度，但是這種民主制度在1970年代的義大利處境艱難。天主教民主黨自1945年11月以來就已經掌權，但是天主教民主黨之所以遭受指責，不單只是因爲當前的經濟衰退，也因爲他們的腐敗墮落與任用親信，讓義大利對經濟衰退的反應停滯不前。如同贊成離婚的合法性（1974年）與墮胎合法化（1978年）的公投結果所示，天主教民主黨多數派根基——天主教文化——已經日漸衰頹，然而，此時尚未浮現另一個可以取代天主教民主黨的政黨多數派。左派與新法西斯主義右派份子的恐怖統治，正讓這個國家處於不穩定的狀態中。貝林格推論，與社會主義者結盟以尋求左派的徹底勝利，會讓義大利出現極化的現象，且無法掌握任何潛在的多數派。正如1920年到1922年所發生的情況一樣，接踵而至的憲政僵局，對極右派的有利影響可能更甚於左派。

爲此，貝林格希望能與執政的天主教民主黨的左派份子合作，他稱此爲「歷史性的妥協」的機會。他宣稱義大利共產黨願意接受民主的選舉制度，以及民主選舉所伴隨的所有風險，包括因爲選輸而下臺的可能性；他接受義大利在歐洲共同體以及甚至是北大西洋公約組織的會員身分；他的政黨支持左派與右派份子反恐怖主義的堅定措施。1977年11月，他受邀到莫斯科在布爾什維克革命六十週年紀念會上發表演說，表明爲了在義大利取得成功，其政黨願意接受多元論民主制度的規定。貝林格與莫斯科的關係惡化，當他在1981年12月波蘭實行戒嚴法以後，[10]聲稱蘇維埃形式的共產主義已經是「強弩之末」時，他們的關係實際上形同決裂。

貝林格的歐洲共產主義吸引了很多義大利人。他在1976年6月的議會選舉裡贏得了34%的選票，是到目前爲止西方共產黨在自由選舉中得票率最高的一次。貝林格與聲勢正在下滑的天主教民主黨之間的勝負，相差不到4%。1976年時，義大利共產黨已經控制了義大利大多數的主要城市，並以單獨或政治聯盟的方式掌控義大利十六個地區中的七個地區，貝林格的策略發揮了很大的作用。義大利共產黨黨籍的市長因爲誠實與效率的名聲，贏得人民的敬重。從1977年到1979年間，雖然因爲美國的強烈反對，所以沒能進入內閣，但是貝林格的共產黨一度是搖晃不穩的「國家團結聯盟」（national solidarity）這個統治義大利的政治聯盟的一部分。

其他的西方共產黨領袖或多或少都跟隨貝林格的腳步。在前工業勞工馬歇（Georges Marchais）土氣的領導下，法國共產黨追隨去史達林主義的步調更加謹愼，法國共產黨甚至炮火十足地譴責蘇維埃對捷克斯洛伐克的干預行動。雖然貝林格希望與國內的天主教民主黨結盟（或許是分裂天主教民主黨）來對抗義大利的社會主義者，但是馬歇卻於1977年與法國社會黨（French Socialist Party）簽訂「共同綱領」（Common Program）。這項行動在民衆的腦海中印下法國共產黨逐漸放棄「無產階級專政」，並且接受採用選舉途徑來取得政權或放棄政權的印象。即使是鐵幕後方，也有兩個在南斯拉夫和羅馬尼亞的政黨，在馬克斯主義者的國際性會議中，支持貝林格的獨立道路理論。雖然他的葡萄牙鄰居岡哈爾（Alvaro Cunhal）完全拒絕歐洲共產主義，而支持不妥協的革命主義，但在卡里羅（Santiago Carrillo）領導下的西班牙共產黨卻與貝林格最親近。

不過，歐洲共產主義並未如人們的預期，成爲1970年代時西歐重要的政治勢力。在後工業化社會裡，歐洲共產主義的社會基礎變小，它溫和穩健的作風冒著與舊激進份子疏遠，但又沒有吸納足以取代那些舊激進份子的中間派人士的風險。在法國、西班牙和葡萄牙占據戰略性中間偏左派的地位，並且形成另一極端多數派的是社會主義政黨。

事實證明，義大利的左派如果不能團結，就很難形成多數派。起先正在萎縮的天主教民主黨，在廣泛的中間派政治聯盟裡找到更多夥伴。1981年6月時，規模極小的共和黨領袖斯帕多利尼（Giovanni Spadolini），成爲自1945年以來第一位非天主教民主黨籍的總理，領導天主教民主黨黨員依然占優勢的政治聯盟。當他們那精力充沛的領袖克拉西（Bettino Craxi）創下空前的紀錄，以總理的身分領導相同的政治聯盟（戰後義大利的四十四年歲月）長達四年的時間（1983-1987年）時，義大利社會黨看起來好像是另一個可能會強盛起來的政黨。不過，社會黨後來卻被與1993年拉垮天主教民主黨的腐敗墮落的醜聞所吞沒。接下來，正如下一章我們將要討論到的內容般，便輪到貝林格的繼承者上臺執政。

一直以來，曾經經歷過璀璨歲月的義大利人並不熱中政治，他們只是把政治當作餘興節目看待，機敏而且活力充沛地爲了自己的企業四處奔走，義大利人民的企業經營得比國家還要成功。

西班牙與葡萄牙：從獨裁到民主

1970年代最激烈的政治變化發生在西班牙和葡萄牙。佛朗哥與薩拉查的權力主義獨裁政府曾經在那裡像恐龍一樣苟延殘喘，直到1970年代中葉爲止。以往的經驗告訴我們，垂死的獨裁政府通常會結束在革命性的混亂之中，然後接踵而至的是反革命的反應。但是，在這兩個國家裡，最後得勝的卻是穩健溫和的政治體系（葡萄牙的情形是在經歷了一場貨眞價實的社會革命以後）。獨裁政府讓人民留下極壞的回憶，共產主義的光芒已經逐漸黯淡，而且即使是在那些貧窮的歲月裡，歐洲共同體也費盡力氣地想將他們拉往市場經濟以及開放的政治體系的道路。

西班牙過渡到民主制度的過程，相當令人滿意地平穩安靜。獨裁者佛朗哥將軍於1975年11月去世，享年82歲，渴望免除另一次內戰傷害的西班牙人民，欣然接受他安排的王權繼位者卡洛斯（Juan Carlos）王子（於1931年退位的國王阿豐索十三世的孫子）[11]。承接人民普遍渴望和諧重任的是卡里羅（Santiago Carrillo），1977年共產黨合法化之後，卡里羅就從流亡地法國回國，他全身上下都充滿了歐洲共產主義的精神。他認爲在被剝奪了如此之久的時間以後，西班牙必須要嚴肅地正視公民自由。

雖然早期或許有可能，但是塡滿後佛朗哥時期（post-Franco）的空白者，並不是卡里羅的共產黨。有兩個溫和主義的政黨——蘇亞雷斯（Adolfo Suarez）的民主中央黨（Democratic Center）與岡薩雷斯（Felipe Gonzáles）的社會主義勞工黨（Socialist Workers' Party），即將負責重建西班牙政治民主制度。在1977年6月的選舉——四十一年來第一次——蘇亞雷斯掌握了重要的多數派。

內戰的老魔鬼並未完全死絕。當共產黨合法化時，有好幾位將軍離開政府。1978年，加泰隆尼亞恢復自治權的事件，更進一步激起保守派人士的反對。新憲法宣布政教分離解除，恢復離婚的權利，並且將罷工合法化。在1978年12月的公民投票裡，人民以差距不多的多數票通過這部憲法（有32%的人棄權）。但是大部分的保守派人士了解，缺乏佛朗哥在1930年代所享有的國際支持的情況下，反對國王只會使事情變得更糟糕。一群國民軍的軍官於1981年2

月23日闖進西班牙議會綁架議員爲人質，希望能得到軍方的廣泛支持，但是卡洛斯國王卻取得各地區軍隊指揮官（只有一人例外）個人的效忠誓言。在經過緊張的十八個小時之後，這場政變宣告失敗。1982年時，有更多軍官因爲密謀反抗政府而被捕下獄，但是武裝起義（pronunciamiento）的老傳統卻已經信用掃地。

當1982年10月的選舉將政權和平轉移給改良派社會主義者岡薩雷斯的手上時，西班牙的民主制度似乎已經站穩腳步。岡薩雷斯年僅40歲，是歐洲最年輕的總理，務實的他誠然是一位深得民心而且有效率的領袖。回顧過往，始於佛朗哥時代後期的經濟起飛，結合新生代的政治成熟度，顯然悄悄地使西班牙的溫和主義政治移居上風。因爲社會和經濟條件與歐洲各地相近，所以西班牙正式加入歐洲的行列。西班牙於1982年加入北大西洋公約組織，並於1986年經由公民投票通過認可，不過，西班牙要求公約組織不得在其領土部署核子武器（如丹麥與挪威一樣）；西班牙也在1986年加入歐洲共同體。

不過，岡薩雷斯面臨的是一個令人望之卻步的經濟任務。由於西班牙的經濟不夠充裕，已經無法再刪減開支，因此可以轉圜的餘地也很有限。岡薩雷斯必須走在選民對社會服務的要求，與歐洲共同體會員國的預算紀律及工業重建的要求之間，那非常狹窄的路上。歐洲共同體貿易所帶給西班牙的利益，比高失業率的痛苦更重要，讓岡薩雷斯政權得以存活到1996年。

葡萄牙從獨裁政權過渡到民主制度的過程十分困難。薩拉查成功地抵擋左派份子與軍事敵手的攻擊，直到1968年時，79歲的他病倒爲止，但是一直到1970年7月爲止，他始終陷入昏迷狀態。總統（薩拉查曾經在有名無實的總統手下擔任總理）任命一位忠誠而且溫和穩健的法學教授卡埃塔諾（Marcello Caetano）繼任總理，但是葡萄牙的政權連貫性比西班牙更難維持。雖然曠日費時的安哥拉和莫三比克殖民戰爭，讓很多參與這場戰爭的軍官變得比較激進，但是葡萄牙近期內並沒有發生足以讓人民接受溫和主義的內戰。越來越多的葡萄牙軍官相信，只有國家徹底轉型，他們才能終結在非洲毫無成效的戰爭，並將葡萄牙帶入現代化的世界。如果岡哈爾拒絕接受歐洲共產主義，那麼部分原因可能是由於激進派的軍官們似乎打算提供葡萄牙共產黨一股與革命類似的強大力量。1974年5月，由來自安哥拉戰爭的將軍和陸軍上校組成的最高革命委員會（Supreme Revolutionary Council），推翻了卡埃塔諾的政權。

1974年與1975年間，最高革命委員會的軍官在葡萄牙強制施行重大的社會與政治改革。他們結束戰爭，並且同意讓安哥拉與莫三比克獨立；將葡萄牙南部的大地產集體化，並且以合作社取代那些大產業。此外，他們還賦予選舉產生的工廠委員會龐大的權力。

1974年6月，當親共產黨的陸軍上校貢薩爾維斯（Vasco Gonçalves）就任總理，而虛張聲勢的民粹派少校卡瓦爾赫（Otelo de Carvalho）組織了一支新的軍隊大陸特遣隊（Das Comando Operacional do Continente, COPCON）——來支持貢薩爾維斯時，激進派的勢力似乎已經可以掌控葡萄牙，但是，在接下來幾年的歲月裡，激進派的掌控力卻逐漸衰退。他們已經分裂，最激進的軍官甚至得要勉強地與平民共產黨黨員共同掌權。1975年4月的選舉結果顯示，絕大多數的葡萄牙人民，尤其是北部的家庭農場主與都市的中產階級，支持的是溫和的社會主義者索雷斯（Mario Soares, 40%）或民主主義者（27%），而非共產主義者（12.5%）或者極右派人士。1975年5月，當他們占領里斯本的天主教廣播電臺及一家溫和派的社會主義報社時，激進派份子似乎過分高估了自己的實力。西班牙國內開始出現動亂，尤其是北部的天主教小農場地區，而華盛頓與歐洲共同體則很明確地表達了他們的反對立場。在亟需外國協助的情況下，已經花光薩拉查大量現金儲備金的貢薩爾維斯政府，如今極易受到國外壓力的影響。

1975年8月，因其生存之道為他贏得「軟木塞」綽號的葡萄牙總統葛默斯（Costa Gomes）將軍，以一位主張溫和主義的總理取代貢薩爾維斯的職務。當卡瓦爾赫（現在是一位將軍）與其他激進派的軍官企圖利用11月的政變奪權時，鎮壓這次政變所付出的代價是五條人命。大部分的軍隊依然效忠葛默斯總統以及主張溫和主義的政府，革命的銳氣已經大減。除了法國以外，所有西方共產主義政黨一致譴責「冒險主義」的岡哈爾，並將其孤立。大部分的軍官都受到「安哥拉人」的清算，而浮誇的卡瓦爾赫也降為少校。這次事件是自1948年以來，歐洲各國境內最近似以革命奪權的行動。

1976年公布的新憲法〔正式取代1933年薩拉查的「新國家」（Estado Novo）〕，表面上保證葡萄牙將成為一個「社會主義的社會」，實際上卻削減了最高革命委員會的權力，並於1982年時將最高革命委員會完全廢除。依據新憲法所選出的第一任總統埃尼斯（Antonio dos Santos Ramalho Eanes）將軍（1976年6月當選，於1980年再度連任）在1976年到1984年間，以穩定的雙手引導葡萄牙走過以令人暈眩的速度相繼更迭九任內閣的歲月。連續四屆的選舉（1976年、1979年、1980年與1983年）都沒有一個政黨能夠贏得多數選票。在1976年到1979年這段期間，以及1983年以後，都是由改良派社會主義者索雷斯來領導臨時組成的政治聯盟。索雷斯暗地裡削弱工廠委員會的權力，並且在1977年將一些被沒收的地產歸還原來的農場主。1984年時，南部農村各合作社的土地，已經從兩百萬多英畝縮減為一百多萬英畝。雖然他們努力挽救經濟，但是往往失去最上等的土地。

初生的葡萄牙民主政體以弱克強，一方面要面對毫不妥協的反動派（在1980年的總統大選裡，一位右派的將軍囊括40%的選票），而另一方面還要迎戰岡哈爾的革命派共產主義。在南部的農村合作社裡，有岡哈爾的忠貞追隨者，他們的得票率高達19%。國際貨幣基金會曾經提供葡萄牙必要的外國貸款，但是他們堅持葡萄牙必須實施會觸怒政府支持者的節約措施。法國與德國的社會主義領袖，力勸葡萄牙的社會主義同志們，以溫和的手法進行改革。可以成為歐洲共同體會員之一的希望，讓法義兩國的建議更具說服力。葡萄牙終於在1986年加入歐洲共同體。

法國：密特朗與改革派左派份子

1981年5月社會主義領袖密特朗當選總統，法國的政權透過選舉轉移到社會黨共產黨政治聯盟手中。自從戴高樂在1958年創立第五共和以來，在保守派人士的統治下，法國已經度過一段史無前例的繁榮與安定時期。在戴高樂去職以後，銀行家龐畢度（Georges Pompidou, 1969-1974）得益於左派的分裂與人民反對1968年5月的示威遊行運動的後挫力，輕易贏得總統的寶座。龐畢度去世之後，由於經濟衰退，財政部長季斯卡乃得以在總統大選中險勝密特朗。季斯卡剛開始著手實施比龐畢度更加創新的政策，他將公民取得選舉權的法定年齡降為18歲、引進累進資本收益稅（progressive capital gains tax）、降低老年人的醫療費用，並且與歐洲第一位婦女部部長紀荷（Françoise Giroud）合作改善婦女的專業地位，並且放寬她們墮胎的權利，但是，惡化的經濟很快就變成他必須全力處理的問題。1978年以後，在保守派的經濟學教授巴爾（Raymond Barre）總理的建議下，季斯卡實施嚴格的節約措施。這帖苦藥，與人們對統治法國二十三年的保守派已過度自滿的反感，讓密特朗贏得1981年5月的總統大選。

因為使人聯想到1936年布盧姆人民陣線的勝利，所以密特朗的勝利激起人民的歡騰慶祝，以及對美好日子的期待。但也正如1936年的情況一樣，法國的社會主義政權發現，在不友善的國際經濟環境中，想要在國內進行激進的改革是非常困難的一件事。不過密特朗的處境與1936年的情況截然不同，這一回，共產黨的勢力正在衰退。密特朗沒有大肆宣揚重要成就是翻轉戰後法國的社會主義與共產主義之間的關係，現在的共產黨看來反倒似乎顯得迂腐而凝滯。他們在1981年的得票率降到16%，而且在補缺選擇時支持度持續下降，據估計，到1980年代初時，他們的得票率將降到10%到12%之間，不及繁榮年輕的社會黨得票率的一半。在回顧過往時，我們發現，密特朗的勝利改革主義左派份子在法國政治地位的鞏固，而不是一種革命性的翻轉。

不過，密特朗政權在起步時作風相當激進，他們下了雙重的賭注。一方面利用凱因斯學派提高薪資與社會救濟金的策略，希望能藉由促進買氣來刺激經濟；另一方面，他也採取徹底的國有化政策，將政府在法國工業界所占的股份從15%提升到35%，並將政府在銀行業所占的股份從85%提升到將近100%，認為如此應該可以讓政府將投資集中於未來的科技贏家。密特朗所採取的這項步驟，讓法國的國家經濟所掌控的範圍在西歐僅次於義大利，這是在比較不富裕的國家裡的社會主義者——岡薩雷斯的西班牙或者索雷斯的葡萄牙——無法負擔的豪賭。雖然其他的歐洲國家手忙腳亂地完成節約措施，但是密特朗的政策卻具有前後連貫的理論根據。後續進行的是深具意義的城市改革，例如廢除死刑，以及讓媒體擁有更多的自由。在中央集權統治下的法國一度無法想像的事情——活潑有生氣的民營調頻（FM）廣播電臺，現在已開始出現。

密特朗的計畫遭遇眾多難題。首先，人民大部分的買氣是以進口商品為主，這不但無助於提升法國的就業率，還會削弱法朗的價值。因為投機與恐慌拋售的行動而受到動搖，法國貨幣在1981年到1984年間的國際價值下降了50%。工業現代化意味著關閉舊工業，也因此，在1984年時法國的失業率持續攀升到9%以上，是自1930年代以來失業率最高的一次。密特朗的豪賭依賴的賭注是逐漸好轉的美國經濟，然而美國的高利率和持續衰退的經濟，卻讓法國經濟遭受進一步的傷害。在能夠看見對新科技的投資成果之前，法國已跌入債務的深淵。

1983年3月，只有強制實行歐洲共同體無法接受的外匯管制措施，法國才能搶救自己的新凱因斯學派政策。此時密特朗果斷地選擇了歐洲，重新採取甚至比巴爾的政策更嚴格的節約措施，當然，他的這項政策讓政府的支持者犧牲不淺。1984年7月，法國共產黨離開這個目前的主要任務是讓各工會忍受節約措施的聯盟，在某些法國選民對於北非和非洲黑人移民的憤慨情緒推波助瀾下，右派份子的勢力開始恢復。

1986年，保守派人士在議會選舉中重新獲勝，而密特朗總統則被迫與中間偏右派的總理席哈克（Jacques Chirac）分享權力。密特朗有技巧地管理這種「同居狀態」，以及經濟的復甦為他贏得連任（1988-1995年），而且他的社會黨也重新奪回議會多數派的地位——證實人民贊同他們往中間修正的路線。法國政府現在是由溫和左派和溫和右派為基礎輪流執政，但是因為他們怕主張的優先順序極爲類似——節約預算、穩定貨幣、開放與歐洲及世界的貿易——使左派和右派之間幾乎難以區別。

爲了在歐洲地中海沿岸地區取得社會主義的勝利，泛希臘社會主義運動黨（Pan-Hellenic Socialist Movement, PASOK）的帕潘德里歐（Andreas Papandreou）於1981年10月的希臘選戰中獲勝。雖然剛開始時帕潘德里歐提出激進的社會變革與脫離北大西洋公約組織等政見，但是他也很快就不得不轉採節約措施。

與北歐極爲不同，在1980年代初期，大部分歐洲地中海沿岸地區各國由改革派社會主義者掌權。接受協調社會改革與民主制度的任務，踏入因沒落的保守派政權，以及1930年代最後一批權力主義堡壘的逐漸崩塌而裂開的鴻溝裡的，是改革派社會主義者而非歐洲共產主義者。然而，掌權之後的改革派社會主義者已經轉型，他們的預算平衡與國庫節約措施及溫和右派的政策幾乎毫無二致。

經濟衰退時的歐洲共同體

事實已經證明，協調不景氣或逐漸萎縮的經濟，比協調成長中的經濟更加困難。1973年開始浮現的經濟危機，讓繁榮時期試圖遮掩的歐洲共同體內部的利益差別浮上檯面。

石油危機的第一個影響是，讓人們了解歐洲聯盟有多麼脆弱。1973年10月，當石油輸出國家組織的阿拉伯會員國聯合抵制，完全不銷售石油給荷蘭——歐洲共同體的會員國——時，歐洲共同體的其他會員國非常謹愼地採取行動，務使自己不致因爲幫助荷蘭人，而危及本國的石油供應。雖然歐洲共同體接著以開放與阿拉伯聯盟的對談，作爲首要共同外交政策行動之一，但歐洲共同體始終無法形成單一的能源政策，或在能源議題上採取一致的行動。

經濟緊縮很快就助長了保護貿易主義，各國的保護貿易主義不單只是針對外部世界，而且也針對歐洲共同體內部，歐洲共同體內部最嚴重的衝突，也是造成法國與義大利決裂的原因是農產品的議題。法國政府在1978年時停止從義大利進口酒類，歐洲共同體同聲譴責法國的此項作法，不過即使法國政府與歐洲共同體保持一致的立場，問題還是出在法國栽種葡萄兼葡萄酒釀造商手中，他們在南部伏擊義大利人運酒的卡車，並且傾覆或焚燬那些運酒的卡車，還用同樣的手法對待西班牙的水果與蔬菜運輸船。這種情況顯示，對法國人來說，要接受西班牙加入歐洲共同體是一件多麼困難的事。

由於會員國的國家經濟表現參差不齊，因此對歐洲共同體來說，最困難的事就是在內部形成共同的經濟蕭條策略。因爲西德有產品輸出到石油產量豐富的阿拉伯國家，所以她經濟繁榮的持續時間比歐洲共同體的其他會員國長久；1979年時，西德在歐洲共同體裡的重要性逐漸增加，後來西德國內的生產毛額竟然占歐洲共同體共九個會員國的三分之一。[12]1983年以後，當石油價格下跌且阿拉伯國家的購買力也下降之後，西德的經濟才眞正開始衰退。1981年之後，由於社會黨領導的法國採取與衆不同的經濟方針，致使歐洲共同體的經濟政策協調更加困難重重。

在歐洲共同體裡有人提議共同重建歐洲的生產量、支持技術革新，並且轉移比較衰弱的經濟領域的生產量；有些人希望能藉由支援各會員國的工業，來克服失業率的問題。前一個方法是大膽地將歐洲共同體的功能擴張到工業規劃、重新部署投資，以及在不考慮個別國家利益的情況下，進行重大的結構性改革。這意味著某些地區的失業率將會惡化，而擁有先進技術的國家將會受益。爲此，大部分的人輕易地選擇了第二種方法，亦即嘗試挽救各個會員國的就業率。

鋼鐵業和農業問題最嚴重。在1980年代初期，歐洲共同體裡還維持運轉的鋼鐵廠，生產力只有55%。歐洲共同體破例允許組成整個歐洲共同體的「危機卡特爾」（crisis cartel）——歐洲鋼鐵聯盟——試圖（但是失敗了）說服各國的公司降低他們的生產量，並且根據全歐鋼鐵計畫使生產合理化。歐洲鋼鐵聯盟沒有強制執行的有效措施，所以各國加緊補助本國的煉鋼業者，並且使用歐洲共同體的世界市場銷售津貼，因此接受補助的歐洲鋼鐵一度輸入美國，造成美國的煉鋼業者解雇數千名勞工。1982年春天，來自美國公司與工會的壓力，促使美國商業部進行調查，結果發現歐洲鋼鐵業者對產品的出口有所補助，於是便根據1974年的美國貿易法（Trade Act），徵收歐洲鋼鐵產品的進口稅，並且限定歐洲鋼鐵產品的進口限額。

農業的情況使歐洲共同體更加動彈不得。雖然如法國般的主要農業國，是歐洲共同體高額的農產品津貼的最大受益者，但是英國和德國卻發覺自己爲此而必須付出更高的糧食價格。此時，由於英國堅稱她資助歐洲共同體預算的經費太高，讓問題變得更加複雜。1983年和1984年，柴契爾夫人曾經設法阻擋任何歐洲共同體的進一步交易，直到她的不平沉澱下來爲止。1984年春天，歐洲共同體才確實採取第一個調降糧食價格津貼的步驟。歐洲共同體刪減1%的牛奶津貼的決定，在諾曼地等酪農區激起公憤，顯然要重新分配緊縮的津貼，比調整增加的津貼更加困難。

當然，沒有人建議解散歐洲共同體，歐洲共同體的制度持續運轉，在1979年以後，歐洲議會依然由人民直接投票選舉產生；某些高科技領域，如太空研究和粒子物理學，也由歐洲共同體統籌管理。此外，與美國和日本的經濟競爭，也有助於迫使歐洲製造商達成工業上的協議，例如由富豪公司（Volvo）與雪鐵龍—標緻公司（Citroën-Peugeot）公司共同生產汽車。即使會招致外界指責歐洲共同體對大公司情有獨鍾，大部分的會員國都鼓勵「出類拔萃的本土公司」，例如西門子公司、ICI公司或者飛利浦公司等，有能力與美國的跨國公司競爭的大型企業的發展。

不過艾倫公司（Élan）的超國家方向發展並不順利。歐洲共同體似乎已經變成負責解決各會員國之間紛爭的機構，而非負責處理經濟蕭條或1979年之後緩和局勢傾向衰退的共同組織。

必然面對的知識份子與精神挑戰

許多在戰後西歐知識份子之間曾經盛行一時的正統說法，在1970年代以後開始褪色，其中以馬克思主義最是聲名狼藉。冷戰曾經使馬克思主義牢牢地掌控歐洲大陸的知識份子（英國與西德有很多人例外）。不論東歐集團看起來如何殘酷，很多西歐的知識份子依然拒絕向美國的唯物主義、種族歧視、粗俗的大眾文化，與積極有幹勁的擴張主義（expansionism）看齊。緩和政策軟化了這種極化的現象，1974年出版的索忍尼辛的《古拉格群島》，將很多戰後西歐的知識份子習以爲常地忽略發生在蘇維埃集團裡的虐待傷害一掃而空。[13]因1956年的匈牙利事件或1968年的捷克斯洛伐克事件而疏遠蘇聯的左派知識份子們，如今公開抨擊蘇聯倡行畸形的社會主義，並不是他們認同的最高指導原則。至於那些沒被右派吸引的左派知識份子，如今改而提倡自主的「西方馬克思主義」（Western Marxism）。[14]

不過蘇聯給人帶來的負面印象，並不是馬克思主義在西歐所遭遇的唯一問題。在「後共業化」的社會裡，曾經是有組織勞工運動裡的中堅份子的工廠技術性勞工已經減少；相對的，白領階級的員工則日漸增加，工人不再是社會問題的核心焦點。西歐有些地方工會的會員人數衰減，如法國（占領薪階級的15%到20%，是20世紀工會會員比例最低的時期）與西班牙（占10%以下）。[15]

由於認爲馬克思主義的經濟和社會解放運動議題不適當，以致在1970年代以後，歐洲最著名的知識份子都懷著「語言學轉向」的想法。[16]他們探索意義之下的思想和語言結構。法國的人類學家里維—史特勞斯證明語言是源自於深層的文化結構。[17]巴塞斯（Roland Barthes, 1915-1980年）在一系列有趣的散文裡，進一步地闡述結構主義（structuralism），展現人類各類溝通的意義架構，從廣告到衣著。更顛覆傳統的是法國的「後結構主義者」（poststructuralist）達希達（Jacques Derrida, 1930-），開始將所有不論是否使用口語的各類型訊息交流，都視爲完整的社會架構。他和他的追隨者認爲，內文、弦外之音，以及文本互涉的篇章之中的符號與代表意思之間意義的「解構」（deconstruction），使溝通變得非常不確定。

傅科（Michel Foucault, 1926至1984年）以特別具有獨創性的方式，將解構應用於歷史學上。傅科在傳統的歷史學家認爲是直線前進之處，尋找破裂之點，舉例來說，當人們開始監禁精神錯亂者時，就是人類對精神疾病的深層理解已經轉移的徵兆。[18]雖然未必能夠解釋爲什麼會出現這樣的轉移，但是他極專注於作爲人類支配工具（instrument of human domination）的語言力量。他堅稱那些能夠控制語言、象徵與意義的人，也可以控制人類的理解力；他斷言知識就是力量，而社會行爲——甚至是性別認同——是由社會所建構，會使某些人著迷並激起某些人義憤的行爲。

戰後第二代中最重要的德國社會思想家哈伯馬斯（Jürgen Habermas, 1929-），讓法國的後結構主義觀點看起來似乎很狹隘。他舉重若輕，彷彿他的工作不過就是囊括一切的人類社會歷史進化理論；他也發現馬克思的不足，但是他採取的是「社會轉向」以及「語言學轉向」的觀點。[19]哈伯馬斯在希特勒之前就利用法蘭克福學派（Frankfurt School）開始，在德國拓展馬克思主義。他將人類的活動劃分爲二類：馬克思談論每件事的基礎——勞動，以及溝通。因此，雖然哈伯馬斯也研究語言和意義，但卻不願意忽略塑造語言和意義的社會壓力和利益。我們不可能只用一小段文字就精確地描述哈伯馬斯豐富的成就，但是可以以他所在意的一個重點爲例：私人空間和公共空間之間更迭變動的界線。觀察1970年代歐洲資本主義所面對的沉重負擔，哈伯馬斯（曾經於1968年積極參與在德國大學裡所發生的動亂）相信，資本主義對公共財富的私自盜用，只有操縱如大學及媒體這類公共空間才能成事。

雖然後結構主義者與哈伯馬斯對知識份子具有龐大的影響力（美國大學受達希達的影響比歐洲大學大），但是他們那艱澀的散文遠超過一般讀者所能理解的程度。一般的歐洲人，尤其是年輕人受到更多美國電影、衣著與流行音樂的影響，這種現象讓他們的很多前輩感到絕望，並且促使某些歐洲投資人爭相仿傚美國的商業。歷經初期種種的困難險阻之後，由美法合資建於巴黎近郊的迪士尼樂園於1992年開幕，將美國的圖像（icons）顯著地刻印在法國的布景上。某位高年級的大學生，在回答「文藝復興時期的偉大雕刻家」的試題時，寫下「米奇」（Mickey l'Angelo）這個答案。

1978年以後的天主教教會，是由自1523年以來首任非義大利籍的教宗若望保祿二世（John Paul II）領導，若望保祿二世的本名是克拉科（Cracow）的沃伊蒂瓦（Karol cardinal Wojtyla）。這位新任的羅馬教宗已經藉由支持團結工聯對抗波蘭的馬克思主義政權，來展現他堅強的意志。他成爲史上遊蹤最廣的教宗，吸引了五大洲數以百萬計的信徒；他是第一位踏足伊斯蘭國家的教宗，也是第一位進入猶太教堂的教宗，但是他那毫不含糊的明確信息，未必總是那些夾道歡迎他的人所願意聽見的。雖然他漸漸地更加喜歡批評反猶太主義，並且指責那些與馬克思主義並排靠攏，毫無節制的資本主義，但是他卻堅決反對所有形式的節育與墮胎，以及任命女性擔任聖職。他開除擁護「解放性神學」（liberation theology）以及反對其家庭主張的教師和神父。若望保祿二世在歐洲以外地區的影響力，可能更甚於他在歐洲內部的影響力。雖然他以鐵腕掌控上層神職人員，但是天主教教徒卻和新教徒一樣，不知不覺地陷入冷淡漠不關心宗教的境地。即使是先前對天主教極爲火熱的西班牙，在35歲以下的人口中，一個月至少聚會一次的人不到四分之一。[20]

世紀之末：穩健與降低期待

1980年代末期的西歐已能控制通貨膨脹，並且恢復穩健的經濟成長率——每年2%到3%，而不再是如戰後那段繁榮歲月般的5%到6%，但歐洲人其實是因爲降低了他們的期待，才能容忍穩健的經濟成長。現在風行一時的信心是，在混合經濟中，凱因斯學派的策略可以保證創造永久的充分就業。事實上，歐洲仍然必須在來自亞洲與美國那強烈的競爭條件之下，應對福利政策的問題。如果要持續接觸世界市場並且使歐洲更加聯合統一，就必須保持穩定的匯率與低通貨膨脹，因此現在穩定匯率與降低通貨膨脹的優先順序高於充分就業的問題。西歐政府，即使名義上是社會主義的西歐政府，都默許讓失業變成一種永遠存在的社會隱疾，他們所能做的只是緩和失業的症狀，而不是治療。隨著共產主義政黨的式微，以及社會主義政黨接受那些新的優先順序，戰後充分就業的目標在政府的社會議題中的地位，已經悄悄退位。

從某層面的意義來看，1970年代是西歐眞正的轉折點。1973到1979年因石油危機而爆發的經濟衰退，不單只是一個暫時性的循環。1950年代初期，消費商品的製造曾經使人們擁有永無止境的經濟成長美夢，然而現在美夢已經不再。福利政策與自由貿易——戰後西歐的經濟繁榮所立足的兩根樑柱——可以共存嗎？在面對國際競爭時，西歐的「福利資本主義」（welfare capitalism）可行嗎？歐洲的知識份子和藝術家依然在世界其他地區擁有發言的權威嗎？他們的文化認同可以經得起美國的流行文化與第三世界移民的強烈攻擊嗎？

整體來說，在1973年之後，西歐人不再傾聽極端主義者的意見，他們適應降低的期待，心中再度懷抱疑慮；他們反抗新右派的訴求，並且對另一種替代的共產主義失去興趣；他們深深記得極右派與極左派帶給父母親那一代人的痛苦經歷；當然，他們所面對的挑戰比較沒有那麼劇烈的變動。1970年代初期激進的抗爭，長久以來已經讓他們筋疲力竭。而到了1980年代末期，大部分的西歐人蹣跚地適應後工業化社會，他們依然承諾堅守政治民主制度，爲了將社會福利那不可避免的限制降到最低，他們願意支付稅金，並打開通往世界貿易的通路。

人們可以想像歐洲再次復甦的情況。在親歐洲的領袖法國總理密特朗和西德總理柯爾的領導下，歐洲共同體在1986年的單一歐洲法案（Single European Act）中，決定在1992年年底廢除商品、人民與服務在歐洲本土自由移動的最後障礙。如同1986年時，歐洲共同體與個別的西歐國家和美國及日本合作，著手進行由關稅暨貿易總協定發起的自由貿易談判的「烏拉圭回合」（Uruguay Round）。1989年時，西歐依然是世界上最大的貿易集團，並嘗試再次採取一致行動。儘管範圍已經縮小，但是西歐那自1973年以來已經飽受挑戰與修整，與衆不同的福利與混合經濟模式，仍然持續存在。

第二十三章

1989年的革命及以後

1989年震驚全世界的事件是蘇聯共產主義制度的衰退，以及蘇聯的東歐附庸國擺脫蘇聯的控制恢復自由。接著竟然發生更不可思議的奇蹟，共產黨於1990年失去在蘇聯執行一黨專政的權力。1991年時，蘇聯已經不復存在而分裂成15個獨立的共和國。發生在中歐與東歐的「1989年革命」以及革命事件的餘波蕩漾，使歐洲的政權和國界發生自第一次與第二次世界大戰以來最徹底的變化。不過，與其他早期因戰爭所造成的轉型不同，1989年的革命及事件餘波大部分是和平的。人們歡欣鼓舞地滿懷民族獨立、政治民主與物質生活富裕的希望，他們憶起1848年的「人民之春」，忘懷20世紀已經習以爲常的衝突。

戈巴契夫的實驗：1985 至 1991 年

西歐的共產主義之所以能夠和平地垮臺，主要起因於蘇聯當局不願意或者無能干預，蘇聯已經失去對自身統治體系的掌控力。正如我們在第二十一章中曾經討論過的，經濟不景氣、環境汙染、公共衛生衰退與公民失去對政權的信賴，已經在蘇聯國內造成布里茲涅夫無法應付的嚴重問題。在戈巴契夫上臺執政之後一年，也就是1986年的4月26日，一家位於烏克蘭車諾比（Chernobyl）的核能電廠突然爆炸，造成31人死亡的慘劇，約有三十萬人被迫放棄他們已被輻射汙染的家園，同時這也使數百萬人的生活受到影響。蘇聯的經濟、生態與管理，都無法達到處理國家緊急狀況的水準。

儘管耗費了十年的努力（1979-1989年），但是蘇聯軍隊的無能與龐大的傷亡人數，依然使阿富汗的附庸政府也激起一些類似於蘇聯國內的反對聲浪。雖然只有少數英勇的蘇聯異議人士，曾經抗議蘇聯在1968年8月對「捷克斯洛伐克之春」的鎮壓行動，但是對蘇聯的不滿情緒卻已經流竄在曾經參與阿富汗戰爭的蘇聯退役軍人，以及那些痛失親人的妻子與母親之間。

新就任的黨書記著手進行大膽的改革，以應付重重困難。年僅54歲的戈巴契夫上臺，代表了新生代已經取得政權。戈巴契夫是一位成功的集體農場管理員之子，在大學時代，他不但是一位法律系的學生，也是業餘演員。1956年赫魯雪夫所發表反史達林演說，對當時只是個年輕黨幹事的戈巴契夫影響頗鉅。成爲俄國南部的區幹事之後，戈巴契夫以蘇維埃情報局首長安德波洛夫之徒的身分，進入領導階層。安德波洛夫在1982年到1984年間曾經擔任總書記，他試圖由上層階級來帶動下層階級的效率。但是，讓戈巴契夫勝過其他改革者取得政權的原因，是他那直率的個性。在歷經多年呆板的宣傳之後，他那坦率的個

圖23-1　開放政策（*glasnost*）〔「開放」（openness）〕的化身，面帶笑容的戈巴契夫與他的夫人瑞莎（Raisa），1988年12月於紐約聯合國以蘇聯領袖的殊榮參加歡迎會。

性對蘇聯人民來說，無異是一陣清新的微風。他既不像布里茲涅夫般的死氣沉沉，也不像史達林般的暴力狂熱，務實自信的戈巴契夫宣布以「開放」〔公開（glasnost）〕及「改組」〔新思維（perestroika）〕的新進程，來因應蘇維埃的衰退局面。

「開放」意指不以慣用的祕密手法來處理車諾比災難，讓政治異議份子如薩哈洛夫（Andrei Sakharov）與包納（Elena Bonner）重獲自由，並且容許更開放的政治辯論。如同戈巴契夫在1917年11月布爾什維克七十週年紀念上所發表的一場讓人民大開眼界的演說中所承諾的，「開放」也意味著填滿蘇維埃公民在認識自己歷史時的「空白」。自此之後，蘇聯公開承認政府應爲1940年卡廷森林數千名波蘭軍官的大屠殺負責，他「發現」了一份長期以來都被否認與納粹—蘇維埃協定有關的祕密議定書，議定書中載明同意史達林在東歐的領土利益。戈巴契夫也讓數千名史達林時代的受害者官復原職。提倡漸進性的農業集體化，而於1938年的審判秀之後即被史達林處死的布哈林，[1]成爲戈巴契夫彈性的「社會主義選擇」的模範。躋身名流之列的布哈林的年輕寡婦拉瑞娜

（Anna Larina），[2]終於從她那「受人排斥的」長年夢魘中醒來，無疑是一幅人們在1980年代晚期的希望的縮影。

「改組」意味著容許多位候選人有權參與選舉，將某些經濟決策的權力下放到地區層次，並且允許少數農場和小企業以合作社的方式經營。1989年5月召開的新人民代表大會（Congress of Peoples' Deputies），是自列寧於1918年1月解散制憲大會（Constituent Assembly）以來，俄國第一個由多位候選人中選出代表的會議。1990年3月的憲法修正案，讓人民代表握有實權，並且廢除共產黨壟斷政治代表的作法。昔日黨書記的職位曾經是取得權力之鑰；現在，戈巴契夫則創造了一個新的行政職銜——蘇聯總統；他於1990年3月，爲代表大會推選爲蘇聯總統。

但是戈巴契夫既不是一位民主主義者，也不是一位經濟自由主義者，他的希望是使蘇聯體系再度恢復生氣，而不是破壞蘇聯體系；他想要把蘇聯那消極的臣民改造成認眞負責的公民，而他認爲讓人民擁有比較完整的資訊以及一些選舉的選擇，便足以滿足人民的需求。他期待由共產黨來引導這些改革，然而，他的第一項改革就動搖了原有的政治與經濟掌控力，並且引發遠超過這位總統所希望的如大雪崩般的實驗與改造。目前，因爲他的勇敢以及缺乏替代者，所以他暫時還能有一些喘息的空間。

至於外交政策，正如他的前輩們曾於1956年及1968年時做過的事一樣，戈巴契夫大膽地放棄軍備競賽，並且減少派遣前往扶助東歐附庸國的軍隊，以裁減龐大的物資及國家費用，但是，新蘇聯的不干涉政策（hands-off policy）反而漸漸地明朗化。1980年代晚期，因爲雙方都不想激起俄國的軍事干預，所以波蘭的地下組織團結工聯與雅魯澤爾斯基將軍的軍事獨裁政府，小心翼翼地彼此牽制。1987年4月訪問布拉格時，戈巴契夫曾經力促波蘭進行自由主義化，但是在1989年10月7日爲了德意志民主共和國（東德）建國十四週年紀念而到東德進行國事訪問時，戈巴契夫卻明確地取消了布里茲涅夫的政策，他警告黨書記何內克不要指望蘇維埃軍隊的援助。因此附庸國政權只有兩個選擇：滿足國內那些喧鬧倔強的群衆，或者與軍隊站在同一陣線。

1989年時因爲逐漸察覺到附庸國的脆弱，使得東歐的人民決定冒險測試他們主人的決心，他們一個接一個，加快腳步跟著已經傳播開來的榜樣舉行示威活動，東歐的共產黨統治者不但對於鎮壓大規模的示威運動深感猶豫，並且也發現自己根本無能爲力。因爲他讓事情以比較和平的方式發生，也因爲他加速了裁軍的步調，並且放下了冷戰的仇恨，所以戈巴契夫曾於1990年10月獲得諾貝爾和平獎。

倒塌的骨牌：1989年的東歐

1989年年初，雖然共產黨在蘇聯與東歐附庸國裡的權威已經受到動搖，但是他們卻認爲人民的慣性與武力可以讓他們始終保持現狀。大部分的附庸國公民，最多只能盼望取得戈巴契夫允諾提供給蘇聯人民的公開與新思維。1989年，蘇聯的附庸國在沒有發射一枚子彈（羅馬尼亞例外）的情況下徹底垮臺，讓世人震驚不已。

現在我們知道在這次山崩中掉落的第一塊大石，是波蘭的軍事獨裁政府在1989年1月決定接受與非法的勞工運動——團結工聯——對話。雅魯澤爾斯基在1981年到1983年所頒發的戒嚴令並沒有發揮效果，團結工聯始終祕密存在，而爲了抗議節節高升的糧食價格而舉行的罷工和遊行活動也極爲普遍。1989年春天的「圓桌」會談，讓團結工聯有權派出候選人參加6月4日舉行的參議院，與第三屆下議院的席次——這是波蘭自1939年以來第一次的自由選舉，也是自1948年以來東歐各地的第一次自由選舉。除了一個席次之外，團結工聯贏得所有開放民衆選舉的席次。無法或者不願意恢復戒嚴令，雅魯澤爾斯基做出讓步，並且任命天主教的編輯馬佐維茲基（Tadeusz Mazowiecki）——他是團結工聯的激進份子，擔任總理之職（團結工聯的領袖華勒沙必須等待他個人的勝利）。因爲擔心激起蘇聯的干預行動，所以團結工聯接下來支持雅魯澤爾斯基再度參選總統，暫時維持華沙公約的政治與軍事架構的原封不動。

波蘭的共產黨獨裁政府會第一個垮臺不足爲奇，因爲東歐其他各國中並沒有足以媲美團結工聯的異議份子運動，團結工聯深深紮根於勞工運動與天主教教會之中。境內共產黨政府長久以來一直嘗試實驗混合經濟制度，而且國內改革派的共產主義者甚至在1988年5月時，和多個政黨與工會一起趕走已經擔任了三十二年黨書記的科達爾，因此匈牙利乃成爲下一塊傾倒的骨牌。1989年6月，匈牙利的新領袖爲納基的餘黨及1956年起義的其他領袖舉行國葬，並且朝「社會主義多元論」邁進。

一黨專政的匈牙利共產黨政權的瓦解，緊接著將壓力帶給在德意志民主共和國內主張採取強硬路線的何內克獨裁政權。5月，當匈牙利人剪斷隔離他們與奧地利的鐵刺網路障，並且在9月10日開放國境——鐵幕的第一個破口——時，受到西德電視上的繁榮景象誘惑的東德人民，如山洪爆發般的湧入匈牙利，他們先在匈牙利「休假」，然後轉向西歐各地。10月16日，備受誘惑的人群占據了東德工業城萊比錫的街道，並且勇敢地面對何內克的選擇——選擇使用武力鎮壓還是採取放寬政策，當天傍晚是東德遠離1953年6月17日在東柏林

圖23-2　1989年11月11日，有一位示威民衆猛擊柏林圍牆，而東德邊界的衛兵則在一邊冷眼旁觀。

發生的血腥鎮壓的時刻。但是何內克的部屬對戈巴契夫的認可有信心，他們表決選擇使用武力，並且在10月18日時開除年邁的何內克。情急之下企圖以讓移民合法化來終止非法移民的東德執政當局，在11月9日開啓了柏林圍牆之門，結果是有400萬東德人民快樂地湧入西柏林，但是大部分的人都只有幾小時的時間可以慶祝以及逛街。有一位英國觀察家說道，這是「世界史上最偉大的街頭派對」。[3]東德顯然不知不覺地陷入失控之中。

脫離一黨專政的運動現在氣勢如虹。保加利亞的共產黨在11月10日時，試圖以換掉在位三十五年的保加利亞專制統治者吉夫寇夫，而讓外交部長，也就是比較年輕、比較願意改革的姆拉德諾夫（Petur Mladenov）上臺防堵這股潮流。在捷克斯洛伐克，有成千上百名的學生和民衆，於11月17日在布拉格的街道遊行示威。當捷克的電視播放警察毆打民衆的鏡頭時，有越來越多的聚集民衆已經失去控制。公民論壇（Civic Forum）——由抱持異議的劇作家哈維爾（Václav Havel）及其他七七憲章公民自由權運動的領袖所領導的新政治運動，在布拉格一家前衛派劇院「幻燈」（Magic Lantern）裡，組成一個實際上的平行政府。因爲了解只有武力才能維持他們的政權，但是單只依靠武力所帶來的力量很微弱，所以政府在11月底邀請公民論壇加入政治聯盟。到了12月底，哈維爾當選總統，而1968年捷克之春的退役軍人杜布切克則成爲議會主席。因爲布拉格的政權轉移非常平順，所以捷克斯洛伐克的解放運動被稱爲「天鵝絨革命」（the velvet revolution）。

暴力只玷汙了羅馬尼亞的解放歷程，恐怖的獨裁者西奧賽斯古在他那頑固妻子的慫恿下，命令祕密警察向示威遊行的民眾開槍。12月17日，他們在提密索拉（Timisoara）與其他城市屠殺了4,000名抗議者，激起人民的強烈反感，軍隊撤回他們對西奧賽斯古的支持。12月21日，當群眾接續學生的工作，在布加勒斯特舉行公開集會，並且滿懷敵意地在獨裁者面前叫囂喧鬧時，西奧賽斯古開始企圖逃亡。後來，這些人在接受軍事審判之後，於1989年的聖誕節被槍斃，其屍首還被播放在電視上。除了遵奉毛澤東主義的阿爾巴尼亞以外，在短短的六個月裡，蘇聯的各個東歐附庸國都廢除了一黨專制的共產黨統治，阿爾巴尼亞一直到1990年的秋天爲止，始終與世隔絕地過著近乎中世紀時代的落後生活。

圖23-3　1989年的聖誕節，被廢黜的羅馬尼亞總統西奧賽斯古與他的夫人艾琳娜（Elena）接受審判時的電視畫面。當日稍後這對夫婦就被羅馬尼亞的軍隊槍斃。

德國重新統一，冷戰結束

蘇聯那發展迅猛的改變以及附庸國的解散，放鬆了冷戰時人們緊咬不放的歐洲國界，甚至已經拭去第二次世界大戰的最後一抹痕跡。

當務之急是迅速飛漲的、贊成德國重新統一的浪潮。剛開始時，1989年10月在德國掌權的共產主義改革者，希望能爲他們的國家籌劃一個獨特的社會主義，以及具有中立色彩的未來，那是介於共產主義獨裁政權與放縱的資本主義之間的「第三路線」。但是在11月取得主動權的西德總理柯爾心中，盤算的卻是一個實際合併東德與西德的十點計畫，他希望能利用讓東德人可以用1：1的交換率把自己的養老金和存款換成西德馬克的誘惑，來平服東西德合併所帶來的衝擊。東德人壓倒性地選擇與西德合併，在1990年3月18日的議會選舉中，他們把將近50%的選票都投給了基督教民主黨的候選人。

蘇聯反對德國利用西德成功經營的前景，以西德完全併吞東德（以及北大西洋公約組織的擴張）的方式重新統一。除了提供經濟援助並且協議依然拒絕新德國擁有「ABC」武器──原子武器、生物武器與化學武器──之外，允許38萬名駐紮在東德境內的蘇聯軍隊可以分階段漸進撤退的方式暫緩撤軍。然後，1945年的四大戰勝國準備坐下來與兩個德國召開「二加四」的協商會（從1990年5月到9月），以便正式聲明放棄他們在德國的軍事占領權。1990年7月1日，西德的德國馬克變成整個德國通用的貨幣，而根據西德的憲法，兩個德國於10月3日合併成一個單一國家。當最後一支蘇聯軍隊於1994年8月31日離開東德領土時，幾天之後，柏林市內最後一批象徵性占領的美國、英國與法國軍隊也離開德國領土，於是最後一抹戰後德國曾被占領的明顯痕跡也消失無蹤。

由於優先順位高於放鬆軍備競賽，因此戈巴契夫可以在幾乎完全接受西方條件的情況下，接受德國重新統一。因爲無法繼續維持布里茲涅夫的飛彈計畫，戈巴契夫只得接受雷根的「零選擇」（zero option）提案，並且在1987年12月的華盛頓高峰會中，同意完全撤除地面發射式中程導彈。一旦打破裁軍僵局，兩大超級強國就必須繼續裁減蘇聯長久以來總是占優勢的正規武器，戈巴契夫渴望降低軍事費用。1990年11月在巴黎舉行的歡慶盛會（gala meeting）裡，蘇聯、美國與二十個歐洲國家的代表簽署一項協議，同意大幅削減歐洲的正規武器，並且承認歐洲的國境應該維持原貌。雖然不曾簽訂可以標示第二次世界大戰結束的正式和平協定，但是1990年11月的巴黎協議（Paris Accord）卻爲人們闔上了第二次世界大戰這本書。

然後就可以開始拆除雙方那些會造成世界末日的機器──他們的洲際彈道

飛彈軍械庫。布希（Bush）總統與戈巴契夫於1991年7月31日（第一階段戰略武器限制公約）同意裁減洲際彈道飛彈的數量，蘇聯維持800枚共計約5,000多顆彈頭的洲際彈道飛彈，而美國則維持約250枚共計3,500顆彈頭的洲際彈道飛彈，以求雙方得以勢均力敵。華沙公約已經在1991年7月1日正式失效。1991年9月27日，布希總統取消自1957年開始實施的美國B-52型轟炸機與B-1型轟炸機的24小時地面警戒狀態，並且宣布單方面裁減約2,400枚核子武器；戈巴契夫總統則以類似的撤退行動回報美國的行動。第二階段戰略武器限制公約於1993年展開談判，企圖更進一步裁減雙方的導彈數量。這是四十年來蘇聯與美國軍隊首次不再擺出對對方立即展開核子攻擊的架勢，冷戰終於結束了。

蘇聯的垮臺

在附庸國出人意料地解放之後，隨之而來的是令人難以想像的蘇聯本身的瓦解。幾年前的蘇聯還是個會讓世人感到心驚膽顫的超級強國，樂觀主義者還曾經預言，接受高水準訓練的新生代技師將會要求較多的個人自由與消費商品，因此蘇聯的專制政權有機會走向溫和主義；只有空想家才會預期這個冷戰世界裡的兩大霸權之一，會如此平靜地消弭於無形。不論如何，蘇聯確實在1991年12月時消失在世界上。十四個蘇聯以前曾經統治過，而現在好不容易才獨立的國家環繞而成的俄羅斯聯邦（Russian Federation）取代了蘇聯，俄羅斯聯邦的涵蓋從波羅的海諸國到中亞的突厥人（Turkic peoples）。

由於在新的經濟制度能夠接手運作之前，舊的經濟制度就已經瓦解，因此戈巴契夫心中那種能夠首次自由主義化的興奮已經消失，代之而起的是焦慮與憤怒。麻煩之一是，總統無法下定決心展開十二項經濟改革，並且取消一些不適當的措施。此時製造商已經擁有些許自由，他們將注意力集中在報酬率最高的商品，因而導致某些必需品漸漸匱乏。1991年時，他們的淨收入下降17%，比美國在經濟大蕭條時期中任何一年的下降率還高。

經濟的混亂與政局的不穩定，促使地區民族主義興起。其中以波羅的海諸國的民族主義者勢力最強大，在1939年8月23日的納粹——蘇維埃協定50週年紀念時，據估計約有200萬的拉脫維亞人、立陶宛人與愛沙尼亞人沿著他們的國境組成一條人鏈。立陶宛於1990年3月宣布獨立（至少是原則上獨立），緊接著其他各國也在5月紛紛宣布獨立。波羅的海諸國都開始制訂具明確的措施，反對蘇聯任命的俄國管理與軍事精英份子。

但是波羅的海諸國並不是唯一主張脫離共產主義的國家，有幾個在1918

年到1920年時曾經短暫獨立過的邊境地區，也爆發了分離主義運動與內戰：喬治亞、亞塞拜然、亞美尼亞。戈巴契夫總統利用胡蘿蔔與棍棒希望能維持蘇聯的統一，一方面，他收回對波羅的海的重要供應品如石油與原料；或者甚至如同1989年4月對付喬治亞，以及1990年1月對付亞塞拜然時一樣，採用武力手段，在蘇聯軍隊從示威者手中重新奪回亞塞拜然的首都巴庫（Baku）時，有數百名群眾喪生。與此同時，戈巴契夫總統也試圖勸服蘇聯所有的會員共和國簽署聯邦條約（Union Treaties），建立一個組織較鬆散的聯邦。在1991年4月時，已經有9個共和國同意簽署聯邦條約，但是波羅的海諸國、莫多瓦（Moldova）、亞美尼亞與喬治亞依然猶豫不決，而這份條約必須在1991年8月完成認可。

戈巴契夫只有一個辦法可以讓蘇維埃的共產主義運作得更好。當不斷加劇的改革幅度超過他所能接受的程度時，在更加惡劣的生活條件與脫離論的夾攻之下，這位總統失去了他的主動權。戈巴契夫回轉心意，轉而支持保守派人士；他默許蘇聯軍隊與蘇聯國家安全委員會領袖，於1991年1月時採取血腥行動，重新奪回立陶宛與拉脫維亞的控制權，在這次的血腥行動中有十三人死亡，付上了失去進步份子的支持的代價，但是卻沒能為戈巴契夫贏回保守派人士的支持。

現在主動權已經落入兩股更加團結的勢力手中。其中一方的人馬希望能邁向民主政治、私有財產與市場制度，他們是由粗野的莫斯科政黨領袖葉爾欽（Boris Yeltsin）所領導，葉爾欽渴望與戈巴契夫清算1987年因為他太過大膽坦白的言論，而從政治局被降級的宿怨；其他人則對舊政權擁有一絲懷舊之情。他們把蘇維埃帝國的垮臺、日益嚴重的國內混亂，以及生活水準下降等問題，歸咎於戈巴契夫。那些懷舊的人開始計畫在1991年8月發動政變，以便及時攔阻聯邦條約最後的簽署行動。

葉爾欽手上握著幾張王牌，他已經選擇以俄羅斯聯邦作為他的退路。在1990年5月，他就任俄羅斯總統——剛開始時是俄羅斯議會的主席，然後在1991年6月的普通選舉中脫穎而出，當選俄羅斯聯邦的總統，葉爾欽因此能夠以俄國史上第一位民選領袖的身分，統治蘇聯三分之二最富裕的地區。[4]此外，他甚得民心（他因為坐公車而不是搭乘豪華的公務車，而受到莫斯科居民的愛戴）、精力充沛而且大膽勇敢。1991年8月，當政黨與軍隊領袖發動他們的政變時，屬於葉爾欽的時代已經來臨，當時戈巴契夫正在南部渡假。是葉爾欽動員足夠的親改革派軍隊以及莫斯科的文職政府，擊敗那些優柔寡斷而且能力不足的陰謀策劃者，大約有7萬名市民站在前進的坦克車上，保護莫斯科的俄羅斯國會大廈——白宮（White House）。葉爾欽登上一部熄火的坦克車，宣布「俄羅斯的重生」，在人民心中烙下令人難以忘懷的英勇形象。

陰謀策劃者安排了發動政變的時間，以便搶在戈巴契夫簽訂聯邦條約之前行動，並且企圖恢復中央集權的蘇聯，他們的失敗讓蘇聯處於瓦解的狀態。葉爾欽解散俄羅斯共和國（Russian Republic）中由共產黨創始的蘇聯權力中心，來加以還擊，這次的政變也激起了脫離運動。波羅的海諸國在9月6日宣布完全獨立，而心臟地區如烏克蘭與白俄羅斯境內發生的運動，則以相同的方向進行，俄國人開始感受到帝國對他們來說是個負擔。葉爾欽和他的經濟顧問似乎相信，他們所規劃的市場改革如果只在俄國境內實行，會運作得更迅速穩固。他們保留了接收自蘇聯的稅金。在12月1日時刮起致命的暴風，有90%的烏克蘭人民，包括說俄語的東部地區在內，投票支持烏克蘭完全獨立。

現在葉爾欽認爲蘇聯已經垮臺，並且在12月21日繼續進行與烏克蘭和白俄羅斯領袖的協商談判，洽商以新的獨立國協（Commonwealth of Independent States, CIS）來取代蘇聯的相關事宜。由葉爾欽的俄羅斯共和國負責承擔國際責任，並且維持蘇聯的勢力。戈巴契夫在1991年的聖誕節辭職，將核子武器密碼（nuclear weapons codes）移交給葉爾欽負責。克里姆林宮上紅色鐵鎚與鐮刀的旗幟被扯下來，升起一幅新的俄羅斯國旗——三色旗，至此，蘇聯在世界舞臺上完全消失。

那天早晨以後

處於困境中的俄國

葉爾欽和俄國現在面對曾經擊垮戈巴契夫與蘇聯的多重挑戰。葉爾欽的當務之急是逆轉經濟下滑的趨勢，與戈巴契夫不同，葉爾欽相信私有財產與市場經濟。1992年1月，他那年輕的財政部長蓋達（Yegor Gaidar）對俄國的經濟實施了令人震驚的整治，他利用自由定價與廢除補助金的方式突然開放市場。稍後在1992年時成爲總理的蓋達展開了龐大的私有化計畫，這項私有化計畫最後將12萬2,000家企業轉換爲私人企業；將51%的企業股份撥給負責人與雇員。所有俄羅斯共和國的公民都收到價值一萬盧布（約合25美元）的兌換券，他們可以利用這些兌換券來投資公司、賣給其他投資人或者交換共同基金的股份。1994年6月底，當這些兌換券滿期時，私營企業的生產量已經占俄羅斯共和國國民生產毛額的62%，他們雇用86%的俄羅斯工業勞動力。私營企業裡有4,000

萬的俄羅斯股東。[5]

但是俄羅斯的經濟對市場機會的反應，不如波蘭、捷克或匈牙利的經濟正面。生產力並未提升調漲價格的龐大動機，很多俄羅斯人厭惡競爭和盈利是個問題；另一個問題是，缺乏清楚的所有權，或者避免詐欺的保護措施，導致極少有機會取得外國或國內資金，來開創新公司或升級舊公司。雖然零售商與餐廳業非常繁榮，但是通常謀取暴利的大企業比較樂意將取得的資產及資金移往國外，而不是投入國內的生產力。那些大企業包括機敏地利用儲備股份與犯罪手法的「紅頂商人」。據估計，在1999年時，利用有組織的犯罪行爲，大約控制了40%的經濟。壟斷者以勢力排擠競爭者，結果造成古德曼（Marshall Goldman）所稱的「供應端不景氣」（supply-side depression）的現象。[6]在1992年底，雖然沒有新商品的流動，但是物價卻暴升20倍。

1993年時俄羅斯各地有30%到80%的俄羅斯人生活在貧窮線（poverty line）以下。在麵包價格30年不變的國家裡，這樣的現象是令人印象深刻的震憾。新窮人與新富人之間日益加寬的差距，引起人民的強烈痛苦。新窮人包括薪水永遠趕不上通貨膨脹腳步的專業人員、工廠倒閉的受害者與領養老金生活的人，他們的處境和在莫斯科街角販賣丈夫勳章的寡婦一樣；新富人包括那些曾經興奮自己成爲私有化工廠〔憤世嫉俗的人稱私有化是「霸占化」（grabitization）〕[7]的主人的人，以及有私人警衛保護，坐在豪華轎車裡誇耀新財富的新百萬富翁們。理論上在共產主義之下不存在的白領階級犯罪，與小規模的街頭犯罪行動，現在卻變得很普遍。因爲健康照護與社會服務制度已經崩潰，致使男性的平均壽命滑落到58歲。從1992年到2000年間，俄羅斯的人口實際上衰減將近300萬人。在欠缺穩定的貨幣及商事法的架構下，很多企業求助於易貨貿易。如細細涓流般的西方投資與國際貨幣基金會（IMF）的些許貸款略有幫助，但是爲了符合國際貨幣基金會平衡預算的標準，因此政府不但無法救濟窮人，而且還激起人民爭相指責是西方的干預使得事態更加惡化。

在1998年時，俄國的經濟似乎即將跌到谷底。當俄國的經濟在十年內衰退了將近53%之後，人們預期這將是俄國年生產量首度止跌回升的一年，但是在8月時，卻因爲亞洲投資突然失敗所帶來的副作用，再加上世界石油價格的下跌，迫使俄國不得不拖欠400億美元的外債，而盧布則貶値75%。由於抽回資金引發銀行倒閉，使大部分俄國新中產階級的存款和投資蕩然無存，現在有越來越多的俄國人認爲，所有的私有財產都是邪惡的，他們將市場經濟與貧困、腐敗墮落、「親資本主義」、人身不安全、國家蒙羞畫上等號。雖然俄國的經濟終能躲過一劫——並沒有發生1921年或1933年時的饑荒——但是沒有任何已開發國家曾經體驗過財富蒸發如此激烈的經歷。

葉爾欽所面對的第二個挑戰是，讓有效率而且合法的民主選舉制度在俄羅斯人的生活中落實生根。這個挑戰所面臨的困境也與上個挑戰相同，雖然俄羅斯幸運地逃過了處於獨裁政治或無政府狀態的災難，但是葉爾欽的評價毀譽參半。在他擔任俄羅斯總統的八年半裡（1991-1999年），幾乎掌握著無限的行政權力，粗野地對待國會。1991年8月，他曾站在坦克車上爲挽救國會而努力，但是在1993年10月，他也一樣站在坦克車上攻擊國會。1990年的國會選舉占優勢的是前共產主義的共產黨官員，以及前國家壟斷者，這些勢力利用投票贊成印製新貨幣，以承擔社會救濟措施與發放葉爾欽試圖中止的效能不彰的國家企業補助金等承諾，來打擊葉爾欽的節約政策。葉爾欽——隨著1990年代西方柴契爾夫人的腳步，並且面對來自可控制他取得西方援助的國際貨幣基金會的壓力——對通貨膨脹的恐懼，更甚於失業率與社會混亂。1993年4月的公民投票結果顯示，雖然要經歷縮衣節食的痛苦，但是民衆還是選擇支持葉爾欽和他的市場經濟。葉爾欽於1993年9月21日解散國會，被軟禁在白宮（莫斯科的國會大廈）裡的國會領袖們，指揮示威運動者攻擊莫斯科市政府，以及政府的電視廣播中心，葉爾欽則派遣坦克車與白宮對抗，大約有120人因爲國會大廈頂樓遭到射擊並起火燃燒而喪生。自1941年以來，莫斯科的街頭就不曾看見如此的暴力事件。

圖23-4　在新俄羅斯共和國裡，陳列窗裡滿是商品，但是只有少數人有幸致富，很多曾經過著舒適生活的公民現在反而淪為窮人。

圖23-5　忠於俄羅斯總統葉爾欽的裝甲部隊，射擊莫斯科的國會大廈，當時曾經組織群眾示威運動，以對抗葉爾欽迅速朝市場經濟邁去的步調的國會領袖們占領了國會大廈（攝於1993年10月4日）。

利用武力堅持他解散國會的權力，葉爾欽在1993年11月頒布了一部新憲法，確認總統的職權，根據該部憲法，俄羅斯總統所具有的權力遠超過美國與法國總統。在公民投票（投票率爲53%）裡，有超過60%的選民投票通過這部新憲法，所以葉爾欽認爲人民已經授權他可以依照自己的想法來管理國家，不過他並沒有廢除議會。緊追在後的是兩個懷有敵意的政黨，在1993年12月的國會選舉中，新法西斯主義自由民主黨（Liberal Democratic Party）的季里諾夫斯基（Vladimir Zhirinovsky）以將近23%的得票率勇奪第一；已經分裂成數個政黨的葉爾欽支持者，總共只囊括30%的選票。在1995年12月的國會選舉中，共產黨那擅長於隱藏眞正意圖的領導人朱甘諾夫（Gennady Zyuganov）領先群倫（21%），季里諾夫斯基則退居第二。葉爾欽總統交替以脅迫及忽略的手法來應付這兩個政黨，直到第二屆立法機關任期屆滿，在1999年12月的選舉中，葉爾欽才擁有屬於自己的國會基礎。就在這一段時間裡，葉爾欽已經在由受到優惠的企業家所資助的媒體競選活動協助下，於1996年7月連任第二屆的俄羅斯總統，他的勢力已經鞏固。雖然他只得到少數人民的認同，但是其他候選人的狀況更糟。

雖然葉爾欽總統必須要求國會認可他所提名的總理人選，但是因爲他的行事作風越來越專制，所以國會其實只是他的應聲蟲，而且決定解散國會的也是葉爾欽。任期最長的總理是丘諾米丁（Viktor Chernomyrdin, 1992-1998），丘諾米丁以前是國家天然瓦斯壟斷事業的首長，現在則是龐大的私營瓦斯壟斷企業——天然氣產業公司（Gazprom）最大的股東。當葉爾欽因爲健康因素而行動不便〔他在1996年時曾經接受過五重心血管繞道手術（quintuple bypass operation），一般相信是因爲飲酒過量導致他的健康受損〕時，丘諾米丁在新企業的精英份子之間，建立了獨立的權力基礎，他所採取的行動顯然是要阻礙新敵手的進階之路，葉爾欽在1998年3月將丘諾米丁免職。在接下來的八個月裡，俄羅斯共歷經四任總理，有時甚至是由沒沒無名但是具有警察或保安工作背景的年輕人擔任總理，其中有個人只就任82天就下臺了。

在葉爾欽總統的專制統治時期，俄國民主制度依賴評論性的出版品、公開辯論與角逐選戰等活動蹣跚而行。1990年代初期的西方觀察家憂心，俄國總統權威的鞏固，使得兩個極端的政黨少有生存空間。共產黨大部分是爲那些已經過時而且正在消逝的人代言；極右派帶著他們的民族主義、宗教基要主義（fundamentalism）、君主主義懷舊之情、反西方主義（anti-Westernism）與反猶太主義的惡意圖謀，集結於季里諾夫斯基與如記憶黨（Pamyat，回憶）般的運動旁邊，不過，當人們知悉季里諾夫斯基那荒唐可笑的計畫（例如奪回阿拉斯加），以及他的猶太人血統時，他的信譽盡失。俄國最嚴重的政治問題，除了幾乎無可管束的總統權力，他們無法防止繼任者濫用總統職權，還有「寡頭政治執政者」——「霸占化」的億萬富翁勝利者，如貝瑞左夫斯基（Boris Berezovsky）——那越來越大的政治影響力，貝瑞左夫斯基曾經在1996年時，利用他在媒體的勢力幫助葉爾欽再度競選總統。

在經濟復甦而且政治合法化之後，葉爾欽所面對的第三項挑戰是俄國與外界的關係。一個先入爲主的重要觀念是「近鄰」政策，所謂近鄰是指那些曾經屬於蘇聯的一部分，但現在則環繞在俄國周圍的新獨立國家。葉爾欽試圖利用俄國那高人一等的能源資源以及軍事力量，使獨立國協擁有實質上的權利，但是俄國經濟的困境以及民族情感的力量，卻使獨立國協變成一個影子般的組織。有些已經脫離的共和國擁有豐富的石油及其他戰略資源，其中有三個國家——白俄羅斯、烏克蘭及哈薩克——甚至擁有核子武器，他們與俄國爭執那些核子武器的所有權；有些新的共和國淪爲國內民族分裂（在亞美尼亞、喬治亞與亞塞拜然曾經爆發流血內戰）的受害者。有些中亞的共和國在與他們爲鄰的伊斯蘭教國家之間擺動，態度曖昧地夾在世俗的土耳其與基要主義的伊朗之間。

既然現在有2,500萬的俄國人居住在「近鄰」身旁，所以人們預期俄國可能會對她的鄰國施壓——或者以更惡劣的方法對待她的鄰國。1918年到1920年間，似乎一再地重複獨立與收復的循環。白俄羅斯於1999年簽署一份條約，含糊地承諾與俄國一起加入鬆散的邦聯；喬治亞認爲自己有義務接受俄國大軍壓境，以回報他們協助政府對抗民族脫離論者。1994年到1996年間，當葉爾欽試圖征服車臣（Chechnya）的高加索山脈邊境省分時，事件演變成血腥衝突，信奉伊斯蘭教的車臣游擊隊員奮戰不懈，這場戰爭在俄國相當不得人心。我們似乎可以預見，未來俄國的邊境局勢將長期充斥著緊張與衝突。

在戰場之外，爲了經濟與財政的原因，儘管北大西洋公約組織向東擴展，而且有很多俄國人疑心西方正在使俄國的問題更加惡化，但是葉爾欽卻不得不維持與西方的合作關係。違背很多視塞爾維亞人爲斯拉夫人兄弟的人民的願望，葉爾欽很不情願地支持西方阻攔米洛塞維奇建立大塞爾維亞的計畫，相關內容我們將在下文討論。

隨著千禧年的結束，時時感到身體不適的葉爾欽，設法展現他最後一次的意志與膽量。在1999年12月31日午夜，葉爾欽突然辭去總統職務，並且提名既是前任總理也是他的追隨者——普丁（Vladimir Putin）擔任代理總統，此時離他任期屆滿還有一年多的時間。葉爾欽藉此將他的權力轉移給自己選定的繼承人，普丁所下的第一條與「寡頭政治執政者」關係密切的法案政令（act decreed），就合法豁免葉爾欽和他家人的責任。

年僅46歲的普丁是前蘇聯國家安全委員會的官員，突如其來地成爲俄羅斯聯邦的領袖，但是他在車臣的中興之戰（renewed war）上的表現卻深得民心，而且在2000年3月26日時，憑藉自己本身的實力當選總統。他綳緊中央管理，改進財產的合法地位，並且對某些「寡頭政治執政者」採取獨斷的行動，那些「寡頭政治執政者」大都是擁有強烈獨立意識的電視廣播電臺。拜高石油價格與低盧布價格所賜，俄國的年經濟成長率爲5%。即使俄國的基礎建設已被破壞，大部分的俄國人依然比布里茲涅夫掌權的時代還貧窮，而且雖然普丁拜訪布希總統並未達到阻止北大西洋公約組織擴張到他們家門口的目的，但是普丁依然於2004年3月在幾乎無人反對的情況下當選連任。民主制度與市場經濟雖然已經磨損，但卻依然活躍在俄國境內。

創造民主，創造中東歐的市場

在前附庸國內，1989年的喜悅很快就為痛苦的現實所取代，那已經腐敗的老化結構很容易就會崩塌。但是在整個1990年代，要想在一張白紙上建立新的憲政政權、公民社會、經濟與價值體系，實在有著令人望而卻步的困難。

最不痛苦的轉變是過渡到選舉民主制度，有些具有國際水準的領袖出線，例如辯才無礙的捷克總統哈維爾。但是在1989年時已經奪得政權的異議份子政治聯盟，在遇到與治理國家有關的困難抉擇時，必然會分裂。東歐最著名的異議份子領袖是團結工聯的領袖華勒沙，華勒沙確實在1990年12月時成為波蘭總理，但是自此之後團結工聯很快就分裂為二。事實上，波蘭有67個政黨參與角逐1991年10月的國會選舉；1990年3月的匈牙利選舉中共有45個政黨加入選戰；1992年9月羅馬尼亞的選舉中，共有74個政黨參選。

這些國家的共同型態之一是，1989年的新領袖們，很快就因為他們的理想主義與經驗不足而失去人民的愛戴。在失業率及物價猛往上漲、非決定性的選舉結果、四分五裂的政黨與軟弱的聯盟政府等種種因素的衝擊下，在自由的國會選舉裡，立陶宛（1992年）、波蘭（1993年9月）與匈牙利（1994年春天）的選民回頭支持共產黨員，使他們成為國會多數派。華勒沙在1995年11月的波蘭總統大選中，敗給了前共產黨官員、後來轉而支持民主主義的華辛涅斯基（Aleksander Kwaşniewski）。但是波蘭與匈牙利的前共產黨黨員聲明，自己已經轉為支持民主制度與市場經濟。他們充其量只能減緩私有化的速度，並且對損失財物的人提供比較多的幫助。

另一種政治型態在巴爾幹半島比較常見，以務實的民族主義者身分，不斷回鍋參加選戰，前共產黨官員可以不中斷他們的執政權。保加利亞、羅馬尼亞、阿爾巴尼亞與南斯拉夫共和國的組成國家，例如克羅埃西亞的杜吉曼（Franjo Tudjman）與塞爾維亞的米洛塞維奇都是如此；在這些國家裡，經由選舉認可但是以侍從主義（clientelism）與任命權為基礎的總統統治是一種規範。

難度更高的任務是從國家經營的共產主義經濟，轉換為市場經濟。並無前例可以參考並引導人們走過這段過渡時期，而且法律、制度與文化基礎正在流失。短期內所產生的立即性影響是，經濟活動從世界第三位的排名往後退。東歐主要的買主——蘇聯與經濟互助委員會（COMECON），不再向他們購買商品，而在自由的市場條件下，東歐無法與很多國家巨獸競爭。

中歐與東歐國家遵循不同的經濟策略。波蘭決定冒險一試縱身投入市場導向價格（market-driven prices）制度，1990年1月1日廢除價格控制與補助金的制度，所以消費者突然必須支付很多錢來購買以前由政府補助的生活必需品。高失業率與高物價讓波蘭人度過兩年困苦的生活，但是企業家們（波蘭已經有私營產業）卻已經摩拳擦掌準備要回應市場需求，商店裡很快就擠滿了人潮。波蘭成為歐洲經濟成長最快速的國家，從1995年到2000年間，波蘭每年的國民生產毛額都增加6%以上。

捷克斯洛伐克在總理克羅斯（Václav Klaus, 1992-1997）的領導下，在前共產主義世界裡，執行第一項大規模的私有化計畫，克羅斯是一位以柴契爾夫人為榜樣的經濟學家。雖然波蘭政府對於到底要廉價出售或者要結束國家大企業（不論如何，它的市場占有率正在下降）感到猶豫不決，但是捷克斯洛伐克卻在1992年時，利用核發兌換券給每個人的方式，將2,000家公司轉讓給人民，大部分的捷克人把兌換券拿來交換大多是由銀行（事實上，銀行已經成為大部分捷克工業的物主）組織而成的共同基金。匈牙利的經濟已經是東歐最自由的經濟制度，所以變化比較緩慢，匈牙利國內信譽卓著的私人產業，對外國的貸方頗具吸引力，匈牙利所吸引的外商投資額，大約占該地區總外商投資額的一半；1998年年底時，匈牙利的外商投資額已經超過150億美元。而且在1990年代晚期，匈牙利每年的外商投資額成長率也都超過5%。

其他的前共產主義國家不願意讓他們的人民暴露於嚴重的物價與失業率飆升的狀態下。麥錫亞爾（Vladimir Mečiar）說服捷克斯洛伐克裡積怒已久的斯洛伐克人，於1993年1月1日脫離捷克斯洛伐克，麥錫亞爾以更加緩慢的步調領導斯洛伐克人朝民主制度與市場經濟前進。一直到1990年代晚期，羅馬尼亞和保加利亞才艱難地開始建立土地與商業財產的合法基礎。1997年，因為不能確定農場的所有權，所以保加利亞那產量豐富的水果與蔬菜農場依然休耕。

即使是在東歐這種最強固的後社會主義經濟體（postcommunist economies）裡，輸家也與贏家相互競爭。這個地區大部分國家的失業率是在15%左右盤旋——在舊民主制度裡，這樣的生活條件已經夠艱難的了，而且這幾乎是前所未有（至少理論上如此）、十分令人難以忍受的失業率。在某些東歐國家裡，也出現危險性頗高的通貨膨脹（1994年時波蘭的通貨膨脹是34%），部分是因為稅收偏低，部分是因為政治家覺得必須協助國內最貧窮的人民，所以政府出現龐大的赤字。

在價值觀方面，如同哈維爾所悲嘆的一般，國家統治的意識形態信譽掃地，為「迸發種種龐大而耀眼的聲浪」留下空間。[8]那些曾經領導人民對抗共產主義專制政治的異議份子，他們的民主理想主義（democratic idealism），在未受教育的人民之間，通常會被西方豐富的物質生活與個人的快樂主義的純粹渴望所取代；從眼前的情形看來，如果民主制度與市場經濟讓人民所懷抱的那些希望破滅，那麼比較沒有價值的民衆熱情可能會取代它們的位置。1914年以前歐洲舊有的民族對立再度浮上檯面，種族問題不但因爲20世紀的衝突而更加嚴重，並且容易受到爲了刺激群衆的動機而情急拚命的領導人所操縱，遺憾的是，沒有一個東歐國家境內沒有少數民族，也沒有一個東歐國家的各民族之間沒有情勢緊張的局勢。匈牙利的總理歐本（Viktor Orban, 1998-2002年）利用統一所有匈牙利人（其中有兩百多萬人住在羅馬尼亞的外西凡尼亞，而有60萬人則住在斯洛伐克）的暗示來警告她的鄰國；而麥錫亞爾的斯洛伐克則歧視匈牙利人和吉普賽人。

到底應該要忘記舊統治者的罪行〔如1975年以後的後法國西班牙時代（post-Franco-Spain）的作法〕，或者要如第二次世界大戰以後，大部分獲得自由的國家的作法一樣，清算及審判前共產主義領導階層，是個很難的決定。德國人所採取的行動最極端，他們因爲何內克與其他前東德的領導人，曾經下令警察射殺攀登柏林圍牆的年輕人，而裁定何內克與其他前東德的領導人，曾經有罪並且讓他們下獄服刑。開放播映《史黛西的微笑》（*Stasi's Smile*）這部電影，這部電影讓很多人了解在發現自己的配偶或朋友竟然是個告密者時，人們心中所感受到的痛苦。捷克斯洛伐克在1991年時通過一項「潔淨」（lustration）法案，就字面上的意義來看，這項法案是將舊官員的行爲暴露在陽光之下，而且不需經過司法程序的審判，在五年內，所有的舊官員都不准擔任官職。或許是惡意中傷，但是當有人指控華勒沙在1989年以前曾經是波蘭祕密警察的眼線時，「潔淨」法案可能產生和預期情況完全相反的結果。

2004年時，所有的舊共產主義政權都已經轉變成極端主義政黨，他們也沒有嚴重侵犯市場經濟的原則。各國的政黨數目已經穩定下來，人們似乎有適當的基礎，可以懷抱民主制度能挽救過渡到市場經濟時的緊張狀態的希望。加入歐洲聯盟（European Union）的渴望，依然是有利於人們堅持往這個方向前進的最大力量。2004年5月1日，有十個國家已經符合加入歐洲聯盟的規定，但是，正如我們所見，他們希望能夠腳踏兩條船。

新德國

兩個德國以迅雷不及掩耳的速度重新統一，改變了歐洲的面貌，現在是由一個特大號的經濟發電所在支配歐洲的中心。但是在德國的鄰居們決定要如何作出反應之前，德國本身就必須先克服兩國統一之後所需的龐大經濟社會與心理成本。起先，「東佬」（Ossies）與「西佬」（Wessies）——前東德與前西德的居民——都有接受柯爾總理保證可以迅速合併與復興東德的傾向，東德的居民期待很快就能享有與西德居民一樣的生活水準。1990年12月2日，在自1932年以來的第一次全德自由選舉時，德國民衆以讓天主教民主黨與他們的政治聯盟夥伴——自由民主黨（Free Democrats）勝利取得多數，來酬謝柯爾。

短時間內的重新統一，讓東德的經濟問題比其他的前附庸國更容易解決，但是也比較棘手，就加分的層面來看，西德正在爲他們付帳單；就減分的層面來看，東德經濟崩潰的情況遠比其他國家還更徹底。「東佬」一點也不想要再開著衛星（Trabants）汽車，而且他們對於西方商品的渴望是如此強烈，以致於東德生產的牛奶必須先用卡車載到西德，並且在西德重新貼上標籤之後再回銷到東德。柯爾慷慨地讓東德的幣值與西德的德國馬克等同，於是東德的產品價格比之前飆升了四倍，因而使得事態更加惡化，在這些情況下，大部分的東德企業已經賣不出任何產品。1990年到1995年間，負責清盤的機關——信託局（Treuhandanstalt），[9]試圖銷賣、關閉或重組六萬多家隸屬於前德意志民主共和國的公營企業，當然，有很多公司賣不出去，因而不得不停止營業，他們的勞工無所事事。因此，即使是前附庸國中經濟最繁榮，而且是唯一一個與富裕的兄弟重逢的國家，但是在恢復到1989年以前的生活水準之前，東德依然必須走過一段大多數人民失業的時期——一種在共產主義統治下的人們前所未聞的苦難。

所以東德與西德必須在雙重負擔之下彼此了解，不只是因爲經濟衰退，而且也因爲投機取巧的「西佬」接管了管理職務、教學工作與媒體而退場的「東佬」，覺得自己好像是國家裡的二等公民，他們的保障、他們的身分地位，甚至是他們引以爲傲的東德人的自信突然憑空消失；在1989年以後的三年裡，前德意志民主共和國裡的生育率下降了60%，而結婚率則下降65%。屬於強勢的西德人對於爲了要重建忘恩負義的東德，而必須繳納重稅的歲月，開始心懷憤慨。在再度統一的過程裡，東西德雙方的人民都有些上當的感覺。

有三個與德國有關的熱望因而受挫，首先受到阻撓的是，有些東德人對兼具政治自由與他們視爲足以彌補前德意志民主共和國缺點的特色——她的社會服務以及與其藝術家和知識份子的成就一致的聲望——的「第三路線」所懷抱的希望。其次受阻的是西德光彩奪目的誘惑，哄騙了很多期待能夠立即過著豐裕的人，現在這些人卻反而要面對高失業率、失去社會保障，以及賺取的薪資比西德人低的景況。最後，德國的鄰居們想要知道應該如何抑制這個新興的中歐新超級強國；即便如此，德國的選民依然讓柯爾總理的天主教民主黨在1994年10月的選舉裡，再度成爲國會多數派。社會民主黨終於在1998年9月的選舉裡，設法利用施羅德（Gerhard Schröder）的「新中產階級」，終於把他擊敗時，柯爾已經統治德國16年，在位的期間比希特勒還久。2000年時，將首都遷回莊嚴的柏林市的德國，是世界上第三個經濟強國，儘管如此，德國的失業率依然超過10%，而且也還沒克服重新統一以後所帶來的經濟、社會與心理壓力。

南斯拉夫的內戰

中歐與東歐地區的燙手山芋是南斯拉夫。有些歐洲人和美國人認爲南斯拉夫無可救藥地沉浸於自古以來的敵意，不過這是一種鼓勵不干涉行爲的解釋。雖然國內充斥著古老的敵意，但是輸入擁有現代西方觀念的巴爾幹半島人民腦中的是，各個民族必須擁有屬於自己的同質性國家，這種觀念會激起他們扼殺

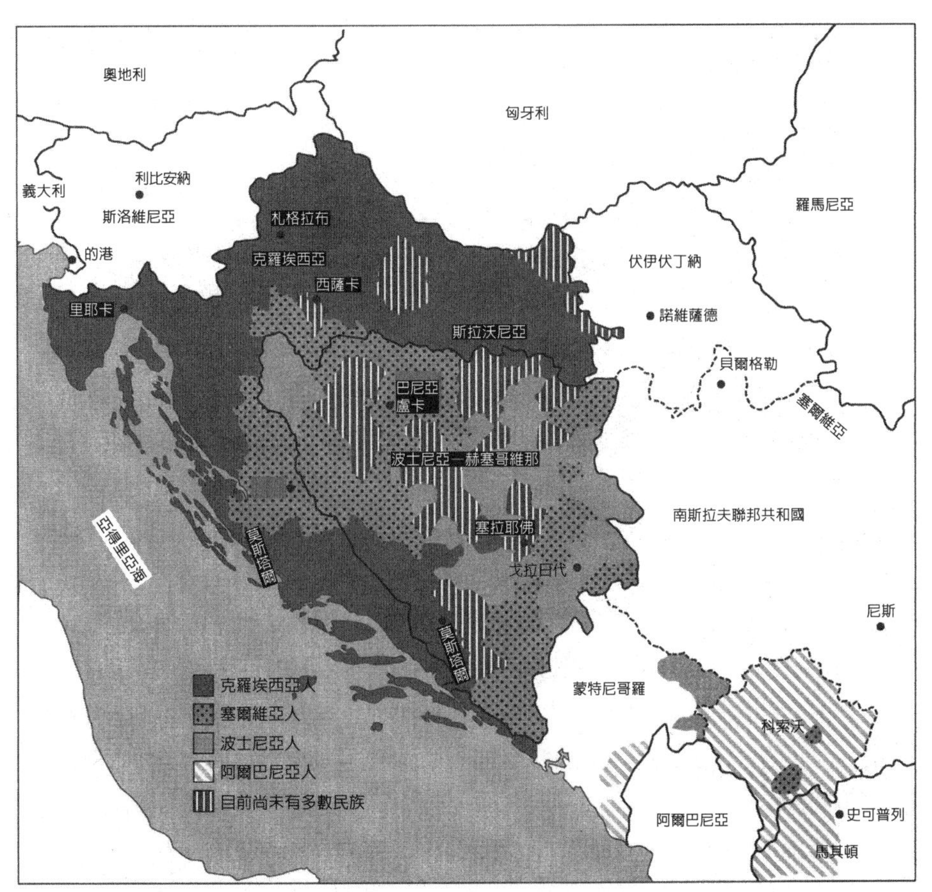

圖23-6　前南斯拉夫的衝突

圖23-7　前南斯拉夫的戰場：波西尼亞首都塞拉耶佛的一個足球場，如今已經變成墓地（攝於1993年7月）。

大塞爾維亞、大羅馬尼亞、大阿爾巴尼亞等等強行加諸於巴爾幹半島人身上的人工補綴品的企圖。

當塞爾維亞總統米洛塞維奇發現在後共產主義世界裡，具煽動性的民族主義很有效之後不久，[10]他就開始削減塞爾維亞國內的非塞爾維亞人的權利。1989年，他廢除科索沃的阿爾巴尼亞多數民族，以及伏伊伏丁納（Vojvodina）的匈牙利少數民族先前所享有的半自治權，並且開始以塞爾維亞人取代這些民族的人，來擔任警察與教師的職務；克羅埃西亞共和國與斯洛維尼亞共和國以更加頑強的分離主義來回應。1991年3月，在塞爾維亞成員與他的盟友退出總統團（Collective Presidency）之後，南斯拉夫聯邦政府的總統團已經無法達到法定的最低人數。因爲塞爾維亞的中央集權主義與斯洛維尼亞人和克羅埃西亞人的分離主義之間並沒有妥協的餘地，所以事實證明，重新協商建立比較鬆散的南斯拉夫聯邦體制是不可能的。克羅埃西亞和斯洛維尼亞在1991年6月25日宣布獨立，歐洲領袖們企圖保留對她們的外交承認，直到這些分離的共和國在憲法中納入對少數民族的保障爲止，但是德國不但偷跑，並且在1991年的聖誕節時給予這兩個新國家外交承認——這是新德國在外交事務上首度耀武揚威。

新獨立的斯洛維尼亞與克羅埃西亞國內的塞爾維亞少數民族，在以塞爾維亞人占優勢的南斯拉夫聯邦軍團（歐洲第四大軍團）的支持下，拿起武器反抗。雖然南斯拉夫地區最具同質性的斯洛維尼亞有能力阻擋聯邦軍團，但是塞爾維亞少數民族占總人口12%的克羅埃西亞，卻在1991年7月時爲內戰所吞沒。克羅埃西亞國內的塞爾維亞人將他們沿著東南部與波士尼亞接壤的邊境飛地，轉變成「卡拉吉納塞爾維亞共和國」（Serbian Republic of Krajina）。塞爾維亞總統米洛塞維奇承認卡拉吉納（沒有其他國家跟進），並且允許南斯拉夫軍團援助卡拉吉納的國民兵，克羅埃西亞的民族主義者以同樣的方法回敬他們。克羅埃西亞的內戰殘忍地瞄準克羅埃西亞的平民百姓，包括塞爾維亞軍隊炮轟歷史古城多布洛尼克（Dubrovnik）與弗科瓦（Vukovar）。畢竟這是20世紀克羅埃西亞與塞爾維亞之間的第四場戰爭，塞爾維亞人忘不了1941年到1944年間，獨立的克羅埃西亞人——親納粹的烏斯塔沙（Ustasha）——對他們進行大屠殺的創痛回憶；克羅埃西亞人則是想到塞爾維亞人如何總是統治南斯拉夫聯邦。獨立的克羅埃西亞總統突基曼（Franjo Tudjman, 1991至1999年），在1970年代時曾因身爲歷史學教授卻從事民族主義活動而入獄，因爲他採用了一些烏斯塔沙的符號標誌而使事態更加嚴重。

接下來，當波士尼亞於1992年3月1日投票決定獨立之時，戰火就蔓延到波士尼亞國內，波士尼亞境內約占總人口30%的塞爾維亞人拒絕接受以回教徒占大多數的國家（在鄂圖曼帝國統治時期，斯拉夫人改變信仰皈依回教）。在塞爾維亞政府與南斯拉夫聯邦軍團的協助下，波士尼亞境內的塞爾維亞人組成國民兵。因爲波士尼亞曾經是民族最複雜的共和國，也是南斯拉夫最爲異族通婚與異族混雜的鄰國所承認的非宗教性、多民族國家的典範，所以波士尼亞的內戰戰況特別激烈。各民族都利用「種族淨化」（ethnic cleansing）的策略試圖維持他所控制的地區的團結統一：[11]他們有條不紊地將「外國」民族趕出他們的國家，集體強暴他們的婦女，或者甚至爲了將複雜的鄰近地區轉變成具同質性的地區而殺害當地居民。波士尼亞的首都塞拉耶佛——波士尼亞的塞爾維亞人觸發第一次世界大戰之處——被塞爾維亞的軍隊所包圍，塞爾維亞的砲隊從1992年4月到1995年9月，以高角度將砲彈射向擠滿人群的街道。根據估計，1995年年底，大約有20萬人死於前南斯拉夫地區，有300萬名難民被迫離開家園。1945年——或者甚至1918年時，人們以爲將永遠不會再有的總體戰，再度重現歐洲土地。

經常在電視上看見這些冷酷殘忍的行爲，使歐洲和美國的公民希望自己也能夠盡一份心力提供協助，改善狀況，但是人們並不清楚外國軍隊要如何成功介入一場沒有國境界線、鄰國彼此相攻的戰爭。起初美國和歐洲聯盟都試圖止息戰爭，並且禁止派遣軍隊進入波士尼亞，但是，這項解決方案卻對1993年和1994年贏得最多戰爭利益的塞爾維亞有利。1994年中期，他們占領了波士尼亞一半以上的領土，以及克羅埃西亞四分之一的國土。分割國界的談判並未讓任何一方感到滿意，他們都希望能夠拿到更多土地。

聯合國在1992年初派出一支維護和平的軍隊，並且畫定六個「安全區」，受到威脅的人民可以在安全區裡受到保護，不致被伺機殺人越貨的戰士欺侮，但是因爲大部分的西方國家都不願意讓自己的軍隊投入這場危險且含糊不清的作戰任務，所以令人遺憾地出現人手不足的情況。1994年4月，當波士尼亞的塞爾維亞人越過聯合國的戈拉日代（Gorazde）「安全區」時，美國不顧英國與法國的反對（他們參與歐洲聯盟的軍隊易受責難），批准北大西洋公約組織對波士尼亞的塞爾維亞陣地，展開第一次的空中攻擊行動。波士尼亞國內憤怒的塞爾維亞人則於1995年5月，以350位歐洲聯盟的士兵爲人質，而且在7月時越過聯合國的斯雷布雷尼察（Srebrenica）安全區，屠殺七千多名在當地擄獲的男人與男孩來回敬美國的攻擊，這是自第二次世界大戰以來，歐洲規模最大的屠殺行動。

反塞爾維亞的軍隊現在得到西方國家的援助，克羅埃西亞人與回教徒和解，一起對抗他們在波士尼亞的塞爾維亞敵人，並且重新收復波士尼亞的失土。1995年夏天，一支克羅埃西亞的軍隊與美國和德國共謀重新武裝，並且接受再訓練，以徹底摧毀塞爾維亞的卡拉吉納飛地以及斯洛維尼亞西部地區，將克羅埃西亞東南部與南部約十八萬名塞爾維亞人趕離他們的家園。突基曼總統已經贏得屬於自己的戰爭，而克羅埃西亞則變成一個頗具同質性的國家。

現在由北大西洋公約組織從聯合國與歐洲聯盟的軍隊手中，接管在前南斯拉夫的作戰行動。1995年9月初，北大西洋公約組織對波士尼亞的塞爾維亞公共建設以及軍事陣地展開大規模的空襲，此時，米洛塞維奇投機地停止支持境外的塞爾維亞人，並且與西方簽訂協議；他利用1995年11月在俄亥俄州戴頓市（Dayton）的萊特—派德森（Wright-Patterson）空軍基地，要從頑抗的交涉者手中擰出不穩定的和平時，所不可或缺的塞爾維亞夥伴，來保留自己在塞爾維亞的勢力。戴頓協議（Dayton Agreement）強迫波士尼亞的塞爾維亞人歸還49%的波士尼亞領土，並且答應讓他們居住在鬆散的波士尼亞聯邦國家裡的請求。由於在重要關頭時，美國和北大西洋公約組織派遣軍隊強迫執行戴頓協議，所以他們聯合組成大塞爾維亞的抱負受挫。特別聯合國國際戰犯審判法庭（special UN tribunal）以戰爭罪起訴7名克羅埃西亞人與45名波士尼亞的塞爾維亞人，但是最引人注目的幾個人，包括波士尼亞的塞爾維亞人領袖卡拉季奇（Radovan Karadžić）與軍事指揮官穆拉第奇（Ratko Mladić）將軍，他們本來應該要爲斯雷布雷尼察大屠殺負起直接的責任，但卻受到族人的庇護。

在簽訂戴頓協議之後，前南斯拉夫這個大鍋爐爲了修復戰爭的恐怖，所有交戰各方都比較贊同不完全的和平（imperfect peace），不過，民族主義者的要求已經解開了科索沃的束縛。這個塞爾維亞的南部省分——塞爾維亞宗教重鎮，及1389年發生對抗回教徒的壯麗的科索沃盆地〔Kosovo Polje，畫眉之域（Field of the Blackbirds）〕戰役之處——因爲人口的遷移與自然增加，已有90%的居民屬於回教的阿爾巴尼亞人。米洛塞維奇於1989年時剝奪了他們的地區自治權，1997年以後，科索沃的阿爾巴尼亞人拋棄了比較愛好和平的領袖，並且越來越支持好戰的科索沃解放軍（Kosovo Liberation Army, KLA）。種種事件層出不窮，1998年夏天，米洛塞維奇派遣塞爾維亞軍隊進入科索沃，肅清阿爾巴尼亞人居住的邊境地區，並且阻止軍隊和自願軍流入科索沃解放軍。塞爾維亞的士兵與自願軍任意讓整個村莊變成空無一人的無人村，讓數千名科索沃的阿爾巴尼亞人變成難民。

1999年2月，米洛塞維奇拒絕接受西方外交官的妥協方案（科索沃解放軍已經以接受解除武裝並且放棄獨立爲條件，來交換地區的自治權與塞爾維亞軍隊撤軍的條件），他反而加速淨空科索沃阿爾巴尼亞人村莊的步調。因爲擔憂大規模的難民潮會顛覆鄰近的馬其頓、阿爾巴尼亞，甚至是希臘，所以西方國家同意採取軍事行動的速度，比他們決定在波士尼亞進行軍事干預的速度還快。1999年3月24日開始，北大西洋公約組織就對幾個有限的塞爾維亞軍事目標發射導彈，希望如波士米亞戰爭般逼迫米洛塞維奇投降，但是米洛塞維奇反而開始將所有的阿爾巴尼亞人趕出科索沃，並且將因此產生的難民潮歸咎於西方的武力介入。因爲不願意讓地面部隊冒險進入變幻莫測的地勢之中，所以北大西洋公約組織企圖利用空中攻擊來擊潰塞爾維亞軍隊。雖然北大西洋公約組織試圖只瞄準幾個戰略位置，但是塞爾維亞優秀的空中防禦，卻迫使他們的飛機不得不維持在1萬5,000呎的高空中飛行。這場戰爭必然會有塞爾維亞公民犧牲，而且塞爾維亞公民的死傷正如米洛塞維奇所願，讓俄國與西方國家的輿論心生不忍。因爲技巧純熟的僞裝與疏散，使塞爾維亞的裝甲部隊免於北大西洋公約組織的飛彈攻擊（爲了避免被偵測到，塞爾維亞只會臨時啓動他們的雷達），所以北大西洋公約組織不得不鏟除塞爾維亞公民的公共建設。當發電廠與橋梁遭到破壞時，貝爾格勒的居民在街道上跳舞，並且唱出他們對北大西洋公約組織的藐視，不過就在78天以後，於3萬6,000枚導彈的攻擊，以及俄國拒絕提供軍事援助的情況下，米洛塞維奇同意從科索沃撤軍，並且在1999年6月9日接受北大西洋公約組織負責維護和平的軍隊進駐科索沃。雖然大部分的塞爾維亞人依然相信他們國家戰爭的戰爭動機是正義合理的，但是他們漸漸地承認米洛塞維奇已經毀滅了他們的故鄉，並且讓國家變得腐敗墮落。已經四分五裂的反對團體，終於以溫和穩健的民族主義法學教授科斯圖尼察（Vojislav Kostunica）為核心團結起來，參加2000年9月24日的南斯拉夫總統大選。當官方的選舉委員會拒絕認可科斯圖尼察的勝選，並且試圖舉行決勝選舉（run-off election）時，憤怒的群眾齊集貝爾格勒，10月5日，他們猛衝並且焚燒議會以及國家電視臺建物；變節支持科斯圖尼察的警察與軍隊的重要領袖，於10月6日強迫米洛塞維奇步下南斯拉夫總統之位；12月，在塞爾維亞舉行的地區選舉之後，米洛塞維奇的政黨徹底垮臺。南斯拉夫聯盟（rump of Yugoslavia，現在塞爾維亞的實力已經減弱，而倔強的蒙特尼哥羅人的勢力卻越來越強），現在終於可以開始從1945年以來歐洲首次真槍實彈的戰爭中恢復。2001年4月1日，新政府以貪汙賄賂及濫用職權的罪名逮捕米洛塞維奇；6月28日，在西方國家的壓力下，南斯拉夫聯盟將米洛塞維奇送交聯合國國際戰犯審判法庭，他在海牙為前南斯拉夫違反人性的罪行接受審判。

西歐對 1989 年革命的反應

歐洲聯盟：深耕與擴展之間

1989年以後，是自第二次世界大戰以來，人們首次可以想見一個真正統一的歐洲，而不再是一個用圍牆隔成兩半的歐洲。歐洲共同體以兩種或許相互矛盾的策略來面對這些新的機會：加深共同體會員國之間的團結，以及擴展共同體會員國的數量。歐洲共同體執行委員會（EC Commission）的主席戴洛爾（Jacques Delors, 1985-1995）——自1960年代的哈爾斯坦（Walter Hallstein）以來，最積極主動的執行委員會主席——的第一個衝動是加強共同體會員國之間的團結力。

1986年的歐洲單一法案[12]已經規劃了大膽的新議程：暢通無阻的勞工、資本與服務轉移；單一歐洲貨幣；以及共同的外交與軍事政策。當暢通無阻的勞工、資本與服務轉移於1993年1月1日開始生效時，銀行、保險公司、專業人員與巧手工匠，就可以在整個歐洲共同體內出售他們的技藝（舉例來說，雖然語言和文化障礙的問題依然存在，但是理論上歐洲的律師比美國的律師行動更加自由），就在當天，歐洲共同體更名為歐洲聯盟（European Union, EU；歐盟）。

法國總理密特朗與德國總理柯爾想要維持由1986年的單一法案所引發的氣

勢，在他們的鼓勵之下，執行委員會主席戴洛爾著手準備將歐盟往前推向單一法案所規定的下個階段：單一貨幣以及共同的國防與外交政策。但是十二個會員國對這項行動所懷抱的熱誠參差不齊，尤其是英國，一直到1990年11月，英國首相柴契爾夫人因爲所屬政黨黨內的意見分歧而不得不下臺之時爲止，在十一年的執政生涯裡，柴契爾夫人對此始終抱持反對的意見，不過繼任的保守派首相梅傑（John Major）同意接受有限制的聯邦制度。歷經一年的費力妥協之後，協定在荷蘭馬斯垂克城（Maastricht）召開的大會，擬定了一份協定，同意了自歐洲共同體成立以來最激進的修訂本：1998年時朝單一貨幣的目標邁進的時間表，開始形成外交與國防政策，增加多數決的使用，以及賦予議會更大的權力。

事實證明要十二個會員國都能同意馬斯垂克協定是一件非常困難的事。取得認可的過程顯示，民眾非常反對布魯塞爾的歐洲共同體官僚體制，而且在面對一些到新的歐洲健康與環境標準威脅的事務時，例如狩獵、釀造業與乳酪製作等，他們更是以民族傳統爲依歸。丹麥必須舉行兩次投票才能決定是否同意馬斯垂克協定，而法國則只有51%的人同意馬斯垂克協定。最後當馬斯垂克協定終於在1993年11月生效時，加強彼此間團結力的努力所遭遇的限制就更加明顯了。

即便如此，歐盟依然設法往前邁進一大步。1999年1月1日，幾乎是按照預訂的時間表，十一個歐盟會員國同意將他們的貨幣混合成一種單一的歐洲貨幣——歐元（euro）。起初，歐元只是一種「虛擬」貨幣，僅供會計用途之用，命名爲歐元的實際鈔票與硬幣則於2002年1月1日開始流通，而十一種曾經有過輝煌歷史的貨幣——法郎、里拉與馬克等等——則在數個月之後走入歷史。剛開始時，這項大膽的統一步驟似乎顯得不切實際，在1992年9月一度發生的經濟衰退中，英國和義大利已經退出歐盟先前的貨幣結構——歐洲貨幣體系。經過一段時間的成長，以及藉助預期將可節省大筆匯兌成本的企業家的支持下，爲了讓貨幣可以彼此融合，眾會員國設法將他們的通貨膨脹、預算赤字以及國家債務的數據降到比較低的德國水準（依照這種方式可以容忍高失業率）。此後，在大部分的西歐國家中——大小與財富約略等同於美國的地區——只要是在歐元的使用區域裡，人們就不再需要爲了跨國貿易而兌換貨幣，但是，這十一個使用歐元的國家，依然無法利用單一貨幣貶值來刺激他們的地方經濟。歐元的創辦人希望，歐元可以成爲在存款與交易的流通量上都可以與美元一爭高下的貨幣，但是在20世紀末網際網路景氣看好的時代裡，投資人依然支持美元，在2000年8月，歐元的價值已經從1.17美元滑落到0.87美元；

不過，因爲激增的美國預算赤字削弱了美元的勢力，所以在2008年時歐元升值爲1.50美元。

加強彼此間的團結問題重重，除了貨幣與貿易層面之外，歐盟依然維持著鬆散的主權國家邦聯制度。雖然在比較沒有遠見的桑德爾（Jacques Santer, 1995至1999年）主席與普羅迪（Romano Prodi, 1999-2004）的領導下，超國家的執行委員會只是負責政策的執行，但是由國家領袖們所組成的歐洲理事會（European Council），卻越來越像是歐盟的馬達。此外，四個歐盟會員國——英國、瑞典、丹麥與芬蘭——依然置身歐元區外的事實，意味著歐盟現在完全處於前所未有的多層次運作狀態。

所採取彈性政策使擴展會員國數目的工作變得比較容易。依然是歐洲自由貿易協會（European Free Trade Association, EFTA）的會員國——瑞典、芬蘭（但是挪威不包括在內，因爲挪威擁有石油與天然瓦斯資源，所以得以經濟獨立，而且她的漁民與農民也比較支持地區保護貿易制度）與奧地利——在1995年1月1日成爲歐盟的會員國，使歐盟的會員國增加爲十五個國家。

我們可以理解，1990年代很多前蘇維埃附庸國在經濟與政治上的成就，使他們擁有成爲歐盟會員國的身分，不過卻帶來會令人卻步的問題，他們將面對龐大的經濟援助成本威脅。當國內的失業率高達10%時，會員國就會擔憂將出現找工作的人潮，衆多無效率的東歐農民，可能會使成本已經很高的共同農業計畫（Common Agricultural Program, CAP）陷入困境，有五分之一的波蘭人口依然靠著平均每人不及12英畝的土地維生。

在準會員國這一方面，農民與企業家們恐懼有效率的西方製造商，但是大部分的人預期利益比成本更重要。2003年時有十個準會員國的公民投票通過加入歐盟：拉脫維亞、愛沙尼亞與立陶宛等波羅的海諸國、波蘭、匈牙利、捷克共和國、斯洛伐克、斯洛維尼亞，以及馬爾他和塞普勒斯兩個島國。雖然公民投票的結果並沒有失敗，但是在馬爾他卻只有54%的人認同加入歐盟，而拉脫維亞和愛沙尼亞則爲67%。2003年4月16日，這十個準會員國與歐盟簽署入會規定。

分配這二十五個會員國的行政職務與加權選票的份量，是一件非常棘手的事，因爲會員國明顯的不情願，所以必要的程序性調整進展相當緩慢。阿姆斯特丹條約（Treaty of Amsterdam, 1999年5月1日）只是略微擴展了議會與執行委員會主席的權力。在理事會裡與投票有關的重大糾紛，幾乎使2000年12月召開的尼斯高峰會（Nice Summit）受挫。最令人感到難堪的是，2003年7月18日發布的新「歐洲憲法」（Constitution for Europe），在2003年11月時卻因爲波蘭與西班牙的反對而被擱置一旁。

然而十個準會員國依然在機器還沒準備好，而且也還有嚴重限制的情況下，於2004年5月1日加入歐盟。舊有的會員國可以限制從新會員國來的勞工移民長達七年的時間，歐盟會幫助起始點位於舊會員國水準的四分之一處的農業國，在2013年時得以與舊會員國的水準並駕齊驅。這些國家具有二等會員國身分，是歐盟以加強彼此的團結力爲代價，來換得增加會員國數目的結果。

另一個歐洲人可能爲其爲核心聚集資源的是北大西洋公約組織。蘇聯的消失，似乎奪走了北大西洋公約組織存在的理由，但是，北大西洋公約組織不但沒有從世界上絕跡，而且還向外擴展吸收了東歐的新會員國，此外，北大西洋公約組織也在1999年於科索沃，首度在北大西洋公約組織的領土之外展開全規模的軍事行動。即使沒有共產主義的威脅，歐洲人也必須爲俄國和巴爾幹半島那不穩定的邊界，預做共同防禦措施的準備。歐洲人對於美國在歐洲防禦上所扮演的角色有著相互矛盾的反應，一方面他們希望美國可以繼續負擔一部分的歐洲防禦；另一方面，美國在北大西洋公約組織的優勢，卻讓他們更加渴望在國防議題上擁有更多的獨立性。歐洲人先是撢去於1948年成立並在1954年啓動運作，控制西德重整軍備行動的西歐聯盟（Western European Union, WEU）上的灰塵，使西歐聯盟能以北大西洋公約組織的「歐洲樑柱」的身分再度復興，他們認爲西歐聯盟應該是可以與美國並駕齊驅的夥伴。在1991年初的海灣戰爭（Gulf War）與1992年以後的前南斯拉夫封鎖行動時，正式將參與的歐洲軍隊稱爲西歐聯盟。

歐洲共同體與聯合國無法遏止在波士尼亞發生的大屠殺，這意味著他們還有需要加強的部分。1999年的歐洲依然持續發展潛藏的主從關係，70%的科索沃空中轟炸任務都是由美國負責，雖然整個歐洲所消耗的防禦經費大約是美國的三分之二，但是他們幾乎沒有能力製造「智慧型」飛彈；他們的國防用品供應商依然幾乎完全是國營企業，所以多半是複製別人的創作而且技術的落後。對於在巴爾幹半島上一再展現的無能作爲，歐盟所作出的反應是阿姆斯特丹條約，設立由前北大西洋公約組織祕書長——西班牙的索拉諾（Javier Solano）領軍的歐盟外交與國防政策高級專員（High Commissioner）的職位。歐洲人也開始嚴肅思考，將到目前爲止依然完全國營的國防工業，改造爲具有歐洲大陸規模的國防工業。在2000年時，法國、德國與西班牙的航空航太業製造商合併組成歐洲航空、國防與太空公司（European Aeronautic, Defense and Space Company, EADS），是僅次於波音麥道（Boeing-McDonnell-Douglas）公司與洛克希德馬丁（Lockheed-Martin）公司的世界第三大航空航太業承包商。歐盟預定在2003年建立由6萬名士兵組成，屬於自己的歐洲快速反應部隊（European Rapid Reaction Force）的計畫，使美國開始關切勢力已被削弱的北大西洋公約組織。

北大西洋公約組織小心翼翼地向東擴展——是波蘭與其他毗鄰不穩定的俄國邊境的國家的熱切渴望——避免不必要地刺激俄國。爲了努力降低北大西洋公約組織與俄國之間在2002年5月的北大西洋公約組織—俄羅斯協調會（NATO-Russian Council）中達到頂點的緊張局勢，所以專門成立一個機構以確保彼此溝通管道的暢通。結果，波蘭、匈牙利和捷克共和國在1999年3月時加入北大西洋公約組織，而在葉爾欽領導下全神貫注在處理其他問題的俄國則表示默許；同樣的，在2004年3月當波羅的海諸國、保加利亞、羅馬尼亞、斯洛伐克與斯洛維尼亞加入北大西洋公約組織時，普丁也同樣必須接受北大西洋公約組織的勢力已經擴張到俄國邊境的局面。

西歐：極右派與「新中產階級」

2000年以後，西歐面對與1973年來的問題就同樣棘手的麻煩。其中之一是棘手的失業問題，這個問題與歐洲複雜的社會福利體系的高成本有關，另一個問題則是移民。

除了因爲受到西歐的繁榮所吸引，而湧入的一波波未曾衰減的地中海沿岸與非洲地區的非技術性勞工潮之外，還增添了一股新的潮流：來自混亂的中歐與東歐的難民潮。新的極右派因爲蜂擁而入的外國人潮所激起的恐懼而得益，最使人焦躁不安的反應是英國、義大利，以及尤其是德國的新納粹光頭仔。1993年，德國新納粹的光頭仔惹出兩千五百多起的暴力事件，並且造成十九個人死亡，而在2000年時則再度爆發反移民暴力事件，尤其是深感不滿的東部，但是這類行動激起群眾的義憤，所以極右派的政黨只局限在認爲現有體系毫無作用的地區成長。在柯爾領導的德國裡，德國共和黨（*Republikaner*）的規模依然很小，而1999年分裂的法國民族陣線（*Front National*），70歲的繼任者潘恩（Jean-Marie Le Pen）雖然在2002年的總統大選中贏得19%的選票，但是黨內始終紛爭不斷。

最成功的極右派政黨是奧地利自由黨（Austrian Freedom Party），在很上鏡頭的領袖海德（Jörg Haider）的帶領下，於1999年10月3日的國會選舉中贏得27%的選票，僅次於社會民主黨的33%的得票率。當自由黨與中間偏右派的人民黨（People's Party）於2000年2月組成聯合政府時，美國和歐盟爲了表達抗議，而撤回他們派駐維也納的大使。雖然海德曾經讚揚希特勒可以達成充分就業的經濟制度，而且有時還會出席黨衛軍（SS）退役軍人的集會，但是自由黨是歸於反移民抗議運動，而不是公然的法西斯主義。海德放棄自己的黨魁身分，希望能讓冷卻下來，但是依然保留哥林斯州長（Governor of Corinthia）的職務。在讓人民黨與社會黨政治聯盟愜意地互相分配職務的情況下統治了13年之後，很多奧地利的選民只是想要有另一個選擇的機會。

新法西斯主義者參政著名例證是義大利。自1945年以來天主教民主黨在義大利未曾中斷的執政生涯，卻因爲1992年徹底的司法調查所暴露出來的大規模貪汙事件所中斷，這次大規模的司法調查，肇因於發現政黨收取在米蘭的公共工程合約的佣金。因爲主要的反對黨——克拉西的社會黨也牽涉在內，所以無從根據一般慣例選擇執政黨的反對黨，貝魯斯科尼（Silvio Berlusconi）填滿了這兩個黨所留下來的空位。貝魯斯科尼一度是遊艇的流行歌手，後來成爲義大利最富有的媒體大亨，是義大利大部分民營頻道與米蘭足球隊的經營者。以爲足球隊助威爲名而成立一個新政黨——前進黨（Forza Italia），貝魯斯科尼參與國家聯盟〔National Alliance，新法西斯主義義大利社會運動的嫡傳後裔，但卻堅稱自己是「後法西斯主義者」（postfascist）〕，及稱爲北方聯盟（Northern League）的抗議運動，北方聯盟的抗議運動主要是表達北義大利人不願意繼續資助南義大利人的意見。在1994年3月的選舉裡，貝魯斯科尼的政治聯盟贏得議會的微弱多數，而且在他的內閣裡也有新法西斯主義國家聯盟的席位。焦慮不安地轉向個人化的媒體政策，反映出在傳統的天主教民主黨統治下的義大利已經耗盡枯竭，只要有強大的共產黨占據左派的重要位置，這種優勢就依然無可動搖。義大利的共產黨於1989年以後分裂，一些無法和解的反對者與大部分貝魯斯科尼的繼承者組成改革派的民主左派政黨〔Party of the Democratic Left，民主社會黨（PDS）〕，這個新政黨聯合其他義大利的中間偏左派政黨，組成另一個似是而非左派聯盟——橄欖樹聯盟（Olive Tree Coalition）。風水輪流轉，當貝魯斯科尼因爲逃稅而接受調查時，他的勢力就此減弱，1996年4月的新選舉，由橄欖樹聯盟取得小多數派（small majority）。由經濟學家普羅迪（Romano Prodi, 1996-1998）與社會民主黨（PDS）領袖達萊瑪（Massimo d'Alema, 1998-2000），負責領導義大利自1920年以來首次執政的左派政府——帶著非常淡的粉紅色。義大利人開始希望擁有「第二共和」（second republic），可以定期輪替連貫的多數派，但是，事實證明由小政黨的領袖們所控制的國會，不可能通過加強總統與總理角色的憲法修正案。就在這一段時間裡，義大利的人民於1999年，接受加入歐元體系所必須進行的預算修整，他們懷抱歐盟可能是他們的國內政權不可能做到的優秀政府的期待。但是，他們已經深受左派與右派舊政黨的影響，在2001年5月13日，儘管貝魯斯科尼擁有極右派的盟友，儘管他的企業王國有重重的法律問題纏身，而且他因此得以實際控制所有義大利公營與民營電視臺的盈利，但是義大利的人民還是再次讓貝魯斯科尼有贏得國會多數派的機會。

與義大利一樣，在後共產主義的歐洲中，有很多西歐的左派份子都想盡辦法讓自己能夠重新站穩核心地位，事實證明，他們的這些作風頗能吸引選民。1998年以後，所有西歐的主要國家（西班牙除外）裡都已經出現穩定的中央集權式左派政黨。1998年9月曾經擊敗已經執政十六年的天主教民主黨的柯爾的德國社會民主黨領袖施洛德（Gerhard Schroeder），稱他自己的政策爲「新中間路線」〔the New Center（die neue Mitte）〕；在1997年5月1日終結工黨連續四次選舉的挫敗命運的英國首相布萊爾（Tony Blair），則談及「新工黨」（New Labour）的構想。因爲已經放棄採用凱因斯學派的赤字開支來處理通貨膨脹，而且也因爲歐盟的共同貨幣，使他們無法利用貨幣貶值來取得輸出優勢，所以西歐的「新中產階級」加強了社會福利計畫的的效率，裁減稅金以及政府的管理，將國營企業民營化，以及平衡預算，這些作法很類似柴契爾夫人所採行的策略，但是少了她的滔滔雄辯。

瑞典再一次經歷政黨輪替，由自1931年以來大部分時間均由其執政的社會民主黨重掌政權。1991年到1994年間，保守派人士畢爾德（Carl Bildt）曾經試圖刪減瑞典龐大的預算赤字，並且恢復國內的工業競爭力，但是卻在1994年時再度敗給社會民主黨，接手掌理瑞典的社會民主黨所採行的政策與畢德爾十分類似。只有法國的社會主義總理喬斯潘（Lionel Jospin, 1997-2002年）避免使用中間派的語言，但是他和其他人一樣，也悄悄地降低了政府的限制，並且將國營企業民營化。2000年時，新左派份子對歐洲的高失業率與全球競爭力等問題的解決方案，可說與保守派人士所主張的解決方案不分軒輊。

2004年的歐洲是生產力與創造力的發電所。全球30%以上的商品產自歐洲。歐洲人的生活水準，至少在北歐與西歐，與美國人不相上下，而且如果再加上健康、教育、低犯罪率與文化設施等因素，那麼歐洲人的生活水準或許已經超越美國人的生活水準。雖然每163名美國人中只會有1人因犯罪而入獄，但是歐洲人的入獄率卻是美國人的六分之一；此外，歐洲科學家更已分離出愛滋病毒〔1983年法國的生物學家蒙坦耶（Luc Montagnier）在巴斯德研究院（Institut Pasteur）的研究成果〕，並且創造了全球資訊網〔World Wide Web：1990年英國物理學家柏納斯李（Tim Berners-Lee）在靠近日內瓦的歐洲核子研究中心（European Nuclear Research Center）中所得到的成就〕。

不過，種族暴力與國界的紛爭依然是巴爾幹半島人民的心腹之患，由於腐敗貪汙與總統獨裁，致使民主制度與市場經濟在俄國受到曲解。即便是西歐國家，也因爲高社會成本、極右派的勢力與依然偏高的失業率，而使國家的成長受到抑制。歐洲的未來依然充滿了變數，值得美國人多加密切觀察注意。

結語　911事件之後的歐洲與美國

在蘇聯於1989年瓦解之後，歐洲人便能自由地找尋歐洲大陸更偉大的世界角色，他們與美國之間的關係，不再僅止於因受蘇聯威脅而需要美國保護而已。如今最重要的是，導致彼此分裂的經濟競爭與文化間隙的問題。歐洲的國際財團所製造的空中巴士（Airbus），逐漸取代了波音客機（Boeing），取得全世界一半以上的客機訂單。歐洲人常與他們的美國競爭者在世界貿易組織（WTO）中針對鋼鐵關稅、破壞 制以及其他議題相互較勁，而贏家往往是歐洲人。歐洲人嘗試以抵制牛仔褲、搖滾樂與麥當勞，並且將之逐出歐洲大陸的行動來保衛他們的文化特色，尤其是法國，他們提供補助金給藝術家以及保障美國電影之外的外國電影配額，試圖為這些領域裡的其他競爭者打開一扇窗。

儘管有這些摩擦，然而當2001年9月11日，十九名穆斯林教徒劫持了四架班機，其中兩架撞毀紐約世界貿易中心，一架撞擊華盛頓五角大廈的事件發生之後，歐洲人幾乎全體團結一致地與美國站在同一邊。一向一針見血的巴黎日報《世界報》（*Le Monde*）的社論指出「現在我們全是美國人」。北大西洋公約組織首次投票通過行使北大西洋公約第五項條款——所有會員國必須支援受到攻擊的會員國，公約組織的軍隊在2002年美國對抗阿富汗的塔利班（Taliban）與蓋達組織（Al Qaeda）的行動中，扮演極重要的角色，一直到2004年，法國、德國與其他歐洲國家的軍隊仍然在當地與美軍共同作戰。不僅如此，歐洲人更長期且積極地在本國領土上對抗恐怖主義，熱心地與美國並肩發揮國際合作之力，一同追捕蓋達組織的激進份子，一名在美國法庭受審的911事件嫌犯，便是法國警方曾注意追捕的對象。

不過，這種情勢隨著美國準備侵略伊拉克的行動漸漸明朗化之後，出現了劇烈的改變。法德俄三國極力主張，美國應在訴諸武力之前，給予歐盟督察員更充分的時間去完成他們在伊拉克的工作。雖然伊拉克的獨裁領袖海珊（Saddam Hussein）從未完全與督察員充分合作，然而當美軍集結於波斯灣時，他也漸漸對督察員開放伊拉克國內的軍事設施。法國、俄羅斯與中國在安全理事會中威脅要否決一項美國的決議案，以表明他們認為進行武器檢查的過程會耗盡軍力並引發軍事行動。當美國在未獲得歐盟的許可之下，於2003年3月20日繼續發動軍事攻擊時，只有英國、西班牙、義大利與北大西洋公約組織的中東歐新會員國給予支持；即使是參與戰爭的會員國內部，也仍有許多反戰民眾持續著示威抗議的活動。

伊拉克戰爭讓歐盟陷入極深的迷惘。歐盟在具有重要意義的議題上，糾集軍事與外交力量的能力再度遭到挫敗，歐盟的會員國在這個議題上選擇了與它相反的立場，並以懷有敵意的言詞彼此交鋒。西班牙政府在2004年3月大選後下臺，部分導因於參與伊拉克戰爭所引起的群衆反感；至於英國首相布萊爾美國總統布希最得力的支柱——則面臨了嚴厲的政治考驗。

雖然如此，美國與歐洲仍然維持著親密的關係，他們彼此互爲軍事同盟、策略貿易與投資的夥伴、同爲伊斯蘭基本教義派的攻擊目標與肩負豐富文化傳統的繼承者。歐洲人積極恢復對美關係的努力，多少與2004年來自華盛頓特區的些許鼓勵有關。

注釋

第一章

1 1914年時，歐洲的面積占地球表面的7%，但人口卻占全世界的25%。之後，歐洲人所占的人口比例開始減少。在2000年時，世界上只有12%的人口是歐洲人，但卻有61%的亞洲人、13%的非洲人、8%的北美人，以及6%的南美人。

2 Paul Valéry, “Caractères de l’espirt européen,” *La Revue universelle*, vol. 18, no. 8 (1924年7月1日), pp.133, 142.

3 John Maynard Keynes, *The Economic Consequences of the Peace* (New York, 1920), p.12.當然，只有富人可以掌握這些機會。

4 *The Cambridge Economic History of the United States*, vol. II (Cambridge, Mass., 2000), pp. 749, 787.

5 現代第一個歐洲殖民地西屋達（Ceuta），是位於現今摩洛哥北海岸的軍事基地。建造於1402年，部分是爲了戰利品，部分是爲了與約翰（Prester John）接觸的宗教目的。約翰是一位傳奇的基督教國王與祭司，人們認爲他的王國是在回教徒世界以外——亦即衣索比亞。

6 John A. Hobson, *Imperialism, A study* (London, 1902).

7 Ronald Robinson and John Gallagher, *Africa and the Victorians* (London, 1967).

8 Rudyard Kipling, *Ballads and Barrack Room Ballads* (London, 1892), p.150.

9 William James, *The Varieties of Religious Experience* (New York, 1958), p.21.

10 Stanley D. Baum and Jack F. Williams, eds., *Cities in the World*, 2nd ed. (New York, 1993), pp. 13,19.

11 Charles Dickens, *Little Dorritt* (1857).

12 Oswald Spengler, *The Decline of the West*, vol. 1 (New York, 1926), p.107.

13 T.S. Eliot, “The Waste Land”, in *Collected Poems*, 1909-1962 (New York, 1970), p.55.

14 Charles Baudelaire, “Petitis Poèmes en prose, ” in *Œuvres completes*, vol. 2, edl Jacques Crépet (Paris, 1924,)p.163.

15 C.A. Macartney, *The Habsburg Empire, 1790-1918* (New York, 1969), p.713.

16 Geroid Tanquary Robinson, *Rural Russia under the Old Regime* (New York, 1932), p.268.

17 Edward E. Malefakis, *Agrarian Reform and Peasant Revolution in Spain* (New Haven, CT, 1970), p.29.

18 Robinson, p.130.

19 Carlo Levi, *Christ Stopped at Eboli* (New York, 1947).

20 勞德瑞（Emanuel Le Roy Ladurie）認爲「人類學（古老王國）的終結」時間大約在1860年左右，當時歐洲那體型瘦小的「勞工階級」開始消失，而且平均身高也開始從大約5英呎增高到目前將近6英呎左右。（Annales: économies, sociétés, civilizations [July-October 1972], p.1234.)

21 John Burnett, *Plenty and Want: A Social History of Diet in Enland from 1815 to the Present* (London, 1966).

22 請參閱Rowntree, Poverty (London, 1901), pp.86, 117.朗特里在1936年與1951年經濟蕭條的時代，也曾經進行了一項追蹤研究，當時他已經80歲了，他所進行的是福利國家中的生活研究。雖然起因已經從低薪資轉變爲失業，但是他發現在1936年時，約克市有31%的人生活窮困。這種現象在第二次世界大戰之後有了重大的轉變，1951年時，約克市裡有3%的窮人是老年人。請參閱第19章。

23 P.Guillaume and J.P. Poussou, Démographie historique (Paris, 1970), p.341.

24 依照1900年時的兌換率大約是值7萬5,000美元。當然，貝德福公爵還擁有很多其他的產業，包括幅員廣闊的農田在內。

25 Philippe Jullian, *Prince of Aesthetes: Count Robert de Montesquiou* (New York, 1965),

pp.198-200.

26 Mattei Dogan, "Political Ascent in a Class Society," in Dwaine Marvick, ed., *Political Decisiion Makers* (New York, 1961), pp.71, 73.

27 引述自Peter Laslett, *The World We Have Lost* (New York, 1984), p.258.

28 英國第一次徵收所得稅是爲了支付拿破崙戰爭（Napoleonic wars）的費用，1880年代晚期及1890年代早期，歐洲普遍徵收所得稅。在1910年時，只有法國、美國、比利時與匈牙利還沒有徵收所得稅。美國在1913年時開徵全國的所得稅。第一次世界大戰與戰後餘波所帶來的後果是，所有的現代國家都徵收所得稅。

29 1914年時的外匯率大約是750美元。

30 Laslett, p.261.

31 出處同上， p.273.

32 Harold Macmillan, *The Winds of Change* (London, 1966), p.39.

33 Winston Churchill, *The World Crisis*, 1911-1914 (London, 1923), p.199.

34 E. M. Forster, *Howard's End* (New York, 1954), pp.45-46, 60.

35 社會並不必然會進入第三階段。工商業不發達的地方、孩子是收入和名望來源的地方，以及死亡率偏高的地方，父母有強烈的動機生養很多孩子。這些社會裡的人口會持續超越生產率（productivity）。

36 不但因爲價格便宜，而且也因爲女性可以主動服用，所以於1960年代開發出來的避孕藥，具有重大的社會影響力。

37 I.C. Mattiessen, "Replacement for Generations of Danish Females, 1840/44-1920/24," in D. V. Glass and Roger Revelle, eds., *Population and Social Change* (London, 1972), p.203.

38 出處同上，p.199.

39 Arthur Mitzman, *The Iron Cage* (New York, 1970), p.45.

40 Jeremy Seabrook, *The Unprivileged* (London, 1967), pp.17-18.

41 請參閱p.25，女性的投票權。

42 James J. Sheehan, *The Career of Lujo Brentano* (Chicago, 1968), P.148.

43 目前美國人對自由主義這個詞的使用並不嚴謹，留下很多足以產生混淆的空間。在本書中，自由主義這個字是指20世紀初期，充斥在歐洲中產階級裡的進步、個人主義以及自由放任的信念。

44 John Stuart Mill, *On Liberty*, ed. R. B. McCallum (Oxford, England, 1948), pp.17-18.

45 有些自由主義者，例如米爾，並不認爲女性的身分僅限於私人空間。請參閱他的著作《征服女性》（*The Subjugation of Women*, 1869）。

46 Victor Hugo, "Le Vingtième Siècle: pleine mer; plein ciel," in *La Légende des siècles* (1859).

47 Marcellin Berthelot, "Science et Morale," *Revue de Paris* (February 1. 1895), p.469.

48 Henry Adams, *The Education of Henry Adams* (Boston, 1918), p.379, and *Selected Letters*, ed. Newton Arvin (New York, 1951), p.220.

49 Jean-Paul Sartre, The Words (New York, 1966), p.15.

50 Alan Wood, *Bertrand Russell, The Passionate Skeptic* (London, 1957), p.31.

51 Leonard Woolf, *Beginning Again* (London, 1964), pp. 36,44.

52 在第七章檢驗法蘭西斯黨的後裔時，會針對這個新的權利進行比較徹底的討論。

53 Wassily Kandinsky, *Concerning the Spiritual in Art*, trans. Michael Sadleir et al., (New York, 1947), pp.23,46.

54 這個措詞是在20世紀交替之際，休斯（H. Stuart Hughes）對歐洲文化的經典研究——《意識與社會》（*Consciousness and Society*）一書（New York, 1958）中第四章的標題。

55 Carl E. Schorske, "The Idea of the City in European Thought," in Oscar Handlin, ed., *The Historian and the City* (Cambridge, MA, 1963), p.109.

56 Baudelaire, pp.94-95.

57 *The Portable D. H. Lawrence*, ed. Diana Trilling (New York, 1947), p.563. 它只是公允地補充說明與德國女子結婚的勞倫斯，在大戰期間依然是個和平主義者。

第二章

1 Leonard Woolf, *Beginning Again* (London, 1964), p.44.

2 Mark Mazower, *Dark Continent: Europe's Twentieth Century* (New York, 1999).

3 Wayne S. Vucinich, *Serbian between East and West* (Standford, Calif., 1954), p.229; Sidney B. Fay, *The Origins of the World War*, vol. 1 (New York, 1929), p.395.

4 Bernhard von Bülow, *Memoirs*, vol. 2 (Boston, 1931-1932), p.440.埃倫塔爾不是猶太人。

5 奧地利的外交部長貝希托爾德（Count Leopold Berchtold）在Fay, vol.2, p.228中引用。在哈布斯堡的領袖之中，只有匈牙利首相提薩（Count Tisza）暫時反對以哈布斯堡帝國已經擁有太多斯拉夫人爲由，向塞爾維亞宣戰的意見。

6 Imanuel Geiss, *July 1914* (New York, 1967), p.77.

7 Fritz Fischer, *Germany's Aims in the First World War* (New York, 1967), p.67.

8 Geiss, Document No. 37, pp.143-144.

9 Fay, vol. 2, p.355.

10 1914年歐洲列強的同盟：同盟國（Central Powers）德國與奧匈帝國，從1879年開始結盟，1882年與義大利結成關係鬆散的聯盟，形成三國同盟。或協約國（Entente Powers）法國與俄國，自1891年起開始結盟；法國因爲1904年簽訂的友好協定（Entente cordiale）而與英國聯盟。

11 這位沙皇的曾祖母是普魯士公主。這位沙皇與亞歷山大（Tsarina Alexandra）沙皇皇后的關係甚至更親近；他們都是英國維多利亞女王的外孫。

12 雖然俄國和英國在1907年時已經解決所有的紛爭，但是他們之間並未結成正式的同盟。

13 Geiss, Document No. 148, pp.312-313.

14 G. P. Gooch and Harold Tempersley, eds., *British Documents on the Origins of the World War*, vol. 11 (London, 1926), p.101.

15 Geiss, p.184.

16 Friedrich von Bernhardi, *Deutschland und der nächste Krieg* (1912), 摘述於Fischer, pp.34-35.

17 葛雷爵士在Arno J. Mayer, "Domestic Causes of the First World War, " in Leonard Krieger and Fritz Stern, eds., *The Responsibility of Power* (New York, 1967), p.321中引述。

18 德國派至倫敦的大使——利奇諾斯基（Karl von Lichnowsky）親王反對這種救濟法，引用出處同上，p.320。

19 引述於Hans Rogger, "Russia in 1914, " *Journal of Contemporary history*, vol. 3 (1966), p.243.

20 引述於Cameron Hazlehurst, Politicians at War (New York, 1971), p.32.

21 雖然已是空前未有的大額支出，但是就目前的標準來看，1914年以前武器競賽的軍事支出，在比較上依然可以算是適當。1937年，霸權花在武器上的支出占國家收入將近10%。在1950年代的冷戰時，超級強國的軍備支出高達國民生產毛額的13%到15%。（Quincy Wright, A Study of War, 2md ed. [Chicago, 1964], pp. 667-672; Charles J. Hitch and Roland N. McKean, *The Economics of Defense in the Nuclear Age* [Cambridge, Mass., 1965], pp.37,98.）

22 Zara S. Steiner, *Britain and the Origins of the First World War* (New York, 1977), p.210.

第三章

1 Robert Graves, *Goodbye to All That* (London, 1960), p.38.

2 Werner Sombart, *Händler und Helden* (Munich, 1915), p.88.

3 Jules Romains, *Verdun* (New York, 1940), pp.4-5.

4 Romain Rolland, *Jean Christophe*, Book 3, trans. Gilbert Cannan (New York, 1913), p.458.

5 Geerhard A. Ritter, *The Schlieffen Plan* (New York, 1958), p.47.

6 因爲第一國際在1874年時，已經在一場馬克思與巴枯寧（Bakunin）的擁護者之間爭執時瓦解，所以嚴格說來是指成立於1889年的第二國際。

7 德國社會民主黨領袖哈斯（Hugo Haase）於1914年8月4日在國會所發表的演說。

8 A. J. P. Taylor, *The Struggle for Mastery in Europe*, 1848-1914 (Oxford, England, 1954), p.531.

9 請參閱下文，p.91-92。

10 Erich Maria Remarque, *All Quiet on the Western Front* (New York, 1966), p.63.

11 出處同上，p.84.

12 Graves, p.146.

13 Martin Middlebrook, *The First Day on the Somme: 1 July 1916* (New York, 1972), p.245.

14 Basil H. Liddell-Hart, *The Real War, 1914-1918* (Boston, 1930), p.337.

15 雖然法國在1914年利用含催淚瓦斯砲彈的實驗失敗，但德國是第一個應用致命性氣體的國家，他們讓致命性的氣體順風飄入敵軍的防線。請參閱瑞士學者Olivier Lepick, *La Grande guerre chimique*, 1914-1918 (Paris, 1998)的作品。

第四章

1 Erich Ludendorff, *The Nation at War*, trans. A. S. Rapporport (London, 1936), p.9.

2 John Buchan, *The King's Grace* (London, 1935), p.161; Leon Trotsky, *Terrorism and Communism* (New York, 1921), p.17.

3 A.J.P. Taylor, *English History*, 1914-1945 (Oxford, England, 1965), p.15.

4 George Dangerfield, *The Strange Death of Liberal England* (London, 1935), p.19.

5 Orlando Figes, *A People's Tragedy* (New York, 1997), p.262.

6 Michael Cherniavsky, ed., *Prologue to Revolution: Notes of A. N. Iakhontov on the Secret Meetings of the Council of Ministers, 1915* (New York, 1967), pp.6n, 226.

7 C.A. Macartney, *The Habsburg Empire, 1790-1918* (New York, 1969), p.830.

8 Quoted in John Woodhouse, *Gabriele D'Annunzio: Defiant Archangel* (Oxford, England, 1998), p.291.

9 Max Weber引自Arthur B. Mitzman, *The Iron Cage* (New York, 1970), p.211.

10 David Lloyd George, *The Great war* (London, 1914), p.14.

11 Gail Braybon, "Women, War and Work," 在Hew Strahan, ed., *World War I: A History* (Oxford, England, 1998), p.152.但是尚未徵召女性服兵役。

12 自1908年起，德國女性已經可以加入政黨與協會。

13 礦工工會拒絕接受這項財政協定；根據1915年制訂的戰爭軍需法，在戰爭期間礦山屬於國有。

14 Erich maria Remarque, *All Quiet on the Western Front* (New York, 1966), p.12.

15 Bernard Bellon, *Mercedes in Peace and War* (New York, 1990), pp.102-111.

16 Trevor O. Lloyd, *Empire, Welfare State, Europe: English History 1906-1992*, 4th ed. (Oxford, England, 1993), pp.63, 100.

17 Stephen Spender, *World within World* (London, 1951), p.2.

18 C. F. G. Masterman, *England after the War* (London, 1923), p.105.

19 這個名詞來自於G. Lowes Dickinson, 他是一位劍橋的政治科學家，也是重要的英國和平主義者。

20 G. Lowes Dickinson所創造的另一個名詞。

21 請參閱第三章。

22 Robert Wohl, *French Communism in the Making, 1914-1924* (Stanford, Calif., 1966), p.66.

23 請參閱第五章。

24 Elie Halévy, *The Era of Tyrannies*, trans. R. K. Webb (Garden City, N. Y., 1965), p.266.

25 Rupert Brooke, "1914. Peace," in *The Poetical Works of Rupert Brooke*, ed. Geoffrey Keynes) London, 1946), p.19.

26 Charles Peguy, "Blessed are...," in *Basic Verities: Prose and Poetry*, trans. Ann Green and Julien Green (New York, 1943), pp.275-277.

27 Wilfred Owen, "Dulce et Decorum Est, " and

"The Parable of The Old Man and The Young, " in The *Collected Poem of Wilfred Owen*, ed. C. Day Lewis (New York, 1964), pp.44,55.第一篇詩作的詩名參考了拉丁詩人霍雷斯的頌詩詩句，那是歐文在學校裡學到的：爲國捐軀是一種權利也是一件美事。

28 Dada Manifesto (1918) in Maurice Nadeau, *Histoire du surréalisme* (Paris, 1964), chapter 3.

29 First Surrealist Manifesto (1924) in André Breton, *Manifestoes of Surrealism*, trans. Richard Seaver and Helen R. Lane (Ann Arbor, Mich., 1986), p.26.

30 Wilfred Owen, *Collected Letters* (Oxford, England, 1967), p.581.

31 T. S. Eliot, "The Hollow Men," in Collected Poems, 1909-1962 (New York, 1970), p.82.

第五章

1 Allan K. Wildman, *The End of the Russian Imperial Army* (Princeton, NJ, 1980), p.96, 41n.

2 Leopold Haimson曾經敏銳地論證第一個觀點；Richard Pipes則可以作爲第二種觀點的實例。請參閱本章章末與上述及其他觀點有關的參考書目。

3 在戰爭開始時，原稱爲聖彼得堡的德文名稱，就被俄羅斯化爲彼得格勒。

4 隨後沙皇和其他的皇室成員，在1918年7月16日夜裡，於艾卡特琳堡（Ekaterinburg）被他們的衛兵處死，當時他們似乎可能會被反革命軍救走。

5 William Henry Chamberlin, *The Russian Revolution*, vol. 1 (New York, 1935), p.112.

6 在俄國，布爾什維克這個字是指「大多數」的意思。在所有的俄國社會民主黨員不是在地下活動，就是流亡國外的時期裡，布爾什維克曾經在1903年於布魯塞爾和倫敦舉行的流亡者大會中贏得多數。後來，雖然1903年時屬於少數（孟什維克）的改良派，在1905年俄國議會成立之後，逐漸壯大成爲比布爾什維克規模龐大的黨派，但這兩個黨派依然維持原有的名稱。

7 引述自Robert V. Daniels, *Red October: The Bolshevik Revolution of 1917* (Boston, 1984), p.4.

8 Lev kamenev, in Pravda, march 17, 1917. 請參閱Edward Hallett carr, *The Bolshevik Revolution, 1917-1923*, vol. 1 (London, 1950), p.75.

9 引自Daniels, p.60。列寧似乎不知道在1917年5月與6月法國曾經發生兵變的消息，否則他的論據會更有力。

10 Lenin,引自Robert Service, *Lenin: A Political Life* (Bloomington, Ind., 1991), vol.2, p.253.

11 1918年11月，德國爆發革命時，列寧確實單方面宣布廢除布列斯特—立托夫斯克條約，但在巴黎和會上，取得有爭議土地的是奧匈帝國瓦解後所建立的新國家，而不是俄國。請參閱第六章。

12 Daniels, p.4.

13 Carr, vol. 2, p.71.

14 出處同上，p.176.

15 出處同上，p.97.

16 威爾遜總統的指示，引自George F. Kennan, *The Decision to Intervene*, vol. 2 (Princeton, N.J., 1958), p.418。起先在9月份時，威爾遜勉強只派遣了5,500名美國士兵參與聯合行動。

17 請參閱第三章。

18 請參閱第四章。

19 請參閱第六章。

20 Richard A. Comfort, *Revolutionary Hamburg: Labor Politics in the Early Weimar Republic* (Stanford, Calif., 1966).

21 C.A. Macartney, *The Habsburg Empire, 1790-1918* (New York), p.810.

22 請參閱地圖p.53，以及書名頁後地圖。

23 Lewis Namier, "The Downfall of the Habsburg Monarchy, " in *Vanished Supremacies* (New York, 1958), p.127.

24 Otto Bauer的*Die Nationalitätenfrage und die Sozialdemokratie* (Vienna, 1907)是努力爲民族主義在世界經濟體系與階級忠誠的馬克思主義價值觀中，找尋立足點最著名的「奧地利馬克思主義者」（Austro-Marxist）。

25 請參閱第七章。

26 請參閱第七章。

27 在由薩拉蒂（Giacinto Serrati）領導的最高綱領派的指導下，義大利的社會黨（Socialist Party）是1919年10月時唯一加入第三國際（Third International en bloc）的西歐主要社會主義政黨。

28 法國第四共和，在失去印度支那且未能保住阿爾及利亞之後，於1958年被推翻。

29 Leon Trotsky, "Reflections on the Course of the Proletarian Revolution," in Isaac Deutscher, *The Prophet Armed: Trotsky, 1879-1921* (New York, 1965), p.455.

第六章

1 主要的權威淩駕於四巨頭委員會（Council of Four）的會議依據之上，四巨頭委員會的成員包括：美國總統威爾遜、英國首相勞合·喬治、法國總理克里蒙梭，以及義大利總理奧蘭多（Vitorio Emanuele Orlando）。針對亞洲議題，他們納入當時首度正式被承認躋身霸權之列的日本公爵西園寺公望（Kimmochi Saïonji）。很多其他的國家和民族也派代表參加。

2 威爾斯（H. G. Wells）在1914年8月14日的《每日新聞》中，刊登這則頗具影響力的標語，以助長在英國的輿論裡，將這次的戰爭正當化。

3 請參閱第一章。

4 V. I. Lenin, "Decree on Peace, October 26, 1917, " in selected Works, vol. 6 (New York, 1936), p.401.

5 請參閱第三章。

6 它的英國領袖勞倫斯（T. E. Lawence）對整個行動的描述非常浪漫，是戰後偉大傳奇的來源之一。請參閱T. E. Lawrence, *The Seven Pillars of Wisdom* (London, 1935).

7 Arno J. Mayer, *The Politics and Diplomacy of Peacemaking, Containment and Counterrevolution at Versailles, 1918-1919* (New York, 1968).

8 首先受邀參加的是42個戰時的協約國和中立國。德國在1926年時獲准加入，而蘇聯則於1934年加入國際聯盟。

9 1918年11月5日，協約國政府的觀察備忘錄。

10 所提議的付款時間表實際上移交給協約國的金額比較少，或許是1,080億馬克。請參閱Marc Trachtenburg, *Reparations in World Politics* (New York, 1980), pp.210-211.德國在1919年到1922年之間，曾經償付了一些賠款，大約是130億金馬克，但是因爲技術上與情感上的原因，所以人們在賠款的估算上可能會有所差異。

11 出處同上，pp.77-84, 342.

12 從1919年到1921年間，蘇維埃政權曾經設法收回在布列斯特—立托夫斯克條約所失去的領土，並且在第二次世界大戰時收復了大部分沙俄時期的其他領土。

13 請參閱第十三章。

14 請參閱第十三章。

15 請參閱第十四章。

16 Klaus Epstein, *Matthias Erzberger and the Dilemma of German Democracy* (Princeton, N.J., 1959), p.304.

17 1921年時，爾茲伯格被兩位後來被視爲英雄的前任軍官暗殺。

18 請參閱第五章。

19 這個流行的嘲諷，將他與他在1920年代主要的政治敵手相比——調解人白里安（Aristide Briand），白里安能「理解每一件事但卻不知道任何事」。

20 Gerald D. Feldman, *The Great Disorder: Politics, Economics, and Society in the German Inflation, 1914-1924* (New York, 1993), p.673.

21 Barry Eichengreen, *Golden Fetters: The Gold Standard and the Great Depression, 1919-1939* (Oxford, England, 1992), p.125.

22 請參閱第七章。

23 請參閱第八章。

24 在1924年到1929年間，德國支付了20億美元的賠款（約爲1928年國民生產毛額的3%）。Barry Eichengreen, Golden Fetters, p.224. 1924年到1929年間，外國提供德國

企業與地區政府的貸款總數卻高達30億美元。William McNeil, *American Money and the Weimar Republic* (New York, 1986), p.292.

25 John Jacobson, *Locarno Diplomacy: Germany and the West, 1925-1929* (Princeton, N.J., 1972), p.3.

26 凱洛格（Frank B. Kellogg）是美國的國務卿。

27 Basil H. Liddell-Hart, *The German Generals Talk* (New York, 1948), pp.13-14.

28 1929年的數據：俄國的軍事費用占國家總收入的5.3%；法國爲4.5%；義大利是4.4%；日本是4.3%；英國是2.5%；美國是1.1%；德國是1%。當所有國家的軍事費用在1930年代暴漲時，法國的軍事費用排名滑落到第五位。（Quincy Wright, *A Study of War* [Chicago, 1941], pp.670-671.）

29 Harold Nicolson, *Peacemaking, 1919* (London, 1935), p.25.

30 有個例外是1876年土耳其人屠殺造反的保加利亞人，以及緊接著發生的俄土戰爭；俄土戰爭影響了英國民衆的情緒，新聞報紙首度每天都報導這場發生在遠方的戰爭。沙文主義（jingoism）這個字眼從1878年時一首英國的愛國歌曲：「我們不要戰爭，但是，沙文主義者啊，如果我們要戰鬥，我們有士兵，我們有船艦，我們也有財物。」進入了英語這個語言之中。

31 引自Carl E. Schorske, *German Social Democracy, 1905-1917* (Cambridge, Mass., 1955), p.60.

32 雖然在1921年與1922年的饑荒中，曾經派遣使節團給予援助，而且有些美國公司也已經與蘇聯政府協商訂約事宜，但是直到1932年羅斯福（Franklin D. Roosevelt）總統執政之後，美國才與蘇聯建立正式的外交關係。

33 共產國際或稱第三國際，請參閱第五章。

第七章

1 恩格斯（Friedrich Engels's）於1895年時對馬克思的介紹，*The Class Struggles in Frances, 1848-1850* (New York, 1964).

2 請參閱第五章。

3 1919年，*Il Popolo d'Italia*，引自Christopher Sento-Watson, *Italy from Liberalism to Fascism, 1870-1925* (London, 1967), p.517.

4 戰鬥的義大利法西斯（*Fasci Italiani de Combattimento.*）。拉丁文的法西斯只是代表「一綑」（bundle）的意思，延伸爲政治名詞時，則是指緊密結合的一群人，不同於政黨。會使用這個字的大多是左派份子，如1894年西西里亞無政府主義者的「戰鬥的法西斯」（*Fasci dei lavoratori*）一般。

5 請參閱第一章與第四章。

6 請參閱第五章。

7 Simonetta Falasca-Zamponi, *Fascist Spectacle: The Aesthetics of Power in Mussolini's Italy* (Berkeley, Calif., 1997), p.195.

8 以提案人法西斯黨衆議員阿色伯（Giacomo Acerbo）的名字命名。

9 請參閱第五章。

10 NSDAP, *National-sozialistiche Deutsche Arbeiterpartei*，或者簡稱「納粹」（Nazi）黨。

11 但將德文的形容詞völkisch譯成「人民的」並不是很貼切。在種族與文化術語上，這個字是指個人特有的種族血統，這一層意義是在19世紀德國的民族主義著作中發展出來的。

12 A.J.P. Taylor, "Introduction," in Mihály Károlyi, *Memoirs: Faith without Illusion* (New York, 1957), p.7.

13 請參閱第五章。

14 C.A. Macartney, *The Habsburg Empire, 1790-1918* (New York, 1969), pp.713,716.約有四百個大家族持有戰前匈牙利約三分之一的耕地。

15 Istvan Deák, "Hungary," in Hans Rogger and Eugen Weber, eds., *The European Right* (Los Angeles, 1965), p.385.

16 「在1910年時，有21.8%的企業有薪雇員，54.0%的個體經營商人，和85.0%的銀行業與財政界的自雇人員是猶太人。」（出處同上，p.368.）

17 引述自Eugen Weber, *The Varieties of Fascism*

(New York, 1964), p.90.

18 1789年用來舉行國民大會的改裝過的馬廄裡，是以扇形的方式安排座位，而不是如英國議會長期使用的教堂般，以彼此面對面的方式安排座位。法國國王的擁護者習慣坐在議長的右手邊，而反對派則坐在左手邊。

19 Hermann Rauschning, *Revolution of Nihilism* (New York, 1939), p.19.

20 認眞研究法西斯主義的馬克思主義者會避免這個錯誤。請參閱Nicos Poulantzas, *Fascism and Dictatorship* (London and New York, 1974).

21 在1893年的選舉中，法國社會主義衆議員從12席增加爲41席；德國社會民主黨的選民從1887年的76萬3,128人，躍升爲1903年的301萬771人，或者說，在總票數的比例從10.1%增加爲31.7%。

22 這些用詞在討論1920年代與1930年代的政治議題時會再次出現，請參閱第十章。

23 請參閱第一章。

24 引述自Herman Finer, *Mussolini's Italy* (London, 1935), p.139.

25 Charles A. Gulick, *Austria from Habsburg to Hitler*, vol. 1 (Los Angeles, 1948), p.153.

第八章

1 Robert Graves and Alan Hodge, The Long Week-End: *A Social History of Great Britain, 1918-1939* (London, 1940), p.113.

2 Paul Barton Johnson, *Land Fit for Heroes: The Planning of British Reconstruction, 1916-1919* (Chicago, 1968), p.451.

3 在1914年以前，紐西蘭（1893年）、澳大利亞（1902年）與美國西部12個州的女性就已經擁有選舉權。請參閱Renate Bridenthal and Claudia Koonz, *Becoming Visible: Women in European History*, 2nd. Ed., (New York, 1987), p.474.

4 1922年11月的選舉結果：保守黨345席；工黨142席；自由黨117席。

5 1922年首相博納．勞（Bonar Law）的選舉綱領，引述自A. J. P. Taylor, *English History*, 1914-1945 (Oxford, England, 1965), p.196.

6 1923年12月的選舉結果：保守黨258席；工黨191席；自由黨158席。

7 Graves and Hodge, p.76.

8 引自*The Economic Conswquences of Mr. Churchill* (1925)凱因斯指責與1914年相較，高估了10%的英鎊價值。事實上，在1920年代晚期，英國的出口始終不曾恢復1914年時的水準。

9 引述自Taylor, p.239.

10 在打擊最嚴重的礦區中，要求技術不純熟的礦工將原本78先令的週薪，刪減爲45先令10便士的週薪（依當時的外匯率折合美元大約爲從19美元減成12美元），而且工時也縮減成每天6小時。

11 Martin Gilbert, *Winston, S. Churchill*, vol. V, 1922-1939 (London, 1976), p.154.

12 正如多政黨體制的合宜作法般，法國的選舉很可能沒有候選人在第一次選舉時能夠贏得50%或以上的選票，在這種情況下就必須進行決勝選舉。

13 請參閱第六章。

14 法國社會黨並未在「資產階級」政府的內閣裡占有一席之地，但是對它取得議會多數席次的重要選票具有卓越的貢獻。

15 Friedrich Meinecke, *The German Catastrophe*, trans. Sidney B. Fay (Cambridge, MA., 1950), pp.27-29.

16 請參閱第五章。

17 Leonard Krieger, *The German Idea of Freedom* (Boston, 1957), p.465.

18 請參閱第七章。

19 請參閱第六章。

20 與舊帝國的軍官團裡，每四名軍官就有一名軍官之子相較，在威瑪共和國的軍官團裡，幾乎每二名軍官就有一位是軍官之子；1920年時，每五名軍官就有一名貴族，但在1932年時則每四名軍官中就有一名出身貴族。與帝國軍隊相較，小規模的威瑪共和國軍隊中的社會民主黨黨員比較少。(Hajo Holborn, *A History of Modern Germany*, 1840-1945 [New York, 1969], pp.586-587.)

21 請參閱第六章。

22 Godfrey Scheele, *The Weimar Republic* (London, 1946), p.77.

23 Keith Hitchens, *Rumania 1866-1947* (Oxford, England, 1994), p.351.

24 引自Joseph Rothschild, *The Communist Party of Bulgaria* (New York, 1959), p.87.

25 Maurice Baumont, La Faillite de la paix: *De Rethondes à Stresa* (Paris, 1951), p.439.

26 請參閱第一章。

27 請參閱第十章。該部分對於統治主義在義大利的實踐有完整的討論。

28 引述自Paul Avrich, *Kronstadt* 1921 (Princeton, NJ., 1970), p.8.

29 1917年2月的「資產階級」革命是第一次革命，而1917年10月的布爾什維克革命是第二次革命。

30 Stephen F. Cohen, *Bukharin and the Bolshevik Revolution* (New York, 1973), p.106.

31 1900年時，穀物占俄國出口總值的62%。

32 Cohen, p.168.

33 Merle Fainsod, *Smolensk under Soviet rule* (Cambridge, Mass, 1958), pp.17, 44.

34 Moshe Lewin, *Lenin's Last Struggle* (New York, 1968), p.6.

35 出處同上，p.12

36 出處同上，p.10.

37 Boris Souvarine,引述自Cohen, p.214.

38 Taylor, pp.227ff.

第九章

1 請參閱第一章。

2 Asa Briggs, *The History of Broadcasting in the United Kingdom* (Oxford, England, 1961-1970), vol. 1, p.12; vol. 2, p.6; vol. 3, p.737.，1938年時，義大利和比利時擁有的收音機數量大約略少於一百萬臺。

3 Richard Grunberger, *The Twelve-Year Reich* (New York, 1971), p.401.

4 Ross McKibbin, *Classes and Cultures: England 1918-1951* (Oxford, England, 1998), pp. 419-420.

5 Raymond Williams, *Communication*, 2nd ed. (London, 1966), p.29.

6 Scritti e discorsi di Benito Mussolini, vol. X (Milan, 1936), pp.117-119.

7 沒有任何一個歐洲的無線電廣播系統，絕對只採用一種控制模式。直到1935年爲止，法國國家無線電廣播系統都還可以播放廣告，甚至在那之後，法國聽衆依然可以聽到從盧森堡和摩洛哥發送的商業無線電廣播。英國政府在1955年時授權獨立（商業）的電視網，而法國則在1982年跟進。

8 在自由主義國家裡，黨報，尤其是左派的黨報，會與比較溫和的商業性日報競爭。法西斯主義德國和義大利中，也存在大量的「非政治性」商業日報。只有蘇聯是由黨報壟斷報業。

9 Williams, p.27.

10 Ralph Harris and Arthur Selden, *Advertising and the Public* (London, 1962), pp.39-42. 美國花在廣告上的經費，在國家收入所占的比例略高於英國，但是略低於歐洲大陸。

11 引自Gaetano Salvemini, *Under the Axe of Fascism* (New York, 1936), p.334.

12 出處同上。

13 Robert Graves and Alan Hodge, *The Long Week-End: A Social History of Great Britain, 1918-1939* (London, 1940), pp.383-384.

14 1927年有更多宣傳的是林白（Lindbergh）的輝煌成就，這次的飛行意義在於他獨自一人飛越大西洋。

15 1869年美國橫貫鐵路的開通，將橫越美國的旅程，從騎馬所需的四週時間縮減爲四天，節省了七倍的時間。1940年的螺旋槳飛機，與搭乘火車旅行相較，又節省了10倍的旅行時間。

16 *L' Emancipation nationale*, August 20, 1937.

17 人造絲（*rayon*）這個名詞首度出現於1924年。第一批商用產品是在1891年時開始生產，但是直到第一次世界大戰之時，依然只是小量生產。不過在1913年到1929年間，英國的人造絲產量卻增加了25倍。

18 Cameron Hazelhurst, "Asquith as Prime minister," *English Historical Review*, vol. 85, no. 336 (July 1970).

19 舉例來說，請參閱Georges Duhamel, *America the Menace* (Boston, 1931).

20 Richard Hoggart, *The Uses of Literacy* (London, 1957), p.280.

21 Jean-Paul Sartre, *The Words* (New York, 1966), p.118.

22 Peter Gay, *Weimar Culture: The Outsider as Insider* (New York, 1968).

23 C. E. Jeannerret-Gris (Le Corbusier), *Towards a New Architecture* (London, 1931), p.89.

24 Harry Kessler, *In the Twenties, The Diaries of Harry Kessler* (New York, 1971), p.267.

25 請參閱第四章。

26 Ernest Jones, *The Life and Work of Sigmund Freud*, ed. and abridged, Lionel Trilling and Stephen Marcus (London, 1961), p.566.

27 引自Frank Whitford, *Expressionism* (London, 1970), p.180.

28 Paul Klee, *On Modern Art* (London, 1948), p.10.

29 出處同上，p.29.

30 Le Corbusier, p.1.

31 出處同上，p.15.

32 出處同上，p.57.

33 請參閱第一章。

34 Kessler, p.64.

35 *Die Brücke* Manifesto, 1905.

36 Kessler, p.64.

37 引自Gay, p.99.

38 引自Otto Friedrich, *Before the Deluge: A Portrait of Berlin in the 1920s* (New York, 1972), p.255.

39 Leon Trotsky, *Literature and Revolution* (New York, 1957), p.256.

40 Vladimir Mayakovsky, “Left March,” trans. C. M. Bowra, in C. M. Bowra, ed., *Second Book of Russian Verse* (London, 1948), p.131.

41 Klee, p.55.

42 這句話是猶太歷史學家邁耶（Gustav Meyer）所說的，身為一位德國教授，一直到共和國建立為止，邁耶始終沒能得到一份工作。請參閱Gay, p.88.

43 引自George L., Mosse, *Nazi Culture* (New York, 1966), pp.11-15.

第十章

1 Wesley Clair Mitchell, *The Business Cycle* (Berkeley, Calif., 1913), p.565.

2 Barry Eichengreen, *Golden Fetters: The Gold Standard and the Great Depresssion*, 1919-1939 (New York and Oxford, England, 1992), pp.258-259.

3 George Orwell, *The Road to Wigan Pier* (London, 1937), p.95.

4 工黨有287個席次；保守黨有261個席次；自由黨占59個席次。

5 請參閱第八章。

6 請參閱第十二章。

7 現在已經不再如以前般肯定地將信貸銀行的倒閉，歸咎於是因為法國抽回在信貸銀行的資金，而讓事態更加惡化。

8 Christopher Isherwood, *Berlin Stories* (London, 1935), p.85.

9 出處同上，p.88.

10 希特勒掌權與他的新政權，我們將於第十一章中詳細討論。

11 這些軍事經費的比例與美國在1960年代的軍事費用比例相仿，但是在1930年代的和平時期卻是史無前例的創舉。

12 Willi A. Boelcke, *Deutschland als Welthandelsmacht* (Stuttgart, Germany, 1994), p.37.

13 Harold James, *The German Slump: Politics and Economics, 1924-1936* (Oxford, England, 1986), p.416.

14 實際上只有19,000戶在此地安頓下來。

15 Roland Sarti, *Fascism and the Industrial Leadership in Italy, 1919-1940* (Berkeley, Calif., 1971), p.37.

16 請參閱第八章。

17 Winston Churchill, *History of the Second World War: The Hinge of Fate* (London, 1950), p.498.

18 Aleksandr Solzhenitsn, The Gulag Archipelago, 1918-1956, trans. Thomas P. Whitney (New York, 1974); Robert Conquest, *The Great*

Terror: A Reassessment (New York, 1990), p.487.

19 出處同上。

20 William Henry Chamberlin, *Russia's Iron Age* (Boston, 1934).

第十一章

1 羅馬尼亞和丹麥的法西斯主義者——克德雷亞努（Corneliu Codreanu）與穆賽特（Anton Adriaan Mussert）。

2 Otto Bauer, *Zwischen zwei Weltkriegen?* (Bratislava, Czechoslovakia, 1936), p.135.

3 請參閱第十章。

4 1920年代，一家英國公司取得位於漢堡附近阿爾特納（Altona）的冷凍肉品輸入場的營業權。

5 Rudolf Heberle, *From Democracy to Nazism. A Regional Case Study of Political Parties in German* (1945; reprint ed., Baton Rouge, La., 1970).

6 得票數最低的地區是社會民主黨控制下的柏林、天主教中央黨控制的科隆，以及由天主教勢力控制的下巴伐利亞農村地區。

7 請參閱第十章。

8 Heinrich Brüning, *Memoiren, 1918-1934* (Stuttgart, Germany, 1970), p.461.

9 Ian Kershaw, *Hilter 1886-1936: Hubris* (New York, 1999), p.368.

10 Alan Bullock, *A Study of Tyranny*, 2nd ed. (New York, 1962), p.187.

11 請參閱第四章。施萊徹爾曾經與格羅納將軍共事。

12 Fritz Tobias, *The Reichstag Fire*, trans. Arnold J. Pomeranz (New York, 1963)一書認為，事實上是盧勃自己單獨放火燒燬國會大廈，後來有很多調查結果也支持這項推論。在Hans Mommsen, "The Reichstag Fire and Its Political Consequences," in Hajo Holborn, ed., *Republic to Reich: The Making of the Nazi Revolution* (New York, 1972). 這本書也提到過這個事件。這個問題依然頗具爭議性。

13 請參閱第十章。

14 在官方的英文記錄中，這部分的內容是：「教皇的通論……按照福音書的箴言來重建社會秩序並使之臻於完美。」開頭的拉丁文40年（*Quadragesimo anno*），指的里奧十三世發表教皇通諭《新事》（*Rerum Novarum*, 1891）的四十週年紀念。

15 請參閱第8章。

16 事實上他出身平民，是一位馬車夫之子。

17 引自French Minister to Sustria Gabriel Puaux, September 15, 1933. *Documents diplomatiques français, 1932-1939*, Ire série, vol. 4, p.367.

18 請參閱第一章。

19 請參閱第十章。

20 火十字架的名稱，來自於它的起源是僅限於在戰火中曾經贏得戰鬥十字架（Croix de guerre）的士兵加入的退伍軍人運動，也就是前線的退役軍人。與三K黨的「火十字架」（fiery cross）無關。

21 請參閱第十章。

22 Oswald Mosley, *Greater Britain* (London, 1932), pp.16, 156.

23 *Daily Mail*, January 8, 1934.

24 1932年12月22日的演說，引自Renzo De Felice, *Mussolini il duce. I. Gli anni del consenso* (Torino, italy, 1974), P.101n.

25 請參閱沙特（Jean-Paul Sartre）的短篇故事"L'enfrance d'un chef,"，那是一篇描寫一名欣賞法西斯主義青年的粗暴形象而欠缺自信的青少年的故事。Jean-paul Sartre, Le Mur (Paris, 1939), pp.145-241.

第十二章

1 Daniel Guérin, *Front populaire:Révolution manqué*, 2nd ed. (Paris, 1970), p. 57.

2 史班德（Stephen Spender），世界中的世界（*World within World*, London, 1951），p.187.

3 參閱第十章。

4 Isaac Deutcher, *Stalin:A Political Biography*, 2nd ed.（紐約，1967），原文書P.404。這部受人注目的傳記帶有極深的偏見色彩，讓人對托洛斯基產生憐憫同情。

5 1917-1923年的革命時期被稱爲「第一時期」，其後的1920年代中期的資本主義穩定時期被稱爲「第二時期」。

6 Deutscher, pp.406-407.

7 Geroges Lefranc, *Le Mouvement socialiste sous la troisième République* (Paris, 1963), p.275.

8 Louis Aragon,「紅色陣線」（Red Front）於Maurice Nadeau「超現實主義歷史」（*History of Surrealism*）Richard Howard（New York, 1965）p.288.

9 *Rundschau*, 1934.2.20共產國際新聞（the Comintern newspaper），被引述於Julius Braunthal的《國際史》（*History of the International*）第二冊（London, 1967），p.423

10 法國共產黨領袖托雷茲在1936年4月17日的演講中，向天主教徒、退役軍人，以及所有「因關心同樣的事務而受壓迫」想要救國圖存的人，伸出友善的雙手。

11 引述自布朗索爾（Braunthal）第二冊，399頁。阿德勒並非總是反對激烈行動；他曾經在1916年單槍匹馬行刺奧地利首相施特赫（Karl Stürgkh）。

12 在法國大革命期間法國的革命派民主主義者被稱爲雅各賓（Jacobins），因爲他們總是在雅各賓修士所在的修女院開會。

13 參閱第十章。

14 1936年6月5日，天主教民族主義者凡雷特（Xavier Vallat）於衆議會。

15 Joe Colton, *Léon Blum: Humanist in Politics*, 2nd ed. (New York, 1987), p.137.

16 參閱第十章。

17 參閱第十三章。

18 Edward E. Malefakis,《西班牙的農業改革與小耕農革命：內戰的起因》（*Agrarian Reform and Peasant Revolution in Spain: Origins of the Civil War*）（New Haven, Conn., 1970）p.29.

19 受驚嚇的主教們認爲約有兩萬間教堂被燒毀，許多墓園遭到破壞。在這個爭議上，我採信Burnett Bolloten寫的《西班牙內戰：革命與反革命》（*The Spanish Civil War: Revolution and Counter-Revolution*）（Chapel Hill, N.C., 1991, p.51）的數據。p.51.

20 Malefakis, p.281.

21 Malefakis, p.365.

22 Hugh Thomas, *The Spanish Civil War*, revised ed., (London, 1986), p.926.

23 最爲人熟知的西班牙內戰英文著作爲英國自願軍歐威爾（George Orwell）所著《*Homage to Catalonia*》(London, 1938)。在書中，作者以痛苦的語調寫出他與POUM領袖們友誼的破滅，以及史達林破壞了POUM的革命時的憤怒。

24 Stephen Spender, Forward from Liberalism (London, 1937), p. 189.

25 請參閱第九章。

26 請參閱如柯斯勒的「與共產主義脫離關係聲明」的投稿，Richard Crossman, ed., *The God That Failed* (New York, 1959).

27 David Caute, *Communism and the French Intellectuals*, 1914-1940 (New York, 1964), p.95.

28 Robert Graves and Alan Hodge, *The Long Week- End : A Social History of Great Britain*, 1918-1939 (London, 1940), p. 337.

29 André Malraux, *L'Espoir* (Paris, 1963), p. 494.

30 Arthur Koestler, *The Invisible Writing* (London, 1954), p.188.

第十三章

1 引述自Jűrgen Gehl,《奧地利、德國與併呑》（*Austria,Germany and the Anschluss*, 1931-1938）（Oxford, England, 1963）, p.90.

2 1920年時，此一煤藏豐富的地區被規定由法國代管15年，之後則交由當地居民決定要歸屬德國或法國。在1935年的公民投票中，德國獲得壓倒性的支持，此區再度歸還德國。

3 慕尼黑暴動（Munich Putsch）之後被捕入獄的希特勒，在獄中寫了自傳《我的奮鬥》。他並於1928年寫了一本有關對外政策的書，這本書遲至1961年才被出版。

4 參閱第十一章。

5 參閱第六章。

6 新收回的亞爾薩斯省會。

7 《美國的外交關係》（*Foreign Relations of the United States*, 1934），第二卷，p.754。引自George W. Baer《義索之戰的來臨》（*The Coming of the Italian-Ethiopian War*）（Cambridge, Mass, 1967），p.42。

8 Samuel Hoare《艱難的九年》（*Nine Troubled Years*）London, 1953, p.168.

9 人，在此特指人種。

10 引述自Alan Bullock，《希特勒：暴虐研究》（*Hitler*：*A Study in Tyranny*），第二版（New York, 1962），p.432.

11 請參閱第一章。

12 「德國外交政策公文：1933-1945（*Documents of German Foreign Policy, 1933-1945*）」系列D，第二卷，107號，第197-198頁。

13 引述自Keith Feiling《張伯倫的一生》（*The Life of Neville Chamberlain*）（London, 1946）第357頁。

14 引述自ibid., p.351.

15 *Illustrierter Beobachter*, Berlin, August 24, 1939, pp.1316-1318.

16 J.E.Wrench, *Geoffrey Dawson and Our Times* (London, 1955), P.376.

17 Robert Keith Middlemas and John Barnes, *Stanley Baldwin* (London, 1969), p. 947.

18 Andrew Roberts, *"The Holy Fox:" A Biography of Lord Halifax* (London, 1991), P.71.

19 *Documents on British Foreign Policy, 1919-1939,* series3, vol.1, no.107, p.87.

20 *Documents on German Foreign Policy, 1933-1945*, series D, vol.2, no.221, p.358.

21 Ibid., no.151

22 *Documents on British Foreign Policy*, series 3, vol.1, no.512, p.590.

23 英國、法國、德國與義大利。捷克斯洛伐克與蘇聯被排除於慕尼黑會議之外。

24 *Documents on British Foreign Policy, 1919-1939,* series3, vol. 1, no.109, p.88.

25 引自*Le populaire*, Paris, October 1, 1938.

26 Basil H. Liddell-Hart, *Memoirs*, vol.2 (London, 1965), pp.214, 217, 255.這些問題首度以有力的形式提出於A.J.P.Taylor, *The Origins of the Second World War* (London, 1961)，第10、11章。

27 *Documents on German Foreign Policy, 1933-1945*, series D, vol.6, no.433, pp.574-580.

28 Christopher Thorne, *The Approach of War, 1938-1939* (London, 1967), p.137.

29 A. J. P. Taylor, *Orgins*.

第十四章

1 引自Alan Bullock, *Hitler: A Study in Tyranny*, 2nd ed. (New York, 1962), p. 538.

2 Holger Herwig, *Politics of Frustration: The United States in German Naval Planning, 1889-1941* (Boston, 1976), pp.198, 200.

3 Bullock, pp. 551-552

4 請參閱第十三章。

5 史達林拒絕了希特勒原先所提，在華沙建立一個傀儡政府的計畫。

6 1809年至1917年間，芬蘭曾是沙皇統治下的一個自治大公國。

7 邱吉爾於1940年5月13日、6月18日、11月5日時在下議院的演講。

8 維琪是位於法國南部中央山脈的一處靜養聖地，在法國被德軍占領期間，法國政府「暫遷」此地。

9 1940年5月與法、英、比、荷作戰時，僅動用134個師。

10 Alan Clark, *Barbarossa: The Russo-German Conflict, 1941-1945* (Lodon, 1996), pp.177-178, 182, 187.

11 *Hitler's Table Talk, 1941-1944* (London, 1953), pp.68-69. Conversation of October 17, 1941.

12 美蘇於冷戰期間所花費的軍事預算與當時德國不相上下。

13 William L. Shirer, *Berlin Diary* (New York, 1941), p.513

14 駐烏克蘭的德國官員科赫（Erich Koch）說：「面對任務，我們根本不關心如何讓人民（指烏克蘭）吃飽。」（Alexander Dallin, *German Rule in Russia, 1941-1945: A study in Occupation Policies*, 2nd ed. [New York,

1981], p.345.）

15 請參閱第十一章。

16 黨衛軍副首領海德里希於1942年1月20日在萬塞會議（Wannsee Conference）中發表的談話。引自Martin Gilbert, *The Holocaust* (New York, 1985), p.282.

17 施特魯姆報告說：「華沙居民中四分之一的猶太人已經不存在了！」傳眞版。注自密爾頓（Sybil Milton）(New York, 1970)。

18 George H. Stein, *The Waffen-SS* (Ithaca, N.Y., 1966), pp. 138-139.並非所有自願軍都出於「自願」，有些徵召入伍進入武裝黨衛軍的是德國境內的外籍勞工。至於其他東歐人，有些也是在半強迫的狀況下接受徵召。

19 塞爾維亞史學家宣稱，在克羅埃西亞境內因爲「集體屠殺」而死亡的塞爾維亞人高達總人口數的六分之一；而克羅埃西亞史學家——例如之後當上總統的杜子曼（Franjo Tudjman）則否認這個數據。Aleksa Djilas, *The Contested Country* (Cambridge, Mass., 1991), p. 127.

20 Henry Rousso, "L'Epuration en France: Une histoire inachevée," *Vingtiécle: Revue d'histoire*, no. 33 (January-March 1992), p. 102.

21 A.Rossi (Angelo Tasca), *La Guerre des papillons* (Paris, 1954), pp. 37-53 and oppendixes.

22 Louis Aragon, "Du poète à son parti," in Claude Roy, ed., *Aragon* (Paris, 1962), p.164.

23 馬基原爲科西嘉語，指內陸山坡茂密的灌木叢林，常成爲罪犯或放逐者用以藏身之所。後來引申意指罪犯或放逐者。

24 Robert O. Paxton, *Vichy France: Old Guard and New Order*, 2nd ed. (New York, 2000), p.294.

25 請參閱1937年羅馬教皇教諭：*Mit brennender Sorge* (With Burning Concern).

26 法國反抗團體傳單"Après," no. 2 (July 1943)，引自Henri Michel and Boris Mirkine-Guetzévitch, *Les idées politiques et sociales de la résistance* (Paris, 1954), p.87.

27 Jean-Paul Sartre, *L'Existentialisme est un humanisme* (Paris, 1945), pp. 27, 73.

28 Jean-Paul Sartre, "Le République du silence," 祕密印刷於1944年，翻印自*Sartre, Situations, III* (Paris, 1949), p.13.

第十五章

1 帕森代爾位於比利時，1917年11月英國在該地發動攻擊，傷亡極爲慘烈卻幾無所獲；敦克爾克位於法國海峽沿岸，1940年6月英國遠征軍在民間船隻的援助下，從當地的海灘驚險撤退。

2 Winston Churchill, *The Hinge of Fate* (New York, 1950), pp.430-434, and Robert s. Sherwood, *Roosevelt and Hopkins* (New York, 1948), p. 674.

3 London *Economist*, 引自Diane Shaver Clemens, *Yalta* (New York, 1970), p.99.

4 Dwight D. Eisenhower, telegram of May 1, 1945,and George C. Marshall, telegram of April 28, 1945, 引自Forrest C. Pogue, *George C. Marshall:Organizer of Victory, 1943-1945* (New York, 1973), p.573.

5 Sherwood, pp. 304, 327.

6 雖然最嚴重的饑荒時期已經過去，然而在那之後的一年中，列寧格勒仍然繼續飽受德軍的轟炸。（Harrison Salisbury, *The 900 Days: The siege of Leningard* [New York, 1969], pp.550,567.）

7 Seweryn Bialer, *Stalin and His Generals* (New York, 1969), p.516.

8 Alexander Dallin, *German Rule in Russia, 1941-1945: A Study in Occutation Policies*, 2nd ed. (New York, 1981), p.369.

9 4,300萬美元的租借總額中，有950萬借予蘇聯。蘇聯估算其國內生活必需之供應約有5%來自西方，但美國的估算則是15%，最重要的單項輸入品爲425,000輛的美式卡車。

10 羅斯福、邱吉爾與法國領袖戴高樂、吉勞德（Giraud），史達林雖受到邀請，但卻婉拒參加。

11 中國也派代表出席。

12 Herbert Feis, *Churchill, Roosevelt, and Stalin: The War They Waged and the Peace They Sought* (Princeton, N.J., 1957), p. 275.

13 U.S., Department of State, *The Conferences at Cairo and Teheran* (Washington, D.C., 1961), p.555.

14 Feis, p. 229.

15 Isaac Deutscher, *Stalin: A Political Biography*, 2nd ed. (New York, 1967), p.508.

16 引自Pouge, p.415. 馬歇爾在1956年的某次訪談中所說的話。

17 Harry Hopkins, 引自Clemens, pp. 279-280.

18 美國國務院官員希斯（Alger Hiss）在雅爾達會議中負責草擬美國對聯合國組織的設計。於1948年被「不愛美國調查委員會」（House Un-American Activities Committee）指控曾提供祕密情報給共產黨間諜，成爲美國最著名的冷戰審判。雖然希斯否認這項指控，但仍然被判僞證罪。

19 William Henry Chamberlin, 引自Clemens, p.280.

20 U.S. Department of State, *Foreign Relations of the United States: The Conferences at Malta and Yalta* (Washington, D.C., 1955), p.388ff. 美國太平洋戰區總司令麥克阿瑟將軍，在冷戰時期否認曾經請求蘇聯協助對抗日本。

21 Admiral William D.Leahy, 引自ibid.,p.108.

22 General L. R. Groves, "Memorandum for the Secretary of War," July 18, 1945, Potsdam Document No. 1305. 杜魯門與邱吉爾在波茨坦直接讀到了這封信，而史達林僅得到新炸彈開發成功的簡短告知，不過史達林其實早已知情。

23 Field Marshal Lord Alanbrooke, *War Diaries, 1939-1945* (London, 2001), entry of July 23, 1945, p. 709.

24 1989年到1914年間，芬蘭是沙俄專制下的獨立公國。新奪得的喀爾巴阡山區的羅塞尼亞人，所用語言與烏克蘭語極爲接近。由此可知，即使是這個地區，蘇聯的領土要求也並非全無依據。

25 請參閱本章。

26 請參閱第五章。

27 請參閱第五章。

28 羅斯福並不知道尼斯河有東尼斯河與西尼斯河之分；蘇聯主張他們所指的是東尼斯河。羅斯福擔心影響1944年大選中的波裔美國籍選民的選票，拒絕談論波蘭問題。

29 蘇聯政府於1990年承認史達林曾在1939到1943年，蘇聯占領波蘭東部期間，下令處決這些軍官。

30 Lucius D. Clay, *Decision in Europe* (Garden City, N.Y., 1950), p.361.

31 摘錄自邱吉爾於1946年3月6日於威思敏斯特學院（Westminister College，位於密蘇里州富爾頓市）的演講詞。

32 Sherwood, p. 834.

33 兩次大戰之後的德國，引自Milvan Djilas, *Conversations with Stalin*, trans. Michael B. Petrovich (New York, 1962), p.114.

34 Harry S Truman, *Memoirs* (Garden City, N. Y., 1956), vol. 2, p. 106.

35 從1946年東歐的多黨制國家陣線（multiparty National Fronts）到1948年由共產黨專政的沿革，詳見第十七章。

第十六章

1 A.J.P. Taylor, *English History, 1941-1945* (Oxford, England, 1965), p. 502.

2 Götz Bergander, *Dresden in Luftkrieg* (Cologne, Germany, 1977), p. 268. 廣島遭原子彈轟炸時，約有七萬八千人死亡。

3 George F. Kennan, *Memoirs: 1925-1950* (New York, 1967), p.280.

4 George Orwell, *In Front of Your Nose* (New York, 1968), p.83.

5 Janet Flanner, *Paris Journal, 1944-1965* (New York, 1965), p.51.

6 Joseph R. Schechtman, *Postwar Population Transfer in Europe, 1945-1955* (Philadelphia, 1962), p.363.

7 Arnold Toynbee and Veronica M. Toynbee, eds., *The Realignment of Europe* (Oxford, England, 1955), p.7.

8 1963年後由阿登納的繼任者接掌。

9 Theodore H. White, *Fire the Ashes* (New York, 1953).

10 Walter La Feber, *America, Russia, and the Cold War, 1945-1992*, 7 th ed., (New York, 1993), pp. 176-177

11 國際貨幣基金組織的成立宗旨乃爲：當某種貨幣面臨被拋售的命運時，由組織提供該種貨幣國際兌換、流通的暫時援助，以避免該貨幣遭到貶值的命運——如1931年時曾經發生的英鎊貶值危機。此組織成立於1946年，擁有85億美元的資產，其中美國所提供的金額占25%。直到1970年代初期，它都以周期性支持或貶值，來維持非共產世界貨幣兌換的固定匯率。

12 貝弗里奇是倫敦經濟學院院長。

13 William H. Beveridge, *Full Employment in a Free Society* (New York, 1945), pp.21, 28-30, 37.

14 Arthur Marwick, *Britain in the Century of Total War* (Boston, 1968), p.359.

15 George Orwell, *In front of Your Nose* (New York, 1968), p. 376.

16 Michael Foot, *Aneurin Bevan: A Biography* (London, 1997), p.421.

17 République française. Commissariat-général du Plan de modernization et d'équipement, *Rapport général sur le premier plan* (Paris, 1946), p.6.

18 另一個有爭議的是的港（Trieste），這個爭議直到1954年才獲得解決。在冷戰的新局勢下，的港的主權完全歸義大利所有。

19 請參閱第18章。

20 西歐勞工階級家庭平均有63%的收入來自薪資；而英國則爲84%。（Anthony Sampson, *The Anatomy of Europe*[New York, 1968], p.358.）

21 *New York Hearld Tribune*, May 9, 1945, pp.1,8.

22 1946年10月，在蘇聯占領區內的地方選舉中，社會主義聯合黨僅取得45%的得票率；基督教民主黨爲24.5%；工黨占24.6%。

23 1949年8月西部占領區第一次選舉結果爲：基督教民主黨31%；社會民主黨29%；工黨21%；其他政黨5%；共產黨5.7%。

24 約與當時的10美元等值。其餘的現金、銀行存款或其他財產，如保險單、退休金等，則以面值的十五分之一兌換。

25 Alfred Grosser, *Germany in Our Time* (New Youk, 1971), p. 177.

26 多於$26萬; ibid., p.186.

27 Dorothy Atkinson, Alexander Dallin, and Gail Warshowsky Lapidus, eds., *Women in Russia* (Stamford, Conn. 1977), pp. 205, 208, 214.

第十七章

1 Aleksandr Solzhenitsyn, *The Gulag Archipelago, 1918-1956*, trans. Thomas R. Whitney (New York, 1974), pp.17-18.

2 1948年，鐵托元帥拒絕接受蘇維埃控制他的祕密警察與軍隊之後，南斯拉夫雖然還是個共產國家，但卻已經脫離蘇聯的控制。因爲南斯拉夫和阿爾巴尼亞一樣，已經脫離蘇聯軍隊的掌控，所以和由共產黨領導，完成以革命奪取政權並實施一黨專政的抵抗運動，與直到1947年還在蘇聯控制區內的民族陣線政權不同。因此，南斯拉夫起先是偏向左派的蘇維埃政策，後來又轉向右派政策。

3 Josef Korbel, *The Communist Subversioin of Czechoslovakia, 1938-1948*: The Failure of Coexistence (Princeton, N.J., 1959), p.165.

4 François Fejtö, *Histoire des démocraties populaires* (Paris, 1952), p.150.

5 在保加利亞超過2,000人；在捷克斯洛伐克爲362人，其中有250人是日耳曼人。法國則處死約1,500名到1,600名通敵者。

6 引自Vojetch Mastny, *Russia's Road to the Cold War: Diplomacy, Warfare, and the Politics of Communism*, 1914-1945 (New York, 1979), p.137.

7 有證據顯示他是被人推落而不是自己從窗戶跳樓自殺。

8 Introduction, *Khrushchev Remembers* (Boston, 1990), p.xiii.

9 請參閱下文。

10 以主張強硬路線的莫洛托夫（Molotov）和卡岡諾維奇（Kaganovich）爲首，現在加入被降級的技術員馬林可夫。

11 *Khrushchev Remembers*, pp.322-323.

12 這是1962年12月1日在一次意外參訪莫斯科馬涅斯博物館（Manezh Museum）所舉辦的現代畫展時，赫魯雪夫所說比較適合公開的說法。Priscilla Johnson, *Khrushchev and the Arts* (Cambridge, Mass., 1965), p.103，收錄完整的內容。

13 1953年時，身爲蘇維埃的農業首長，赫魯雪夫承認蘇聯的乳牛依然比1941年少3,500萬頭，而且比1928年少900萬頭。（Edward Crankshaw, Khrushchev's Russia, 2nd ed. [London, 1962], p.83.）

14 請參閱第十八章及第二十章，其中有對外交政策比較完整的討論。

15 引述自François Fejtö, *Histoire des démocraties popularires*, vol. 2 (Paris, 1969), p.71.

16 根據匈牙利政府的統計數據，*in United Netions, General Assembly, Report of the Special Committee on the Problem of Hungry*, Supplement 18 (A/3592) (New York, 1957), p.33.但是據外界估計約有2萬名匈牙利人與7,000名蘇聯人死亡。

17 1962年2月第一位環繞地球軌道的美國太空人是葛倫（John Glenn）。甚至在1980年代晚期，儘管經濟狀況日益困難，但是蘇聯依然擁有世界最強的導彈發射器，並且成功地將世界上第一個由人駕駛的太空站——和平號（Mir）射入地球軌道，一直到2001年爲止，很多國家依然經常使用和平號太空站。

18 Zubok and Plekhanov, pp.178, 192-193, 280-281.

19 這個名詞來自於篩選高級官員與負責人的官方名單。

第十八章

1 蘇聯於1949年9月進行了核彈試爆，並於1953年8月宣布他們擁有熱核武器。一個熱核武器所具備的威力，相當於1939年到1945年間所有投到德國領土上的全部炸彈威力總和。

2 Max Frisch, *The Chinese Wall*, trans. James L. Rosenberg (New York, 1955), p.28.

3 引自Hans W. Gatzke, *The Present in Perspective*, 3rd ed. (New York, 1965), p. 181.

4 *The Collected Essays, Letters and Journalism of George Orwell*, vol.4 (New York, 1968), pp.387, 451, 454.

5 Janet Flanner, *Paris Journal, 1944-1965* (New York, 1965), p.69.

6 左翼天主教（MRP）領袖P. H. Teitgen, 引自Jacques Fauvet, *La IVe république* (Paris, 1959), p.54.

7 Michael Foot, *Aneurin Bevan: A Biography*, ed. Brian Brivati (London, 1997), p. 421.

8 Flanner, p.260.

9 第一本此類相關書籍爲「Au secours des déportés dans les camps soviétuques! Un appel de DavidRusset aux anciens déoirtés des camps Nazis,」*Le Figaro littéraure*, Nov.12, 1949.

10 即使自由黨因愛爾蘭自治問題而發生格萊斯頓（Gladstone）分裂，保守黨也僅取得短暫的執政期：1886至1892年與1895至1905年。

11 請參閱第六章。

12 Henri Michel and Boris Mirkine-Guetzévitch, *Les Idées poltiques et socials de la Résistance* (Paris, 1954), p. 399.

13 Ernst Jünger, *L'Appel*, 引自Flanner, p.273.

14 Paul- Henri Spaak, *Combats inachevés*, vol.2 (Paris, 1969), p.11.

15 Ibid., p. 12.

16 比利時、荷蘭與盧森堡曾於1944年建立了一個關稅同盟（Customs Union），或說是一個自由貿易區（free-trade area）。雖然三個國家都仍保有其完整主權，此關稅同盟卻能將三國的經濟結合成爲一個單位。

17 只有4票反對；有79票贊成。

18 西班牙於1982年加入北大西洋公約組織，並於1986年公民投票確定。1984年歐洲軍事請參閱第二十章。東德與西德於1990年統一，而波蘭、匈牙利與捷克共和國亦在1990年加入北大西洋公約組織，至此公約國總數達十九國之多。另又有七國於2004年加入。

19 Flanner, p.272.

20 引自Howard Bilss, *The Political Development*

of the European Community: A Documentary Collection (Waltham, Mass., 1970), p.5.

21 其中八位由六個會員國政府提名任命，第九位成員則由已任命的八位成員提名選舉產生。

22 Cral J. Friedrich, *Europe: A Emergent Nation*? (New York, 1969).

第十九章

1 這些例子舉自David S. Landes, *The Unbound Prometheus* (Cambridge, Mass., 1969), pp.518-519.

2 Adnrew Shonfield, *Modern Capitalism: The Changing Balance of Public and Private Power*, corrected ed. (Oxford, England, 1969).

3 定量配給在東歐些某些國家，一直持續到1960年代。

4 Lawrence Wylie, *Village in the Vaucluse*, 2nd ed. (Cambridge, Mass., 1964), p.33.

5 Pauline Gregg, *The Welfare State* (Amherst, Mass., 1969), pp.240, 350.

6 François Bédarida, *A Social History of England, 1851-1990* (London, 1991). P.264.

7 每1,000人中擁有汽車的人數(1970)：美國532人；瑞典283人；西德253人；英國244人；義大利206人；日本172人。*The New York Times*, April 8, 1973, sec. la, p.8, and *Statistik Årsbok för Sverige* (Stockholm, 1971), p.176.

8 Gregg, p. 236.

9 Anthony Sampson, *Anatomy of Europe* (New York, 1969), p.238.

10 1936年爲31%。請參閱第一章。

11 *The New York Times*, June 13, 1973, p.58.

12 Murray Forsyth, "Property and Property Distribution Policy," PEP Broadsheet, no.528(July 1971)。依據美國聯邦儲備局（Federal Reserve）的研究，1963年時，前1.2%的美國富人所擁有的財富占全國人民財富的33%，其投資金額則占全體之54%。

13 *The New York Times*, April 8, 1973, sec. la, p.8.

14 *Le Monde*, October 1, 1968.

15 1965年時，美國至少有43%的人接受與此等級類似的高等教育。

16 請參閱第九章。

17 Raymond Aron, *The Opium of the Intellectuals*, trans. Terence Kilmartin(New York, 1962), p.xv.

18 Daniel Bell, *The End of Ideology: The Exhaustion of Political Ideals in the Fifties* (Glencoe, Ill., 1960). 雖然貝爾這個用詞大多用來形容美國的狀況，不過，對於西歐，這樣的用詞也極爲貼切。

19 Werner Sombart, *Warum gibt es in den Vereinigten Staaten keinen Sozialismus*? (Tübingen, Germany, 1906), p.126.

20 Bell, p. 217. The United States passed this landmark in 1956.

21 Albert Camus, letter in *Les Temps modernes*, August 1952.

22 SPD Bad Godesberg program, 引自Alfred Grosser, *Germany in Our Time* (New York, 1971), p.151.

23 Eric Hobsbawm, *Industry and Empire* (New York, 1968), p.276.

24 E. H. Gombrich, *The Story of Art*, 16 th ed. (London, 1995), p. 610.

25 George Lichtheim, *Europe in the Twentieth Century* (New York, 1972), p.180.

26 Margaret Mead, *Culture and Commitment: A Study of the Generation Gap* (Garden City, N.Y., 1970).

27 請參閱第四章，以便了解更多世代之間的衝突。

28 *Bulletin du movement du 22 mars*, April 1968. Statement of the *Syndicat national de l'Enseignement supérieur* (Instructors' Union), May 1968.

29 John Ardagh, *Germany and the Germans* (New York, 1987), p.424.

第二十章

1 1957年11月6日的莫斯科宣言（Moscow Declaration）。引自O. Edmund Clubb Jr.,

China and Russia: The Great Game (New York, 1970), p.442.

2 Alistair Buchan, "The United States and the Security of Europe, " in David S. Landes, ed., *Western Europe: The Trials of Partnership* (Lexington, Mass., 1977), p.297.

3 請參閱第十二章。

4 Palmiro Togliatti, "Nine Questions of Stalinism."多元中心主義是陶里亞蒂於1956年6月16日接受義大利的政黨出版品——Nuovi Argomenti——的訪談時開始提及的觀念。雖然稍後陶里亞蒂親自撤回自己的意見，但是多元中心主義卻是一股無法改變的趨勢。

5 請參閱第十八章。

6 European Economic Community, *Bulletin*, no. 7-1967 (July 1967), p.8.

7 Michael mandelbaum and Daniel Yergin, "Balancing the Power," *Yale Review*, vol. 62, no. 3 (March 1973), p.324.

8 Raymond Aron, *The Opium of the Intellectuals*, trans. Terence Kilmartin, (New York, 1962), p.222.

9 請參閱第二十二章。

10 George Lichtheim, *Europe in the Twentieth Century* (New York, 1972), p.314.

11 當然，這本書不只檢視美國在歐洲的投資。它也提醒人們，美國那具世界水準的技術性與管理技術的力量，並且激勵歐洲迎頭趕上。

12 請參閱第十六章。

13 Henry A. Kissinger, *White House Years* (New York, 1979), p.391.

14 在北大西洋公約組織於1978年計畫每年增加3%的常規軍備費用之後，1983年各國國防預算在國內生產毛額中所占的百分比如下：美國占7.2%；英國約占5%；西德占4.3%；法國占4.1%；其餘國家大約介於3.3%到2%之間。雖然很難估測，但是人們相信，即使是在緩和時期裡，蘇聯的軍事費用也不曾低於國內生產毛額的18%。

15 戰略武器限制公約（Strategic Arms Limitation Treaty）。

16 John Newhouse, *Cold Dawn: The Story of SALT* (New York, 1973), p.271.

17 請參閱第十九章。

18 1984年的軍事武力水準：

	華沙公約	北大西洋公約組織
人員	400萬	260萬
師	173（包括蘇聯駐守東歐的32個師）	84（包括美國駐守西歐的5個師）
主力坦克車	42,500	13,000
軍機	7,240	3,000
中程飛彈	800枚SS-20飛彈（蘇聯西部） 100枚SS-20飛彈（東歐）	108枚潘興第II型飛彈 464枚地面發射式的巡弋飛彈（裝設在西歐）

19 *The New York Times*, January 17, 1982, sec. Iv, p. E3.

第二十一章

1 Archie Brown, "The Power of the General Secretary," in T.H.Rigby, Archie Brown, and Peter Reddaway, eds., *Authority, Power, and Policy in the USSR* (London, 1980), pp.151-152.

2 Seweryn Bialer, *Stalin's Successors* (Cambridge, England 1980), p.91.

3 在1980年代，日本的鋼產量勝過蘇聯與美國。

4 始於1962年，經濟學家利伯曼（Yevsei Liberman）提議在社會主義內引進有限制性的市場機制。有些價格應該開放，工廠經理應該擁有更多的自主權，以便根據市場預測而不是根據計畫來從事買賣工作，而且公司內部應該分配盈餘。由於根深柢固的官僚主義，使這些實驗只能在某些被隔離的工廠內實施。

5 1980年代，因為大量輸出世界價格極高的石油和黃金，不但讓蘇聯可以暫時喘一口氣，而且也有助於1998年以後俄國的復原。

6 Hélène Carrère d'Encausse, *Decline of an Empire: The Soviet Socialist Republics in Revolt* (New York, 1979), p.274.

7 就字面上來看，「自行出版」（self-publishing）與國家出版社的政府出版品（Gosizdat）形成對比。Julius Telesin, "Inside *Samizdat*, " *Encounter*, February 1973, and George Saunders, ed., *Samizdat: Voices of the Soviet Opposition** (1975).

8 偉大的詩人阿赫瑪托娃（Anna Akhmatova）會暗地裡地寫出她的作品，再讓喬可夫斯考娃（Lydia Chukovskaya）把她的作品背起來〔甚至是在自治公寓（communal apartment）裡大聲說話也是危險的〕，然後阿赫瑪托娃就會把這份可能會洩露祕密的文件放在煙灰缸裡燒燬。請參閱Beth Holmgren, *Women's Works in Stalin's Time* (Bloomington, Ind., 1994), p.86.

9 這封歷史學家梅德維傑夫（Roy Medvedev）與物理學家特爾欽（Valery Turchin）也有署名的信，正文發表於*Sakhaov Speaks* (New York, 1974), pp.115-134.

10 Marshall I. Goldman, *The USSR in Crisis: The Failure of an Economic System* (New York, 1983), p.99. 西方國家的相應比例爲每3或4人中就有1人擁有汽車。

11 西歐在1973年的石油危機與後續的經濟困境，是下一章的討論主題。

12 如果若要了解對德意志民主共和國的分析，請參閱Peter C. Ludz, *The Changing Party Elite in East Germany* (Cambridge, Mass., 1972).

13 諾瓦特尼依然擔任總統，直到1968年3月爲止。

14 Alexander Dubček, *Hope Dies Last*, ed. and trans. Jiri Hochman (New York, 1993), p.334.

15 *The Economist*, August 31, 1968.

16 Archie Brown, "Eastern Europe: 1958, 1978, 1988," *Daedalus*, Winter 1979, p.156.

17 請參閱第十八章。

18 請參閱第二十章。

第二十二章

1 OPEC——石油輸出國家組織——由2個拉丁美洲國家（委瑞內拉、厄瓜多爾）、2個撒哈拉沙漠以南的非洲國家（奈及利亞、加彭）、印尼、伊朗與7個阿拉伯國家（阿爾及利亞、利比亞、沙烏地阿拉伯、阿拉伯聯合大公國、伊拉克和卡達）所組成。它控制53%的世界石油產量，以及幾乎所有西歐的石油供應量。由委內瑞拉發起，而於1960年成立，1970年以後，石油輸出國家組織就擁有眾多會員，並且具有充分的市場影響力，足以影響世界價格。

2 請參閱第十九章。

3 人們通常認爲這個名詞是美國社會主義者貝爾（Daniel Bell）所創。反思曾於1968年5月見證了學生叛亂運動的法國社會學家杜蘭（Alain Touraine），在1969年時就曾經使用過這個名詞；請參閱他的著作*The Post-Industrial Society* (New York, 1971).

4 André Gorz, *Farewell to the Working Class* (London, 1982), pp.7-8, 71.

5 Michael J. Piore, *Birds of Passage: Migrant Labor in Industrial Societies* (Cambridge, England, 1979), p.1.

6 由季斯卡（Valéry Giscard d'Estaing）總統統領的法國，在1978年到1980年間幾乎要將阿爾及利亞人強制遣送回國，但是遭到法院的反對。西德希望逃避任何會讓他們想起納粹黨的人；她只是提供金錢獎勵，以勸服一些土耳其勞工回歸祖國。Jacqueline Costa-Lascoux and Patrick Weil, *Logiques d'états et immigrations* (Paris, 1992), pp.62-63.

7 *The New York Times*, February 19, 1984, see. Iv.

8 Bent Rold Anderson, "Rationality and Irrationality in the Nordic Welfare State, " *Daedalus* (Winter 1984), p.115.1980年西德的社會支出總計爲國民生產毛額（Gross National Product）的20.1%，美國爲18.1%，而法國則爲15.2%。

9 請參閱第二十一章。

10 *L'Unita*, December 16, 1981, 感謝愛爾康（John Alcorn）提供這份參考文件。

11 請參閱第十二章。

12 Albert Bressand, "The New European Economies," *Daedalus* (Winter 1979), p.66.

13 Tony Judt, *Past Imperfect: French Intellectuals, 1944-1956* (Berkeley, Calif., 1992)，是對知識份子拒絕承認蘇維埃虐待事實的嚴重控訴。

14 Perry Anderson, *Considerations on Western Marxism* (London, 1976)，雖然批評西方馬克思主義具有學院風氣，與眞正的奮鬥相差甚遠，但是他也認爲蘇維埃共產主義確實不適用於西方社會。

15 Guido baglioni and Colin Crouch, eds., *European Industrial Relations* (London, 1990), pp.106, 265.

16 John E. Toews, "Intellectual history after the Linguistic Turn, " *American Historical Review* 92:4 (October 1987)。

17 請參閱第十九章。

18 Michel Foucault, *Madness and Civilization: A History of Insanity in the Age of Reason* (New York, 1965).

19 Thomas McCarthy, *The Cultural Theory of Jürgen Habermas* (Cambridge, Mass, 1978), pp.22, 91.

20 John Hooper, *The New Spaniards* (London, 1995), p.133.

第二十三章

1 請參閱第八章、第十章、第十三章與第十五章。

2 請參閱Anna Larina, *This I Cannot Forget: The Memoirs of Nikolai Bukharin's Widow* (New York, 1993).

3 Timothy Garton Ash, *The Magic Lantern: The Revolution of '89 Witnessed in Warsaw, Budapest, Berlin and Prague* (New York, 1990), p.62.

4 戈巴契夫不曾接受民選。他是由人民代表大會所推選出來的蘇聯總統。

5 "Survey: Russia's Silent Revolution," *The Economist* (April 8-14, 1995), pp.3, 5-6.

6 Marshall Goldman, *Lost Opportunity: Why Economic Reforms in Russia Have Not Worked:* (New York, 1996), p.21.

7 出處同上，p.138.在俄國是以*prikhvatizatsiya*取代*privatizatsiya*。

8 Václav Havel, *Summer Meditations* (New York, 1992), p.1.

9 字面上的意義是信託部。

10 請參閱第二十一章。

11 使用詞彙來描繪是不正確的，因爲前南斯拉夫人之所以互相殘殺是爲了宗教和文化差異，而不是種族差異。

12 請參閱第二十二章。